BURIALS IN
PRO-CATHEDRAL
AND
CATHEDRAL
CEMETERIES

BALTIMORE
MARYLAND
1791-1874

Compiled by

Hans Grogaard and Mary Warfield

HERITAGE BOOKS
2006

HERITAGE BOOKS
AN IMPRINT OF HERITAGE BOOKS, INC.

Books, CDs, and more—Worldwide

For our listing of thousands of titles see our website at
www.HeritageBooks.com

Published 2006 by
HERITAGE BOOKS, INC.
Publishing Division
65 East Main Street
Westminster, Maryland 21157-5026

Copyright © 2004 Hans Grogaard and Mary Warfield

All rights reserved. No part of this book may be reproduced or transmitted in any form or by any means, electronic or mechanical, including photocopying, recording or by any information storage and retrieval system without written permission from the author, except for the inclusion of brief quotations in a review.

International Standard Book Number: 978-1-58549-922-6

Cathedral Cemetery

Every Roman Catholic bishop has a throne -- an actual chair of state – the Latin word for which is *cathedra*, and the church which contains this ecclesiastical throne is known as the bishop's cathedral. When a bishop lacks a cathedral of sufficient size and dignity, he designates another church in the city of his residence as his pro-cathedra, *pro* being another Latin term which can indicate "preceding" or "substituting for." It was thus that tiny St. Peter's Church, build in 1770 and for almost a quarter of a century thereafter the only Catholic church in what today is Baltimore City, became the pro-cathedral of John Carroll (1735-1815) when he was consecrated Bishop of Baltimore in a ceremony in the chapel of England's Lulworth Castle in 1790. The Pro-Cathedral, which was situated at the southeast corner of what today are Little Sharp and Little Pleasant Streets in Baltimore, had a churchyard stretching south to West Saratoga Street and east to North Charles Street, and it was this churchyard which became the first Catholic burial ground in the city of Baltimore. By the time Bishop Carroll saw his diocese -- which until 1804 had jurisdiction over all Catholics in the United States – raised to the dignity of an archbishopric in 1808, it was clear that the already-crowded Pro-Cathedral Cemetery was as insufficient for the burgeoning Catholic population of Baltimore as the humble St. Peter's Church[*] was for the cathedra of the nation's first Archbishop. Archbishop Carroll took steps to improve both situations, assigning trustees to secure a suburban site for a larger Catholic graveyard and commissioning architect Benjamin Henry Latrobe to design a suitable cathedral on an elevated site slightly north and west of the Pro-Cathedral, but he lived to see the realization of neither plan. The trustees were just concluding negotiations for the purchase of six acres of the suburban estate of Samuel G. Smith at the time of the Archbishop's death, while what today is known as the National Shrine of the Basilica of the Assumption of the Blessed Virgin Mary was not dedicated until 1821. In 1815 those with relatives buried in the Pro-Cathedral Cemetery were instructed to transfer their remains to the new graveyard on North Fremont Avenue, which was christened the Cathedral Cemetery; those bodies for whom no one was willing or able to take responsibility were transferred to mass graves at the Fremont Avenue lot at the trustees' expense, the costs involved being met by the gradual sale of the vacated land at Charles and Saratoga Streets for building purposes.

By the time the long-awaited Cathedral on Cathedral Street was dedicated in 1821, its cemetery on the west side of Fremont Avenue had been in operation for nearly five years, and the last of the land that had been the Pro-Cathedral Cemetery was empty and about to be sold. The new cemetery was in keeping with the increasing trend to move burial grounds out of the hearts of large cities into peaceful rural sites, but it soon proved inadequate to a wave of immigration from Catholic Europe that raised the number of parishes in Baltimore from four in 1821 to 31 in 1881. While some parishes created their own cemeteries, notably St. Patrick in Fells Point, St. Vincent de Paul in Oldtown and St. Peter the Apostle in west Baltimore, these tended to accommodate mainly members of their own parish families, so that newer and poorer parishes were forced to recommend communicants seeking Catholic burial to Cathedral Cemetery. As early as 1841 Cathedral's trustees doubled the cemetery's size with a further purchase of six acres from Samuel R. Smith's heirs. They expected to acquire adjoining property on the west side of Fremont Avenue in the future as needed but they failed to take into account the possibility of the area's development, a development which in fact began in the mid-1850s and which by the end of the Civil War had multiplied the value of the undeveloped land remaining around the Cemetery to an enormous extent. Worse still, in the course of the 1860s the newly-revitalized Baltimore & Potomac Railroad secured the right to lay track from Washington, DC to modern-

---

[*] St. Peter's remained an active Catholic church until 1841, when it was secularized and turned over to the Brothers of the Christian Schools as the first home of what is today Calvert Hall College.

day Pennsylvania Station in Baltimore; track which (although it eventually was enclosed in a tunnel) ran right along the northern edge of Cathedral Cemetery. The rural tranquility which had attracted buyers to Cathedral's lots was gone forever the day trains began rumbling past its monuments, and the trustees felt themselves obliged to begin a fresh search for country property which could be developed for cemetery purposes.

They found what they were seeking in "Bonnie Brae", a 45-acre estate on Old Frederick Road owned in 1869 by the Catholic Capt. Charles McBlair [(1809-1890)], who proved able and ready to sell his land for so worthy a purpose. His price was considerably higher than what the trustees of 1816 had paid for the Smiths' land, but the trustees of 1869 looked to the price Cathedral Cemetery would bring from developers once it had been cleared of bodies, gritted their teeth, and signed a contract with Capt. McBlair.

Unfortunately, they discovered in very short order that the price of land was not the only thing about cemetery trusteeship that had changed between 1816 and 1869. Cathedral Cemetery lotholders had no objection to the trustees' acquiring an additional site for burials, but they reacted very strongly to the announcement that Bonnie Brae eventually was to be the only Cathedral Cemetery. An 1872 meeting of Fremont Avenue lotholders resolved to petition the trustees for a delay in the requirement that all graves be shifted from the "old" to the "new" Cathedral Cemetery, a petition that the resolution hinted might be followed by a costly lawsuit on the part of the lotholders if the Archdiocese proved determined. In the end, a compromise was reached: lot holders were given until 1887 to transfer their loved ones' remains from Fremont Avenue to Old Frederick Road, while the trustees were allowed to close the Fremont Avenue site to new burials at the end of 1874. The compromise actually helped the trustees by allowing them more time to shift the graves whose owners could no longer be traced, and thus to spread the payments required for such transfers over a longer period of time. By 1887, however, Fremont Avenue's Cathedral Cemetery was empty, and after a final legal notice in the city newspapers by the trustees, the land was sold to developers who erected the small rowhouses with which the site is covered today.

~

The records in this volume are those of the Pro-Cathedral Cemetery at Charles and Saratoga Streets and of the Cathedral Cemetery at North Fremont Avenue for the period 1791 through 1874. There are no records of transfers from Pro-Cathedral to Cathedral Cemetery, although these are known to have taken place, nor of transfers from Cathedral to New Cathedral Cemetery, although these are equally certain. The records of New Cathedral Cemetery are held by the Library of the Maryland Historical Society on microfilm for the period 1874 through 1977. Interments in New Cathedral Cemetery for the period 1978 to the present are recorded in the offices of New Cathedral Cemetery, 4300 Old Frederick Road, Baltimore, Maryland, 21229 (Tel: 410-566-7770).

The sequencing of the data is as follows:

- Surname –
  If there is no surname, the entry is in the 'Incomplete Interments: People Without Last Names Section.

- First name –
  If the first name is not given, then any qualifying data is given: gender, Mr., Mrs., child, etc. If no additional information is given, then hyphens are displayed: 'Smith, --.'

  Titles of Mr., Mrs., Miss, etc. are only repeated if they will provide additional information. For example, an entry that says 'Mrs. Mary Smith, wife of John…' would not contain the title of 'Mrs.' as it is assumed. An entry that shows 'Mrs. Mary Smith' with no information about the husband would show the title 'Mrs.' as it provides more information about the person.

- Date of Death –
  This date is always preceded by: 'd.' . This information is not always available.

- Date of Burial –
  This date is always preceded by: 'b.'.

- Age –
  This data is shown with abbreviations for the time periods: y – year, m – month, w – week, d – day; the words 'minutes' and 'hours' are not abbreviated. The age is shown as recorded. This means that a child of one and a half years may be shown as having the age of: '1y6m' or '1 ½ y' or '18m'. Ages that were approximated are preceded by: 'c.' for 'circa.'

- Cause of death –
  If this information is known, it is shown immediately after the age. The word 'cause' is not shown.

- Additional information –
  Any additional information is the final entry. Abbreviations used are: 'dau' for daughter, 'wid' for widow, 'hus' for husband (son and wife are spelled out), dec. for deceased.

  When the last name of a relative (such as: 'dau of John') is the same as that of the deceased, that surname is not repeated. The surname is repeated here if the entry says 'Mr. Smith's son' without a given name, or if the entry says 'Mr. W. P. Smith's son.'

  * This symbol indicates that the original information is in French and it has been translated for this document.

Acknowledgments

Two volunteers in the Library at the Maryland Historical Society must be acknowledged. Jack Grogaard painstakingly hand copied the data from both typed and handwritten books onto Index Cards, and Mary Warfield typed the information. Prior to this book, it was necessary to know an approximate date of death or burial in order to locate information. Now, the data is in alphabetical order by the deceased's last name, and the deceased are more easily located.

Conventions

The records used to produce this book are copies of the original Cathedral Cemetery Interment books. They are:

    Interments 1793-1813 – copied in 1917, with many details
    Interments 1814-1842 – copied in 1917, with many details
    Interments 1836-1874 – copied in 1918, with limited entries

These books are housed at the Maryland Historical Society. The records were copied by Jack Grogaard and then by Mary Warfield, so an entry in this book, in many cases, is a copy of a copy of a copy. Additionally, some of the copy held at MdHS is in hand-written form.

In the 1917 books, entries from 1836-1842 were <u>sometimes</u> duplicated. Where it was possible, the duplicate entries were eliminated, but there were problems. The names are often spelled differently (Keho and Keough, Morris and Norris), the age numbers might be reversed, etc. The word 'Colored' or 'cold.' was sometimes in one source and not in the other.

Entries followed by '?' indicate that the data appeared in one document and not in the other. In cases where the two documents showed different information, both information is shown and is separated by a virgule. Examples of this are: '<u>3/6 </u>Mar 1847' and 'Smith, Ann <u>L./Little</u>.'

The following information was contained within the original copies at MdHS:

    Sep 19, 1819   Not paid for – but buried in the cemetery of the Hospital near Hamstead Hill (now St. Michael's Church property – Lombard & Wolf Sts.)

    Mar 1, 1827   We record from this date in the Register of Deaths of the Cathedral, Rev. Roger Smith, First Assistant Pastor of Cathedral

    Aug 31, 1835   Account of Grave Yard settled, received in all $76.00, C. J. White, Rev. Charles Ignatius, Rector

Cathedral Burial Records, 1836-1874 – note entered at the end of the book: 'Note: All interments in this period were made in the Old Cathedral Cemetery; M. T. Connor, Sept. 1874.'

Formatting

The format of dates is: dd mmm yyyy.

All **surnames** are presented in alphabetical order, regardless of capitalization, apostrophes and/or spaces between parts of the name. This particularly impacts French names. If **first names** are abbreviated, such as 'Jno,' they are alphabetized according to their appearance.

The original copy of this data was done in all capital letters. French names beginning with 'Da' and 'De' are all spelled the same with no space. This should not be construed as being the original spelling.

It is not always clear whether a name is a complete name or a two-word first name, such as 'Mary Rose.' For this reason, both the 'Incomplete Interments: People Without Last Names' Section and the Alphabetical Section should be checked when trying to locate names.

Abbett, Teresa, b. 2 Nov 1831, c. 22y, unknown sickness
Abel, Ann, b. 9 Jun 1828, c. 28y, consumption
Acklen, child, see Shepherd, child
Adam, Mrs., b. 7 Feb 1873, 45y
Adam, Andrew Alexander, d. 18 Oct 1805, b. 19 Oct 1805, 3y, son of Alexander & Mrs. Beaufen Adam
Adam, F. Edwd., b. 4 Jul 1864, 6m
Adam, Jno., b. 22 Sep 1872, 30y
Adam, John, b. 14 Feb 1869, 4m
Adam, Margaret P. Perron, b. 19 Jun 1861, 3w
Adam, Sophia D., b. 24 Nov 1856, 25y
Adams, ---, b. 3 Jul 1867, 3m
Adams, female, b. 23 Dec 1837, 6m, dau of James, Colored
Adams, A., b. 16 Apr 1870, 35y
Adams, Agnes, d. 11 Jun 1802, b. 12 Jun 1802, wife of James, free Negro
Adams, Capt. Alfred, b. 3 May 1853, 41y
Adams, Alice, b. 31 Aug 1863, 9m, Colored
Adams, Ann, d. & b. 16 Sep 1802, 3m, dau of James & Agnes
Adams, Ann, b. 16 Nov 1864, 50y, Colored
Adams, Annie M., b. 11 Aug 1871, 3m
Adams, Anthony, b. 24 Feb 1863
Adams, Blanche Lee, b. 27 Jul 1866, 4m
Adams, Edward, b. 21 Aug 1856, 25y
Adams, Edwd., b. 20 Nov 1856, 30 minutes
Adams, Eliza Ann, b. 16 Jul 1859, 50y
Adams, Ellen, b. 22 Nov 1852, 46y, Colored
Adams, Emma, b. 11 Nov 1863, 5y
Adams, Geo. Howard, b. 21 June 1867, 2m
Adams, George, b. 10 Feb 1853, 5y
Adams, George, b. 1 Jul 1863, 25 hours
Adams, H., b. 15 Apr 1873, 80y
Adams, Henry, b. 25 Aug 1842, 10m, Colored
Adams, John, d. 2 Feb 1811, b. 3 Feb 1811, 17y, short illness
Adams, John F., b. 8 Mar 1858, 18m
Adams, John F., b. 19 June 1867, 9m
Adams, Joseph/female, b. 18 Mar 1857, 24 hours, Colored
Adams, Joseph, b. 18 May 1872, 50y, Colored
Adams, Margaret, b. 4 Jan 1843, 88y
Adams, Margaret, b. 2 Jul 1862, 50y
Adams, Mary, b. 20 Jul 1862, 62y, Colored
Adams, Mary Caroline, b. 30 Aug 1832, c. 2y, teething, dau of Jacob
Adams, Mary V., b. 22 Aug 1862, 5w
Adams, Minty, b. 18 Apr 1859, 55y
Adams, Mrs. Nealy, b. 19 Jul 1868, 65y
Adams, P. M., b. 3 Sep 1872, 3m
Adams, Rose T., b. 14 Mar 1862, 5y
Adams, Thomas, b. 14 Oct 1868, stillborn, Colored
Adams, Thos., b. 7 Aug 1866, 10½m
Adams, Vincent, b. 17 Jun 1871, 3m
Adams, Wm., b. 19 Sep 1861, 6m
Addison, child, b. 7 Aug 1839, 12y, bilious fever, child of Mrs. Addison, Colored
Addison, female, b. 21 Nov 1836, 11m, unknown sickness, dau of Caroline
Addison, Caroline, b. 15 Feb 1873, 56y
Addison, Charles, b. 17 Jul 1865, 20y, Colored
Addison, Eliza, b. 12 Jan 1849, 80y, Colored
Addison, Joseph, b. 30 Jun 1871, 6m

Addison, Lee E., b. 27 Mar 1860, 3y
Addison, Louisa, b. 12 Jan 1857, 14y, Colored
Addison, Pricilla, b. 17 Jul 1866, 111y
Addison, William, b. 12 Jun 1864, 5m, Colored
Addison, William, b. 7 Mar 1866, 29y
Adelaide, Mary, d. 4 Nov 1805, b. 5 Nov 1805, 3y, Mulatto, dau of Betsy, free Negro
Adison, Caroline, b. 21 Nov 1836, 1y, Colored
Adler, Annie, b. 10 Feb 1874, 24y
Adone, Susanne Julie, d. 29 Oct 1799, b. 30 Oct 1799, 16m6d, dau of Peter & Catherine Esther
Adrian, Brother, b. 16 Sep 1868, 22y
Adrian, male, b. 30 Oct 1845, ½ hour, son of Geo.
Adrian, Cath., b. 20 Jul 1873, 48y
Aglae, Henrietta, d. 5 Aug 1807, b. 6 Aug 1807, c. 4m, Mulatto
Agnew, child, b. 18 Jul 1873, 1y, child of Geo.
Agnew, female, b. 8 Jul 1837, few months old/11w, dau of Thomas?
Agnew, Ann Eliza, b. 31 Jan 1854, 13m
Agnew, Catherine, b. 18 Feb 1863
Agnew, Rose E., b. 26 Nov 1869, 18y
Agnew, Teresa, b. 18 Jul 1856, 14m
Ahern, female, b. 18 Nov 1844, 3y, dau of Mrs. Mary
Ahern, female, b. 22 Aug 1845, 3y, dau of Mary
Ahern, male, b. 20 Aug 1837, few hours old/1 hour, infantile unknown, son of Timothy
Ahern, Miss, b. 14 Apr 1841, 17y, consumption
Ahern, Mrs., b. 18 Apr 1843, 60y
Ahern, Ann, b. 2 Dec 1861, 4y
Ahern, Hannah, b. 19 Oct 1872, 13y
Ahern, James, b. 1 Jun 1861, 7y
Ahern, John, b. 10 Dec 1844
Ahern, John, b. 7 Aug 1870, 32y
Ahern, Joseph I., b. 8 Aug 1863, 1m
Ahern, Mrs. Mary, b. 12 Jan 1859, 68y
Ahern, Timothy I., b. 8 Dec 1843, 28y
Aiken, Mary, b. 29 Jan 1849, 45y
Aiken, Dr. Robert, b. 10 Jul 1849, 50y
Aiken, Robert, b. 1 Feb 1853, 20m
Aiken, Robert E., b. 19 Nov 1849, 8m
Aiken, Dr. Robert E., b. 9 Apr 1857, 36y
Aiken, Sarah, b. 11 Jul 1865, 85y
Aiken, William C., b. 8 Jul 1848, 40y
Aikens, Joseph Jan, d. 4 Aug 1809, b. 5 Aug 1809, 2y7m, son of Benjamin & Isabella
Aikens, Mary, b. 5 Oct 1820, 25y, consumption
Aire, Ann, b. 18 Sep 1840, 37y, decline
Airolia, Nicholas, b. 4 Oct 1821, c. 40y, malignant fever, native of the Riviera of Genoa
Aitken, Eliza M., b. 7 Jun 1862, 61y
Aitken, Martha, b. 23 Dec 1823, c. 20y, consumption
Albert, child, b. 2 Nov 1874, 11m, infant of H. Albert
Albert, Thomas, b. 9 Jan 1865, 21y
Alberts, William F., b. 5 Oct 1857, 2y
Albinson, Margaret, b. 31 Oct 1850, 7d
Albinson, Mary Ann, b. 24 Oct 1850, 17y
Album, Mrs., b. 7 Aug 1835, 90y, consumption
Alcock, Walter, b. 28 Nov 1856, 21y
Aldridge, Eleanor, d. 18 Aug 1801, b. 19 Aug 1801, c. 60y, widow
Aldridge, Margaret, d. 9 Dec 1809, b. 10 Dec 1809, 44y
Aldridge, Mary, d. 10 Feb 1801, b. 11 Feb 1801, c. 32y, wife of Abraham
Alenbark, Eliza, b. 26 Jan 1830, c. 2m, unknown sickness

Alexander, Henry, b. 13 Mar 1826, c. 38y, consumption, Colored man, servant of Mr. James Bosley
Alexine, Sister, b. 4 Sep 1858, 28y
Alexis, John, d. 11 May 1813, b. 12 May 1813, 11m, son of Hilary
Allaert, James, d. 23 Mar 1799, b. 24 Mar 1799
Allen, female, b. 18 Mar 1864, stillborn, dau of Geo. S. Allen
Allen, male, b. 14 Aug 1841, 2y, summer complaint, son of Mr. Allen
Allen, George S., b. 20 Sep 1868, 45y
Allen, George S., b. 25 Sep 1868, 2y
Allen, Henry, d. 15 Aug 1800, b. 16 Aug 1800, 4m, son of Luke & Catherine
Allen, James, d. 29 Sep 1794, b. 30 Sep 1794, 14m9d, buried in St. Peter's Church Yard
Allen, James, b. 20 Dec 1871, 40y
Allen, John, d. 31 Jul 1798, b. 1 Aug 1798, 11m, son of Patrick & Elizabeth
Allen, John, b. 24 Aug 1832, c. 30y, smallpox
Allen, John, b. 26 Jul 1848, 30y
Allen, Mary, b. 6 Apr 1864, 70y
Allen, Patty, d. 20 Sep 1819, b. 21 Sep 1819, 45y, bilious
Allen, Pauline, b. 25 Jul 1852, 3w
Allen, Sophia, b. 20 Aug 1862, 38y
Allen, William, d. 1 Aug 1802, b. 3 Aug 1802, 5m, son of Luke & Catherine
Allenbaugh, Benjamin E., b. 8 Mar 1845, 7m
Alley, Julia C., b. 16 Jan 1845, 2y
Almaida, Oscar, b. 15 May 1829, c. 1y, unknown sickness
Almeida, Louisa, b. 3 Oct 1832, c. 16y, bilious fever
Almeida, Teresa, b. 25 Jul 1832, c. 42y, unknown sickness
Aloysius, Sister Mary (Mary Louise James), b. 13 May 1837, 19y, one of the Colored Oblate Sisters of Providence
Alpo, Laurence, d. 28 Apr 1799, b. 29 Apr 1799, native of Italy
Alterfrits, Margaret, d. 12 Jul 1820, b. 13 Jul 1820, c. 36y, fit
Alvey, George W., b. 30 Apr 1831, c. 35y, chronic disease, native of St. Mary's County
Ambers, Emile Francis, d. 18 Apr 1809, b. 19 Apr 1809, 2y, son of Samuel & Mary
Ambroise, Marie, d. 18 Dec 1819, b. 19 Dec 1819, 20y, child bed, Colored
Ambrose, Martin, b. 22 Jul 1862, 35y
Ambrose, Rebecca, d. 19 Feb 1808, b. 20 Feb 1808, 4½y, dau of Samuel & Emily, free Negroes
Amey, female, b. 4 May 1850, 3m, dau of Mr. Amey
Amey, Miss, see Arney, Miss
Amfons, Theresa Maria Josephina, d. 28 Sep 1794, b. 29 Sep 1794, 20m, buried in St. Peter's Church Yard
Ami, Armand, d. 26 Jul 1797, b. 27 Jul 1797, 15m21d, son of Peter & Sophia
Amick, Harriet, b. 4 Apr 1852, 2½y
Amidis, Mary, b. 24 Sep 1843, 70y, Colored
Amos, Robt., b. 9 Dec 1872, 8m
Anacleta, Sister, b. 14 Oct 1854, 40y
Andebert, John Wm., b. 11 Jul 1866, 6m
Andehert, Charles Henry, b. 10 Jun 1868, 12m
Andehert, John A., b. 6 Jun 1868, 30y
Anderson, child, b. 21 Jul 1825, 1m, unknown sickness, child of Mary
Anderson, child, b. 25 Nov 1839, 2w, child of James, Colored
Anderson, Ann, b. 17 Jan 1857, 80y, Colored
Anderson, Anna Maria, b. 2 Aug 1830, c. 2m, summer complaint, Colored
Anderson, Arthur, d. 31 Aug 1796, b. 1 Sep 1796, 7m21d, son of Thomas & Rebecca
Anderson, Catherine, b. 23 Jun 1822, c. 45y
Anderson, Elizabeth, b. 26 Oct 1822, c. 30y, consumption
Anderson, Francis, b. 9 Jul 1856, 3w
Anderson, James, b. 28 June 1867, 18y
Anderson, John, b. 22 Feb 1848, 60y

Anderson, Joseph, b. 20 Dec 1844, 28y
Anderson, Joseph, b. 1 Oct 1848, 40y
Anderson, Joseph, b. 5 Aug 1860, 19m
Anderson, Joseph, b. 13 Apr 1869, 21y
Anderson, Kate, b. 29 May 1860, 22y
Anderson, Laurence H., b. 24 Dec 1864, 2m
Anderson, Louisa, b. 10 Apr 1845, 45y, Colored
Anderson, Mary, b. 20 Jun 1848, 80y, Colored
Anderson, Mary, b. 18 May 1872, 60y
Anderson, Michael, b. 6 Jun 1853
Anderson, Oliver A., b. 3 Dec 1859, 8m
Anderson, Rachel, b. 23 Aug 1850, 30y
Anderson, Rebecca, d. 2 Dec 1798, b. 3 Dec 1798, 42y, widow of Thomas
Anderson, Rosanna, b. 6 Apr 1861, 9m
Anderson, Thomas, d. 11 May 1798, b. 12 May 1798, c. 55y
Anderson, Thomas, b. 21 Sep 1828, Colored child
Anderson, Thomas, b. 19 Oct 1863, 20y
Anderson, Thomas, b. 16 Dec 1863, 40y, Colored
Anderson, Thos. M., b. 26 June 1867, 33y
Anderson, William, b. 25 Aug 1852, 35y
Anderson, Winfield S., b. 26 Jul 1860, 2m
Anderson, Wm. Edwd., b. 5 Feb 1854, 4y
Andre', Harriet, b. 8 Jan 1830, c. 50y, unknown sickness, Colored servant of Dr. Ducatel
Andrew, Frederick, b. 18 May 1871, 58y
Andrews, Jane, d. 28 Apr 1802, b. 29 Apr 1802, 10m13d, dau of Presly & Julia
Andrews, Jane, d. & b. 5 Dec 1805, 21y, child-bed, wife of Daniel
Andrews, Mary Ann, d. 26 Jul 1799, b. 27 July 1799, 2m, dau of George & Elizabeth
Angel, Lewis Edward, 10 Aug 1834, 8m, bowel complaint
Angelery, Mary, b. 6 Aug 1872, 2y
Ansele, Nicholas, d. 25 Nov 1793, b. 26 Nov 1793, native of the Parish of St. Sauveuir of Montivillier, Diocese of Rouen, buried in St. Peter's Church Yard
Anther, Henry, b. 20 Mar 1831, c. 60y, unknown sickness
Anthony, child, b. 23 Sep 1829, 14m, unknown sickness, child of Harriet, Colored
Anthony, Edward Alexander, d. 19 Jul 1819, b. 20 Jun 1819, 10m, summer complaint
Anthony, George, b. 7 Aug 1810, 1y5d
Anthony, James, d. 26 May 1805, b. 27 May 1805, c. 30y, free Negro, from St. Domingo
Anthony, Joseph, d. & b. 16 Sep 1798, c. 30y, native of Italy
Anthony, Mary, b. 1 Dec 1842, 100y
Anthony, Robert, b. 25 Jun 1829, c. 45y, suddenly
Anthony, Susan, b. 8 Oct 1849, 6m, Colored
Antichan, Gerand, d. 22 Jul 1795, b. 23 Jul 1795, 1y6m, son of Anthony & Elizabeth St. Martin
Antone, Maria Clara, b. 29 Sep 1857, 40y
Antonio, Sister Mary, (Mrs. Elizabeth Mary Ann Duchelman), d. 29 Oct 1832, b. 30 Oct 1832, 49y, cholera, Colored Sister of the Oblate of Providence, nurse in Archbishop Whitfield's home, widow mother of Sister Mary Theresa and of Miss Aleida Duchelman, a former Oblate sister and founder in Order
Apold, Joseph, b. 22 Sep 1824, c. 14y, bilious fever
Applegarth, female, b. 2 May 1842, 2y, dau of Mr. Applegarth
Applegarth, Sydney, b. 16 Jul 1864, 15m
Arbaltier, Nicholas Prosper, b. 3 Jul 1862, 42y
Arbaugh, Sarah Ellen C., b. 21 Dec 1844, 1y
Arcenaux, Lewis Lucien, b. 28 Sep 1852, 25y
Arcombol, child, b. 28 Jan 1826, c. 7m, unknown sickness, child of Felix
Arcombol, Felix, b. 8 Jan 1826, c. 35y, unknown sickness
Ardle, Ann Maria M., b. 22 Nov 1868, 59y

Aredin, Mary Jane, b. 29 Mar 1867, 63y
Arien, child, b. 4 May 1832, died soon after birth, child of Ely, Colored
Arien, Gabriel August, d. 4 Nov 1801, b. 5 Nov 1801, 1y5m, son of Charles & Elizabeth
Arien, Justin, b. 23 Jun 1827, c. 19y, bilious fever
Armaignac, Louise, d. 26 Mar 1805, b. 27 Mar 1805, c. 59y, widow La Cassaigne, native of St. Domingo
Armand, Francis, d. 8 Nov 1805, b. 9 Nov 1805, c. 30y, consumption
Armand, John Peter, d. 11 Sep 1796, b. 12 Sep 1796, 1m22d, son of Francis & Margaret
Armand, Margaret, d. & b. 13 Sep 1800, c. 33y, wife of John
Armand, Mary, d. 31 Jul 1796, b. 1 Aug 1796, 11d, dau of Francis & Margaret
Armat, Elizabeth, b. 6 Aug 1858, 78y
Armot, Christopher, b. 8 Mar 1849, 64y
Armour, Mary, d. & b. 9 Aug 1802, wife of David of Baltre City, buried in the Hillen Family Burial Ground
Armstrong, Henry, b. 11 Feb 1868, 34y
Armstrong, Rebecca, b. 8 Aug 1824, c. 30y, unknown sickness
Armstrong, Victor, b. 19 Oct 1828, 5y, dropsy, child of Henry
Arnand, Peter, d. 2 Jul 1806, b. 3 Jul 1806, 8m, debility, son of Francis & Mary Josephine Gourdon
Arnault, John, b. 7 Dec 1855, 56y
Arney/Amey, Miss, b. 1 Apr 1842, 7y, orphan
Arnold, child, b. 16 Mar 1849, 3y, child of Jas.
Arnold, George Anna, b. 26 Jun 1829, c. 6m, unknown sickness
Arnot, ---, b. 22 Feb 1837, c. 80y, catarrh, Colored slave of Mrs. Connt
Arnoux, Mrs. L., b. 28 Feb 1855, 60y
Arny, Charles, b. 10 Jul 1826, c. 30y, bilious
Arthur, child, b. 25 Jan 1856, 2y, child of Robt.
Arthur, Easter, b. 29 Sep 1850, 35y
Arthur, Jane, b. 2 Sep 1852, 1d
Arthur, John Francis, b. 20 Mar 1855, 5m
Arthur, William, b. 28 Mar 1866, 40y, Colored
Artilony, Thomas, b. 3 Jan 1827, c. 70y, unknown sickness
Aspinal, Mrs., b. 2 Sep 1834, 50y, bilious fever
Aspinall, Mrs., b. 27 May 1842, 40y, consumption
Aspinall, James, b. 1 Dec 1848, 60y
Atkinson, Charel, b. 19 Feb 1848, 9m
Atkinson, Ellen, b. 19 Nov 1855
Atkinson, James, b. 5 Oct 1861, 45y
Atkinson, Mary, b. 31 Jul 1848, 3y
Atkinson, Dr. T. C., b. 26 Jun 1873
Atocha, A. J., Jr., b. 11 Nov 1860, 14y
Atoucha, Elodia, b. 5 Sep 1849, 6y
Atoucher, Maria F. L., b. 30 Sep 1849, 6m
Atridge, Mary, d. 23 Jul 1797, b. 24 Jul 1797, c. 26y, wife of James
Atridge, Thomas, b. 27 Aug 1795, 16m, son of James & Mary
Attalie, Catherine, d. 24 Oct 1793, b. 25 Oct 1793, 7y, native of the Cap Isle, St. Domingo, *(French)
Aubert, John, d. & b. 5 Mar 1798, 6w
Auge, Saint, b. 6 Sep 1829, 3y, Colored
Augmon, Wm. Jos., b. 31 Jan 1873, 3y
Augusta, Francois, b. 28 Mar 1832, c. 30y, consumption
Augustin, John, d. 12 Feb 1815, b. 13 Feb 1815, 20m, Colored, belonged to Wm. Valembrun
Augustin, Luli, d. 28 Oct 1815, b. 29 Oct 1815, 1m, Colored
Augustine, Georgette, d. & b. 1 Dec 1799, 14m, Mulatto
Augustine, Jean, d. 3 Jun 1813, b. 4 Jun 1813, Colored child
Augustus, Adel, b. 2 Apr 1868, 3y, Colored

Augustus, Ann, b. 11 Aug 1865, 7y, Colored
Augustus, Clara Virginia, b. 31 Mar 1864, 9m, Colored
Augustus, Henry, b. 31 Mar 1865, 45y, Colored
Augustus, Mary, b. 18 Jun 1857, 5y, Colored
Augustus, Mary F., b. 16 Aug 1868, 30y, Colored
Auld, Joseph, b. 9 Nov 1822, c. 35y, dysentery
Avery, Mary Ann, b. 10 Jul 1873, 18m
Avipe, Charles, b. 28 Jul 1825, 52y, apoplectic fit
Avoy, Martha, b. 23 Aug 1849, 44

Babcock, Margaret, b. 10 Apr 1860, 22y
Babin, Margaret, d. 30 Jan 1794, b. 31 Jan 1794, advanced age, native of Nova Scotia, buried in St. Peter's Church Yard
Baccigaluppi, Rosa, b. 15 Feb 1871, 7w
Bachan, Ellen Virginia, b. 4 May 1850, 19m
Bacigalupo, Mary Ann, b. 24 Nov 1868, 15m
Bacon, child, b. 29 Dec 1822, child of James
Bacon, child, b. 8 Dec 1827, c. 7m, child of James
Bacon, female, b. 6 May 1829, c. 10m, unknown sickness, dau of John
Bacon, male, b. 1 Oct 1836, 5w, infantile unknown, son of James
Bacon, Mrs. Ellen, d. 8 Apr 1820, b. 9 Apr 1820, 40y
Bacon, Ellen, b. 19 Sep 1831, c. 2y, bowel complaint, dau of James
Bacon, Geo. Jas., b. 19 Jul 1863, 2y
Bacon, George W., b. 3 Dec 1858, 2½y
Bacon, James, b. 6 Aug 1863, 6y
Bacon, James E., b. 26 Nov 1868, 46y
Bacon, James I., b. 2 Mar 1857, 4y
Bacon, John, b. 6 Mar 1873, 2y
Bacon, Joseph, b. 23 Jan 1852, 18y
Bacon, Laura, b. 31 Aug 1854, 6y
Bacon, Mary, d. 28 Dec 1817, b. 29 Dec 1817, 9m
Bacon, Mary, b. 29 Mar 1854, 30y
Bacon, Mary Eugenia, b. 5 Aug 1860, 4m
Bacon, Michael, b. 2 Oct 1839, 36y, typhus fever
Baconais, Louis, d. 25 Aug 1817 (3:00 p.m.), b. 26 Aug 1817, c. 48y, apoplectic fit, native of St. Domingo
Baconois, Henry, d. 3 Aug 1814, b. 4 Aug 1814, 7m
Bacque, Margaret, b. 27 Jan 1826, c. 75y, old age and a cold, native of France, resided in St. Domingo
Badger, Joseph, b. 18 May 1844, 5y
Badian, Catherine, d. & b. 19 Jun 1798, 6y, dau of Peter & Mary
Badian, Elizabeth, d. 22 Aug 1800, b. 23 Aug 1800, 13m, dau of Peter & Mary
Badinilli, Giovanni, b. 14 Sep 1856, 40y
Baggs, Walter, b. 2 Jun 1858, 50y
Bagnal, Michael, b. 17 Jul 1855, 5m
Bagnell/Bignell, male, b. 25 Aug 1837, 14m, summer complaint, son of William
Bagnell, Ann, b. 6 Apr 1851, 20m
Bagnell, Catharine, b. 15 Mar 1862, 40y
Bagnell, Michael, b. 7 Sep 1869, 53y
Bahn, William, b. 10 Jan 1859, 5y
Bahon, Barbara, d. 12 Mar 1804, b. 14 Mar 1804, 67y, lingering illness, widow of Stephen
Bahon, Stephen, d. 7 Feb 1799, b. 9 Feb 1799, 54y, apoplexy, hus of Barbara, native of Ireland
Bailey, ---, b. 15 Jul 1815, Colored infant
Bailey, Catharine, b. 20 Sep 1859, 12m
Bailey, Mary Ann, b. 28 Sep 1804, 6m, dau of James & Elizabeth
Bailey, Phillis, b. 20 Mar 1869, 82y, Colored
Bain, Ann, b. 14 Jul 1829, c. 22y, bilious
Bain, Bridget, b. 23 Jun 1828, c. 2y, croup, dau of Michael
Bain, Emily, b. 30 Dec 1850, 28y, Colored
Baird, William, b. 12 Feb 1860, 34y
Bak, George, b. 3 Feb 1835, 50y, consumption, Colored
Baker, child, b. 17 Jul 1831, few months old, child of Mr. Baker
Baker, child, b. 29 Aug 1832, 15m, teething, child of Jacob
Baker, male/child, b. 18 Jun 1836, 9m, son/child of Joseph/John
Baker, male, b. 30 Jun 1838, 7m, unknown sickness, son of Ann
Baker, male, b. 1/4 Jul 1839, 2½y, son of Joseph

Baker, Anthony, d. 28 Oct 1800, b. 29 Oct 1800, 1m, son of Adam & Mary
Baker, Augustus A., b. 2 May 1858, 19y
Baker, Charlotte, b. 30 Jul 1845, 50y
Baker, Dr. Edward, b. 25 May 1859, 64y
Baker, Elizabeth, d. 9 Aug 1800, b. 10 Aug 1800, 7m, dau of Mathias (dec)& Magdalene (dec)
Baker, Henry, b. 26 Aug 1849, 26y
Baker, Honora, d. 6 Aug 1811, b. 7 Aug 1811, wife of John
Baker, Jacob, b. 19 Feb 1822, c. 50y, liver complaint
Baker, Jane, b. 5 Aug 1854, 31y
Baker, Joseph, b. 17 Dec 1856, 23y
Baker, Joseph, b. 13 Jul 1870, 68y
Baker, Joseph G. W., b. 8 Dec 1854, 3m
Baker, Julia, d. & b. 25 Sep 1800, native of Ireland
Baker, Mary, b. 1 Sep 1832, 27y, cholera
Baker, Mary, b. 21 Jun 1845, 80y
Baker, Miss Mary, b. 5 Aug 1854, 96y
Baker, Mary, b. 8 Jun 1862, 82y
Baker, Mary A., b. 20 Aug 1848, 6m
Baker, Mary Ann, d. 25 Nov 1806, b. 26 Nov 1806, c. 1y, teething, dau of Jacob & Mary
Baker, Mary Ann, d. 31 Jul 1811, b. 1 Aug 1811, c. 4y
Baker, Mary Ann, d. 8 Aug 1811, b. 9 Aug 1811, c. 4y
Baker, Mary Ann, b. 20 Mar 1823, infant dau of Samuel
Baker, Mathias, d. 27 Sept 1799, b. 29 Sep 1799, c. 54y
Baker, Mathias, d. 15 Sept 1811, b. 16 Sep 1811, c. 25y
Baker, Roger, b. 24 Jun 1828, 7m, convulsions, son of Stephen
Baker, Samuel, b. 5 Oct 1854, 28y
Baker, Susanna, d. 4 Jul 1805, b. 5 Jul 1805, 14½m, cholera, dau of Jacob & Mary
Bakie, Margaret, b. 31 Oct 1868, 27y
Balas, Miss Mary Magdalen, see Frances, Sister Mary
Baldwin, female, b. 15 Jan 1845, 2y, dau of Mrs. Baldwin
Baldwin, Charlotte, b. 2 Aug 1856, 2½y
Baldwin, E. W., b. 11 Aug 1872, 67y
Baley, child, b. 14 Jul 1822, summer complaint, child of Allen
Baley, Harriet, b. 6 Jan 1854, 55y
Ball, Ely, d. & b. 28 Sep 1797, 5y6m
Ball, John, b. 27 Nov 1837, 15y, inflamation
Ball, Nancy, b. 6 Dec 1835, c. 40y, Colored woman
Ballard, Elizabeth, b. 27 Dec 1862, 75y
Ballard, Frederick, b. 6 Nov 1849, 9m
Ballard, Frederick, b. 7 Jul 1850, 8m
Ballard, Frederick, b. 16 Nov 1865, 80y
Ballard, James F., b. 6 Aug 1856, 11m
Ballesty, Patrick, b. 30 Aug 1822, c. 40y, consumption
Baltimore, female, b. 19 Sep 1839, 10m, whooping cough, dau of William G.
Banackman, William Joseph, b. 15 Feb 1830, 3m, croup, son of Jacob
Bank, male, b. 5 Sep 1843, 5½y, son of Mr. J. J. Bank
Banks, Alfred H., b. 29 Jun 1843, 15m
Banks, Chas., b. 9 Jul 1874, 5m
Banks, F. Almira, b. 8 Jun 1864, 17y
Banks, Francis F., b. 24 Apr 1856, 51y
Banks, Jacob, b. 19 Apr 1873, 70y
Banks, Joseph G., b. 24 Jul 1854, 4y
Banks, Laura, b. 17 Aug 1862, 18y
Banks, Lydia D., b. 18 Mar 1873, 63y
Banks, Mary E., b. 22 Jul 1874, 3y
Banks, Ruth, b. 21 Jan 1851, 2y, Colored

Banks, Ruth, b. 15 Sep 1852, 2m, Colored
Bannan, Catharine, b. 25 Jul 1855, 8d
Bannan, Edward, b. 7 Oct 1857, 25y
Bannan, Mary A., b. 14 Nov 1870, 5y
Bannon, Charles, b. 8 Feb 1871, 47y
Bannon, Emma, b. 30 May 1868, 29y
Bannon, Hugh, b. 19 Oct 1861, 45y
Bannon, Mary Ann, b. 24 Sep 1829, 1w, convulsions
Bannon, Mary Frances, b. 3 Jan 1866, 2½y
Bannon, Michael, b. 7 Sep 1866, 45y
Banton, Francis X., b. 8 Jul 1868, 6m
Bantum, Sarah A., b. 25 Aug 1842, 10m, Colored
Baptist, John, d. 29 Oct 1804, b. 30 Oct 1804, teething, Negro, slave of Fame & Berenger
Baptist, John, d. 29 Jan 1807, b. 30 Jan 1807, 2y, son of John & Diana
Baptist, John, d. 6 Aug 1807, b. 7 Aug 1807, 8m, teething, Mulatto, son of Charlotte, free Negro
Baptist, John, d. 9 Dec 1809, b. 10 Dec 1809, consumption, advanced age, free French Mulatto
Baptist, John, d. 3 May 1810, b. 4 May 1810, 9m, Colored
Baptist, Mary Clare, d. 21 Sep 1802, b. 22 Sep 1802, 14m, dau of Azor George Baptist & Fanny, Negro
Baragas, Elizabeth, b. 1 Apr 1866, 55y, Colored
Barbarin, Teresa, d. 24 Sep 1796, b. 25 Sep 1796, 6y5m, dau of Lewis & Mary
Barbarin, William, d. 14 Aug 1803, b. 15 Aug 1803, 1y1m8d, cholera, son of Lewis & Elizabath
Barber, James, d. 2 Apr 1804, b. 3 Apr 1804, 64y, suddenly, hus of Sarah
Barber, Letitia, b. 25 Sep 1873, 12y
Barber, Rebecca, b. 4 Feb 1855, 5y
Barber, William, b. 19 Mar 1867, 18m, Colored
Barbine, Margaret, d. & b. 23 Aug 1796, c. 14y
Bardois, Jean Baptiste, d. 8 Aug 1793, b. 9 Aug 1793, 20y, native of St. Jean de Luc, *(French)
Bardroff, Daniel, b. 28 Jun 1865, 20m
Bardroff, Jos. B., b. 28 Jan 1873, 37y
Bardroff, Joseph, b. 29 May 1869, 77y
Bardroff, Maria, b. 16 Jun 1871, 35y
Bareda, child, b. 10 Mar 1856, 1d, child of Mr. Bareda
Barett, Ella, b. 17 Sep 1870, 5y
Bareux, Augustine, d. 28 Oct 1800, b. 29 Oct 1800, 4y8m2d, dau of James Michael & Mary
Bareux, Charles Anthony, d. 14 Sep 1801, b. 15 Sep 1801, 13m, son of James Michael & Mary
Bareux, Mary, d. & b. 13 Sep 1800, c. 28y, wife of Michael
Barickman, Christina, d. 27 Jul 1793, b. 28 Jul 1793, wife of Anty, buried by Frans Beeston, curate of St. Peter's, Baltimore
Barker, child, b. 1 Aug 1825, c. 1y, complaint of the lungs, child of Alexander
Barker, Mrs., b. 2 Apr 1859, 65y
Barker, Bernard, b. 31 Aug 1832, c. 40y, consumption
Barker, James, b. 17 Dec 1848, 50y
Barkley, Ann, b. 4 May 1800, b. 5 May 1800
Barkley, Edward, d. 19 Jul 1805, b. 21 Jul 1805, 11m, cholera, son of Julia
Barkman, Andrew, d. 30 Apr 1806, b. 1 May 1806, c. 3m, son of David
Barley, John, d. & b. 11 Aug 1800, 3m
Barlow, female, b. 10 Aug 1843, 8m, dau of Mr. Barlow
Barlow, John, b. 25 Jun 1850, 3w
Barlow, Julia, b. 13 Jul 1849, 4m
Barlow, Mary, b. 13 Apr 1865, 50y
Barlow, Nathaniel, b. 1 Jul 1855, 7y
Barlow, Susan, b. 1 May 1853, 36y
Barnacloe, female, b. 14 Nov 1840, 12m, dau of J.W. Banacloe
Barnacloe, male, b. 19 Sep 1845, 4y, son of Mr. Barnacloe
Barnes, child, b. 5 Jul 1822, summer complaint, child of Fanny, free Colored woman

Barnes, Mrs., b. 27 Oct 1858, 90y
Barnes, Amanda, b. 12 Jan 1829, c. 13m, dau of Henry
Barnes, Ann Jane, b. 11 Sep 1821, 3m, cholera infantum, Colored
Barnes, Briston, b. 22 Feb 1843, 70y, Colored
Barnes/Burnet, Mary, b. 27 Feb 1841, 40y, consumption
Barnet, Sylvester, b. 13 Feb 1836, 5y
Barnett, female, b. 17 Feb 1836, 5y, spine, dau of Sylvester
Barney, William Moses, d. 16 Aug 1800, b. 17 Aug 1800, c. 1m, son of Samuel & Eve
Barnitz, Alexander H., b. 26 Mar 1867, 44y
Baron, child, b. 9 Dec 1825, born today, child of Peter
Barquez, Joseph, d. 11 Apr 1815, b. 12 Apr 1816, 4y, burned accidentally
Barracka, Francis, b. 9 Mar 1868, 50y, Italian
Barrackman, Ellen C. V., b. 3 Dec 1831, c. 8y, fits
Barral, Francis, b. 28 Nov 1854, 5w
Barrall, Susan, b. 7 Feb 1848, 3y
Barran, Mrs., b. 11 Jan 1870, 73y
Barrans, Rose, b. 12 Aug 1857, 6m
Barras, child, b. 20 Jun 1824, died immediately after birth, child of Mariette
Barraton, John Joseph, d. & b. 11 May 1798, c. 3y, son of Justine, a free woman from St. Domingo
Barrell, Mrs. Saml., b. 17 Jun 1865, 35y
Barret, child, b. 26 Dec 1843, 2w, child of Mr. Barret
Barret, Mr., b. 7 Aug 1827, 25y, fit
Barret, Bridget, b. 10 Sep 1861
Barret, Eliza, b. 3 Oct 1862, 70y
Barret, Emily, b. 20 Aug 1850, 19m
Barret, Herman P., b. 20 May 1859, 8m
Barret, John, b. 19 Dec 1848, 36y
Barret, John, b. 21 Nov 1857, 2d
Barret, Mary Ann, b. 4 Apr 1854, 12m
Barret, William, b. 12 Oct 1850, 33y
Barrett, Catherine, b. 5 Sep 1838, 30y, inflamation of the stomach
Barrett, Clara Belle, b. 28 Jan 1870, 9m
Barrett, Edward, b. 13 Sep 1832, c. 48y, cholera
Barrett, Hugh Q., b. 2 Aug 1858, 3y
Barrett, James, b. 28/31 Oct 1837, 50y, consumption
Barrett, Jno., b. 17 Aug 1873, 3y
Barrett, Joseph, b. 7 Apr 1873, 18y
Barrett, Luke, b. 25 Sep 1874, 23m
Barrett, Margaret, b. 31 Jul 1849, 28y
Barrett, Michael, d. 5 Oct 1818, b. 6 Oct 1818, 40y, consumption
Barrett, William, b. 6 Nov 1820, 35y, drowned
Barrickman, Ambrose, b. 25 Apr 1850, 16y
Barrickman, Henry, b. 2 May 1850, 48y
Barrickmon, child, b. 28 Apr 1827, stillborn, child of Henry
Barriere, Mary, b. 17 Aug 1868, 2 hours
Barriere, Rosanna, b. 12 Jun 1828, 82y, mortification of the nose
Barrold, child, b. 9 Aug 1858, 11m, child of James
Barroll, Amelia, b. 23 Jan 1848, 5y
Barroll, Mrs. Amelia, b. 21 Oct 1854, 35y
Barroll, James, b. 7 Feb 1848, 1½y
Barron, child, b. 29 Dec 1828, 3m, croup, child of Peter
Barron, Elizabeth, b. 9 Nov 1832, 26y, consumption
Barron, John, b. 13 Apr 1863, 42y
Barron, John Catharine, b. 26 Apr 1858, 3m
Barron, Mark, b. 20 Oct 1858, 5m

Barron, Mary, b. 15 Oct 1872, 76y
Barron, Patrick, b. 24 Jun 1853, 75y
Barron, Peter, b. 19 Apr 1830, c. 45y, dropsy
Barry, child, b. 15 May 1852, child of Robert C. Barry
Barry, child, b. 7 Mar 1854, 3y, child of Robert
Barry, child, b. 20 Mar 1856, 18m, child of John
Barry/Berry, female, b. 25 Aug 1837, 8m, summer complaint, dau of James
Barry, female, b. 21 Jun 1842, 6y, measles, dau of James
Barry, Mr., b. 25 Sep 1835, 80y, cancer
Barry, Mrs., b. 27 Sep 1826, wife of Robert
Barry, Amelia R., b. 3 Aug 1868, 8m
Barry, Anna H., b. 24 Dec 1857, 7m
Barry, Annie, b. 17 Oct 1869, 14m
Barry, Benjamin H., b. 28 Feb 1850, 8m
Barry, Mrs. Catharine, b. 5 Jun 1868, 66y
Barry, Elizabeth, b. 26 Aug 1825, c. 32y, consumption
Barry, Eliza Jane, b. 2 Mar 1852, 3y
Barry, Mrs. E. N., b. 8 Apr 1874
Barry, James, d. 22 Jun 1803, b. 23 Jun 1803, 2y, son of Michael & Elizabeth
Barry, James, d. 16 Nov 1805, b. 17 Nov 1805, 9m16d, son of Robert & Mary Ann
Barry, James, b. 11 Jul 1837, c. 40y, suddenly
Barry, James A., b. 25 Jun 1851, 4y
Barry, James C., b. 4 Apr 1866, 72y
Barry, John, d. & b. 29 Jun 1799, native of & lately from Ireland
Barry, John, d. 15 Mar 1824, b. 16 Mar 1824, c. 35y, pleurisy, native of Ireland
Barry, John, b. 7/8 Apr 1840, 45y, consumption
Barry, John, b. 5 Mar 1854, 14m
Barry, John S., b. 27 Apr 1862, 3y
Barry, John S., b. 30 May 1864, 20y
Barry, Maggie J., b. 6 Oct 1873, 19y
Barry, Margaret, b. 10 Oct 1834, 24y, consumption, Colored
Barry, Mary Ann, d. & b. 18 Aug 1801, 11m17d, dau of Michael & Elizabeth
Barry, Mary Eleanor, b. 25 Nov 1860, 30y
Barry, Matilda, b. 27 Jun 1862, 61y
Barry, Michael, b. 31 Mar 1859, 60y
Barry, Robert, b. 27/28 Jul 1837/1838, 65/70y, congestive fever, Esquire
Barry, Thomas, d. & b. 15 Sept 1793, St Peter's Church Yard, Baltimore
Barry, William, b. 28 May 1830, age unknown, unknown sickness
Barry, William, b. 18 Apr 1831, c. 26y, suddenly
Barry, Wm., b. 5 Jun 1853, 14m
Barry, Wm., b. 7 Jun 1871, 20m
Barthe, Alexander, d. 23 Dec 1813, b. 25 Dec 1813, c. 19y, bilious fever
Barthe, J.B.G., d. 22 Feb 1813, b. 23 Feb 1813, 22m
Barthe, Raymond, b. 18/19 Aug 1836, 32y, consumption, Colored
Barthe, Theodore Charles, d. 18 Aug 1811, b. 19 Aug 1811, 30y
Bartholdi, John, b. 28 Sep 1859, 50y
Bartholomee, James John, b. 12 Feb 1813, 1m
Bartholomee, Julius, d. 7 Oct 1813, b. 8 Oct 1813, c. 30y, consumption
Bartholomew, Alice, b. 21 May 1848, 2y
Bartholomew, Edwd., b. 24 Dec 1848, 49y
Bartholomew, Henry W., b. 9 Feb 1864, 1 hour
Bartholomew, John Baptist Joseph, b. 15 Aug 1830, c. 30y, bilious fever
Bartholomew, Philip Joseph, b. 8 Feb 1826, c. 75y, native of St. Domingo
Bartholomew, Samuel, b. 12 Jun 1844, 40y
Bartoli, Lewis, b. 23 Sep 1858, 32y
Barton, child, b. 1 Feb 1824, c. 10m, croup, child of Mr. Barton

Barton, male, b. 7 Sep 1848, stillborn, son of Mr. Barton
Barton, Edwin, b. 25 May 1831, c. 1y, bilious, son of Henry
Barton, Jane, b. 4 Jul 1867, 68y
Barton, Virginia L., b. 12 Aug 1852, 2½y
Barvey, child, b. 25 May 1856, child of Martin
Bastard, John, d. 9 Aug 1795, b. 10 Aug 1795, 12d, son of John & Louisa
Bastern, John B., see Bastion/Bastern, John B.
Bastianelli, Gaetano, b. 24 Feb 1865, 28y
Bastinella, Charles, b. 9 Feb 1863, 4y
Bastion/Bastern, John B., b. 26 Dec 1838, 65y
Bataille, Mary Joseph, d. 28 Apr 1798, b. 29 Apr 1798, c. 23y, son of Hugh Gabriel, former
    commanding officer of the militia at Larchay & Planter of St. Domingo, and Mary
    Magdalene Brown
Batchelor, Mrs., b. 27 June 1867, 40y
Batchelor, Smith Joseph, b. 25 Jul 1823, c. 37y, nervous fever
Bates, Elizabeth, b. 25 Apr 1867, 8m, Colored
Bates, Louisa, b. 28 Feb 1855, 21y
Bates, William H., b. 6 Jul 1865, 17m, Colored
Batoble, William, b. 5 Jan 1861, 4w
Batpara, Michael, d. & b. 1 Sep 1798, c. 30y, native of Spain
Batson, Sarah Jane, b. 24 Mar 1851, 9m
Battimer, James, b. 12 Jul 1856, 3y
Batty, Ann, b. 1 Apr 1873, 49y
Baubert, Catherine Pognon, b. 28 Jul 1823, sickness & age not known, Colored woman, able to
    pay all expenses $7.00
Bauchet, Michael, b. 20 Sep 1869, 3y
Bauer, Catharine A., b. 31 Jan 1853, 34y
Bauer, David E., b. 1 Oct 1844, 5w
Bauer, William, d. 22 Jul 1811, b. 23 Jul 1811, 2½m
Bauer, Wm. H., b. 23 Oct 1852, 9m
Baugher, Adolphus O., b. 15 Feb 1863, 4y
Baugher, Joseph, b. 23 Apr 1870, 40y
Baugher, Mary H., b. 14 Aug 1858, 2y
Baugher, William F., b. 15 Apr 1864, 23y
Baughham, James, b. 20 Jul 1821, c. 30y, yellow fever
Baum, Maria, b. 8 Mar 1836, 36y, cancer
Baxley, Jerusha, b. 29 Dec 1841, 46y, consumption
Baxter, Isaac, d. 8 Apr 1805, b. 9 Apr 1805, c. 26y
Baxter, Jane, b. 1 Oct 1854, 32y
Baxter, Mary Ann, b. 31 Oct 1854
Bayly, Mary Jane, b. 22 Sep 1862, 20y
Bayne, Patrick, b. 21 May 1822, c. 45y, deceased in the Alms House of the palsy
Beacock, Thomas, b. 10 Mar 1831, c. 35y, consumption
Beal, Walter T., b. 30 Nov 1863, 30y, see Adams (sic)
Beams, Wm., b. 22 Nov 1872, 21y
Bean/Bear, Jeremiah, b. 8/9 Aug 1837, 75y, consumption, Colored?
Bean, Sarah, b. 4 Apr 1873, 90y
Bear, Jeremiah, see Bean, Jeremiah
Beard, male, b. 23 Apr 1839, 10m, son of James
Beard, Josephine, b. 22 Dec 1860, 20y
Beard, Mary, d. 16 Oct 1802, b. 17 Oct 1802, 28y, wife of Captain Alexander
Beard, Peggy, b. 13 Nov 1863, 84y
Beatrice, Sister, b. 20 Aug 1871
Beatty, female, b. 20 Apr 1837, c. 3y, dau of James
Beatty, male, see Higgins, Beatty
Beatty/Betagh, Eleanor, b. 24 Nov 1811, 39y, accidently burned to death

Beatty, Jno. Wm., b. 2 Jun 1874, 10m
Beatty, Richard, b. 21 Oct 1823, 18m, bilious fever
Beatty, Thos. Loyd, b. 10 Aug 1867, 3m
Beaty, child, b. 27 Jun 1832, c. 6w, unknown sickness, child of Mrs. Beaty
Beaty, child, b. 7 Oct 1854, 18m, child of Joseph
Beaty, Alice Virginia, b. 30 Jun 1859, 3y
Beaty, Eliza, b. 29 Oct 1840, 38y, consumption
Beaty, Elizabeth, b. 18 Nov 1848, 3y
Beaty, Elnora, b. 12 Apr 1829, age unknown, unknown sickness
Beaty, Margaret, b. 25 Aug 1857, 30y
Beaty, Mary, b. 2 Mar 1857, 31y
Beaty, Michael, b. 21 Nov 1860, 41y
Beaty, Sarah, b. 12 Aug 1853, 12m
Beaty, Thomas F., b. 2 Dec 1860, 7y
Beaty, Thos., b. 25 Jul 1848, 12m
Beaupoy, Victorie Perodin, d. 6 Jan 1805, b. 8 Jan 1805, c. 32y, widow of Isaac Stephen
Beaver, Daniel, b. 13 Apr 1872, Colored
Beboe, John, b. 16 Jul 1853, 60y
Beck, Helena, d. 19 Sep 1794, b. 20 Sep 1794, wife of John, buried in the Catholic Burying
    Ground
Beck, Sarah, b. 7 Jan 1873, 56y
Beckeistaff, James, b. 23 Aug 1868, 2y
Beckley, child, b. 4 Apr 1844, 6m, child of Mrs. Beckley
Bedford, Elenora Maria, d. & b. 18 Jun 1805, 5m17d, dau of Gunnings & Eliza
Bedford, Gunnings, d. 2 May 1809, b. 3 May 1809, 28y, consumption
Bedford, Henry, d. 19 Jan 1817, b. 20 Jan 1817, c. 8y
Been, child, b. 3 Feb 1822, c. 3w, child of Michael
Been, child, b. 13 Jul 1825, age unknown, unknown sickness, child of Mr. Been
Beenan, child, b. 14 Mar 1845, stillborn, child of Anthony
Beers, George, b. 27 Oct 1866, 21y
Beers, Honora, b. 26 Oct 1851, 6y
Beers, Thos., b. 11 Jun 1850, 54y
Beeston, Rev. Frans, d. 20 Dec 1809, b. 22 Dec 1809, 59y, born in Lincolnshire, England, buried
    on Hampstead Hill amidst deceased members of the congregation he had served with
    zeal for c. 16y, rector of St. Peter's Church, Baltimore, departed this life with the
    inexpressable regret of the flock committed to his care, his memory will long be cherished
    with the fondest affection & held in grateful veneration (John Carroll, Bishop of Baltimore)
Behner, infant, d. 31 Aug 1813, b. 1 Sep 1813, -- months old
Behner/Gehner, George William, d. 31 Aug 1803, b. 1 Sep 1803, 6m25d, son of William &
    Elizabeth
Beivill, Thomas, b. 28 Feb 1852, 10d
Bell, ---, b. 23 Dec 1830, c. 65y, unknown sickness
Bell, child, b. 4 May 1844, 14m, child of Mrs. Bell
Bell, female, b. 10 Sep 1837, 6y, croup, dau of Daniel
Bell, male, b. 9 Jan 1839, 1d, son of Daniel
Bell, male, b. 15 Feb 1841, 9m, catarrh fever, son of John
Bell, male/Daniel, b. 28 Sep 1841, 17m, summer complaint, son of Daniel
Bell, male, b. 25 Apr 1844, 2w, son of Hyson
Bell, male, b. 12 Jun 1845, 1m, son of John
Bell, Mr., b. 10 Mar 1844, 40y
Bell, Ann, b. 3 Aug 1866, 60y
Bell, Daniel, see Bell, male/Daniel
Bell, Daniel, b. 20 Jun 1843, 48y
Bell, Francis Thomas, b. 2 Oct 1841, 3y, whooping cough
Bell, George Edwd., b. 11 Mar 1859, 20m
Bell, Henry B., b. 9 Jul 1864, 3m

Bell, Henry Burgess, b. 7 Jul 1864, 3m
Bell, Mrs. Mary, b. 16 Oct 1865, 25y
Bell, Patrick, b. 19 Apr 1859, 30y
Bell, Rosetta, b. 2 Feb 1872, 60y
Bell, Sarah, b. 4 Jul 1853, 22y
Bell, Sarah, b. 10 Jun 1864, 19y, Colored
Bell, Thomas, b. 2 Apr 1844, 2y
Bell, Thomas Henry, b. 18 Jul 1830, c. 8m, summer complaint, son of John
Bella, child, b. 2 Aug 1869, 1m, child of Mr. Bella
Belleroche, John Baptist, d. & b. 5 Aug 1795, c. 4m, son of Rene & Jane Boucherean
Belleville, Vincent, d. 8 Apr 1804, b. 9 Apr 1804, 1y, son of Sophia & Dominic
Bellmont, child, b. 18 Oct 1866, stillborn, child of J. Bellmont
Belly, Pierre, d. 19 Jul 1814, b. 20 Jul 1814, c. 90y, apoplexy, native of St. Domingo
Belnoux, Marianne, d. 22 Sep 1799, b. 23 Sep 1799, c. 30y, native of Orleans
Ben, Margaret, b. 5 Dec 1832, 26y, bilious
Bendict, Joseph, b. 27 Jun 1857, 2m, Colored
Benedict, Sr., b. 20 Apr 1869, 27y, Colored
Benedict, Sister Mary, b. 13 May 1857, 70y, an Oblate Sister of Providence, Colored
Bener, Elizabeth, d. 23 Aug 1810, b. 24 Aug 1810, 5m
Bener, Henry, d. 28 Aug 1795, b. 29 Aug 1795, 8d, son of William & Elizabeth
Bener, James, b. 15 June 1830, c. 1y, dropsy on the brain
Benet, William, b. 29 Sep 1848, 50y
Bennet, male, b. 17/24 May 1839, 3m, son of Hannah
Bennet, male, b. 30 Apr 1855, 1 hour, son of Jno.
Bennet, E., b. 16 Jul 1872
Bennet, Elizabeth, d. 16 Jul 1804, b. 17 Jul 1804, 35y, wife of Patrick
Bennet, James, b. 15 Jul 1861, 2 minutes
Bennet, John, b. 18 Mar 1851, 6m
Bennet, John, b. 22 Nov 1851, 14m
Bennet, Margaret, b. 27 Nov 1859, 11m
Bennet, Mary, d. 21 Jun 1800, b. 22 Jun 1800, 56y, wife of Patrick, at Fells Point
Bennet, Mary Eliza, b. 27 Aug 1856, 11m
Bennet, Michael, b. 23 Mar 1858, 6m
Bennet, Patrick, b. 22 Mar 1841, c. 70y, consumption
Bennett, Bridget, b. 19 Sep 1825, 22y, bilious disease
Bennett, C., b. 18 Jul 1871, 19y, Colored
Bennett, Mrs. Patrick, b. 20 Sep 1838, 55y, decline
Bennis, Bridget, b. 11 Jul 1856, 72y
Bennis, Bridget, b. 22 Nov 1862, 2½y
Bennis, William, b. 8 Dec 1868, 55y
Bensinger, Frederick I., b. 11 Mar 1866, 3y
Bensinger, Mary C., b. 9 Jun 1849, 20m
Benson, Ann, d. 10 Aug 1804, b. 11 Aug 1804, 23y, consumption, wife of Charles
Benson, Charles, d. 25 Feb 1811, b. 26 Feb 1811, c. 25y
Benson, Eliza, d. 15 Mar 1809, b. 16 Mar 1809, c. 6y, dau of Charles & Ann
Benson, Francis, b. 4 Jul 1873, 4m
Benson, Harriet, b. 9 May 1865, 25y, Colored
Benson, Mary Ann, d. 18 Feb 1815, b. 19 Feb 1815, 5y
Bentz, Caroline, b. 19 Nov 1869, 70y
Bentz, George, b. 20 Jan 1866, 5d
Bentzinger, male, b. 9 Jun 1841, 5m, son of Michael
Benvill, Mrs. John, b. 18 Aug 1854, 50y
Benville, John, b. 3 Oct 1848, 8y
Benville, John, b. 17 Jan 1854, 26y
Benville, John, b. 16 Aug 1854, 57y
Benzinger, Mathias, b. 16 Jul 1874, 74y

Benzinger, Pierre J. B., b. 20 Sep 1863, 22m
Berard, Josephine Florentine, d. 2 May 1805, b. 3 May 1805, c. 50y, widow of John Richard
Berbine, Joseph, d. 4 Jan 1806, b. 5 Jan 1806, 97y, debility, native of Nova Scotia
Berenger, Honore, d. & b. 22 Sep 1805, c. 65y, native of France
Beret, Philip, d. 19 Feb 1808, b. 20 Feb 1808, 13m, son of David & Teresa
Berg, Albert, b. 16 Jan 1868, 9d
Bergeman, Alphonsus, b. 24 Feb 1851, 16y
Berger, Catharine, b. 5 Jul 1851, 18y
Berger, Claudia, d. & b. 15 Jan 1794, c. 4m, buried in St. Peter's Church Yard
Berger, Clemens, b. 8 May 1868, 58y
Berger, Geneva, b. 27 Oct 1870, 68y
Bergman, George, d. 8 Jul 1803, b. 9 Jul 1803, 8m16d, son of Joseph & Catherine
Bergman, Joseph, d. 27 May 1797, b. 28 May 1797, c. 10y, son of Joseph & Catherine
Berkley, Daniel, d. 18 Oct 1800, b. 21 Oct 1800, c. 9y, son of Elizabeth
Bermagen, male, see Birmingham/Bermagan, male
Bermgain, Mrs., see Bermyan/Bermgain, Mrs.
Bermyan/Bermgain, Mrs., b. 24/25 Sep 1836, c. 28y, dysentery
Bernabeu, Isabella Josepha Clara, d. 26 Aug 1808, b. 27 Aug 1808, 9m10d, teething, dau of Don Juan Baptista & Donna Maria B. White
Bernabeu, Josepha Joanna Matilda, d. 26 Jul 1797, b. 27 Jul 1797, 9m19d, dau of Dr. John Baptist, Consul for his Catholic Majesty in the state of Md, & Donna Maria Bethsabee White
Bernabeu, Marie, d. 12 Oct 1796, b. 13 Oct 1796, c. 2½y, dau of Dr. John Baptist, Consul for his Catholic Majesty at Baltimore, & Donna Bethsabee Maria
Bernabue, Maria, b. 3 Jan 1836, 65y, consumption
Bernard, female, b. 29 Sep 1837, 5y, scarlet fever, dau of Mr. Bernard
Bernard, male, b. 10 May 1835, 4m, infantile unknown, son of Mr. Bernard
Bernard, Francis, d. 3 Apr 1814, b. 4 Apr 1814, 11m
Bernard, Jean Joseph, b. 4 Oct 1793, from Cap Francois Isle, St. Domingo, *(French)
Bernard, Juliana, d. 31 Jul 1801, b. 1 Aug 1801, 4m, dau of Lewis & Mary
Bernard, Lewis, b. 23 Aug 1852, 23y
Bernard, Lucy, b. 27 May 1865, 24y
Bernard, Maria, b. 5 May 1818, 50y, consumption, Colored
Bernard, Richard A., b. 9 Jul 1865, 2m
Bernard, Sophia, b. 29 Jul 1822, c. 30y, consumption
Bernoham, Mary, b. 18 Jun 1823, c. 40y, unknown sickness
Bernoham, Rachael A., b. 28 May 1823, c. 20y, unknown sickness
Berry, ---, d. 8 Feb 1813, b. 9 Feb 1813, c. 60y, consumption
Berry, child, b. 13 Aug 1821, child of Ann Berry
Berry, child, b. 4 Aug 1825, c. 7y, bilious, child of James
Berry, female, see Barry/Berry, female
Berry, male, b. 8 Nov 1834, c. 5m, son of Mr. Berry
Berry, Mrs., b. 28 Dec 1830, c. 35y, unknown sickness
Berry, Mrs., b. 8 Apr 1872, 27y
Berry, Ann, d. 17 Jun 1805, b. 18 Jun 1805, 6y, Negro
Berry, Ann/Mary Ann, b. 18 Aug 1837, 16y, bowel complaint, Colored
Berry, Emanuel, b. 25 Jul 1854, 11y
Berry, Ezechial, b. 4 Jun 1817, twin brother of Rebecca
Berry, James, b. 17 Dec 1839, 55y, spasms, Colored
Berry, James E., b. 18 Mar 1855, 10m, Colored
Berry, Mariah, b. 20 Jul 1844, 65y
Berry, Martha, b. 29 Jan 1855, 2y, Colored
Berry, Mary, d. 20 Dec 1796, b. 22 Dec 1796, 6y11m11d, dau of Regis & Harriat
Berry, Mary, b. 12 Dec 1863, 55y, Colored
Berry, Mary Agnes, b. 3 Jan 1857, 3w
Berry, Mary Ann, see Berry, Ann/Mary Ann

Berry, Mgt. Mary, b. 21 Dec 1855, 28y
Berry, Rebecca, b. 24 May 1817, infant, twin of Ezechial
Berry, Regis, d. 19 Jun 1819, b. 20 Jun 1819, 50y, bilious fever, free Colored man
Berry, Regis, b. 24 Jan 1822, c. 35y, smallpox, slave of Mr. Erasmus Enters
Berry, Sarah, d. 7 Jul 1798, b. 8 Jul 1798, 5d, dau of Regis & Harriet
Berry, Sunstatra, b. 29 Apr 1830, fits, child of Emlia, Colored
Berry, Thadeus, b. 31 Dec 1850, 5y, Colored
Berry, William, b. 25 Apr 1864, 62y
Bertean, ---, d. 19 Nov 1819, b. 20 Nov 1819, 18m, teething
Berteau, Mrs. b. 2 Aug 1869, 36y
Berthy, Ann, b. 23 Jul 1867, 85y
Berthy, Ann Mary, b. 20 Aug 1856, 2w
Berthy, Kate, b. 5 Sep 1858, 4y
Berthy, Patrick, b. 8 Feb 1857, 35y
Bertin, Jane, d. 18 Nov 1793, b. 19 Nov 1793, 4d, dau of James of Cape Francis & Ann Chirot, buried in St. Peter's Church Yard
Bertoulin, Francis, d. 27 Jul 1794, b. 28 Jul 1794, 18m, son of Joseph & Eve, buried in St. Peter's Church Yard
Besley, William, b. 9 Aug 1832, c. 35y, cholera
Besse, Alexander, d. 9 Jul 1800, b. 10 Jul 1800, 3w, son of Claudius & Margaret
Bessiere, Peter, d. 28 Nov 1793, b. 29 Nov 1793, 21y, of the parish of St. Lewis Bordeaux, deceased on board the ship Angelique de Bordeaux, Captn Cherchy, buried in St. Peter's Church Yard
Besson, Joseph, b. & d. 29 Nov 1796, 5d, son of Lewis & Ann Boilenne
Betagh, Eleanor, see Beatty/Betagh, Eleanor
Betts, James, b. 11 Apr 1865, 30y
Betts, Mary, b. 17 Mar 1865, 2y
Beurrier, M., b. 21 Sep 1857, 45y
Beurrier, Victorine, b. 9 Jul 1864, 6w
Bevan, James H., d. 7 Dec 1859, 43y
Bevan, Mrs. M., b. 6 Feb 1871, 60y
Bevan, Margaret, b. 14 Jul 1857, 3m
Bevan, Martha, b. 15 Jul 1850, 15y
Bevan, Sarah, b. 17 Mar 1858, 11m
Bevan, Wm. H., b. 22 Jan 1864, 5y
Bevans, Chas. E., b. 24 Jul 1874, 2w
Beven, William, b. 27 Aug 1823, 12m
Bevins, Thomas, b. 10 May 1831, age unknown, unknown sickness
Bias, child, b. 18 Jan 1824, 1y, bad cold, child of Sarah Bias, Colored
Bickerstaff, Henry, b. 30 Oct 1864, 25y
Bickerstaff, James, b. 7 Jun 1859, 50y
Bickley, Henry, d. 22 Jun 1819, b. 23 Jun 1819, 31y, died in consequence of a piece of lumber falling on him, native of Germany
Biddle, Charles, b. 29 Jun 1851, 11m
Biddle, Martha, b. 28 Jun 1852, 50y, Colored
Biennan, Keyran, b. 11 Apr 1865, 45y
Bigeot, Catherine, d. 11 Jun 1818, b. 12 Jun 1818, 86y
Biges, Paul, b. 24 Feb 1822, 92y, old age, native of Nova Scotia
Bigland, Mary, b. 1 Jan 1832, c. 30, influenza
Bignell, child, see Bagnell/Bignell, male
Bignell, male, b. 5 Dec 1838, 5m, dropsy on the brain, son of William
Bignell/Biguele, William, b. 12/14 Mar 1839, 45y, consumption
Biguele, William, see Bignell/Biguele, William
Billmeyer, Grace, b. 24 Apr 1874, 2y
Bines, E. C., b. 4 Apr 1871, 9w
Bingham, Jos., b. 28 May 1873, 21y

Bingham, Margaret, b. 22 May 1860, 20y, Colored
Binn, Edward, b. 21 Nov 1828, c. 34y, typhus fever, native of Ireland
Binnis, Ann, b. 8 Aug 1862, 7m
Binzinger, Mary C., b. 17 Oct 1865, 6½y
Birch, Dr. Andrew, b. 25 Apr 1859, 22y
Birchman, Barney, b. 9 Mar 1842, 60y, bilious pleurisy
Birchmore, Mrs. Belinda, b. 6 Dec 1834, c. 60y, palsy, Colored
Birckhead, Eliza, b. 25 Sep 1859, 12m, Colored
Bird, child, b. 27 Jul 1830, 2w, child of Mr. Bird
Bird, Charles, b. 22 Jul 1851, 2y
Bird, Ellen, b. 3 Aug 1854, 44y
Bird, Henrietta, b. 4 Apr 1873, 21y
Bird, James, b. 18 Jul 1838, c. 50y, intemperance
Bird, Peter, b. 17 Jun 1863, 65y
Birmingham/Bermagan, male, b. 13 Dec 1836, 8/9m, unknown sickness, son of James
Birmingham, Bartly, b. 25 Mar 1849, 26y
Birmingham, Bedelia, b. 12 Dec 1864, 6m
Birmingham, Daniel, b. 30 Oct 1856, 1m
Birmingham, James, b. 16 Jul 1862, 2m
Birmingham, John, b. 24 Apr 1868, 40y
Birmingham, Levy, b. 13 Oct 1867, 2y
Birmingham, Sister Mary, b. 30 Dec 1861, 31y
Bishop, child, b. 5 Oct 1830, stillborn, child of Patrick
Bishop, female/Bartty, b. 20 Oct 1836, 1½y, unknown sickness, dau/child of Bartley
Bishop, Bartty, see Bishop, female/Bartty
Bishop, Bridget, b. 14 Sep 1867, 27y
Bishop, Richard Bennet, d. 12 Nov 1802, b. 13 Nov 1802, 2y, son of Richard & Elizabeth
Bitner, Mary, b. 4 May 1862, 27y
Bizonard, Archibald, b. 2 Feb 1859, 30y
Bizourd, Elizabeth B., b. 24 Jun 1864, 82y
Black, Barbara, d. & b. 30 Sep 1800, c. 41y, widow of John
Black, Catharine, b. 28 Sep 1854, 36y
Black, John, d. & b. 24 Sep 1800, c. 40y
Black, Mary E., b. 26 Nov 1849, 6m
Black, May, b. 11 Mar 1870, 2m
Black, Nicholas, d. & b. 26 Aug 1800, 3y, son of James & Barbara
Black, Peter, d. 25 Jun 1800, b. 26 Jun 1800, 6m23d, son of John & Barbara
Black, William, b. 2 Mar 1861, 3w
Black, William H., b. 7 Apr 1860, 3y
Blackaby, Margaret E., b. 14 Jun 1870, 14m
Blackburn, male, b. 22 Feb 1841, 8m, inflamation on the brain, son of Mr. Blackburn
Blackburn, Elizabeth, d. 22 Nov 1812, b. 24 Nov 1812, 35y, suddenly
Blackburn, Frances, b. 11 Mar 1849, 12y
Blackburn, Maria L., b. 12 Apr 1850, 2½y
Blackiston, M. T., b. 28 Apr 1870, 10m, Colored
Blair, Edward, d. 13 Aug 1799, b. 14 Aug 1799, 14m, son of John & Catherine
Blair, Eliza, b. 18 Feb 1848, 66y
Blair, James, or servant of James Blair, b. 7 Jan 1841, servant man, 70y, consumption
Blair, James, b. 21 Sep 1849, 72y
Blake, Amelia, b. 2 Jan 1841, 26y, consumption, Colored?
Blake, Catherine, d. 13 Sep 1820, b. 14 Sep 1820, 17y, bilious
Blake, John, b. 24 Jul 1852, 40y
Blake, Margaret, b. 5 Nov 1868, 68y
Blake, Mary, b. 11 Jun 1873, 40y
Blake, Michael, d. 4 Jan 1796, b. 7 Jan 1796, native of Ireland
Blake, Saml., b. 9 Jun 1873, stillborn

Blake, William, b. 27 Sep 1829, c. 65y, fever
Blakeley, female, b. 9 Jun 1849, 6y, dau of Mr. Blakeley
Blakeslee, Laura, b. 14 Dec 1853, 38y
Blakesly, male, b. 3 Dec 1851, 6m, son of Mr. Blakesly
Blakison, Augustin, b. 16 Oct 1869, 89y, Colored
Blaney, Thomas, d. & b. 14 Apr 1813, c. 50y, dropsy
Blayfield, Robert, b. 5 Dec 1865, 3y
Blekely, Bernard, b. 11 Jun 1851, 2y
Blendin, Nicholas, d. 19 Dec 1819, b. 20 Dec 1819, 15m, cholera morbus
Blinsinger, George, b. 1 Jan 1857, 2½y
Blinsinger, Mary Ann, b. 17 Apr 1854, 22m
Block, William F., b. 28 Jul 1854, 7m
Bloke, ---, b. 12 Sep 1823, 50y, drowned
Blondel, child, b. 24 Mar 1815, stillborn, child of William
Blondell, D., b. 19 Jan 1874, 65y
Blondell, Thomas, b. 30 Jun 1856, 30y
Blossom, Barbara Antonia, b. 9 Sep 1821, 15m, bowel complaint
Blot, Sarah, d. 22 Dec 1797, b. 23 Dec 1797, 2y3m, dau of Francis & Margaret
Blott, Catherine, b. 27 Jul 1825, 23y, typhus fever
Blubaugh, child, b. 10 Nov 1852, stillborn, child of Mr. Blubaugh
Blubaugh, Sarah E., b. 12 Feb 1852, 14m
Blundell, Anthony, b. 30 Jun 1849, 83y
Blundell, Anthony, b. 19 Oct 1867, 62y
Blundell, Catharine, b. 23 Jun 1865, 13m
Blundell, Dennis, b. 23 May 1859, 21y
Blundell, Eliza, b. 10 Jul 1873, 6m
Blundell, Ellen, b. 26 Oct 1863, 7y
Blundell, John, b. 23 Aug 1868, 1w
Blundell, Mary, b. 31 Mar 1853, 12m
Blundell, Mary, b. 29 Jan 1872, 6m
Blundell, Mary Jane, b. 1 Sep 1868, 2½y
Blundell, Nicholas, b. 6 Aug 1823, 67y, dropsy, native of Ireland
Blundell, Rose, b. 16 Mar 1864, 37y
Blundell, Rose Alice, b. 23 Nov 1851, 16m
Blunt, Robert, b. 1 Jan 1833, age unknown, unknown sickness
Blye, Thomas Jo., b. 15 Sep 1864, 12m
Boardley, Thomas, d. 22 Jul 1803, b. 23 Jul 1803, c. 5y, accidently drowned, son of Thomas & Jane
Boardly, M. Clayton, b. 18 Jul 1870, 4y
Boarman, female, b. 18 Nov 1837, 5y, sickness of the head, dau of George
Boarman, female, b. 21 Feb 1838, 1y, scarlet fever, dau of Ignatius
Boarman, male, b. 29 Jun 1837, 10d, convulsions, son of William
Boarman, male, b. 28 Feb 1838, c. 2y6m/3y, scarlet fever, son of Ignatius, Jr.
Boarman, male, b. 30 Apr 1844, 5y, son of Wm. J.
Boarman, Benedict Leonard, d. 14 Jul 1799, b. 15 Jul 1799, c. 18y, son of Charles & Mary of Charles County
Boarman, George Sewell, b. 8 Jun 1864, 58y
Boarman, Gertrude, b. 29 Dec 1860, 30y
Boarman, James Thos., b. 9 Feb 1851, 5y
Boarman, Juliet A., b. 27 Apr 1844
Boarman, Susanna, d. 3 Aug 1815, b. 4 Aug 1815, 20m, dysentery
Bobee, Margaret, b. 9 May 1860, 53y
Bobee, Mary, b. 3 Nov 1869, 22y
Bobee, Mary Ann, b. 17 Sep 1845, 3y
Bochen, Magdalen, b. 10 Mar 1825, c. 60y, unknown sickness
Bode, William, b. 7 Jun 1855, 6w

Boden, child, b. 28 Jul 1822, 2y, suddenly, child of James
Boden, child, b. 16 Nov 1830, 13m, child of James
Boden, Martha, b. 10 Nov 1868, 37y
Bodson, ---, b. 23 Apr 1827, c. 50y
Bodson, Peter, b. 13 Sep 1831, c. 17y, unknown sickness
Bodson, Rachel, b. 2 Sep 1840, 27y, brain fever
Boegue, Miss Rose, see Rose, Sister Mary
Boehan, child, b. 1 Jan 1830, c. 2m, unknown sickness, child of Ephraim
Boggs, Catharine, b. 15 Dec 1859, 3½m
Boggs, James, b. 11 Apr 1874, 13y
Boggs, John, b. 31 Dec 1853, 40y
Boggs, Mary, b. 13 Aug 1872, 3m
Boggs, Virginia, b. 9 Aug 1860, 24y
Bogue, child, b. 23 Oct 1849, stillborn, child of Mr. Bogue
Bogue, child, b. 28 Jun 1850, 1d, child of Henry
Bogue, child, b. 30 Jul 1855, stillborn, child of Mr. Bogue
Bogue, Ann, b. 20 Dec 1858, 72y
Bogue, Catharine, b. 2 Jun 1844, 26y
Bogue, Henry, b. 24 Jun 1848, 9m
Bogue, Henry, Sr., b. 3 Dec 1863, 95y
Bogue, Ignatius A., b. 21 Nov 1858, 20m
Bogue, John, b. 1 Oct 1858, 50y
Bogue, John A., b. 27 Dec 1865, 16y
Bogue, Maggie F., b. 16 Jan 1866, 28y
Bogue, Margaret, b. 7 Dec 1832, 45y, unknown sickness
Bogue, Mary, b. 8 Aug 1861, 50y
Bogue, Mary Ann, b. 10 Aug 1844, 5y
Bogue, Mary Ann, b. 9 Jun 1868, 55y
Bogue, Robert, b. 1 May 1843, 33y
Bogue, Robert H., b. 8 Aug 1862, 17y
Bogue, W. A., b. 12 Nov 1855, 11y
Bogus, child, b. 21 Dec 1854, 3y, child of John
Bogus, H., b. 28 Dec 1848, stillborn
Bohan, James, b. 12 Aug 1830, c. 25y, bilious fever
Bohen, John, b. 16 Sep 1828, c. 27y, apoplectic fit
Boher, Frederick, b. 20 Dec 1825, child, age unknown, unknown sickness
Bohrer, Estelle, b. 18 May 1862, 15m
Bohrer, Mary L., b. 9/15 Apr 1862, 6y
Boice/Boyce, Hagar, b. 28 May 1823, old age, free Colored woman
Boislandry, Orpheus Arthur, d. 28 Oct 1798, b. 29 Oct 1798, 17m, son of Robert Charles LeGrand & Louisa Frances Buscaille
Boison, John, b. 9 Feb 1825, 82y, remitting fever, native of France
Boisson, Francoise (Marie-Francoise), d. & b. 14 Oct 1793, c. 50y, wife of Jean Pincan, resident of Fort Dauphin, St. Domingo, native of La Rochelle, *(French)
Bolan, Jane, b. 8 Mar 1858, 18y
Bolan, William, b. 7 Nov 1855, 22y
Boland, Alexander, d. 1 Nov 1808, b. 2 Nov 1808, c. 46y, native of Ireland, printer
Boland, Catharine, b. 21 Jan 1863, 29y
Boland, Margaret, b. 19 Feb 1859, 76y
Boland, Patrick, b. 30 Sep 1854, 20y
Boland, Thomas, d. & b. 3 Sep 1800, c. 26y
Boland, Thomas, b. 24 Oct 1855, 40y
Bolding, female/Ellen, b. 12 Jun 1840, 12m, scarlet fever, dau of Ellen, Colored
Bolen, Catherine see Borland, Catherine
Bollby, female, b. 5 May 1862, 5 minutes, dau of Mark C. Bollby
Bon, Milly, b. 28 Sep 1830, c. 35y, consumption

Bonaparte, Marie Jeanne Elizabeth, b. 27 Aug 1828, 1y9m, unknown sickness, dau of Jean, Colored
Bonaventure, Jean Maria, b. --- May 1836
Bond, Alice, b. 22 Apr 1867, 23y
Bond, Augustus, b. 5 Nov 1814, 2y
Bond, Charles Joseph, b. 27 Jun 1831, age unknown, unknown sickness, son of William
Bond, John, b. 16 Sep 1855, 18m, Colored
Bond, Joseph Henry, b. 21 Jul 1855, 3m
Boner, child, b. 1 Feb 1822, c. 3w, child of Miss Betsy Boner
Boner, Hugh, b. 8 Oct 1821, c. 50y, inflamation of the stomach, native of Ireland
Boner, Johanna, b. 16 Feb 1855, 2y
Boner, Rosanna, d. & b. 23 Mar 1802, c. 3y, dau of Hugh & Mary
Boner, William, d. & b. 6 Sep 1800
Bonhomme, John Charles Francis, see Shirovac, John Charles Francis
Bonis, female, b. 31 Dec 1836, 3y, inflamation of the brain, dau of Thomas
Bonis, Josephine (Josephin), d. 24 Aug 1816, 13m, worms, baptised 25 Aug 1816
Bonly, Harriet, b. 17 Aug 1862, 16y, Colored
Bonn, Andrew, b. 19 Apr 1814, 2y, dropsy
Bonn, Catharine, b. 5 Jan 1865, 64y
Bonn, Catherine, d. & b. 25 Jun 1799, 3y, dau of Philip & Mary Magdalen
Bonn, Eugenia, b. 3 Apr 1867, 1y, Colored
Bonne, Cornelius Clement, d. 8 Nov 1814, b. 9 Nov 1814, 9m
Bonne, Francois Clement, d. 14 Nov 1814, b. 15 Nov 1814, 18m
Bonner, ---, d. 13 Jan 1816, b. 14 Jan 1816, 12y, consumption
Bonner, Eleanor, d. 18 Oct 1806, b. 19 Oct 1806, 2½y, dau of Hugh & Mary
Bonner, Eliza, b. 30 Oct 1844, 36y
Bonner, Hugh, b. 17 Nov 1864, 54y
Bonner, John, d. 16 Nov 1807, b. 17 Nov 1807, 13y, son of James & Margaret
Bonner, John M., b. 21 Mar 1853, 25y
Bonner, Lewis, b. 10 Apr 1854, 3y
Bonner, Mary, b. 18 Nov 1857, 82y
Bonner, Mary Ann, d. 5 Jan 1812, b. 6 Jan 1812, 6m, smallpox
Bonnet, Mrs., b. 23 Nov 1826, cholera morbus
Bonowich, Thomas, b. 28 Jan 1868, 17y
Bonowick, Sarah Ann, b. 27 Feb 1857, 35y
Bonring, Mr., b. 31 Mar 1827, c. 25y, cramp colic
Bonsserean, Ann, d. 1 May 1796, b. 2 May 1796, native of Acadia
Bonyer, Sarah, b. 14 Sep 1867, 50y, Colored
Bookholtz, Joseph, b. 5 Dec 1848, 47y
Bool, Margaret Ann, b. 3 Jul 1830, c. 1y, unknown sickness, dau of John
Boon, Mary, b. 21 Jul 1853, 19y, Colored
Boon, Wm. J., b. 1 Jul 1869, 7m, Colored
Boone, Dennis, b. 30 May 1867, 43y, Colored
Boone, Mary E., b. 28 Aug 1867, 13m
Boorman, Louis, b. 11 Jun 1825, 3m, consumption
Booth, male, b. 19 Oct 1857, 30 minutes, son of John
Booth, Francis, b. 11 Jul 1854, 7m
Booth, Joseph, b. 30 Aug 1832, 34y, cholera
Booth, Maria C. A., b. 10 Mar 1858, 64y
Booth, Mary Ann, b. 5 Jan 1856, 27y
Booth, Mary Jane, b. 6 Aug 1828, c. 9m, summer complaint, dau of Joseph
Booth, Terressa, b. 24 May 1856, 58y
Booze, Ann, b. 1 Nov 1865, 45y
Boque, Maria F., b. 15 Mar 1855, 60y
Borcastle, Andrew, b. 23 May 1869, 3y
Bordley, male/child, b. 30 May 1842, 15m, measles, son/child of Daniel

Bordley, Benjamin, b. 26 May 1857, 40y, Colored
Bordley, Malvina, b. 16 Oct 1872, 65y
Bordley, Mary, b. 27 May 1856, 47y
Bordly, Abraham W., b. 4 Feb 1832, c. 70y, unknown sickness, Colored
Borgelt, Eliza Jane, b. 13 Apr 1853, 4m
Borie, Elizabeth, d. 10 Aug 1797, b. 11 Aug 1797, 2y1m2w4d, dau of Joseph & Margaret
Borie, Margaret, d. 30 Oct 1799, b. 31 Oct 1799, wife of Joseph
Borie, Victoria Adelle Louisa, b. 21 Nov 1831, c. 1y, teething, dau of Lewis
Borland, male, b. 6 Mar 1865, 5 minutes, son of J. Borland
Borland/Bolen, Catherine, b. 3 Aug 1840, 22y, consumption
Borland, Patrick, b. 26 Aug 1854, 56y
Borrickman, child, b. 30 Jul 1825, 6m, unknown sickness, child of Henry
Borwick, Josephine, b. 25 May 1872, 17y
Bosch, John, d. 11 Jul 1798, b. 12 Jul 1798, c. 6y, son of ---
Bose, Dennis, b. 26 Mar 1848, 40y
Bosley, ---, d. & b. 10 Sep 1797, wife of Bosley
Bosley, Joseph, b. 1 Feb 1868, 3y
Bosley, Mary Susan, b. 23 Aug 1868, 6m
Bosson, Margret, b. 18 Oct 1872, 5y
Boston, Ellen, b. 2 Jan 1853, 100y, Colored
Boston, Mary, b. 10 Nov 1851, 64y
Boswell, male, b. 17 Sep 1864, stillborn, son of Mrs. Boswell
Bot-, child, b. 8 Jul 1827, c. 16m, bilious, child of Thomas
Botson, Maria V., b. 2 Mar 1851, 3y
Botson, Matilda, b. 27 Sep 1821, c. 12y, bilious fever, not free
Botson, Peter, d. 11 Apr 1823, b. 12 Apr 1823, c. 50y, native of France
Bottimar, John Thos., b. 7 Aug 1851, 4m
Bottimer, male, b. 15 Dec 1848, 19m, son of Mr. Bottimer
Bottimer, Catharine, b. 20 Aug 1859, 75y
Bottimer, Frances, b. 3 Feb 1848, 3y
Bottimer, John, b. 18 Aug 1859, 4y
Bottimer, Thomas, b. 27 Jan 1848, 5y
Bottimers, Wm., b. 10 Oct 1848, 1 hour
Bottimore, Elizabeth, b. 3 Aug 1850, 15m
Bottimore, James, b. 3 Mar 1859, 38y
Bottomer, female, b. 19 Sep 1839, 10m, dau of Wm. G. Bottomer
Bottomer, Charles, b. 16 Jun 1844, 6m
Bottomer, Robert, d. 9 Jan 1816, b. 10 Jan 1816, 2y less 20 days
Bottomer, Thomas, b. 14 Nov 1863, 89y
Bottomore, Frederick, b. 12 May 1871, 26y
Botts, Emma, b. 3 Apr 1862, 3m, Colored
Boucher, Heli, d. 31 May 1793, b. 1 Jun 1793, resident of St. Domingo, born in Daus, Bordeaux Diocese, (Frans Beeston, pastor of St. Peter's), *(French)
Boucher, Mary Margaret Felicity, d. & b. 8 Nov 1805, 40y, mortification in the bowels, wife of Peter Elias of Grande Terre Commune de Moule in the Island of Guadaloupe
Bouchet, male, b. 21 Jan 1839, 2d, son of Mr. Bouchet
Bouchet, John E., b. 14 Jul 1871, 38y
Bouchet, John M., b. 2 Mar 1871, 3m
Boudrean, Ann, d. 30 Mar 1804, b. 31 Mar 1804, advanced age, catarrh, native of Nova Scotia
Bouland, Genevieve, d. 19 Jan 1794, b. 20 Jan 1794, c. 24y, dau of Lewis Oliver, merchant, & Janir Sauere, living in St. Peter's Parish, Besancon, in Francheconte, buried in St. Peter's Church Yard
Boulden, Margaret, b. 18 Jun 1827, c. 65y, dropsy
Bouldin, Henry, d. 24 Jun 1796, b. 25 Jun 1796, 1y, son of Richard & Rebecca
Bouldine, Ann Maria, b. 15 Apr 1849, 47y
Boulding, child, b. 3 Dec 1823, 1y, unknown sickness, child of Matthew Boulding, Colored man

Boulding, Matthew, b. 28 Oct 1829, c. 40y, suddenly
Boun, Barbara Teresa, d. & b. 10 Aug 1797, c. 10m, dau of Joseph & Ann
Bourges, Peter Felix, b. 18 Sep 1806, 18y, son of Peter & Eliee
Bourgoin, Miss Claire, see Scholastica, Sister Mary
Bourke, Ann, d. 9 Mar 1794, b. 11 Mar 1794, 49y, wife of John Gutteran, native of Nova Scotia, buried in St. Peter's Church Yard
Boursand, male, b. 17 Dec 1849, ½ hour, son of Mr. Boursand
Boursonick, Thomas, b. 4 Mar 1871, 71y
Boutin, William, d. 5 Apr 1808, b. 6 Apr 1808, 7y, son of Ann
Bovain, Martha, b. 19 Sep 1828, 15m, inflamation, dau of William
Bowdle, Sarah, b. 14 Apr 1873, 73y, remains from St. Peter's old ground, Charles & Saratoga Sts.
Bowen, child, b. 6 Jul 1822, 9m, bowel complaint, child of Francis
Bowen, Charles, b. 11 Jan 1835, 76y, mortification, Colored
Bowen, Deborah, b. 4 Mar 1823, c. 50y, consumption, Colored woman
Bowen, James, d. 13 Jul 1800, b. 14 Jul 1800, 41y, palsy, native of England
Bowen, John Upton, b. 7 Aug 1854, 2y, Colored
Bowen, Joseph, b. 12 Apr 1866, 20y
Bowen, Josiah, b. 18 June 1867, 9m, Colored
Bowen, Matthew, b. 16 Sep 1800, son of James (dec)
Bowen, Solomon, b. 1 Feb 1828, c. 26y, bilious fever
Bowers, Clara/Mrs. Eliza, b. 7 May 1839, 83y, cancer, Colored
Bowers, William, b. 4 Aug 1828, 3m, bowel complaint, son of Ephram
Bowie, Henry Pike, b. 1 Dec 1845, 13m
Boyce, ---, b. 25 Aug 1843, 60y
Boyce, male, b. 20 Mar 1839, 2y, measles, son of Mr. Boyce
Boyce, Ann, b. 3 Feb 1854, 75y
Boyce, Catharine, b. 25 Aug 1857, 10m
Boyce, Charles, b. 10 Feb 1828, c. 13m, scalled (sic) to death, son of Charles
Boyce, Charles, b. 21 Oct 1848, 59y
Boyce, Hagar, see Boice/Boyce, Hagar
Boyce, James, b. 9 May 1853, 3w
Boyce, M. R., b. 9 May 1871, 19y
Boyce, William T., d. 12 Apr 1801, b. 13 Apr 1801, consumption, native of England
Boyd, Catherine, b. 27 Oct 1822, c. 2y, dropsy in the head, dau of William
Boyd, Hester, b. 12 Jan 1865, 45y
Boyd, John, b. 26 Jul 1858, 3d
Boyd, Joseph, b. 12 Aug 1857, 2w
Boyd, Margaret, b. 21/23 Aug 1840, 57y, consumption
Boyd, Mary, b. 15 Dec 1863, 5w
Boyd, Sarah, d. & b. 5 Sep 1800, c. 66y, widow
Boyd, William, b. 16 Dec 1849, 67y
Boyd, William, b. 29 Aug 1859, 3y
Boyd, Wm., b. 28 Nov 1856, 50y
Boylan, Mary, b. 14 Aug 1858, 17m
Boylan, Mary, b. 6 Mar 1865, 59y
Boylan, Michael, b. 18 Oct 1866, 13m
Boylan, Owen F., b. 4 Feb 1865, 10d
Boylan, Wm., b. 5 Aug 1871, 5y
Boyland, James, b. 15 Jan 1854, 1w
Boyle, child, b. 26 Jun 1844, 2d, child of Edwd.
Boyle, female, born, d. & b. 28 Jul 1805, dau of Charles & Mary
Boyle, female, b. 9 Aug 1835, 9m, dau of Michael
Boyle, female, b. 24 Jun 1843, 1w, dau of Edward
Boyle, female, b. 20 Apr 1844, 2y, dau of Edward
Boyle, Mr., b. 27 Mar 1845, 30y

Boyle, Mrs., b. 5 Dec 1869, 64y
Boyle, Ann, d. 19 Oct 1806, b. 20 Oct 1806, 7w, dau of Charles & Mary
Boyle, Ann, b. 5 Aug 1865, 6m
Boyle, Arthur P., b. 24 Jun 1863, 7m
Boyle, Bernard, d. & b. 17 Jan 1800, c. 22y
Boyle, Bernard, b. 6 Apr 1868, 50y
Boyle, David, b. 5 Jul 1873, 8m
Boyle, Edwd., b. 23 May 1859, 67y
Boyle, Elizabeth I., b. 26 Jul 1863, 3y
Boyle, Francis, b. 24 Jul 1871, 18m
Boyle, James, b. 22 Jul 1849, 66y
Boyle, Jno. F., b. 24 Oct 1874, 7m
Boyle, John, b. 11 Jul 1867, 15m
Boyle, Juliet, b. 21 Jan 1829, 5w, unknown sickness, dau of Bernard
Boyle, Laurence, b. 23 Jul 1867, 54y
Boyle, Margaret, d. 8 Aug 1818, b. 9 Aug 1818, 30y
Boyle, Margaret, b. 12 Sep 1829, 6m, fit, dau of Mr. Boyle
Boyle, Margaret, b. 30 Mar 1861, 6m
Boyle, Margaret, b. 18 Dec 1861, 5 minutes
Boyle, Mary, b. 19 Jun 1863, 6y
Boyle, Mary, b. 27 Jun 1864, 15m
Boyle, Mary C., b. 17 Aug 1867, 1w
Boyle, Patrick, d. 12 Nov 1814, b. 13 Nov 1814, 22y, leprosy
Boyle, Robert, b. 6 Aug 1850, 12m
Boyle, Sarah, b. 29 Oct 1855, 5y
Boylen, Henny, b. 19 Feb 1865, 66y, Mr. Martin's servant, 66y
Boyne, Catharine A., b. 30 Nov 1855, 5y
Boyne, Mary, b. 16 Jan 1863, 16y
Boyne, Thos. James, b. 2 Feb 1858, 3y
Braceland, male, b. 7 Jun 1840, 9m, scarlet fever, son of William
Brackan, male, b. 31 Mar 1838, 1d, premature birth, son of David
Bracken, male, b. 26 Apr 1835, 3y, decline, son of William
Brackenridge, Mary Ann, b. 20 May 1853, 14m
Brackman, Henry (Davis), b. 19 Nov 1828, 2m, suddenly, son of Thomas
Braden, Mary Cath., b. 7 Mar 1853, 5d
Bradenbaugh, Ellen, see Brandenbough/Bradenbaugh, Ellen
Bradenbaugh, John, b. 2 Aug 1858, 58y
Bradley, Mrs., b. 24 Jul 1862, 40y
Bradley, Catherine, b. 26 Oct 1837, 35y, consumption
Bradley, Edward, b. 17 Dec 1869, 10y
Bradley, Francis, d. 9 Aug 1801, b. 10 Aug 1801, 4m, son of Thomas & Ann
Bradley, Henry, b. 29 Oct 1829, c. 3y, ague
Bradley, John, b. 14 Nov 1869, 3 hours
Bradley, John Columbus, d. 21 Aug 1799, b. 22 Aug 1799, 9m1w, son of Thomas & Ann
Bradley, Mary, b. 12 Jul 1856, 15m
Bradley, Mary C., b. 7 Dec 1863, 2½y
Bradley, Philip, b. 28 Mar 1862, 39y
Bradley, Rose, b. 30 Nov 1830, c. 2y, unknown sickness, dau of Patrick
Bradley, Sophia, d. 29 Jul 1808, b. 30 Jul 1808, 18m, dau of James & Mary
Bradley, Thomas, b. 8 Oct 1831, c. 30y, bilious fever
Bradley, William, d. 26 Apr 1799, b. 27 Apr 1799, c. 8y, son of John
Bradley, William, d. 7 Sep 1816, b. 8 Sep 1816, c. 40y, bilious fever
Bradly, John T., b. 24 Dec 1868, 11m
Bradly, Rosa, b. 26 Dec 1868, 2y7m
Bradshaw, Mrs., b. 23 Sep 1830, age unknown, unknown sickness
Bradshaw, James, b. 26 Sep 1830, c. 30y, cancer

Bradshaw, William, b. 30 Sep 1826, 60y, palsey, native of Whitefield, Lancashire, England
Brady, child, b. 17 Aug 1823, 19y, unknown sickness, child of James
Brady, child, b. 2 Mar 1850, stillborn, child of James
Brady, child, b. 16 Jan 1874, ½ hour, infant of Ed. Brady
Brady, female/child, b. 1 Dec 1835, c. 1y, dau/child of Philip
Brady, female, b. 28 Jul 1838, 5m, dau of Jno.
Brady, female, b. 10 Aug 1838, 20m, summer complaint, dau of James
Brady, female, b. 30 Mar 1839, 18m, catarrh fever, dau of James
Brady, male, b. 13 Oct/4 Nov 1836, 6y, bilious fever, son of Mr. Brady/Nicholas
Brady, male, b. 7 Dec 1841, 3 hours, infantile unknown, son of Patrick
Brady, male, b. 12 Nov 1842, 2y, son of Mr. Brady
Brady, Mr., b. 15 Mar 1828, 70y, run over by a carriage
Brady, Mr., b. 5 Aug 1870, 70y
Brady, Agness, b. 28 Aug 1854, 60y
Brady, Alice Ann, b. 14 Oct 1830, 4y, bowel complaint, dau of Patrick
Brady, Alphonsus, b. 5 Feb 1854, 2m, Colored
Brady, Andrew, b. 6 Feb 1864, 25y
Brady, Ann, b. 1 Oct 1856, 81y
Brady, Ann, b. 17 Aug 1860, 27y
Brady, Bernard, b. 19 Jun 1849, 2y
Brady, Bernard, b. 9 Jun 1854, 12m
Brady, Bernard, b. 15 Jul 1856, 48y
Brady, Bridget, b. 11 Sep 1868, 56y
Brady, Catharine, b. 5 Oct 1851, 28y
Brady, Catharine, b. 31 Jul 1852, 18m
Brady, Catherine, d. 24 Oct 1805, b. 25 Oct 1805, 7y, dau of the late John & Elizabeth
Brady, Charles/Mary Ann, b. 2 Mar 1841, 2½y, catarrh fever
Brady, Elizabeth, b. 9 Oct 1796, c. 13d, dau of John & Elizabeth, buried in St. Peter's Church Yard
Brady, Mrs. Elizabeth, b. 11 May 1868, 23y
Brady, Ellen, b. 22 Aug 1849, 25y
Brady, Ellen, b. 7 Sep 1861, 38y
Brady, Francis, b. 11 Jan 1849, 5y
Brady, Francis, b. 20 Jul 1857, 13m
Brady, Francis, b. 25 Sep 1865, 2½y
Brady, Frank, b. 1 Oct 1874, 4y
Brady, George, b. 10 Feb 1867, 23y
Brady, George F., b. 30 Mar 1871, 2m
Brady, Hannah, b. 19 Oct 1854, 39y
Brady, Hugh, b. 20 Nov 1848, 2½y
Brady, Hugh, b. 31 Dec 1848, 34y
Brady, Isabella, d. 8 Mar 1806, b. 10 Mar 1806, c. 66y, pleurisy, wife of Chris
Brady, Isabella, b. 22 Dec 1873, 29y
Brady, James, d. 10 Jul 1794, b. 12 Jul 1794, 10m10d, son of John & Elizabeth, buried in St. Peter's Church Yard
Brady, James, b. 26 Oct 1839, 29y, consumption
Brady, James, b. 20 Nov 1843, 40y
Brady, James, b. 15 Jun 1865, 23y
Brady, James, b. 17 May 1867, 30y
Brady, Jno. Thos., b. 20 May 1845, 9y
Brady, John, d. 14 Mar 1798, b. 15 Mar 1798, 7y, son of John & Elizabeth
Brady, John, d. 30 Oct 1804, b. 31 Oct 1804, 53y, native of Ireland
Brady, John, b. 17 Jan 1829, c. 45y, consumption, native of Ireland & longtime resident of Balto.
Brady, John, b. 31 Jan 1854, 9m
Brady, John, b. 10 Sep 1861, 25y
Brady, John, b. 7 Mar 1871, 24y

Brady, Joseph, d. 16 Aug 1804, b. 17 Aug 1804, 1y11m, cholera, son of John & Elizabeth
Brady, Joseph, b. 26 Dec 1858, 3w
Brady, Joseph, b. 3 Mar 1864, 14m
Brady, Kate, b. 11 Sep 1866, 29y
Brady, Laurence E., b. 17 Oct 1864, 3y
Brady, Margaret, b. 20 Jun 1850, 2y
Brady, Margaret, b. 24 Jun 1854, 40y
Brady, Margaret, b. 15 Aug 1861, 70y
Brady, Mary, d. 11 Sep 1800, b. 12 Sep 1800, 21y
Brady, Mary, b. 25 Sep 1832, c. 40y, cholera
Brady, Mary, b. 10 Nov 1842, 25y
Brady, Mary, b. 2 Jan 1851
Brady, Mary, b. 27 Sep 1865, 7y
Brady, Mary, b. 6 Oct 1874, 4y
Brady, Mary Ann, b. 20 Jun 1855, 8m
Brady, Mary Ann, see Brady, Charles/Mary Ann
Brady, Mary F., b. 9 May 1871, 18y
Brady, Mary Francis, b. 3 Jun 1864, 4y
Brady, Mary L., b. 3 Mar 1869, 3m
Brady, Michael, b. 20 Dec 1848, 5y
Brady, Michael, b. 27 Feb 1850, 32y
Brady, Michael, b. 13 Mar 1855
Brady, Patrick, b. 23 Sep 1832, c. 45y, cholera
Brady, Patrick, b. 25 Nov 1835, 42y
Brady, Patrick, b. 16 Sep 1854, 41y
Brady, Patrick, b. 19 Nov 1857, 52y
Brady, Philip, b. 31 Jul 1840, 45y, consumption
Brady, Philip, b. 5 Aug 1852, 2m
Brady, Richd. Carr, b. 8 Jan 1862, 14m
Brady, Rose A., b. 25 Jun 1870, 1y
Brady, Thomas, b. 24 Feb 1859, 3m
Brady, Thomas, b. 21 Jan 1871, 35y
Brady, Tim., b. 2 Dec 1860, 70y
Brady, Timothy, b. 7 May 1865, 35y
Braham, Mary A., b. 10 Jun 1850, 16y
Bramond, Elizabeth, d. 18 Sep 1819, b. 19 Sep 1819, 11y, malignant fever
Branan, Frances, b. 12 Nov 1861, 74y
Branan, Margaret, b. 17 Aug 1862, 4y
Branan, Maria, b. 27 Mar 1841, 30y, scarlet fever
Brand, male, b. 29 Sep 1849, 18y, son of Alexander
Brand, Mrs. A., b. 22 Jun 1874, 60y
Brand, Aloysius, b. 21 Mar 1856, 5y
Brand, Ann/Ann White, b. 19 Nov 1873, 73y
Brand, Charles, b. 4 Feb 1835, 25y, consumption
Brand, Daniel, b. 24 Sep 1830, c. 58y, complications
Brand, Francis, b. 6 Sep 1832, c. 21y, cholera
Brand, Helen, b. 26 Jan 1872, 13y
Brand, Helen White, d. 29 Aug 1807, b. 30 Aug 1807, 6m9d, dau of Daniel & Mary White
Brand, Louis/Louisa, b. 30 Nov 1872, 26/46y
Brand, Mary, b. 22 Mar 1845, 5w
Brand, Mary Magdalen Ann White, b. 7 Apr 1851, 70y
Brandenbough/Bradenbaugh, Ellen, b. 27 Jun 1841, 10y, consumption
Branigan, John, b. 28 Jun 1863, 5w
Branigan, Mary, b. 15 Jun 1849, 2y
Branigan, Thos., b. 21 Dec 1859, 2y
Brannan, child, b. 29 Nov 1825, c. 5m, convulsions, child of Pierce

Brannan, male, see Brennan/Brannan, male
Brannan, James, b. 6 Jan 1859, 61y
Brannan, John, b. 10 Sep 1862, 13m
Brannan, John, b. 27 Sep 1862, 14m
Brannan, Joseph, b. 19 Aug 1856, 10m
Branney/Branny, male, b. 14 Nov 1836, c. 13m, water on the brain, son of Pat, from Ellicots Landing
Brannon, female, b. 20 Aug 1828, dau of Bernard, died soon after birth
Brannon, male, b. 9 Oct 1856, 7d, son of Mr. Brannon
Brannon, Eliza, b. 28 Sep 1865, 68y
Brannon, Mary, b. 22 Sep 1861, 21m
Brannon, Mary, b. 18 Apr 1865, 28y
Brannon, Michael, b. 24 Feb 1863, 24y
Brannon, Owen, b. 1 Dec 1858, 40y
Brannon, Peter, d. 6 Apr 1808, b. 7 Apr 1808, 4m, son of Alice
Brannon, Sheta, b. 7 Mar 1830, c. 55y, unknown sickness
Branny, male, see Branney/Branny, male
Branon, Thomas, b. 5 Jul 1854, 24y
Branson, Eliza, b. 9 Jun 1865, 8y, Colored
Branwick, Patric, d. & b. 9 Oct 1796, c. 32y, native of Ireland, buried in St. Peter's Church Yard
Brashears, Wm. T., b. 16 Jan 1873, 5m
Brass, John, b. 13 Mar 1826, c. 70y, suddenly
Braust, Rosa, b. 12 Apr 1855, 3w
Bray, Susanna, d. & b. 26 Sep 1797, advanced age, native of Ireland
Brayfield, Mary, b. 15 Sep 1871, 4y
Brayfield, William, b. 15 Aug 1868, 2y
Brazfield, Thomas, b. 18 Dec 1868, 7y
Brazier, Eleanor, d. 2 May 1801, b. 3 May 1801, c. 35y, wife of John, native of Ireland
Brazier, John, d. 23 Apr 1801, b. 24 Apr 1801, 1d, son of John & Eleanor
Brazier, Peter, d. 31 Jul 1800, b. 1 Aug 1800, 5m5d, son of John & Eleanor
Brazier, Thomas, d. & b. 4 Sep 1801, 2y8m, smallpox, son of John & Eleanor
Bready, Mary Ann, b. 8 Jul 1831, c. 19y, accidental drowning
Breannan, James, b. 15 Feb 1870, 45y
Breckenridge, Elizabeth, b. 12 Jun 1869, 72y
Breckenridge, Thomas, b. 14 Sep 1862, 12y
Breckinridge, Thomas, b. 26 Jan 1871, 76y
Breesnan, Michael S., b. 21 Mar 1852, 18m
Breeze, Rosalie, b. 2 Dec 1867, 28y
Breeze, Virginia, b. 13 Dec 1862, 6m
Bremont, Lewis, d. & b. 4 Jul 1804, 15m16d, son of Lewis & Rose
Bremont, Mary, d. 29 Sep 1796, b. 30 Sep 1796, 13m, dau of John & Mary Frances Elizabeth Les Fauries, buried in St. Peter's Church Yard
Brenan, male, b. 20 Dec 1825, c. 14y, unknown sickness, son of Bernard
Brenan, Ann S., b. 13 Oct 1852, 68y
Brenan, Bridget M., b. 17 Oct 1863, 3y
Brenan, Frances X., b. 23 Jun 1865, 22y
Brenan, Hugh, d. 25 Jul 1822, b. 26 Jul 1822, c. 60y, suddenly
Brenan, John E., b. 19 Dec 1842, 11m
Brenan, John F., b. 13 Apr 1843, 70y
Brenan, Lewis Oliver, b. 18 Jul 1864, 37y
Brenan, Mary C. F., b. 28 Nov 1856, 3½y
Brenan, Thomas/child, b. 20 Mar 1839, 1y, infantile unknown, child of Thomas
Brenan, Thomas B., b. 2 Jan 1843, 55y
Brenan, Thomas E., b. 13 Dec 1842, 27y
Brennan, child, b. 26 Sep 1857, stillborn, child of Mr. Brennan
Brennan/Brannan, male, b. 31 Aug/1 Sep 1838, 1y, croup, son of Richard

Brennan, Mrs., b. 7 Dec 1849, 78y
Brennan, Mrs., b. 24 Jul 1853, 70y
Brennan, Bernard, b. 23 Sep 1839, 80y, infirmity of age
Brennan, Bernard, b. 7 Oct 1861, 64y
Brennan, Bridget, b. 3 Sep 1858, 24y
Brennan, Catharine, b. 17 Sep 1857, 8m
Brennan, Cecelia, b. 17 Jun 1864, 9m
Brennan, Eliza, b. 23 Jul 1856, 8m
Brennan, Ellen, b. 10 Oct 1863, 1d
Brennan, Frances, b. 28 Dec 1863, 45y
Brennan, Francis A., b. 12 Jun 1859, 22m
Brennan, James, b. 3 Aug 1852, 10m
Brennan, Rev. John, b. 5 Feb 1858, 38y
Brennan, John, b. 28 Aug 1858, 2y
Brennan, John Henry, b. 22 Jul 1858, 1m
Brennan, John P. A., b. 11 May 1870, 64y
Brennan, Lucy, b. 31 Aug 1870
Brennan, Mary, b. 23 Sep 1834, 42y, cancer
Brennan, Owen, b. 21 Aug 1828, 37y, consumption
Brennan, Patrick, b. 24 Feb 1836, 65y, consumption
Brennan, Sarah, b. 12 May 1860, 52y
Brennan, Sarah Chew, b. 31 Aug 1867, 39y
Brennan, Thomas, b. 24 Apr 1868, 23y
Brennen, Ellen, b. 8 Nov 1825, c. 28y, suddenly
Brent, Eliza, d. 12 Feb 1817, b. 13 Feb 1817, 21y, consumption
Brent, T. Leigh, b. 13 Jun 1869, 6m
Brenton, child, b. 5 Feb 1831, 6m, croup, child of Richard
Brenton, child, b. 29 Jul 1832, stillborn, child of Richard
Brenton, Widow, b. 24 Jan 1832, c. 70y, influenza
Brenton, Elizabeth, b. 27 Sep 1821, 1y
Bretet, Charles Armand, d. & b. 31 Dec 1796, 3y, son of Charles Armand & Flore Contant
Bretet, Charles Brunean, d. & b. 25 Aug 1796, c. 1y, son of Charles Amand & Flore Contant
Brewer, Elizabeth, b. 3 Jun 1864, 6m
Brewer, Joseph, b. 1 Jul 1866, 4w
Brewer, Joseph, b. 27 Feb 1868, 8m
Brewer, Mary, b. 10 Aug 1870, 2w
Brian, Daniel, b. 31 Mar 1855, 4d
Brian, Nelson, b. 11 Aug 1858, 24y, Colored
Brice, Emma S., b. 15 Jun 1850, 22m
Brice, Isaac, b. 30 May 1820, consumption, unknown age, Colored man
Brickley, James, d. 7 Sep 1802, b. 8 Sep 1802, 2w, son of James & Mary
Bridge, Eliza, b. 25 May 1851, 55y
Bridges, John, b. 26 Sep 1831, c. 22y, unknown sickness, alias John
Brien, child, b. 1827 Jan 23, child of Mr. Brien, died soon after birth
Brien, Catharine, d. 31 May 1802, b. 1 Jun 1802, c. 1m, dau of John & Hannah
Brien, Margaret A., b. 14 Feb 1864, 20y
Brier, child, b. 6 Mar 1825, 10y, sickness inflamation, child of Margaret
Brier, Emmanuel, d. 2 Feb 1807, b. 3 Feb 1807, consumption, native of Portugal
Brier, Emmanuel, d. 13 Sep 1819, b. 14 Sep 1819, consumption
Brier, Margaret, b. 15 Aug 1832, c. 50y, cholera
Brier, Mary, d. 27 Dec 1805, b. 29 Dec 1805, 58y, consumption, wife of Emanuel
Bright, male/Mr., b. 13 Oct 1854, stillborn
Bright, Ann, b. 30 Sep 1855, 29y
Brink, Mrs., b. 20 Jul 1870, 44y
Brinn, Garret, b. 22 Mar 1860, 23y
Brinton, Mary Jane, b. 13 Nov 1855, 65y

Brisco, Georgeanna, b. 10 Jul 1872, 4m
Brisco, Henry, b. 26 Mar 1862, 29y, Colored
Brisco, William, b. 1 Mar 1829, c. 45y, liver complaint, Colored
Briscoe, ---, b. 19 Jun 1866, 9d
Briscoe, female/Gabriel, b. 23/28 Jul 1837, 6m, infantile unknown, dau of Gabriel, Colored
Briscoe, male, b. 10 Apr 1837, c. 3y, inflamation of the lungs, son of Mr. Briscoe, Colored?
Briscoe, Frances, b. 30 Jul 1860, 13m, Colored
Briscoe, Gabriel, see Briscoe, female/Gabriel
Briscoe, Georgeanna, b. 2 Mar 1872, 39y
Briscoe, Joanna, b. 16 Sep 1859, 36y, Colored
Briscoe, Susan, b. 21 Nov 1863, 100y, Colored
Briscoe, Wm. H., b. 24 Sep 1872, 7y
Britney, Alice, b. 22 Oct 1869, 35y
Britol, male, b. 23 Sep 1839, 3y, summer complaint, son of Antionett, Colored
Briton, Ann, b. 4 Apr 1825, c. 75y
Britt, child, b. 14 Jul 1832, age unknown, summer complaint, child of Walter
Britt, female, b. 19 Jul 1836, 18m, summer complaint, dau of William
Britt, Ann, d. & b. 24 Sep 1797, native of Ireland
Britt, Margaret, b. 1 Feb 1836, c. 31y, consumption
Britt, Robert, d. 7 Jul 1793, b. 8 Jul 1793, 40y, consumption, died at Fells Point
Britt, Walter, b. 15 Dec 1850, 30y
Britto, Sarah I., b. 3 Jan 1855, 7y
Britton, Margaret Eugenia, b. 17 Jan 1850, 3y
Britton, Mary Jane, b. 16 Dec 1862, 74y
Britts, Walter, b. 18 Jul 1836, 3y
Broadbent, female, b. 20 Feb 1840, 18m, dau of John
Broadbent, Annie G., b. 1 Jul 1871, 16m
Broadbent, Annie G., b. 21 Apr 1874, 2y
Broadbent, Eugene L. A., b. 13 May 1870, 1m
Broadbent, Mary R., b. 2 May 1848, 2y
Broadbent, Mgt. A., b. 24 Dec 1874
Broadbent, Scotti, b. 30 Sep 1865, 31y
Broadbent, Stephan, b. 16 May 1872, 37y
Broddy, James, b. 6 Aug 1854, 26y
Brodenbaugh, Maria, b. 14 Nov 1830, c. 6y, unknown sickness
Broderick, child, b. 9 Sep 1849, child of Daniel
Broderick, child, b. 25 Aug 1863, stillborn, child of Mr. Broderick
Broderick, female, b. 24 Dec 1836, 6m, croup, dau of William
Broderick, female, b. 26 Feb 1841, 2 hours old, dau of William
Broderick, female, see Broderick, Thomas/female
Broderick, Alice, b. 20 May 1867, 27y
Broderick, Bridget Elizabeth/Eliza, b. 20 Aug 1840, 18m, summer complaint
Broderick, Clara M., b. 22 Feb 1871, 5y
Broderick, Daniel, b. 15 Jun 1843, 5m
Broderick, Daniel, b. 11 Oct 1853, 86y
Broderick, Daniel, b. 1 Nov 1856, 23y
Broderick, Elizabeth, b. 15 Jan 1853, 53y
Broderick, Ellen, b. 30 Mar 1871, 2y8m
Broderick, Henry F., b. 4 Mar 1869, 5y
Broderick, Joseph B., b. 14 Jun 1872, 13m
Broderick, Mary, b. 25 Mar 1872, 32y
Broderick, Patrick, b. 8 Mar 1845, 35y
Broderick, Thomas, b. 22 May 1856, 26y
Broderick, Thomas/female, b. 29 Jan 1861, stillborn
Broderick, William, b. 3 Aug 1854, 45y
Broderick, Wm., b. 20 Apr 1864, 71y

Broderick, Wm. P., b. 15 Jul 1863, 6m
Brodigan, female, b. 9 Dec 1858, stillborn, dau of Michael
Brodigan, John, b. 21 Jul 1857, 7y
Brodigan, Margret, b. 11 Jul 1873, 87y
Brodin, Mary Magdalene, d. 12 Nov 1793, b. 13 Nov 1793, c. 60y, widow, second time of Mr. Hugh Gabriel Bataille de la Garet, Ancient Commandant of the quarter of Mont Ronis, St. Peter's parish, Harcahayes, St. Domingo, buried in St. Peter's Church Yard
Brody, James, b. 21 Jul 1825, c. 42y, suddenly
Broffy, male, b. 5 Nov 1839, 14m, son of Michael
Brofield, John, b. 17 Feb 1848, 54y
Broggy, Bridget, b. 3 May 1856, 60y
Broggy, Mary Ann, b. 10 Oct 1862, 5y
Brogy, Patrick, b. 6 Jul 1855, 2m
Bromly, Archibald, b. 5 Feb 1844, 35y
Brook, Henry, d. 11 Sep 1796, b. 12 Sep 1796, 1y5m, son of Henry & Priscilla
Brook, Mary Henrietta (Henrietta Mary), b. 25 Jul 1819, 5w, dau of Richard & Lydia
Brookbank, Emily, b. 27 Dec 1869, 42y
Brookbanks, Ann, b. 4 Oct 1868, 69y
Brookbanks, Mary, b. 26 Jun 1868, 38y
Brooke, James, b. 22 Aug 1832, 37y, cholera
Brookes, William, d. & b. 12 Feb 1811, c. 3y
Brookhand, Furney N., b. 17 May 1868, 30y
Brooks, child, b. 14 Jan 1838, 2y, child of Mr. Brooks, Colored
Brooks, male, b. 27/28 Jan 1838, 5y, disease of the brain, son of Mr. Brooks, Colored
Brooks, Mrs., b. 21 Oct 1867, 80y
Brooks, Bridget, b. 8 Jul 1850, 73y
Brooks, Caroline, b. 26 May 1853, 35y, Colored
Brooks, Dennis, b. 7 Jun 1869, 8y
Brooks, Eliza, b. 1 Nov 1864, 35y
Brooks, Emily, b. 3 Sep 1866, 35y
Brooks, James Dolan, b. 10 Feb 1857, 10m
Brooks, Jane C., b. 23 Dec 1860, 31y
Brooks, Jemima, b. 31 Jan 1869, 67y
Brooks, John, b. 24 Mar 1871, 73y, cholera
Brooks, Joseph Walter, b. 20 Aug 1850, 6w
Brooks, Joshua, b. 11 Jul 1853, 50y, Colored
Brooks, Mary, b. 10 Aug 1856, 9m
Brooks, Priscilla, b. 1 Jun 1828, c. 40y, unknown sickness, Colored
Brooks, Rebecca, d. 10 Feb 1806, b. 11 Feb 1806, 2y, pleurisy, Mulatto, dau of Thomas & Rachel
Brooks, Richard, b. 25 Aug 1855, 2y
Brooks, Sarah, b. 1 Feb 1865, 35y
Brooks, Sarah Ann, b. 24 Sep 1865, 7y
Brooks, Wm., b. 15 Jul 1872, 2m
Broome, Martha, d. & b. 6 Jan 1803, c. 36y, wife of James
Brophy, Mary, b. 27 Mar 1868, 19y
Brother, Christian, b. 11 Mar 1871, 30y
Brothers, Rachel, d. 15 Mar 1804, b. 16 Mar 1804, consumption
Brothers, Sarah, d. 23 Apr 1806, b. 24 Apr 1806, c. 30y
Broughton, Joseph D. R., b. 14 May 1849, 15m
Broughton, Latitia A., b. 14 May 1849, 3y
Broughton, Latitia M., b. 16 Feb 1861, 4½y
Broughton, Robert D., b. 28 Jun 1863, 9y
Brousby, Ann, b. 29 May 1825, c. 47y, unknown sickness, suddenly
Brower, Elizabeth, d. 15 Jan 1806, b. 16 Jan 1806, 2m, debility
Brown, child, b. 26 Jul 1822, c. 4y, child of Catherine

Brown, child, b. 3 Sep 1825, c. 9m, bowel complaint, child of Rachel, Colored
Brown, child, b. 21 Dec 1853, 2 hours, child of Mr. Brown
Brown, child, b. 20 Jul 1869, 3y, child of Mr. Brown
Brown, female, b. 11 Aug 1834, 6m, infantile unknown, dau of Mr. Brown
Brown, A., b. 31 Aug 1872, 98y
Brown, Abbey, b. 7 Aug 1872, 5m
Brown, Abraham, b. 15 Mar 1835, 17y, consumption, Colored
Brown, Ann, b. 19/20 Jul 1840, 32y, apoplexy
Brown, Ann, b. 11 May 1868, 1w
Brown, Ann, b. 14 Jun 1873, 61y
Brown, Anora, b. 28 Mar 1849, 62y
Brown, Archibald, b. 23 Aug 1840, 33y, cold
Brown, Benjamin, d. & b. 7 Oct 1805, 16m, son of John & Mary
Brown, Catherine, d. 3 Aug 1794, b. 4 Aug 1794, 10d, dau of James & Mary, buried in St. Peter's Church Yard
Brown, Catherine, d. 8 Nov 1816, b. 9 Nov 1816, consumption
Brown, Catherine, b. 26 Feb 1817, c. 3y, accidently burned
Brown, C. E., b. 31 Oct 1872, 5d
Brown, Charles, b. 26 Oct 1865, 5y, Colored
Brown, Charles, b. 12 Oct 1866, 26y
Brown, Chas., b. 22 Nov 1872, 3y, Colored
Brown, Clara Cecelia, b. 26 Mar 1856, 12m
Brown, Edmund, b. 29 Jun 1873, 2y
Brown, Edward, b. 15 Apr 1853, 2w
Brown, Edward P., b. 22 Sep 1868, 10m
Brown, Eliza, b. 17 Mar 1858, 6m, Colored
Brown, Elizabeth, b. 1 Dec 1826, c. 35y, suddenly, Colored woman
Brown, Ellen, b. 14 Nov 1840, 70y, dropsy
Brown, Fanny, b. 21 Aug 1849, 45y, Colored
Brown, Fanny T., b. 15 Jul 1868, 13m, Colored
Brown, Hannah, d. 21 Jul 1801, b. 22 Jul 1801, 18m, dau of James (dec.) & Mary
Brown, Hannah, b. 2 Aug 1872, 40y
Brown, Harriet, d. 24 Jul 1807, b. 25 Jul 1807, c. 11m, dau of Charles & Nancy, free Negroes
Brown, Harry, b. 3 Aug 1872, 8m
Brown, Henry, b. 15 Oct 1843, 25y, Colored
Brown, Isaack, b. 10 Apr 1868, 40y
Brown, James, d. 31 Aug 1795, b. 1 Sep 1795, 2d, son of James & Mary
Brown, James, d. 15 Dec 1799, b. 16 Dec 1799
Brown, James, b. 26 Feb 1872, 60y, Colored
Brown, James A., b. 2 May 1870, 10m, Colored
Brown, Jesse, b. 16 May 1867, 22y, Colored
Brown, John, b. 17 Dec 1830, 3y, scarlet fever
Brown, Captain John, b. 27 Aug 1834, c. 50y, apoplexy
Brown, John, b. 6 Nov 1865, 2y, Colored
Brown, John, b. 30 June 1867, 40y, Colored
Brown, John, b. 3 Jul 1867, 6m
Brown, Joseph, b. 19 Dec 1851, 80y, Colored
Brown, Joseph, b. 12 Dec 1865 (entry shown with Cath. O'Donnell)
Brown, Luke, b. 29 Aug 1820, 2y, consumption
Brown, Margaret, b. 9 May 1854, 30y
Brown, Margaretta, b. 30 Dec 1850, 40y, Colored
Brown, Martha, b. 2 Aug 1870, 70y, Colored
Brown, Martha A. Elizabeth, b. 22 Nov 1855, 16m, Colored
Brown, Mary, d. 19 Sep 1795, b. 20 Sep 1795, 3w, dau of James & Mary
Brown, Mary, d. 26 Feb 1802, b. 27 Feb 1802, 2y10m, dau of Jacob & ---
Brown, Mary, d. 7 Jun 1812, b. 8 Jun 1812, 25y

Brown, Mary, b. 27 Jul 1853, 91y
Brown, Mary, b. 5 Mar 1861, 82y
Brown, Mary A., b. 28 May 1863, 3m, Colored
Brown, Mary Ann, d. & b. 8 Aug 1806, c. 3w, debility, dau of James & Catherine
Brown, Mary Ann, b. 1 Aug 1857, 19m
Brown, Mary Catherine, d. 27 Apr 1803, b. 28 Apr 1803, c. 15m, fits, dau of John & Mary
Brown, Mary Lizzie, b. 12 Dec 1873, 5y
Brown, Mary Sophia (Sohia), d. & b. 26 Oct 1812, 5m, dau of Henry
Brown, Mary Teresa, b. 25 Jun 1858, 2w
Brown, Matilda, b. 21 Jan 1862, 45y
Brown, Michael, d. 16 Jun 1820, b. 17 Jun 1820, 4m
Brown, Michael, b. 28 Oct 1857, 55y
Brown, Nicholas, b. 29 Jul 1871, 50y
Brown, P. A., b. 14 Jun 1868, 15m
Brown, Patrick, b. 7 Sep 1834, 50y, by a bank falling
Brown, Priscilla, b. 4 Aug 1835, c. 30y, cancer, Colored
Brown, Priscilla, b. 10/15 Aug 1841, 40y, dropsy, Colored?
Brown, Samuel, d. 16 Sep 1803, b. 17 Sep 1803, 1y5m11d, son of John & Mary
Brown, Sarah, b. 4 May 1835, 25y, consumption
Brown, Sarah, b. 18 Jan 1854, 60y
Brown, Sarah Williams, d. 19 Aug 1796, b. 20 Aug 1796, c. 20m, dau of James & Hannah
Brown, Sophia, b. 26 Aug 1859, 65y, Colored
Brown, William, d. 25 Jul 1799, b. 26 Jul 1799, 7m, Negro
Brown, William, b. 27 Jul 1857, 18m, Colored
Browne, Amelia, b. 19 Apr 1872, 60y, Colored
Browne, Carrie, b. 29 Jul 1870, 1y
Browne, Constance, b. 28 Jan 1857, 18y
Browne, Cornelia, b. 12 Nov 1871, 11m
Browne, Emily, b. 24 Jul 1872, 7m
Browne, Henry John, d. 6 Nov 1802, b. 7 Nov 1802, 3y10m10d, son of Henry & Henrietta
Browne, James, d. 7 Nov 1796, b. 8 Nov 1796, son of James & Mary, born 7 Nov 1796
Browne, James, d. 15 Apr 1800, b. 16 Apr 1800, native of Ireland
Browne, Letitia, d. 16 Nov 1802, b. 17 Nov 1802, 7y, dau of Henry & Henrietta
Browning, Elizabeth, b. 8 Mar 1819, 2y, whooping cough
Browning, Levi (Levie), b. 14 Sep 1832, 40y, cholera
Browning, Margaret, b. 6 Apr 1861, 72y
Browning, Mrs. Margaret, b. 22 Sep 1868, 26y
Bruce, Elizabeth, b. 26 Jul 1848, 18m
Bruce, Robert A., b. 9 May 1865, 21y
Bruce, Victor, b. 20 Jun 1854, 18m
Brucourt, Michael Philip, d. & b. 17 Dec 1795, 60y, planter of the quarter of Fort Dauphin at Fend
    Blanc, St. Domingo
Bruff, Rachel S., b. 1 Apr 1836, 23y, consumption
Bruff, Sophia, b. 31 Mar 1836, 35y
Bruffie, Catharine, b. 9 Feb 1856, 18y
Bruffy, male, b. 5 Nov 1838, 14m, decline, son of Michael
Bruger, Amelia, b. 11 Dec 1852, 60y, Colored
Bruggy, Ann, b. 15 Feb 1873, 40y
Bruggy, Martin, b. 1 Oct 1867, 1d
Bruggy, Michael, b. 23 Apr 1859, 64y
Bruggy, Michael, b. 8 Apr 1866, 4 hours
Brun, Alphonse, b. 13 Jul 1849, 8m
Brun, Frances, b. 26 Jun 1849, 8m
Brun, Joseph, d. 10 Apr 1819, b. 11 Apr 1819, c. 40-50y, consumption
Brun, Mary, b. 16 Feb 1865, 21y
Brun, Peter Francis, b. 24 Jul 1863, 58y

Brun, Theodore, b. 16 Apr 1857, 19y
Brunlot, Francois, d. 25 Jan 1817, b. 26 Jan 1817, c. 27y, native of France
Brunt, Mary I., b. 11 Jun 1866, 5y
Brusahan, female, b. 9 Jan 1863, 20m, dau of Richard
Brushmiller, Mgt. Jane, b. 4 Mar 1874, 5m
Brushnahan, child, b. 27 Jul 1844, stillborn, child of Mr. Brushnahan
Brushnahan, Thomas, b. 11 Mar 1841, 28y, consumption
Brushnatun, child, b. 31 May 1845, stillborn, child of Mr. Brushnatun
Brushwiller, Barbara, b. 6 Jun 1870, 90y
Brusle, Peter, d. 18 Jul 1794, b. 19 Jul 1794, c. 35y, native of Grande Riviere, planter of Jeremie,
    St. Domingo, buried in St. Peter's Church Yard
Brusnan, Catharine, b. 24 Sep 1859, 36y
Brusnan, Eliza, b. 2 Dec 1854, 40y
Brusnan, Johanna, b. 12 Jan 1855, 7y
Brusnan, John, b. 9 Jan 1857
Brusnan, Mary, b. 28 Oct 1871, 52y
Brusnon, Michael & Jno., b. 2 Jul 1854, ½ hour
Bryan, Clara, d. 23 Nov 1816, b. 24 Nov 1816, old age
Bryan, Mary, d. & b. 31 Oct 1797, c. 26y, wife of John
Bryan, Patrick, b. 13 Feb 1853
Bryne, Margaret, d. 11 Jul 1804, b. 12 Jul 1804, 2y, cholera, dau of Charles & Martha
Bryson, Alice, b. 22 May 1845, 3y, Colored
Bucey, William, b. 5 Oct 1823, 20m, bowel and dropsyical complaint, son of Samuel
Buchanan, Emily R., b. 28 Jul 1844, 6y
Buchanan, Maria E. L., b. 27 Feb 1831, age about --, unknown sickness
Buchen, Barbara, d. & b. 2 Sep 1803, 5y, dau of Engelhart & Magdalene
Buchen, Charles, d. & b. 21 Apr 1803, 6d, son of Engelhart & Magalain
Buchen, John, d. 27 Sep 1797, b. 28 Sep 1797, c. 35y
Buchen, Mary, d. 6 Apr 1800, b. 7 Apr 1800, 76y
Buchet, Mary, b. 15 Apr 1850, 60y, Colored
Buchmann, George, d. & b. 13 Dec 1802, 31y
Bucholtz, Catherine, d. 30 Aug 1801, b. 31 Aug 1801, 1y11m10d, dau of George & Elizabeth
Buck, Betsy, b. 14 Dec 1859, 40y, Colored
Buck, Eliza, b. 19 Nov 1858, 53y
Buck, James, b. 5 Oct 1840, 28y, Colored
Buck, Mary, b. 9 Sep 1848, 22m
Buckley, child, b. 22 Jul 1831, 11m, scarlet fever, child of Roberta
Buckley, child, b. 2 Jul 1843, 2m, child of Mr. Buckley
Buckley, female, b. 3 Jan 1837, a few minutes old, dau of William
Buckley, Mrs., b. 28 Jun 1851, 27y
Buckley, Catharine, b. 7 Jul 1860, 4y
Buckley, Dennis, b. 1 Aug 1850, 30y
Buckley, Edwd., b. 1 Nov 1856, 1w
Buckley, Jeremiah, b. 12 Jul 1858, 27y
Buckley, John, d. 26 Aug 1803, b. 27 Aug 1803, 17d, son of James & Mary
Buckley, John, b. 15 Mar 1837, c. 30y, casualty
Buckley, John, b. 22 Feb 1859, 32y
Buckley, Mary, d. 7 Jan 1812, b. 8 Jan 1812, 50y, dropsy in the chest
Buckley, Patrick, b. 18 May 1856, 21y
Buckley, Robert, b. 3 Apr 1867, 67y
Buckley, Stephn., b. 16 Jan 1873, 40y
Buckoltz, Catherine, d. & b. 24 May 1800, c. 25y
Buen, Mary, b. 29 Nov 1835, 45y, consumption
Bulger, Ann, b. 14 Aug 1854, 66y
Bulger, Eliza, b. 18 Aug 1851, 28y
Bulger, John, b. 4 Feb 1830, 29y, died of ----

Bulger, Mary, b. 30 Aug 1858, 84y
Bulger, Thomas, b. 23 Oct 1831, c. 21y, bilious fever
Bull, male, b. 26 Jan 1835, 1y, teething, son of John
Bull, Wm. Henry, b. 21 Mar 1848, 35y
Bullen, male, b. 17 Nov 1840, 2 hours, son of Frederick, Colored
Bullen, Charles, b. 5 Aug 1858, 24y, Colored
Bullen, Frances, b. 6 Aug 1853, 17y
Bullen, Frederick, b. 9 Oct 1843, 45y
Bullen, Hetty, b. 11 Apr 1855, 24y
Bullen, James, b. 17 Apr 1855, 22y
Buller, Louisa, b. 8 Oct 1842, 21y
Buller/Butler, Mary, b. 19 Apr 1842, 60y, suddenly, Colored
Bunbury, Hannah Eliza Wentworth, d. 15 Aug 1799, b. 16 Aug 1799, c. 3m, dau of John & Ann
Buntin, Mrs., see Bunton/Buntin, Mrs.
Bunting, male, b. 18 May 1839, 1/2 hour, son of William
Bunting, Margaret, b. 17 Jul 1866, 25y
Bunton/Buntin, Mrs., b. 5/6 Jan 1837, 88y, dropsy
Burbage, Kate, b. 1 Jun 1871, 50y
Burbine, Margaret, b. 22 Aug 1824, c. 70y, suddenly of a broken blood vessel
Burch, John, b. 25 Oct 1832, c. 8y, killed by a hack
Burford, John, b. 27 Sep 1851, 1w
Burgess, male, b. 20 Mar 1841, 5m, son of Perry, Colored?
Burgess, Ann, b. 7 Jan 1850, 21y, Colored
Burgess, Eliza, b. 23 May 1850, 2½y
Burgess, Elizabeth, b. 19 Jan 1843, 8m, Colored
Burgess, Henry, b. 2 Jun 1843, 4m, Colored
Burgess, Louisa Ann, b. 21 Jan 1850, 11m, Colored
Burgess, Mary, b. 21 Oct 1843, 5y, Colored
Burgess, Mary Ann, b. 28 Jun 1860, 12m, Colored
Burgess, Nancy, b. 1 Sep 1865, 38y, Colored
Burgess, Perry, b. 17 Jun 1850, 40y, Colored
Burgher, Joseph, b. 8 Jun 1859, 3m
Burk, male, b. 3 Mar 1839, 2y, decline, son of Ann, Colored?
Burk, Catharine, b. 4 Oct 1866, 11m
Burk, James, b. 30 Nov 1861, 38y
Burk, Leonard, d. 9 Aug 1796, b. 10 Aug 1796, c. 8m, Negro, son of Elizabeth, Negro slave of Daniel Henry
Burk, Matthew, b. 30 Aug 1838, 27y, unknown sickness
Burk, Nathan, b. 18 Apr 1837, 89y, decline
Burke, child, b. 1 Sep 1864, 8d, child of Mrs. Burke
Burke, male, b. 4 Mar 1835, 1w, colic, son of Patrick
Burke, male, b. 3 Feb 1840, 3m, son of Ann, Colored
Burke, male, b. 29 Sep 1849, 9y, son of Patrick
Burke, Agness, b. 31 Jul 1854, 2m
Burke, Cath., b. 27 Nov 1873, 65y
Burke, Clement, b. 3 Feb 1837, Colored, 65y, apoplexy, Colored
Burke, Dominick A., b. 25 Jul 1859, 16m
Burke, Edward, b. 11 Nov 1865, 4m
Burke, Elizabeth, d. & b. 29 Oct 1805, 15y, typhus fever, dau of Ann, widow
Burke, Elizabeth, d. 13 Feb 1809, b. 14 Feb 1809, c. 40y, pleurisy
Burke, Elizabeth, b. 26 Nov 1852, 4y
Burke, Elizabeth, b. 25 Mar 1860, 30y
Burke, Ellen, b. 11 Jul 1857, 2½y
Burke, James, d. & b. 14 Aug 1802
Burke, James, d. 3 Dec 1817, b. 4 Dec 1817, 54y, consumption
Burke, James, b. 1 Dec 1866, 80y

Burke, Jeremiah, b. 18 May 1850, 19y
Burke, John, b. 4 Jun 1830, c. 30y, consumption
Burke, John b. 5 Aug 1832, c. 18y, unknown sickness
Burke, John, b. 25 Oct 1864, 1 hour
Burke, John, b. 17 Jun 1865, 65y
Burke, John F., b. 23 Aug 1865, 4½y
Burke, John Michael, b. 13 Oct 1857, 5½y
Burke, John Michl., b. 8 Mar 1859, 17m
Burke, Joseph, b. 17 Feb 1865, 3y
Burke, Margaret, b. 7 Sep 1831, 12d, unknown sickness, dau of Patrick
Burke, Margaret, b. 28 May 1852, 80y
Burke, Margaret, b. 8 Jan 1864, 5y
Burke, Margaret, b. 6 Aug 1865, 2y
Burke, Mary, b. 11 Sep 1821, c. 40y, inflamation, wife of William
Burke, Mary, b. 25 Jan 1861, 87y, Colored
Burke, Mary, b. 21 Jun 1871, 6y
Burke, Mary, b. 4 Aug 1872, 42y
Burke, Michael, d. & b. 25 Sep 1797, native of Ireland
Burke, Michael, b. 14 Oct 1830, c. 1y, summer complaint, son of Patrick
Burke, Michael, b. 28 Dec 1863, 4m
Burke, Nicholas, b. 10 Oct 1858, 77y
Burke, Patrick, b. 12 Nov 1861, 30y
Burke, Richard, d. & b. 19 Sep 1800, c. 26d (sic.), native of Ireland, husband of Catherine
Burke, Richard, d. & b. 3 Nov 1801, 8m, son of Richard (dec.) & Catherine
Burke, Richard A., b. 12 Mar 1854, 4d, Colored
Burke, Sarah, d. 28 Aug 1805, b. 29 Aug 1805, c. 6y, dropsy in the head, dau of Nathan & Sarah
Burke, Sarah, d. 19 Sep 1805, b. 20 Sep 1805, dropsy, wife of Patrick
Burke, Thomas, b. 6 May 1821, consumption, native of Ireland
Burke, Thomas, b. 8 Feb 1832, c. 55y, unknown sickness
Burke, Thomas, b. 24 Aug 1865, 3y
Burke, Ulick, b. 25 May 1853, 14y
Burke, Walter, b. 30 Apr 1809, 25y, accidently drowned
Burke, Wm., b. 30 Dec 1871, 4y
Burke, Wm. John, b. 15 Jan 1853, 15m
Burkett, Jno., b. 18 Dec 1872, stillborn
Burkit, John, b. 22 Apr 1860, 2w
Burlow, Catherine, b. 25 May 1845, 3m
Burman, Mr., b. 14 Aug 1827, killed by the fall of a sand bank
Burman, Mrs., b. 24 Oct 1832, consumption, at the Alms House
Burman, Marcilla, b. 16 Oct 1827, c. 6y, bilious fever
Burman, Samuel, b. 7 Aug 1851, 48y
Burmingham, John, b. 30 Jun 1826, c. 40y, stroke of the palsey
Burn, child, b. 22 Jun 1874, 1y, child of Andrew
Burnes, Ambrose, b. 26 Mar 1851, 3y
Burnet, Mary, see Barnes/Burnet, Mary
Burnham, Julia, b. 27 Jun 1832, c. 27y, consumption
Burnham, Mary Eliza/Mary E., b. 5 Aug 1842, 12w/m, summer complaint
Burns, child, d. 10 Mar 1812, b. 11 Mar 1812, 1y, child of Charles
Burns, child, b. 21 Feb 1827, died a day or two after birth, child of Mrs. Burns
Burns, child, b. 14 May 1827, 4y, unknown sickness, child of Patrick
Burns, child, b. 12 Aug 1856, 12m, child of Catharine
Burns, Agnes, b. 10 Oct 1874, 16m
Burns, Ann, b. 11 Mar 1840, 60y, dropsy
Burns, Ann Rose, b. 9 Sep 1860, 5d
Burns, Cath., b. 11 Feb 1864, 25y
Burns, Catharine, b. 30 Aug 1855, 12m

Burns, Catharine, b. 15 Sep 1863, 2½y
Burns, Cornelius, b. 20 Oct 1854, 5y
Burns, Edward, b. 16 Jan 1856, 10m
Burns, Edward, b. 1 May 1862, 48y
Burns, Edwd., b. 11 Mar 1867, infant
Burns, Ellen, b. 18 Jul 1864, 54y
Burns, Harriet, b. 13 Jan 1869, 45y
Burns, Henry, b. 11 Jul 1862, 9m
Burns, J. Edward, b. 29 Mar 1870, 11m
Burns, James, b . 5 Jan 1829, c. 7y, unknown sickness, son of Thomas
Burns, John, d. & b. 28 Sep 1797
Burns, John, b. 29 Nov 1854, 50y
Burns, John, b. 24 Jan 1860, 5y
Burns, John, b. 1 May 1866, 2½y
Burns, Joseph, b. 4 Oct 1868, 44y
Burns, Katharine, b. 12 Aug 1858, 12m
Burns, Laurence, b. 16 Jun 1855, 7m
Burns, Margaret C., b. 11 Jun 1864, 2m
Burns, Mary, b. 27 Jul 1857, 8y
Burns, Mary, b. 3 Jul 1869, 11m
Burns, Mary A., b. 27 Dec 1851, 60y
Burns, Patrick, b. 8 Oct 1867, 50y
Burns, Terence, b. 1 Aug 1852, 1m
Burns, Thomas, d. 5 Feb 1808, b. 6 Feb 1808, c. 70y, suddenly
Burns, Timothy, d. 1 Nov 1818, b. 2 Nov 1818, consumption
Burns, William, b. 16 Aug 1868, 10m
Burri, Anthony, d. 25 Jul 1810, b. 26 Jul 1810, c. 4m
Burridge, George, d. 16 Nov 1817, b. 17 Nov 1817, 21y
Burrier, Cath. Mary, b. 13 Nov 1868, 3m
Burrier, Joseph Leonard, b. 25 Aug 1831, c. 2w, summer complaint
Burris, William, b. 2 May 1848, 23y
Burrows, Alvin, b. 24 Jun 1865, 10d
Burt, child, b. 3 Aug 1832, c. 20m, summer complaint, child of Michael
Burton, Catharine, b. 22 Dec 1865
Burton, William, b. 26 May 1829, c. 25y, abscess
Busey, Samuel P., b. 11 Jul 1830, c. 40y, consumption
Bush, John, b. 16 Nov 1865, 6w
Bushrod, Sarah, b. 23 Mar 1832, c. 40y, smallpox
Butcher, Bartholomew, d. 4 Jan 1797, b. 5 Jan 1797, 6m1d, son of Bartholomew & Elizabeth
Butler, ---, d. 7 Oct 1799, b. 8 Oct 1799, 8y, Mulatto
Butler, ---, d. 11 Mar 1815, b. 12 Mar 1815, 60y, pleurisy
Butler, child, b. 26 Nov 1827, age & sickness unknown, child of Louisa
Butler, child, b. 6 Aug 1831, age unknown, unknown sickness, child of James
Butler, child, b. 6/9 Jan 1839, 9m, child of Charles, Colored
Butler, child, b. 14 May 1851, 1d, child of Jno.
Butler, child, b. 12 Nov 1851, stillborn, child of Mr. Butler
Butler, child, b. 30 Oct 1863, 2d, child of Wm. T. Butler
Butler, female/male, b. 17 Dec 1840, 3d, child of Mr. Butler, Colored
Butler, female, b. 28 Nov 1848, 2y, dau of Jno.
Butler, male, b. 10 Aug 1834, 9m, son of Mr. Butler, Colored
Butler, male, b. 28 Aug 1841, 5m, thrush, son of Mrs. Butler, Colored
Butler, Ann, d. 22 May 1803, b. 23 May 1803, 5y, Mulatto, dau of Clare Butler
Butler, Ann, b. 6 Mar 1852, 55y, Colored
Butler, Anthony, d. 25 Oct 1806, b. 26 Oct 1806, c. 30y, consumption, free Negro
Butler, C., b. 20 Feb 1873, 1y
Butler, Cassandra, see Stanislaus, Mary

Butler, Catharine, d. 22 Apr 1806, b. 23 Apr 1806, c. 90y, debility
Butler, Charles, b. 29 Aug 1799, c. 4m, Negro
Butler, Charles, b. 15 Nov 1827, burns, son of Betsy, Colored
Butler, Francis, d. 26 Jul 1800, b. 27 Jul 1800, c. 10m, free Negro
Butler, George, d. 5 Sep 1796, b. 6 Sep 1796, c. 19m, Negro, son of Henry, Negro, slave of Robert Walsh, & Joannah Butler, free Negro
Butler, Henrietta, d. 12 Feb 1820, b. 13 Feb 1820, 30y, consumption
Butler, Henry, d. 2 Aug 1799, b. 3 Aug 1799, 3m, son of Nelly
Butler, Henry, d. 29 Oct 1800, b. 30 Oct 1800, c. 20y, free Negro, son of Ben & Ann
Butler, James, b. 22 Jun 1821, consumption, Colored man, of General Stricker
Butler, James, b. 16 Oct 1863, 6m, Colored
Butler, Jane, d. 2 Aug 1818, b. 3 Aug 1818, 26y, consumption
Butler, J. E., b. 30 May 1871, 2m, Colored
Butler, John, b. 2 Feb 1794, c. 30y, Fell's Point tobacconist, accidentally drowned on the night between 29 & 30 Jan, body found 1 Feb, buried in St. Peter's Church Yard
Butler, John, d. & b. 21 Nov 1800, 15m, free Mulatto
Butler, John, b. 7 Feb 1868, 62y
Butler, Julia, b. 18 Dec 1865, 63y
Butler, Kate, b. 14 Apr 1869, 10d
Butler, Louisa, b. 12 May 1842, 35/55y, consumption, Colored
Butler, Lucy, b. 18 Aug 1844, 60y, Colored
Butler, Martin, b. 16 Jun 1849, 35y
Butler, Martin, b. 12 Mar 1860, 40y
Butler, Martina, b. 19 Feb 1863, 15y
Butler, Mary, see Buller/Butler, Mary
Butler, Mary, b. 7 Aug 1830, c. 27y, unknown sickness, Colored
Butler, Mary, b. 9 Jan 1832, c. 6y, smallpox, dau of Ann, Colored
Butler, Mary, b. 20 Nov 1841, 24y, consumption, Colored
Butler, Mary, b. 24 Jun 1843, 70y, Colored
Butler, Mary Ann, b. 20 Apr 1831, c. 6m, unknown sickness
Butler, Mary Ann, b. 27 Sep 1862, 54y
Butler, Mary E., b. 19 Jan 1850, 9y, Colored
Butler, Nelly, d. 27 Mar 1801, b. 28 Mar 1801, c. 3y, dau of Agnes
Butler, Olivia, b. 16 Jul 1863, 1d, Colored
Butler, Peter, d. 12 Jul 1799, b. 13 Jul 1799, 4y
Butler, Peter, b. 11 Feb 1863, 50y, Colored
Butler, Rachel, b. 29 May 1823, c. 70y, Colored woman
Butler, Ruth, b. 10 May 1808, free woman of Color, wid of Anthony
Butler, Sarah, d. 11 Nov 1804, b. 12 Nov 1804, 1y9m, dau of Mathias & Sarah
Butler, Sophia, b. 18 Feb 1873, 25y
Butler, Thomas Peter, b. 13 Jun 1863, 8y, Colored
Butler, William, d. 28 Dec 1801, b. 29 Dec 1801, 5y, son of Henry & Joanna
Butler, William, b. 7 Oct 1855, 25y
Butol, Antionette, b. 23 Sep 1839, 3y, Colored
Buttler, Mary, b. 5 Aug 1871, 4y
Byler, Rebecca, d. 6 Apr 1804, b. 7 Apr 1804, c. 65y, pleurisy, wife of William
Byren, Margaret, d. 10 Jul 1804, b. 11 Jul 1804, 78y, native of Nova Scotia
Byrn, child, b. 10 Jan 1848, 2m, child of John
Byrn, Mary E., b. 2 Feb 1850, 3m
Byrne, ---, b. 13 Mar 1827, c. 40, bilious fever
Byrne, child, b. 24 May 1822, c. few months, child of Matthew Byne/Byrne
Byrne, child, b. 22 Sep 1823, c. 2 hours, child of Thomas
Byrne, child, b. 26 Feb 1824, age unknown, unknown sickness, child of Thomas
Byrne, child, b. 20 Mar 1828, c. 7y, fever, child of Thomas
Byrne, child, b. 13 Aug 1832, 9d, child of Thomas
Byrne, child, b. 11 Aug 1854, 10m, child of Mr. Byrne

Byrne, male, b. 8 Mar 1838, 7m, unknown sickness, son of John
Byrne, male, b. 5 Nov 1840, 5y, son of Dr. Byrne
Byrne, male, b. 14 May 1845, 2 hours, son of Andrew
Byrne, male, b. 30 Dec 1862, 1 minute, son of Patrick
Byrne, Mr., b. 24 Jul 1825, c. 39y, suddenly
Byrne, Mrs., b. 27 Dec 1831, c. 50y, suddenly
Byrne, Agnes, b. 9 Oct 1873, 18m
Byrne, Alexius, b. 17 Dec 1844, 9y
Byrne, Andrew, b. 14 Dec 1863, 53y
Byrne, Ann, b. 3 Feb 1829, c. 8m, croup, dau of Covin
Byrne, Ann, b. 12 Feb 1848, 34y
Byrne, Bridget, b. 17 Sep 1859, 23y
Byrne, Bridget A., b. 29 Jan 1870, 41y
Byrne, Carrie, b. 27 Jul 1871, 11m
Byrne, Cath., d. 5 May 1818, b. 6 May 1818, burned
Byrne, Charles, b. 29 Jun 1855, 18m
Byrne, C. I., b. 15 Jul 1862, 18y
Byrne, Clara, b. 25 Aug 1857, 2w
Byrne, Daniel, b. 16 Jun 1839, 53y, paralysis
Byrne, Daniel, b. 12 May 1866, 33y
Byrne, Dennis, d. 12 Oct 1804, b. 13 Oct 1804, 2y3m, son of William & Catherine
Byrne, Edward, b. 31 Aug 1837, 14y, bilious fever
Byrne, Edward, b. 12 Dec 1865, 50y
Byrne, Eleanor, d. 12 Oct 1798, b. 13 Oct 1798, native of Ireland, wife of John
Byrne, Elizabeth, b. 31 Jan 1829, c. 3y, fever, dau of Covin
Byrne, Elizabeth, b. 9 Jul 1864, 4y
Byrne, Ellen, b. 21 Oct 1830, c. 32y, consumption
Byrne, Francis, b. 13 Dec 1862, 33y
Byrne, George V., b. 15 Sep 1868, 3m
Byrne, Henry, b. 28 Sept 1827, 50y, bilious fever
Byrne, Ignatius, b. 20 Jul 1859, 9m
Byrne, J. K., b. 15 Feb 1872, 27y
Byrne, James, d. 12 Oct 1794, b. 13 Oct 1794, 2y, son of John & Elizabeth, buried in St. Peter's Church Yard
Byrne, John, see Byrnes/Byrne, John
Byrne, John, b. 14 Feb 1822, c. 40y, inflamation of the lungs
Byrne, John, b. 19 Nov 1866, 55y
Byrne, John, b. 3 Jul 1867, 45y
Byrne, Joseph, d. 10 Nov 1816, b. 11 Nov 1816, 4y6m, accidental fall into a fire
Byrne, Lily, b. 17 June 1867, 4m
Byrne, Margaret, b. 5 Oct 1831, c. 22y, consumption and childbirth
Byrne, Margaret E., b. 19 Aug 1858, 10½m
Byrne, Margaret Ellen, b. 21 Dec 1844, 7y
Byrne, Martha, b. 1 Oct 1805, b. 2 Oct 1805, 14m, dau of Charles & Martha
Byrne, Martin, b. 30 Jan 1870, 36y
Byrne, Mary, b. 20 Dec 1823, c. 50y, unknown sickness
Byrne, Mary, b. 19 Jun 1871, 60y
Byrne, Mary A., b. 20 Mar 1867, 16m
Byrne, Mary A., b. 21 Sep 1870, 15m
Byrne, Mary Ann, b. 16 Sep 1823, 4y, dropsy in the brain
Byrne, Mary Ann, b. 23 Sep 1829, c. 1y, unknown sickness, dau of Thomas
Byrne, Mary Ann, b. 7 Aug 1856, 29y
Byrne, Mary Ann, b. 2 Nov 1857, 3y
Byrne, Mary E., b. 5 Sep 1868, 21m
Byrne, Mary E., b. 5 May 1872, 14m
Byrne, Mary Ellen, b. 3 Jan 1859, 13m

Byrne, Mathew, b. 31 Mar 1860, 33y
Byrne, Michael, b. 3 Oct 1870, 60y
Byrne, Owen, d. 19 Jul 1820, b. 20 Jul 1820, 13m, teething
Byrne, Owen, b. 29 Jul 1823, 10m, unknown sickness, son of Covin
Byrne, Owen, b. 14 Jul 1871, 71y
Byrne, Patrick, b. 31 May 1831, c. 33y, killed on the railroad
Byrne, Patrick, b. 12 Nov 1837, 70y, fracture
Byrne, Peter A., b. 28 Aug 1861, 49y
Byrne, Patrick I., b. 25 Jan 1858, 55y
Byrne, Philip, b. 16 Oct 1853, 68y
Byrne, Thomas, b. 29 Jun 1828, c. 22y, drank cold water, native of Ireland
Byrne, Thomas, b. 30 Jun 1851, 37y
Byrne, Thomas, b. 24 Jun 1856, 29y
Byrne, William, d. 20 Dec 1805, b. 21 Dec 1805, c. 30y, apoplexy, son of Patrick, bookseller of Philadelphia & late of Dublin, Ireland
Byrne, William, b. 27 Apr 1821, died of the gravel
Byrne, Willie V., b. 16 Nov 1870, 2y
Byrnes, ----, b. 31 Jul 1824, woman, c. 36y, liver complaint
Byrnes, male, b. 27 Mar 1837, 7y, intermitten fever, son of Mrs. Byrnes
Byrnes, male, b. 12 Mar 1839, 2m, brain fever, son of Owen
Byrnes, male, b. 15 Nov 1844, 5y, son of Mr. Byrnes
Byrnes, Barnard, b. 30 Mar 1848, 6m
Byrnes, Bernard, b. 15 Sep 1850, 5w
Byrnes, Charlotte, b. 14 Sep 1868, 5 hours
Byrnes, Columbust, d. 11 Jun 1814, b. 12 Jun 1814, 40y
Byrnes, Daniel, b. 30 Dec 1837, 28y, consumption
Byrnes, Hugh, b. 10 Aug 1863, 2w
Byrnes, James, d. 6 Jan 1817, b. 7 Jan 1817, c. 28y, bilious fever
Byrnes, James, b. 19 May 1828, c. 30y, unknown sickness
Byrnes, James, b. 12 Oct 1844, 33y
Byrnes, James, b. 31 Aug 1855, 10m
Byrnes, John, b. 13 Oct 1828, c. 16m, dropsy in the head
Byrnes/Byrne, John, b. 15 Apr 1842, 19y/m, casualty
Byrnes, John, b. 9 May 1852, 58y
Byrnes, John, b. 23 Jul 1861, 34y
Byrnes, Joseph, b. 4 Jun 1851, 4m
Byrnes, Lewis R., b. 24 Jun 1848, 18m
Byrnes, Margaret, b. 23 Aug 1858, 12m
Byrnes, Mary A., b. 26 Dec 1860, 3y
Byrnes, Patrick, b. 19 Nov 1866, 4 hours
Byrnes, Peter, b. 15 Oct 1866, 48y
Byrnes, Saml., b. 14 Sep 1850, stillborn
Byrnes, Victorine, b. 9 Jul 1852, 2m
Byrns, Margaret, b. 13 Mar 1869, 2y
Byrns, Mary A., b. 13 Jul 1873, 1y

Cabrera, Jane, d. 11 Jan 1822, b. 12 Jan 1822, c. 50y, cramps of the stomach
Cabrol, John Baptist Joseph, d. 16 Aug 1800, b. 17 Aug 1800, 45y, native of Marseilles, France
Cache, Joseph, b. 9 Aug 1865, 35y
Cadden, Columbus, b. 19 Jul 1871, 3y
Cadden, Mary, b. 6 Jan 1871, 54y, Colored
Cadion, Elizabeth, d. 15 Dec 1814, b. 16 Dec 1814, c. 36y, pleurisy, Negress
Caduc, John, b. 23 Dec 1849, 78y
Cadue, William, d. 28 Jul 1817, b. 29 Jul 1817, 19m, teething
Caffrey, John, b. 16 Jul 1862, 10m
Caffrey, Margaret, b. 16 Aug 1852, 19m
Caffrey, Margaret, b. 15 Feb 1859, 40y
Caffrey, Mary, b. 27 Aug 1849, 40y
Caffrey, Rose, b. 14 Aug 1842, 19y
Caffrey, Susan, b. 20 Apr 1853, 3m
Caffrey, Thomas, b. 23 Aug 1844, 13m
Cahagan, Eleanor, b. 8 Jan 1860, 2½y
Cahaghan, William, b. 17 Sep 1868, 37y
Cahil, Michael, d. 12 Sep 1812, b. 13 Sep 1812, suddenly
Cahill, male, b. 18 May 1860, stillborn, son of Mr. Cahill
Cahill, Mrs., b. 29 Nov 1838, 80y
Cahill, Catharine, b. 2 Sep 1867, 24y
Cahill, Charles, b. 2 Sep 1848, 9m
Cahill, Elizabeth, b. 29 Feb 1856, 70y
Cahill, Ellen, b. 9 Aug 1856, 38y
Cahill, Hugh, d. & b. 29 Jun 1803, c. 27y, consumption
Cahill, John, b. 12 Jan 1857, 40y
Cahill, Marcella, b. 5 Jan 1872, 21m
Cahoe, child, b. 16 May 1831, died soon after birth, child of William
Cain, male, b. 30 Jun 1860, stillborn, son of Mr. Cain
Cain, Annie, b. 14 Oct 1858, 5y
Cain, Bridget, b. 27 Feb 1859, 86y
Cain, James, b. 22 Jun 1853, 38y
Cain, James, b. 22 Feb 1854, 45y
Cain, James, b. 23 Jul 1854, 5y
Cain, John, b. 28 Jun 1856, 2w
Cain, Joseph, b. 3 Feb 1853, 16m
Cain, Joseph, b. 29 Mar 1859, 19y
Cain, Mary, b. 21 Apr 1859, 7y
Cain, Mary Catharine, b. 12 Apr 1852, 14m
Cain, Pat, b. 28 Jun 1861, 45y
Cain, Sarah, d. 24 Jul 1803, b. 25 Jul 1803, c. 12y, accidently drowned, dau of Thomas & ---
Cajen, Mary, b. 14 Oct 1864, 12y
Calaghan, John, b. 7 Oct 1822, c. 60y, dropsy
Calahan/Callahan, Catherine, b. 12 Jan 1837, c. 30y, unknown sickness
Calahan, Edward, b. 21 Feb 1867, 10w
Calahan, Mary Ann, b. 19 Jan 1852, 6w
Calahan, Thomas, b. 28 Nov 1864, 36y
Calder, Alexander, b. 9 Aug 1850, 4w
Caldron, male, d. & b. 28 Jun 1803, c. 2w, son of Mary
Caldwell, male, b. 4 Oct 1867, stillborn, son of Martin
Caldron, Francis, d. 24 Jun 1801, b. 25 Jun 1801
Caldron, John Baptist, d. 14 Sep 1793, b. 15 Sep 1793, 8d, son of Francis & Mary of
    Baltimore, buried in St. Peter's Church Yard
Caldwell, William David, d. 18 Mar 1814, b. 19 Mar 1814, 13m, dropsy, son of Ben & Mary
Caley, William, b. 30 Jun 1858, 68y
Calhan, Peter H., b. 4 Nov 1857, 2y

Call, Charles, b. 4 Jun 1852, 4w
Call, Ellen, b. 24 June 1867, 24y
Callaghan, female, b. 13 Nov 1837, 3y, dau of Catharine?
Callaghan, Albert, b. 19 Sep 1857, 10m
Callaghan, Charles, b. 19 Feb 1866, 4y
Callaghan, James, d. 2 Jul 1816, b. 3 Jul 1816, 45y, consumption
Callaghan, Levisa, b. 31 Mar 1803, c. 40y, consumption, widow of Samuel, native of Switzerland
Callaghan, Mary, b. 12 Feb 1857, 14y
Callaghan, Mary, b. 21 Jan 1871, 5w
Callaghan, Pat., b. 24 Nov 1871, 44y
Callaghan, Thos., b. 28 Sep 1868, 5y
Callahan, ---, d. 31 Dec 1814, b. 1 Jan 1815, c. 35y, pleurisy, in Baltimore
Callahan, child, b. 16 Aug 1854, stillborn, child of Thos.
Callahan, male, b. 1 Sep 1853, 4 hours, son of Charles
Callahan, male, b. 4 Aug 1855, 1 hour, son of Dennis
Callahan, male, b. 8 Feb 1859, stillborn, son of Patrick
Callahan, Calahan O., b. 6 Apr 1839, 33y
Callahan, Catherine, see Calahan/Callahan, Catherine
Callahan, Charles, b. 25 Nov 1853, 2y
Callahan, Cornelius, b. 21 Jul 1838, 40y, drank cold water
Callahan, Denis, d. & b. 12 Sep 1797, c. 28y
Callahan, Fanny, b. 27 Aug 1857, 17m
Callahan, James, b. 19 Jun 1828, 4m, summer complaint, son of Michael
Callahan, James, b. 19 Sep 1863, 2y
Callahan, Laurence, b. 14 Dec 1852, 54y
Callahan, Mary, b. 5 Aug 1849, 3y
Callahan, Mary Jane, b. 20 Sep 1855, 15 minutes
Callaher, Dennis, b. 11 Nov 1866, 22y
Callan, Hugh, b. 29 Jul 1854
Callan, James, b. 7 Jan 1852, 53y
Callan, John, b. 19 May 1851, 56y
Callan, Owen, b. 11 Nov 1870, 33y
Callenders, Ann, b. 18 Dec 1864, 30y
Calley, Ann, b. 10 Oct 1856, 30y
Callihan, Rosanna, b. 2 Apr 1831, c. 6y, burned to death, dau of Michael
Calvert, Johanna, b. 27 Jul 1860, 43y
Calvert, John A., b. 20 Aug 1866, 13m
Calvert, John G., b. 13 Sep 1868, 15d
Calwell, child, b. 25 Jan 1853, stillborn, child of John
Calypso, Mary, d. 31 Dec 1802, b. 1 Jan 1803, c. 26y, Negro, slave of Rose Monache
Camain, Petronille, d. 1 Feb 1806, b. 2 Feb 1806, 37y, wife of Joseph, dau of Anthony & Frances Demorgue, native of Marseilles
Cambell, child, b. 21 May 1825, 15m, measles, child of Mary Cambell, free Colored woman
Cambell, Neale, b. 6 Sep 1832, c. 33y, cholera
Cambridge, John M., b. 8 Dec 1857, 60y
Camparie, Jno. L., b. 10 Nov 1852, 46y
Campbel, James, b. 12 Apr 1810, 9m, Colored, 9m
Campbell, child, b. 4 Oct 1831, few months old, child of Neale
Campbell, child, b. 3 Aug 1837, 11m, child of Mrs. Campbell, Colored
Campbell, child, b. 28 Nov 1874, 2y
Campbell, child, b. 28 Nov 1874, 5y
Campbell, child, b. 28 Nov 1874, 6y
Campbell, child, b. 28 Nov 1874, 8y
Campbell, female, b. 19 Jul 1859, 16m, dau of Edward
Campbell, male/Mrs.(sic.), b. 17 Jul 1836, 6m, summer complaint, son of Mrs. Campbell
Campbell, Ann, d. 12 May 1794, b. 13 May 1794, 2y, dau of Robert & Judith

Campbell, Ann, d. 22 Sep 1809, b. 23 Sep 1809, 1y, dau of William & Clare
Campbell, Ann, b. 29 Dec 1862, 64y
Campbell, Anna E., b. 7 Aug 1859, 22y
Campbell, Anne, d. 22 Sep 1810, b. 23 Sep 1810, 40y
Campbell, Bernard, b. 8 Feb 1855, 60y
Campbell, Bridget, d. & b. 24 Jul 1801, c. 11m, dau of Patrick & Jane
Campbell, Daniel, b. 25 Jan 1848, 4y
Campbell, Ellen, b. 10 Oct 1852, 4y
Campbell, Ellen, b. 18 Aug 1863, 26y
Campbell, Francis, b. 8/9 Jun 1837, 33/35y, decline
Campbell, Francis, b. 21 Nov 1837, c. 38/60y, liver complaint
Campbell, Francis, b. 25 May 1851, 2½y
Campbell, Francis, b. 3 Aug 1854, 28y
Campbell, Francis, b. 8 Feb 1863, 5y
Campbell, George, b. 15 Mar 1854, 52y
Campbell, Hugh Edwd., b. 16 Nov 1857, 2½y
Campbell, Isaac, b. 23 Oct 1841, 7m, Colored?
Campbell, Isaac, b. 21 May 1845, 35y, Colored
Campbell, Isabella, b. 29 Jan 1859, 40y, Colored
Campbell, Isabella, b. 4 Dec 1865, 11y
Campbell, James, b. 9 Feb 1869, 20m
Campbell, Jane, b. 15 Sep 1864, 40y
Campbell, Jno., b. 5 Feb 1849, 35y
Campbell, John, b. 27/29 Jan 1842, 31y, dropsy
Campbell, John, b. 10 Sep 1867, 14m
Campbell, John L., b. 20 Jul 1855, 9y
Campbell, Joseph, b. 25 Aug 1844, 18m, Colored
Campbell, Joseph, b. 18 Jul 1852, 66y
Campbell, Joseph, b. 3 Jan 1863, 14m
Campbell, Mary, b. 7 Sep 1832, c. 20y, cholera
Campbell, Mary, b. 3 Aug 1852, 12m
Campbell, Mary, b. 11 Aug 1854, 17m
Campbell, Mary, b. 6 May 1858, 19m
Campbell, Mary Ann, d. 28 Oct 1798, b. 29 1798, 11m, dau of Matthew & Jane
Campbell, Mary Ann, d. & b. 6 May 1806, 6d, dau of Robert & Mary
Campbell, Mary Ann, b. 23 Dec 1839, 23y, consumption, Colored
Campbell, Mary C., b. 16 Apr 1860, 12m
Campbell, Mgt. Ann, b. 27 Oct 1857, 14m
Campbell, Michael, b. 2 Jan 1868, 25y
Campbell, Priscilla, b. 28 Sep 1851, 2m
Campbell, Rebecca, b. 8 Sep 1865, 54y
Campbell, Rosa, b. 20 Oct 1830, unknown age, suddenly
Campbell, Rosanna, d. & b. 9 Aug 1797, 9m, dau of Patrick & Jane
Campbell, Sarah Ann, b. 24 Jun 1849, 3y
Campbell, Sarah Jane, b. 14 Jan 1864, 6d
Campbell, Stephen, b. 9 Mar 1852
Campbell, Thomas, b. 11 Feb 1829, 31y, dropsy
Campbell, Thomas, b. 12 Jun 1860, 3y
Campbell, William, b. 20 Apr 1845, 50y
Campbell, William, b. 5 Aug 1861, 10m
Camperio, child, b. 12 Aug 1826, c. 2y, unknown sickness, child of Peter W. Camperio
Camphor, Timour Ann, b. 18 Jan 1845, 13y, Colored
Campt, Mrs. Ann, b. 7 Sep 1865, 78y
Campt, Mary, b. 1 Jul 1872, 18y, Colored
Canary, Margaret, b. 19 Aug 1856, 12m

Canbert, Francois Honore, d. 3 Aug 1793, b. 4 Aug 1793, native of Castres in the Albigeois, *(French))
Cancanon, Terrence, b. 25 Aug 1845, 5m
Candolle, Francis, d. 28 Feb 1804, b. 29 Feb 1804, 1m, son of Andrew & Rachel
Candon, Margaret, b. 31 Dec 1851, 30y
Cane, male, b. 30 Apr 1838, 2 hours
Cane, Anna, b. 12 Aug 1867, 12m
Cane, Daniel, b. 28 Jun 1864, 4m
Cane, James, b. 4 Mar 1867, 2½y
Cane, Johanna, b. 25 Jun 1859, 4m
Cane, Mary, b. 24 Nov 1827, c. 25y, suddenly
Cane, Pat, b. 14 May 1863, 4y
Cane, Philip, b. 28 Feb/2 Mar 1842, 40y
Canfield, Mrs., b. 27 Feb 1836, 61y
Canfield, Catharine, b. 17 Feb 1854, 2y
Canfield, John, b. 30 Aug 1850, 11y
Canfield, Joseph, b. 23 Aug 1857, 2m
Canfield, Michael, b. 24 Mar 1836, 29y
Canfield, Thomas, b. 18 Aug 1830, c. 40y, bilious fever
Canfield, Mr. W., b. 25 Mar 1836, c. 36y
Cannell, John, b. 19 Mar 1855, 10m
Cannolly, child, b. 16 Jun 1848, 9m, child of Richd.
Cannon, ---, d. 28 Apr 1812, b. 29 Apr 1812, 30y
Cannon, child, b. 1 Aug 1831, age unknown, unknown sickness, child of Mr. Cannon
Cannon, Bernard, b. 14 Oct 1823, c. 60y, unknown sickness
Cannon, Harry, b. 18 Jan 1822, c. 35y, consumption, Black man
Cannon, Mary, d. 21 Oct 1805, b. 22 Oct 1805, c. 3m, dau of Derby & Margaret
Cannon, Patrick, b. 28 Jul 1849, 35y
Cannon, Thomas, b. 11 Aug 1854, 55y
Canon, Elizabeth, d. 14 Oct 1810, b. 15 Oct 1810, 4m
Canon, Wm., b. 3 Aug 1817, b. 4 Aug 1817, 50y
Canovan, John P., b. 3 Jun 1859, 14m
Cantwell, Thomas, b. 13 Apr 1817, c. 45y, drowned
Capamagy, Baptiste Jean, d. 6 Jun 1815, b. 7 Jun 1815, 60y, native of Constantinople
Cape, Charles, b. 4 Aug 1860, 2y
Cape, Sarah Ann, b. 20 Jun 1845, 13m
Capellano, male, b. 9 Nov 1823, just born, son of Mr. Capellano, baptized
Capes, John, b. 14 Jan 1848, 10m
Cappean, Audrie, b. 18 Aug 188-, 11m
Cappean, Mary, b. 21 Jul 1865, 24y
Cappean, Sarah, b. 2 Oct 1865, 74y
Car, female, b. 19 Nov 1863, stillborn, dau of Nicholas
Car, female, b. 12 Dec 1865, stillborn, dau of James
Caragan/Carragan, female, b. 15 Aug 1838, 13m, summer complaint, dau of James
Caralan, Thomas, b. 19 Oct 1836, c. 35y, bilious fever
Carberry, Thomas, b. 23 Oct 1835, c. 23y, bled to death from a wound
Carduc, Raymond, d. 30 Jan 1817, b. 31 Jan 1817, 64y, native of France, in Baltimore
Carey, Alice, b. 26 Jun 1863, 2w
Carey, Andrew Neal, b. 21 Jul 1862, 21m
Carey, Ann Maria, b. 21 Jul 1862, 5y
Carey, Catherine, d. 11 Nov 1800, b. 12 Nov 1800, c. 1y, dau of Dennis & Judith
Carey, Darby, born & d. 23 Nov 1796, b. 24 Nov 1796, son of Dennis & Margaret Cary
Carey, Darby, d. 16 Jan 1809, b. 17 Jan 1809, advanced age, native in Ireland, died in the Baltimore Alms House
Carey, Dennis, d. 31 Jul 1795, b. 1 Aug 1795, 16m, son of John & Eleanor
Carey, Eleanor, d. & b. 21 Aug 1800, c. 29y, wife of John

Carey, Elizabeth, b. 5 Dec 1863, 51y
Carey, Francis Ann, b. 5 Jul 1832, 7m, summer complaint, child of William, Colored
Carey, Helen, b. 26 Jan 1872, 1d
Carey, James, d. 27 Feb 1795, b. 28 Feb 1795, 5w, son of Patrick & Eleanor
Carey, John, d. 25 Aug 1794, b. 26 Aug 1794, 2m, son of Dennis & Margaret, buried in St. Peter's Church Yard
Carey, John, d. 26 Jul 1796, b. 27 Jul 1796, 17d, son of John & Eleanor
Carey, John, d. & b. 8 Sep 1800, 3m, son of John & Eleanor
Carey, John, d. & b. 13 Sep 1800, c. 34y, native of Ireland
Carey, John, d. 14 Jul 1801, b. 15 Jul 1801, c. 19y, accidently drowned, native of Ireland
Carey, Judith, d. 1 Jan 1806, b. 2 Jan 1806, c. 30y, suddenly, wife of Dennis
Carey, Lucy, b. 5 Aug 1874, 42y
Carey, Margaret, d. 13 Sep 1797, b. 14 Sep 1797, wife of Dennis Carey, native of Ireland
Carey, Margaret, b. 17 Mar 1820, 46y, consumption
Carey, Margaret., b. 26 Oct 1868, 9m
Carey, Martin, b. 18 Dec 1856, 9m
Carey, Martin, b. 6 Jul 1869, 40y
Carey, Mary, b. 12 Apr 1861, 2y
Carey, Mary, b. 8 Aug 1865, 10 minutes
Carey, Mrs. Mary, b. 4 Nov 1870, 36y
Carey, Mary Ann, b. 4 Jul 1862, 6m
Carey, Mary C., b. 29 Apr 1857, 11y
Carey, Michael, b. 12 Mar 1858, 40y
Carey, Thomas, b. 8 Aug 1853, 15m
Carey, Thomas, b. 18 Jun 1861, 6d
Carey, Timothy, d. 24 Aug 1797, b. 25 Aug 1797, c. 22y, native of Ireland
Carey, Timothy, d. & b. 27 Aug 1800, 3y, son of John & Eleanor
Carey, Timothy, b. 7 Nov 1851, 72y
Carlan, ----, b. 10 Sep 1845, 45y
Carlan/Carland, Thomas, b. 16 May 1836, c. 45/49y, consumption
Carland, Laurence, b. 3 Aug 1855, 21y
Carland, Thomas, see Carlan/Carland, Thomas
Carlile, Patrick, b. 16 Apr 1861, 45y
Carlisle, child, b. 25 Jun 1830, 8m, summer complaint, child of James
Carlise, Charles, b. 1 Mar 1864, 4y
Carlo?, child, b. 17 Jul 1827, child of Mr. Carlo?
Carlon, Hugh, b. 19 Oct 1836, 21y
Carlon, Robert, b. 20 Sep 1824, 18m, free grave
Carlton, Ann, b. 18 Oct 1861, 19y
Carman, Mr., b. 16 Nov 1858, 60y
Carman, Mrs., b. 23 Sep 1862, 62y
Carman, Bridget, b. 16 Apr 1854, 8y
Carman, Eliza, b. 29 Aug 1853, 10m
Carman, William, b. 10 Dec 1863, 1d
Carmichael, Annie, b. 15 Apr 1858, 7y
Carmichael, Catharine, b. 2 Nov 1861, 29y
Carmody, Mary Ann, b. 27 Feb 1859, 9w
Carmody, William, b. 24 Jul 1865, 5½y
Carney, James, b. 28 Aug 1855, 12m
Carney, John, b. 6 Dec 1860, 40y
Carney, Mrs. Kate, b. 1 Apr 1864, 66y
Carney, Mary, b. 12 Jul 1862, 42y
Caroline, Rose, b. 22 Jun 1856, 4y
Carpenter, child, b. 21 Jul 1853, 2y, Colored, child of Geo.
Carpenter, Geo. Thos., b. 11 Jul 1856, 7w, Colored
Carpenter, Jno., b. 15 Oct 1872, 9m

Carpenter, John, b. 21 Apr 1870, 42y, Colored
Carpenter, Robert, b. 9 Nov 1821, bilious fever, son of Kitty Carpenter, free Colored woman
Carpenter, Wm. Henry, b. 23 Jan 1858, 10 hours
Carpentier, Louise, b. 1 Apr 1815, c. 45y, resident of St. Domingo, widow of Jean Baptiste Reynard de Chateaudun (dec.), officer of the regiment of Port-au-Prince, *(French)
Carr, female, b. – Sep 1835, 9m, bowel complaint, dau of Thomas
Carr, male, b. 13 Jan 1839, 2y, fever on the brain, son of Mrs. Carr
Carr, Ann, b. 24 Jul 1872, 2w
Carr, Annetta C., b. 14 Jul 1871, 7m
Carr, Annie, b. 27 Sep 1872, 85y
Carr, Bridget, b. 14 Sep 1860, 4m
Carr, Catharine, b. 10 Apr 1860, 74y
Carr, Catherine, b. 10 Dec 1856, 3d
Carr, Edward, b. 21 Jul 1849, 6y
Carr, Elizabeth, b. 18 Jun 1823, 3y, measles & worms
Carr, Elizabeth, b. 13 Apr 1849, 40y
Carr, Elizabeth, b. 7 May 1849, 32y
Carr, Ellen, b. 27 Feb 1839, 10y
Carr, Francis, b. 12 Aug 1850, 12m
Carr, Helen, d. 9 May 1826, b. 10 May 1826, c. 40y, consumption
Carr, Henry, b. 14 Sep 1860, 25y
Carr, Hugh, b. 20 Jun 1852, 6w
Carr, James, b. 30 Apr 1822, c. 38y, consumption
Carr, James, b. 13 Jul 1823, born 30 Mar 1823, summer complaint, son of James, baptised in St. Peter's
Carr, James, b. 12 Sep 1830, c. 60y, bilious fever
Carr, James, b. 2 Jan 1857, 6y
Carr, James, b. 29 Jan 1864, 8y
Carr, James Chas., b. 11 Feb 1858, 14m
Carr, Jane, b. 9 Oct 1857, 5y
Carr, John, b. 26 Mar 1840, 70y, asthma
Carr, John, b. 4 Jul 1853, 5d
Carr, John, b. 2 Nov 1854, 14m
Carr, John, b. 28 Feb 1861, 8d
Carr, John, b. 24 Jan 1864, 10y
Carr, John Hugh, b. 20 Apr 1868, 3y
Carr, Jos., b. 16 Dec 1870, 3d
Carr, Joseph, b. 16 Feb 1838, 22y, varioloid
Carr, Joseph, b. 21 Mar 1862, 18m
Carr, Laurence P., b. 2 Sep 1863, 4y
Carr, Margaret, b. 14 Sep 1830, c. 7m, bilious fever, dau of Patrick
Carr, Mary, d. 1 Apr 1814, b. 2 Apr 1814, old age
Carr, Mary, b. 30 Sep 1828, 8y, consumption, dau of --- Carr
Carr, Mary, b. 25 Dec 1841, 60y, severe cold
Carr, Mary, b. 29 Jun 1851, 60y
Carr, Mary, b. 16 Jan 1855, 28y
Carr, Mary, b. 17 Sep 1857, 2y
Carr, Mary, b. 16 Nov 1857, 4m
Carr, Mary, b. 22 Sep 1863, 5y
Carr, Mary Catharine, b. 9 Jan 1859, 3½y
Carr, Mary Ellen, b. 31 Jul 1858, 4m
Carr, Nicholas, b. 30 May 1867, 52y
Carr, Nicholas P., b. 28 Mar 1866, 1d
Carr, Patrick, b. 16 May 1858, 73y
Carr, Teague, b. 2 Feb 1824, 40y, suddenly on Saturday night
Carr, Thomas, b. 15 Mar 1829, c. 18y, consumption

Carr, William, b. 8 Jul 1859, 42y
Carragan, female, see Caragan/Carragan, female
Carragan, male, b. 4 Jan 1838, 2y, scarlet fever, son of James
Carragan, male, b. 5 Dec 1839, 17m, measles, son of John/Patrick
Carragan, James, b. 3 Mar 1843, 35y
Carragan, Margaret, b. 10 Oct 1841, 8y, drowned
Carragon, Rebecca, b. 29 Aug 1844, 8y
Carragon, William, b. 28 Jul 1844, 76y
Carraher, George, b. 8 Jul 1860
Carran, Thomas, b. 22 Apr 1852, 2½y
Carregan/Corregan, female, b. 30 Jul 1840, 16/6m, dau of Patrick
Carrer, Mrs. E., b. 5 Aug 1871, 28y
Carrere, Amelia, b. 17 Aug 1856, 19y
Carrere, Annstatia, b. 29 Aug 1844, 38y
Carrere, Edmund, b. 9 Apr 1857, 19y
Carrere, Esther L., b. 6 Jun 1845, 37y
Carrere, John, d. 4 Aug 1797, b. 5 Aug 1797, 2w, son of John & Mary
Carrere, John, b. 13/15 Nov 1841, 82y, consumption
Carrere, John, b. 29 Mar 1854, 50y
Carrere, John Ducernan, d. 31 Jul 1801, b. 1 Aug 1801, 25d, son of John & Mary
Carrere, Margaret A., b. 16 Jan 1850, 38y
Carrere, Mary, b. 16 Nov 1845, 60y
Carrere, Teresa, d. 4 Oct 1796, b. 5 Oct 1796, born 5 Apr 1794, dau of John, native of
 Bourdeaux, France & Mary, born in Baltimore, buried in St. Peter's Church Yard
Carrick, Benjamin, b. 3 May 1851, 40y
Carrick, Bridget, d. 23 Jun 1804, b. 24 Jun 1804, wife of Daniel of Baltimore
Carrick, Richard, d. & b. 7 May 1800, 5m6d, smallpox, son of Daniel & Bridget
Carrigan, Mr., b. 5 May 1835, 32y, dropsy
Carrigan, Mrs., b. 17 Oct 1823
Carrigon, Ann, b. 1 Nov 1828, 23y, consumption
Carrigon, Thomas, b. 6 Aug 1827, 22y, suddenly
Carrik, Mr., b. 24 Dec 1830, c. 45y, suddenly
Carrity, Margaret, b. 11 Nov 1855, 17y
Carrol, James, b. 25 Dec 1855, 2 minutes
Carrol, Mary, b. 4 Apr 1867, 16y
Carrol, Mary Ellen, b. 2 Jan 1857, 17m
Carrol, Rose, b. 2 Dec 1856, 70y
Carroll, ---, b. 18 Aug 1831, c. 65y, typhus fever, interred at Fells Point
Carroll, child, d. 29 Aug 1867, b. 3 Sep 1867, 10m, child of Jno. Lee Carroll
Carroll, child, b. 26 Apr 1869, 30 hours, infant of D. Carroll
Carroll, child, b. 28 Apr 1873, 18m, child of Jos.
Carroll, child, b. 2 Jul 1873, 6y, child of Jos.
Carroll, female, b. 3 Oct 1835, 20m, bowel complaint, dau of Mr. Carroll
Carroll, female, b. 20 Dec 1838, 18m, dau of John
Carroll, female, b. 3 Sep 1842, 6w, dau of Geo. R. Carroll
Carroll, male, b. 9 Jul 1838, c. 18m, unknown sickness, son of George Carroll, Esquire
Carroll, male, b. 21 Jun 1845, 19m, son of Mrs. Carroll
Carroll, Mr., b. 24 Jul 1825, c. 60y, unknown sickness
Carroll, Mrs., b. 11 Nov 1831, c. 50y, died at the Alms House
Carroll, Mrs., b. 1 Sep 1870, 80y
Carroll, Abbot, d. 3 Dec 1815
Carroll, Alice, b. 15 Dec 1868, 18y, Colored
Carroll, Andrew, b. 1 Jan 1872, 3y
Carroll, Andrew, b. 3 Jul 1872
Carroll, Andrew P., b. 6 Mar 1868, 2y
Carroll, Mrs. Ann, b. 24 Oct 1826, buried at Cathedral, brought from Fells Point

Carroll, Benjamin, b. 7 Nov 1851, 50y
Carroll, Benjamin Chew, d. 12 Aug 1806, b. 13 Aug 1806, 11m, son of Charles, Jr. & Harriet, buried at the seat of Charles Carroll of Carrollton in Ann Arundel County
Carroll, Bernard, b. 16 Nov 1858, 37y
Carroll, Bridget, b. 21 Aug 1826, 28y, consumption
Carroll, Caroline, b. 23 Feb 1867, 25y, Colored
Carroll, Catharine, b. 18 Sep 1858, 39y
Carroll, Catherine, b. 5 Mar 1830, c. 55y, burned to death
Carroll, Charles, of Carrollton, b. 17 Nov 1832, 96y, the last of the signers of the Declaration of Independence; he died full of merits before God & his country, buried in the Catholic Church of Donraghan Manor
Carroll, Charles, b. 7 Apr 1858, 6m
Carroll, Charles, b. 2 Dec 1862, 62y
Carroll, Mrs. Charles, b. 1 Mar 1863, 50y
Carroll, Charles, b. 31 Dec 1870, 10m
Carroll, Daniel, b. 30 Aug 1826, 84y, unknown sickness, died in the country, buried in Baltimore
Carroll, David, d. 22 Aug 1796, b. 23 Aug 1796, 1y, son of John & Hebe
Carroll, Edward, d. 11 Nov 1809, b. 12 Nov 1809, 39y
Carroll. Edward, b. 18 Jan 1831, 85y, old age, Colored
Carroll, Edward, b. 31 Jul 1831, c. 44y, died at the infirmary
Carroll, Edward, b. 20 Oct 1864, 35y
Carroll, Mrs. Elenora, b. 11 Jul 1865, 25y
Carroll, Eliza, b. 14 Dec 1854, 49y
Carroll, Elizabeth L., b. 27 Aug 1855, 28y
Carroll, Ellen, b. 4 Aug 1863, 30y
Carroll, George, b. 24 Apr 1859, 35y
Carroll, Honora, b. 4 Jan 1849, 2y
Carroll, Honora, b. 21 Feb 1849, 45y
Carroll, James, b. 16 Dec 1834, 19y, consumption
Carroll, James, b. 17 Feb 1865, 2d
Carroll, Jane, b. 2 Sep 1863, 33y
Carroll, Jane P., b. 19 Sep 1863, 1m
Carroll, J. E., b. 4 Oct 1872, 7m
Carroll, John, b. 26 Oct 1829, c. 26y, suddenly
Carroll, John, b. 6 Dec 1836, 56y, asthma
Carroll, John, b. 6 Jun 1851, 30y
Carroll, John, b. 2 Feb 1862, 66y
Carroll, John, b. 4 Aug 1863, 14y, Colored
Carroll, Julia, b. 22 Sep 1860, 2½y
Carroll, Kate, b. 5 Oct 1871, 26y
Carroll, Margaret, b. 8 Jul 1822, 7m, dau of Patrick & Catherine
Carroll, Margaret, b. 1 Sep 1823, c. 1y, whooping cough
Carroll, Margaret, b. 31 Mar 1826, c. 28y, bowel complaint
Carroll, Margaret, b. 20 Jun 1831, c. 65y, unknown sickness
Carroll, Margaret, b. 26 May 1853, 70y
Carroll, Margaret, b. 6 Mar 1867, 35y, child (sic)
Carroll, Margaret, b. 17 Feb 1872, 1y, Colored
Carroll, Maria, b. 10 Aug 1856, 44y
Carroll, Mary, d. 27 Sep 1797, b. 28 Sep 1797, 32y, wife of James of Fells Point
Carroll, Mary, b. 14 Sep 1839, 40y, consumption
Carroll, Mary, b. 14 Nov 1865, 14m, Colored
Carroll, Mary, b. 14 Feb 1866, 28y
Carroll, Mary, b. 27 Sep 1867, 55y
Carroll, Mary Agnes, b. 28 Dec 1868, 2y
Carroll, Mary E., b. 29 Jul 1857, 11m
Carroll, Mary Teresa, b. 11 Jun 1869, 19m

Carroll, Michael, d. & b. 13 May 1798, c. 28y, native of Ireland
Carroll, Michael, b. 22 Jun 1821, 29y, fall from the Washington Monument
Carroll, Michael, b. 8 Jan 1864, 52y
Carroll, Patrick, b. 30 Oct 1830, 36y, consumption
Carroll, Patrick, b. 7 Aug 1851, 30y
Carroll, Patrick, b. 15 Sep 1863, stillborn
Carroll, Richard, d. 16 Feb 1806, b. 17 Feb 1806, c. 40y, native of Ireland
Carroll, Rose, d. 8 Oct 1801, b. 9 Oct 1801, advanced age, native of Ireland
Carroll, Rosella, b. 8 Aug 1818, 1y
Carroll, Sarah, d. 6 Oct 1804, b. 7 Oct 1804, c. 33y, bilious fever, wife of Thomas
Carroll, St. John, b. 15 Dec 1869, 45y
Carroll, Stephen, b. 11 Mar 1871, 13m
Carroll, Susan, b. 4 Dec 1864, 24y
Carroll, Teresa, b. 24 Nov 1871, 26y
Carroll, Thomas Lee, b. 2 Nov 1832, c. 3½y, croup, second son of Charles Carroll of
    Homewood, deposited ad interim in Mrs. Williamson's vault
Carroll, Thos., b. 14 Jun 1848, 4y
Carroll, Thos. S., b. 5 Mar 1865, 3m
Carroll, William A., b. 2 Sep 1864, 20y
Carroll, Wm., b. 12 May 1844, 40y, Colored
Carroll, Wm., b. 11 May 1848, 35y
Carroll, Wm. J., b. 10 Feb 1870, 4m
Carrollen, Rosanna, b. 20 Oct 1821, 35y, ague & fever, wife of William
Carron, Thomas, b. 13 Mar 1828, c. 32y, consumption, native of Ireland
Carson, Eleanor, d. 25 May 1800, b. 26 May 1800, c. 32y, wife of Nathaniel
Carson, Juliet, d. 22 Apr 1798, b. 23 Apr 1798, 15m, dau of Nathaniel & Eleanor, buried in St.
    Peter's Church Yard
Carter, child, b. 8 Oct 1831, age & sickness unknown, child of Mrs. Carter
Carter, Alexander, b. 22 Oct 1823, 1y, measles, Colored
Carter, Araminta, b. 30 Jun 1856, 80y, Colored
Carter, Chas. I., b. 22 Feb 1869, 2m
Carter, Eliza, b. 1 Feb 1831, c. 15y, consumption
Carter, J., d. 26 Jun 1820, b. 27 Jun 1820, 4m, Colored
Carter, James, d. 16 Feb 1805, b. 18 Feb 1805, 3½y, son of John (dec.) Mary his wife (now
    wife of Peter Harrington)
Carter, John, b. 20 Dec 1855, 55y, Colored
Carter, Laticia, b. 20 Feb 1859, 6y
Carter, Mary, b. 10 Aug 1829, 10w, dau of Esther Carter
Carter, Mary Ann, b. 19 Dec 1868, 24y
Carter, Mary E., b. 30 Jul 1868, 9m
Carter, Matilda, b. 26 Jan 1854, 90y, Colored
Carter, Rose, d. & b. 15 Jun 1805, 40y, wife of James, free Mulatto
Carter, Sarah E., b. 4 May 1871, 9m, Colored
Carter, Susan, b. 27 Jun 1873, 7y
Carter, Vincent W., b. 23 Aug 1868, 2y
Carthy, Mary Cath., b. 16 Nov 1861, 1w
Carty, Bridget, d. 6 Jan 1797, b. 7 Jan 1797, 1m10d, dau of Michael & Eleanor
Carty, Ed., b. 4 Jul 1867, 70y
Carval, Mary, b. 18 Aug 1826, c. 40y, bilious
Carvarley, James, b. 4 Oct 1852, 11m
Carvey, William, b. 20 May 1861, 2m
Cary, Mary, b. 1 Feb 1849, 40y
Casady, James, b. 11 Jun 1851, 7 minutes
Casanbon, Magdalen Felicity, d. 13 Jan 1795, b. 14 Jan 1795, 42y, wife of Charles Stephen
    Want---, native of Brest, died near Baltimore
Casby, Catharine E., b. 28 Aug 1862, 12m

Casby, James, b. 12 Feb 1864, 13m
Caseby, Thomas, b. 23 Sep 1865, 1w
Casey, child, b. 30 Sep 1826, age unknown, unknown sickness, child of Owen
Casey, child, b. 12 May 1828, 10m, child of Owen
Casey, male, b. 25 Jun 1853, 2m, son of James
Casey, Ann, b. 28 Sep 1856, 64y
Casey, Ann, b. 5 Jan 1859, 12d
Casey, Ann, b. 3 Aug 1864, 18y
Casey, Bernard/female, b. 13 Jan 1856, 9m
Casey, Bridget, b. 7 Apr 1867, 20y
Casey, Charles, b. 6 Sep 1828, 29y, bilious fever, native of Dublin
Casey, Ellen, b. 28 Jan 1863, 35y
Casey, Harriet, b. 16 Oct 1854, 51y
Casey, John, b. 27 May 1819, 5d, convulsions, Colored infant
Casey, John, b. 2 Jan 1850, 8m
Casey, John, b. 27 Jan 1860, 88y
Casey, Mary C., b. 3 Aug 1856, 13m
Casey, Michael, b. 11 Oct 1855, 4y
Casey, Michael, b. 3 Apr 1861, 30y
Casey, Owen, b. 7 May 1848, 50y
Casey, Thomas W., b. 28 Jan 1852, 37y
Casey, William, b. 5 Aug 1856, 40y
Casey, Wm., b. 16 Sep 1851, 2y
Cash, Annie, b. 14 Jun 1872, 2y
Cash, Ellen, b. 24 Jun 1874, 28y
Cashin, Lawrence, b. 25 Jan 1832, 72y, died of the gravel
Cashmeyer, James, b. 26 Apr 1858
Casidine, Michael, b. 31 Oct 1851, 14m
Caskery, Sophia, b. 14 Jan 1864
Caslelay, Edward, b. 28 Apr 1853, 3y
Cassady, ---, b. 4 Jun 1863, 1 hour
Cassady, child, b. 31 Aug 1854, 2y, child of Patrick
Cassady, male, b. 6 Apr 1850, 2 hours, son of Mr. Cassady
Cassady, Mrs., b. 11 Apr 1866, 45y
Cassady, Andrew, b. 16 Jun 1857, 40y
Cassady, Ann, b. 20 May 1858
Cassady, Elizabeth, b. 28 Jul 1851, 13m
Cassady, Elizabeth, b. 10 Jun 1864, 26y
Cassady, Elizabeth, see Cassidy/Cassady, Elizabeth
Cassady, Emma, b. 5 Mar 1866, 9y
Cassady, Eugene, b. 23 Sep 1867, 24y
Cassady, Francis, b. 18 Jan 1860, 39y
Cassady, James, b. 20 Mar 1848, child
Cassady, James, b. 22 Sep 1855, 7m
Cassady, James Henry, b. 20 Apr 1861, 4y
Cassady, James P., b. 14 Jun 1863, 19y
Cassady, Jane, b. 10 Jan 1858, 22y
Cassady, John, b. 20 Oct 1855, 7m
Cassady, John Joseph, b. 19 Oct 1861, 12m
Cassady, Joseph, b. 6 Jan 1843, 21y
Cassady, Maria, b. 6 May 1858, 19y
Cassady, Martin, b. 11 Jan 1862, 1 hour
Cassady, Mary, b. 25 May 1851, 2m
Cassady, Mary, b. 29 Dec 1853, 4m
Cassady, Mary, b. 23 Sep 1861, 35y
Cassady, Mary, b. 2 Dec 1863, 35y

Cassady, Mary Ann, b. 30 Jul 1852, 7w
Cassady, Mary Ann, b. 2 Dec 1862, ½ hour
Cassady, Patrick, b. 3 Jun 1849, 10m
Cassady, Patrick, b. 13 Sep 1854, 36y
Cassady, Rose Ann, b. 17 Dec 1853, 30y
Cassady, Sarah, b. 18 Jul 1866, 44y
Cassady, Thomas, b. 31 Jan 1857, 3m
Cassadys, male, see Cassidy/Cassadys, male
Cassagne, Peter, d. & b. 23 Sep 1797, c. 18m, son of Sylvester & Mary Fouconet
Cassel, Harriet, b. 20 Jul 1855, 2y, Colored
Cassel, John, b. 20 Oct 1845, 9m
Cassel, John, b. 29 Apr 1857, 3y, Colored
Cassel, Mathew, b. 30 Dec 1861, 6w, Colored
Cassell, Cath., b. 25 May 1871, 75y, Colored
Cassell, Catharine, b. 10 Jun 1851, 2y, Colored
Cassell, Christopher, b. 7 Jul 1849, 13y, Colored
Cassell, Edw., b. 27 May 1871, 75y, Colored
Cassell, Eliza, b. 9 Sep 1843, 2½y, Colored
Cassell, Sarah, b. 23 Feb 1850, 11y, Colored
Cassell, William, b. 12 Sep 1851, 80y, Colored
Cassiday, Michael, d. 31 May 1823, b. 1 Jun 1823, age about --, drowned
Cassidy, ---, b. 26 Feb 1830, c. 40y, consumption
Cassidy/Cassadys, male, b. 26 Oct 1837, 1d, son of Bartholomew
Cassidy, Alice, b. 25 Feb 1871, 3y11m
Cassidy, Bernard, b. 1 May 1853, 13y
Cassidy, Bridget E., b. 13 Sep 1854, 5y
Cassidy, Catherine, d. 14 Jan 1804, b. 15 Jan 1804, 14m, dau of Daniel & Elizabeth
Cassidy, Catherine, d. 31 Aug 1807, b. 2 Sep 1807, c. 10w, dau of Patrick & Mary
Cassidy, Catherine, b. 16 Oct 1838, 30y, decline
Cassidy, Charles, b. 17 Aug 1837, 20y, bilious fever
Cassidy, Elizabeth, d. 2 Aug 1808, b. 3 Aug 1808, c. 30y, wife of Daniel
Cassidy/Cassady, Elizabeth, b. 20 May 1842, 67y, liver complaint
Cassidy, James, b. 19 Sep 1853, 40y
Cassidy, James, b. 3 Mar 1859, 14y
Cassidy, Josephine, b. 15 Sep 1869, 14y
Cassidy, Louisa, b. 26 Dec 1870, 21y
Cassidy, Martin F., b. 24 Jan 1870, 14y
Cassidy, Mary, b. 5 Mar 1848, 17m
Cassidy, Mary, b. 10 Feb 1868, 30y
Cassidy, Mary A., b. 2 Jun 1871, 23y
Cassidy, Michael, b. 4 Nov 1831, 14y, bilious fever
Cassidy, Patrick, b. 8 Mar 1873, 52y
Cassidy, Rosa, b. 17 Feb 1871
Cassidy, Thomas, b. 18 Nov 1871, 36y
Cassin, Captain, b. 31 Mar 1859, 45y
Cassin, Trent John, U.S.N., b. 27 Oct 1837, 31y, apoplexy
Castaing, John Joseph, d. 6 Mar 1801, b. 7 Mar 1801, 3y, son of Bennet & Mary Rose LaBarthe
Castel, John William, d. 17 Oct 1825, b. 19 Oct 1825, c. 71y, suddenly, native of Paris, France, he received extreme unction & he communicated the day preceding his death
Castel, Sarah, d. 29 Jan 1820, b. 30 Jan 1820, 4y
Castela, Timothy, b. 30 Apr 1854, 30y
Castelay, Edward, b. 7 May 1853, 78y
Castelay, Juliana, b. 2 May 1857, 68y
Castell, Jacob, b. 14 Apr 1844, 3y, Colored
Castella, male, b. 2 Sep 1844, ½ hour, son of John
Castella, Margaret, b. 31 Mar 1863, 4y

Castella, Patrick, b. 7 May 1867, 46y
Casten, Elizabeth, b. 1 Jun 1860, 23y
Caster, Eliza Mary, b. 15 Jul 1865, 3y, Colored
Caster, Elizabeth, b. 5 Feb 1864, 33y
Castinetta, female/Michael, b. 7 Sep 1852, 10m
Castor, Mrs., b. 19 Apr 1862, 50y, Colored
Castor, Alice, b. 8 Feb 1859, 12m, Colored
Castor, Augustus, b. 3 Feb 1862, 30y, Colored
Castor, Caroline A., b. 24 Jun 1860, 5m, Colored
Castor, John, b. 7 Jan 1835, 81y, consumption, Colored
Castor, Mary Teresa, b. 3 Feb 1852, 90y, Colored
Castor, Mary V., b. 3 Nov 1870, 7y10m, Colored
Castor, Noel, b. 16 Jul 1850, 58y, Colored
Catan, John, b. 28 Sep 1862, 5m
Catharine, Sister, b. 10 Aug 1857, 38y
Caton, Mr., b. 28 Jun 1821, liver complaint, native of Ireland
Caton, Henry, b. 1 Aug 1852, 21y
Caton, Honora, b. 6 Dec 1863, 87y
Caton, Isabella, b. 3 Dec 1869, 35y
Caton, Lucy, b. 10 Jun 1864, 8w
Caton, Mark, d. 2 Oct 1801, b. 3 Oct 1801, consumption, native of Ireland
Caton, Mary Isabella, b. 6 May 1868, 12m
Caton, Patrick, b. 18 Jun 1858, 8w
Caton, Patrick H., b. 26 Jun 1856, 2w
Caton, Sarah Ann, b. 2 Jul 1865, 2w
Caton, Thomas, b. 8 Dec 1812, c. 25y, accidentally killed by fall of a tree
Cator, Elizabeth, b. 8 May 1865, 83y
Cator, John I., b. 10 Oct 1863, 2y
Catsan, Mrs., b. 29 Oct 1834, c. 70y, cholera morbus
Cattrell, male, b. 9 Jan 1831, c. 4y, supposed dropsy on the brain, son of James
Caufield, Mrs., b. 14 Mar 1871, 50y
Caufield, Bridget, b. 27 Mar 1857, 64y
Caufield, Catharine, b. 27 Nov 1866, 65y
Caufield, Mary, b. 28 Feb 1836, c. 61y, died from the effect of a fall
Caufield, Peter, b. 29 Aug 1865, 8d
Caughlin, Bridget, b. 25 Jul 1851
Caughy, Mrs. Catherine, b. 18 Oct 1836, 60y
Caul, James, b. 7 Dec 1861, 21y
Caulaghan, Ann, b. 5 Jun 1856, 27y
Cauldwell, William, b. 25 Aug 1857, 2½y
Caulfield, child, b. 23 Apr 1844, 6y, child of Mr. Caulfield
Caulfield, Ann Agnes, b. 27 Sep 1823, c. 6y, unknown sickness, dau of Hugh
Caulfield, Ann Maria, b. 7 Jul 1851, 23m
Caulfield, Bridget, b. 13 Jul 1849, 15m
Caulfield, Eliza, b. 31 Jan 1829, c. 18y, consumption
Caulfield, Henry, b. 24 Sep 1823, c. 35y, bilious fever, native of Ireland
Caulfield, Mary, b. 15 Mar 1844, 18m
Causey, Clara B., b. 21 Aug 1849, 12m
Causey, James, b. 5 Aug 1857, 12m
Causey, Victoria V., b. 29 Dec 1848, 4y
Causse, Francis Bartholomew, d. & b. 24 Jun 1799, 24y, born at Guillarin Languedoe, died in Baltimore
Cavanagh, Bernard, b. 25 Nov 1829, c. 37y, decline
Cavanagh, Catherine, b. 18 Jul 1832, 11y, unknown sickness
Cavanah, Miss, b. 30 Mar 1839, 16y, consumption
Cavanaugh, Benedict, b. 13 Aug 1825, 9m, croup, son of Bernard & Ann

Cavanaugh, Benedict, b. 27 Dec 1831, c. 5y, prevailing colds
Cavanaugh, Margaret, b. 12 Jan 1872
Cavanaugh, Michael, b. 24 Sep 1822, c. 40y, complication of diseases
Cavanaugh, Roger, b. 24 Jun 1871, 22y
Cavannah, Ann, b. 5 Mar 1858, 35y
Cavannah, Ann, b. 2 May 1862, 6m
Cavannah, Ann, b. 18 Sep 1866, 50y
Cavannah, Anne, b. 19 Mar 1862, 16y
Cavannah, Dennis, b. 29 Aug 1853, 30y
Cavannah, Dennis, b. 23 Mar 1863, 2w
Cavannah, Honora, b. 29 Dec 1860, 38y
Cavannah, James, b. 6 Sep 1853, 80y
Cavannah, James, b. 7 Jan 1861, 30y
Cavannah, James, b. 6 May 1861, 16m
Cavannah, John, b. 2 Nov 1863, 45y
Cavannah, John, b. 28 Dec 1863, 47y
Cavannah, Joseph, b. 10 Jul 1860, 5m
Cavannah, Martin, b. 10 Sep 1864, 40y
Cavannah, Mary, b. 15 Jan 1851, 72y
Cavannah, Mary, b. 1 Jul 1851, 27y
Cavannah, Roger, b. 12 Apr 1861, 52y
Cavannah, Susannah, b. 4 Aug 1838, 19y
Cavaroe, John Baptist, d. 8 Jul 1797, b. 9 Jul 1797, c. 1y, son of Francis & Mary
Cavillon, Joseph, b. 9 Sep 1836, 50y
Cavoroe, Mary Catherine, d. 17 Jun 1805, b. 18 Jun 1805, 42y, widow of Francis Helitias (dec.)
Cavoros, Marie, b. 2 Mar 1795, 6m
Cawley, Thomas, b. 19 May 1854, 35y
Cazeaux, Catherine La Place, d. & b. 22 Aug 1796, c. 30y, wife of Peter, dau of Joseph Paschal & Catherine Loison De La Place, native of Rheims in Champaigne
Cazeaux, Peter, b. 20 Jul 1825, c. 65y, unknown sickness
Cazenave, Peter, b. 26 Aug 1805, 20y, Mulatto
Cebron, Ann Francis, d. 26 Oct 1796, b. 27 Oct 1796, 15m4d, dau of Oliver & Mary Jane Trouve
Celestine, Sister, b. 2 Oct 1871
Cellery, Thomas, b. 27 Jun 1851, 2m
Chabert, Antoine, d. 22 Nov 1793, b. 23 Nov 1793, 49y, native of Toulon, Province, inhabitant of Jacquezes District, Terriere Ronge parish, St. Domingo
Chabot, G. H., b. 3 Oct 1862, 47y
Chafinch, Elizabeth, b. 20 Jun 1850, 90y
Chaisty, Mrs., b. 20 Apr 1852, 76y
Chaisty, Ann, b. 23 Jan 1849, 35y
Chaisty, Edward, b. 4 Oct 1849, 67y
Chaisty, John, b. 15 Oct 1825, 8y, liver complaint, unexpectedly
Chaisty, Mary Ann, b. 8 Feb 1849, 3m
Chaley, Mr., b. 20 Jul 1870, 25y
Challon, Alphonsus, b. 2 Oct 1848, 3y
Challoux, Lewis, see Shilorr/Challoux, Lewis
Chalon, Alfonse, b. 25 Jun 1844, 2w
Chalumeaux, Ann D., d. 2 Sep 1816, b. 3 Sep 1816, 23y, consumption
Chamber, child, b. 15 Dec 1868, child of John W. Chamber
Chamberland, child, b. 9 Oct 1831, age unknown, unknown sickness, child of Anstatia
Chambers, Annie M., b. 8 Aug 1872, 30y, Colored
Chambers, Catherine, b. 2 Jan 1832, age unknown, unknown sickness
Chambers, Mary Ann, d. 9 Aug 1818, b. 10 Aug 1818, 30y, dysentary
Chamean, Rose, d. 28 Oct 1797, b. 29 Oct 1797, widow, native of Nova Scotia
Chamillon, Elizabeth, d. 31 May 1804, b. 1 Jun 1804, 34y, consumption, wife of Joseph

Chamillon, John, b. 9 Apr 1818, 6y, accidental death
Champ, male, b. 10 Aug 1845, 5m, son of Mrs. Champ
Champagne, John Charles, d. 20 Dec 1793, b. 21 Dec 1793, c. 45y, native of Champagne, France, merchant at St Mark, St. Domingo, buried in St. Peter's Church Yard
Champalbert, Elizabeth, d. 9 Oct 1793, b. 10 Oct 1793, c. 19y, wife of Mons. Jean Frignot de Fermagh, royal land-surveyor for the district of Jeremie, St. Domingo, *(French)
Champel, Francis Victor, d. 7 Aug 1808, b. 8 Aug 1808, 53y, son of Andrew Champel Du Mouret & Antoinette De--nage
Champlain, Mary Ann, b. 23 Oct 1834, c. 70y, cholera
Chance, ---, d. & b. 24 Dec 1801, 12d, son of John & Catherine
Chance, Elizabeth, d. 29 Apr 1802, b. 30 Apr 1802, 2y8m12d, dau of John & Catherine
Chance, Francis, d. 3 Dec 1804, b. 4 Dec 1804, son of John & Catherine
Chance, Francis, see Chanche/Chance, Francis
Chanche, Catherine M./M. Catherine, d. 22 Jun 1815, b. 23 Jun 1815, 40y, consumption
Chanche/Chance, Francis, d. 30 Jun 1815, b. 1 Jul 1815, 8y, cholera morbus
Chanche, Jean Paul, d. 18 Oct 1793, b. 19 Oct 1793, c. 43y, resident of St. Domingo, native of Orthez in Bearn, *(French)
Chanche, Bishop Right Rev. Jno. J./Joseph, D. D., d. 22 Jul 1852, b. 24 Jul 1852, 56y, Bishop of Natcheze
Chanche, Laurence, d. 4 Apr 1795, b. 5 Apr 1795, c. 8m, son of John & Catherine Provost
Chanche, Lewis Paul, d. (4:00 am) & b. 16 Aug 1796, 2y10m, son of John & Catherine Provost
Chanche, M. Catherine, see Chanche, Catherine M.
Chandler, Alice, b. 4 Feb 1865, 5m
Chandler, John, b. 3 Oct 1863, 2w
Chaney, female, b. 31 May 1845, 3y, dau of Mrs. Chaney
Changer, Frederick, b. 3 Feb 1823, c. 20y, consumption
Chantel, Sister Mary (Mrs. Laurette Noel), widow of Andrew Noel, Sr., of Wilmington, Delaware, and the mother of Sister M. James, and of Mary Louise, b. 28 Jun 1841, O.S.P., 60y, Colored woman
Chantrean, Philip, d. 17 Apr 1797, b. 19 Apr 1797, c. 40y, native of Orleans, France
Chapny, Peter, d. 13 Aug 1804, b. 14 Aug 1804, 3y7m13d, son of Simon & Mary
Chapuy, Philip, d. 29 Jun 1807, b. 30 Jun 1807, 9y, son of Simon & Mary
Charles, Edward, b. 4 Mar 1861, 58y, Colored
Charles, Elizabeth, b. 9 May 1844, 70y, Colored
Charles, John, d. & b. 11 Jan 1798, c. 3m, son of Mary Jane, an Indian woman
Charleton, William, b. 28 Mar 1822, c. 30y, consumption, in a lot of Michael Hook, headstone in cemetary says 28 years old
Charrietdoyen/Doyencharriet, Marie Ann, b. 6 Dec 1817, c. 50y
Chartry, Emilia, d. 8 Aug 1820, b. 9 Aug 1820, 12d
Chase, male/Britain, b. 30 Jun 1842, 18m, summer complaint
Chase, Alfred H., b. 2 Oct 1863, 3½y, Colored
Chase, Alphonsus, b. 15 Aug 1871, 17y
Chase, Britain/male, b. 13 Jul 1842, 11/18m, son of Britain
Chase, Elizabeth, b. 6 Mar 1822, Colored, infant of Easter
Chase, Ellen, b. 6 May 1864, 3y
Chase, Ellen, b. 26 Apr 1872, 16m
Chase, Geo. H., b. 16 Sep 1872, 37y
Chase, George, b. 29 Oct 1867, 3y
Chase, Jas. W., b. 15 Dec 1870, 3y
Chase, John William, b. 17 Jun 1829, 11m, measles, son of Mr. Chase
Chase, Joseph M., b. 4 Dec 1866, 9m
Chase, Sarah A., b. 10 Dec 1843, 15m
Chasey, William, b. 26 Feb 1820, 7m, dropsy in the head
Chasgreen, Charles, b. 2 Feb 1864, 60y
Chassing, Adeline Elizabeth, b. 26 Mar 1832, 28y, consumption
Chassing, Mary I., b. 27 Sep 1848, 2y

Chatard, Francis, d. 3 Aug 1859, b. 4 Aug 1859, 23y, drowned
Chatard, Mrs. Frederick, b. 2 Apr 1840, 25/27y, consumption, she was Catherine Josephine Owen Tiernan, 32y(sic)
Chatard, Frederick Joseph Tiernan, b. 6 Nov 1839, 14m, son of Frederick P. Chatard
Chatard, Henry, b. 20 Dec 1823, 19y, malignant fever
Chatard, Jane Louisa Helen, d. 5 Sep 1803, b. 6 Sep 1803, 11m, dau of Peter (M.D.) & Jane Mary Frances Adelaide Boisson
Chatard, Joseph Benedict, b. 25 Sep 1835, 16y, consumption
Chatard, Joseph Mark Aguste, d. 6 Aug 1817, b. 7 Aug 1817, 21m, summer complaint, son of Dr. Peter F. Chatard
Chatard, Luke T./Tiernan, b. 4 Jan 1860, 27y
Chatard, Maria I. F., b. 21 May 1863, 86y
Chatard, Mary T./Tiffany, b. 13 Jan 1870, 28y
Chattard, Dr. Peter, b. 6 Jun 1848, 73y
Chaupin, Agness C., b. 7 Feb 1867, 4y
Chautice, female, b. 5 Nov 1851, 5y, dau of Joseph
Chavot, Gabriel H., b. 17 Jul 1853, 65y
Checquiere, Carolina, b. 9 Sep 1825, 21y, consumption
Cheminau, Francis, d. & b. 15 Jul 1793, native of France, *(French)
Cheney, Ann, b. 11/12 Jun 1837, c. 22y, unknown sickness
Cheney, Charles, d. 7 Jun 1809, b. 8 Jun 1809, 5m20d, cholera, son of Elizabeth
Chengo, Mary, b. 1 Apr 1869, 38y
Cheny, Elizabeth, b. 21 Feb 1827, c. 60y, unknown sickness
Cherigo, Teresa, b. 10 Jun 1869, 2m
Cherrigo, Christiana, b. 31 Dec 1863, 17y
Cherrigo, Francis, b. 20 Dec 1866, 57y
Chester, Elizabeth, d. 7 Sep 1809, b. 8 Sep 1809, 50y, widow
Chester, Emily, b. 22 May 1866, 12y, Colored
Cheston, Stephen, d. 3 Apr 1816, b. 4 Apr 1816, 7w, a cold
Chestrand, Mary, d. 3 Oct 1798, b. 4 Oct 1798, c. 42y, wife of David
Chevalier, Mary Wallace Simons, d. 17 Feb 1803, b. 18 Feb 1803, c. 43y, wife of Claude Elizabeth
Chevelier, Mary Magdaleire, b. 1 Nov 179-, *(French)
Chevier, Charlotte Magdelaine, d. 28 Sep 1794, b. 29 Sep 1794, 34y, wife of Ignatius, shoemaker, locksmith, buried in St. Peter's Church Yard
Chicken, male, b. 17 Aug 1835, 3y, croup, son of William
Chicken, male, b. 5 Aug 1838, 2y, summer complaint, son of William
Chicken, Mary Ann, b. 9 Oct 1842, 3y
Childs, John A., b. 22 Aug 1862, 10m
Chirac, John Baptist, d. 28 Jul 1799, b. 29 Jul 1799, 58y3m, son of John (called John Baptist) & Frances Bousselle
Chirurgeon, Mary Ange Agatha Handon, d. 2 Dec 1793, b. 3 Dec 1793, on board the Calypso of Havre, buried in St. Peter's Church Yard
Chiseldine, Eleanor C., b. 2 May 1861, 35y
Chiseldine, Eleanor, b. 9 May 1865
Chistna, female, b. 1 Mar 1840, 6m, croup, dau of Joseph Christna
Choat, Deborah, b. 22 May 1839, 15y
Choate, Barbary, b. 27 Apr 1848, 59y
Chord, Richard, d. 29 Mar 1806, b. 30 Mar 1806, 3m, son of Arabella
Chouche, John, d. 21 Jun 1817, b. 22 Jun 1817, 70y, native of France
Christfield, William, b. 25 May 1824, c. 4y, a kind of consumption, son of Peregrine
Christie, female, b. 6 Aug 1834, 3y, measles, dau of Mr. Christie
Christie/Christy, female, b. 6 Oct 1838, 12m, dau of Mrs. Christie
Christie/Christy, Michael, b. 6 Jul 1838, c. 27/30y, casualty
Christie, Neil, d. 25 Sep 1808, b. 26 Sep 1808, c. 35y, native of Ireland
Christopher, A. E., b. 15 Dec 1860, 3y

Christopher, Mary E., b. 9 Jul 1852, 2m
Christy, female, see Christie/Christy, female
Christy, Ann, b. 14 Dec 1858, 60y
Christy, Henry, b. 15 Oct 1867, 78y
Christy, Joseph, b. 13 May 1871, 2 hours
Christy, Michael, see Christie/Christy, Michael
Chuit, William, b. 29 May 1867, 55y
Church, Martha, b. 6 Mar 1838, 75y, Colored
Ciccirllo, Antonia, b. 14 Oct 1866, 32y
Cicerella, Adelina, b. 18 Jan 1873, 10y
Ciceron, Felix, d. & b. 22 Sep 1795, 20m, son of Ciceron
Ciceron, Francis Cumming, d. 1 Mar 1798, b. 2 Mar 1798, 4m20d
Ciceron, Zeline, d. 2 Jul 1798, b. 3 Jul 1798, c. 9m, dau of Anthony & Mary
Cila, Richard, d. 10 Jul 1804, b. 11 Jul 1804, 28y, native of Ireland
Cisselberger, Ann, b. 26 May 1838, 40y
Clackney, John, d. 18 Jul 1803, b. 19 Jul 1803, c. 8m
Clagett, Catharine, b. 17 Jun 1860, 42y
Clagett, Georgiana, b. 23 May 1863, 25y
Clagett, Grace, b. 18 Sep 1865, 9m
Clagett, William, b. 23 Mar 1868
Claggett, Leonard O., b. 15 Dec 1862, 5y
Clancey, Ellen, b. 21 Dec 1830, c. 30y, consumption
Clancey, Roged (Roger), b. 15 Jan 1831, age unknown, unknown sickness
Clancy, female, b. 17 Mar 1860, 3m, dau of Anne
Clancy, Ann, d. & b. 6 Jul 1802, 7m, dau of Roger & Lilly
Clancy, Elizabeth, d. 26 Aug 1800, b. 27 Aug 1800, 5y, dau of Patrick & Joanna
Clancy, Michael, b. 9 Sep 1854, 10w
Clancy, Pierce, d. 14 Aug 1799, b. 15 Aug 1799, 1y6m4d, son of Roger & Lydia
Clanghley/Claughly, John, b. 6 Aug 1840, 7y, worms
Clansson, Peter, d. 16 Jan 1812, b. 17 Jan 1812, c. 13y, accidentally drowned
Clantice/Clautice, female, b. 21 Sep 1836, 6/3w, died of imperfect formation, dau of Mr. Clantice
Clantice, male, b. 6 Feb 1835, 8m, catarrh fever, son of John
Clarance, Patrick, b. 4 Sep 1843, 40y
Claret, Cecelia, see Claset/Claret, Cecelia
Clarisse, Mary, b. 10 Oct 1851, 1y
Clark, child, b. 10 Mar 1823, 7y, unknown sickness, child of Patrick
Clark, child, b. 16 Nov 1837, 2w, child of Mr. Clark
Clark, child, b. 1 Apr 1852, 8 hours, child of Thomas & Catherine
Clark, child, b. 9 Aug 1874, infant of Thos. F. Clark
Clark, female, b. 5 Jun 1836, 16m, teething, dau of Patrick
Clark, female, b. 4 Sep 1839, 3m, convulsions, dau of Harriet, Colored
Clark, female, b. 15 Aug 1841, 4m, spasms, dau of William
Clark, male, b. 13 Apr 1841, 5y, consumption, son of Patrick
Clark, male, b. 16 Nov 1845, 5m, son of Mr. Clark
Clark, male, b. 2 Mar 1857, stillborn, son of Michael
Clark, Mr., b. 17/16 Jun 1836, c. 38/60y, apoplexy
Clark, Mrs., b. 16 Apr 1848, 25y
Clark, Ann, b. 17 Aug 1855, 40y
Clark, Anna Mary, b. 19 Aug 1855, 6y
Clark, Bridget, b. 14 Feb 1852, 12m
Clark, Bridget, b. 3 Aug 1859, 9m
Clark, Bridget, b. 17 Apr 1862, 28y
Clark, Bridget, b. 1/2 Apr 1868, 60y
Clark, Charles, b. 22 Dec 1851, 15m
Clark, Chas. H., b. 16 Jul 1868, 7m
Clark, Daniel, b. 3 Nov 1866, 25y

Clark, Debora, b. 17 Aug 1854, 57y
Clark, Elizabeth, b. 20 Apr 1859, 70y
Clark, Elizabeth, b. 9 Aug 1862, 23y
Clark, Francis, b. 15 Dec 1845, 5y
Clark, Francis, b. 12 Jun 1852, 10m
Clark, I., b. 1 May 1866, 10y
Clark, I. L., b. 11 Jun 1848, 5m
Clark, James, b. 29 Oct 1855, 50y
Clark, James, b. 8 Jan 1856, 3y
Clark, James, b. 3 Feb 1859, 32y
Clark, Jane, b. 12 Aug 1865, 54y
Clark, Jno. A., b. 28 Nov 1856, 50y
Clark, John, b. 15 Jan 1859, 3d
Clark, Joseph, b. 13 Oct 1873, 25y
Clark, Kate, b. 25 Nov 1868, 22m
Clark, Lawrence, b. 28 Dec 1868, 49y
Clark, Margret, b. 19 Jul 1863, 1d, (entry linked with Clark, Mary Ann)
Clark, Mary, b. 1 Jul 1852, 4y
Clark, Mary, b. 2 Jul 1852, 11m
Clark, Mary, b. 6 Feb 1865, 43y
Clark, Mary A., b. 10 Mar 1873, 35y
Clark, Mary Ann, b. 19 Jul 1863, 1d, (entry linked with Clark, Margret)
Clark, Mary Ann, b. 28 Dec 1868, 3y
Clark, Mary Louisa, b. 5 Mar 1868, 3d, Colored
Clark, Sister Mary C., b. 6 Dec 1860, 33y
Clark, Michael, b. 15 Nov 1844, 26y
Clark, Michael, b. 8 Sep 1855, 10d
Clark, Patrick, b. 2 Aug 1839, 70/77y, infirmity of age
Clark, Patrick, b. 31 Jul 1850, 62y
Clark, Patrick, b. 27 Jul 1856, 66y
Clark, Peter, b. 15 Jul 1851, 35y
Clark, Richd. J., b. 5 May 1873, 38y
Clark, Rose, b. 8 Jan 1851, 43y
Clark, Susan, b. 24 Aug 1859, 56y
Clark, Susan, b. 8 Oct 1860, 3y
Clark, Susan, b. 15 Dec 1873, 39y
Clark, Thomas, b. 25 Aug 1848, 6m
Clark, Thomas, b. 20 Apr 1864, 50y
Clark, Thos., b. 22 Jun 1844, 13m
Clark, William, b. 9 Jul 1851, 17y
Clarke, ---, d. 24 Aug 1800, b. 25 Aug 1800, 3y, --- Clarke widow
Clarke, ---, d. & b. 5 Nov 1814, 50y, consumption, native of Ireland
Clarke, ---, d. 2 Sep 1819, b. 3 Sep 1819, 6m, summer complaint
Clarke, child, b. 15 Jun 1831, 8m, child of Patrick
Clarke, child, b. 9 Jul 1832, stillborn, child of Mr. Clarke
Clarke, child, b. 12 Jun 1854, 5 hours, child of George R. Clarke
Clarke, male, b. 24 Dec 1844, stillborn, son of Mr. Clarke
Clarke, Ann, d. 3 Dec 1806, b. 4 Dec 1806, c. 5m, dau of Neill & Mary
Clarke, Ann, b. 13 Jul 1857, 11y
Clarke, Augustus, b. 27 Jan 1858, 67y
Clarke, Baptist John, d. 25 Jan 1813, b. 26 Jan 1813, c. 45y
Clarke, Bernard, b. 26 Mar 1864, 2y
Clarke, Bridget, b. 31 Aug 1869, 71y
Clarke, Catharine, b. 5 Sep 1871, 24y
Clarke, David, b. 5 Apr 1825, 2y, croup
Clarke, E., b. 29 Jan 1872, 62y

Clarke, Elenor, b. 2 Nov 1832, c. 45y, cholera
Clarke, Elizabeth, d. 11 Aug 1806, b. 12 Aug 1806, c. 35y, consumption, wife of --- Clarke
Clarke, Elizabeth, d. 27 Aug 1820, b. 28 Aug 1820, c. 25y, nervous fever
Clarke, Elizabeth, b. 23 May 1828, c. 5y, dropsy, dau of Henry
Clarke, George, d. 13 Dec 1812, b. 14 Dec 1812, 40y
Clarke, James, d. 19 Aug 1804, b. 20 Aug 1804, c. 15y, son of Thomas (dec.) & Elizabeth
Clarke, James, b. 27 Jul 1830, 40y, suddenly, of Ireland
Clarke, John, d. & b. 30 Aug 1820, 6m, bowel complaint
Clarke, John, b. 6 Feb 1853, 3m
Clarke, John, b. 27 Aug 1853, 19y
Clarke, John, b. 27 Aug 1857, 5½y
Clarke, Jos., b. 19 Aug 1873, 3m
Clarke, Joseph, b. 21 Nov 1825, c. 27y, consumption
Clarke, Joseph, b. 7 Aug 1844, 7m
Clarke, Joseph, b. 8 May 1871, 64y
Clarke, Joseph C., b. 25 May 1871
Clarke, Louis, b. 10 May 1873, 65y
Clarke, Lucretia Ann, b. 11 Sep 1832, c. 4y, cholera, dau of Joseph H. Clarke
Clarke, Margaret, d. 26 Aug 1804, b. 27 Aug 1804, c. 10y, dau of Thomas (dec.) & Elizabeth
Clarke, Margaret, b. 13 Aug 1864, 14m
Clarke, Margaret E., b. 15 Sep 1864, 14m
Clarke, Mary, d. 10 Dec 1794, b. 11 Dec 1794, 16d, dau of William & Susannah, buried in St. Peter's Church Yard
Clarke, Mary, b. 22 Jan 1849, 7y
Clarke, Mary, b. 20 Mar 1867, 40y
Clarke, Mary, b. 28 Oct 1869, 35y
Clarke, Mary Ann, b. 17 Apr 1869, 30y
Clarke, Mrs. Patrick, b. 21 Nov 1836, c. 48y, typhus fever
Clarke, Patrick, b. 11 Sep 1857, 62y
Clarke, Sarah, d. 9 May 1807, b. 10 May 1807, c. 32y, consumption, wife of Patrick
Clarke, Mrs. Sarah, b. 8 Aug 1869, 77y
Clarke, Susan, b. 19 Jul 1852, 26y
Clarke, Sylvester, b. 14 Dec 1869, 18m
Clarke, William, d. 3 Nov 1797, b. 4 Nov 1797, 2y11m17d, son of David & Elizabeth
Clarke, Wm., b. 30 Dec 1871, 17y
Clarken, Edward, b. 18 Jan 1871, 4d
Clarken, Laurence, b. 12 Sep 1868, 74y
Clarken, Laurence, b. 26 Jan 1871, 2w
Clarken, Mary, b. 11 Apr 1871, 3y5m
Clarken, Philip, b. 13 Jan 1858, 58y
Clary, child, b. 11 May 1868, 19y, child of Rosa A. Clary
Clary, Bridget, b. 17 Jun 1823, c. 30y, dropsy
Clary, Martha E., b. 26 Apr 1874, 18m
Claset/Claret, Cecelia/female, b. 7 Oct 1840, 8m, dau of Cecelia
Claton, Harriet, b. 30 Mar 1821, pleurisy
Claugherty, female, b. 24 Jan 1844, 3y, dau of Jno.
Claugherty, male, b. 27 Jan 1839, 2y, disease of the bowels, son of William
Claughly, John, see Clanghley/Claughly, John
Clautice, child, see Clantice/Clautice, female
Clautice, female/Joseph, b. 28 Feb 1839, 5m, dropsy of the brain, dau/son of Mr. Clautice
Clautice, female, see Clantice/Clautice, female
Clautice, Agatha, b. 8 Aug 1867, 23y
Clautice, Ann, b. 4 Aug 1852, 22y
Clautice, Catharine, b. 3 Dec 1845, 68y
Clautice, Catharine, b. 2 Mar 1851, 8m
Clautice, Catharine, b. 16 Dec 1853, 38y

Clautice, Edward Francis, b. 26 Jul 1842, 2w, inflamation of the bowels
Clautice, Emily, b. 18 Apr 1853, 5y
Clautice, Fanny, b. 12 May 1853, 3y
Clautice, Francis, b. 13 Dec 1860, 7y
Clautice, Francis, b. 7 May 1867, 42y
Clautice, Mrs. George, b. 4 Jul 1844, 35y
Clautice, Henry, b. 23 Sep 1852, 43y
Clautice, John, b. 6 Apr 1864
Clautice, Joseph, see Clautice, female/Joseph
Clautice, Mary, b. 14 Jun 1854, 8m
Clautice, Mgt., b. 13 Oct 1873, 60y
Clautice, Peter, b. 7 Oct 1874, 77y
Clautice, Rosalia, b. 14 Feb 1857, 5y
Clautice, Sarah, b. 6 Feb 1862, 39y
Clautice, W. F., b. 21 Aug 1873, 1 hour
Clayton, female, b. 18 Nov 1837, 2/3m, decline, dau of Isaac
Clayton, Eugene F. M., b. 16 Apr 1857, 2½y
Clear, Margaret, b. 8 Oct 1862, 70y
Cleary, female, b. 18 Mar 1842, 2y, dau of Philip
Cleary, male, b. 3 Oct 1842, 2y, son of Mrs. Cleary
Cleary, Mrs., b. 1 Dec 1855, 40y
Cleary, Ann, b. 25 Sep 1871, 14y
Cleary, Bryan, b. 11 Aug 1854, 15m
Cleary, Mrs. Eliza M. D., b. 11 Aug 1853, 38y
Cleary, Henry, b. 24 Aug 1864, 2y
Cleary, Joanna, d. 8 Nov 1811, b. 9 Nov 1811, c. 30y
Cleary, John, b. 22 Jan 1853, 40y
Cleary, Louis Regis, b. 12 May 1872, 7m
Cleary, Maria, b. 15 Sep 1854, 2 hours
Cleary, Thomas, b. 4 Aug 1855, 30y
Cleates, Capt. Jno., b. 17 Aug 1845, 40y
Cleaver, Charles (Chales), b. 9 Nov 1832, 26y, consumption
Cleaver, Wm., b. 30 Jun 1872, 8m, Colored
Clegg, Jas., b. 5 Jan 1871, 55y
Clement, Francois, d. 22 Aug 1794, b. 23 Aug 1794, 37y, native of Grandville in Normandy, in St. Peter's Church Yard
Clement/Clemmens, Hannah, b. 1/2 Mar 1838, 2/20y, consumption, Colored
Clement, John, b. 27 Nov 1823, c. 19y, unknown sickness, Colored man of Mr. Coven
Clements, Leonard, d. 22 Mar 1816, b. 23 Mar 1816, 45y, died of ---
Clemmens, Hannah, see Clement/Clemmens, Hannah
Clemmer, Madeline, b. 11 Dec 1858, 46y
Clemmons, James B., b. 5 Oct 1855, 34y
Clemmons, Minerva, b. 17 Nov 1848, 2y, Colored
Clery, Peter Bernard, d. 29 Apr 1805, b. 30 Apr 1805, c. 60y, debility, native of Boulogne in Picardy
Clever, Mrs., b. 9 Oct 1839, 50y
Clifford, Jno., b. 8 May 1873, 8m
Clifford, John, b. 18 Jan 1836, c. 60y, unknown sickness
Clifford, Mary, b. 30 Jul 1867, 30y
Clifton, child, b. 9 Oct 1829, age unknown, unknown sickness, child of Mrs. Clifton
Clifton, Mg., b. 11 Apr 1871, 46y
Clifton, Theodore E., b. 13 Mar 1866, 6d
Clisham, Catharine, b. 19 Aug 1852, 10m
Cloarty, Sarah C., b. 8 Dec 1853, 9y
Clogherty, Margaret, b. 22 Sep 1818, 6m
Cloherty, Patrick, d. & b. 7 Jan 1806, 38y, native of Ireland

Clomox, Caleb, b. 14 Feb 1825, c. 40y, consumption
Clonette, Mary, b. 2 Nov 1832, 52y (on headstone in cemetery), cholera & typhus, free Colored woman, Archbishop Whitfield's housekeeper, Sister Mary Anthony Duchelman, was her nurse
Cloney, Mary, d. 3 Feb 1797, b. 4 Feb 1797, c. 24y, wife of James
Cloney, Thomas, d. 15 Oct 1803, b. 16 Oct 1803, 3y1m9d, son of James & Bridget
Clougherty, Honor, d. & c. 27 Jan 1799, c. 25y, wife of Patrick, native of Ireland
Clougherty, Honor, d. 2 Feb 1800, b. 3 Feb 1800, 10m2w, dau of John & Margaret
Coady, John, d. 15 Sep 1795, b. 16 Sep 1795, c. 5m, son of David & Johannah
Coal, Maria, see Cole/Coal, Maria
Coale, Elias, b. 5 Jan 1863, 28y
Coates, Alexander, b. 4 Jun 1864, 9m
Coates, Eleanor, b. 3 Sep 1867, 40y, Colored
Cobler, Joseph, d. 18 Sep 1798, b. 19 Sep 1798, 53y, native of Germany
Coburn, James, d. & b. 12 Feb 1807, 18m, cholera, son of Jane C. Coburn
Cocheret, Elizabeth, d. 15 Nov 1809, b. 16 Nov 1809, 45y
Cochran, Bridget, b. 10 Apr 1854, 3y
Cochran, Joseph, d. 18 Mar 1811, b. 19 Mar 1811, c. 76y, native of Scotland
Cochrane, child, b. 17 Aug 1831, child of Mr. Cochrane
Cockle, female, b. 13 Aug 1834, 3m, dau of Mrs. Cockle
Cod, William, d. 17 Mar 1819, b. 19 Mar 1819, c. 25y, pleurisy
Codd, Lizzie, b. 15 Sep 1871, 5y
Codd, Patrick, b. 3 Jul 1858, 5m
Codd, Simon, b. 1 Jul 1871, 2y
Coddy, Peter, b. 20 Mar 1848, 40y
Codne, Elizabeth, b. 10 Feb 1831, 78y, old age, native of France, resident of Baltimore for many years
Cody, David, b. 12 Sep 1832, 32y, bilious fever
Coel, male, b. 16 Sep 1864, 2 hours, son of Simon
Coff, Bridget, b. 17 Nov 1850, 39y
Coffee, female, b. 14 Feb 1838, 2w, dau of William
Coffee, female, b. 25 Sep 1839, 18m, whooping cough, dau of William
Coffee, female, b. 12 Feb 1841, 12m, croup, dau of William
Coffee, Mr., b. 19 Mar 1835, 35y, pleurisy
Coffee, Mr., b. 1 Aug 1839, 30y, apoplexy
Coffee, Bridget, b. 9 Jul 1852, 9y
Coffee, William, b. 1/31 Aug 1839, 28/30y, apoplexy
Coffee, Wm., b. 22 Jan 1845, 53y
Coffey, Catherine, b. 24 Jul 1843, 2y
Coffin, female, b. 29 Aug 1837, 15m, measles, dau of William
Coffrey, Catharine, b. 27 Jul 1849, 24y
Cofield, Elizabeth A., b. 1 Nov 1856, 40y
Cogan, Ann, b. 15 Sep 1843, 28y
Cogan, Mary A., b. 11 Aug 1871, 8m
Cogan, Mary Ann, b. 21 Aug 1872, 18m
Coggins, Richd. Albert, b. 9 Feb 1853, 8y
Coghlan, Catherine, d. 6 Sep 1797, b. 7 Sep 1797, wife of William, native of Ireland
Coghlan, John, b. 17 Dec 1832, c. 20y, bilious fever
Coghram, male, see Coghran/Coghram, male
Coghran/Coghram, male, b. 5 Dec 1839, 3y, worms, son of William
Cohen, Agnes, b. 30 Jan 1861, 33y
Cohen, James, b. 24 Aug 1855, 2d
Coirkinn, Thos. K., b. 21 Mar 1845, 2w
Cokely, Patrick, d. 23 Aug 1794, b. 24 Aug 1794, buried in St. Peter's Church Yard, native of Ireland
Colard, Elizabeth, b. 5 Jan 1836, c. 55y, bilious fever

Colardean, Francis E., b. 8 Jan 1860, 7m
Colardean, George F., b. 23 Jan 1860, 2½y
Colbert, Augustus, b. 31 Aug 1848, 38y, Colored
Colbert, Cecilia, b. 28 Apr 1870, 86y
Colbert, Joseph, b. 22 May 1863, 19y, Colored
Colbert, Mary, b. 14 Jul 1859, 46y
Colbert, Susan, b. 1 Apr 1868, 50y, Colored
Colbert, William, b. 10 Aug 1861, 2m
Colbert, William, b. 26 Nov 1865, 10y, Colored
Colborne, Mary Ann, b. 23 Aug 1832, c. 45y, cramp colic
Colburn, Jeremiah, b. 26 Jul 1829, 4y, unknown sickness, son of Milton
Cole, Mrs. b. 14 Jan 1836, 60y, cold
Cole, Ann, b. 11 Oct 1860, 4m
Cole, Annie, b. 3 May 1869, 26y
Cole, Cornelius, b. 22 Jan 1824, c. 40y, typhus fever, free Colored man
Cole, Eliza, b. 11 Mar 1864, 80y, Colored
Cole, Henry, b. 22 Jan 1831, 24y, consumption
Cole/Coal, Maria, b. 10 Mar 1838, 30y, consumption, Colored
Cole, Mary Ann, b. 11 Oct 1865, 30y
Cole, Philip, b. 26 Jun 1835, 42y, consumption, Colored
Cole, Robert, b. 27 Jun 1822, pleurisy, son of Cornelius Cole, Colored man
Cole, Thomas, b. 22 Oct 1859, 3m, slave
Coleman, ---, b. 8 Jun 1829, c. 84y, unknown sickness
Coleman, child, b. 15 Dec 1873, stillborn
Coleman, Ann, b. 30 Jul 1856, 28y
Coleman, Catharine, b. 25 Jul 1864, 11m
Coleman, James, b. 15 Jul 1870, 2w
Coleman, Jane, b. 29 Jun 1854, 13m
Coleman, John, b. 3 Oct 1870, 18y
Coleman, Joseph, b. 13 Jun 1872, 7w
Coleman, Margaret M., b. 26 Oct 1860, 2d
Coleman, Mary, b. 19 Nov 1864, 4½y
Coleman, Mary, b. 26 Nov 1865, 7 hours
Coleman, Mary, b. 29 Aug 1871, 4m
Coleman, Patrick, b. 9 Jul 1864, 63y
Coleman, Thomas, b. 9 Sep 1859, 23y
Coleman, William, b. 19 Jul 1832, age unknown, consumption
Colfer, Mary, b. 25 Jan 1857, 65y
Colford, Thos. Mathew, b. 2 Oct 1858, 20m
Colgan, Lydia, d. 20 Oct 1798, b. 21 Oct 1798, 11y, dau of Michael
Colgan, Michael, d. 5 Sep 1803, b. 6 Sep 1803
Coll, Ann, b. 28 Dec 1863, 85y
Coll, Catharine, b. 6 Oct 1857, 18y
Coll, Frederick C., b. 6 Mar 1862, 13y
Coll, Hannah, b. 22 Aug 1864, 27y
Collier, Eliza, b. 1 Jun 1870, 6m
Colligan, John, b. 10 Jul 1863, 32y
Collin, child, b. 26 Feb 1864, 4y, child of Pat.
Collin/Collins, Mr. J./l., b. 29 Mar 1840, 40y, bilious pleurisy
Collin, John, d. 1 Sep 1797, b. 2 Sep 1797, c. 25y, native of Ireland
Collin, Peter, d. 6 Sep 1797, b. 7 Sep 1797, 34y, native of Ireland
Collins, child, b. 23 Mar 1831, c. 1y, unknown sickness, child of Margaret
Collins, Mr., b. 12 Jan 1838, 20y, drowned
Collins, Mrs., b. 8/9 Feb 1837, c. 95y, old age
Collins, Mrs., b. 30 Jun 1858
Collins, Mrs., b. 9 Nov 1864, 40y

Collins, Ann, b. 11 Jul 1851, 4m
Collins, Ann, b. 12 Apr 1853, 3y
Collins, Ann, b. 23 Jun 1860, 23y
Collins, Ann M., b. 26 Feb 1863, 21y
Collins, Mrs. Catharine, b. 1 Apr 1865, 59y
Collins, Catherine, b. 4 Dec 1839, 80y, infirmity of age
Collins, Cora, b. 15 Aug 1868, 2y
Collins, Cornelius, b. 11 May 1823, c. 33y, suddenly, native of Cork, Ireland
Collins, Dennis, b. 10 Feb 1857, 5d
Collins, Dennis, b. 16 Jun 1860, 41y
Collins, Elizabeth, b. 24 Jan 1851, 34y
Collins, Ellen, b. 16 Jun 1861, 6y
Collins, Emma B., b. 2 Aug 1867, 4y
Collins, Ernest, b. 21 Jul 1872, 2y
Collins, Francis, b. 22 Jan 1850, 30y
Collins, Geo., b. 12 Nov 1857, stillborn, Colored
Collins, George C., b. 6 Aug 1855, 55y
Collins, Gorge (George), d. & b. 17 Mar 1809, c. 60y, lingering illness
Collins, Honora, b. 4 Jan 1858, 10m
Collins, Honora, b. 25 Jan 1866, 76y
Collins, Hugh B., b. 1 Aug 1854, 9w
Collins, Ida, b. 3 Apr 1870, 8m
Collins, Mr. J./l., see Collin/Collins, Mr. J./l.
Collins, James, d. 1 Jun 1802, b. 2 Jun 1802, c. 1m, son of David & Judith
Collins, James, d. 11 Aug 1803, b. 12 Aug 1803, 4m14d, lingering illness, son of James & Catharine
Collins, James, b. 7 Sep 1841, c. 80y, infirmity of age
Collins, James, b. 20 Sep 1858, 16m
Collins, James, b. 6 Jun 1863, 14m
Collins, Jeremiah, d. & b. 3 Sep 1800
Collins, Jeremiah, b. 19 Jun 1826, c. 55y
Collins, Jeremiah, b. 13 May 1856, 2y
Collins, Jeremiah, b. 23 Jan 1865, 12w
Collins, Jeremiah, b. 24 Dec 1865, 2m
Collins, Jno., b. 15 Jul 1872
Collins, John, b. 25 Jan 1867, 52y
Collins, John M., b. 25 Aug 1868, 4m
Collins, Joseph, b. 28 Aug 1832, died soon after birth, son of Patrick
Collins, Lee, b. 23 Nov 1838, 4y
Collins, Louisa, b. 11 Aug 1830, c. 3y, fever
Collins, Margaret, d. 27 Jul 1801, b. 28 Jul 1801, 1y, dau of James & Catharine
Collins, Margaret, b. 22 Apr 1866, 48y
Collins, Margaret, b. 23 Aug 1869, 11m
Collins, Margaret, b. 5 Mar 1872, 79y
Collins, Maria, b. 14 Aug 1857, 14m
Collins, Maria Ann, b. 10 Jul 1853, 2m
Collins, Mary, b. 30 Sep 1831, c. 78y, unknown sickness
Collins, Mary, b. 4 Jan 1856, 35y
Collins, Mary, b. 14 Jun 1858, 7m
Collins, Mary, b. 11 Jun 1861, 45y
Collins, Mary, b. 2 Aug 1863, 3d
Collins, Mary, b. 2 Aug 1865, 50y
Collins, Mary, b. 2 Apr 1866, 71y
Collins, Mary, b. 10 Nov 1868, 78y
Collins, Mary, b. 1 Sep 1870, 15m
Collins, Mary, b. 11 May 1873, 34y

Collins, Mary, b. 10 Apr 1874, 75y
Collins, Mathew, b. 29 May 1853, 17y
Collins, Michael, b. 6 Aug 1832, 42y, bowel complaint
Collins, Michael, b. 4 Apr 1866, 20y
Collins, Michael, b. 16 Jul 1868, 42y
Collins, Patrick, b. 17 Jul 1850, 50y
Collins, Patrick, b. 20 May 1855, 8m
Collins, Patrick, b. 18 Jul 1864, 75y
Collins, Peter, b. 6 Jan 1854, 66y
Collins, Regina, b. 7 Jun 1873, 2m
Collins, Rose, b. 14 Feb 1857, 18y
Collins, Thomas, b. 20 Nov 1862, 84y
Collins, Timothy, b. 31 Jul 1842, 10y, drowned
Collins, William, d. 9 Sep 1804, b. 10 Sep 1804, c. 70y, native of Ireland
Collins, William, b. 7 Dec 1830, c. 25y, died from a fall in the water
Collins, William, b. 15 Dec 1853, 20y
Collins, William I., b. 7 Nov 1855, 8m
Collins, Wm., b. 6 May 1851, child
Collon, Alice, b. 13 Jul 1823, c. 30y, miscarriage
Collopy, William, b. 19 Nov 1829, c. 21y, typhus fever
Colman, Martin, b. 2 Jul 1851, 3y
Coloin, Philip, d. 14 Sep 1796, b. 15 Sep 1796, c. 25y, native of Ireland
Colon, Mr./ Mrs., b. 30 Jul 1835, 69y, decline
Colonen, child, b. 25 Jun 1856, child of J. L. Colonen
Colour, George, d. 2 Aug 1799, b. 3 Aug 1799, 7m, son of Mary
Coltart, John Thos., b. 15 Jul 1860, 13m
Coltart, Sarah Ellen, b. 3 Nov 1862, 3m
Colton, female, b. 22 Dec 1839, cold, dau of John
Colton, Alice, b. 27 Feb 1848, 72y
Colton, Ann, b. 8 Nov 1850
Colton, Catharine, b. 2 Feb 1863, 15y
Colton, Francis, b. 1 Apr 1852, 17m
Colton, James Lewis, b. 2 Feb 1863, 3y
Colton, Jane Maurice, b. 2 Feb 1863, 15m
Colton, Mary, see Cotton/Colton, Mary
Colvin, John, d. 2 Dec 1809, b. 3 Dec 1809, c. 60y, pleurisy
Combell, child, b. 16 Dec 1820, child of W. John
Combs, Ann E., b. 22 Sep 1864, 25y, Colored
Combs, Clarence Bakon, d. 13 Jul 1804, b. 14 Jul 1804, 9m10d, son of Thomas & Ann
Combs, Edward, d. 14 Jul 1805, b. 15 Jul 1805, 1m, son of Thomas & Ann
Combs, Francis, b. 17 Aug 1814, 5y, accidently drowned
Commeau, Mrs. Rose, b. 24 Mar 1812, 70y, born at Cape Francois
Compario, Mrs., b. 3 Jun 1827, died of old age
Compario, Julia, b. 23 Feb 1874, 87y
Compayre, Margaret, d. 1 Dec 1798, b. 2 Dec 1798, 5y8m, born at Cap Francais, dau of John Francis Joseph James, native of Languedor, & Margaret Sudre, native of Plaisance, St. Domingo, baptized at Cap Francais, her grandfather & grandmother, Mr. & Mrs. Sudre, were her godparents, died at Baltimore
Comprobst, Bernard, b. 5 Mar 1862, 71y
Comprobst, Mary, b. 22 Jan 1851, 35y
Compte, Mrs. Jane, b. 12 Mar 1839, 55y, rheumatism
Conaway, Ignatius, b. 3 Jan 1849, 18m
Conaway, James F., b. 16 Jan 1862, 30y
Concannon, Michael C., b. 30 Aug 1859, 8y
Concannon, Timothy, b. 14 Apr 1862, 16y
Concanon, Mary A., b. 12 Nov 1871, 22y

Concanon, Michael, b. 2 Jan 1851, 40y
Conden, child, born, d. & b. 2 Apr 1800, child of John, privately baptised by the midwife
Conden, Edward, d. 13 Sep 1800, b. 14 Sep 1800, 23y, native of Ireland
Conden, Mary, d. 4 Aug 1799, b. 5 Aug 1799, 1y, dau of John & Sarah
Condon, Mrs., b. 30 Sep 1870, 42y
Condon, Ellen, b. 19 Dec 1851, 19y
Condon, John M., b. 3 Jul 1850, 20y
Condon, Margaret, b. 27 Feb 1855, 28y
Condon, Maria, b. 16 Oct 1827, c. 5y, croup
Condon, Mary, b. 25 Mar 1850, 5y
Condon, Maurice, b. 28 Sep 1839, 52y, bilious fever
Condon, Pierce, b. 28 Feb 1865, 12y
Conelin, child, b. 30 Sep 1832, died soon after birth, child of Oliver
Coneray, Catherine, b. 29 Sep 1852, 76y
Coneray, Thomas, b. 15 Jul 1861, 52y
Conerey, Ellen, b. 24 Feb 1859, 6m
Conerey, James, b. 14 Jul 1859, 52y
Conerey, John, b. 11 Dec 1858, 2½y
Conerey, Richard, b. 9 Sep 1848, 29y
Conerey, Thomas, b. 10 Jan 1860, 9d
Coneroy, Catherine, b. 25 Aug 1851, 25y
Coneroy, Marcilla, b. 19 Apr 1854, 78y
Conery, female, b. 4 Sep 1837, few hours old, infantile unknown, dau of Mr. Conery
Conery, female, b. 24 Jul 1840, 5d, dau of Thomas
Conery, Laurence, b. 11 Jan 1862, 67y
Conery, Mary Jane, b. 1 Dec 1850, 20m
Conery, Miles, b. 16 Apr 1866, 25y
Coney, Jane, b. 14 Sep 1873, 30y
Conie, Peter, b. 10 Apr 1859, 26y
Coniff, Christopher, b. 28 Nov 1836, 25y, chronic diarrhea
Conkann, Margaret, b. 16 Jun 1844, 8m
Conklin, male, b. 20 Aug 1851, son of Wm.
Conklin, Leo, b. 19 Sep 1863, 29y, Colored
Conklin, Margaret, b. 4 Feb 1859, 77y, Colored
Conklin, Margaret, b. 7 Feb 1865, 13m/y
Conklin, Mary, b. 20 Feb 1865, 63y
Conklin, Sarah Ann, b. 22 Sep 1857, 3y
Conklin, William, b. 8 Apr 1820, 35y, convulsions. Colored
Conkling, Sarah, b. 6 Mar 1869, 50y
Conlan, Anthony, b. 22 Mar 1860, 56y
Conlan, Catharine, b. 29 Oct 1855, 25y
Conlan, Daniel, b. 10 Sep 1857, 14m
Conlan, James, b. 29 Aug 1867, 36y
Conley, Michael, b. 14 Feb 1829, 30y, consumption
Conley, Peter, b. 8 Feb 1852, 5d
Conlin, male, b. 30 Dec 1858, 3w, son of Anthony
Conlin, Ann, b. 20 Jun 1858, 60y
Conlin, Eliza, b. 14 May 1853, 14y
Conlin, John, b. 8 Apr 1857, 45y
Conmyer, Wm., b. 18 Nov 1870, 1y
Connally, James, b. 5 Jan 1856, 4y
Connally, Patrick, b. 10 May 1857, 69y
Connaughton, twins, James and Peter, b. 13 Jul 1864, 2m
Connaughton, James, see Connaughton, twins
Connaughton, Mary, b. 12 Mar 1871, 1 hour
Connaughton, Patrick, b. 14 Oct 1860, 29y

Connaughton, Peter, see Connaughton, twins
Connaughton, William, b. 16 Jul 1866, 12m
Connaughton, William, b. 10 Oct 1866, 3½y
Connelan, Owen, d. 21 Sep 1807, b. 22 Sep 1807, c. 50y, native of Dublin, Ireland
Connell, female, b. 20 May 1865, 2 hours, dau of Francis A. Connell
Connell, Bartholomew, d. 27 Aug 1812, b. 28 Aug 1812, 60y
Connell, Bridget, b. 27 Jul 1868, 3d
Connell, Charles, b. 17 Oct 1860, 4w
Connell, Charles Thos., b. 9 Sep 1863, 18m
Connell, Dennis, d. 18 Jul 1808, b. 19 Jul 1808, c. 8m, son of Bartholomew & Mary
Connell, Ellen, b. 3 Mar 1860, 12m
Connell, Francis, b. 5 Nov 1872, 41y
Connell, Mary, b. 1 Apr 1866, 50y
Connell, Mary Frances, b. 9 May 1864, 2w
Connell, Michael, b. 17 Aug 1835, c. 30y, decline
Connell, Patrick, b. 9 Oct 1821, 17y, bilious fever, son of Thomas & Bridget
Connell, Patrick, b. 16/17 May 1837, c. 35y, consumption
Connelly/Connolly, child, b. 22 Aug 1840, 9m, summer complaint, child of Michael
Connelly, female, b. 4 Jun 1842, 1y/m, whooping cough, dau of Patrick
Connelly, female, b. 29 Jun 1842, 2m, summer complaint, dau of Mr. Connelly
Connelly, Ann, b. 18 Dec 1828, unknown age, consumption
Connelly, Ann, b. 27 Feb 1862, 58y
Connelly, Anna, b. 19 Jul 1854, 11m
Connelly, Bernard, b. 7 Aug 1827, c. 24y, suddenly
Connelly, Bridget, b. 30 Sep 1874, 21y
Connelly, Catharine, b. 21 Nov 1813, accidentally burned to death
Connelly, Daniel, d. 26 Apr 1802, b. 27 Apr 1802, c. 2m, son of Thomas & Ann
Connelly, Daniel, b. 21 Sep 1871
Connelly, Ellen, b. 15 Sep 1871, 16m
Connelly, George, b. 15 Nov 1861, 2y
Connelly, Henry, b. 6 Oct 1830, c. 35y, unknown sickness
Connelly, John, b. 16 Aug 1871, child
Connelly, Margaret, b. 13 Dec 1856, 3w
Connelly, Mary Ann, b. 2 Dec 1856, 8y
Connelly, Michael, d. & b. 4 Oct 1794, native of Ireland, buried in the Catholic Burying Ground
Connelly, Thomas, b. 8 Dec 1822, c. 40y
Connely, Mary, d. 16 Apr 1814, b. 17 Apr 1814, age --, consumption
Conner, child, b. 14 May 1869, 4m, child of Chas
Conner, child, b. 23 Nov 1869, 2 hours, child of T. Conner
Conner/Connor, Rebecca Coppinger, d. 15 Oct 1810, b. 17 Oct 1810, native of Cork, wife of Daniel
Conners, Margaret, d. & b. 23 Oct 1807, c. 35y, wife of William
Connery, Mary, b. 24 Sep 1867, 2 minutes
Connolly, child, b. 11 Jan 1826, died soon after birth, child of Thomas
Connolly, child, b. 31 Dec 1835, 10w, child of Mr. Connolly
Connolly, child, b. 5 Sep 1863, stillborn, child of Michael
Connolly, child, b. 22 Apr 1865, stillborn, child of Kate
Connolly, child, see Connelly/Connolly, child
Connolly, female, b. 18 Jul 1843, 10w, dau of Michael
Connolly, male, b. 12 Apr 1835, unknown sickness, son of Mr. Connolly
Connolly, male, b. 15 Jul 1850, 2 hours
Connolly, Mrs., b. 17 Oct 1864, 45y
Connolly, Ailsey, b. 1 Jan 1854, 85y
Connolly, Alexis T., b. 23 Sep 1852, 12m
Connolly, Ann, b. 20 Aug 1857, 34y
Connolly, Ann, b. 3 Sep 1860, 80y

Connolly, Ann, b. 27 Sep 1865, 3y
Connolly, Bridget, b. 27 Dec 1862, 31y
Connolly, Catharine, b. 4 Nov 1853, 14m
Connolly, Catharine, b. 9 Dec 1853, 9m
Connolly, Charles, b. 4 Dec 1868, 4½y
Connolly, Delia, b. 3 Jul 1872, 6y
Connolly, Edward, b. 5 Jan 1867, 45y
Connolly, Eliza, b. 21 Aug 1870, 13y
Connolly, Elizabeth, b. 5 Feb 1864, 3y
Connolly, Elizabeth, b. 23 Jun 1874, 53y
Connolly, Ellen, b. 5 Sep 1871
Connolly, George, b. 19 Sep 1863, 17m
Connolly, Henry, b. 6 Jul 1855, 12m
Connolly, J., b. 18 May 1852, 12y
Connolly, James, b. 11 May 1823, c. 28y, consumption
Connolly, James, b. 20 Mar 1851, 3d
Connolly, James, b. 25 Dec 1855, 23y
Connolly, James, b. 30 May 1856, 6w
Connolly, James, b. 5 May 1856, 48y
Connolly, James, b. 11 Aug 1863, 6m
Connolly, John, d. & b. 22 Oct 1809, c. 6m, cholera, son of Thomas & Mary
Connolly, John, b. 5 Aug 1821, died from a fall from a bridge
Connolly, John, b. 11 Aug 1850, 16m
Connolly, John, b. 22 Jul 1856, 2y
Connolly, John, b. 10 Oct 1858
Connolly, John, b. 7 Jan 1864, 14y
Connolly, John, b. 22 Jul 1869, 3y
Connolly, John, b. 25 Aug 1870, 40y
Connolly, John, b. 10 May 1873, 52y
Connolly, John F., of Richmond, b. 31 Oct 1843, 1y
Connolly, John P., b. 26 May 1865, 14d
Connolly, Lidia, b. 26 Nov 1864, 10m
Connolly, Margaret, b. 9 Nov 1862
Connolly, Margaret, b. 29 Oct 1867, 35y
Connolly, Margaret E., b. 15 Dec 1866, 2y
Connolly, Mary, b. 7 Feb 1855, 4y
Connolly, Mary, b. 5 Dec 1857, 45 minutes
Connolly, Mary, b. 17 Dec 1859, 76y
Connolly, Mary, b. 14 May 1864, 22y
Connolly, Mary Ann, b. 12 Apr 1859, 20m
Connolly, Mary E., b. 12 Sep 1849, 5y
Connolly, Mary Eliza, b. 11 Jan 1863, 2y
Connolly, Michael, b. 22 Nov 1854, 3y
Connolly, Michael, b. 15 Mar 1855, 2w
Connolly, Michael, b. 1 Dec 1859, 31y
Connolly, Michael, b. 15 Nov 1862, 50y
Connolly, Nancy, b. 12 Jun 1823, c. 26y, consumption
Connolly, Patrick, b. 29 Mar 1857, 45y
Connolly, Richard, b. 19 Jan 1853, 48y
Connolly, Sarah, b. 16 Jan 1841, 35y, apoplexy
Connolly, Sarah, b. 21 Nov 1852, 23y
Connolly, Sarah, b. 18 Jul 1853, 10m
Connolly, Sarah C., b. 8 Feb 1860, 10m
Connolly, Theresa, b. 14 Jun 1874, 22m
Connolly, Thomas, b. 19 Feb 1851, 76y
Connolly, Timothy, b. 28 Apr 1859, 16m

Connolly, William, b. 15 Nov 1861, 70y
Connolly, William O., b. 2 Jul 1851, 12m
Connolly, Wm., b. 13 Feb 1871, 1w
Connor, Mrs., b. 18 Aug 1837, 29y
Connor, Ann, b. 19 Apr 1862, 35y
Connor, Ann, b. 8 Jan 1864, 40y
Connor, Catharine, b. 29 Jun 1866, 26y
Connor, Mrs. Eliza, b. 15 Sep 1874, 67y
Connor, Ellen, b. 4 May 1829, c. 70, dropsy on the breast, native of the county Cork, Ireland
Connor, John, b. 31 Mar 1852
Connor, John, b. 30 Jul 1852, 18m
Connor, John, b. 27 Jul 1863, 43y
Connor, John, b. 27 Mar 1868, 13y
Connor, Margaret, b. 8 Sep 1865, 5--(missing)
Connor, Maria, b. 14 Apr 1860, 2½y
Connor, Martin, b. 24 Jan 1862
Connor, Mary, d. 30 Apr 1806, b. 1 Mar 1806, 5y, dau of Daniel & Rebecca
Connor, Mary, b. 9 Aug 1852, 2m
Connor, Patrick, d. & b. 17 Sep 1797, native of Ireland
Connor, Patrick, d. 3 Jul 1802, b. 4 Jul 1802, c. 8m, son of Patrick & Mary
Connor, Patrick, b. 20 Dec 1865, 37y
Connor, Rebecca Coppinger, see Conner/Connor, Rebecca Coppinger
Connor, Rose, b. 9 Jul 1859, 6m
Connor, Thomas, d. 25 Oct 1800, b. 26 Oct 1800, c. 30y, native of Ireland
Connor, Timothy, d. 23 Oct 1819, b. 24 Oct 1819, 60y
Connor, William, b. 27 Jul 1868, 6m
Connor, Wm., b. 17 Oct 1873, 47y
Connors, Thomas, d. 24 Nov 1797, b. 25 Nov 1797, c. 42y, hus of Catharine, native of Ireland
Connoughton, Mary, b. 25 Aug 1863, 1y
Connoughton, Mary, b. 14 Sep 1872, 37y
Connoughton, Patrick, b. 7 Apr 1860, 3y
Conolly, male, b. 10 Aug 1837, 18m, measles, son of Michael
Conolly, Ellen, b. 1 Jan 1857, 60y
Conoway, Patrick, b. 29 Aug 1848, 45y
Conrad, Ann, b. 11 Mar 1866, 60y
Conrad, Catharine, d. 1 Sep 1803, b. 2 Sep 1803, 10m, dau of Joseph & Catharine
Conrad, Catharine, b. 15 Sep 1869, 20y
Conrad, Henry, d. 5 Dec 1803, b. 6 Dec 1803, 4y, son of Joseph & Catharine
Conroy, Ambrose, b. 23 Aug 1863, 2½y
Conroy, Francis, b. 24 Dec 1858, 15m
Conroy, Mary, b. 11 Dec 1868, 1d
Conroy, Mary, b. 31 Aug 1869, 20y
Conroy, Michael, d. 6 Feb 1803, b. 7 Feb 1803, c. 37y, native of Ireland
Conroy, Thomas, b. 19 Jul 1868, 38y
Conry, female, b. 2 Sep 1837, 2 hours, dau of Mr. Conry
Conry, twins, John & Thos., b. 29 Jul 1861, 5 minutes
Conry, John, b. 8 Oct 1874, 29y
Conry, John, see Conry, twins
Conry, Julia, b. 25 Aug 1857, 45y
Conry, Peter, b. 26 Jun 1864, 35y
Conry, Thos., see Conry, twins
Consadine, Charles, b. 18 Mar 1859, 22m
Consadine, Eliza, b. 10 Dec 1853, 13m
Consadine, John, b. 5 Jul 1860, 40y
Consadine, Michael, b. 26 Jul 1856, 9m
Consadine, Michael, b. 25 Aug 1857, 1w

Consadine, Simon, b. 10 Feb 1858, 39y
Considine, Catharine, b. 3 Oct 1870, 50y
Considine, John, b. 25 Aug 1852, 9y
Considine, John, b. 4 Sep 1853, 40y
Considine, John, b. 4 Mar 1854, 2 hours
Considine, Mary Margt., b. 14 Oct 1859, 14m
Considine, Michael, b. 29 Mar 1863, 60y
Constidine, Michael, b. 9 Oct 1851, 3y
Contey, child, b. 15 Jan 1822, c. 3m, child of Thomas, buried in the same grave of his wife
Contier, Gabriel, d. & b. 22 Jan 1796, 14m2w, son of John Anthony & Mary Bonvier
Contrell, John, b. 2 Jan 1831, c. 40y, fracture of the head
Contz, child, b. 9 Apr 1857, 16m, child of John D. Contz
Conway, child, b. 26 May 1822, died before birth, child of Robert
Conway, child, b. 24 Apr 1825, 7m, consumption, child of Hannah
Conway, child, d. 23 Nov 1826, b. 24 Nov 1826, 6w, child of Mrs. Conway
Conway, child, b. 11 Jun 1828, 3w, bowel complaint, child of Mr. Conway
Conway, child, b. 6 Jul 1828, age unknown, unknown sickness, child of Mr. Conway
Conway, child, b. 14 Jun 1830, 9m, child of T. Elias
Conway, male, b. 10 Oct 1848, 5 minutes, son of John
Conway, Mrs., b. 21 Apr 1837, 35y, decline
Conway, Ann, b. 3 May 1859, 30y
Conway, Ann Laura, b. 13 Jan 1862, 13m
Conway, Catharine, b. 18 Jan 1861, 50y
Conway, Henry, b. 31 Mar 1864, 12m
Conway, Hugh, b. 12 Dec 1824, c. 40y, consumption
Conway, James, b. 30 Jan 1864, 6d
Conway, Jennet, d. 11 Mar 1801, b. 12 Mar 1801, 63y, wife of Robert of Fells Point
Conway, John P., b. 5 Mar 1865, 3y
Conway, Margaret, b. 1 Jan 1873, 28y
Conway, Margret R., b. 23 Apr 1873, 8m
Conway, Martin, d. 26 Nov 1808, b. 27 Nov 1808, c. 35y, native of Ireland, died at the Alms House
Conway, Michael, b. 2 Jan 1850, 2y
Conway, Nancy, b. 27 Jan 1829, c. 70y, lingering illness
Conway, Patrick, b. 4 Jun 1851, 20y
Conway, Patrick, b. 11 Feb 1860, 1h
Conway, Rebecca, b. 4 Jun 1849, 35y
Conway, Robert, d. 11 Apr 1801, b. 12 Apr 1801, 55y, consumption, native of Ireland, died at Fells Point
Conway, Robert, b. 10 Apr 1869, 8m
Conway, Thomas, b. 18 Sep 1831, c. 45y, bowel complaint
Conway, Thomas J., b. 10 Nov 1871, 22m
Conway, Walter, b. 2 Jul 1874, 3m
Conway, Wm. H., b. 15 Jun 1849, 3m
Conway, Wm. Henry, b. 24 Nov 1868, 15m
Coogan, Edward, b. 13 Sep 1848, 2y
Coogan, James, b. 25 Jul 1853, 18m
Coogan, Mary, b. 11 Sep 1862, 2y
Cook, female, b. 21 Feb 1836, 4y, unknown sickness, dau of Mary, Colored
Cook, male, b. 16 Jul 1838, 4w/y, sore throat, son of Daniel
Cook, Mrs., b. 5 Mar 1872, 80y
Cook, Agnes C., b. 16 Sep 1872, 10m
Cook, Ann, b. 20 Jun 1852, 11m
Cook, Carlotte, b. 20 Nov 1869, 69y, Colored
Cook, Catherine, b. 27 Aug 1843, 22y, Colored
Cook, Elenora, b. 31 Aug 1850, 64y

Cook, Elizabeth, b. 18 Mar 1871, 86y
Cook, Elizabeth A., b. 5 Jun 1861, 23y
Cook, Frederick, b. 19 Jul 1855, 32y
Cook, George A., b. 31 Jul 1852, 77y
Cook, George S., b. 6 Jun 1863, 5m
Cook, Henry, d. 18 Jun 1809, b. 19 Jun 1809, 6w, Negro
Cook, Honour, d. 7 Jan 1796, b. 9 Jan 1796 (omitted to be registered on the proper day), wife of Michael, buried in St. Peter's Church Yard
Cook, Joseph, b. 21 Aug 1832, c. 12y, bilious
Cook, Martin, b. 28 Dec 1850, 23y
Cook, Mary Laura, b. 6 May 1859, 30y
Cook, Mary Margaret, b. 9 Nov 1861, 35y
Cook, Pricilla, b. 1 Feb 1863, 104y, Colored
Cook, Thomas, b. 22 Jan 1868, 60y, Colored
Cookley, Jeremiah, b. 3 Sep 1826, 38y, liver complaint
Coolahan, Daniel, b. 24 Aug 1870, 5m
Coolahan, Mary, b. 11 Aug 1863, 29y
Coolahan, Mary Ann, b. 11 May 1861, 2½y
Coolahan, Michael, b. 30 Jan 1861, 4m
Coolehan, John, b. 18 Feb 1860, 4y
Cooligan, Cath., b. 29 Mar 1870, 45y
Cooly, Charles, b. – Sep 1818, 2y
Coombs, E. E., b. 12 May 1871, 5m, Colored
Coombs, Mary, b. 7 Mar 1855, 30y
Coombs, Mary, b. 1 Apr 1855, 60y, Colored
Coonan, child, b. 30 Dec 1859, stillborn, child of Mr. Coonan
Coonan, male, b. 10/11 Nov 1837, 2d, unknown sickness, son of Michael
Coonan, Catharine, b. 21 Nov 1842, 4½y
Coonan, Francis P., b. 29 May 1859, 35y
Coonan, Michael, b. 11 Jan 1863, 80y
Coones, Mary, b. 29 Nov 1872, 6w
Cooney, child, b. 29 Mar 1849, 7w, child of Mr. Cooney
Cooney, Christopher, b. 31 Jul 1838, 7m
Cooney, Edward, b. 1 Nov 1862, 5w
Cooney, Margaret, b. 18 Jan 1868, 68y
Cooney, Mary, b. 31 Mar 1862, 15w
Cooney, Michel, b. 24 Jul 1870, 30y
Cooney, Thomas, d. 10 Apr 1796, b. 11 Apr 1796, native of Ireland
Coony, Bartholomew, d. 12 Nov 1797, b. 13 Nov 1797, 5y, son of Thomas (dec.) & Elizabeth
Cooper, male, b. 11 Jul 1854, 3m, Colored, son of Mary
Cooper, Emeline, b. 20 Dec 1866, 80y, Colored
Cooper, James, b. 31 Mar 1850, 56y
Cooper, Mary Ann, b. 28 Mar 1855, 60y
Cooper, Mathias, b. 6 Aug 1851, 9y, Colored
Cooper, Sarah, b. 19 Jan 1810, c. 65y, Black woman
Cope, Anna Clara, b. 18 Apr 1864, 3y
Copeday, child, b. 12 Mar 1823, c. 6y, child of Mary Ann, (Mrs. Collins sees to the payment of expenses)
Copody, twins, b. 14 Aug 1827, stillborn, children of Bernard
Coppean, Joseph, b. 19 Nov 1855, 75y
Copper, Nancy, b. 30 Nov 1832, 72y, bilious fever
Coral, Henry, b. 16 Jun 18-3, c. 18y, apprentice of Mr. Hook
Coram, William, d. 1 Feb 1815, b. 2 Feb 1815, c. 27y
Corban, Mary, b. 23 Nov 1863, 28y
Corbet, Catharine, d. 19 Aug 1800, b. 20 Aug 1800, c. 3y, dau of William & Catharine
Corbet, Catharine, d. 22 Aug 1800, b. 23 Aug 1800, wife of William

Corbet, Michael, b. 3 Feb 1850, 62y
Corbett, child, b. 15 Mar 1869, child of P. Corbett
Corbett, Edwd., b. 22 Aug 1870, 3y9m
Corbin, Charles, b. 29 Jun 1853, 16y
Corbit, Anna, b. 15 Sep 1865, 2y
Corbit, Laurence, b. 2 Oct 1863, 2½y
Corbit, Mary Ann, b. 6 Jul 1854, 4m
Corbit, William, b. 18 Oct 1856, 12m
Corbitt, Bedelia, b. 3 Nov 1873, 8m
Corbitt, E., b. 30 Oct 1872, 7y
Corbitt, James Edwd., b. 13 Jan 1858, 6m
Corbitt, Laurence, b. 29 Jul 1858, 10m
Corbitt, Mary Ann, b. 6 Aug 1866, 6½m
Corcoran, Catharine, b. 14 Sep 1869, 23y
Corcoran, Margaret A., b. 2 Aug 1849, 16m
Corcoran, Patrick, b. 25 Aug 1850, 32y
Corcoran, Patrick, b. 6 Sep 1855, 32y
Corey, Elizabeth, b. 12 Mar 1867, 70y
Corfield, Cath., b. 13 Jun 1871
Corigan, Owen, b. 20 Jun 1870, 27y
Corigon, Jaret, b. 12 Feb 1830, c. 30y, unknown sickness, native of Ireland
Corkery, Patrick, b. 28 Jun 1826, c. 2w, bowel complaint
Corkoran, Peter, b. 5 Feb 1826, c. 35y, suddenly
Corkran, Ann, b. 11 Dec 1854, 16m
Corkum, Patrick, b. 31 Aug 1821, summer complaint
Cormody, John, b. 9 Aug 1864, 3m
Cornell, James, d. 19 Aug 1816, b. 20 Aug 1816, 40y, bilious fever
Corney, child, b. 11 Jun 1848, stillborn, child of Jas.
Cornprobst, Mr., b. 15 Oct 1840, 30y, consumption
Cornprobst, Catherine, b. 11 Feb 1839, 71y
Cornprobst, Ignatius, b. 11 Feb 1845, 72y
Cornprobst, John, b. 18 Jan 1839, 34y, consumption
Cornprobtz, Joseph, d. 25 Oct 1801, b. 26 Oct 1801, c. 5y, son of Inga Catharine
Cornprobtz, Magdalene, d. 10 Sep 1801, b. 11 Sep 1801, 6d, dau of Ignatious & Catherine
Corregan, female, see Carregan/Corregan, female
Correo/Correro, child, b. 22 Jun 1827, 18m, child of Robert
Correro, child, see Correo/Correro, child
Corrick, Rosanna, b. 23 May 1844, 30y
Corrigan, Hugh, b. 15 Oct 1848, 25y
Corrin, Mary Catharine, d. 6 Sep 1794, b. 7 Sep 1794, age --, wife of Michael, buried in St. Peter's Church Yard
Cosgrave/Cosgrove, Daniel, b. 11 Apr 1837, 26y, hemorrhage
Cosgrove, child, b. 17 Dec 1827, 18m, fits, child of Francis
Cosgrove, child, b. 7 Mar 1830, died soon after birth, child of Lawrence
Cosgrove, female, b. 9 Aug 1842, 3w, dau of Patrick
Cosgrove, Daniel, see Cosgrave/Cosgrove, Daniel
Cosgrove, Patrick, b. 3 Sep 1829, c. 23y, bilious fever
Cosgrove, Peter, b. 2 May 1858, 72y
Cosgrove, Sarah, b. 4 Nov 1861, 73y
Cosgrove, Susanna, b. 11 Oct 1852, 23y
Cosgrove, Thomas, b. 12 May 1831, c. 50y, bowel complaint
Coskery, Anastatia, d. 7 Sep 1811, b. 9 Sep 1811, 45y
Coskery, Bathilda C., b. 11 Feb 1850, 78y
Coskery, Bennet, d. 15 Feb 1800, b. 16 Feb 1800, 2w, son of Benard & Anastasia
Coskery, Bernard, b. 21 Aug 1837, 73y, dysentery, father of the very Reverend Henry Benedict Coskery, S.T.D.

Coskery, Charles, d. 24 Jun 1795, b. 25 Jun 1795, 2d, son of Bernard & Anastasia
Coskery, Eliza, b. 23 May 1867, 55y
Coskery, Elizabeth, b. 4 Dec 1824, c. 40y, consumption
Coskery, Martha, b. 1 Jun 1871, 74y
Coskery, Roger B. Taney, b. 24 Jun 1848, 5m
Coskery, William, b. 5 Dec 1830, c. 27y, consumption
Cossey, Nathaniel, b. 30 Jul 1825, c. 40y, consumption, Black man
Coste, George Peter, d. 17 Nov 1804, b. 18 Nov 1804, c. 30y, native of Marseilles
Costelay, Martin, b. 16 May 1858, 50y
Costelay, William I., b. 1 Aug 1858, 10w
Costella, John, b. 27 Jul 1862, 6y
Costella, Michael, b. 13 Nov 1839, 10y, bilious fever
Costello, child, b. 12 Jun 1828, died soon after birth, child of Edward
Costello, Bartholomew, d. & b. 10 Sep 1800, c. 40y, native of Ireland
Costello, Catharine, d. 29 Jan 1803, b. 31 Jan 1803, 3y, dau of Henry & Catharine
Costello, Mary, b. 21 Jun 1866, 40y
Costello, Mary L., b. 5 Oct 1873, 15y
Costelly, P. Henry, b. 15 Nov 1871, 22y
Costelo, Patrick, b. 7 Jan 1865, 60y
Costelo, P. J., b. 10 May 1873, 59y
Coster, Geo. Thadeus, b. 10 Sep 1861, 27d, Colored
Coster, John Henry, b. 1 Mar 1865, 15y
Coster, Julian, b. 4 Apr 1856, 8y
Costidan, male, b. 28 May 1851, 1d
Costidine, Daniel, b. 11 Sep 1851, 40y
Costigan, twins, William & John, born & d. 17 Oct 1804, b. 18 Oct 1804, twin sons of Michael & Mary
Costigan, John, see Costigan, twins
Costigan, Mary, b. 2 Apr 1852, 65y
Costigan, William, see Costigan, twins
Costigan, William F., b. 8 Aug 1853, 3y
Costigent, Sylvester, b. 30 Dec 1862, 30y
Coterelle, Mary, d. 2 May 1795, b. 3 May 1795, c. 28y, native of Plaikance, St. Domingo
Cotrell, child, b. 31 Oct 1825, unknown sickness, child of James
Cotter, child, b. 19 Aug 1827, age unknown, unknown sickness, child of Richard
Cotter, female, b. 15 Jun 1829, age unknown, unknown sickness, dau of Richard
Cotter, female, b. 13 Jan 1840, 1d, dau of Mr. Cotter
Cotter, Mrs., b. 28 Jul 1865, 65y
Cotter, Honora, b. 15 Jul 1865, 30y
Cotter, James, b. 2 Jan 1863, 40y
Cotter, James Henry, b. 10 Jul 1859, 6m
Cotter, John Thos., b. 28 Jul 1856, 2w
Cotter, Mary, b. 5 Jun 1855, 42y
Cotter, Nicholas, b. 29 Jul 1858, 12m
Cotter, Nicholas, b. 3 Apr 1861, 72y
Cotter, Richard, b. 17 Mar 1863, 50y
Cotter, Richard, b. 28 Jan 1864, 60y
Cotter, William, d. 30 May 1796, b. 31 May 1796, 29y, native of Russia
Cotterell, male, b. 29 Nov 1823, 3m, son of Mr. Cotterell, buried in a lot
Cotton/Colton, Mary, b. 6/8 Nov 1841, 30y, consumption
Cottrell, child, b. 6 Oct 1832, c. 2m, summer complaint, child of Mrs. Cottrell
Cottrell, James, b. 7 Sep 1832, c. 40y, cholera
Cottrell, Mary Ann, b. 12 Jan 1831, c. 15y, scarlet fever
Cottringer, Bridget, b. 6 Aug 1851
Cottringer, Elizabeth, b. 3 Aug 1858
Coubron, John, d. & b. 16 Oct 1797, 4y3m, son of William & Catharine Hertzhog

Couchlin, Francis, b. 13/15 Feb 1842, 24y, consumption, Colored?
Coughfield, Hugh, b. 11 Mar 1832, c. 60y, unknown sickness
Coughlan, Ann, b. 29 Sep 1850, 46y
Coughlan, Ann, b. 20 Feb 1859, 42y
Coughlan, Mary, b. 6 Mar 1868, 50y
Coughlin, child, b. 3 Sep 1827, c. 3y, bowel complaint, child of Thomas
Coughlin, Bridget, b. 21 Jun 1861, 70y
Coulahan, Daniel, b. 21 Apr 1859, 35y
Coulahan, Ed, b. 27 Mar 1867, 2y
Coulahan, Malachi, b. 23 Nov 1864, 70y
Coulahan, Mary Ann, b. 28 Nov 1866, 9y
Coulahan, Thomas, b. 23 Apr 1862, 3m
Coulan, Chas. Thos., b. 20 Dec 1861, 13m
Coulbert, Catharine, b. 26 May 1865, 6y
Coulson, Mrs. Ann M., b. 4 Jun 1858, 60y
Coulson, Thomas, b. 16 Jun 1855, 2m
Coulter, female, b. 20 Sep 1835, 1y, inflamation of the head, dau of Mrs. Coulter
Coulter, female, b. 18 Oct 1838, 2y, dau of Aleander/Alexander
Coulter, James, b. 16 Mar 1840, 28y, consumption
Councelman, William, b. 26 Feb 1852, 2m
Council, Joel F., b. 28 May 1862, 6y
Councilman, Chas., b. 30 Jan 1851, 3m
Councilman, Joseph M., b. 26 Jun 1856, 7m
Counel, Rosanna, d. & b. 16 Jan 1809, c. 56y, wife of Bartholomew
Count, Stephen Julian, b. 30 Oct 1825, c. 72y, old age, native of Granada & a planter of St. Domingo
Cour, Joli, d. 11 Jan 1812, b. 12 Jan 1812, dropsy
Couran, child, b. 12 Nov 1866, stillborn, child of Mr. Couran
Courrege, Jaque, d. 1 Oct 1818, b. 2 Oct 1818, 70y, native of France
Coursault, ---, b. 5 Oct 1819, 7y, to be buried 6 October 1819 (sic)
Coursey, Esther R. D., b. 3 Apr 1860, 3½y
Courtault, Louis Edward, d. 23 Aug 1814, b. 24 Aug 1814, 35y, in Baltimore
Courtlan, Joseph C., b. 5 May 1857, 2½y
Courtney, child, b. 24 Apr 1827, c. 2y, a kind of consumption, child of Patrick
Courtney, child, b. 13 May 1858, 8m, child of Stephen
Courtney, male, b. 11 Jan 1840, 6m, catarrh fever, son of James
Courtney, George, b. 21 Apr 1858, 3y
Courtney, James, b. 4 Jun 1837, 17y, drowned
Courtney, James, b. 3 May 1870, 69y
Courtney, Jno. T., b. 31 Aug 1872, 28y
Courtney, John, b. 29 Jun 1863, 21m
Courtney, Mary, b. 18 Jul 1825, c. 30y, died of childbirth
Courtney, Revd. Patrick, b. 6 Mar 1863, 75y, Priest
Courtney, Robert, b. 5 Oct 1857, 5y1m
Courtney, Susan, b. 25 Sep 1867, 47y
Courtney, Victor F., b. 18 Jan 1872, 1m
Cousins, Ellen, b. 11 Mar 1858, 14m
Cousins, Hannah, b. 1 Jul 1866, 62y
Cousins, Joseph, b. 8 Feb 1867, 11m
Cousins, Polly, b. 25 May 1859, 12m
Cousins, Stephen, b. 11 Aug 1863, 36y
Cowan, Frances, b. 19 Jan 1863, 2y
Cowan, John, b. 14 Nov 1867, 34y
Cowen, Catharine, d. 22 Oct 1794, b. 23 Oct 1794, 45y, wife of John, buried in St. Peter's Church Yard
Cox, child, b. 14 Jun 1863, stillborn, child of Michael

Cox, James, b. 18 Jul 1859, 39y
Cox, Jane, d. 4 Feb 1806, b. 5 Feb 1806, c. 33y, died in child bed, wife of Peter
Cox, Margaret, b. 15 Feb 1828, c. 45y, consumption
Cox, Mary, b. 29 Jul 1828, country, c. 2y, fever
Coyle, child, b. 13 Jul 1823, c. 9m, unknown sickness, child of Edward
Coyle, child, b. 16 Oct 1825, c. 6m, summer complaint, child of Charles
Coyle, female, b. 24 Jan 1835, 5d, infantile unknown, dau of John
Coyle, female, b. 30 Mar 1839, 3y, brain fever, dau of Charles
Coyle, female, b. 18 May 1855, 18m, dau of Mr. Coyle
Coyle, Mrs., b. 5 Mar 1828, age unknown, unknown sickness
Coyle, Catharine, b. 25 Sep 1857, 40y
Coyle, Mrs. Catherine, b. 2 Jun 1840, 60y
Coyle, Charles, b. 9 May 1853, 58y
Coyle, Edward, b. 24 Aug 1820, 15m, bowel complaint
Coyle, Edward, b. 6 Dec 1834, c. 65y, influenza
Coyle, Eleanor, b. 11 Jun 1840, 18y
Coyle, Ellen, b. 22 Mar 1848, 63y
Coyle, Hugh, b. 16 Oct 1836, 35y, killed by acident
Coyle, Hugh I., b. 20 Mar 1867, 22y
Coyle, James, b. 8 Nov 1852, 4y
Coyle, Jno. F., b. 30 Jun 1874, 2y
Coyle, John, b. 26 Jul 1823, 33y, died of excesses
Coyle, John, b. 2 Oct 1839, 35y, bilious fever
Coyle, John, b. 10 May 1856, 37y
Coyle, Lawrence, b. 24 Oct 1822, 66y, bilious fever
Coyle, Mary, b. 11 Dec 1825, c. 40y, unknown sickness
Coyle, Mary, d. 5 Sep 1832, c. 28y, cholera
Coyle, Peter, b. 9 Oct 1843, 64y
Coyle, Peter, b. 6 Mar 1865, 28y
Coyle, Susannah, b. 20 Jul 1825, 1y, dau of Edward & Mary
Coyle, Thomas, b. 27/29 Jul 1841, c. 30y
Coyle, Thomas, b. 30 Mar 1848, 45y
Coyle, William, d. 16 Oct 1819, b. 17 Oct 1819, 15y, the flux
Coyne, Agness, b. 22 Jun 1864, 8y
Coyne, Catherine, b. 15 Sep 1824, 4½y, unknown sickness
Coyne, Clara, b. 3 Aug 1868, 18y
Coyne, Mary C., b. 20 Sep 1866, 35y
Coyne, Thomas, b. 17 Jan 1837, c. 28y, consumption
Coynes, female/Mrs., b. 4 Jul 1864, 3d
Crabbs, Frederick, b. 23 Apr 1867, 3y
Craddock, child, b. 31 Jul 1823, 2½y, bowel complaint, child of Molicky
Cradock, child, b. 9 May 1824, died soon after birth, child of Molicho
Cradock, Molicko, b. 19 Jan 1825, c. 40y, drowned by accident
Cragen, child, b. 7 Dec 1836, stillborn, child of John
Crager, female, b. 22 Nov 1836, dau of Francis
Craghan, male, b. 8 Jul 1855, 5 minutes, son of Thomas
Crahell, Ann, d. 5 Sep 1793, b. 6 Sep 1793, 18m, dau of William & Susanna, buried in St. Peter's Church Yard
Craig, Anna, b. 16 Aug 1855, 2½y
Craig, John, b. 25 Aug 1850, 24y
Craigan, James, b. 29 Aug 1821, 1y, fits
Crain, Ann, b. 3 Jul 1851, 24y
Crally, Mary, b. 17 Nov 1856, 50y
Cramlish, Thomas, b. 16 Jul 1857, 63y
Cranales, male/child, b. 11 Feb 1836, 3y
Crane, Mrs., b. 16 Sep 1832, c. 38y, bilious

Crane, James M., b. 3 Aug 1867, 10m
Crane, John, b. 22 Jul 1856, 1w
Crane, John, b. 13 Oct 1856, 75y
Crane, Patrick, b. 18 Nov 1871, 1 hour
Craney, John, b. 9 Apr 1838, 13y, contusion
Craney, Mary Jane, b. 6 Dec 1863, 26y
Crangle, child, b. 8 Sep 1831, died soon after birth, child of John
Crangle, Isabella, b. 31 Jul 1843, 12m
Crangle, John, b. 16 Dec 1862, 65y
Crangle, William, b. 3 Sep 1849, 3y
Crawford, child, b. 21 Dec 1826, died soon after birth, child of Jacob
Crawford, child, b. 16 Aug 1831, stillborn, child of Jacob
Crawford, Augustus, b. 18 Jun 1844, 25y
Crawford, George, b. 26 Sep 1827, c. 50y, Colored man
Crawford, Lewis Tupper, d. 28 Jun 1830, c. 1y, unknown sickness
Crawford, Mary, b. 26 Jan 1853, 95y, Colored
Crawford, Mary, b. 17 Aug 1872, stillborn
Crawford, Rachel, b. 17 Feb 1872, 45y
Crawford, Susan/Mrs., b. 17/19 Apr 1836, 26y, consumption
Craycraft, Sarah, b. 5 Feb 1832, c. 60y, consumption
Craycroft, Mrs. C., b. 9 Sep 1844, 60y
Creagh, John, d. & b. 27 Aug 1800, c. 30y, native of Ireland
Creagh, Capt. John, b. 26 Aug 1850, 73y
Creagh, Mary, d. 9 Aug 1798, b. 10 Aug 1798, c. 2m, dau of John & Mary
Creagh, Teresa, b. 28 Sep 1840, 54y, disease of the bowels
Creamer, Catherine, b. 12 Mar 1839, 2y, scarlet fever
Creamer, Edmund R., b. 19 Jan 1874, 4m
Creamer, Ellen, b. 9 June 1867, 7m
Creamer, H., b. 8 Nov 1871, infant
Crean, Catharine, b. 23 Aug 1855, 28y
Crean, Edward, b. 18 Feb 1859, 97y
Creaze, Mary Henrietta, d. 12 Feb 1794, b. 13 Feb 1794, 23y, wife of Ambrose Joseph Stephen
 Mary de Penfentenio Chevelier de Cheffontaines, lieutenant of the navy of his most
 Christian majesty, buried in St. Peter's Church Yard
Creegan, John, b. 10 Apr 1859, 7m
Creek, Joseph, d. 20 Oct 1806, b. 21 Oct 1806, advanced age, consumption
Creeney, Thos. S., b. 7 Mar 1865, 73y
Creighton, Mrs./Miss, b. 22/21 Feb 1836, 50/45y, died of a fall
Cremer, Margaret F., d. & b. 18 Sep 1819, 21m, summer complaint
Cremer, Robert, d. 22 Jul 1796, b. 23 Jul 1796, 1y12d, son of Edward & Mary
Cremin, Henrietta, b. 20 Nov 1827, 24y, consumption
Cremmins, Mr., b. 4 Nov 1858, 50y
Crew, Jane, b. 26 Jun 1836, 12y, suddenly
Crew, Mary Ann, b. 23 Jul 1850, 3m
Crey, female, b. 26 Nov 1842, 18m, dau of Henry
Crey, Frederick, b. 8 Mar 1854, 77y
Crey, Frederick, b. 6 Apr 1855, 21y
Crey, Henry, b. 20 Feb 1853, 37y
Crey, Margaret, b. 22 Oct 1859, 80y
Crey, Mary Regis, b. 26 Apr 1849, 2y
Crighina, Celestine, b. 4 May 1868, 8y
Crighton, Charles Wm., b. 4 Mar 1861, 4m
Crigon, Hugh, b. 28 Jun 1822, c. 5y, bowel complaint, son of James
Cripps, Joseph, b. 18 Aug 1870, 16m
Cripps, Mary, b. 9 Nov 1864, 38y
Crips, Mary, b. 14 Aug 1865, 22m

Critcher, Samuel, b. 31 Mar 1823, c. 32y, consequence of fall from a horse
Critchet, James, b. 23 Jun 1829, c. 10m, unknown sickness
Crocher, Mary Ellen, b. 30 Mar 1860, 7m
Crocht, Euphemia, b. 30 Jul 1860, 8m
Crock, child, b. 14 Apr 1836, 6y, child of Jannet
Crocken, James J., b. 15 Dec 1873, 20y
Crocken, Theodore, b. 11 May 1868, 4y
Crocken, Theodore, b. 15 Mar 1873, 15m
Crockett, Margaret, b. 2 Feb 1872, 5y
Croften, Unity, d. 17 Aug 1814, b. 18 Aug 1814, 23y, pleurisy
Crofts, Christopher, b. 9 Mar 1823, c. 22y, consumption
Crogan, child, b. 24 Jan 1857, stillborn, child of Thomas
Crogan, Catharine A., b. 2 Feb 1864, 3y
Crogget, Louis, d. 25 Aug 1814, b. 26 Aug 1814, 22y
Croghan, Catharine, b. 27 Jul 1863, 2w
Croghan, William Henry, b. 1 Apr 1861, 2y
Croker, Edward, b. 17 Apr 1866, 60y
Crolley, H. P., b. 4 Jan 1871, 63y
Crolly, Helen, d. 4 Oct 1796, b. 5 Oct 1796, c. 50y, buried in St. Peter's Church Yard
Cromey, Mary Jane, b. 16 Jul 1830, c. 1y, unknown sickness, dau of John
Cromwell, ---, b. 21 Feb 1873
Cromwell, Elizabeth, b. 24 Jul 1870, 2 hours
Cromwell, Joseph, b. 23 Jan 1859, 80y, Colored
Cromwell, Mary, d. 30 Oct 1802, b. 31 Oct 1802, 1w, dau of Saul, free Negro, & Rachel, free Mulatto
Cromwell, William H., b. 17 Jul 1860, 10m
Cronan, Daniel, b. 24 May 1856, 8y
Cronan, Mary, b. 5 Oct 1863, 33y
Croney, Hannah, b. 4 Aug 1857, 11m
Cronin, Edmund, b. 21 Jul 1860, 15m
Cronin, Mary, b. 28 Dec 1850, 70y
Cronin, Philip, b. 2 Aug 1869, 33y
Cronnelly, Michael, b. 28 Nov 1855, 10m
Cronnolly, Mary, b. 14 Dec 1861, 5y
Cronnolly, Michael, b. 10 Jul 1856, 33y
Crook, male, b. 8 Jul 1837, 9m, dentition, son of Joseph
Crook, Andrew D., b. 10 Jan 1864, 2½y
Crook, Anna M., b. 9 Dec 1865, 1d
Crook, Edmund, b. 30 Jun 1861, 23y
Crook, George A., b. 9 Aug 1866, 8m
Crook, Henry, b. 10 Apr 1867, 4y
Crook, James, b. 4 Jun 1844, 10y
Crook, James, b. 5 Apr 1868, 9m
Crook, John W., b. 11 Mar 1871, 14m
Crook, Mary C., b. 10 Aug 1868, 4m
Crook, Walter, b. 2 Jun 1844, 4y
Crook, Wm., b. 27 Jun 1866, 6d
Crooks, Joseph, b. 30 Jan 1843, 4 hours
Crosby, Ann E., b. 4 Dec 1852, 45y
Crosby, William Myers, b. 19 Jul 1828, c. 30y, consumption
Crosmore, Ann, d. 10 Aug 1818, b. 11 Aug 1818, 2y6m
Cross, child, b. 28 Sep 1832, c. 9m, unknown sickness, child of George
Cross, Edward, b. 25 Aug 1854, 13m
Cross, Ellen, d. & b. 17 Aug 1813, 4m
Cross, Joseph A., b. 26 Jan 1871, 24y
Cross, Mary, b. 23 Sep 1832, c. 40y, cholera

Crossland, Mary, b. 23 Aug 1854, 8d
Crosson, Mary, b. 9 Dec 1830, c. 54y, unknown sickness
Crotty, child, b. 11 Jul 1828, 4m, summer complaint, child of John
Crotty, Patrick, b. 24 Jul 1829
Crouch, John W., b. 22 Sep 1855, 4m
Crough, Mrs. Dennis, b. 29 Nov 1852, 45y
Crough, Dennis, b. 16 Nov 1864, 70y
Crough, Hugh, b. 30 May 1851, 11y
Crough, James A., b. 15 Mar 1850, 22y
Croughan, Martin, b. 10 Jul 1856, 50y
Crouse, child, b. 15 Aug 1823, c. 1y, dropsy in the head, child of John
Crouse, Malachi, b. 6 Aug 1863, 37y
Crout/Grout, Emma E., b. 13 Sep 1868, 9m
Croutsch/Crowghtsh, Elizabeth/Eliza, b. 11 Feb 1838, 45y
Crow, child, b. 2 Aug 1832, 9m, brain fever, child of Dennis
Crow, Ann, b. 9 Oct 1866, 35y
Crow, James, b. 23 Jul 1826, 6m, cholera infantum
Crow, John, b. 10 Jul 1872, 90y
Crow, Mary, b. 2 Nov 1871, 70y
Crowe, John Charles, b. 14 Feb 1857, 2½y
Crowe, Margaret, b. 1 Feb 1864, 34y
Crowe, Mary, b. 10 Dec 1863, 25y
Crowe, Michael/female, b. 8 Jan 1865, stillborn
Crowe, Michael, b. 4 Feb 1865, 42y
Crowghtsh, Elizabeth/Eliza, see Croutsch/Crowghtsh, Elizabeth/Eliza
Crowley, Catharine, b. 5 Apr 1860, 70y
Crowley, Jas., b. 2 Apr 1848, 40y
Crowley, P., b. 7 Aug 1862, 35y, 14th U.S. Infantry
Crowly, Mr., b. 10 Apr 1844
Crown, Mrs. Pricilla, b. 30 Nov 1874, 86y
Crumlish, Ellen, b. 4 Nov 1857, 6y
Crumlish, Ellen, b. 12 Mar 1862, 71y
Crumlish, Fanny, b. 13 Dec 1862, 32y
Crumlish, John, b. 16 Oct 1857, 4y
Crumlish, Martha, b. 29 Sep 1867, 33y
Crummer, Ann, d. 29 Dec 1817, b. 30 Dec 1817, 20y, consumption, settled with McDonald up to date
Crummer, Nathaniel, d. 18 Apr 1812, b. 19 Apr 1812, consumption, native of Ireland, lately arrived in the U.S.
Crump, female, b. 18 Jul 1836, 4y, dau of Mr. Crump
Crumwell, Mary D. J., b. 18 May 1852, 12y
Crutil, Mrs., b. 7 Mar 1855, 50y
Crynight, Mary, b. 15 Jan 1866, 23y
Cuddy, Catharine, b. 10 Jul 1865, 38y
Cuddy, Rev. Mr. Michael, d. & b. 5 Oct 1804, 29y, bilious fever, native of Ireland, buried near the front door of St. Patrick's Church in Fells Point, priest & vicar of said church
Cuggy, Stephen, b. 2 May 1860, 45y
Cujas, John Francis, b. 13 Dec 1793, 40y, son of Leonard, Diocese of Limoges, & Marianne Bonnet, buried in St. Peter's Church Yard
Culbert, William, b. 18 Jun 1853, 2y, Colored
Cull, Bridget, b. 3 Dec 1860, 10m
Cull, Hannah, b. 18 Dec 1858, 20y
Cull, Timothy, b. 22 May 1857, 5 minutes
Cullan, James, b. 29 Nov 1874, 30y
Cullan, Laurence, b. 23 Aug 1852, 2y
Cullan, Mary Ann, b. 17 Aug 1862, 2y

Cullen, child, b. 20 Jan 1854, stillborn, child of Pat.
Cullen, Catherine/male, b. 11 Aug 1840, 9m, decline, dau/male of Mrs. Catherine Cullen?
Cullen, James, b. 6 May 1853, 6m
Cullen, James, b. 31 Mar 1859, 39y
Cullen, James, b. 10 Jun 1860, 7m
Cullen, James, b. 9 Aug 1862, 4y
Cullen, John, b. 21 Aug 1853, 2y
Cullen, Mary Ellen, b. 18 Aug 1852, 2y
Cullen, Michael, b. 20 Dec 1839, 30y, heart disease
Cullen, Michael, b. 19 Oct 1857, 5m
Cullen, Patrick, b. 11 Aug 1863, 28y
Cullen, Patrick, b. 11 May 1870, 26y
Cullen, Susan, b. 4 Aug 1866, 8m
Cullidon, John, d. 19 Aug 1797, b. 20 Aug 1797, 10m5d, son of George & Mary
Cullin, Catharine, b. 29 Jun 1861, 6m
Cullin, Frank, b. 19 Jun 1873, 23y
Culloden, ---, d. 8 Jan 1815, b. 9 Jan 1815, c. 50y, lingering illness, native of Ireland
Cullodin, George, b. 8 Jan 1796, c. 4m, son of George & Mary, buried in St. Peter's Church Yard
Cullon, Margaret, d. 21 Apr 1816, b. 22 Apr 1816, 10m, Colored
Culls, Patrick, see Michl., Patrick Culls
Cummerferd, Helen, b. 23 Sep 1829, 27y, bilious fever
Cummings, Alexander, b. 16 Aug 1857, 36y
Cummings, Ann, b. 10 Sep 1850, 50y
Cummings, Bradley, b. 26 Mar 1854, 2y
Cummings, Jno. W., b. 17 Jun 1873
Cummings, John, b. 10 Aug 1850, 60y
Cummings, John, b. 11 Aug 1863, 24y
Cummings, Mary, b. 7 May 1864, 54y
Cummings, Rose Ann, b. 25 Oct 1857, 4 hours
Cummings, William, b. 4 Nov 1859, 25y
Cummins, Mr., b. 15 Jan 1854, 30y
Cummins, Mrs., b. 23 May 1827, c. 55y, unknown sickness
Cummins, Michael, b. 19 Aug 1850, 19y
Cummins, Wm. John, b. 20 Aug 1856, 5y
Cummiskey, Eugene, b. 7 Nov 1870, 47y
Cummiskey, John, b. 5 May 1860, 56y
Cummiskey, William, b. 1 Sep 1853, 2½y
Cummisky, M. H., b. 2 Mar 1871, 1 hour
Cunningham, child, b. 14 Jul 1826, c. 2y, unknown sickness, child of Edward
Cunningham, child, b. 2 Feb 1829, 1y, child of Stephen
Cunningham, child, b. 2 Sep 1832, 3y, cholera, child of John
Cunningham, child, b. 10 Sep 1832, c. 5y, cholera
Cunningham, child, b. 16/17 Aug 1836, c. 14m, bowel complaint, child of Mr. Cunningham
Cunningham, male, b. 6 Feb 1840, 3y, measles, son of John
Cunningham, male, b. 12 Sep 1864, 2y
Cunningham, Mrs., b. 11 Jun 1845, 100y
Cunningham, Ann, b. 8 Apr 1865, 35y
Cunningham, Ann, b. 11 Jan 1873, 3y
Cunningham, Arthur, b. 28 Jun 1821, 45y, bilious fever
Cunningham, Arthur, b. 9 Oct 1840, 7y, bilious fever
Cunningham, Bridget, b. 23 Apr 1867, 17y
Cunningham, Catharine, b. 11 Apr 1859, 45y
Cunningham, Daniel, b. 31 Aug 1860, 3y
Cunningham, Edward, b. 29 Jan 1858, 66y
Cunningham, Eleanor (Eleanora), d. 27 Oct 1814, b. 28 Oct 1814, c. 70y, consumption
Cunningham, Eliza, d. 22 Jul 1805, b. 23 Jul 1805, 16m, dau of Martin & Bridget

Cunningham, Ellen, b. 26 Nov 1842, 20y
Cunningham, Hannah, b. 18 Mar 1856
Cunningham, Hugh, b. 10 Sep 1853, 50y
Cunningham, James, b. 14 Sep 1834, 30y, consumption
Cunningham, James, b. 21 Sep 1857, 41y
Cunningham, James, b. 31 Mar 1860, 43y
Cunningham, Jas., b. 21 Mar 1850, 56y
Cunningham, John, b. 9 Apr 1842, 1w/m, unknown sickness
Cunningham, John, b. 24 Jul 1858, 18m
Cunningham, John, b. 22 Aug 1858, 12m
Cunningham, John, b. 19 Apr 1859
Cunningham, John N., b. 18 Jun 1857, 50y
Cunningham, Joseph Thomas, b. 18 Jul 1828, c. 5y, drowned, son of Stephen
Cunningham, Laurence, b. 27 Nov 1848, 40y
Cunningham, Margaret, d. 21 Oct 1794, b. 22 Oct 1794, 35y, wife of John of Baltimore, in St. Peter's Church Yard
Cunningham, Mary, b. 19 Apr 1840, 70y, dropsy on the chest
Cunningham, Mary, b. 7 Feb 1852, 44y
Cunningham, Mrs. Mary, b. 4 Feb 1862, 87y
Cunningham, Mary, b. 10 May 1862, 75y
Cunningham, Mary, b. 4 Jun 1868, 28y
Cunningham, Matthew, d. 27 Apr 1810, b. 28 Apr 1810, 45y, fall from his window
Cunningham, Patrick, b. 7 May 1819, b. 8 May 1819, 74y, died by breaking a blood vessel
Cunningham, Sarah, b. 3 Apr 1844, 11m
Cunningham, Stephen, b. 23 Sep 1854, 80y
Cunningham, Susannah, b. 9 Apr 1836, 41y, cholera morbus
Cunningham, Thomas, b. 9 Jul 1865, 3m
Cuphold, Mary, b. 14 Oct 1829, 5y, bilious fever
Curan, Jeremiah, b. 17 Aug 1868, 3w
Curan, Mary, d. 5 Oct 1799, b. 6 Oct 1799, c. 21y, native of Ireland
Curby, William, b. 17 Jul 1864, 14y
Curdy, John, b. 15 Sep 1866, 18y
Curley, child, b. 18 Jul 1826, age unknown, unknown sickness, child of John
Curley, child, b. 15 Feb 1828, age unknown, unknown sickness, child of John
Curley, child, b. 16 Jan 1832, c. above 1y, unknown sickness, child of Mr. Curley
Curley, child, b. 27 Jul 1863, 4y, child of James
Curley, female, b. 7 Jun 1839, 2 hours, bowel complaint, dau of Henry
Curley, male, b. 24 Dec 1849, 8y, son of Owen
Curley, male, b. 23 Oct 1859, stillborn, son of Daniel
Curley, male, b. 17 May 1865, ½ hour, son of Bernard
Curley, Aloisius, b. 19 Feb 1857, 6m
Curley, Ann, b. 26 Jun 1868, 18m
Curley, Bernard, b. 18 Sep 1865, 11m
Curley, Catharine, b. 20 Aug 1863, 11d
Curley, Catherine, b. 26 Oct 1825, c. 68y, unknown sickness
Curley, Cecilia, b. 5 Jun 1853, 14m
Curley, Eugenia, b. 6 Jul 1854, 12m
Curley, Felix, b. 15 Nov 1861, 25y
Curley, James A., b. 11 Aug 1863, 5m
Curley, Jerome, b. 28 Jun 1859, 2y
Curley, John, b. 28 Aug 1859, 18m
Curley, Margaret A., b. 7 Sep 1845, 32y
Curley, Margaret A., b. 4 Jul 1856, 10m
Curley, Mary, b. 7 Oct 1851, 40y
Curley, Mary, b. 3 Jul 1859, 9y
Curley, Mary, b. 8 Jan 1868, 84y

Curley, Mary, b. 13 Mar 1871, 75y
Curley, Mary Ann, b. 5 Jul 1851, 3w
Curley, Mary Mgt., b. 12 Aug 1862, 13m
Curley, Mary P., b. 19 Feb 1869, 18m
Curley, Michael, b. 11 Aug 1865, 18m
Curley, Michael, b. 2 May 1870, 34y
Curley, Patrick, d. 16 Sep 1804, b. 17 Sep 1804, c. 60y, hus of Hannah
Curley, Philip Owen, b. 3 Oct 1851, 3m
Curley, Thomas, b. 2 Jun 1826, 5y
Curley, Thomas, b. 25 Aug 1868, 20m
Curley, Thomas, b. 20 Aug 1869, 22y
Curley, William, d. 24 Jun 1818, b. 25 Jun 1818, 65y
Curran, male, b. 16 Oct 1834, 1m, cholera infantum, son of Mr. Curran
Curran, Mr., b. 23 Sep 1822, c. 60y, died from a poke from a bull
Curran, Ann, d. 19 Jul 1811, b. 20 Jul 1811, c. 7m
Curran, Ann, b. 22 Jan 1864, 53y
Curran, Catharine, b. 1 Jun 1845, 27y
Curran, Eleanor, d. 26 Mar 1802, b. 27 Mar 1802, 1y11m6d, dau of Michael & Eleanor
Curran, Eleanor, d. 26 Mar 1802, b. 27 Mar 1802, c. 40y, wife of Michael
Curran, Eliza, b. 26 Aug 1838, 27y, consumption
Curran, Francis, b. 20 Feb 1854, 60y
Curran, Fred J. R., d. 27 Apr 1808, b. 28 Apr 1808, 6m, son of James & Mary
Curran, James, b. 7 Sep 1844, 30y
Curran, Jas., b. 9 Oct 1872, 4m
Curran, John, d. 14 Feb 1806, b. 15 Feb 1806, 5m, croup, son of Joseph & Mary Ann
Curran, John, b. 27 Apr 1844, 19m
Curran, Joseph, b. 17 Sep 1866, 12y
Curran, Martin, b. 7 Jan 1822, c. 50y, dropsy
Curran, Mary, b. 17 Aug 1858, 7y
Curran, Michael, b. 15 Feb 1837, 80y, decline
Curran, Michael, b. 1 Apr 1861, 48y
Curran, Michael, b. 6 Feb 1868, 1 hour
Curran, Michael, b. 28 Sep 1874, 79y
Curran, Nicholas, b. 17 Dec 1856, 56y
Curran, Sallie, b. 30 Jan 1861, 18m
Curran, Stephan, b. 29 Nov 1851, 42y
Curran, Susan, b. 15 Dec 1860, 55y
Curron, child, b. 18 Dec 1850, stillborn, child of Mr. Curron
Curry, Patrick, b. 14 Sep 1850, 28y
Curtain, male, b. 27 Oct 1840, 2y, son of Mr. Curtain
Curtain, Ann, b. 15 May 1855, 18m
Curtain, James, b. 8 Apr 1845, 35y
Curtain, James, b. 20 Jan 1853, 30y
Curtain, Rebecca, b. 25 Dec 1859, 41y
Curtain, Thomas, b. 16 Nov 1839, 72y
Curtis, Annie, b. 15 Aug 1872, 23y
Curtis, Charles A., b. 20 Dec 1863, 2m, Colored
Curtis, John, b. 1 Mar 1853, 10 minutes
Curtis, Mary, b. 20 Jan 1821, c. 50y, consumption
Curtis, Patrick, b. 25 Apr 1865, 18y
Curtis, William, d. 3 Sep 1798, b. 4 Sep 1798, c. 1w, son of William & Mary
Curtis, William, d. 10 Apr 1820, b. 11 Apr 1820, c. 52y, consumption
Curtz, James, b. 23 Mar 1858, 3w
Cusac, Thomas, b. 24 Feb 1856, 55y
Cusack, Catharine, b. 31 Dec 1867, 75y
Cusic, male, b. 8 Mar 1865, 5 minutes, son of Michael

Cusic, Francis, b. 25 Nov 1861, 35y
Cusic, Margaret Ann, b. 17 Jul 1855, 5w
Cusick, Ellen, b. 23 Nov 1853, 3y
Cusick, Francis, b. 14 Mar 1864, 15m
Cusick, John, d. 28 Jun 1800, b. 29 Jun 1800, 3d, son of John & Mary
Cusick, Luke, b. 27 Aug 1806, c. 30y, native of Ireland
Cusick, Margaret, b. 2 May 1862, 9m
Cusick, Mary Ellen, b. 29 Jun 1854, 6m
Cusick, Mary Ellen, b. 10 Jul 1860, 5m
Cusick, William, d. & b. 23 Oct 1799, 1y8m, son of John & Mary
Cusker, Catharine, b. 3 Sep 1849, 65y
Custis, James, b. 10 Feb 1872, 14m
Cutler, George, b. 27 May 1840, 73y
Cutter, Mary, b. 28 Apr 1829, c. 65y, suddenly
Cyprian, Brother, b. 12 Aug 1862, 21y

D----, Mary Ann, d. 16 Apr 1814, b. 17 Apr 1814, 30y, consumption
DaCosta, Bento, d. 21 Oct 1793, b. 22 Oct 1793, 65y, buried in St. Peter's Church Yard, native of
 Portugal, captain of St. George of Orto
Dacy, Eliza, b. 13 Sep 1828, 37y, died in childbirth
Dade/Dollo, Julien/Julia, b. 9/11 May 1837, 104y, old age
Dady, John, b. 27 July 1830, c. 45y, unknown sickness
Daffin, Mary Ann, d. 25 Aug 1813, b. 26 Aug 1813, consumption
Dahill, John, b. 5 Oct 1854, 2 minutes
Daigen, John, b. 12 Jun 1857, 4m
Daiger, male, b. 31 Dec 1852, 5m, son of Francis
Daiger, Chas. E., b. 6 Dec 1873, 4y
Daiger, Elizabeth, b. 3 Aug 1864, 61y
Daiger, Lemuel, b. 20 Jun 1860, 4y
Daiger, Louis H., b. 18 May 1872, 4w
Daiger, Mary G., b. 2 Mar 1871, 2y
Daiger, Mary Lizzie, b. 6 Mar 1874, 13y
Daiger, William H., b. 9 Jul 1860, 4w
Daignon, Jerome, b. 26 Sep 1851, 14y
Dailey, Eugene, b. 18 Sep 1867, 8m
Daily, F. E., b. 26 Oct 1873, 11m
Daily, Thomas S., b. 7 May 1863, 4y
Daily, William, b. 5 Jan 1863, 70y
Daingerfield, Rozier, b. 22 Mar 1859, 45y
Dairing, male, b. 2 Jul 1839, 9m, son of John
Dairing, Sarah Jane, b. 25 Feb 1843, 12y, Colored
Daise, male, see Doize/Daise, male
Daisy, Catharine, b. 17 Aug 1859, 13m
Daisy, Dennis, b. 28 Oct 1856, 70y
Daisy, Ellen, b. 1 Jul 1848, 30y
Daisy, Joanna, b. 1 May 1855, 57y
Daisy, Mary, b. 22 Jun 1872, 22y
Daix, Jane, b. 8 Jun 1847, 27½y
Daize, Charles, b. 8 Jun 1812, murdered, native of St. Domingo, son of Claude Rene & Madame
 Henrietta Muguet, his wife of 40 years
Daize, Gabriel, b. 30 Jul 1849, 11y
Daize, Henry, b. 4 Apr 1855, 45y
Dale, Mr., b. 12 Aug 1821, c. 80y, dysentery & old age
Dale, Mrs., b. 21 Apr 1840, 45y, consumption
Daley, child, b. 19 Feb 1869, 3 hours, child of John
Daley, female/child, b. 31 Aug/1 Sep 1836, 6y, burned, dau/child of John
Daley, female, b. 22 Mar 1841, 9m, water on the brain, dau of Peter
Daley, female, b. 9 Aug 1860, 30 minutes, dau of Honora
Daley, male, b. 8 Jan 1837, 5y, son of John
Daley, Mrs., d. 14 Aug 1819, b. 15 Aug 1819, 40y, bilious
Daley, Mrs., b. 11 Jul 1865
Daley, Arthur, b. 26 Nov 1822, c. 50y, consumption, native of the county Monaghan
Daley, Augustine, b. 19 Jan 1863, 12y
Daley, Bernard, b. 8 Mar 1873, 2y
Daley, Catherine, b. 15 Aug 1823, c. 4y, unknown sickness, dau of John
Daley, Catherine, b. 30 Aug 1834, c. 28y, decline
Daley, Catherine, b. 22 Apr 1867, 45y
Daley, Daniel, b. 9 Jun 1855, 85y
Daley, Enos, b. 24 Sep 1818, c. 60y, native of Ireland
Daley, Francis, b. 14 Dec 1865, 39y
Daley, George, b. 13 Feb 1862, 2y
Daley, Hugh, b. 23 Apr 1839, 27y, consumption

Daley, Hugh, b. 7 Apr 1849, 70y
Daley, James, b. 1 Sep 1845, 50y
Daley, James, b. 20 Oct 1846, 14y
Daley, James, b. 2 Feb 1857, 2½y
Daley, James, b. 2 Nov 1871, 6m
Daley, Jno. W., see Daley, Kate/Jno. W
Daley, John, b. 30 Jan/4 Feb 1839, 40y, consumption
Daley, John, b. 30 Dec 1850, 35y
Daley, John, b. 5 Sep 1851, 2y
Daley, John, b. 2 Sep 1852, 50y
Daley, John, b. 28 Nov 1855, 77y
Daley, John, b. 12 Nov 1858, 70y
Daley, Julia, b. 6 Sep 1839, 46y
Daley, Kate/Jno. W., b. 30 Oct 1863, 9m (sic)
Daley, Margaret, b. 30 Sep 1846, 11y
Daley, Margaret, b. 8 Sep 1856, 27y
Daley, Margaret, b. 7 Aug 1864, 24y
Daley, Mark, b. 11 Apr 1866, 4d
Daley, Mary, b. 9 Dec 1853, 6 hours
Daley, Mrs. Mary, b. 1 Apr 1858, 72y
Daley, Mary, b. 18 Jul 1859, 26y
Daley, Patrick, b. 13 Jun 1862, 8d
Daley, Patrick H., b. 11 May 1871, 4y
Daley, Peter, d. 9 Sep 1806, b. 10 Sep 1806, 48y, jaundice, native of Ireland
Daley, Peter, b. 30 Jun 1845, 35y
Daley, Saml. P. D., b. 13 Jan 1869, 2y
Daley, Thomas, b. 21 Sep 1823, c. 32y, suddenly
Daley, Thomas M., b. 15 Dec 1831, c. 1y, unknown sickness
Daley, Thos. W., b. 18 Apr 1871, 6y
Dalignet, Ann Mary, d. 28 Nov 1796, b. 29 Nov 1796, 1y, dau of John Baptist & Elizabeth
Daliguet, Anne Louisa, d. 13 Mar 1800, b. 14 Mar 1800, c. 2m, dau of Mrs. Daliguet
Dall, Susan, b. 30 Nov 1849, 78y
Dallam, Barbara, b. 8 May 1856, 40y
Dallum, Mrs. Cecelia, b. 19 Feb 1865, 28y
Dalton, Catharine, b. 1 Oct 1861, 65y
Dalton, Edward, b. 4 Aug 1863, 36y
Dalton, Garret, b. 3 Apr 1859, 28y
Dalton, John, b. 11 Oct 1849, 40y
Dalton, Patrick, d. 27 Aug 1813, b. 28 Aug 1813, c. 30y, supposed to have been murdered, native of Ireland
Daly, ---, d. 25 Aug 1796, b. 26 Aug 1796, 100y, native of Ireland
Daly, Mrs., b. 14 Oct 1869, 40y
Daly, Ann, b. 15 Nov 1870, 69y
Daly, Bernard Jackson, b. 20 Jul 1863, 9m
Daly, Catharine, d. 27 Nov 1793, b. 29 Nov 1793, age --, buried in St. Peter's Church Yard
Daly, Catharine, d. 23 Mar 1805, b. 24 Mar 1805, c. 50y, wife of Timothy, native of Ireland
Daly, Cornelius, d. 12 Oct 1805, b. 13 Oct 1805, 9d, son of James & Mary
Daly, Eleanor, d. 2 Aug 1797, b. 3 Aug 1797, 8m8d, dau of Timothy & Catharine
Daly, James, d. & b. 27 Aug 1800, c. 25y, native of Ireland
Daly, John, d. 10 May 1810, b. 11 May 1810, killed by a falling rock
Daly, Mary, b. 10 Sep 1847, 35y
Daly, Mary, b. 30 Jan 1874, 41y
Daly, Michael, d. 17 Jun 1807, b. 18 Jun 1807, 5m, cholera, son of James & Mary
Daly, Patrick, d. 23 Jan 1797, b. 24 Jan 1797, 2m, son of Sybil
Daly, Sarah, d. 13 Jan 1805, b. 15 Jan 1805, c. 30y, wife of Peter
Daly, William, d. & b. 11 Jul 1797, c. 8m, son of James & Catharine

Daly, William, d. 26 Mar 1802, b. 27 Mar 1802, 7w2d, son of Daniel & Elizabeth
Daly, William, d. 31 Aug 1803, b. 1 Sep 1803, 9m, son of James & Catharine
Dameron, John, b. 19 Dec 1839, 28y
Damman, Ann M., b. 8 Jul 1868, 47y
Damman, John E., b. 27 Jun 1844, 2d
Damman, Mary, b. 26 Jul 1845, 8y
Damman, Mary, b. 12 Aug 1852, 5m
Damman, Mrs. Mary, b. 9 Oct 1866, 50y
Dammon, F. W., b. 8 Mar 1849, 5 hours
Dammon, Henry E., b. 5 Jun 1848, 5m
Damphouxe, Rev. Dr. Edwd., b. 7 Aug 1860, 78y, priest
Danan, Gustavus, b. 30 May 1855, 55y
Dandelet, Charles John, b. 26 Aug 1864, 15m
Dandy, Charles, b. 8 Apr 1825, 69y, free Colored man
Danicourt, Abel, born & d. 28 Jul 1804, b. 29 Jul 1804, son of James & Sarah
Danman, William, b. 25 Sep 1853, 4w
Dannenberg, Julia, d. 31 Jul 1796, b. 1 Aug 1796, 2y8d, natural dau of Fred Wm. & Catharine Frey
Danzall, James, b. 22 Oct 1825, c. 26y, fit
Darbut, Mollie, b. 27 Nov 1874, 4y
Daring, John, b. 31 Mar 1820, 3½y, lungs
Darke, male, b. 11 Mar 1839, 8y, son of Mr./Mrs. Darke, Colored?
Darkey, Ann, d. 4 Aug 1798, b. 5 Aug 1798, c. 35y, Indian
Darmody, Bridget, b. 28 Aug 1818, 2½y
Darnell, Aramintha, b. 25 Aug 1865, 55y
Darnell, Henry Bennet, d. 7 Sep 1793, b. 8 Sep 1793, died in Baltimore County, buried in St. Peter's Church Yard, Baltimore
Darnell, William, b. 23 Apr 1848, 50y, Colored
Da Rocha, Joze, d. 17 Apr 1803, b. 18 Apr 1803, c. 60y, died as result of a fall from the yacht Venus, native of Figuiera, sailor on board the Portuguese yacht Venus, Captain Mathias
Darragh, Ann, b. 25 Jan 1853, 80y
D'Aruin, Teresa, d. 8 Sep 1802, b. 9 Sep 1802, c. 17y, wife of Peter Daniel Decaindry
Dasey, William, b. 24 May 1860, 3m
Dashield, Francis, d. 24 Dec 1813, b. 25 Dec 1813, consumption, Colored
Dashield, Margaret, d. 16 Sep 1816, b. 17 Sep 1816, c. 60y, suddenly
Daton, child, b. 13 Jun 1825, stillborn, child of John
Daugherty, child, b. 19 Jul 1823, c. 3m, unknown sickness, child of Francis
Daugherty, child, b. 12 Mar 1831, c. 5m, unknown sickness, child of James
Daugherty, Andrew, b. 9 Nov 1850, 63y
Daugherty, Ann, b. 7 Nov 1870, 57y
Daugherty, Ellen, b. 25 Sep 1821, c. 50y, bilious attack, not free
Daugherty, James, b. 12 Nov 1847, 25y
Daugherty, James, b. 1 Apr 1866, 68y
Daugherty, Mary, b. 11 Sep 1839, 28y, consumption
Daugherty, Mrs. Mary, b. 8 Aug 1864, 68y
Dauson, Danl., b. 26 Sep 1872, 8y
Dauson, Joseph John, b. 9 Aug 1872, 5m
Dauxion, Gustavus Edward, d. & b. 13 May 1807, c. 12m, son of John James & Jane Sophia Vipart DeNeully
Davanne, Margaret Elizabeth, d. 16 Jul 1801, b. 17 Jul 1801, 2m, dau of John Lewis & Margaret Elizabeth
Davanne, Philip, d. 4 Aug 1796, b. 5 Aug 1796, 1y2w, son of John & Lucy
Davey, Ann, d. & b. 30 Sep 1800, 38y, wife of Captain Peter Davy
David, Hipolite Amand, d. 11 Nov 1799, b. 12 Nov 1799, son of ----
Davidge, John, b. 28 Feb 1855, 60y
Davidson, Elizabeth, d. 22 Nov 1802, b. 23 Nov 1802, wife of Dr. James, of Queen Anne's Co.

Davidson, Harriet A., b. 6 Feb 1865, 50y
Davie, Bernard, see Davy/Davie, Bernard
Davies, Catharine, d. 20 Oct 1794, b. 21 Oct 1794, age --, wife of Mathew, labourer, buried in St. Peter's Church Yard
Davies, Elizabeth, d. 9 Oct 1796, b. 10 Oct 1796, c. 7y, dau of Peter & Ann
Davies, Horatio, b. 11 Sep 1841, 28y, fever
Davies, Margaret, d. & b. 18 Sep 1787
Davies, Peter, d. 10 Oct 1796, b. 11 Oct 1796, c. 4y, son of Peter & Ann
Davies, Thomas, d. 30 Jul 1796, b. 31 Jul 1796, 9m, son of William & Mary
Davis, child, b. 6 Jul 1814, born today, child of Captain Davis
Davis, child, b. 10 Sep 1823, c. 4y, unknown sickness, child of Lawrence A. Davis
Davis, child, b. 6 Dec 1865, 10d, child of George A. Davis
Davis, male, b. 10 Jun 1839, 3y, son of Mary, Colored
Davis, male, b. 25 Nov 1840, 10m, son of Ann, Colored
Davis, male, b. 21/22 Dec 1840, 4y, suddenly, son of Mary, Colored
Davis, Mrs., b. 11 Apr 1874, 89y
Davis, Ann E., b. 14 Jun 1846, 1y, Colored
Davis, Ann Eliza, b. 28 Jun 1849, 50y, Colored
Davis, Annette, b. 1 May 1844, 30y, Colored
Davis, Catharine C., b. 17 Jul 1857, 2 hours
Davis, Daniel, b. 3 Jul 1872, 30y
Davis, Elizabeth, b. 20 Dec 1861, 23y
Davis, Ethelinda Ludwina, d. 25 Mar 1808, b. 26 Mar 1808, 2y, measles, dau of John & Mary Ann
Davis, Francis, b. 21 Apr 1871, 7m
Davis, Henrietta, b. 26 Apr 1858, 18y
Davis, Henry V., b. 16 Feb 1867, 3m
Davis, James O., b. 20 May 1845, 6w
Davis, John, b. 31 Oct 1838, 40y, affection of the stomach
Davis, John, b. 9 Jan 1848, 2 hours
Davis, John, b. 5 Aug 1856, 80y, Colored
Davis, John, b. 23 Mar 1862, 68y
Davis, John I., b. 25 Jul 1868, 6m
Davis, Joseph, b. 25 Jan 1854, 19d
Davis, Joseph F., b. 11 May 1859, 2 minutes
Davis, Julia, b. 13 Jul 1836, 6m
Davis, Lewis, b. 4 Jun 1858, 3 hours
Davis, Mary, b. 19 Jul 1866, 7d
Davis, Mary Ann, b. 23 Mar 1842, 9m, Colored
Davis, Mary Eliza, b. 30 Aug 1843, 15m, Colored
Davis, Mary Teresa, b. 13 Aug 1866, 15m
Davis, Michael, b. 6 Aug 1851, 26y
Davis, Richard, b. 11 Feb 1853, 45y, Colored
Davis, Thomas, b. 12 Jan 1856, 65y
Davis, Thomas, b. 26 Sep 1862, 40y
Davy/Davie, Bernard, b. 12 Aug 1838, 32y, unknown sickness
Davy, Mary, b. 12 Jul 1858, 44y
Dawbrat, John, b. 26 Feb 1868, 1d
Dawling, Nathaniel, b. 4 Dec 1859, 17y
Dawn, Johns, b. 4 Jan 1857, 30y
Dawney, Martha, b. 22 Dec 1856, 2m
Dawson, Bro., b. 28 Sep 1872, 5y
Dawson, Andrew, b. 31 Oct 1834, c. 40y, bilious fever
Dawson, Florence, b. 29 Aug 1849, 16m
Dawson, Hugh, b. 20 Mar 1868, 35y
Dawson, James, b. 9 Sep 1853, 50y, Colored
Dawson, Michael, b. 26 Dec 1861, 6m

Day, Amelia Ann, b. 31 Mar 1853, 8m, Colored
Day, George, d. 14 Mar 1818, b. 15 Mar 1818, consumption
Dayhard, Juliet, b. 2 Dec 1819, 1w
Dayley, Mrs., b. 29 Jul 1829, c. 50y, complications of diseases
Dayley, Andrew, b. 4 Jul 1829, age unknown, unknown sickness
Dayley, John, b. 21 Nov 1845, 4y
Deadon, Ann, d. 5 Oct 1801, b. 6 Oct 1801, c. 9m
Deady, Daniel, d. 1 Nov 1803, b. 2 Nov 1803, native of Ireland
Deady, Daniel, d. 25 Aug 1809, b. 26 Aug 1809, 22y
Deady, Eleanor, d. 30 Jan 1810, b. 31 Jan 1810, c. 80y, widow, born in Ireland
Deady, Elizabeth, b. 15 Jun 1854, 67y
Deady, Francis, d. & b. 11 Feb 1795, c. 3 ½y, son of Daniel & Winifred, buried in St. Peter's Church Yard
Deady, Margaret, b. 31 Aug 1825, 8m, whooping cough
Deady, Mary, d. 25 Mar 1814, b. 26 Mar 1814, c. 60y, consumption
Deagan, Patrick, d. 28 Feb 1808, b. 29 Feb 1808, c. 38y, native of Ireland
Deagle, Capt, d. 21 Aug 1812, b. 22 Aug 1812, lingering illness
Deagle, Charles, d. 22 Sep 1800, b. 23 Sep 1800, 14y, son of Capt. Simon & Elizabeth
Deagle, Elizabeth, b. 1 Nov 1845, 80y
Deagle, Hannah, d. 3 Dec 1797, b. 4 Dec 1797, 1m11d, dau of Simon & Elizabeth
Deagle, Margaret, d. 29 Jul 1796, b. 30 Jul 1796, 1y, dau of Simon & Elizabeth
Deagle, Matthew, d. 31 Jul 1797, b. 1 Aug 1797, age –
Deagle, Simon, d. 18 Aug 1799, b. 19 Aug 1799, 1d, son of Simon & Elizabeth
Deal, child, b. 7 Nov 1822, 20m, child of Jacob
Deal, Andrew, d. 16 Sep 1804, b. 17 Sep 1804, 8y, son of Henry & Mary
Deal, Elizabeth, d. 3 Jun 1808, b. 4 Jun 1808, 18y, dau of Henry & Mary
Deal, Francis E., b. 3 Sep 1865, 9m
Deal, Frederick, b. 24 Apr 1822, c. 37y, fit, suddenly, buried in a lot of his brother Jacob
Deal, George, b. 10 Jun 1864, 52y
Deal, Henry, d. & b. 28 Jun 1805, 5y, son of Jacob & Susanna
Deal, Jacob, b. 16 Nov 1827, c. 6y, consumption
Deal, Jacob, b. 4 Sep 1845, 69y
Deal, John, b. 7 Dec 1828, c. 23y, consumption
Deal, William, b. 11 Oct 1799, c. 7d, son of Jacob, Jr. & Susan
Deal, William, b. 14 Oct 1821, bowel complaint
Deale, ---, d. 28 Oct 1813, b. 29 Oct 1813, c. 30y
Deale, ---, d. 31 Aug 1814, b. 1 Sep 1814, 60y, bilious fever
Deale, ---, b. 17 Nov 1819, 4w
Deale, child, d. 28 Aug 1816, b. 29 Aug 1816, 8d, child of George
Deale, child, b. 12 Nov 1819, stillborn, child of George
Deale, George, d. 29 Sep 1820, b. 30 Sep 1820, c. 35y, suddenly
Deale, Susanna, d. 7 Jul 1817, b. 8 Jul 1817, 15y, bilious fever
Dealy, James, d. 12 Sep 1793, b. 13 Sep 1793, 17m, buried in St. Peter's Church Yard
Deamian, Gustavus Monensier, d. & b. 10 Feb 1809, 3w, croup, son of John Auguste & Mary Jane Monensier
Dean, Catharine, b. 14 Jan 1864, 28y
Dean, Jane, b. 9 Jul 1853, 42y
Dean, Mary, b. 9 Jul 1829, age unknown, sickness unknown, dau of a stranger
Deasy, John, b. 3 Mar 1850, 75y
Deasy, Michael, b. 25 Feb 1844, 16m
Deasy, Michael, b. 7 Mar 1848, 33y
Deaver, Mrs., b. 30 Aug 1821, c. 70y, suddenly
Debect, Walter, b. 13 Oct 1863, 2w
Debiter, Mrs., b. 12 Jan 1859, 80y
Debiter, James, b. 15 Aug 1859, 9y
DeBora, child, b. 11 Dec 1829, 2y, unknown sickness, child of DeBora, Colored

DeBourd, Elizabeth, d. 7 Oct 1793, b. 8 Oct 1793, c. 17y, native of Baltimore, dau of Daniel & Rose Grainger, buried in St. Peter's Church Yard
Debow, Barbara, b. 24 Sep 1866, 47y
Debow, Lemuel, b. 31 Mar 1869, 56y
DeBoysere, Charles, d. & b. 16 Sep 1797, native of Bruges in Flanders
DeBoysere, Mary Teresa Caroline, d. 5 May 1797, b. 6 May 1797, 19w, dau of Charles & Mary Teresa DeBrobander
Decainday, Peter Daniel, d. 10 Dec 1813, b. 11 Dec 1813, c. 45y
DeChantallan, Miss Florine, b. 20 May 1849, 48y
DeCheffontaines, Jonathas Charlotte George, d. 10 Jan 1794, b. 11 Jan 1794, 5d, dau of Ambrose Joseph Stephen Mary Depenfentenio, Lieutenant in the Navy of his most Christian Majesty, and of Mary Henrietta Creuze, buried in St. Peter's Church Yard
DeChesse, Francis, d. 22 Jun 1810, b. 23 Jun 1810, 60y
DeChevigne, Esprit Benjamin Rene, d. 10 Feb 1802, b. 11 Feb 1802, 48y, hus of Mary Dary Tayard DeLaMaronniene, native of Poton in France
DeChevigue, Louis Jean Marie, d. 15 Apr 1826, b. 16 Apr 1826, native of France, died at St. Mary's College, buried in Calvary Cem., St. Mary's Cem. Paca St., Baltimore
Deck, Harriet E., b. 10 Aug 1851, 29y
Decker, female, b. 4 Feb 1861, 5 minutes, dau of Henry
Decker, Sarah, b. 6 Feb 1861, 28y
Decombs, Mrs., b. 23 Feb 1871, 82y
Decorse, Mary C., b. 10 Jan 1850, 2w
DeCourcy, Edward, b. 5 Nov 1835, c. 30y, consumption
DeCoursault, Mrs. A. E., b. 21 Oct 1834, 47y, inflamation of the bowels
DeCoursey, Mrs. Eliza B., b. 14 Nov 1865, 71y
Decourt, Madam, b. 16 Mar 1851, 85y
DeCourt, Marie Rose Hugnet, d. 4 Jul 1818, b. 5 Jul 1818, habitante of St. Domingo
deCraft, John, b. 14 Jun 1872, 10m
Decran, Rebecca, b. 19 Jul 1846, 30y
Decroix, Mary, b. 14 Mar 1855, 89y
Decton, Ellen, b. 2 Feb 1848, 80y
Dediol, John, d. 17 Oct 1797, b. 18 Oct 1797, c. 24y, sailor on the Rugusan ship the Constant
DeDuffe, child, b. 22 Jul 1830, c. 11m
Deegan, Charles, b. 9 Jun 1859, 14m
Deems, Henrietta F., b. 31 Jan 1852, 2½y
Deems, John, b. 16 Nov 1863, 2y
Deems, Margt. Louisa, b. 26 Jun 1851, 3w
Deenson, Ann M., b. 1 Aug 1855, 5m, Colored
Deering, John Nicholas, d. 29 Jan 1808, b. 30 Jan 1808, c. 40y, accidentally killed
DeErron, James, b. 28 Nov 1873, 33y
Deeson, James, b. 10 Jul 1848, 40y
Deets, Julia, b. 1 Nov 1861, 8y
Deever, Ann, b. 12 Sep 1866, 43y
DeFay, Michael Robert, d. 23 Feb 1796, b. 24 Feb 1796, c. 43y, native of Folaize, lately from Jeremy in St. Domingo
DeFlechier, John James Denis Hercules (Hecules), b. 18 Aug 1798, 1y6m, son of Mary Stephen Miral & Frances Duscean
Defontes, Teresa, b. 3 Aug 1868, 3m
Degan, Charles, d. 28 Jul 1798, b. 29 Jul 1798, 2y2m, son of Catharine
Degan, Darby, d. 26 Jun 1797, b. 27 Jun 1797, c. 23y, accidentally drowned
DeGarmandia, Anita Teresa, b. 8 Jul 1868, 7y
DeGarmandia, Prosperia T., b. 15 Jul 1868, 11m
DeGay, Chas. C. M., b. 11 Oct 1864, 4m
DeGormandia, Maria C., b. 15 Nov 1872, 3y
DeGrouchy, Mr., b. 26 Dec 1822, c. 40y, consumption
Dehair, John, b. 5 Sep 1829, c. 50y, liver complaint, Colored

Dehare, Mary M., b. 10 Oct 1858, 85y, Colored
Deiring, John, d. 12 Oct 1802, b. 13 Oct 1802, c. 3y, son of John & Waltera
DeLaFeyetiers, Caroline Mary Magdalen Joseph Frances, d. & b. 3 Sep 1797, c. 33y, native of Auhault, dau of John Francis James, Lieutenant Colonel of Infantry, & Mary Walburg Leopoline Christine D'Malher, first widow of Peter Mary Francis DePages, native of Toulouse, Captain in the royal Navy & Knight of the Military Order of St. Lewis, wife of Julian Provost, planter at Lanseavean, St. Domingo
DeLaHan, James, b. 10 Feb 1823, suddenly, killed by a cart
DeLaHay, James, d. 19 Feb 1815, b. 20 Feb 1815, c. 30y, consumption
DeLaHunt, Thomas, b. 11 Aug 1819, 20m
Delanes, Henry, b. 14 Sep 1860, 4w
Delaney, male, b. 12 Oct 1859, 3y, son of Mr. Delaney
Delaney, Anne, b. 9 Dec 1868, 6y
Delaney, Bridget, b. 30 Dec 1874, 48y
Delaney, Charles, b. 20 Aug 1845, 10m
Delaney, Chas., b. 1 Jun 1873, 64y
Delaney, Dennis, b. 29 Jan 1874, 45y
Delaney, Eliza, b. 26 Feb 1868, 56y
Delaney, Elizabeth F., b. 27 May 1865, 25y
Delaney, Ida C., b. 28 Oct 1871, 3y
Delaney, John Thos., b. 2 Aug 1861, 4d
Delaney, Mary Ann, b. 3 Jul 1858, 4m
Delaney, Mary Ann, b. 2 Feb 1865, 2y
Delaney, Mary G., b. 16 Apr 1866, 2y
Delaney, Robert I., b. 21 Apr 1852, 5 minutes
Delaney, Rose, b. 23 Aug 1867, 8d
Delaney, William, b. 1 Feb 1856, 78y
Delaney, William T., b. 28 Jul 1861, 2y
Delanty, male, b. 30 Jul 1846, 8y, son of Wm.
Delanty, Bridget, b. 17 May 1859, 34y
Delanty, Mary, b. 16 Jul 1836, c. 42y, dysentery
Delanty, Robert, b. 9 Feb 1855, 63y
Delany, Alice, d. 26 Oct 1809, b. 27 Oct 1809, c. 25y, wife of William, native of Halifax
Delany, Catharine, b. 13 Dec 1856, 2½y
Delany, John, d. & b. 17 Oct 1809, son of William & Alice
Delany, Rachel, b. 28 Apr 1856, 80y, Colored
DeLaParoife, Yrvoix Chauvin, d. 8 Sep 1793, b. 9 Sep 1793, of the parish of Cays, St. Domingo,*(French)
DeLaPerrie, ---, d. 23 Dec 1795, b. 24 Dec 1795, c. 52y, native of Chamberry in Savoy, surgeon Petit Goave in St. Domingo
DeLaPrade, Marie Anne Sebastian, d. 4 Aug 1800, b. 5 Aug 1800, 11m, dau of John Frans Cabannes, Knight of the Order of St. Lewis & in the reign of Lewis, 16th Commander of Artillery in the south of St. Domingo, & of Ann Joseph St. Martin DeFourcy (dec.)
DeLarne, Lewis Francis, d. 16 Jan 1798, b. 17 Jan 1798, 7y9m, son of Francis Lewis, planter of St. Domingo & Ann Margaret Zeline Danlede
DeLarne, Mary, b. 11 Mar 1847, 72y
De La Rochelle, Mr., b. 29 Oct 1859, 35y
DeLaRue, Ann Frances Uraine, d. & b. 22 Oct 1796, 3y2m18d, dau of Francis Lewis & Ann Margaret Zeline Daulede
DeLaRue, Ann Legoux, d. 6 Apr 1805, b. 7 Apr 1805, 56y, wife of Lewis James Julian
DeLaRue, Henry Francis, d. 22 Oct 1809, b. 23 Oct 1809, 4m20d, teething, son of Francis Lewis & Ann Margaret Daulede
DeLaRue, Lewis, d. & b. 9 Dec 1797, 1d, son of Francis Lewis & Ann Margaret Zeline Daulede
DeLaRue, Louis, d. 9 Apr 1810, b. 10 Apr 1810, 43y
DeLaRue, Zeline, b. 26 Jan 1872, 68y

DeLascaze, Mary Jane Sicard, b. 21 Feb 1809, 45y, native of Cayes, St. Domingo, wid of Frans Faure (dec.), planter in Cayes
DeLatte, Frances, d. & b. 21 Mar 1803, c. 56y, consumption, wid
DeLaTullage, Mary Renee Charlotte O'Rourke, d. 28 Oct 1803, b. 29 Oct 1803, 31y, wife of Alexander B. DeLaTullage
DeLaVan, Rev. Mr. Lewis Cesar, d. (about 5:30 a.m.) & b. 20 Aug 1795, 54y4m, priest & Ancient Canon of St. Martin's at Tours, France, native of Tours, buried in the burying ground of the Catholic Seminary in Baltimore
DeLenotte, Gaspar, b. 23 Sep 1825, c. 22y, unknown sickness
Delequet, Mrs., b. 21 Sep 1845, 78y
DeL'Estrade, Francis Ignatius, d. 5 May 1804, b. 6 May 1804, 50y, native of Marseilles
Deleze, Charles, d. 30 Mar 1796, b. 31 Mar 1796, c. 8m, natural son of Ulalie of St. Domingo
DeLigniere, Joseph Gambard, d. & b. 13 Jun 1801, c. 2y, son of Cecile Victore Gambard
DeLigniere, Lucie Gambard, d. & b. 27 Jun 1801, 4y4m, smallpox, dau of Cecile Victorie Gambard
DeLinotte, Charles Adison, b. 23 Jul 1830, 68y, unknown sickness, native of Dunkerque, lived in Baltimore many years
DeLinotte, Marie, d. 16 Aug 1819, b. 17 Aug 1819, 18y, consumption
DeLisle, Familie, d. 13 Oct 1804, b. 14 Oct 1804, 18m, dau of John Godard & Eugenie Metivier
DeLisle, Louisa Amelia, d. 12 Jul 1806, b. 13 Jul 1806, 1y5m, dau of a woman of Color from the West Indies
DeLisle, Modest, d. 12 Sep 1794, b. 13 Sep 1794, 35y, wife of John Baptist Godard, MD
DeLisle, Sophie Pontier, d. at 3 a.m. & b. 14 Jun 1796, c. 22/23y, native of Cape Francais & baptized at Jeremie in St. Domingo, wife of John Baptist Godart
Delmas, Alexis A., b. 20 Feb 1839, 45y
Delmas, Edmund, d. 8 Sep 1798, b. 9 Sep 1798, 14m
Delmas, Francis, b. 3 Mar 1845 (sic), 60y
Deloney, child, b. 24 Dec 1851, stillborn, child of Mr. Deloney
Delonotte, A. Entalie, b. 26 Aug 1832, c. 50y, unknown sickness
Deloste, Mrs. Rose, b. 26 Nov 1848, 54y
DeLoubert, Louisa Henrietta Felicia, d. 26 Mar 1805, b. 27 Mar 1805, c. 9y, dau of Francis Lewis & Magdalene Victoria DeLaRue Legoux
Deloughery, Mrs. Catharine Franklin, b. 26 Sep 1852, 87y, niece of Benjamin Franklin
Deloughery, Josephine Franklin, b. 19 Apr 1846, 6m
DeLoughery, Mary, d. 11 Mar 1804, b. 12 Mar 1804, 3y5m, dropsy, dau of John & Catharine Franklin, grandniece of Benjamin Franklin
Delow, Elizabeth, b. 22 Sep 1823, age unknown, unknown sickness
Delvecchio, Mrs. Cornelia, b. 21 Dec 1832, cholera morbus
Delvechio, Thomas, b. 16 Jul 1832, 2y8m, unknown sickness, son of --- Delvechio
DeMangin, child/male, b. 10 Jun 1839, 19m, catarrh fever, child/male of Francis A. DeMangin
DeMangin, male, b. 6 Nov 1839, 10 hours, son of F. A. DeMangin
Demangin, Mary Ann, b. 17 Feb 1874, 70y
DeMarbois, Mary, b. 23 Dec 1831, 34y, inflamation of the bowels, native of France near Lyons
Demaryin, Wm. A., b. 22 Apr 1846, 3y
DeMilhan, Louis, b. 26 Nov 1852, 51y
Demoirei, Jno. D., b. 27 Mar 1844, 22y
DeMongin, child, b. 13 Sep 1827, c. 8d, unknown sickness, child of Charles A. DeMongin
Demongin, Charles, b. 1 Jan 1849, 40y
DeMontis, Mary Macella (Marcella) Roueflier, d. 5 Jun 1795, b. 6 Jun 1795, 27y
Dempsey, female, b. 28 Dec 1836, 4y, scarlet fever, dau of Mr. Dempsey
Dempsey, female, b. 27 Apr 1843, 6y, dau of Owen
Dempsey, male, b. 1 Dec 1837, 4y, unknown sickness, son of Owen
Dempsey, male, b. 2 Jul 1841, 2½y, summer complaint, son of Owen
Dempsey, male, b. 2 Jan 1864, stillborn, son of John F. Dempsey
Dempsey, Mrs., b. 25 Jan 1838/1839, 40/44y, burned
Dempsey, Catharine, b. 4 Aug 1858, 2m

Dempsey, Eleanor, b. 24 Aug 1800, 2m, dau of John & Mary
Dempsey, Eliza I., b. 28 Jun 1848, 2y
Dempsey, Jno, d. 31 Mar 1816, b. 1 Apr 1816, 33y
Dempsey, John, d. 20 Oct 1802, b. 21 Oct 1802, c. 40y, native of Ireland
Dempsey, John, d. 6 Sep 1807, b. 7 Sep 1807, 42y
Dempsey, Mary, b. 11 Feb 1824, c. 25y, consumption
Dempsey, Mary, b. 21 Nov 1826, c. 70y, unknown sickness
Dempsey, Mary, b. 7 Feb 1867, 46y
Dempsey, Timothy, b. 26 Jan 1864, 47y
Dempsey, William, b. 4 Apr 1851, stillborn
Dempseys, ----, b. 1 Jul 1848, 46y
Dempster, Edward D., b. 12 Aug 1860, 11y
Dempster, James F., b. 13 Apr 1863, 53y
Dempster, Mary H., b. 8 Aug 1874, 21y
Dempsy, James, d. 7 May 1798, b. 8 May 1798, 3y, son of John & Elizabeth
Dempsy, Michael, b. 15 Jun 1860, 62y
Dempsy, Peter, b. 14 May 1845, 85y
Demsey, Mrs., b. 9 Oct 1873, 60y
Demson, Diana, b. & d. 10 Aug 1793, 5d, dau of John & Elizabeth of Baltimore, buried in St. Peter's Church Yard
Denaby, Catharine, d. 12 Jan 1794, b. 13 Jan 1794, c. 16y, native of Ireland, buried in St. Peter's Church Yard
DeNegro, Bernard, b. 3 Dec 1851, 37y
Denin, William, b. 12 May 1856, 65y
Denis, Ann Maria, b. 13 Oct 1826, c. 8y, unknown sickness
Denis, Benjamin, d. 31 Dec 1817, b. 2 Jan 1818, c. 50y, consumption
Denis, Francis, b. 23 Jul 1830, c. 60y, palsy
Denmor, Patrick, b. 13 May 1831, c. 50y, decline
Denney, George B. L. G., b. 7 Apr 1865, 2m
Denney, Margaret I., b. 5 Mar 1866, 8d
Denney, Susan M., b. 19 Jul 1871, 10m
Denning, Catharine, b. 24 Oct 1867, 1d
Denning, Mary, b. 24 Sep 1857, 53y
Dennis, Ann, b. 29 Jul 1832, 89y, old age
Dennis, James, d. 18 Aug 1814, b. 19 Aug 1814, 17y, fall from a house
Dennis, Mary, b. 12 Nov 1848, 2m, Colored
Dennis, Mary, b. 21 Apr 1853, 77y
Dennison, ---, d. 23 Feb 1820, b. 24 Feb 1820, 65y, typhus
Dennison, William, b. 15 Jul 1868, 10m
Dennison, Wm., b. 15 Aug 1862, 2w
Denny, child, b. 9 Sep 1869, 8m, child of John
Denny, female, b. 28 Feb 1839, 4m, dau of Nancy, Colored?
Denny, Mr., b. 2 Jan 1861, 30y
Denny, Isabella, b. 29 Nov 1846, 20y
Denny, Joseph, b. 11 Sep 1862, 17m
Denny, Kate, b. 11 Mar 1861, 2y
Denny, Mary, b. 23 Jul 1867, 3m, dau of John
Denny, Mary Ann, b. 13 Feb 1858, 3y
Denny, Mary C., b. 22 Aug 1864, 60y
Denny, Michael, b. 1 Apr 1856, 76y
Denny, Rebecca, d. 22 Feb 1802, b. 23 Feb 1802, 22y, wife of Neil
Denny, Rebecca, d. & b. 28 Oct 1805, 2y, debility, dau of Michael & Mary
Denny, Sarah, b. 18 May 1855, 80y
Denny, Thomas, d. 29 Nov 1803, b. 30 Nov 1803, c. 4y, son of Neil & Rebecca
Denour, John, d. 23 Dec 1831, b. 24 Dec 1831, c. 65y, apoplexy, native of Paris
Dentry, Sarah Cath., b. 8 Feb 1853, 17m

Denver, female/child, see Denvir/Denver, female/child
Denver, Felix, b. 10 Feb 1845, 50y
Denver, Mary, d. 13 Aug 1818, b. 14 Aug 1818, 20m
Denvir/Denver, female/child, b. 2/3 Oct 1839, 7m, sore throat, dau/child of Mr. Denvir
Denwood, Richard, d. 8 Oct 1816, b. 9 Oct 1816, 16m, teething
Depein, Honora, b. 17 Sep 1850, 44y
DePersbasques, Marie Adelaide, d. 23 Oct 1799, b. 24 Oct 1799. 42y, free Mulatto
Depish, John Cuspy, b. 5 Aug 1834, 56y, consumption
Deppish, Francis, b. 20 Dec 1871, 2y
Deppish, John, b. 26 Aug 1832, 20y, bilious
Deppish, Laura, b. 18 Mar 1874, 3w
DePratt, Elizabeth Josephine, d. & b. 29 Aug 1807, c. 8m, dau of George & Angelique
DeReymand, Pierre Gregoire, b. 31 Jan 1832, 81y, catarrh, native of Aux Layes, St. Domingo, lived in Baltimore several years
DeRivardi, Mariana Amelia, d. (about 1:00 a.m.) & b. 14 Jul 1795, c. 8m, dau of John James Leopold Ulrich, noble citizen of Berra & Geneva, & Mary Antonia, born at Vienna, Austria, Countess of Spork, buried in St. Peter's Church Yard
DeRoi, Ludovica Elizabeth Ville, d. 22 Oct 1805, b. 23 Oct 1805, c. 10w, dau of Marie Joseph Ville
DeRonceray, Mrs. Louis, b. 26 Jan 1869, 28y
DeRoncuilt, Mde. Marias, d. (3:00 a.m.) & b. 16 Oct 1796, wife of the Viscount of St. Domingo, buried in St. Peter's Church Yard
Derr, child, b. 11 Sep 1851, stillborn, child of Mr. Derr
Derrick, child, b. 17 Nov 1857, stillborn, child of Henry
Derry, Bernard, d. 22 Mar 1817, b. 23 Mar 1817, c. 28y, pleurisy
Derry, Edward, b. 5 Sep 1832, c. 30y, cholera
Derry, Hugh, b. 19 Dec 1853, 25y
Derry, John, b. 18 Dec 1865, 27y
Derson, Florence, b. 22 Jun 1871, Colored
DeSantos, Mary, b. 9 Dec 1873, 4y
DesChamps, male, born & d. 10 Sep 1796, b. 11 Sep 1796, son of Joseph Mary Carr & Magdalene
DesChamps, Magdalene, d. 19 Sep 1796, b. 20 Sep 1796, 41y
DeShanly, Jeffery, d. 3 Apr 1809, b. 4 Apr 1809, c. 66y, consumption, native of Ireland
DeShields, Frances, d. 10 Mar 1795, b. 11 Mar 1795, c. 48y
DeShields, Joseph Alexander, d. 22 May 1800, b. 23 May 1800, 6m21d, son of Joseph & Mary
DeShields, Lewis, d. 23 Nov 1802, b. 24 Nov 1802, 68y, native of Nova Scotia
DeShields, Mary Magdalen, d. 9 Nov 1801, b. 10 Nov 1801, c. 70y, wid
DeShields, Samuel, d. 5 Jul 1797, b. 6 Jul 1797, c. 26y, son of Lewis & Mary
Deshon, Elizabeth, d. 3 Apr 1802, b. 4 Apr 1802, 5d, dau of John & Elizabeth
Deshon, Elizabeth Ray alias Wisow, d. 25 Nov 1810, b. 26 Nov 1810, 30y
Desiree, Jeanne Marie, d. 5 Apr 1812, b. 6 Apr 1812, c. 35y, slave of Dr. Chatard
Desnoyers, Louis, d. & b. 14 Feb 1817, 54y, native of France
Despada, child, b. 17 Apr 1830, c. 6y, unknown sickness, child of Charles
Despada, female, b. 19 Apr 1838, 2y, unknown sickness, dau of Charles
Despada, Mrs. Louisa, see Despade/Despada, Mrs. Louisa
Despada, Susanna, b. 31 Jul 1849, 8y
Despade/Despada, Mrs. Louisa, b. 10/14 Jan 1842, 80y, infirmity of age
Despado, George, b. 9 Oct 1843, 8y
Despaux, Lewis Francis Andrew, d. & b. 27 Jul 1805, 14m, cholera, son of Joseph & Frances DeMange
Despot, Joseph, d. & b. 2 May 1797, 1y11m, son of Joseph & Frances DeMange
Despote, Bertrand, d. & b. 26 Aug 1800, 2y, son of Joseph Depote & Frances DeManche Despote
Desrameux, Appollonia, d. 31 Aug 1803, b. 1 Sep 1803, 47y, hemorrhage, native of island of St. Lucia

Desrouilleres, Rene Robin, d. (6:30 a.m.) & b. 18 Nov 1795, c. 64y, planter of Trou Boubon, parish of St. Lewis, Quarter Jeremie Island, St. Domingo
Dessables, Elizabeth Asselin, d. 4 Aug 1796, b. 5 Aug 1796, 1y5m, dau of Charles Asselin & Mary Joseph LaForge
Dessin, Mrs., b. 12 Nov 1842, 50y, Colored
Dessin, Louis, b. 27 Feb 1850, 12m, Colored
Dessin, Mary Louisa, b. 25 Mar 1852, 26y
Dessin, Nicholas, b. 26 Apr 1840, 70/77y, asthma
DeTitera, Mary, d. 9 Feb 1806, b. 10 Feb 1806, 36y, wife of John Baptist Victor Tropeze DeGeofroy, native of Guadaloupe
Deuring, Mary, b. 17 Aug 1863, 6m
DeVaillain, Joseph, b. 9 Sep 1836, c. 50y, affection of the bladder
Devalcourt, Samuel, b. 10 Sep 1832, c. 30y, cholera
Devalin, ---, b. 2 Jan 1864, 18y
Devalin, Mrs., see Devallin/Devalin, Mrs.
Devallin, child, b. 14 Mar 1847, stillborn
Devallin/Devalin, Mrs., b. 30 Oct 1839, 40y, apoplexy
Devallin, Francis, b. 20 Aug 1847, 49y
Devallin, John, b. 27 Dec 1864, 25y
Devallin, Mary, b. 7 Apr 1847, 40y
Devareux, Mrs. Maria Louisa Constance, b. 6 Jul 1811, wife of Francis Silver Latison, born 17 Aug 1779 at Port au Prince, dau of Martha Clandiere Frere & Aquan Cavilly
Devatie, Cathrine, d. 12 Apr 1814, b. 13 Apr 1814, 25y, typhus fever
Devaux, William/female, b. 30 Oct 1839, 18m, whooping cough
Deveaureux, Margaret, b. 8 Sep 1846, 62y
Deveaux, male, b. 6 Aug 1843, 11m, son of Peter
Develin, Mrs., b. 27 Sep 1824, 29y, bilious fever
Develin, Ann, d. & b. 31 Jul 1801, c. 25y, wife of Patrick, lately from Ireland
Develin, James, b. 27 Aug 1832, 10y, unknown sickness
Develin, Margaret, d. 25 Aug 1813, b. 26 Aug 1813, bilious fever
Develing, child, b. 5 Oct 1824, 6m, unknown sickness, child of John
Develing, Mary Ann, b. 13 Feb 1813, 15m
Devellen, Mr., b. 1 Jul 1848
Deveney, child, b. 26 Jul 1825, c. 5m, bowel complaint, child of James
Deveney, Joseph, b. 22 Sep 1831, c. 6m, unknown sickness, son of James
Deveney, Priscilla, b. 18 Jun 1830, c. 45y, unknown sickness
Devenney, child, b. 7 Apr 1824, age unknown, unknown sickness, child of James
Deveny, child, b. 17 Feb 1826, died soon after birth, child of Margaret
Devere, Agness, b. 10 Jul 1850, 3m
Devere, Julia, b. 16 Aug 1848, 10m
Devere, Peter, b. 12 Jun 1849, 6m
Devereaux, Patrick, b. 6 Sep 1853, 56y
Devereux, Ann E., b. 1 Oct 1848, 20y
Devereux, William, d. & b. 23 Oct 1802, c. 22y, native of Ireland
Devetier, Jane, b. 18 Sep 1870, 81y
Devetter, Benjamin, b. 19 Jul 1849, 16m
Device, Henrietta, d. 26 Apr 1802, b. 27 Apr 1802, c. 3y, dau of John (dec.) & Mary (now Armand)
Devilin, James, b. 1 Oct 1854, 28y
Deville, male, b. 5 Oct 1835, 6m, dysentery, son of Francis
Deville, Joseph, d. & b. 23 Nov 1793, 33y, buried in St. Peter's Church Yard, native of the parish of Mardacon in Guiennes, diocese of Sarlat
Devin, James, b. 4 Dec 1864, 19y
Devin, Neil, d. 11 Aug 1817, b. 12 Aug 1817, 17y, bilious fever
Devine, Catharine, b. 25 Aug 1799, 14m, baptized 17 Jul 1798 by the name of Ferguson
Devine, Mary, b. 10 Aug 1852, 2½y

Devine, Michael, b. 14 Apr 1830, c. 45y, unknown sickness
Deviney, Mrs., b. 15 Jun 1859, 80y
Deviteer, James, b. 16 Aug 1867, 6w, Colored
Devitt, James, b. 8 Sep 1846, 49y
Devitt, James, b. 29 Jan 1850, 45y
Devitt, John/James, b. 8 Feb 1845, 7y
Devitt, Mary, b. 27 Oct 1844, 11y
Devitt, Rosan, b. 22 Oct 1844, 3y
Devitt, Rosanna, b. 15 Jan 1841, 9y, brain fever
Devitteer, Mgt., b. 20 Apr 1860, 7y
Devitts, male, b. 11 Dec 1837, 5m, son of James
Devonge, Martin, b. 2 Nov 1848, 49y
Dewan, Jerome, b. 28 Aug 1829, 20y, bilious fever
Dewit, Juliana, b. 7 Jun 1866, 62y
Dewitter, B., b. 12 Dec 1841, 52y, consumption, Colored male
D'Hewal (Des Granges), Paul Francis LeRoy, d. & b. 17 Dec 1797, planter, from Petit St. Louise, St. Domingo
Diamond, male, b. 9 Jul 1844, 18m, son of Mrs. Diamond
Diamond, Andrew, b. 5/6 Mar 1836, 35y, suddenly
Diamond, Jane, b. 19 Feb 1838, 40y, suddenly
Dickehut, Hannah, b. 24 Apr 1862, 70y
Dickenson, male, b. 29 Nov 1836, 2w, neglect & exposure, son of Mrs. Dickenson (next entry)
Dickenson/Dickeson, Elizabeth, b. 29 Nov 1836, c. 30y, cold
Dickenson, Jerry, b. 24 Sep 1848, 55y, Colored
Dickenson, John, b. 16 Jun 1854, 18y, Colored
Dickeson, Elizabeth, see Dickenson/Dickeson, Elizabeth
Dickey, child, b. 18 May 1827, 5m, dropsy on the brain, child of Edward
Didier, John Darcy, b. 14 Mar 1858, 24y
Didier, John F., b. 17 Mar 1858, 6m
Dietz, Helen, b. 20 Dec 1870, 1y
Diew, child, b. 21 Dec 1827, 17m, child of Mr. Dona Dieu
Diffendall, Catharine, b. 13 Feb 1850, 58y
Diffendall, Lewis, b. 9 Mar 1853, 6m
Diffendall, William, b. 20 Feb 1853, 38y
Diggs, Mary, b. 8 Aug 1854, 30y, Colored
Dignan, Catharine, b. 5 Jan 1853, 3d
Dignan, Elizabeth, b. 11 Aug 1847, 3w
Dignan, John, b. 29 Apr 1845, 12m
Dignan, Luke, b. 9 Aug 1851, 50y
Dignan, Mary, b. 14 Nov 1860, 27y
Dignen, Mary, b. 30 Jul 1847, 42y
Dignoir/Lyons, Abby, b. 12 Oct 1851, 45y
Dignon, Jerome, b. 16 Jan 1851
Dignon, Maria, b. 1 Sep 1847, 25y
Dignon, Mary, b. 13 Jul 1851, 22y
Dignor, Mary, d. & b. 7 Oct 1797
Dignum, Mr., b. 7 May 1822, c. 35y, consumption & fracture of the jaw
Dignum, John, d. & b. 13 Oct 1814
Digs, Teresa, b. 9 Nov 1830, c. 1y, unknown sickness, Colored dau of Miss Ellen Ford
Dihr, Louis Jacob, b. 5 Aug 1850, 12m
Dillam, Ann Jane, b. 31 Jul 1830, 5m, bowel complaint, dau of William
Dillard, Robert, b. 19 Feb 1859, 2m
Dillaway, female, b. 1 Oct 1846, 2w, dau of Mr. Dillaway
Dillaway, Raymond, b. 26 Apr 1846, 2y
Dillaway, Theodore S., b. 28 May 1865, 25y
Dillerhide, Mrs./Mrs. Frances, see Dilleside/Dillerhide

Dilleside/Dillerhide, Mrs./Mrs. Frances, b. 22 Jun 1869, 72y
Dilling, Jane, b. 9 Mar 1824, age unknown, unknown sickness
Dillins, child, b. 19 Jul 1832, age unknown, summer complaint, child of William
Dillon, Christopher, b. 29 Jan 1856, 80y
Dillon, Daniel, d. 17 Nov 1799, b. 18 Nov 1799, c. 68y, native of Ireland
Dillon, Dorcas, d. 10 Mar 1806, b. 11 Mar 1806, c. 30y, consumption, wid
Dillon, James, b. 14 Jul 1845, 25y
Dillon, Jeremiah, b. 6 May 1865, 15m
Dillon, Joseph H., b. 5 Jan 1842, 90y, old age
Dillon, Julia, b. 30 Apr 1852, 36y
Dillon, Julia, see Dolan/Dillon, Julia
Dillon, Mary, b. 6 Apr 1850, 50y
Dillon, Richard, b. 24 Aug 1858, 21y
Dillon, William, d. & b. 22 Sep 1800, 9y, son of John Cecily
Dilloway, Placide, b. 9 Oct 1854, 24y
Dingnan, Laurence, b. 9 Jun 1854, 50y
Dinkel, Valentine, b. 6 May 1866, 65y
Dinnee, James, b. 3 Jun 1854, 2d
Dipsworth, Ann E., b. 13 Oct 1870, 3m
Disbo, Margaret, d. 18 Aug 1816, b. 19 Aug 1816, 50y, bilious fever
Disnef, John, d. 27 Aug 1803, b. 28 Aug 1803, 2y, croup, son of John & Margaret
Disney, Annie, b. 9 Jul 1857, 6m
Disney, Mary, b. 2 Jan 1857, 25y
Disney, Peter, b. 23 Apr 1827, 29y, consumption
Dispan, Margueritie Antoinette, d. 3 Feb 1794, b. 4 Feb 1794, 28y, wid of Laurence Boucharlat, native of Cape Francois, St. Domingo, buried in St. Peter's Church Yard
Distance, Elizabeth, d. 13 Nov 1798, b. 14 Nov 1798, 2y1m, dau of William, free Negro, & Elizabeth, Negro slave of Mr. Bernaben
Distance, Harriet Ann, b. 17 Nov 1846, 3y, Colored
Distance, Hetty, b. 16/17 Jan 1836, c. 60y, consumption, Colored
Distance, Juliana, b. 31 Oct 1846, 19y
Distance, William, d. 23 Dec 1819, b. 24 Dec 1819, 50y, consumption
Divenny, James, b. 23 Jun 1827, c. 50y, bilious fever
Divertin, Benjamin, b. 4 Jun 1819, c. 6m, cold
Diveve, Elizabeth, b. 5 Aug 1827, 80y
Divine, male, b. 18 Feb 1858, 90y
Divine, Bernard, b. 31 Dec 1847, 27y
Divine, Catharine, b. 14 May 1854, 2y
Divine, Hugh, b. 16 Nov 1852, 44y
Divine, James, b. 13 Aug 1847, 12m
Divine, John H., b. 7 Mar 1849, 15y
Divine, Patrick, b. 7 Dec 1856, 40y
Divinie, Patrick, b. 9 June 1867, stillborn
Divinis, child, b. 16 Aug 1853, 2 hours, child of Margaret
Divinney, William, b. 10 Jul 1849, 85y
Divinnie, James, b. 27 Apr 1843, 29y
Divitteer, James, b. 19 Jul 1866, 5d, Colored
Dixon, child, b. 11 Aug 1854, 2m, child of Mr. Dixon
Dixon, Bridget, b. 19 Sep 1868, 63y
Dixon, Catherine, b. 25 Mar 1819, 2y, worms, dau of Dennis & Mary
Dixon, Fanny, b. 7 Jun 1860, 6m, Colored
Dixon, Isabella, b. 19 Jul 1855, 5m
Dixon, John, b. 13 Apr 1869, 30y
Dixon, Julianna, b. 4 Aug 1860, 9m, Colored
Dixon, Lucretia M., b. 5 May 1853, 20y
Dixon, Mary, b. 25 Feb 1860, 40y

Dixon, Mathew, b. 12 Sep 1866, 24y
Dixon, Nicholas E., b. 3 Aug 1866, 10m
Dixon, Patrick, b. 3 Dec 1867, 30y
Dixon, Sarah V., b. 31 Jul 1864, 7m
Dixon, Sarah Virginia, b. 2 Aug 1864, 7m
Dixon, Sophia, b. 18 Apr 1857, 25y, Colored
Dixon, Wm. John, b. 4 Jul 1856, 10m
Dizabean, Ann Margaret, d. 6 Jan 1799, b. 7 Jan 1799, 6w, dau of John & Magdalen
Dizier, Ann Mary, d. 24 May 1794, b. 25 May 1794, 17y, smallpox, native of St. Domingo
Doane, female, b. 29 Mar 1841, 5m, water on the brain, dau of Mrs. Doane
Dobbin, child, b. 6 Aug 1866, 6m, child of James
Dobbin, Alice V., b. 8 Jul 1851, 18m
Dobbin, Eliza, b. 14 Dec 1872, 50y
Dobbin, Francis, b. 19 Aug 1849, 1y
Dobbin, Mrs. George, b. 17 Sep 1851, 25y
Dobbin, James, b. 16 Aug 1866, 1m
Dobbin, Mary, b. 3 Aug 1861, 3w
Dockins, Jeremiah H., b. 17 Oct 1834, c. 50y, consumption, Colored
Dode, Ann, b. 6 Mar 1869, 75y
Dode, Eulena, b. 4 Mar 1868, 88y
Dode, Josephine, b. 22 May 1870, 55y
Dode, Peter, b. 23 May 1866, 86y
Dodo, Judith, b. 23 Jul 1851, 102y, Colored
Dodson, Pauline, b. 14 Dec 1858, 5y
Doel, Laurance, b. 25 Jun 1855, 21y
Doering, female, b. 11 Feb 1838, 4½y, dau of John
Doering/During, male, b. 3 Apr 1837, 3d, son of Mr. Doering/During
Doering, male, b. 2 Jul 1839, 9m, son of Jno.
Dogherty, male, d. 19 Sep 1810, b. 20 Sep 1810, 3y, son of John
Dogherty, James, d. 8 Jan 1810, b. 9 Jan 1810, c. 40y, Irishman
Dogherty, John C., d. 15 Sep 1817, b. 16 Sep 1817, c. 40y, suddenly
Dogherty, William, d. 5 Oct 1810, b. 6 Oct 1810, 50y, bilious fever
Doize, female, b. 28 May 1851, 2y, dau of Mr. Doize
Doize/Daise, male, b. 29 Jul 1836, 7/8m, infantile unknown, son of Mr. Doize
Doize, Caroline, b. 15 Mar 1854, 47y
Doize, Marie L., b. 29 Aug 1853, 5m
Doize, Rose, b. 10 Mar 1854, 78y
Dolan, female, b. 30 Sep 1835, 5y, dau of James
Dolan, female, b. 17 Dec 1845, 1d, dau of Mrs. Dolan
Dolan, female, b. 14 Jan 1852, 2m, dau of Mary
Dolan, male, b. 19 Sep 1965, stillborn, son of Patrick
Dolan, twins, Jas. & Thos., b. 13 Apr 1847, ½ hour
Dolan, Widow, b. 24 Sep 1867, 60y
Dolan, Ann, b. 15 Aug 1850, 10y
Dolan, Annie, b. 21 Sep 1871, 15y
Dolan, Bridget, b. 29 May 1841, 18y, consumption
Dolan, Bridget, b. 10 May 1857, 5y
Dolan, Bridget, b. 23 Oct 1859, 80y
Dolan, Catherine, b. – Jan 1855, 13m
Dolan, Daniel, b. 23 May 1824, c. 32y, inflamation
Dolan, Dominick, b. 28 Aug 1861, 70y
Dolan, Edward, b. 8 Jul 1838, 39y, consumption
Dolan, Eliza, b. 6 Jun 1845, 24y
Dolan, James, b. 3 Oct 1855, 65y
Dolan, James, b. 21 Jun 1857, 4y
Dolan, Jas., see Dolan, twins

Dolan, John, b. 8 Dec 1822, 35y
Dolan, John, b. 6 Dec 1831, 2y, unknown sickness, son of John
Dolan, John, b. 9 Dec 1845, 43y
Dolan, John, b. 27 Sep 1847, 18y
Dolan, John/female, b. 10 Sep 1855, 13m
Dolan, John Thos., b. 20 Apr 1852, 19m
Dolan/Dillon, Julia, b. 24 Jun 1842, 16m, measles
Dolan, Laurence, b. 18 Nov 1848, 28y
Dolan, Margaret, b. 31 Dec 1851, 31y
Dolan, Margaret, b. 22 Feb 1857, 2y
Dolan, Mary, b. 19 Jan 1852, 18y
Dolan, Mary, b. 23 Dec 1856, 50y
Dolan, Mary, b. 19 Apr 1860, 40y
Dolan, Michael, b. 30 Sep/1 Oct 1837, c. 16y, apoplexy
Dolan, Michael, b. 21 Jul 1848, 30y
Dolan, Patrick, b. 16 Jan 1868, 40y
Dolan, Rosan T., b. 16 Oct 1850, 2y
Dolan, Thos., see Dolan, twins
Dolan, Walter Jas., b. 30 May 1863, 4m
Doland, female/child, b. 14 May 1836, 6m/1y, dau/child of Thomas
Doland, Joseph, b. 14 May 1836, 20y, consumption
Dollo, Julien/Julia, see Dade/Dollo, Julien/Julia
Dolon, John, b. 16 Nov 1828, c. 16y, suddenly
Dolon, Mary, b. 8 Jun 1827, c. 27y, sickness in the head
Dolon, Thomas, b. 30 Nov 1827, c. 46y, consumption
Domaine, Thomas, b. 10 Nov 1829, 2y, unknown sickness, Colored
Domingo, child, b. 26 Jul 1826, c. 15m, teething, child of Julien
Dominica, Antoine, d. 12 Jan 1815, b. 13 Jan 1815, c. 70y, Colored Portuguese
Dominick, child, b. 4 Oct 1825, c. 5m, unknown sickness, child of Betsy, Colored
Dominick, Margaret, b. 3 Apr 1845, 100y, Colored
Dominick, Nancy, b. 20 Jul 1821, c. 40y, consumption
Donadien, child, b. 7 Aug 1831, 3m, child of Pierre
Donadien, Elizabeth, b. 23 Dec 1832, 27y, consumption
Donadieu, Mr., b. 28 Jul 1842, 78y, infirmity of age
Donadough, child, b. 20 Jul 1825, age unknown, unknown sickness, child of Mr. Donadough
Donaghoe, John, b. 3 Sep 1819, c. – y, consumption
Donaghue, female, b. 13 Aug 1834, 6m, dau of Mrs. Donaghue
Donaghy, Bridget, d. 11 Jul 1830, c. 1y, summer complaint, dau of Samuel Donighy
Donaho, Thomas, b. 10 Aug 1857, 11y
Donahoe, Thos., b. 28 Mar 1867, stillborn
Donahough, Francis, b. 19 Aug 1829, 13m, summer complaint, son of Bernard
Donald, John, b. 25 Jul 1830, c. 30y, suddenly
Donaldson, Mary, b. 5 Mar 1855, 22y
Donat, Alexander, b. 23 May 1862, 9m
Donat, Julia, b. 1 Jan 1863, 23y
Donavan, Wm. T., b. 3 Jul 1873, 7m
Doncet, Margaret, d. 23 Oct 1800, b. 24 Oct 1800, 63y, wid, at Baltimore
Donegan/Donnegan, Patrick, b. 11 Jul 1839, 30y, bilious fever
Donelan, male, b. 22 Jul 1849, 11m, son of John
Donelan, Bridget, b. 13 Oct 1870, 24y
Donelan, Jno., b. 3 Aug 1872, 11m
Donelan, John, b. 16 Oct 1847, 3y
Donelly/Donnelly, male, b. 24 Aug 1837, 2y, summer complaint, son of Owen
Donelly/Donnelly, Catherine, see Donelly/Donnelly, Cornelius & Catherine
Donelly, Charles, b. 5 Dec 1869, 1y
Donelly/Donnelly, Cornelius & Catherine, b. 15/16 Jun 1837, 78y, drowned in the flood

Donelly/Donnelly, James, b. 21 May 1842, 36y, killed on the railroad
Donelly, John, b. 8 Mar 1832, c. 40y, suddenly
Donelly, Mary, b. 2 Sep 1832, 31y, cholera
Donevin, Margaret, d. 9 Mar 1820, b. 10 Mar 1820, 8m
Donlan, James, b. 1 Jun 1866, 19m
Donlan, Thos., b. 21 Mar 1854, 12m, son of John
Donlevy, Andrew, d. 9 Nov 1814, b. 10 Nov 1814, 12y, bilious fever
Donnalley/Donnelly, male/child, b. 27 Jul 1838, c. 4m, children's complaint, son/child of W. Donnally/Owen
Donnegan, Patrick, see Donegan/Donnegan, Patrick
Donnell, child, b. 8 Jan 1827, died immediately after birth, child of Mr. Donnell
Donnell, male, b. 24 Apr 1841, 4y, son of Patrick M. Donnell
Donnell, James, b. 22 Sep 1822, c. 25y, died at the hospital of the fever
Donnell, John Wm., b. 25 May 1858, 12m
Donnell, Thomas, b. 23 Oct 1850, 4y, Colored
Donnelley, Peter, b. 18 Oct 1828, c. 50y, ague & fever, native of Tyrone, Ireland
Donnelly, child, b. 12 Feb 1826, c. 3y, child of Hugh
Donnelly, child, b. 11 Oct 1827, stillborn, child of Hugh
Donnelly, child, b. 24 Dec 1831, 8d, suddenly, child of John
Donnelly, child, b. 25 Aug 1832, 4m, summer complaint, child of Owen
Donnelly, male, b. 21 Aug 1834, 10m, son of Owen
Donnelly, male, b. 9 Jan 1841, 6w, croup, son of James
Donnelly, male, b. 5 Aug 1843, 10d, son of John
Donnelly, male, b. 22 Sep 1848, 6w, son of Mr. Donnelly
Donnelly, male, b. 18 Nov 1853, stillborn
Donnelly, male, see Donelly/Donnelly, male
Donnelly, male/child, see Donnalley/Donnelly, male/child
Donnelly, male see Donolly/Donnelly, male
Donnelly, Mrs., b. 30 Oct 1864
Donnelly, Alexine, b. 13 Aug 1860, 26y
Donnelly, Alice, b. 1 Sep 1853, 22y
Donnelly, Ambrose, b. 6 Apr 1869, 20m
Donnelly, Ambrose, b. 27 Jul 1871, 9m
Donnelly, Ann, b. 15 Oct 1846, 45y
Donnelly, Ann, b. 21 May 1857, 52y
Donnelly, Ann, b. 1 Feb 1860, 3y
Donnelly, Ann, b. 14 Feb 1864, 31y
Donnelly, Miss Ann E., b. 27 Jun 1852, 21y
Donnelly, Annie, b. 8 Apr 1872, 7y
Donnelly, Bernard, b. 28 Jun 1865, 25y
Donnelly, Catharine, b. 7 Mar 1846, 16m
Donnelly, Catharine, b. 9 Feb 1848, 13y
Donnelly, Catherine, b. 29 Sep 1866, 47y
Donnelly, Catherine, see Donelly/Donnelly, Cornelius & Catherine
Donnelly, Charles, b. 20 Jun 1866, 5y
Donnelly, Cornelius & Catherine, see Donelly/Donnelly, Cornelius & Catherine
Donnelly, Daniel, d. 8 Apr 1819, b. 9 Apr 1819, 60y, suddenly, native of Inneskillen, Ireland
Donnelly, Daniel, b. 10 Jan 1864, 14y
Donnelly, Ellen, b. 19 Aug 1866, 18y
Donnelly, Francis, b. 25 Jun 1872, 3y
Donnelly, Francis P., b. 12 Oct 1861, 15m
Donnelly, Hellen Louisa, b. 27 Dec 1859, 21y
Donnelly, Hugh, b. 24 Jan 1866, 13m
Donnelly, James, b. 13 Oct 1852, 32y
Donnelly, James, b. 24 Dec 1859, 2y
Donnelly, James, b. 23 Jan 1862, 50y

Donnelly, James, b. 24 Feb 1862, 54y
Donnelly, James, b. 22 Feb 1866, 73y
Donnelly, James, see Donelly/Donnelly, James
Donnelly, Julia, b. 22 May 1871, 40y
Donnelly, Julia, b. 11 Aug 1871
Donnelly, Katie, b. 3 Mar 1871, 2y8m
Donnelly, Margaret, b. 23 Aug 1848, 74y
Donnelly, Margaret, b. 6 Nov 1858, 3w
Donnelly, Mary, b. 2 May 1859, 9m
Donnelly, Mary, b. 22 Apr 1871, 60y
Donnelly, Mary Ann, b. 18 Sep 1854, 16y
Donnelly, Mary Ann, b. 24 May 1864, 8m
Donnelly, Mary E., b. 24 Mar 1849, 15m
Donnelly, Mary E., b. 25 Sep 1864, 21y
Donnelly, Mary J., b. 29 Jul 1871, 9m
Donnelly, Mary J., b. 21 Nov 1872, 2m
Donnelly, Mgt. Teresa, b. 28 Jun 1866, 18m
Donnelly, Michael, b. 4 Dec 1847, 2y
Donnelly, Michael, b. 24 Dec 1850, 36y
Donnelly, Owen, b. 3 Aug 1850, 50y
Donnelly, Robert, b. 11 Jul 1826, 27y, bilious fever, from the country
Donnelly, Rose, b. 23 Sep 1823, 35y, bilious fever
Donnelly, Teresa, b. 19 Sep 1818, 6m
Donnelly, Thomas, d. (3:00 a.m.) & b. 23 Mar 1826, c. 40y
Donnolly, twins, b. 16 Apr 1826, died soon after birth, children of John
Donnolly, Cath., b. 8 Sep 1872, 25y
Donnolly, John, b. 7 Jun 1856, 23y
Donoghoe, James, b. 21 Oct 1863, 40y
Donoghy, Hugh, b. 11 Jul 1831, c. 5m, summer complaint, son of Samuel
Donoho, child, b. 13 Aug 1821, child of Barnard
Donoho, Johana, b. 23 Jun 1858, 18m
Donoho, John, b. 25 Feb 1844, 45y
Donoho, Thos., b. 19 May 1861, 40y
Donohoe, child, b. 4 Sep 1824, c. 6w, bilious fever, child of Bernard
Donohoe, child, b. 25 Aug 1825, c. 8d, bilious, child of Bernard
Donohoe, female/James, b. 29 Apr 1863, child
Donohoe, Ann, b. 22 Aug 1850, 45y
Donohoe, Bernard, b. 9 Jul 1828, c. 40y, unknown sickness
Donohoe, Bernard, b. 1 Jan 1831, c. 5y, scarlet fever, son of Bernard
Donohoe, Catharine, b. 18 Sep 1866, 3w
Donohoe, Catherine, b. 8 Sep 1830, c. 2y, bilious fever, dau of Owen
Donohoe, Cornelius, b. 25 May 1852, 8y
Donohoe, John, d. 21 Sep 1818, b. 22 Sep 1818, 6d
Donohoe, Patrick, b. 30 Aug 1832, c. 35y, cholera
Donohoe, Patrick, b. 9 Mar 1846, 48y
Donohoe, Patrick, b. 10 Dec 1849, 30y
Donohoe, Sarah, b. 24 Aug 1863, 38y
Donohue, Ellen, b. 30 Mar 1858, 56y
Donolly, child, b. 19 Jul 1824, 6m, bowel complaint, child of John
Donolly, child, b. 6 Oct 1830, age unknown, sickness unknown, child of John
Donolly/Donnelly, male, b. 7/17 Aug 1837, 3y, measles, son of Mr. Donolly
Donovan, female, b. 14 Jan 1852, 2m, dau of Jane
Donovan, Alexander, d. & b. 19 Dec 1800, c. 20y
Donovan, Cornelius, b. 5 Mar 1855, 15y
Donovan, Dennis, b. 28 Nov 1864, 3y
Donovan, Honora, b. 4 Aug 1858, 28y

Donovan, Hugh, b. 11 Jul 1849, 13m
Donovan, James, b. 26 Oct 1854, 30y
Donovan, James, b. 22 Aug 1860, 5m
Donovan, John, d. 16 Oct 1796, b. 17 Oct 1796, c. 8w, son of Bartholomew & Sarah
Donovan, John, b. 21 Jul 1848, 18m
Donovan, John, b. 28 Jun 1860, 6m
Donovan, Julia, b. 27 Aug 1865, 55y
Donovan, Kate, b. 28 Jul 1854, 12m
Donovan, Lewis I., b. 7 Jul 1859, 10m
Donovan, Mary, b. 15 Dec 1860, 12y
Donovan, Sarah Jane, b. 30 Nov 1852, 6y
Donovan, Timothy, b. 26 Dec 1830, c. 35y, unknown sickness
Donovan, Timothy, b. 28 Jun 1845, 9m
Donovan, Timothy, b. 20 Nov 1851, 40y
Donovan, William, b. 5 Jul 1867, 40y
Doolan, John, d. 6 Nov 1798, b. 7 Nov 1798, c. 40y
Dooley, male, b. 15 Sep 1865, child, son of Michael
Dooling, John, born, baptised & d. 29 May 1808, b. 30 May 1808, debility, son of Rhody & Eleanor
Doonan, male, b. 21 Mar 1821, c. 45y, suddenly
Dooner, Bridget, b. 16 Jan 1864, 42y
Dooner, Hugh, b. 25 Nov 1867, 60y
Doran, child, b. 4 Jun 1828, stillborn, child of Mr. Doran
Doran, Catharine, b. 13 Mar 1855, 31y
Doran, Catherine, b. 18 Sep 1838, 75y
Doran, John, b. 28 Aug 1845, 40y
Doran, Mary, b. 15 Apr 1845, 50y
Dorcas, ----, b. 1 Jul 1848, 84y, Colored
Dorey/Dorsey, Ann, b. 13 Jun 1842, 78y, old age
Dorgan, Elizabeth, b. 19 Sep 1873, 38y
Dorman, female, b. 3 May 1841, 2 hours, child of John
Dormandy, Catharine, b. 9 Dec 1850, 31y
Dormandy, John, b. 27 Jan 1852, 40y
Dormas, Louise, b. 17 Jun 1865, 50y
Dorn, Mary, b. 6 Dec 1862, 33y
Dorney/Dornys, male, b. 29 Jul 1837, 3m, cholera infantum, son of James
Dorney, Mrs., b. 8 Jul 1846, 60y
Dorney, Bartholomew, b. 22 May 1856, 77y
Dorney, Charlotte, b. 5 Jan 1855, 65y
Dorney, E. G., b. 26 Feb 1872
Dorney, Elizabeth, d. 3 Sep 1800, b. 4 Sep 1800, 2y, dau of John & Jane
Dorney, Enoch, b. 12 Nov 1834, 29y, jaundice
Dorney, John M., b. 13 Mar 1853, 40y
Dorney, Martha, d. 25 Dec 1801, b. 26 Dec 1801, 4y3m20d, dau of John & Jane
Dorney, Mary Ann, b. 22 Jan 1835, 24y, inflamation of the lungs
Dorney, Thomas, d. 15 Sep 1801, b. 16 Sep 1801, 2w, son of John & Jane
Dornin, Eliza, d. & b. 7 Aug 1814, wife of Bernard, bookseller
Dornys, male, see Dorney/Dornys, male
Dorsee, Henrietta, d. 14 Oct 1810, b. 15 Oct 1810, 28d
Dorsey, child, b. 12 Nov 1851, stillborn, child of Mr. Dorsey
Dorsey, female, b. 10 Jul 1862, 9m, dau of Henry, Colored
Dorsey, female, b. 1 Mar 1838, 10y, dau of Charles, Colored
Dorsey, female/Mary, b. 11/13 Feb 1839, 9m, dau of Mary, Colored
Dorsey, male, b. 1 Feb 1844, 2y, son of Mr. Dorsey
Dorsey, Mr., b. 10 Jun 1846, 45y
Dorsey, Ann, b. 8 Aug 1859, 35y

Dorsey, Ann, see Dorey/Dorsey, Ann
Dorsey, Blanch, b. 29 Aug 1872, 2y
Dorsey, Bridget, b. 1 Jan 1850, 39y
Dorsey, Caroline, b. 18 Aug 1842, 7m, Colored
Dorsey, Cath., b. 20 May 1871, 88y, Colored
Dorsey, Charles W., b. 7 Mar 1866, 2y
Dorsey, Cornelius, d. 13 Jun 1817, b. 14 Jun 1817, 47y, consumption, Colored slave
Dorsey, Frances Ann, b. 27 Nov 1863, 20y, Colored
Dorsey, Francis, b. 25 Feb 1850, 48y
Dorsey, Harriet, b. 7 Nov 1855, 2y, Colored
Dorsey, James, b. 13 Dec 1853, 3w
Dorsey, John, b. 18 Mar 1859, 3½y
Dorsey, John Michl., b. 16 Nov 1852, 45y
Dorsey, Judith, b. 25 Sep 1822, c. 50y, unknown sickness, free Colored woman
Dorsey, Margaret, b. 14 Apr 1858, 10w
Dorsey, Mary, b. 24 Apr 1825, 2y, Colored, born of Robert & Ann
Dorsey, Mary, b. 15 Feb 1839, 31y, Colored
Dorsey, Mary, b. 9 Aug 1848, 10m
Dorsey, Mary, b. 25 Mar 1872, 26y, Colored
Dorsey, Mary Ann, b. 12 Dec 1864, 16y, Colored
Dorsey, Mary Catharine, b. 17 Jan 1859, 14m
Dorsey, Mary E., b. 20 Apr 1855, 23y
Dorsey, Michael, b. 29 Jun 1847, 4w
Dorsey, Rosanna, b. 7 Mar 1849, 40y
Dorsey, Thomas, b. 3 Aug 1866, 5y, Colored
Dorsey, Tormey, b. 6 Mar 1872, 40y, Colored
Dorsey, William H., b. 11 Feb 1862, 6w
Dorsey, Wm. H., b. 29 May 1866, 31y, Colored
Dosean, Mary, b. 17 Jun 1866, 70y, Colored
Dos Santes, Chas. A., b. 3 Jun 1858, 17m
Dosson, Joseph, b. 15 Apr 1845, 60y, Colored
Doud, Margaret, b. 15 Sep 1859, 2½y
Dougherty, ---, b. 14 Nov 1830, c. 45y, consumption
Dougherty, female, b. 21/22 Dec 1837, 6y, died of a burn, dau of Thomas
Dougherty, female, b. 3 May 1841, 7m, dau of James
Dougherty, female/child, b. 20 Jun 1842, 2m, dau/child of James
Dougherty, female, b. 12 Aug 1849, 15 minutes, dau of Thos.
Dougherty, male/James, b. 21 Jul 1837, 1y, infantile unknown, child of James?
Dougherty, male, b. 3 Aug 1845, 2 minutes, son of Jas.
Dougherty, Miss, b. 11 Mar 1847, 17y
Dougherty, Mrs., b. 6 Jul 1838, 60y, consumption
Dougherty, Mrs., b. 4 Apr 1866
Dougherty, Bernard, b. 14 Oct 1834, 21y, killed by falling from a bridge
Dougherty, Bernard, b. 3 May 1869
Dougherty, Bridget, b. 21 Jun 1859, 42y
Dougherty, Carolina, d. 6 Apr 1810, b. 7 Apr 1810, 11m
Dougherty, Charles, d. 17 May 1815, b. 18 May 1815, c. 45y, pleurisy
Dougherty, Charles, b. 25 Jun 1820, 3m
Dougherty, Charles I., b. 2 Jan 1869, 40y
Dougherty, Daniel, d. 3 Oct 1811, b. 4 Oct 1811, 15m, died of the thrush
Dougherty, Edward, d. 20 Oct 1813, b. 21 Oct 1813, 15m
Dougherty, Edward, b. 9 Sep 1828, c. 23y
Dougherty, E. L., b. 25 Jun 1869, 21y
Dougherty, Elizabeth, d. 16 Apr 1812, b. 17 Apr 1812, c. 45y, Colored
Dougherty, Elizabeth, b. 8 May 1826, 5y
Dougherty, Elizabeth, b. 10 Apr 1846, 29y

Dougherty, Ellen E., b. 8 Mar 1866, 4m
Dougherty, George, d. & b. 15 Oct 1797, native of Ireland
Dougherty, George, b. 29 Jul 1856, 12m
Dougherty, Hannah, b. 17 Jun 1853, 64y
Dougherty, Harriet, b. 5 Nov 1868, 65y
Dougherty, Hugh, d. 24 Aug 1796, b. 25 Aug 1796, c. 24y
Dougherty, Hugh, d. 31 Oct 1812, b. 1 Nov 1812, 45y, violent cold
Dougherty, James, d. 13 May 1804, b. 14 May 1804, c. 45y, suddenly, hus of Mary
Dougherty, James, d. 5 Nov 1814, b. 6 Nov 1814, 3y
Dougherty, James, b. 21 Dec 1846, 56y
Dougherty, James, b. 18 Apr 1863, 27y
Dougherty, James, b. 16 Oct 1868, 37y
Dougherty, Jeremiah, d. 19 Apr 1812, b. 20 Apr 1812, c. 33y, died at the Poor House
Dougherty, John, d. 10 Sep 1813, b. 11 Sep 1813, 35y, native of Ireland
Dougherty, John, b. 30 Sep 1824, 29y, typhus fever
Dougherty, John, b. 23 Jan 1830, 81y, cholera morbus, an old & respectable citizen of Baltimore
Dougherty, John, b. 19 May 1849, 40y
Dougherty, John, b. 17 Aug 1854, 3w
Dougherty, John, b. 17 Jul 1869, 1w
Dougherty, Margaret, b. 30 Apr 1868, 19y
Dougherty, Mary, d. & b. 9 Oct 1797
Dougherty, Mary, b. 22 Jul 1829, c. 1y, dau of John
Dougherty, Mary, b. 21 Jul 1846, 18y
Dougherty, Mary, b. 7 Apr 1848, 70y
Dougherty, Mary, b. 8 Sep 1860, 20y
Dougherty, Mary, b. 8 Jun 1861, 70y
Dougherty, Mary, b. 1 Jan 1863, 24 hours
Dougherty, Mary, b. 11 Apr 1863, 65y
Dougherty, Mary, b. 19 Apr 1868, 80y
Dougherty, Mary Ann, d. 19 Aug 1813, b. 20 Aug 1813, 8m, dau of Patrick & Ann
Dougherty, Mary Ann, b. 28 Aug 1834, 12y, bilious fever
Dougherty, Mary Jane, b. 15 Jul 1868, 6m
Dougherty, Mathew, b. 29 May 1848, 3m
Dougherty, Neal, b. 4 Nov 1845, 78y
Dougherty, Orum, b. 6 Mar 1865, 25y
Dougherty, Patrick/Mr., b. 1/2 Jan 1836, 58y, typhus fever
Dougherty, Phineas, d. 26 May 1803, b. 29 May 1803, bilious fever, died in the vicinity of this city
Dougherty, Rosanna, d. 25 Aug 1819, b. 26 Aug 1819, 8m, bowel complaint
Dougherty, Sarah A., b. 7 Jul 1854, 3m
Dougherty, Susan, b. 4 May 1845, 3y
Dougherty, Theophilus Felix, b. 29 Sep 1822, c. 48y, bilious fever
Dougherty, Thomas, b. 13 Jul 1849, 5m
Dougherty, William, b. 28 Jan 1823, 66y
Douglas, Joseph John, d. 4 Jul 1800, b. 5 Jul 1800, 3m, smallpox, son of Cantwell & Ann
Douglas, Malvina, b. 24 May 1861, 11y, Colored
Douglas, William, d. 3 Sep 1819, b. 4 Sep 1819, 2y, summer complaint
Douglass, child, b. 14 Dec 1820, few hours old, child of Mrs. Douglass
Douglass, child, b. 22 Aug 1822, c. 1y, child of William
Douglass, Mr., b. 14 Oct 1845, 63y
Douglass, David A., b. 13 Jul 1847, 6m
Douglass, Edwd. Peter, b. 8 Jun 1844, 4m
Douglass, Henrietta, b. 3 Sep 1853, 12m
Douglass, Joseph, b. 27 Jul 1853, 41y
Doulier (Douliere), Clara, d. 6 Oct 1811, b. 7 Oct 1811, old age, died at the Poor House
Douling, ---, b. 20 May 1860, child of James P. Douling
Doway, John, b. 3 Aug 1853, 8m

Dowlin, Philippa, d. 13 Sep 1800, b. 14 Sep 1800, 28y, wife of Dr. Dowlin of Fells Point
Dowling, child, b. 26 May 1861, stillborn, child of Mr. Dowling
Dowling, Edward, b. 21 Jun 1845, 60y
Dowling, Eliza, b. 24 Oct 1832, c. 50y, fit
Dowling, Joseph, b. 6 Oct 1820, few days old
Dowling, Joseph D., b. 16 Jun 1854, 2m
Dowling, Mary J., b. 27 Apr 1843, 20y
Dowling, Thomas, d. 25 Jul 1807, b. 26 Jul 1807, c. 11m, son of Roland & Eleanor
Dowling, William, b. 20 Jan 1835, c. 45y, cold
Down, Juliet, b. 27 Feb 1823, c. 30y, died after childbirth, free woman
Downes, John, b. 2 Jan 1858, 2½y
Downes, Joseph B., b. 28 Jan 1857, 2w, Colored
Downey, child, b. 6 Aug 1869, 10m, child of Mr. Downey
Downey, female, b. 15 Nov 1835, 9m, teething, dau of Hugh
Downey, Florence, b. 9 Aug 1828, c. 50y, died from drinking cold water, native of Ireland
Downey, I., b. 7 Jan 1865, 73y
Downey, Mary Ann, b. 8 Jun 1857, 6y
Downey, Matthew, d. 28 Feb 1797, b. 1 Mar 1797, 35y, died at Fells Point, native of Dublin
Downey, Sarah, b. 7 Mar 1864, 74y
Downey, Thomas, d. 6 Apr 1807, b. 7 Apr 1807, c. 36y, native of Ireland
Downey, William, d. 5 Feb 1807, b. 6 Feb 1807, c. 50y, native of Ireland
Downing, Robert, b. 16 Aug 1825, c. 42y, suddenly
Downs, child, b. 10 Jul 1823, c. 6m, bowel complaint, child of Juliet
Downs, Mary Ann, b. 30 May 1852, 15m
Downs, Rosa, b. 10 Sep 1853, 11m
Downs, Sarah, b. 4 Oct 1828, c. 17y, consumption, Colored
Downs, William F., b. 12 Jun 1828, c. 6m, son of Elizabeth
Dowry, Joseph, b. 3 Aug 1821, 4m, dysentery, Colored, son of Joseph & Julie
Dowry, Mary Ann, d. 6 Apr 1814, b. 7 Apr 1814, 5y
Dowson, Ann Agnes DeToughery, b. 21 May 1850, 47y
Doyerty, Thomas, b. 29 Aug 1830, c. 40y, unknown sickness
Doyle, child, b. 27 Jul 1831, stillborn, child of James
Doyle, child, b. 14 Dec 1852, stillborn, child of Pat.
Doyle, child, b. 3 Mar 1854, 6y, child of Thomas
Doyle, child, b. 22 Nov 1855, ½ hour, child of Mr. Doyle
Doyle, child, b. 11 Nov 1870, stillborn, child of James
Doyle, female, b. 16 Aug 1838, 18m, dau of Margaret
Doyle, female/females, b. 14 Aug 1851, 2 hours, twin dau/twins of Peter
Doyle, female, b. 18 Jul 1854, 2y, dau of William
Doyle, female, b. 20 Jul 1861, 30 minutes, dau of William
Doyle, male, b. 15 Sep 1843, 6m, son of Peter
Doyle, Mrs., b. 28 Apr 1856, 28y
Doyle, Ann, b. 10 Jan 1844, 1d
Doyle, Augustin, b. 24 Dec 1850, 16y
Doyle, Bernard, b. 14 Dec 1852, 56y
Doyle, Bridget, d. 20 Sep 1803, b. 21 Sep 1803, 14m, cholera, dau of Michael L. & Mary
Doyle, Cath., b. 14 Jul 1871, 74y
Doyle, Catharine, b. 31 Dec 1850, 60y
Doyle, Catharine, b. 10 Feb 1870, 16y
Doyle, Catherine, b. 7 Oct 1854, 20m
Doyle, Charles, b. 6 Jan 1870, 5m
Doyle, Edward, b. 20 Nov 1852, 24y
Doyle, Edward, b. 3 Jun 1853, 7m
Doyle, Edward, b. 9 Aug 1862, 35y
Doyle, Edward, b. 19 Jul 1863, 7m
Doyle, Edward F., b. 24 Mar 1856, 15m

Doyle, Elizabeth U., b. 16 Aug 1855, 38y
Doyle, Miss Ellen, b. 27 Feb 1852, 25y
Doyle, Ellen, b. 2 Feb 1862, 45y
Doyle, Ferdinand, b. 20 Jun 1863, 4y
Doyle, Dr. J. A., b. 18 Jul 1871, 39y
Doyle, James, d. & b. 1 Oct 1797, c. 28y
Doyle, James, b. 5 Mar 1855, 35y
Doyle, James, b. 12 Jan 1856, 35y
Doyle, James, b. 17 May 1856, 6y
Doyle, James, b. 25 Jul 1856, 3y
Doyle, James, b. 30 Jul 1872, 2y
Doyle, Jane G., b. 8 Dec 1871, 60y
Doyle, John, d. 26 Jan 1810, b. 28 Jan 1810, c. 24y, native of Ireland
Doyle, John, b. 1 Dec 1843, 16m
Doyle, John, b. 11 Jan 1854, 3y
Doyle, John, b. 1 Jul 1860, 2½y
Doyle, John D., b. 23 May 1855, 18y
Doyle, Joseph/Sarah, b. 25 Nov 1840, 58y, consumption
Doyle, Joseph, b. 24 Nov 1859, 18m
Doyle, Laurence, b. 24 Jul 1856, 65y
Doyle, Manie, b. 21 Jun 1865, 3y
Doyle, Margaret, b. 3 May 1865, 12y
Doyle, Martina, b. 12 Nov 1830, unknown sickness
Doyle, Martina, b. 15 Nov 1830, 7m, dropsy on the brain
Doyle, Mary, d. 13 Mar 1798, b. 14 Mar 1798, c. 2½y, dau of Nicholas & Ann
Doyle, Mary, b. 15 Aug 1861, 7m
Doyle, Mary, b. 24 Oct 1861, 35y
Doyle, Mary Ann, b. 9 Jun 1850, 17y
Doyle, Mary E., b. 24 Apr 1855, 10m
Doyle, Mary Ellen, b. 22 Jun 1859, 12m
Doyle, Mary L., b. 18 Jul 1872, 10y
Doyle, Mgt., b. 9 Nov 1859, 6 hours
Doyle, Michael, b. 2 Nov 1846, 38y
Doyle, Michael, b. 26 Jan 1848, 24y
Doyle, Patrick, b. 7 Jun 1874, 7d
Doyle, Peter, b. 14 Feb 1855, 50y
Doyle, Rose, b. 21 Jun 1865, 10m
Doyle, Sarah, b. 7 Aug 1830, c. 2y, bowel complaint
Doyle, Sarah, b. 12/14 Mar 1839, 9y, dropsy
Doyle, Sarah, b. 22 Jul 1863, 2y
Doyle, Sarah, see Doyle, Joseph/Sarah
Doyle, Sarah Ann, b. 15 Mar 1857, 9m
Doyle, Thomas, d. 9 Jul 1809, b. 10 Jul 1809, 30y, native of Ireland
Doyle, Thomas, b. 16 Aug 1826, 22y, bilious fever
Doyle, Thomas, b. 29 Jul 1856, 3m
Doyle, Thomas, b. 20 Oct 1857, 29y
Doyle, Thomas, b. 1 Jun 1860, 36y
Doyle, Thomas, b. 4 Dec 1867, 30y
Doyle, Walter, b. 24 Aug 1863, 9y
Doyle, William, b. 18 Dec 1824, dropsy
Doyle, William, b. 27 Mar 1860, 48y
Drain, Daniel, b. 9 Jul 1861, 11m
Drain, James, b. 12 Apr 1861, 11m
Drain, Margaret, b. 26 Apr 1869, 45y
Drainer, female, b. 10 Jan 1855, 3 hours, dau of John
Drake, Francis, d. 18 Apr 1795, b. 19 Apr 1795, c. 60y

Drake, Mary, b. 28 Nov 1835, 35y, disease of the heart
Drake, William, b. 16 Oct 1842, 60y
Drane, Hugh, b. 13 Aug 1863, 45y
Drane, James, b. 23 Sep 1869, 15m
Drane, Jane, b. 7 Feb 1865, 2½y
Drane, Mgt., b. 18 Jun 1874, 48y
Drane, Pauline, b. 29 Mar 1871, 24y
Draynan, Thomas, d. 11 Jul 1795, b. 12 Jul 1795, 1y8m
Drinan, John, d. & b. 25 Jul 1797, c. 11m, son of Thomas & Mary
Drinan, Mary, born, d. & b. 1 Oct 1797, dau of Simon & Mary
Drinan, Mary, d. 2 Oct 1797, b. 3 Oct 1797, wife of Simon, native of Ireland
Drisch, Levy, b. 3 Dec 1845, 48y
Driscoll, Catharine E., b. 27 Jun 1856, 8m
Driscoll, Dennis, b. 24 Sep 1862, 32y
Driscoll, Dennis, b. 5 Jul 1863, 18m
Driscoll, Ellen, b. 9 May 1869, 40y
Driscoll, Ellen C., b. 22 Oct 1855, 3y
Driscoll, John C., b. 8 Oct 1855, 51y
Driscoll, John M., b. 8 Feb 1855, 10m
Driscoll, Margaret, d. 13 Aug 1799, b. 15 Aug 1799, c. 4y, dau of Mark & Mary
Driscoll, Mrs. Mary, b. 9 Sep 1849, 49y
Driscoll, Mary, b. 6 Sep 1859, 28y
Driscoll, Mary Ellen, b. 23 Jul 1856, 17m
Driskill, Patrick, d. 16 Aug 1798, b. 17 Aug 1798, 15m, son of Mark & Mary
Droghan, Elizabeth, d. 30 Dec 1815, b. 31 Dec 1815, 40y, rheumatism in the head
Drohan, child, b. 21 Jul 1844, 12m, child of Thos.
Drohan, female/Thomas, b. 29 Apr 1840, 16m, dau of Thomas
Drohan, female/male, b. 23 Jul 1842, 12m, whooping cough, dau of Mr. Drohan
Drohan, female, b. 28 Jul 1842, 6y, consumption, dau of Mr. Drohan
Drohan, male, b. 14 Feb 1849, son of Thos.
Drohan, James, b. 11 Mar 1844, c. 8y
Drohan, Mary, b. 5 Mar 1844, 12y
Drohn, Thoms, b. 19 Oct 1863, 54y
Drohon, Mary Ann, b. 3 Sep 1854, 2w
Drost, John Henry, b. 30 Oct 1867, 72y
Droste, Lydia Ann, b. 11 Feb 1853, 20y
Drought, George F., b. 13 Mar 1862, 7y
Drought, Margaret, b. 3 Mar 1857, 23y
Drugan, Thomas, b. 5 Sep 1851, 30y
Drumm, Grace, b. 28 May 1828, c. 34y, suddenly
Drummond, male, b. 14 Feb 1838, 15m, whooping cough, son of John
Drummond, Mary, d. 3 Jul 1803, b. 4 Jul 1803, 1y1m10d, cholera, dau of Thomas & Catharine
Drury, female, b. 10 Dec 1840, 3y, scarlet fever, dau of Mrs. Drury
Drury, Charles, b. 6 Aug 1840, 32y, consumption
DuBernard, ---/William, b. 20/25 Nov 1841, 45y, consumption
DuBernard, Mrs., b. 8 Nov 1835, c. 28y, congestive liver & thyroid symptoms
DuBernat, Maria Claudine Auge, b. 24 May 1826, 64y, consumption
DuBoberil, Francis John Mary, d. & b. 22 Jul 1799, c. 35y, buried in St. Peter's Church Yard, former Lieut. in the Royal Navy of France, native of Ploerniel, France, St. Male Diocese
DuBois, John Francis DuMenil, d. 5 Jan 1794, b. 6 Jan 1794, c. 33y, native of St. Omer, Artois, buried in St. Peter's Church Yard
Dubois, Joseph, b. 1 Aug 1854, 6m, Colored
DuBourg, Aloysius Joseph, d. & b. 22 Jul 1800, 1d, son of Peter Fras St. Colombe & Mary Elizabeth Lanzun DeCharette
Dubriel, Charles, b. 5 Jun 1861, 4y
Ducammon, Fortune, b. 2 Oct 1870, 90y

Ducas, infant, b. 21 Jan 1821, of Peter, died baptized a few hours after birth, Colored
Ducasoe, Peter, b. 23 May 1824, 2y, son of Peter, Colored
Ducatel, female, b. – Jul 1834, dau of Dr. Julius
Ducatel, female, b. 21 Aug 1835, 2w, decline, dau of Dr. Julian
Ducatel, male, see Ducatell/Ducatel, male
Ducatel, Aimee Adelaide, d. 14 Aug 1799, b. 15 Aug 1799, 7m26d, dau of Edme & Ann Catharine Pinean
Ducatel, Hyppolite, b. 21 Jun 1870, 59y
Ducatel, Josephine, b. 14 Apr 1867, 23y
Ducatell/Ducatel, male, b. 12 Jul 1839, 6m, dentition, son of Dr. I. Ducatell/Ducatel
Ducatell, Ann P., b. 10 Oct 1848, 71y
Duchelman, Mrs. Elizabeth Mary Ann, see Antonio, Sister Mary
Duchemin, Amelia, d. 26 Mar 1809, b. 27 Mar 1809, 16m16d, teething, dau of Francis & Margaret
Duchemin (Duchenin), Emily, b. 14 Feb 1837, 21y, consumption
Duchemin, James Joseph, d. 5 Dec 1800, b. 6 Dec 1800, c. 3m, son of Frans & Margaret
Duchemin, Nicholas, d. 3 Jan 1796, b. 4 Jan 1796, 1d, son of Francis & Margaret
Duchenin, Emily, see Duchemin (Duchenin), Emily
Duchenin, Francis Augustin, d. 13 Jan 1795, b. 14 Jan 1795, 8d, son of Francis & Margaret
Duchman, b. 22 Dec 1840, 76y, consumption
Duck, female, b. 8 Dec 1839, 3y, burned, dau of Mr. Duck
Duck, Susan, b. 23 Dec 1828, c. 10y, burned to death, Colored
Duckering, Francis, d. 2 May 1818, b. 3 May 1818, 60y, consumption
Dudley, Robert, b. 14 Jul 1856, 9m
Duering, child, b. 10 Oct 1828, stillborn, child of David F. Duering
Duering, Catharine, b. 14 Feb 1863, 30y
Duering, David, b. 2 Apr 1855, 50y
Duering, David T., b. 1 Dec 1873, 1w
Duering, Jno. T., b. 5 Dec 1873, 2w
Duff, Amelia, b. 10 Jul 1862, 23y
Duff, Ann, d. 6 Nov 1801, b. 8 Nov 1801, 1y7m, dau of Patrick & Martha
Duff, Ann, b. 2 Oct 1856, 35y
Duff, Elizabeth, b. 15 May 1858, 18m
Duff, James, d. 1 Jul 1806, b. 2 Jul 1806, c. 6m, cholera, son of John & Elizabeth
Duff, James, d. 4 Sep 1806, b. 5 Sep 1806, 7m4d, cholera, son of Henry & Jane
Duff, John, d. 22 Jul 1813, b. 23 Jul 1813, 9m
Duff, Margaret, b. 23 Aug 1849, 60y
Duff, Mary, b. 5 Feb 1815, 9m
Duff, Peter, b. 28 Apr 1846, 58y
Duffant, Jean Baptiste, d. 12 Aug 1811, b. 13 Aug 1811, c. 27y
Duffey, Michael, b. 30 Jul 1830, c. 24y, bilious fever
Duffey, Patrick, b. 15 Nov 1857, 26y
Duffey, Peter, b. 27 Sep 1831, c. 18y, bilious
Duffie, John, b. 20 Apr 1864, 5 hours
Duffield, Mary Ann, d. 30 Dec 1816, b. 31 Dec 1816, 2m
Duffy, ---, d. 5 Jun 1818, b. 6 Jun 1818, 60y, consumption
Duffy, child, b. 21 Oct 1832, c. 6m, summer complaint, child of John
Duffy, child, b. 28 Sep 1851, 2w, child of Jno.
Duffy, child, b. 17 May 1858, stillborn, child of Catharine
Duffy, child, b. 6 Jan 1868, child of Mr. Duffy
Duffy, female, b. 3 Nov 1838, 2y, dau of John
Duffy, male, b. 20 Jun 1837, 3½y, measles, son of John
Duffy, male, b. 9 Jan 1845, 11m, son of Hugh
Duffy, male, b. 18 Apr 1847, 6m, son of Mr. Duffy
Duffy, male, b. 14 Jun 1855, 15 minutes, son of Daniel
Duffy, Mr./James, b. 30 Aug 1837, c. 28/30y, Savannah fever

Duffy, Mrs., b. 28 Sep 1831, 45y, bilious fever
Duffy, Ann, b. 9 Aug 1862, 62y
Duffy, Bernard, b. 7 Feb 1861, 30y
Duffy, Bridget M., b. 17 Jan 1861, 4y
Duffy, Cath., b. 15 Jul 1874, 10d
Duffy, Catharine, b. 20 Aug 1850, 50y
Duffy, Catharine, b. 3 Aug 1857, 16m
Duffy, Catharine, b. 17 May 1858, 30y
Duffy, Catharine, b. 25 Jul 1864, 74y
Duffy, Catharine, b. 19 May 1866, 8m
Duffy, Charles, b. 26 Oct 1826, c. 50y, unknown sickness
Duffy, Elenor, b. 19 Oct 1825, c. 45y, unknown sickness
Duffy, Henry, b. 31 Dec 1848, 30y
Duffy, Hugh, b. 26 Feb 1865, 62y
Duffy, James, b. 25 Jul 1851, 40y
Duffy, James, b. 27 Oct 1864, 42y
Duffy, James B., b. 12 Jul 1857, 6m
Duffy, James P., b. 27 Jun 1854, 12m
Duffy, John, b. 16 Aug 1863, 13m
Duffy, John, b. 17 Oct 1866, 63y
Duffy, Joseph, b. 9 Apr 1871, 1m
Duffy, Mary, d. 11 Aug 1800, b. 12 Aug 1800, 2y
Duffy, Mary, b. 21 Apr 1852, 25y
Duffy, Mary Ann, b. 31 Oct 1858, 4y
Duffy, Mary Ann, b. 30 Jun 1865, 9y
Duffy, Michael, b. 21 Aug 1834, 18y, cold
Duffy, Owen, d. & b. 18 Aug 1798, c. 40y, native of Ireland
Duffy, Peter, b. 5 Sep 1847, 3y
Duffy, Peter, b. 29 May 1859, 47y
Duffy, Philip, b. 17 Jul 1857, 65y
Duffy, Sarah, b. 10 Nov 1850, 4y
Duffy, Thomas, b. 21 Aug 1834, 13y, cold
Duffy, Thomas, b. 15 Feb 1863, 3½y
Duffy, Thomas V., b. 17 Mar 1870, 7m
Duffy, Timothy, d. 16 Nov 1802, b. 17 Nov 1802, c. 50y
Dugan, male, b. 25 Jan 1865, stillborn, son of James
Dugan, Frederick, b. 11 Aug 1869, 4m
Dugan, James, d. 19 Jul 1794, b. 20 Jul 1794, laborer, buried in St. Peter's Church Yard
Dugan, James, b. 8 Feb 1853, 28y, Colored
Dugan, John, b. 22 Oct 1869, 2y
Dugan, Josephine, b. 11 Jul 1869, 21m
Dugan, Margaret, d. 9 Sep 1805, b. 10 Sep 1805, 9m, dau of Patrick & Margaret
Dugan, Maria L., b. 27 May 1865, 24y
Dugan, Mary, d. 22 Aug 1816, b. 23 Aug 1816, 30y, consumption
Dugan, Michael, b. 27 Oct 1842, 35y
Dugan, William K./Kennedy, b. 20 Aug 1860, 19d
Dugas, Ann, b. 13 Mar 1812, c. 30y, died at the hospital (Poor House)
Dugas, Lewis I., b. 29 Nov 1846, 65y
Dugas, Louis C., b. 12 Jan 1872, 64y
Duggan, Anna A., b. 1 Feb 1868, 24y
Duggan, Bridget, b. 9 Aug 1863, 40y
Duggan, Edmund, b. 24 Mar 1856, 2y
Duggan, Francis, b. 27 Oct 1868, 10m
Duggan, Francis J., b. 5 Sep 1870, 17m
Duggan, Marcella, b. 16 Jul 1861, 2y
Duggan, Margaret, b. 15 Aug 1855, 6m

Duggan, Patrick, b. 12 Feb 1868, 26y
Duggan, William, b. 26 Oct 1857, 30y
Duhamel, Dr. John Baptiste Guillet, b. 7 Nov 1825, unknown sickness, of St. Martinsville, La.
DuHarley, Catharine Mary, d. 16 Jul 1798, b. 17 Jul 1798, 6y3m, dau of Bartholomew Mary & Adelaide Mary
Duignan, Michael, b. 9 Nov 1874, 28y
Duke, female, b. 22 Jun 1861, 13m, dau of Mr. Duke
Duke, male, b. 30 Aug 1834, 2y, summer complaint, son of Mr. Duke
Duke, Miss, b. 10 Apr 1838, 25y
Duke, Alfred I., b. 24 Dec 1856, 31y
Duke, Augustin, b. 6 Jun 1864, 2y
Duke, Cecelia, b. 4 Sep 1857, 69y
Duke, James, b. 20 Jun 1852, 64y
Duke, Jamisa, b. 15 Jul 1859, 16m
Duke, Mary, b. 16 Nov 1822, c. 53y, pleurisy
Duke, Mary, b. 12 Sep 1862, 33y
Dukehart, John, b. 23 Sep 1829, died soon after birth, Colored
Dukehart, Mary E., b. 2 Jun 1852, 60y, Colored
Dukeman, Henry, b. 18 Mar 1832, c. 23y, liver complaint
Dulaney, Honora, b. 18 Feb 1861, 25y
Dulaney, John Joseph, b. 10 Apr 1858, 4½y
Dulaney, William, b. 30 May 1863, 27y
Dulany, Eleanor, b. 19 Aug 1798, b. 20 Aug 1798, c. 17m, dau of Bridget
Dulany, Mary, d. & b. 26 Nov 1809, 13m, dau of William & Alice
Dulay, child, b. 20 Jan 1823, stillborn, child of Edward
Dulay, Ellen, b. 23 Jul 1827, 3y, fever
Duliard, Catharine, d. & b. 9 Sep 1802, malignant fever, wife of Peter
Dull, Cath., b. 16 Dec 1870, 40y
Dull, Catharine, b. 19 Feb 1871
Dull, John Thos., b. 5 Oct 1858, 24y
Dull, Sarah Elizabeth, b. 11 May 1857, 17m
DuMaine, Charles Mary Goubert, b. 24 Feb 1819, 69y, buried in St. Mary's College Burial Ground, ancient inhabitant of St. Domingo
Dumand, Mrs., b. 26 Aug 1821, c. 50y, dropsy
Dumas, Mrs., b. 20 Jan 1859, 90y
Dumas, John Gustave, d. 2 Feb 1797, b. 3 Feb 1797, 11m9d, son of John & Mary Magdalene Berton of Cape Francais
Dumas, Mary, b. 10 Jan 1849, 75y
Dumirail, Joseph Gabriel de Magallon, d. (2:00 a.m.) & b. 25 May 1794, buried in St. Peter's Church Yard, born in Grenoble, October 1727, Knight of the Royal & Military Order of St. Lewis, Lieutenant Colonel of French Infantry, inhabitant of Genaive Island, St. Domingo
Dumlin/Dumoulin, Elizabeth Louise/Madam, b. 19 Dec 1837, 74y, old age
Dumont, James, b. 9 Aug 1821, dysentery, native of England, resident of Baltimore for many years, descendent of the great and good Lord Chancellor of England, the martyr Saint Thomas More, see headstone in the Cathedral Cemetery
DuMorney, George, d. & b. 22 May 1801, c. 52y, free French Mulatto
Dumoulin, Elizabeth Louise/Madam, see Dumlin/Dumoulin, Elizabeth Louise/Madam
Dumphey, Rachel, b. 14 Mar 1866, 36y
Dumphy, Bridget Ann, b. 6 Sep 1856, 26y
Dumphy, Edward, b. 25 Mar 1862, 85y
DuMunn, Emily, b. 30 Sep 1818, 1w
Dunan, ---, d. 4 Sep 1811, b. 5 Sep 1811, 5m, son of Dr. --- Dunan
Dunan, Dr./Dr. A., b. 27 May 1838
Dunan, Loretta, b. 9 May 1865, 52y
Dunan, Louis Joseph, d. 4 Jun 1810, b. 5 Jun 1810, 18d

Dunan, Mary Catharine Bernadine, d. 9 Jun 1805, b. 10 Jun 1805, 14m8d, dau of Lewis Mary, M.D., & Charlotte Basse Coulergue
Duncan, Christian, b. 5 Aug 1849, 62y
Duncan, Elizabeth E., b. 20 Jul 1855, 11m
Duncan, Henry, b. 20 Jul 1861, 40y, Colored
Duncan, Mary, b. 27 Feb 1829, c. 40y, dropsy
Duncan, Thomas A., b. 17 Aug 1856, 2w
Dundy, child, b. 20 Oct 1826, age unknown, unknown sickness, child of Ellen
Dunfey, David M., b. 22 Feb 1866, 3w
Dunkel, Valentine, b. 22 Sep 1861, 10y
Dunleavy, William, b. 13 Sep 1846, 13y
Dunlevy, Mr., b. 6 Nov 1873, 73y
Dunlevy, Andrew, d. 1 Sep 1800, b. 2 Sep 1800, 3y, son of Andrew & Abigail
Dunlevy, Andrew, d. & b. 10 Sep 1800, native of Ireland
Dunlevy, Henry C., b. 6 Sep 1849, 18y
Dunlevy, H. K., b. 12 Feb 1872, 75y
Dunlevy, Thomas Charles, b. 29 Oct 1830, c. 10m, consumption, son of Thomas
Dunlivy, Mary A., b. 7 Jul 1824, c. 2y, bowel complaint, dau of Thomas, in a lot
Dunlivy, Mary Abby, c. 18m, summer complaint
Dunn, child, b. 7 Jan 1828, stillborn, child of Patrick
Dunn, child, b. 18 May 1857, stillborn, child of Joseph
Dunn, female, b. 8 Aug 1835, 2m, dysentery, dau of Patrick
Dunn, male, b. 9 Jan 1843, 4 hours, son of Michael
Dunn, male, b. 21 Dec 1846, 2 hours, son of Mr. Dunn
Dunn, male, b. 26 Nov 1863, 1 hour, son of Michael
Dunn, male, b. 8 Jan 1865, 2 hours, son of Michael
Dunn, Ann, b. 13 Feb 1858, 33y
Dunn, Ann, b. 1 Jan 1863, 47y
Dunn, Bernard, b. 14 Dec 1868, 55y
Dunn, Bridget, b. 22 Apr 1857, 2y
Dunn, Bridget, b. 8 Nov 1871, 57y
Dunn, Catharine, b. 4 Mar 1849, 27y
Dunn, Catharine, b. 23 Jul 1857, 76y
Dunn, Catharine, b. 17 Mar 1863, 18y
Dunn, Catharine, b. 6 Nov 1866, 2y
Dunn, Catherine, b. 18 Feb 1843, 3y
Dunn, Catherine E., b. 16 Feb 1859, 11m
Dunn, Edward, d. & b. 7 Oct 1800, 9m7d, son of Daniel & Elizabeth
Dunn, Edward, b. 30 Aug 1866, 49y
Dunn, Edward, b. 25 Mar 1874, 59y
Dunn, Edwd., b. 9 Apr 1857, 50y
Dunn, Eliza, b. 23 Sep 1832, c. 22y, cholera
Dunn, Eliza, b. 26 Nov 1862, 32y
Dunn, Elizabeth, b. 16 Aug 1826, c. 35y, nervous fever
Dunn, Elizabeth, b. 11 Apr 1863, 63y
Dunn, Elizabeth, b. 20 May 1874, 24y
Dunn, Ellen, b. 25 Apr 1872, 68y
Dunn, Hannah, b. 17 Jul 1866, 70y
Dunn, James, b. 8 Jul 1854, 14m
Dunn, James, b. 3 Nov 1855, 15m
Dunn, Jane Olivia, b. 28 Apr 1853, 11m
Dunn, John, b. 8 May 1831, c. 50y, mortification
Dunn, John, b. 27 Sep 1846, 45y
Dunn, John, b. 21 Nov 1853, 26y
Dunn, John, b. 21 Jan 1856, 30y
Dunn, John, b. 25 Jan 1867, 25y

Dunn, John M., b. 1 Aug 1866, 14m
Dunn, John Thomas, b. 28 Apr 1859, 2y
Dunn, Joseph, b. 9 Aug 1853, 4m
Dunn, Kate, b. 28 Aug 1859, 12y
Dunn, Kate, b. 14 Jul 1861, 10m
Dunn, Mary, b. 15 Apr 1846, 5y
Dunn, Mary, b. 22 Jul 1851, 29y
Dunn, Mary, b. 16 Jan 1860, 45y
Dunn, Mary, b. 22 Nov 1861, 40y
Dunn, Mary, b. 4 Jun 1874, 10m
Dunn, Mary Ann, b. 30 Dec 1846, 22y
Dunn, Mary Ellen, b. 26 May 1861, 1m
Dunn, Mary Ellen, b. 7 Jan 1863, 5m
Dunn, Mathew, b. 25 Jul 1865, 66y
Dunn, Mgt., b. 1 Jan 1856
Dunn, Michael, b. 27 Apr 1846, 60y
Dunn, Michael, b. 29 Nov 1850, 65y
Dunn, Michael, b. 3 Dec 1867, 28y
Dunn, Michael P., b. 6 Oct 1860, 5y
Dunn, Patrick, b. 15 Jun 1851, 43y
Dunn, Peter, b. 24 Jan 1857, 1w
Dunn, Thomas, b. 20 Apr 1864, 61y
Dunn, Thos., b. 4 Jun 1850, 14m
Dunn, William, b. 2 Oct 1823, c. 78y, old age
Dunnegan, Mrs. Ann, b. 10 May 1872, 22y
Dunnegan, M. A., b. 24 Aug 1872, 1m
Dunphy, ---, d. 31 Aug 1815, b. 1 Sep 1815, c. 35y, bilious fever
Dunphy, Margret, b. 7 May 1874, 83y
Dunson, Ann, b. 8 May 1866, 45y, Colored
Dunson, Cornelia, b. 9 Aug 1857, Colored
Dunson, Richard, b. 18 Aug 1857, 2m
Dunston, James T., b. 25 Jul 1856, 3m
Duon, Henry, b. 15 Nov 1826, c. 70y, old age
Dupes, Madam, see DuPuis/Dupes, Madam
Dupleix, Clara, b. 2 May 1862, 60y
DuPois, Elizabeth, d. 4 Aug 1798, b. 6 Aug 1798, 1y8m, dau of Christopher & Mary
Duppin, Henrietta, b. 29 Jan 1857, 15y, Colored
DuPreis, Stephen, b. 2 Aug 1825, 80y, born at Bourdeaux, France
DuPuis/Dupes, Madam, b. 15 Aug 1837, 74y, palsy
DuPuy, Maurice David, d. & b. 28 Apr 1798, c. 3m, son of David & Ann
Durand, Felix, b. 30 Jul 1859, 34y, Colored
Durand, Miss Louisa, b. 19/20 Apr 1836, c. 14y, bowel complaint
Durand, Peter, b. 1 Oct 1831, c. 48y, bursting of a blood vessel
Durand, Polyannie R., d. 17 Feb 1822, b. 18 Feb 1822, consumption, dau of Dr. Edme Ducatel
Durang, Justine, d. 31 Dec 1814, baptised 1 Jan 1815, c. 45y, violent cold
Duress, James, d. 13 Jul 1815, b. 14 Jul 1815, 50y, consumptiohn
Durgan, Wm., b. 1 Jul 1870, 58y
Durham, Francis, b. 29 May 1846, 9m, Colored
Durham, Henrietta, b. 23 Jun 1855, 9m
Durham, Louisa, b. 17 Sep 1828, 17m, consumption, dau of Elliza
Durham, Mary, b. 11 Feb 1863, 4m
During, female, b. 11 Feb 1838, 4½y, dau of John
During, female, b. 17 Jul 1843, 5m, dau of David
During, male, see Doering/During, male
During, Agness, b. 7 Oct 1851, 3y
During, John S., b. 25 Feb 1866, 70y

During, Mary Agness, b. 30 Jun 1848, 12m
During, Walter A./Mrs. Walter, b. 2 Feb 1837, 72y, pleurisy
Durkee, Marie, born & d. 29 Jan 1809, b. 30 Jan 1809, dau of Pearl & Mary
Durkee, Mary, d. 5 Feb 1809, b. 7 Feb 1809, c. 35y, wife of Pearl
Durkee, Mary, b. 12 Nov 1834, c. 27y, consumption
Durkee, Pearl, b. 29 Oct 1842, 28y
Durkee, Robert, see Durkey/Durkee, Robert
Durkey/Durkee, Robert A., b. 19 Jun 1848, 48y
Durner, Catharine, b. c. 1/3 Jun 1864, 2y
Dusablen, Joseph, d. 19 Apr 1816, b. 20 Apr 1816, 26y, consumption, Colored man
Dusons, Mary, b. 11 Feb 1826, 8y, Colored
Dussenul, James, d. 24 Oct 1801, b. 25 Oct 1801, c. 36y, native of France
Duwelz, Julie Joseph, d. 10 Nov 1793, b. 11 Nov 1793, 14m3d, dau of Louis Marie Joseph & Marie Angelique Joseph Louis Lichoux, buried in St. Peter's Church Yard
Duxcher, A. H., b. 24 Apr 1874, 75y
Dwyer, child, b. 1 Jul 1842, 11m, summer complaint, child of John
Dwyer, child, b. 31 May 1845, 12m, child of Mary
Dwyer, female, b. 26 Oct 1840, 4y, dau of Mr. Dwyer
Dwyer, female, b. 20 Jul 1842, 12m, summer complaint, dau of Mr. Dwyer
Dwyer, Ann, d. 31 Jul 1795, b. 1 Aug 1795, c. 48y, wife of William, native of Ireland
Dwyer, Catharine, d. 24 Jul 1803, b. 25 Jul 1803, 21y, accidentally drowned
Dwyer, Charles, d. 11 Sep 1796, b. 12 Sep 1796, 11m, son of John & Margaret
Dwyer, Edward, d. & b. 19 Aug 1802, 2y, son of William & Eleanor
Dwyer, Elizabeth, d. 4 Sep 1800, b. 5 Sep 1800, c. 40y, wife of William
Dwyer, Jane, d. (1:00 a.m.) & b. 23 Feb 1815, 40y, consumption
Dwyer, John, d. 29 Sep 1797, b. 30 Sep 1797, native of Ireland
Dwyer, John, d. & b. 7 Sep 1800, 8y, son of William & Elizabeth
Dwyer, John, b. 13 Aug 1858, 74y
Dwyer, John A., b. 2 Feb 1850, 15m
Dwyer, Mark, b. 17 Jan 1865, 2y
Dwyer, Mary, d. 8 May 1795, b. 9 May 1795, 4y, dau of Edmund & Margaret
Dwyer, Mary, b. 18 May 1858, 11m
Dwyer, Sarah, b. 7 Jul 1840, 15m
Dwyer, William, b. 2 Jan 1840, 86y, infirmity of age
Dwyn, Hugh, b. 30 Jun 1825, c. 46y, cramps
Dyer, Andrew, d. & b. 30 Dec 1795, c. 40y, native of Tipperary, Ireland
Dyer, male, b. 2 Apr 1855, 2d, son of John
Dyer, John, b. 30 Jun 1865, 50y
Dyer, John, b. 5 May 1872, 35y
Dyer, Mary Ann, b. 1 Sep 1855, 2y
Dykes, Mrs., b. 13 Mar 1840, 76y, apoplexy
Dysart, Rebecca, b. 2 Jul 1852, 50y

Eagan, female, see Egan/Eagan, female
Eagan, male, b. 9 Nov 1844, stillborn, son of Andrew
Eagan, male, see Egan/Eagan, male
Eagan, male/Andrew, see Egan/Eagan, male
Eagan, Andrew, b. 1 Nov 1845, 35y
Eagan, Ann, b. 5 Aug 1851, 35y
Eagan/Fagan, Bridget, b. 4 Aug 1857, 9y, Asylum
Eagan, Catherine, see Egan/Eagan, Catherine
Eagan, Cecelia, b. 9 Aug 1851, 6d
Eagan, Curtain, see James/Eagan, Curtain
Eagan, Daniel, b. 13 Oct 1849
Eagan, James, b. 11 Oct 1854, 49y
Eagan, Martin, b. 9 Jun 1865, 18y
Eagan, Mary, b. 17 Oct 1869, 22y
Eagan, Philip, 1 Jul 1848, 12m
Eagenberger, William, b. 21 Nov 1863, 2½y
Eagle, Henry B./Henry Benjamin Felix, d. 5 Nov 1848, b. 6 Nov 1848, 32y
Earhart, Anna Clay, b. 25 Oct 1857, 10y
Earhart, Henry, b. 30 Mar 1861, 2m
Earquert, Ely, b. 10 Dec 1844, 60y
Easton, James W., b. 20 Sep 1867, 12m
Eaton, Capt. Stephen T., b. 16 Jul 1850, 25y
Eberhard, Conrad, b. 25 Feb 1860, 78y
Eberhart, George W., b. 10 Aug 1854, 17m
Eberhart, Mary, b. 1 Feb 1862, 62y
Eckel, Francis, b. 19 Jul 1829, 20m, summer complaint, son of Charles
Eckle, child, b. 28 Dec 1824, c. 6w, croup, child of Charles F. Eckle
Eckle, Eugene O., b. 19 Nov 1848, 20y
Eckle, Mary, b. 20 Aug 1845, 40y
Eckle, Philip, b. 29 Dec 1845, 22y
Eda, Rebecca, b. 31 Jan 1853, 5w, Colored
Eddison, Ellen, b. 19 Jul 1860, 75y
Edelin, Eliza, b. 2 Apr 1862, 13y, Colored
Edelin, Sister I., b. 18 Aug 1869, 22y
Edgcome, Mr., b. 1 Sep 1825, c. 60y, unknown sickness
Edler, John J., b. 11 Jun 1874, 15m
Edward, Mary Ellen, b. 14 Nov 1865, 7w, dau of Mr. Edward
Edwards, ----, b. 26 Jul 1845, 4y
Edwards, male, b. 3 Jul 1839, 6 hours, son of Mr. Edwards/William
Edwards, Bridget, b. 13 Oct 1863, 45y
Edwards, James, b. 3 May 1870, 71y
Edwards, Martha, b. 31 Jan 1836, 34y, unknown sickness
Edwards, Mary, b. 20 Aug 1826, c. 60y, palsey
Edwards, Mary A., b. 17 Jul 1845, 5y
Edwards, Paul, b. 10 Oct 1826, 76y, dropsy
Edwards, Sarah A., b. 24 Jul 1845, 2y
Egan/Eagan, female, b. 10 Sep 1840, 12m, summer complaint, dau of James
Egan/Eagan, male, b. 22/24 Dec 1837, 9m/3y, cold, son of Mr. Egan
Egan/Eagan, male/Andrew, b. 11 Aug 1836, c. 8m, unknown sickness, son of Andrew
Egan, Andrew A., b. 6 Feb 1871, 32y
Egan/Eagan, Catherine, b. 12 Feb 1840, 26y, consumption
Egan, Ellen Jane, b. 7 Oct 1831, 2y, unknown sickness
Egan, Mary, d. 21 Dec 1803, b. 22 Dec 1803, 5y, dau of James & Catharine
Egan, Mary, b. 29 Dec 1856, 33y
Egan, Matthew, d. 14 Nov 1796, b. 15 Nov 1796, c. 23y, native of Ireland
Egan, Teresa, d. 15 Apr 1820, b. 16 Apr 1820, 8m

Egeling, Chas., b. 2 Dec 1843, 2y
Egleston, child, b. 27 Dec 1826, c. 1y, child of Joseph, buried in the same grave as Mary Edwards
Egon, ---, b. 6 Dec 1829, c. 30y, unknown sickness
Ehrman, William, d. 24 Jul 1803, b. 25 Jul 1803, c. 21y, accidentally drowned
Eichelberger, child, b. 14 Nov 1832, 4y, unknown sickness, child of Mrs. Eichelberger
Eichelberger, Laura, b. 12 Dec 1866, 10w
Eichelberger, Maria L., b. 14 Jun 1863, 19m
Eichelberger, Virginia, b. 25 Aug 1865, 5y
Eichelberger, William, b. 18 Apr 1861, 2y
Eisel, Philip, d. 21 Oct 1799, b. 22 Oct 1799, 7y, son of John & Mary
Eisler, Mary, b. 25 Jul 1829, c. 79y, dropsy
Eisler, Mary, b. 12 Aug 1872, 71y
Eisler, Peter, d. 30 Jun 1819, b. 1 Jul 1819, some months old, summer complaint
Elbert, Chas. Francis, b. 17 Oct 1865, 3y, Colored
Elder, child, b. 16 Jan 1821, child of Mr. Elder
Elder, child, b. 18 Jul 1822, died immediately after baptism, child of Mr. Hillary
Elder, child, b. 6 Jan 1831, age unknown, sickness unknown, child of Hillary
Elder, child, b. 4 Dec 1843, child of Francis W. Elder
Elder, female, b. 3 May 1844, 5m, dau of Joseph W. Elder
Elder, male, b. 22 Mar 1840, 8m, son of Francis T./Francis S. Elder
Elder, male/female, b. 13 Jul 1842, 12m, croup, son of Basil, Jr.?
Elder, male, b. 24 Aug 1842, 5m, son of Francis S. Elder
Elder, Mrs., b. 17 Aug 1822, died after childbirth, wife of Hillary
Elder, Ann, b. 4 Aug 1860, 68y
Elder, Arthur, b. 17/18 Aug 1836, c. 22y, convulsions
Elder, Basil S./Spalding, b. 15 Oct 1869, 95y, father of Archbishop Elder
Elder, Bathilda, b. 2 May 1854
Elder, Catherine, b. 1 Sep 1832, 28y, cholera
Elder, Eliza, b. 6 May 1854, 43y
Elder, Mrs. Elizabeth Snowden, b. 20 Feb 1860, 78y, wife of Basil Spalding Elder, mother of Archibishop Elder of Cincinnati
Elder, Emily C., b. 25 Nov 1857, 2m
Elder, Francis W., b. 31 Jul 1852, 6m
Elder, Henrietta M., b. 12 Feb 1847, 26y
Elder, Henry, b. 24 Dec 1852, 63y
Elder, Henry I., b. 7 Mar 1852, 11m
Elder, Henry S., b. 24 Jul 1856, 9m
Elder, Hillary, b. 1 Sep 1856
Elder, Mrs. Hillary, b. 2 Mar 1870, 69y
Elder, Mrs. John I., b. 27 Feb 1858, 32y
Elder, John I., b. 6 Dec 1865, 47y
Elder, Joseph, b. 2 Apr 1845
Elder, Josephine, b. 3 Jan 1840, 6m, sudden death
Elder, Mrs. Margaret, b. 7 May 1852
Elder, Mary I., b. 7 Aug 1849, 3y
Elder, Mary V., b. 5 Jan 1847, 5d
Elder, Terrence, b. 19 Jun 1854, 7m
Elder, Thomas H., d. 25 Mar 1804, b. 26 Mar 1804, 2w, son of Basil Spalding & Elizabeth Snowden
Elder, William, d. 22 Aug 1799, b. 23 Aug 1799, 21y, son of Thomas & Elizabeth
Elder, William, b. 11 Feb 1821, 2d, suddenly, son of William Basil
Elioch, Francis, b. 9 Nov 1862, 10d
Ellcott, Mary, b. 28 Feb 1849, 25y
Ellesons, female, b. 25 Aug 1842, 15m, dau of Saml.
Ellicot, Mary G., b. 7 Jul 1856, 3w

Ellicott, Benjamin, b. 1 Feb 1867, 73y
Ellicott, Frederick A., b. 3 Aug 1854, 5y
Ellicott, Mary A. C., b. 18 Jun 1856, 36y
Elliott, Isabella, b. 8 Oct 1838, 60y, consumption
Elliott, Louisa, b. 20 Apr 1855, 40y
Elliott, Richard, b. 7 Mar 1849, 30y
Ellis, Agnes, b. 3 Jul 1856, 9d
Ellis, Ann, d. 17 Oct 1805, b. 18 Oct 1805, c. 50y
Ellis, Catharine, b. 24 Jun 1857, 83y
Ellison, male, b. 25 Jan 1843, 7w, son of Samuel
Ellison, male/Samuel, b. 20 Jan 1841, 11/15m, inflamation in the brain, son of Samuel?
Ellison, Johanna, b. 16 Aug 1839, 2/3y
Ellison, John, b. 11 Jan 1848
Ellison, Sam, b. 11 Dec 1860, 56y
Ellison, Samuel, see Ellison, male/Samuel
Ellison, Sarah Jane, b. 11 Apr 1845, 3m
Ellisson, Sarah, b. 24 Jul 1859, 54y
Elves, Ann, b. 28 Jan 1826, c. 65y, unknown sickness
Elward, Bridget, d. & b. 8 Oct 1800, c. 13y, dau of James & Mary (both dec.)
Elward, James, d. & b. 2 Oct 1800, c. 40y
Elward, Mary, d. 6 Oct 1800, b. 7 Oct 1800, c. 40y, wid of James
Elward, Thomas, d. 17 Oct 1800, b. 18 Oct 1800, c. 9y, son of James (dec.) & Mary (dec.)
Elwes, Amelia Ann Mary, d. 3 Jun 1802, b. 4 Jun 1802, 3y7m, dau of William & Ann Francis Bourden
Elwes, Rachel Mary Matilda, d. 27 Nov 1802, b. 28 Nov 1802, 11m19d, dau of William & Ann Frances
Elwood, John, b. 21 Dec 1848, 16m
Elwood, Michael, b. 20 Oct 1857, 45y
Elwood, Thomas, d. 2 Oct 1799, b. 3 Oct 1799, native of Ireland
Ely, Peter, d. 1 Jun 1809, b. 2 Jun 1809, 16d, son of John & Margaret
Emelian, Brother, b. 26 Jun 1865, 25y
Emenger, Elizabeth, b. 25 Jun 1847, 40y
Emmans, Frances, b. 2 Jun 1856, 3m
Emory, Catherine D., b. 9 May 1872, 75y
Emory, John Chas. Fredk., b. 1 Feb 1844, 19½y
English, Thos. E., b. 30 Dec 1853, 2m
Enice, Ellen, b. 20 Oct 1822, 101y, old age, free Colored woman
Ennels, Jacob, b. 19 Dec 1859, 83y, Colored
Ennis, A. W., b. 13 Sep 1844, 30y
Ennis, Betsy, b. 5 Jun 1830, c. 45y, unknown sickness
Ennis, Elizabeth, b. 10 Jun 1864, 75y
Ennis, Gregory, b. 4 Oct 1844, 60y
Ennis, Henry, b. 26 Sep 1861, 21y, Colored
Ennis, Jane, b. 29 Jul 1856, 35y
Ennis, Mary, d. 12 Jul 1794, b. 13 Jul 1794, 3y8m10d, buried in St. Peter's Church Yard
Ennis, Susan, b. 21 Aug 1859, 21y, Colored
Ennis, Susan, b. 13 Nov 1859, 28y, Colored
Ennon, Mary, b. 5 Sep 1846, 2m
Enoy, Leonise, b. 26 Mar 1831, age unknown, consumption
Enright, Samuel, d. & b. 13 Jul 1805, 2y, cholera, son of Thomas & Margaret
Ensey, William P., b. 15 Jul 1853, 12m
Enwright, Margaret, d. 28 Aug 1799, b. 29 Aug 1799, c. 29y, wife of Thomas
Enwright, William, b. 24 Mar 1826, c. 22y, fit
Eppley, child, b. 25 Dec 1866, 8 hours, child of John A. Eppley
Eppley, Mary C., b. 1 Jan 1867, 23y
Ereaux, child, b. 21 Aug 1831, child of Mrs. Ereaux

Ermitor, Alice, b. 30 Dec 1861, 6w
Errick, Ann, b. 6 Nov 1847, 20y
Erskine, John, d. & b. 2 Jul 1799, 16y, son of Archibald & Ruth
Ervin, child, b. 25 Feb 1825, 11d, unknown sickness, child of Sarah
Esender, Elizabeth, d. 12 Sep 1820, c. 7y, bilious complaint
Esender, Emily, b. 13 Jul 1857, 16m
Esling, George, d. 20 Feb 1800, b. 21 Feb 1800, 6m, son of Paul & Catharine
Esling, Paul, d. 8 Oct 1800, b. 9 Oct 1800, c. 49y
Esmanard, John Francis, d. 13 May 1813, b. 14 May 1813, 65y
Esmenard, ---, b. 26 Apr 1802
Espey, Samuel, b. 20 Sep 1851, 56y
Essender, female, b. 5 May 1849, 14m, dau of John
Essender, male, b. 5 Aug 1842, 9w/m, croup, son of Mr. Essender
Essender, Catherine, b. 29 Aug 1830, 41y, unknown sickness
Essender, Elizabeth, b. 15 Aug 1851, 10m
Essender, Mrs. Jno., b. 22 Apr 1850, 30y
Essender, Mary, b. 22 Feb 1849, 3y
Essender, Thomas, d. 1 Jan 1818, b. 2 Jan 1818, c. 38y, consumption
Essie, Mrs., b. 10 Mar 1847, 70y
Eston, Eliza, b. 12 Jul 1861, 35y
Etienne, Frederick, d. & b. 11 May 1795, 22y, died near Baltimore, native of Geremie, St. Domingo, merchant in Nantes, France, son of Frederick (planter at Geremie) & Bouche
Evans, Catharine I., b. 28 Apr 1868
Evans, John, b. 3 Mar 1830, 2y, worms, son of Patrick
Evans, Lewis R., b. 28 May 1866, 18y
Evans, Roger, b. 27 Oct 1828, c. 30y, fever & ague
Evarista, Sister, b. 3 Jul 1859, 40y
Evason, Mary Ann, b. 24 Jul 1858, 9w
Evatt, Ellen, b. 30 Sep 1828, c. 9m, unknown sickness, dau of John
Evatt, Willie, b. 2 Mar 1872, 2y
Eveque, Pierre L., d. 11 Nov 1810, b. 12 Nov 1810, 3m, Colored
Everard, James, d. 13 Aug 1808, b. 14 Aug 1808, 1y5m24d, cholera, son of James & Mary
Everet, Mr., b. 26 Mar 1844
Everet, Thomas, b. 11 Jun 1859, 30y
Everett, John, b. 1 Jan 1830, c. 14m, cold
Evergreen, Mrs., b. 20 Feb 1848, 25y
Everhard, female, b. 27 Jan 1849, 2y, dau of Mr. Everhard
Everhard, John, b. 12 Jan 1855, 8y
Everhard, John, b. 18 Jan 1855, 3y
Everhard, Joseph, b. 9 May 1853, 38y
Everhart, male, b. 6 Oct 1842, 1y, son of Mr. Everhart
Everhart, George, b. 19 Dec 1868, 16m
Everherd, Cecelia E., b. 18 Oct 1851, 3m
Evett, John, b. 13 Dec 1839, 35y
Eyanson, Carrie, b. 26 Jun 1863, 21m
Eyanson, Gilbert, b. 9 Mar 1870, 11m
Eyry, John, d. & b. 14 Oct 1797

Faber, Mr., b. 26 Jun 1874, 49y
Faber, Cammilla, b. 29 Mar 1869, 4y
Fagan, Arthur, b. 19 Jul 1853, 41y
Fagan, Bernard, d. 31 May 1819, b. 1 Jun 1819, 40y, pleurisy
Fagan, Bridget, b. 23 Dec 1850, 18m
Fagan, Bridget, see Eagan/Fagan, Bridget
Fagan, Hugh, b. 10 Jun 1854, 13m
Fagan, James, b. 11 Apr 1845, 2½y
Fagan, Jane, b. 20 Mar 1868, 25y
Fagan, Mathew, b. 20 Aug 1853, 14m
Fagan, Mathew, b. 15 Sep 1866, 21y
Fagan, Patrick, b. 4 May 1854, 38y
Fagar, Rebecca, b. 25 Sep 1845, 32y
Fage, Mary Joanna LeVacher, d. 5 Oct 1794, b. 6 Oct 1794, 36y, wid, buried in St. Peter's Church Yard
Faget, Mrs., -- Apr 1810, died yesterday
Faghy, John, b. 19 May 1852, 35y
Fagon, Biddy, b. 20 Aug 1852, 5m
Fagon, Hugh, b. 7 Sep 1852, 30y
Fagon, Peter, b. 21 Aug 1829, c. 50y, bilious colic
Fagret, Anaize, b. 17 Jun 1874, 82y
Fagret, Isabella, b. 25 Aug 1855, 19m
Fagret, Mary Annie, b. 5 Jul 1858, 20m
Faherty, Bartly, b. 6 Jan 1830, 52y, died at the Poor House
Faherty, Catharine, d. 12 Jan 1805, b. 13 Jan 1805, 2w, dau of Bartholomew & Mary
Faherty, Catharine, of Jno., b. 20 Jul 1844, 9m
Faherty, John, d. 24 Dec 1812, b. 25 Dec 1812, c. 30y, consumption
Faherty, John, b. 14 Oct 1867, 2y
Faherty, Mark, d. 16 Sep 1808, b. 17 Sep 1808, native of Ireland
Faherty, Mary Ann, b. 4 Jul 1847, 10y
Faherty, Michael, b. 19 Jul 1847, 4y
Faherty, Thomas, d. 18 Jun 1804, b. 19 Jun 1804, c. 60y, native of Ireland
Fahey, child, b. 25 Mar 1860, 3y, child of Thomas
Fahey, male, b. 21 Aug 1854, stillborn, son of Thomas
Fahey, male, b. 3 Sep 1855, 3 minutes, son of Thomas
Fahey, Mrs., b. 14 Jul 1852, 45y
Fahey, Bridget, b. 4 Nov 1862, 28y
Fahey, Bridget, b. 7 Aug 1867, 6d
Fahey, Cath., b. 15 Jan 1874, 21y
Fahey, Catharine, b. 14 Feb 1849, 25y
Fahey, Catharine, b. 10 Sep 1850, 14m
Fahey, Catharine, b. 14 Aug 1857, 15m
Fahey, Edward, b. 2 Dec 1871, 1y
Fahey, Elizabeth B., b. 4 Sep 1861, 2y
Fahey, James, b. 20 Feb 1869, 16m
Fahey, James M., b. 7 May 1862, 5m
Fahey, Jane, b. 7 Jul 1854, 10m
Fahey, John, b. 18 Sep 1854, 23y
Fahey, John, b. 4 Nov 1862, 9m
Fahey, John, b. 26 Feb 1866, 38y
Fahey, John, b. 16 Feb 1874, 42y
Fahey, Mary, b. 3 Aug 1854, 9m
Fahey, Mary, b. 12 Sep 1858, 3y
Fahey, Mary, b. 12 Jul 1861, 18m
Fahey, Mary Ann, b. 6 Apr 1856, 3y
Fahey, Michael, b. 22 Jun 1849, 42y

Fahey, Michael, b. 15 Mar 1867, 28y
Fahey, Patrick, b. 15 Jul 1868, 80y
Fahey, Richard, b. 29 Jul 1862, 8m
Fahey, Thomas, b. 28 Jul 1859, 22y
Fahey, Thos., b. 21 Mar 1873, stillborn
Fahy, Thomas, b. 4 Feb 1859, 1 minute
Fahy, Winifried, b. 7 Feb 1859, 35y
Fairbairn, John H., b. 28 Dec 1845, 30y
Fairbairn, Thomas H., b. 7 May 1823, c. 40y, unknown sickness
Fairburn, Mrs., b. 13 Mar 1828, c. 40y, consumption
Fairburn, James, b. 22 Jun 1823, c. 5y, son of Mrs. Fairburn
Fairchild, Eliza, b. 18 Jun 1845, 30y
Fairchild, Mary Ann, b. 20 Jul 1843, 22y
Fairchild, Wm., b. 4 Nov 1857, 85y
Fairchilds, James, b. 9 Sep 1848, 23y
Fairy, John/child, b. 10 Dec 1856
Faley, Mary, b. 14 Nov 1860, 23y
Fallan, Charles, d. 18 Sep 1800, b. 19 Sep 1800, c. 30y, native of Ireland
Fallen, Mary Ann, b. 8 Oct 1850, 2y
Fallon, child, b. 6 Apr 1832, age unknown, unknown sickness, child of John
Fallon, female, b. 11 Aug 1840, 18m, summer complaint, dau of James
Fallon, male, b. 4 Aug 1834, 6y, smallpox, son of Charles
Fallon, Mrs., b. 30 Jul 1831, c. 35y, unknown sickness
Fallon, Mrs., b. 31 Jul 1831, heart & fatigue from attending her daughter's funeral, mother of Mrs. Fallon
Fallon, Ann, b. 20 Mar 1853, 50y
Fallon, Catharine, b. 15 Jan 1854, 3w
Fallon, Charles, b. 19 Oct 1831, c. 31y, bilious
Fallon, John Thos., b. 15 Jul 1854, 2m
Fallon, Mary, b. 27 Jul 1867, 40y
Fallon, Michael, b. 16 Jul 1849, 60y
Fallon, Nicholas, b. 15 Apr 1849, 55y
Fallon, Thomas, b. 23 May 1849, 40y
Fallon, Thomas, b. 29 Feb 1872, 40y
Fallon, William, b. 4 Oct 1831, c. 22y, unknown sickness, (R. Smith, Rector of the Cathedral)
Fallow, Honora, b. 27 Feb 1831, c. 4d, unknown sickness, dau of Charles
Fanaughty, Bridget, b. 2 Apr 1852, 6m
Fancell, Bridget, b. 25 Jun 1851, 4y
Fancher, John Charles, d. & b. 21 Jul 1797, c. 11m, son of Jon, late of Cape Francais, & Mary DuPont
Fannan, John, d. 29 May 1804, b. 30 May 1804, c. 11m, son of William & Margaret
Fanning, John, d. 26 Jul 1811, b. 27 Jul 1811, 6m
Fanning, Lawrence, b. 16 Aug 1826, c. 19y, died of a fight
Fanny/Frances, Sister, b. 3 Apr 1859, 27y
Fardy, Francis DeSales, b. 5 Apr 1859, 3w
Fares, Hannah, b. 10 Feb 1838, c. 27y, consumption
Faris, John, b. 23 Jun 1851, 2y
Farlay, Laurence, d. 17 Apr 1812, b. 18 Apr 1812, c. 50y, drowned
Farley, Ann, b. 2 Jan 1868, 30y
Farley, Ida, b. 14 Jan 1860, 6m
Farley, Mathew, b. 28 Apr 1861, 35y
Farling, Edward, d. 12 Sep 1797, b. 13 Sep 1797
Farmer, child, b. 22 Mar 1832, died a few minutes after birth, child of Philip
Farmer, child, b. 14 May 1844, 18m, child of Philip
Farmer, child, b. 17 Feb 1849, stillborn, child of Mr. Farmer
Farmer, female, b. 3/4 Oct 1837, 10m, decline, dau of John

Farmer, female, b. 13 Aug 1840, 5d, water on the brain, dau of John
Farmer, female, b. 29 Aug 1842, 2m, dau of Mr. Farmer
Farmer, female, b. 15 Apr 1845, 2y, dau of Mrs. Farmer
Farmer, male, b. 14 Sep 1842, 1 hour, son of Philip
Farmer, Bernard, b. 23 Jun 1844, 14m
Farmer, Cecelia Teresa, b. 16 May 1846, 2y
Farmer, James, b. 27 Mar 1865, 25y
Farmer, John, b. 15 May 1844, 9y, of Phil.
Farmer, John, b. 11 Jan 1845, 35y
Farmer, Mary Ann, b. 2 Jan 1843, 2y
Farmer, Mary Eliza, of B., b. 12 May 1844, 3w
Farmer, Philip, b. 18 Mar 1870, 84y
Farmer, Teresa, b. 16 May 1844, 3y, of Phil.
Farnan, child, b. 16 Feb 1862, stillborn, child of Mr. Farnan
Farnan, child, b. 25 Jan 1867, 2d, child of Thos. F. Farnan
Farnan, female, b. 18 Aug 1834, 18m, summer complaint, dau of Michael
Farnan, male, b. 26 Aug 1837, 9y, brain fever, son of Mr. Farnan
Farnan, male, b. 12/14 Mar 1839, 1y, measles, son of Michael
Farnan, Catherine, b. 3 Apr 1862, 41y
Farnan, Ellen, b. 9 Feb 1869, 63y
Farnan, John, b. 8 May 1860, 40y
Farnan, John, b. 12 Sep 1869, 36y
Farnan, Joseph, b. 6 May 1854, 2½y
Farnan, Mary, b. 3 Nov 1854, 2y
Farnan, Michael, b. 28 Sep 1863, 55y
Farnan, Thomas, b. 20 Jan 1848, 4y
Farolly, child, b. 16 Jul 1830, c. 6m, unknown sickness, child of Thomas
Farr, Elizabeth, b. 21 Jul 1865, 22y
Farran, Isabella, b. 11 Aug 1862, 27y
Farrel, male, see Farrell/Farrel, male
Farrel, Bridget, b. 7 Jun 1857, 78y
Farrel, Catharine, b. 15 Jun 1862, 3y
Farrel, Francis, b. 12 Oct 1822, c. 45y, yellow fever
Farrel, James, b. 4 Jul 1857, 33y
Farrel, John, b. 29 Oct 1856, 11m
Farrel, Sarah, b. 13 Oct 1860, 14m
Farrel, Thomas, b. 4 Sep 1857, 18y
Farrell/Farrel, male, b. 28 Jan 1839, 3m, spasms, son of James
Farrell, male, b. 22 Jan 1855, 2 hours, son of James
Farrell, Ann, b. 26 Apr 1872, 30y
Farrell, Bodelia, b. 28 Jun 1862, 49y
Farrell, Bridget, b. 23 Aug 1852, 8m
Farrell, Carrie L., b. 13 Jun 1872, 21m
Farrell, Catharine, b. 28 Jul 1862, 25y
Farrell, Catherine, b. 29 Apr 1842, 17y, consumption
Farrell, Cora, b. 15 Sep 1867, 12m
Farrell, Elizabeth, b. 20 Oct 1825, c. 34y, unknown sickness
Farrell, Eliza Jane, b. 23 May 1862, 7m
Farrell, Ellen, b. 27 Apr 1845, 35y
Farrell, Ellen, b. 17 Jun 1856, 15y
Farrell, Francis, d. 18 Mar 1818, b. 19 Mar 1818, 30y, consumption
Farrell, Francis, b. 9 Dec 1859, 2y
Farrell, George, d. 12 Oct 1797, b. 13 Oct 1797, 40y6m, native of Ireland
Farrell, Henry, d. 2 Jul 1815, b. 3 Jul 1815, 30y, drowned, native of Ireland
Farrell, James, b. 12 Nov 1834, 25y, hemorrhage
Farrell, James, b. 10 Jun 1839, 45y, casualty

Farrell, Jane, d. 19 Jul 1796, b. 20 Jul 1796, 3m10d, dau of George & Mary
Farrell, John, b. 30 Dec 1870, 36y
Farrell, Judith, d. 21 Dec 1802, b. 22 Dec 1802, 7d, dau of Patrick & Eleanor
Farrell, Julia, b. 28 Mar 1874, 78y
Farrell, Margaret, b. 26 Oct 1852, 25y
Farrell, Margt., b. 26 Jun 1873, 26y
Farrell, Margt., b. 13 Aug 1873, 38y
Farrell, Martha, b. 15 Jul 1866, 21y
Farrell, Mary, b. 8 Aug 1820, 9m, summer complaint
Farrell, Mary, b. 2 Nov 1834, 28y, bilious fever
Farrell, Mrs. Mary, b. 20 Apr 1856, 38y
Farrell, Mary, b. 29 Sep 1860, 12m
Farrell, Mary Ann, b. 30 Jan 1860, 40y
Farrell, Mathew, b. 3 Jun 1864, 29y
Farrell, Patrick, b. 21 Jun 1849, 45y
Farrell, Richard, b. 2 Aug 1851, 13m
Farrell, Robert, b. 12 Dec 1837, 10y, fever
Farrell, Thomas, b. 31 Jul 1830, 2y, summer complaint
Farrell, Thomas, b. 14 Sep 1848, 15y
Farrell, Thomas, b. 21 Feb 1868, 75y
Farrell, William, d. 26 Feb 1795, b. 27 Feb 1795, 8m3w, son of George & Mary
Farrell, William O., b. 13 Jul 1856, 62y
Farring, Mrs., b. 26 Jan 1864, 67y
Fasbender, male, b. 22 Dec 1851, 12m, son of Chas. P. Fasbender
Fasbender, Virginia M., b. 31 Jul 1852, 7y
Fasbender, William C., b. 5 Aug 1852, 4y
Faulkner, John, d. & b. 8 Aug 1800, 9m
Faulkner, Patrick, b. 3 Aug 1864, 18m
Faxon, Ebon, b. 9 Mar 1868
Fay, Ann, b. 29 Aug 1864, 12m
Fay, Catharine, b. 31 Dec 1842, 45y
Fay, Catharine, b. 18 Mar 1856, 2w
Fay, Charles P., b. 6 Sep 1859, 2y
Fay, Ellen, b. 27 Jan 1848, 20y
Fay, Ellen, b. 2 Jul 1853, 5m
Fay, James, b. 1 Sep 1864, 30y
Fay, James T., b. 16 Mar 1861, 11m
Fay, Laurence, b. 1 Jul 1855, 8y
Fay, Sister Margt., b. 2 May 1860, 30y
Fay, Maria, b. 26 May 1861, 3y
Fay, Patrick, b. 7 Oct 1845, 22y
Fayeh, child, b. 15 Mar 1869, 3y, child of Anne
Fayoux, George, b. 19 May 1845, 1m
Feane, Frances, b. 11 Mar 1851, 3y
Feares/Fears, female, b. 3 Aug 1837, 3y, measles, dau of John
Fearis, Jane A., b. 6 Sep 1847, 10m
Fearis, Joanna, b. 2 Feb 1850, 23y
Fearis, John, b. 16 Oct 1857, 47y
Fearis, John, b. 4 Nov 1861, 22y
Fearis, Mary, b. 26 Jun 1850, 5m
Fearis, Thomas, b. 17 Apr 1864, 23y
Fears, female, see Feares/Fears, female
Featherstone, Bernard, b. 3 Feb 1851, 31y
Fedue, Ellen, b. 16 Nov 1874, 57y
Fee, James, b. 26 Nov 1869, 6m
Feegan, Sarah, b. 9 Jul 1852, 40y

Feehealy, Bridget, b. 27 Jun 1859, 6m
Feehely, Margaret, b. 8 Sep 1855, 12m
Feehey, Michael, b. 29 Oct 1853, 3m
Feeley, Susannah, d. 14 Aug 1810, b. 15 Aug 1810, 2y6m
Feenan, John, b. 14 Dec 1859, 25y
Feenan, Margaret A., b. 12 Jul 1859, 6m
Feeney, Catherine, b. 30 Oct 1862, 20y
Feeney, Eleanor, b. 9 Sep 1874, 56y
Feeney, Mary, b. 23 Feb 1850, 17y
Feenix, Thomas, d. 18 Mar 1805, b. 19 Mar 1805, c. 19y, suddenly
Feeny, Ann, b. 8 Oct 1850, 2m
Fegan, Elizabeth, b. 8 Feb 1861, 13y
Fegan, Mary Ann, b. 21 Sep 1858, 13y
Feildi, Mary, b. 29 Jun 1870, 4m
Feilding, Daniel, b. 15 Apr 1835, 40y, drowned
Feist, Lizzie, b. 19 Aug 1865, 6y
Fell, Elisha, d. 6 Jun 1810, c. 40y
Fell, Eliza Cleopatra, d. 23 Jan 1815, b. 24 Jan 1815, c. 5y, bilious affection
Fennel, Mary Ann, d. 12 Sep 1797, b. 13 Sep 1797, wife of Edward, a tailor, native of Ireland
Fennell, Sarah, d. & b. 12 Sep 1800, wife of John
Fennerty, Ann, b. 11 Jun 1866, 62y
Fentan, Michael, b. 29 Aug 1864, 22y
Fenton, Dennis, b. 11 Apr 1863, 43y
Fenwick, child, b. 29 Jun 1852, child of Mr. Fenwick
Fenwick, male, b. 7 Jun 1840, 2w, son of Mr. Fenwick
Fenwick, Mr., b. 3 Sep 1866, 70y
Fenwick, Mrs., b. 26 Feb 1864
Fenwick, Mrs., b. 9 Sep 1870, 38y
Fenwick, Eliza, b. 18 Sep 1853, 75y
Fenwick, Eliza, b. 22 Apr 1865, 38y, Colored
Fenwick, Francis, b. 23 Sep 1853, 70y, Colored
Fenwick, Francis L., b. 1 May 1840, 16y, consumption
Fenwick, Joseph Charles, d. 13 Nov 1816, b. 14 Nov 1816, 6m, son of Charles & Louisa
Fenwick, Richard, b. 28 May 1869, 44y, Colored
Fergerson, child, b. 14 Dec 1821, c. 3y, child of Peter
Fergeson, Agnes, b. 24 Feb 1828, c. 26y, consumption, Colored woman
Ferguson, David, b. 14 Jun 1852, 29y
Ferguson, Jane, b. 4 May 1829, 27y, consumption
Ferguson, Margaret Jane, b. 2 Aug 1859, 18m
Ferguson, Mary, b. 27 Mar 1860, 15y
Ferguson, Mary B., b. 20 Apr 1862, 17y
Ferguson, Susan, b. 22 Jan 1829, 20y, consumption, Colored woman
Fero, John, d. 29 Jun 1818, b. 30 Jun 1818, c. 30y
Ferrell, Mgt., b. 16 Apr 1874, 76y
Ferrer, John Kantzins, d. 18 Jul 1813, b. 19 Jul 1813, 21y, native of Cuba
Ferri, James, d. 25 Jan 1804, b. 26 Jan 1804, 4m, son of January & Catharine
Ferri, Mary, d. 9 Jul 1803, b. 10 Jul 1803, 2y, cholera, dau of Janry & Catharine
Ferring, female/male, b. 26 Aug 1836, 3y, catarrh fever, dau of Mr. Ferring
Ferring, Charles H., b. 28 Jul 1829, 8m, son of Augustus H. Herring
Ferris, male, b. 16 Nov 1846, ½ hour, son of Mr. Ferris
Ferrol, James, d. 12 Jul 1820, b. 13 Jul 1820, c. 35y, bilious
Ferry, Elizabeth Emelie Peyre, d. 2 Apr 1798, b. 6 Apr 1798, c. 2m, dau of Francis Rene & Frances Elizabeth Montpellier
Fervey, Loughlin, b. -- Feb 1824, c. 40y, suddenly
Fickey, Francis, b. 27 Oct 1829, 4w, fits
Fielding, Catharine, b. 13 Jun 1848, 23y

Fielding, George, b. 30 Jun 1848, 2m
Fielding, Joanna, b. 21 Aug 1850, 55y
Fields, Ambrose, d. 18 Dec 1805, b. 19 Dec 1805, bilious fever, deceased in Back River Neck
Fields, Elizabeth, d. 8 Jan 1807, b. 9 Jan 1807, 11y, dropsy, dau of Ambrose (dec.) & Elizabeth (dec.)
Fields, Mary, b. 14 Feb 1866, 64y
Fields, Susan, b. 14 Aug 1829, c. 30y, consumption, Colored
Fielon, James C., b. 19 Jul 1873, 2w
Fifer, Francis, b. 18 Apr 1853, 5y
Fifer, Maria, b. 19 May 1845, 40y
Fifer, Mary Ann, b. 24 Jul 1848, 8y
Figiere, Mary, b. 25 Feb 1849, 68y
Fillinger, Emma M., b. 26 Sep 1850, 14m
Fillinger, John, b. 20 Sep 1856, 53y
Findinger, Louisa, b. 27 Dec ----, c. 22y, smallpox
Findly, child, b. 18 Aug 1822, few days old, child of Thomas
Finegan, Rose, b. 25 Feb 1870, 13m
Finerty, Mrs., b. 31 May 1871, 50y
Finerty, James, d. 27 Feb 1799, b. 28 Feb 1799, c. 36y, accidentally drowned
Finigan/Finnigan, female, b. 15 Mar 1838, 1m, premature birth, dau of Philip
Finigan, Edward Scanlon, b. 11 Jul 1813, 3w
Finigan, Elizabeth, b. 26 Feb 1836, 52y, consumption
Finigan, John, d. 18 Dec 1797, b. 19 Dec 1797, c. 45y, buried in St. Peter's Church Yard
Finigan, Michael, b. 3 Mar 1804
Finigan, Sarah, b. 19 Mar 1838, 28y, dropsy
Fink, Catharine, b. 20 Jan 1855, 70y
Fink, Catharine, b. 1 Mar 1860, 8m
Fink, Henry, b. 17 Jun 1864, 4½y
Fink, Joseph, b. 6 Jun 1858, 4y
Fink, Louisa, b. 15 May 1874, 4y
Fink, Sarah, b. 30 Jun 1843, 25y
Fink, Mrs. T., b. 17 Nov 1870, 26y
Fink, Thomas, b. 31 Mar 1864, 2y
Finlay, child, b. 5 Oct 1851, 9m, child of Jas.
Finlay, female, b. 3 Dec 1860, 2 hours, dau of John
Finlay, Agness, b. 11 Feb 1867, 2y
Finlay, Alice A., b. 17 Oct 1865, 9m
Finlay, Anna I., b. 30 Jul 1860, 3m
Finlay, Catherine, b. 6 Dec 1860, 30y
Finlay, Clara Gertrude, b. 29 Jun 1859, 2m
Finlay, James, b. 28 May 1857, 80y
Finlay, Jane, b. 14 Mar 1861, 2y
Finlay, Lewis T., b. 22 Sep 1868, 17y
Finlay, Mary, b. 14 Jun 1840, 50y, gastric fever
Finlay, Mary, b. 28 May 1862, 5y
Finlay, Mary M. T., b. 4 Feb 1852, 6m
Finlay, Owen, b. 6 Jul 1866, 66y
Finlay, Sarah A., b. 14 Feb 1862, 5y
Finlay, Sarah A., b. 8 Oct 1862, 6m
Finlay, Simon, b. 3 Jul 1860, 35y
Finlay, Thomas, b. 14 Sep 1829, 7m, water on the brain, son of Thomas
Finlay, Thomas, b. 15 Oct 1863, 12m
Finlay, William, b. 17 Oct 1835, 34y, temperance
Finley, child, b. 14 Feb 1826, stillborn, child of Thomas
Finley, Catharine, b. 29 Apr 1845, 53y
Finley, Eliza, b. 10 Apr 1870, 6y

Finley, Mary F., b. 25 Feb 1871, 45y
Finley, Rose, b. 1/2 Nov 1871, 50y
Finley, Thomas, b. 31 Jan 1852, 55y
Finley, Wm. F., b. 18 Jul 1863, 9y
Finn, male, b. 7 Mar 1860, 3m, son of John
Finn, Ann, b. 11 Sep 1863
Finn, Daniel, b. 27 Jun 1865, 14y
Finn, Hugh, b. 8 Jan 1864, 6y
Finn, John, b. 5 Mar 1860, 4y
Finn, John F., b. 1 Feb 1861, 36y
Finn, Margaret, b. 26 Jan 1864, 45y
Finn, Richard, b. 13 Sep 1828, c. 35y, unknown sickness, native of Ireland
Finnan, male, b. 24 Feb 1854, 1 hour, son of Mr. Finnan
Finnan, Bernard, b. 9 Feb 1863, 40y
Finnan, Francis P., b. 14 Dec 1865, 9m
Finnan, Margaret Ann, b. 22 Feb 1859, 2½y
Finnan, Mary C., b. 30 Mar 1861, 2y
Finnan, Patrick, b. 5 Dec 1866, 49y
Finnegan, child, b. 19 Apr 1862, child of Bernard
Finnegan, female, b. 26 Dec 1862, child, dau of Patrick
Finnegan, Mrs., b. 21 Sep 1870, 36y
Finnegan, Alice, b. 4 May 1858, 3y
Finnegan, Mary, b. 11 Apr 1858, 27y
Finnegan, Mary, b. 3 Apr 1862, 40y
Finnegan, Mary, b. 22 Dec 1869, 70y
Finnegan, Patrick, b. 23 Apr 1858, 5y
Finnegan, Philip, b. 25 Sep 1868, 2y
Finnerin, Thos., b. 16 Dec 1872, 2d
Finnerty, Francis, b. 8 Feb 1857, 64y
Finngan, I., b. 6 Oct 1862, 2y
Finnigan, female, see Finigan/Finnigan, female
Finnigan, Bernard, b. 8 Oct 1858, 7m
Finnigan, Elizabeth, b. 17 Jul 1868, 13m
Finnigan, Francis, b. 22 Jun 1856, 14d
Finnigan, James, b. 31 Dec 1847, 16y
Finnigan, James, b. 19 Sep 1853, 13m
Finnigan, James T., b. 7 Feb 1868, 7y
Finnigan, Jas., b. 29 May 1848, 40m (sic.)
Finnigan, John, b. 17 Mar 1860, 16m
Finnigan, John, b. 2 Sep 1862, 68y
Finnigan, John, b. 17 Dec 1862, 5y
Finnigan, Margaret, b. 3 Dec 1847, 2y
Finnigan, Mary, b. 20 Oct 1847, 4m
Finnigan, Michael, b. 27 Jun 1839, 78y, consumption
Finnigan, Patrick, b. 17 Nov 1853, 54y
Finnigan, Patrick, b. 8 Nov 1863, 35y
Finnigan, William, b. 2 Feb 1868, 4y
Firee/Friel, James, b. 5 Feb 1842, 36y, consumption
First, child, b. 12 Jan 1864, stillborn, child of Jos.
Fish, Mrs., b. 13/14 Jul 1836, c. 40/45y, bilious pleurisy
Fishbole, female, b. 28 Jun 1839, 5m/9y, dau of Mrs. Fishbole
Fisher, Ann, b. 15 Nov 1818, consumption
Fisher, Elizabeth, d. 17 May 1795, b. 18 May 1795, 7y8m, dau of Joseph & Magdalen
Fisher, Frd., b. 5 Jan 1873, 10w
Fisher, James, b. 14 Apr 1827, c. 26y, consumption
Fisher, John, b. 1 Sep 1846, 55y

Fisher, John Baptist Oliver, d. & b. 24 Oct 1800, 4y, son of James & Ann
Fisher, Mary Ann, d. 10 Oct 1820, b. 11 Oct 1820, c. 6y, buried in the lot of William Wills
Fisher, William, d. 13 Jun 1800, b. 14 Jun 1800, c. 8m, son of James & Ann
Fissour, John M., d. 8 Nov 1816, b. 9 Nov 1816, native of France
Fitch, Ann, b. 17 Oct 1859, 74y
Fitch, Eliza Catharine, b. 13 Jul 1855, 50y
Fitger, Emma, b. 23 Jul 1850, 2y
Fitsimmons, Christopher, b. 21 Jun 1853, 4y
Fitz, Thomas, b. 18 Feb 1850, 7y
Fitzcharles, Eliza O., see O'Fitzcharles, Eliza
Fitzgerald, child, b. 4 Aug 1826, age unknown, unknown sickness, child of John
Fitzgerald, child, b. 24 Mar 1830, stillborn, child of John
Fitzgerald, child, b. 26 Jul 1831, 2y, child of John
Fitzgerald, child, b. – Jul 1835, 1y, bowel complaint, child of Fitzgerald
Fitzgerald, child, b. 21 Mar 1838, 3w, child of Jno. B. Fitzgerald
Fitzgerald, child, b. 7 May 1852, 2y, child of Daniel
Fitzgerald, female, b. 6 Feb 1835, 3m, croup, dau of Mr. Fitzgerald
Fitzgerald, female, b. 12 Sep 1836/1837, 1y, dau of Patk.
Fitzgerald, female, b. 9 Mar 1837, 5y, scarlet fever, dau of Mrs. Fitzgerald
Fitzgerald, male/child, b. 8 Jan 1838, 2¼y
Fitzgerald, male, b. 24 May 1839, 1m, son of Samuel
Fitzgerald, male, b. 6 Apr 1840, 2m, son of John
Fitzgerald, male/John, b. 12 Apr 1840, 4m, son of John?
Fitzgerald, male, b. 21 Jul 1849, 2m, son of John
Fitzgerald, Mr., b. 11 Jan 1837
Fitzgerald, Mr., b. 26 Oct 1843, 40y
Fitzgerald, Mr., b. 4 Jun 1855, 40y
Fitzgerald, Mrs., b. 30 Oct 1834, c. 32y, consumption
Fitzgerald, Ann, d. & b. 19 Aug 1798, 18m, dau of John & Mary
Fitzgerald, Ann, b. 12 Jul 1860, 30y
Fitzgerald, Ann H., b. 21 Oct 1870, 3d
Fitzgerald, Catharine, b. 25 Aug 1867, 82y
Fitzgerald, Christopher, d. 21 Sep 1801, b. 22 Sep 1801, 2m, son of Richard & Margaret
Fitzgerald, Edwin, b. 27 Jan 1846, 3y
Fitzgerald, Eleanor, d. 13 Nov 1801, b. 14 Nov 1801, 3y4m9d, dau of Thomas & Ann
Fitzgerald, Eleanora, b. 20 Jan 1863, 60y
Fitzgerald, Elizabeth, b. 5 Mar 1864, 55y
Fitzgerald, Ella, b. 14 Jun 1852, 4y
Fitzgerald, Francis, d. & b. 30 Mar 1815, 3y, measles, Baltimore
Fitzgerald, Hannah, d. 22 Nov 1813, b. 23 Nov 1813, 3y
Fitzgerald, Henry, b. 27 Jun 1852, 50y
Fitzgerald, I. E. Ross, b. 24 Aug 1849, 2y
FitzGerald, James, b. 27 Oct 1874, 2d
Fitzgerald, Jane, b. 14 Apr 1855, 3y
Fitzgerald, John, d. 30 Apr 1802, b. 1 May 1802, son of John & Mary
Fitzgerald, John, b. 6 Oct 1837, 18/28y, consumption
Fitzgerald, John, b. 6 Aug 1840, 72y, consumption
Fitzgerald, John, b. 9 Jul 1861, 2y
Fitzgerald, John B., b. 5 Jul 1864, 65y
Fitzgerald, Lewis W., b. 20 Sep 1851, 12y
Fitzgerald, Louisa, d. 12 Mar 1815, b. 13 Mar 1815, 3m
Fitzgerald, Margaret, d. 10 Jul 1805, b. 11 Jul 1805, 1y10d, croup, dau of John & Mary
Fitzgerald, Margaret, b. 16 Sep 1826, c. 40y, consumption
Fitzgerald, Margaret, b. 3 Apr 1829, c. 14y, consumption
Fitzgerald, Margaret, b. 22 Aug 1856, 66y
Fitzgerald, Maria, b. 8 Aug 1858, 84y

Fitzgerald, Mary, d. & b. 10 Apr 1798, dau of Garret & Margaret
Fitzgerald, Mary, b. 25 Jun 1830, 21y, consumption
Fitzgerald, Mary, b. 30 Oct 1832, c. 22y, consumption
Fitzgerald, Mary, b. 22 Oct 1850, 76y
Fitzgerald, Mary, b. 1 Jun 1861, 80y
Fitzgerald, Mary, b. 1 Jul 1871, 3y
Fitzgerald, Mary Ann, b. 11 Sep 1831, c. 18y, inflamation of the brain
Fitzgerald, Rebecca Ann, b. 2 Apr 1852, 21y
Fitzgerald, Richard, d. & b. 6 Aug 1806, c. 50y, native of Ireland
Fitzgerald, Robert, d. 28 Jul 1800, b. 29 Jul 1800
Fitzgerald, Robert R., b. 12 Mar 1836, 26y, congestive pleurisy
Fitzgerald, Sarah, d. & b. 27 Jun 1797, c. 9m, dau of William C. & Mary
Fitzgerald, William, d. 25 Apr 1803, b. 26 Apr 1803, 3d, son of John & Mary
Fitzgerald, William, b. 20 Mar 1815, 6y, measles, son of John & Mary
Fitzgibbon, Ellen, b. 25 Jul 1831, 2y, whooping cough, dau of Thomas
Fitzgibbon, Maurice, b. 28 Sep 1839, 60y, consumption
Fitzgibbons, child, b. 10 Jun 1821, 5m, unknown sickness, child of Thomas
Fitzgibbons, Margaret E., b. 13 Aug 1828, c. 1y, summer complaint
Fitzimmons, Margaret, b. 28 Jul 1850, 6y
Fitzimmons, Thomas, b. 16 Dec 1851, 22y
Fitz-Jeffray, Elizabeth, d. 27 Jul 1794, b. 28 Jul 1794, buried in St. Peter's Church Yard
Fitzpatrich, Joseph, see Fitzpatrick/Fitzpatrich, Joseph
Fitzpatrick, child, b. 15 Jan 1822, c. 18m, burned to death, child of Arnold
Fitzpatrick, child, b. 17 Dec 1829, 3w, child of John
Fitzpatrick, child, b. --/22 Jul 1836, 9m, child of Andrew
Fitzpatrick, child, b. 6 Jul 1837, 11m
Fitzpatrick, child, b. 19 Jul 1861, stillborn, child of Mr. Fitzpatrick
Fitzpatrick, child, b. 16 Dec 1863, stillborn, child of Bernard
Fitzpatrick, child, b. 17 May 1873, stillborn, child of Mrs. Fitzpatrick
Fitzpatrick, female/Dennis, b. 2 Jun 1836, 3m/y, dau of Dennis?
Fitzpatrick, female/Ellen, b. 19 Apr 1840, 8m, dropsy on the brain, dau of Ellen
Fitzpatrick, female, b. 22 Jul 1841, 2m, dau of Winifried/Winifred
Fitzpatrick, female, b. 26 Jul 1851, 20 minutes, dau of Mr. Fitzpatrick
Fitzpatrick, male/child, b. 29 Jun 1837, 2½y, measles, son/child of John
Fitzpatrick, Mrs., b. 23 Mar 1845, 50y
Fitzpatrick, Mrs., b. 16 Feb 1859, stillborn, child of Mrs. Fitzpatrick
Fitzpatrick, Alice, b. 17 Aug 1864, 13m
Fitzpatrick, Alice, b. 6 May 1872, 63y
Fitzpatrick, Ann, d. 1 Sep 1814, b. 2 Sep 1814, c. 75y, native of Ireland
Fitzpatrick, Ann, b. 1 Mar 1840, 24y, consumption
Fitzpatrick, Ann, b. 21 Sep 1864, 40y
Fitzpatrick, Arland, b. 19 Jul 1822, c. 32y, intemperance
Fitzpatrick, Bernard, b. 17 Aug 1859, 14m
Fitzpatrick, Bridget, b. 7 Jun 1856, 15m
Fitzpatrick, Bridget, b. 12 Jun 1856, 7y
Fitzpatrick, Cath., b. 2 Nov 1866, 45y
Fitzpatrick, Catharine, b. 24 Jul 1856, 60y
Fitzpatrick, Catharine, b. 20 May 1867, 22m
Fitzpatrick, Catherine, b. 3 May 1869, 5 hours
Fitzpatrick, Cecelia, b. 11 Jan 1852, 58y
Fitzpatrick, Daniel, b. 29 Aug 1840, 30y
Fitzpatrick, Elizabeth, b. 7 Sep 1865, 68y
Fitzpatrick, Hannah, b. 6 Apr 1869, 60y
Fitzpatrick, Hugh, b. 21 Jul 1845, 27y
Fitzpatrick, Hugh, b. 25 Mar 1857, 32y
Fitzpatrick, James, d. 31 Mar 1817, b. 1 Apr 1817, 13y, lockjaw

Fitzpatrick, James, b. 16 Feb 1840, 51y, consumption
Fitzpatrick, James, b. 25 Oct 1853, 3 hours
Fitzpatrick, James, b. 18 Jun 1855, 12m
Fitzpatrick, James, b. 27 Jan 1859, 31y
Fitzpatrick, John, b. 6 Oct 1805
Fitzpatrick, John, b. 1 Jul 1843, 2y
Fitzpatrick, John, b. 13 Mar 1849, 27y
Fitzpatrick, John, b. 3 Mar 1850, 64y
Fitzpatrick, John, b. 28 Dec 1850, 5y
Fitzpatrick, John, b. 25 Jun 1856, 7 hours
Fitzpatrick, John, b. 28 Oct 1859, 30y
Fitzpatrick, John T., b. 6 Aug 1851, 45y
Fitzpatrick/Fitzpatrich, Joseph, d. 17 Mar 1815, b. 18 Mar 1815, 65y, typhus, native of Ireland
Fitzpatrick, M., b. 6 May 1850, 47y
Fitzpatrick, Margaret, b. 29 Sep 1866, 24 hours
Fitzpatrick, Mary, b. 20 Oct 1852, 16y
Fitzpatrick, Mary, b. 14 Feb 1861, 11m
Fitzpatrick, Mary, b. 4 Dec 1865, 30y
FitzPatrick, Mary, b. 4 May 1874, 35y
Fitzpatrick, Mary Ann, d. 27 Aug 1816, b. 28 Aug 1816, 1m, whooping cough
Fitzpatrick, Mary E., b. 1 Aug 1856, 21y
Fitzpatrick, Mgt., b. 26 Oct 1853, 36y
Fitzpatrick, Michael, b. 21/22 Dec 1837, c. 25y, consumption
Fitzpatrick, Michael, b. 16 Nov 1846, 50y
Fitzpatrick, Michael, b. 25 Dec 1866, 65y
Fitzpatrick, Patrick, b. 7 Sep 1866, 2 hours
Fitzpatrick, Patrick, b. 4 Dec 1866, 77y
Fitzpatrick, Susanna, d. & b. 5 Oct 1794, c. 7y, buried in the Catholic Burying Ground
Fitzpatrick, Thomas, d. 9 Jul 1802, b. 10 Jul 1802, 9m, son of Patrick & ---, lately from Ireland
Fitzpatrick, Thomas, b. 11 Aug 1834, 50y, decline
Fitzpatrick, Thomas, b. 19 Jul 1840, 30y, consumption
Fitzpatrick, Thomas, b. 11 Apr 1856, 5y
Fitzpatrick, Thomas, b. 15 Jul 1868, 25y
Fitzpatrick, Thos, b. 7 May 1818, 16y, inflamation in the head
Fitzpatrick, William B., b. 3 Feb 1857, 3w
Fitzsimmons, child, b. 1 Dec 1826, child of Daniel
Fitzsimmons, child, b. 12 May 1829, 2y, whooping cough, child of Daniel
Fitzsimmons, male, b. 25 Dec 1837, 2½y, dropsy, son of Redmon/Redman
Fitzsimmons, Mr., b. 21 Feb 1835, c. 80y, old age
Fitzsimmons, Bridget, b. 20 Jul 1847, 19y
Fitzsimmons, Christopher, b. 10 Oct 1856, 85y
Fitzsimmons, Christopher, b. 22 Jul 1858, 12m
Fitzsimmons, Christopher, b. 29 Jul 1861, 7y
Fitzsimmons, Daniel, b. 6 Jan 1830, 29y, consumption
Fitzsimmons, Daniel I., b. 18 Jul 1848, 24y
Fitzsimmons, David, b. 22 Dec 1843, 14y
Fitzsimmons, Ellen, b. 4 Aug 1826, c. 75y, dysentery
Fitzsimmons, Isabella, b. 27 Feb 1857, 60y
Fitzsimmons, Jane, b. 7 Sep 1854, 31y
Fitzsimmons, Mary, b. 20 Apr 1857, 71y
Fitzsimmons, Mary, b. 24 Nov 1857, 29y
Fitzsimmons, Michael, b. 14 Aug 1864, 7y
Fitzsimmons, Michael, b. 15 Sep 1864, 7y
Fitzsimmons, Patrick, b. 12 Nov 1857, 8d
Fitzsimmons, Thomas M., b. 3 Dec 1856, 6m
Flagherty, Mrs., b. 3 Jan 1863, 81y

Flagon, Bridget, b. 1 Oct 1828, c. 40y, unknown sickness, native of Ireland
Flagon, Bridget, b. 23 Aug 1832, c. 40, cholera
Flaharty, Mary, d. 24 Apr 1798, b. 25 Apr 1798, c. 46y, wife of James
Flaharty, Michael, d. 22 Aug 1803, b. 23 Aug 1803, 11m2d, cholera, son of Bryan & Bridget
Flaharty, Thomas, d. 14 Dec 1800, b. 15 Dec 1800, c. 32y, accidentally drowned, native of Ireland
Flaherty, Ambrose, b. 11 Apr 1849, 11m
Flaherty, Bridget, b. 12 Nov 1867, 38y
Flaherty, Catharine, b. 15 Apr 1867, 19y
Flaherty, Catharine, d. 14 Aug 1819, b. 15 Aug 1819, 25y, bilious
Flaherty, Cornelius, b. 27 Apr 1862, 36y
Flaherty, Francis, b. 21 Jul 1854
Flaherty, George, b. 9 Mar 1860, 18y
Flaherty, John, b. 10 Oct 1831, c. 19y
Flaherty, Joseph, b. 19 Jul 1871, 80y
Flaherty, Judith, b. 31 Dec 1818, 3y, croup
Flaherty, Mary, d. 10 Nov 1812, b. 11 Nov 1812, dropsy
Flaherty, Mary, b. 18 Jan 1864, 55y
Flaherty, Mathias, d. & b. 20 Sep 1797, native of Ireland
Flaherty, Morgan, d. 15 Oct 1805, b. 16 Oct 1805, c. 80y, died in the Poor House
Flaherty, Patrick, b. 2 Jan 1821, dropsy
Flaherty, Patrick, b. 9 Mar 1860, stillborn
Flaherty, Patrick, b. 29 Apr 1860, 3y
Flaherty, Patrick, b. 12 Jun 1862, 8m
Flaherty, Peter, b. 27 Feb 1858, 24y
Flaherty, Thomas, d. 25 Jul 1801, b. 26 Jul 1801, c. 8m, son of Brian & Bridget
Flamand, Rosalie (called Rossiguol), d. 7 Jan 1800, b. 8 Jan 1800, 32y, wife of Romain Latapy (called Brizard)
Flamer, Caroline, b. 25 Jan 1856, 40y, Colored
Flamm, Alice G., b. 19 Apr 1872, 2m
Flamm, George, b.10 Apr 1872, 4y
Flanagan, Mr., b. 12 Aug 1862, 70y
Flanagan, Mrs., b. 11 Jan 1858, 68y
Flanagan, Emily, b. 15 Feb 1851, 18m
Flanagan, John, b. 3 Feb 1866, 47y
Flanagan, Joseph, b. 30 Jul 1847, 10m
Flanagan, Mary, b. 19 Apr 1861, 24y
Flanagan, Mary E., b. 17 Oct 1865, 63y
Flanagan, Mary Elizath, b. 13 Aug 1847, 11m
Flanagan, Michael, b. 31 Dec 1847, 3d
Flanagan, Patrick, b. 5 Jun 1848, 30y
Flanagan, Patrick, b. 12 Nov 1852, 18m
Flandan, Catharine M., b. 2 Aug 1862, 2y
Flanigan, child, b. 22 Jan 1874, stillborn, child of A. Flanigan
Flanigan, Eliza, b. 23 Sep 1853, 32y
Flanigan, Ellen, b. 13 Aug 1829, 8m, summer complaint, dau of Luke
Flanigan, William, b. 7 Aug 1857, 12m
Flanigan, Wm. Henry, b. 9 Aug 1850, 18m
Flannagen, male, b. 5 Dec 1849, 2m, son of Mr. Flanagen
Flannigan, male, b. 13 Oct 1838, 10m, bowel complaint, son of Philip
Flannigan, Catharine, b. 1 Sep 1869, 75y
Flannigan, Elizabeth A., b. 31 Sep 1863, 57y
Flarity, male, b. 5 Sep 1842, 17m, son of John
Flattery, Alice, d. 21 Nov 1795, b. 23 Nov 1795, 64y, wid of John (dec.), buried in the family burying ground of the late John Ireland near Charles Carroll's manor in Ann Arundel County

Flattery, Jane, d. 28 Dec 1795, b. 29 Dec 1795, c. 25y, dau of John & Alice (both dec.)
Fledderman, Gerhardt, b. 18 Jun 1870, 5m
Flederman, Chas. L., b. 19 Aug 1865, 15m
Flederman, John G., b. 29 Mar 1863, 9m
Fleet, Henry, b. 10 Dec 1840, 25y, consumption, Colored
Fleetwood, Wm., b. 30 Nov 1870, 50y
Fleichell, male, b. 4 Feb 1840, 2m, son of Jacob
Fleichell, male, b. 4 Jul 1841, 2w, son of Jacob
Fleichell, male, b. 18 Sep 1867, 13w(?), son of John
Fleichell, Andrew I., b. 5 Jul 1866, 2y
Fleichell, Anthony, b. 9 Dec 1843, 72y
Fleichell, Barbara, b. 29 Jan 1855, 78y
Fleichell, Cecilia, b. 5 May 1849, 6m
Fleichell, Edward, b. 6 Aug 1864, 16m
Fleichell, John, b. 15 Sep 1865, 19m
Fleichell, Joseph, b. 23 May 1849, 45y
Fleichell, Mary Ann, b. 5 Oct 1865, 58y
Fleishell, John, b. 3 Feb 1872, 50y
Fleishell, Joseph Henry, b. 27 Dec 1834
Fleming, female, b. 17 Aug 1837, 1y, cholera infantum, dau of Patrick
Fleming, John, d. 12 Oct 1831, b. 13 Oct 1831, 40y, native of Ireland
Fleming, Juliana, b. 31 Jan 1853, 16m
Fleming, Margaret, b. 20 Apr 1854, 10m
Fleming, Margaret, b. 4 Jun 1857, 20y
Fleming, (Capt.) Mathias, d. 13 Aug 1810, b. 14 Aug 1810, 46y, dropsy
Fleming, Michael, d. 8 Dec 1797, b. 9 Dec 1797, c. 32y
Fleming, Sarsfield, d. 2 May 1798, b. 3 May 1798, 19d, son of James & Sarah
Fleming, Thomas, d. 18 Oct 1801, b. 19 Oct 1801, 2y4m, son of James & Sarah
Flemming, Bridget, b. 28 Sep 1866, 50y
Flemming, Catharine, b. 11 Apr 1864, 40y
Flemming, Francis, b. 16 Oct 1863, 33y
Flemming, Isabella, b. 25 Oct 1870, 22m
Flemming, Michael, b. 22 Mar 1864, 28y
Flemming, Thomas, b. 11 Aug 1852, 15m
Fletcher, Mrs. Eliza, b. 15 Mar 1852, 70y
Fletcher, Elizabeth, d. 27 Jun 1798, b. 28 Jun 1798, 86y, wid
Fletcher, Maria Julia, b. 15 Jul 1866, 5m
Fletcher, Susan, b. 5 May 1873, 55y
Fletcher, Thomas, b. 2 Aug 1830, c. 50y, consumption
Fletcher, W. H., b. 14 Sep 1872, 3m
Fleury, Mrs. Hursal, b. 14 Nov 1860, 37y
Fleury, Mary Magdalen, d. & b. 6 Oct 1800, c. 35y, wid of Sebastian
Fleury, Peter, d. & b. 10 Aug 1804, c. 15y, abscess, son of Sebastian & Mary
Fleury, Sabastien, d. 23 Oct 1796, b. 24 Oct 1796, c. 34y
Flin, James, d. 13 Jan 1797, b. 14 Jan 1797, native of Ireland
Flinn, child, b. 12 Jan 1861, 3 hours, child of Mr. Flinn
Flinn, female, b. 2 Aug 1842, 22w/m, summer complaint, dau of Mr. Flinn
Flinn, male, b. 27 Jul 1866, ½ hour, son of Thos.
Flinn, Agness, b. 1 Feb 1858, 9d
Flinn, Catharine, b. 9 May 1865, 20y
Flinn, Emily V., b. 17 Jul 1866, 5m
Flinn, James, d. 7 Mar 1801, b. 8 Mar 1801, c. 45y, native of Ireland
Flinn, James, b. 3 Apr 1822, old age
Flinn, James, b. 8 Dec 1834, 26y, pleurisy
Flinn, James, b. 28 Jun 1855, 18m
Flinn, John, d. 5 Aug 1794, b. 6 Aug 1794, buried in St. Peter's Church Yard, native of Ireland

Flinn, John, d. 19 Nov 1806, b. 20 Nov 1806, 87y, dropsy, native of Ireland
Flinn, John, b. 6 Apr 1861, 17y
Flinn, Joseph, b. 5 Mar 1830, 3y, died from drinking cold water
Flinn, Margaret, b. 23 Dec 1847, 9m
Flinn, Margaret, b. 13 Sep 1857, 18m
Flinn, Peter, b. 12 Jul 1850, 21m
Flinn, William F., b. 4 Dec 1864, 5y
Flinn, Zebediah, b. 23 Apr 1848, 40y
Flood, Bridget, b. 8 Aug 1839, 40y, bilious fever
Flood, Elizabeth, b. 8 Mar 1859, 53y
Flood, James, b. 25 Aug 1862, 27y
Flood, Joseph, b. 4 Nov 1862, 22y
Flood, Michael, b. 7 Apr 1842, 27y, consumption
Flood, Philip, b. 8 Nov 1851, 55y
Flood, Philip, b. 16 Jun 1860, 18y
Florence, Arnold, d. & b. 29 Apr 1807, in Baltimore County, 65y11m, son of James & Mary Ann, native of France
Floyd, Catharine, b. 12 Oct 1847, 54y
Floyd, Charles, b. 27 Sep 1835, 77y
Floyd, Mrs. Charles, b. 21 Jun 1839, 70y, infirmity of age
Floyd, Reverend Mr. John, d. & b. 8 Sep 1797, 29y, assistant priest of St. Peter's Parish, Baltimore, in the second year of his priesthood, native of England
Floyd, John, b. 10 Jun 1843, 60y
Floyd, Martha Ann, b. 14 Sep 1832, c. 1y, unknown sickness, dau of John
Floyd, Mary Joanna, b. 11 Mar 1849, 20y
Flynn, child, b. 19 Dec 1873, stillborn, child of Mrs. Flynn
Flynn, Ann, b. 21 Aug 1821, c. 34y, malignant fever, died in Hawke Street, Marsh Market
Flynn, Ann, b. 5 Nov 1832, c. 50y, cholera
Flynn, Chas., b. 6 Aug 1873, 8m
Flynn, Daniel, b. 13 Oct 1828, c. 53y, dropsy
Flynn, David, b. 10 Jul 1853, 32y
Flynn, Elizabeth, b. 10 Apr 1865, 22y
Flynn, James, b. 15 Apr 1841, 42y, paralysis
Flynn, John, d. 22 May 1799, b. 23 May 1799
Flynn, John, b. 15 Mar 1831, c. 22y, unknown sickness
Flynn, Michael, b. 25 Jun 1864, 5y
Flynn, Sarah, b. 9 Mar 1847, 4y
Flynn, Thomas, b. 21 Jan 1859, 3y
Flynn, Wm. Jos., b. 2 Aug 1863, 4w
Fog, child, b. 14 Dec 1820, a few days old, child of W. Fog
Fogarty, John, b. 6 Aug 1852, 2w
Fogarty, Thomas, b. 3 May 1853, 30y
Fogarty, Thomas, b. 18 Jul 1854, 9m
Foison/Foisonneuf, Elizabeth, d. 25 Jun 1793, b. 29 Jun 1793, died at sea, dau of Claude Riviere & Elizabeth, *(French)
Foisonneuf, Elizabeth, see Foison/Foisonneuf, Elizabeth
Folac, child, b. 19 Mar ----, 6w, unknown sickness, child of Adolphus
Folac, child, b. 22 Apr 1831, 10m, unknown sickness, child of Mr. Folac
Folack, Margaret, b. 25 Dec 1830, c. 24y, consumption
Foley, child, b. 25 Oct 1827, 11m, croup, child of Matthew
Foley, child, b. 10 Jan 1870, 1 hour, child of D. Foley
Foley, male, b. 9 Jun 1865, 2 hours, son of Michael
Foley, Miss, b. 1 Nov 1863, 16y
Foley, Daniel, b. 23 Mar 1851, 45y
Foley, Fanny, b. 25 Jun 1862, 18y
Foley, Francis, b. 18 Aug 1847, 56y

Foley, Francis, b. 24 Oct 1861, 62y
Foley, Jeremiah, d. 23 Sep 1799, b. 24 Sep 1799, c. 28y, native of Ireland
Foley, John Thos., b. 29 Jul 1865, 10m
Foley, John W., b. 3 Jan 1866, 23y
Foley, Joseph, b. 28 May 1858, 8m
Foley, Joseph M., b. 22 Sep 1851, 5m
Foley, Margaret, b. 6 Jul 1860, 62y
Foley, Mary, b. 6 Oct 1825, c. 16m, croup, dau of Matthew
Foley, Mary, b. 21 Oct 1832, c. 1y, croup, dau of Matthew
Foley, Matthew, b. 4 Oct 1866, 80y
Foley, Patrick, d. 18 Sep 1814, b. 19 Sep 1814, c. 30y, bilious fever
Foley, William, b. 2 Jan 1864, 36y
Folks, Henry, b. 20 Sep 1868, 35y, Colored
Follen, child, b. 27 Aug 1822, c. 2y, child of Charles
Foloe, child, b. 17 Aug 1826, c. 2w, child of Adolphus
Foloe, Cecilia, b. 8 Aug 1829, 5m, summer complaint, dau of Adolphus
Folthe, Hugo, b. 27 Aug 1850, 24y
Fomo/Fornos, child, b. 14 Aug 1836, 1m, infantile unknown, child of Fomo/Mr. Formos
Fondriac, male, b. 17 Sep 1835, a few hours old, infantile unknown, son of Mr. Fondriac
Fonry, Mary, see Foury/Fonry, Mary
Foof, William, Sr., b. 14 Dec 1801, native of Germany
Foos, child, b. 13 Oct 1822, unknown sickness, child of John
Foos, Catharine, d. 18 Dec 1799, b. 20 Dec 1799, c. 60y, wife of William, Sr.
Foos, William, b. 30 Jan 1841, 17y, consumption
Foran, Josephine Laura, b. 22 Apr 1864, 3m
Forbes, Alfred, b. 7 Sep 1848, 2½y
Forbes, Andrew, b. 19 Jun 1828, c. 42y, complication, native of Jerome County, Ireland
Forbes, Ellen, b. 16 Jan 1865, 12m
Ford, child, b. 29 Dec 1849, 3y, child of Robert
Ford, Ann Virginia, b. 17 May 1858, 9y
Ford, Anna, b. 20 Jan 1857, 10d
Ford, Cath., b. 18 Aug 1874, 6m
Ford, Debora, b. 4 Jan 1848, 26y, Colored
Ford, Edward, b. 7 Sep 1832, c. 10y, cholera
Ford, Eliza Jane, b. 22 Oct 1868, 2y
Ford, Miss Ellen, b. 31 Mar 1850
Ford, Ida Cecelia, b. 9 Jan 1863, 4½y
Ford, Ignatius, b. 16 Oct 1847, 60y, Colored
Ford, John, b. 6 Feb 1820, 14m
Ford, John, b. 23 Sep 1857, 53y
Ford, John, b. 3 Oct 1871, 7m
Ford, Dr. Joseph, b. 15 Oct 1840, 30y, consumption
Ford, Lizzie, b. 6 Nov 1874, 3m
Ford, Margaret, b. 26 Mar 1855, 82y
Ford, Mary, d. 15 Oct 1810, b. 16 Oct 1810, 50y
Ford, Mary, b. 26 Jul 1855, 5m
Ford, Mary, b. 27 Sep 1871, 54y
Ford, Mary Ann, b. 18 Oct 1862, 39y
Ford, Mary Clara, b. 2 Jul 1865, 19y
Ford, Michael, b. 11 Oct 1803
Ford, Susan, b. 29 Oct 1867, 13m, Colored
Ford, Thomas, b. 24 Jul 1871, 5m
Ford, William, b. 21 Jan 1831, age unknown, unknown sickness
Fordel, Eliza, b. 30 Aug 1851, 5y
Foreman, Henry, b. 16 Dec 1832, 28y, consumption
Foreman, Mary Ann, b. 17 Jan 1857, 33y

Foresith, Henry, b. 16 Jun 1821, consumption
Forman, Agnes Virginia, b. 18 Jul 1832, c. 2y, summer complaint, dau of Henry
Forney, child, b. 24 Nov 1837, stillborn, child of Mr. Forney
Forney, child, b. 4 Apr 1851, stillborn, child of Michl.
Fornos, child, see Fomo/Fornos, child
Forrester, female, b. 28 Feb 1836, 16m, croup, dau of Mrs. Forrester
Forrester, male, b. 26 Jun 1838, 7m, decline, son of Mrs. C./E. Forrester
Forrester, Bridget, b. 28 Apr 1868, 58y
Forrester, Elizabeth A., b. 11 Aug 1862, 2m
Forrestil, Robert, b. 11 Jul 1853, 35y
Forsyth, child, b. 21 Jun 1841, 2y, child of Mrs. Forsyth
Forsyth, child, b. 11 Mar 1844, child of Mr. Forsyth
Forsyth, female, b. 16 Mar 1844, 6y, dau of Mr. Forsyth
Forsyth, Alexander, b. 22 Dec 1837, 40y, decline
Forsyth, Arabella, b. 15 Jun 1853, 21y
Forsyth, Caroline, b. 12 Oct 1839, 30y, consumption
Forsyth, Isaac, b. 9 Oct 1849, 90y
Forsyth, Mary, b. 17 Feb 1830, c. 40y, cramp colic
Forsyth, William, b. 14 Apr 1839, 60y, dropsy
Fortune, child, b. 20 Apr 1831, died a few minutes after birth, child of James
Fortune, child, b. 27 Jul 1832, died 2 or 3 days after birth, child of James
Fortune, female, b. 4 Aug 1837, 1d, dau of Jas.
Fortune, Catherine, d. 7 Sep 1819, b. 8 Sep 1819, 40y, bilious, short illness, Colored
Fortune, Captain James, d. & b. 5 Nov 1797, 57y, native of Ireland
Fortune, James, b. 9 Aug 1847, 42y
Fortune, Lizzie, b. 13 Mar 1872, 40y
Fortune, Mary Louisa, b. 6 Jun 1805, c. 50y, Mulatto, from St. Domingo
Fortune, Thomas, b. 28 Apr 1864, 22y
Fosbender, John, d. 2 Aug 1800, b. 3 Aug 1800, 1y2m14d, son of Peter & Hedwigis
Foss, Mary Ann, b. 27 Nov 1843, 16y
Fossett, John, b. 23 Jan 1846, 21y
Fossett, John, b. 25 Apr 1854, 3w, Colored
Foster, Catherine, b. 12 Apr 1829, c. 45y, fit
Foster, Mary, b. 8 Jun 1871, 43y
Foster, Terence, b. 21 Oct 1818, 20y
Fouchard, Susanna, b. 26 Nov 1845, 55y
Foudert, Francis, b. 13 Mar 1832, c. 4m, unknown sickness
Foudriat, Claude M., b. 9 Feb 1848, 5y
Fountain, Mary, b. 28 Aug 1873, 1y
Fountain, Mary C., b. 4 Aug 1844, 14m
Fourcad, Charles, b. 27 Feb 1860
Fourcharde, Mary, b. 11 Oct 1821, c. 2y, unknown sickness, dau of Mary
Fourderman, John, b. 11 Oct 1830, c. 2m, unknown sickness, son of Mr. Fourderman
Fournan, Lucretia, b. 23 Feb 1856, 60y
Foury/Fonry, Mary, b. 2 Aug 1840, 42y
Fowler, male, b. 14 Feb 1851, 8y, son of Mr. Fowler
Fowler, male, b. 27 Feb 1851, 4y, son of Mr. Fowler
Fowler, Francis, b. 24 Feb 1851, 3y
Fowler, Henrietta, b. 2 May 1856, 12m, Colored
Fowler, James, b. 27 Jan 1848, 30y
Fowler, John Thos., b. 11 Jul 1858, 4m
Fowler, Mary Alice, b. 2 Mar 1861, 12m
Fowler, Nancy, b. 29 May 1866, 50y, Colored
Fowler, Thomas, d. 14 Sep 1816, b. 15 Sep 1816, c. 37y, bilious fever
Fox, child, b. 23 Sep 1821, c. 8m, whooping cough, child of John
Fox, child, b. 21 Jul 1827, age unknown, unknown sickness, child of John

Fox, Ann, b. 23 Sep 1870, 56y
Fox, Ann C., b. 4 Oct 1863, 7m
Fox, Catharine, b. 7 Aug 1858, 23y
Fox, Catherine, b. 8/9 Apr 1836, c. 36y, inward contusion
Fox, Catherine/Catharine, b. 28 Jun 1839, 9y
Fox, Christopher, b. 12 Jun 1830, c. 64y, consumption, native of Ireland
Fox, Eliza, b. 22 Apr 1846, 50y
Fox, Ellen, b. 5 Feb 1857, 31y
Fox, James, b. 24 Aug 1827, c. 1y, fever, son of John
Fox, John, d. 16 Jun 1819, b. 17 Jun 1819, 13m, measles
Fox, John, b. 21 Aug 1823, 1d, son of John
Fox, John, b. 5 Mar 1831, c. 45y, unknown sickness
Fox, John, b. 15 May 1849, 37y
Fox, Margaret, b. 8 Dec 1861, 74y
Fox, Mary, b. 1 Apr 1856, 38y
Fox, Mary Ann, b. 15 May 1855, 2y
Fox, Patrick, b. 30 Jul 1825, c. 50y, died from a fall
Fox, Rebecca, b. 12 Dec 1861, 65y
Fox, Samuel Washington, d. 18 Jul 1796, b. 19 Jul 1796, 16m, son of Anthony & Sarah
Fox, Sarah, d. 14 Sep 1800, b. 15 Sep 1800, suddenly, wife of Anthony
Fox, Sarah, b. 2 Apr 1827, 30y, died after lying in
Fox, Thomas, b. 27 Jun 1857, 5 minutes
Foy, Robert, b. 20 May 1869, 1y
Fraher, twins, James & Richard, d. 20 Jul 1803, b. 21 Jul 1803, 1d, twin sons of Edward & Catharine
Fraher, James, see Fraher, twins
Fraher, Richard, see Fraher, twins
Fraher, William, d. & b. 12 Nov 1802, 9d, son of Edward & Catharine
Frail, James, b. 29 Nov 1867, 28y
Fraissinet, John Henry, d. 17 Mar 1812, b. 18 Mar 1812, 47y, native of Arles, France
Franceaver, Madame/Mary M., see Francios/Franceaver, Madame/Mary M.
Frances, Sister, see Fanny/Frances, Sister
Frances, John, b. 23 Jan 1847, 80y, Colored
Frances, John, see Francis/Frances, John
Frances, Mary, b. 28 Jun 1832, c. 35y, consumption
Frances, Sister Mary, b. 31 Aug 1832, c. 26y, cholera
Frances, Sister Mary (Miss Mary Magdalen Balas), b. 14 Mar 1845, 48y, one of the first Oblate Sisters of Providence, Colored
Francios/Franceaver, Madame/Mary M., b. 18 Sep 1837, 63y, unknown sickness
Francis, Brother, b. 7 Apr 1865, 21y
Francis, Ann, b. 9 Jul 1852, 70y
Francis, Charles, b. 20 Feb 1848, 80y, Colored
Francis, Eliza Chas. N., b. 18 Feb 1860, 7y, Colored
Francis, Isabella, b. 15 Jul 1847
Francis, J., b. 13 Jul 1873
Francis, John, d. 26 Nov 1815, b. 27 Nov 1815, 2y, Colored
Francis, John, b. 24 Jan 1830, c. 2y, consumption
Francis/Frances, John, b. 7 Oct 1838, 70y, decline, Colored
Francis, John, b. 18 Jul 1849, 1m
Francis, William, b. 12 Mar 1862, 1m, Colored
Francis, Wm. Aug., b. 25 Apr 1846, 2½y
Francoise, Marie, d. 5 Jun 1818, b. 6 Jun 1818, 6w
Frand, Anthony, b. 4 Oct 1856, 7y
Frank, Mr., b. 6 Feb 1873, 70y, free
Franklin, male, b. 22/23 Jul 1837, 3y, measles, son of John
Franklin, Ann, b. 25 Aug 1872, 39y

Franklin, Ellen, b. 10 Feb 1866, 60y
Franklin, John, b. 13 Nov 1828, c. 3m, fit, Colored, belonged to Jacob Mirkle
Franklin, John, b. 4 May 1867, 60y
Franklin, Mary Jane, b. 30 Sep 1860, 23y
Frankrey, Richard, b. 10 Oct 1868, 24y, Colored
Frazier, John, b. 13 Feb 1847, 80y
Freall, Peter, b. 26 Jul 1873, 23y
Frederick, James L., b. 29 Jul 1865, 18y
Frederick, Jesse, b. 3 Jul 1823, c. 2y, unknown sickness, son of Lawrence
Free, Henry, d. 21 Dec 1817, b. 22 Dec 1817, 46y
Freeman, Juliana, d. 2 Jan 1809, b. 3 Jan 1809, 2y, croup, dau of Catharine, wid
Freeman, Sarah, b. 25 Apr 1852, 25y, Colored
Freeman, Thomas, d. & b. 8 Nov 1796, 2y4m, son of Nicholas & Catharine
Freeman, Thomas, d. & b. 7 Oct 1800, 1y, son of Thomas William & Catharine
Freeman, William, d. 12 Jan 1797, b. 13 Jan 1797, 11m, son of Nicholas & Catharine
Freil, Elizabeth, b. 10 May 1872, 12y
Freil, James, b. 12 May 1872, 7y
Frelet, ---, d. 1 Dec 1813, b. 2 Dec 1813, 50y, consumption
Frelet, Augustus, d. 17 Feb 1820, b. 18 Feb 1820, 30y
Frement, Benjamin, b. 18 Aug 1823, c. 16y, shot accidentally with a small cannon
Fremond, John Francis, d. 4 May 1826, b. 5 May 1826, c. 48y, native of France
French, Lewis, b. 8 Mar 1867, infant
Fresenjat, Prosper, b. 1 Nov 1834, 48y, decline
Frey, Samuel, b. 17 May 1853, 45y
Friar, female, b. 22 Feb 1840, 6m, dau of Andrew
Friar, Mrs., b. 3 Sep 1834, c. 50y, congestion of the brain
Friar, Eleanor, b. 19 Sep 1839, 40y
Friar, Joseph P., b. 8 Jun 1864, 15m
Friar, Thomas, b. 1 Feb 1851, 2w
Friary, Patrick, b. 12 Oct 1836, 31y, bilious fever
Friday, Charles, d. 2 Apr 1800, b. 3 Apr 1800, 2m7d, son of John & Elizabeth
Friday, Jacob, d. 18 Mar 1797, b. 19 Mar 1797, 2m15d, son of John & Elizabeth
Friday, Joseph, d. 8 Mar 1802, b. 9 Mar 1802, 10w, son of John & Elizabeth
Friel, Andrew, b. 6 Mar 1864, 25y
Friel, James, see Firee/Friel, James
Friell, Catharine, b. 18 Aug 1850, 90y
Friell, Mary O., b. 20 Mar 1846, 30y
Friener, George, b. 4 Feb 1851, 2w
Friese, Mrs. Julia G., b. 23 Apr 1857, 70y
Frigoni, David, b. 19 Apr 1852, 9m
Frisby, Bridget, b. 18 Aug 1861, 20y
Frizell, Elizabeth Ann, d. 5 Apr 1807, b. 6 Apr 1807, c. 13y, dropsy in the head, dau of John & Hannah
Frogget, Rose, d. & b. 24 Sep 1797
Froo, Stewart, b. 6 Aug 1865, 2y
Frost, George, d. 15 Nov 1794, b. 16 Nov 1794, buried in the Catholic Burying Ground
Fryatt, Susan, b. 18 Oct 1845, 64y
Fryer, Joseph A., b. 23 Feb 1867, 4m
Fudge, Mary, d. & b. 20 Sep 1800, 51y, wid of John
Fuel, Mary, b. 16 Apr 1872, 14y, Colored
Fuit, Michael, b. 27 May 1863, 43y
Fulerton, child, b. 4 May 1826, c. 4y, unknown sickness
Fulhard, Mary, d. 2 Oct 1809, b. 3 Oct 1809, dau of Jacob & Elizabeth
Fulhart, Elizabeth, d. 30 Aug 1818, b. 31 Aug 1818, 60y
Fulleret, Mary, b. 29 Dec 1870, 60y, Colored
Fullert, John, b. 18 Mar 1830, 15y, unknown sickness

Fullerton, James, d. 23 Mar 1800, b. 24 Mar 1800, c. 1y
Fullerton, Margaret Ann, b. 2 Feb 1829, c. 1y, unknown sickness, dau of Peter
Fullerton, Peter, b. 4/5 Nov 1837, 44y, mania potua
Fulletine, female/Catherine, b. 15/16 Dec 1835, 4m/y, convulsions, dau of Catherine
Fulley, Catherine, b. 12 Apr 1828, c. 30y, consumption, native of Ireland
Fullim, Mrs., b. 9 Jun 1855, 50y
Fullim, Catharine A., b. 23 May 1858, 7m
Fullim, Maria, b. 29 Jun 1858, 30m
Fullim, Michael, b. 25 Jul 1848, 40y
Fullin, Thos., b. 23 Nov 1872, 37y
Fullom, child, b. 19 Nov 1829, suddenly, child of Michael
Fullwiler, Sylvester, b. 26 Oct 1829, 7w, fever
Fulman, female, b. 22 Jan 1867, 20m, Colored, dau of Elizabeth
Fulmer, Philip, d. 6 Oct 1804, b. 7 Oct 1804, 11m, son of Martin & Catharine
Fulton, Margaret A., b. 14 Feb 1864, 4y
Fulton, Patrick, b. 12 Feb 1826, c. 30y, ague & swelling
Fulton, Robert J., b. 17 Jul 1864, 3½y
Fulton, Susan, b. 15 Sep 1863, 8m
Fulton, Susan, b. 1 Jun 1870, 34y
Fulton, Susanna, b. 30 Sep 1842, 75y
Funk, Ella, b. 26 Aug 1872, 3y
Funo, Mary Barbara, b. 9 Mar 1826, c. 66y, unknown sickness, free Colored woman
Furgeson, Thomas, b. 28 Jan 1826, c. 70y, old age
Furlong, John, b. 12 Apr 1855, 35y
Furst, Estella, b. 21 May 1855, 12m
Furtnel, Louisa, b. 5 Jun 1868, 56y, Colored
Fury, Dennis, b. 1 Sep 1834, c. 55y, dysentery
Fuss, Miss, b. 22 Apr 1851
Fuss, Elizabeth, b. 9 Sep 1839, 38y, consumption

Gade, Henry, d. 20 Sep 1801, b. 21 Sep 1801, 1y, son of John & Catharine
Gads, Caroline, d. 9 Oct 1819, b. 10 Oct 1819, 2y, fits
Gaery, John, b. 4 Apr 1844, 17m
Gaffney, child, b. 13 Oct 1827, c. 1y, child of Patrick
Gaffney, female, b. 14 Jan 1856, stillborn, dau of James
Gafford, Catharine, b. 29 Aug 1849, 25y
Gagan, male, b. 8 Jul 1855, son of Joseph
Gagneur De Plasme, Jean Claude, d. 17 Apr 1790, b. 18 Apr 1790, 36y, native of Poligny, France, *(French)
Gahagan, Catharine, b. 26 Feb 1861, 7m
Gahagan, John, b. 5 Jan 1847, 9d
Gahagan, John, b. 16 Jul 1870, 6m
Gahagan, William, b. 7 Apr 1856, 4m
Gahigan, James, b. 4 Feb 1856, 4y
Galan, Hugh, see Gallon/Galan, Hugh
Galbraith, James, b. 8 Aug 1853, 16m
Galely, Ellen, b. 22 Dec 1846, 18y
Galen, Edward, d. 14 Oct 1819, b. 15 Oct 1819, 84y
Galen, Rose, d. 5 Sep 1807, b. 6 Sep 1807, 48y, wife of Patrick
Galilee, John, b. 10 May 1870, 6m
Galiles, Patrick, b. 21 Dec 1872, 4m
Gallager/Gallagher, Hugh, b. 8 Jan 1839, 40y, consumption
Gallaghan, Hugh, d. 24 Mar 1819, b. 25 Mar 1819, 45y, apoplexy, suddenly
Gallaghan, Joanna, b. 2 Apr 1855, 5w
Gallagher?, child/male, b. 28 May 1829, age & sickness unknown, child/son of Gallagher?
Gallagher, child, b. 10 Jan 1832, stillborn, child of Patrick
Gallagher, child, b. 29 May 1844, 2y, child of Jno.
Gallagher, female, b. 2 Jan 1835, 11d, convulsions, dau of James
Gallagher, female, b. 7 Jan 1841, 10m, croup, dau of John
Gallagher, male, b. 27 Feb 1835, c. 2w, son of Patrick
Gallagher, male, b. 25 Mar 1835, 8m, catarrh fever, son of Mr. Gallagher
Gallagher, male, b. 29 Mar 1836, 2y?, cold, son of Patrick
Gallagher, male, b. 24/25 Sep 1836, 1y, unknown sickness, son of Mr. Gallagher
Gallagher, male, b. 16 Sep 1838, 1y, son of Michael
Gallagher, male, b. 18 Sep 1838, 1y, son of Patrick
Gallagher, male, b. 5 Apr 1839, 3½y, scarlet fever, son of Patrick
Gallagher, male, b. 12 Apr 1856, ½ hour, son of William
Gallagher, male, b. 2 Dec 1864, stillborn, son of Francis
Gallagher, Mrs., b. 1 Oct 1841, 30y, consumption
Gallagher, Mrs., b. 10 Jan 1870, 35y
Gallagher, Agnes E., b. 17 Nov 1866, 16m
Gallagher, Alice A., b. 23 Aug 1868, 9m
Gallagher, Andrew, b. 6 Jul 1857, 45y
Gallagher, Mrs. Ann, b. 30 Apr 1861, 33y
Gallagher, Ann, b. 2 Aug 1865, 80y
Gallagher, Ann, b. 5 Sep 1873, 92y
Gallagher, B., b. 15 Jan 1863, 39y
Gallagher, Bartley, b. 9 Jul 1857, 40y
Gallagher, Bernard, b. 1 Oct 1840, 8y, flux
Gallagher, Catharine, d. 22 Jun 1802, b. 23 Jun 1802, 7m, dau of John & Alice
Gallagher, Catharine, b. 17 Dec 1849, 78y
Gallagher, Catharine, b. 14 Oct 1859, 12m
Gallagher, Catharine, b. 11 Aug 1861, 17m
Gallagher, Daniel, d. 20 Sep 1817, b. 21 Sep 1817, 28y, bilious fever
Gallagher, Edward, d. 20 Dec 1820, b. 21 Dec 1820, c. 30y, suddenly
Gallagher, Eliza, d. 19 Jul 1802, b. 20 Jul 1802, c. 15m, dau of Frans & Margaret

Gallagher, Elizabeth, b. 1 Mar 1864, 68y
Gallagher, Ellen, b. 25 Jul 1832, c. 40y, consumption
Gallagher, Francis, b. 14 Aug 1856
Gallagher, Francis, b. 7 Aug 1858, stillborn
Gallagher, Francis, b. 29 Jan 1861, 28y
Gallagher, Francis, b. 8 Aug 1861, 4m
Gallagher, Francis, b. 21 Jan 1866, 2y
Gallagher, Francis, b. 11 Dec 1866, 51y
Gallagher, Frank, b. 29 Mar 1854
Gallagher, Hugh, b. 6 Aug 1834, 18y, burn
Gallagher, Hugh, b. 5 Jun 1854, 35y
Gallagher, Hugh, see Gallager/Gallaghin, Hugh
Gallagher, Imogine B., b. 7 Mar 1857, 24y
Gallagher, James, d. & b. 13 Aug 1803, c. 7m, son of John & Helen
Gallagher, James, b. 14 Jul 1847, 35y
Gallagher, James, b. 4 Jun 1852, 23y
Gallagher, James, b. 3 Nov 1859, 76y
Gallagher, James, b. 19 Apr 1860, 65y
Gallagher, James, b. 21 Sep 1860, 22y
Gallagher, James, b. 31 Aug 1870, 58y
Gallagher, Jane, b. 17 Dec 1864, 28y
Gallagher, Jane, b. 6 Dec 1865, 5y
Gallagher, Jno., b. 24 Jun 1873, 38y
Gallagher, John, d. 4 Aug 1801, b. 5 Aug 1801, 15m, son of John & Alice
Gallagher, John, b. 23 Jan 1829, c. 2m, cold, buried in the same grave as his twin, James
Gallagher, John, b. 27 Jul 1830, short sickness
Gallagher, John, b. 9 Nov 1844
Gallagher, John, b. 8 May 1850, 30y
Gallagher, John, b. 13 Mar 1853, 2 hours
Gallagher, John, b. 6 Feb 1854, 40y
Gallagher, John, b. 28 Apr 1860, 40y
Gallagher, John, b. 11 Jun 1871, 26y
Gallagher, Julia Ann, b. 24 Jul 1863, 8m
Gallagher, Mary, b. 25 May 1838, 70y, dropsy
Gallagher, Mary, b. 3 Dec 1856, 22y
Gallagher, Mary, b. 19 Jul 1865, 44y
Gallagher, Mary, b. 17 Jul 1866, 76y
Gallagher, Mary, b. 22 Apr 1871, 26y
Gallagher, Mary A., b. 5 Sep 1862, 79y
Gallagher, Mary A., b. 30 Dec 1874, 47y
Gallagher, Mary Ann, b. 24 Dec 1851, 2y
Gallagher, Mary Ann, b. 25 Nov 1852, 2w
Gallagher, Mary Ann, b. 7 Sep 1855, 19m
Gallagher, Mary Ann, b. 3 Apr 1859, 11m
Gallagher, Mary M., b. 30 June 1867, 10m
Gallagher, Michael, b. 5 Dec 1857, 55y
Gallagher, Michael, b. 22 Dec 1860, 26y
Gallagher, Patrick, b. 18 Oct 1847, 59y
Gallagher, Patrick, b. 18 Apr 1849, 46y
Gallagher, Patrick, b. 17 Feb 1854, 70y
Gallagher, Patrick, b. 15 Mar 1855, 30y
Gallagher, Patrick, b. 30 Jun 1858, 68y
Gallagher, Rose, b. 9 Jun 1863, 33y
Gallagher, Susan, b. 18 Aug 1853, 7m
Gallagher, Sylvester, d. 5 Jul 1808, b. 6 Jul 1808, 3m, son of Thomas & Helena
Gallagher, Thomas P., b. 5 Sep 1857, 13m

Gallagher, William, b. 24 Jun 1860, 5m
Gallagher, Wm., b. 29 Dec 1854, 11m
Gallaghon, male, b. 17 Jan 1865, stillborn, son of John
Gallaher, child, b. 28 Mar 1830, stillborn, child of Patrick
Gallaher, child, b. 20 Jan 1831, stillborn, child of Patrick
Gallaher, Jane, b. 8 Nov 1829, c. 27y, bilious
Gallaher, John, b. 5 May 1832, c. 2y, unknown sickness, son of James
Gallen, Elizabeth, b. 12 Apr 1823, c. 19y, consumption
Gallen, Mary, b. 21 Jan 1831, c. 8y, consumption, dau of Patrick
Galley, Mary, b. 15 Apr 1832, c. 98y, old age
Galliber, child, b. 20 Apr 1829, age unknown, unknown sickness, child of Charles
Gallille, Patrick, b. 19 Sep 1872, 28y
Gallon/Galan, Hugh, b. 15 Nov 1839, 72y, consumption
Gallon, John, b. 4 Mar 1832, c. 23y, killed by a fall from a house
Gallors, Jacques, d. & b. 9 Jul 1802, surgeon of the French corvette, Le Courier, now in this port
Galloway, Alice A., b. 11 Jun 1848, 19m
Galloway, Alice M., b. 5 Dec 1854, 4y
Galloway, Henry, b. 27 Jan 1864, 2w, Colored
Galvin, female, b. 3 Jan 1844, 2y, dau of Jno.
Galvin, Anna F., b. 22 Feb 1854, 21y
Galvin, Blanche, b. 26 Feb 1854, 7y
Galvin, John, b. 12 Aug 1832, 2y, unknown sickness, son of John
Gambel, Sarah, b. 27 Feb 1835, c. 30y, decline
Gamble, Sophia, d. 2 Aug 1808, b. 3 Aug 1808, 4m, dau of John & Anna
Gamie, Robert, b. 5 Apr 1855, 3y
Gammie, Rebecca I., b. 15 Dec 1863, 2y
Ganahan, child, see Garrahan/Ganahan, female/child
Gandle, John, b. 12 Dec 1854, 25y
Gandy, Mary Ann, b. 2 Feb 1859, 28y
Ganley, John, b. 11 Oct 1848, 26y
Gannan, John E., b. 10 Aug 1864, 42y
Gannon, Eliza, b. 2 Apr 1831, 5y, bilious fever
Gannon, Joseph, b. 6 Apr 1864, 34y
Gannon, Kate, b. 15 Jan 1861, 3 hours
Gannon, Michael, b. 16 Dec 1862, 17y
Ganon, Catherine, b. 6 Jan 1830, 35y, childbirth
Gantier, Charles, d. 18 Oct 1800, b. 19 Oct 1800, 2y, son of --- & Mary
Gantier, Rene, d. 5 Nov 1811, b. 6 Nov 1811, c. 35y, short illness
Gantshain, James, b. 3 Apr 1862, 3m
Gantz, Joseph, b. 18 Jul 1862, 8m
Gantz, William, d. & b. 31 May 1796, 2w, son of George & Mary
Garaty, male, b. 8 Aug 1835, c. 1y, convulsions, son of Mr. Garaty
Garaty, Thomas, b. 15 Aug 1834, c. 33y, struck by the sun
Garbo, Ellen, b. 1 Mar 1848, 75y
Garcia, Julian, d. 3 Nov 1804, b. 4 Nov 1804, 24y, native of Havana, Cuba
Gardeau, Mary, b. 23 Sep 1826, c. 17y, bilious fever
Gardener, Alfred, b. 11 Aug 1831, c. 3y, unknown sickness, son of William
Gardiner, Wm, d. & b. 20 Apr 1819, 3y, measles
Gardner, ---, b. 1 Jun 1866, 3y
Gardner, Amelia, b. 11 Apr 1845, 9½y
Gardner, Chas. Edwd., b. 24 Apr 1847, 9m
Gardner, Franklin P., b. 26 Nov 1854, 18m
Gardner, Jane, b. 11 Jan 1858, 22y
Gardner, John, b. 10 Nov 1866, 51y
Gardner, John W., b. 22 Aug 1855, 12m
Gardner, Joseph, b. 19 May 1849, 15m

Gardner, Joseph, b. 10 Oct 1866, 22y
Gardner, Mgt., b. 5 Jun 1866, 6m
Gardner, William, b. 7 Jan 1865, 23y
Garette, Elizabeth, b. 9 Sep 1832, 70y, cholera
Garey, female, b. 2 Dec 1836, 5y, dau of Wm.
Garey/Michael, John, b. 22 Dec 1844, 40y
Garey, Michael, b. 3 Oct 1851, 40y
Gargen, Philip, d. 20 Jun 1809, b. 21 Jun 1809, 3m, stomach cramp, son of Philip & Ann
Gargon, Elizabeth, d. 7 Jan 1812, b. 8 Jan 1812, 9w
Garish/Garrish, John P., b. 25 Apr 1841, 32y, consumption
Garish, Mgt., b. 16 Jul 1873, 10m
Garite, Rachel, b. 30 Dec 1862, 12m
Garity/Garrity, Ann, b. 30 Jan 1840, 35y, tumor
Garity, Rose G. M., b. 11 Nov 1870, 3y
Garland, George, d. 11 Nov 1812, b. 12 Nov 1812, c. 40y
Garman, William, b. 15 Sep 1821, c. 30y, consumption
Garmendia, Thomas M., b. 26 Jul 1870, 17d
Garoty, James, b. 10 Apr 1835, c. 26y, consumption
Garragan, female/Philip, b. 11 Oct 1852, 2w
Garragher, Patrick, b. 7 Jul 1851
Garragin, child/male, b. 16 Sep 1849
Garrahan/Ganahan, female/child, b. 24 May 1837, 3w, cold, dau/child of Thomas
Garret, Geo. Thos., b. 5 Aug 1866, 13m
Garrett, Charles, b. 26 Apr 1872, 3y
Garrety, Bridget, b. 29 Sep 1860, 24y
Garries, Charlotte, b. 2 Feb 1826, 23y, consumption
Garrish, Chas., b. 11 May 1874, 2w
Garrish, John, b. 10 May 1866, 12 hours
Garrish, John P., see Garish/Garrish, John P.
Garrison, Isadore, b. 10 Dec 1828, c. 76y, fit of apoplexy, native of Maceilles, France, but resident of Baltimore for many years
Garrit, Mary Jane, b. 10 Feb 1862, 20y, Colored
Garriton, child, b. 18 Jul 1826, c. 1y, unknown sickness, child of James
Garrity, Ann, see Garity/Garrity, Ann
Garrity, Mary Ann, b. 7 Feb 1862, 2y
Garroch, Mary, d. 19 Nov 1803, b. 20 Nov 1803, c. 50y, wife of John
Garry, Ellen, b. 20 Jan 1869, 45y
Garry, Dr. James, b. 25 Jul 1851, 40y
Gartely, Thomas, b. 4 Aug 1870, 9m
Gartz, William, d. & b. 22 Aug 1797, 14m1w, son of Peter & Eleanor
Garven, Ann, d. 5 Oct 1800, b. 6 Oct 1800, wife of Matthew
Garven, Matthew, b. 25 Aug 1803, c. 30y, accidentally killed by a fall from a scaffold
Garven, Susanna, d. 16 Sep 1799, b. 17 Sep 1799, c. 7m, dau of Matthew & Ann
Garvey, child, see Gavin/Garvey, child
Garvey, female, b. 30 Mar 1863, child, dau of James
Garvey, male, b. 26 Sep 1849, stillborn, son of Mr. Garvey
Garvey, male, b. 31 Mar 1860, stillborn, son of Mr. Garvey
Garvey, male, b. 16 Mar 1862, 5 minutes, son of James
Garvey, Mr., b. 26 Mar 1859, 45y
Garvey, Mrs., b. 18 Dec 1862, 38y
Garvey, Mrs., b. 6 Mar 1863, 41y
Garvey, Ann, b. 6 Dec 1862, 6m
Garvey, Catharine, b. 28 Aug 1870, 6m
Garvey, Emma, b. 5 Aug 1859, 10w
Garvey, Francis, b. 18 Feb 1856, 4w
Garvey, Francis, b. 8 Oct 1871

Garvey, James, b. 1 Sep 1830, c. 10m, summer complaint, son of John
Garvey, James, b. 26 Jul 1853, 2y
Garvey, James, b. 4 Jul 1867, 57y
Garvey, John B., b. 8 Jan 1861, 3y
Garvey, Laurence, b. 20 Aug 1855, 6m
Garvey, Laurence, b. 9 Jan 1856, 12 hours
Garvey, Margaret, b. 10 Jan 1849, 7d
Garvey, Margaret, b. 13 Oct 1855, 11m
Garvey, Mary, b. 20 Oct 1860, 4m
Garvey, Mary, b. 26 Jun 1864, 12m
Garvey, Mary, b. 28 Jun 1865, 1d
Garvey, Mary C., b. 10 Jun 1861, 6m
Garvey, Mary Rosina, b. 12 Dec 1864, 19y
Garvey, Michael H., b. 13 Jan 1851, 4m
Garvey, Patrick, b. 19 Feb 1869, 32y
Garvey, Peter J., b. 11 Jul 1869
Garvin, Maria, b. 16 Nov 1843, 23y
Gasaway, Mary Elizabeth, b. 13 Sep 1830, c. 1y, unknown sickness, dau of Sidney
Gaspari, Etrine, b. 6 Jun 1874, 5m
Gassey, Mrs., b. 15 Jun 1856, 89y
Gassway, Rosanna, b. 19 Jul 1830, c. 20y, consumption, Colored
Gatcher, Louis, d. 16 Sep 1793, b. 17 Sep 1793, merchant, of St. Domingo, *(French)
Gateau, Rose, d. 3 Sep 1809, b. 4 Sep 1809, c. 24y, consumption, free Mulatto
Gateley, John, b. 9 Feb 1861, 3y
Gately, Bridget, b. 9 Apr 1857, 76y
Gately, Bridget, b. 12 Sep 1862, 60y
Gately, Catharine, b. 21 Jun 1859, 42y
Gately, John, b. 26 Mar 1866, 4y
Gately, John, b. 6 Jul 1868, 7d
Gately, John, b. 29 Oct 1869, 71y
Gately, Margaret, b. 8 Aug 1852, 5m
Gately, Martin, b. 19 Sep 1869, 44y
Gately, Mary A., b. 5 Nov 1868, 12m
Gately, Mary Clara, b. 26 Sep 1863, 12m
Gates, Adalaide, b. 16 Apr 1870, 24y, Colored
Gates, Mrs. S. A., b. 1 Feb 1861, 57y
Gaubert, Francis, b. 17 May 1851, 2y
Gavin/Garvey, child, b. 10 Jun 1841, c. 1y, child of Thomas
Gavin, male, b. 24 Jan 1843, 3m, son of Joseph
Gavin, James, b. 15 Sep 1866, 2y
Gavin, John, b. 28 Feb 1855, 10m
Gavin, Thomas, b. 8 Nov 1854, 29y
Gavin, Thomas, b. 13 Jul 1855, 12m
Gay, John, b. 30 Jul 1829, c. 4m, fits
Gayles, Lucinda, b. 4 Dec 1872, 9y, Colored
Gazeway, child, b. 18 Jul 1831, few months old, child of Mrs. Elizabeth
Geagan, Joseph R., b. 7 May 1862, 3y
Gearvey, Ann, b. 13 Dec 1831, c. 60y, consumption, Colored
Geary, female, b. 2 Dec 1836, 5y, burned to death, dau of William
Geary, William, b. 25 Jun 1823, 18m
Gebbard, Charles Edward, b. 16 Mar 1864
Geddes, male, b. 11 Sep 1838, 1 hour/6m, infantile unknown, son of Charles
Geddes, Cassa, b. 4 Aug 1856, 8y
Geddes, Charles, b. 28 Mar 1855, 10y
Geddes, Christina, b. 23 Dec 1850, 10m
Geddes, Jannet, b. 6 June 1853, 10m

Geddes, Joseph, b. 16 Oct 1843, 3m
Geegan, Michael, b. 2 May 1862, 2 hours
Gegan, child, b. 14 Mar 1866, 4y, child of Mr. Gegan
Gegan, male, b. 26 Jul 1839, 10m, summer complaint, son of Joseph
Gegan, male, b. 19 Aug 1843, 11m, son of Joseph
Gegan, male, b. 5 Jul 1844, son of Joseph
Gegan, male, b. 20 May 1860, stillborn, son of Mr. Gegan
Gegan, Emily, b. 13 Sep 1835, 11m, convulsions, dau of Joseph, Esq.
Gegan, Emily, b. 13 Sep 1836, 5m, bowel complaint, dau of Joseph, Esq.
Gegan, Emily, b. 27 Oct 1851, 9m
Gegan, Joseph, b. 16 May 1872, 31y
Gehner, George William, see Behner/Gehner, George William
Gellighan, Francis P., b. 12 Oct 1857, 1d
Generes, Rosalie Margaret Marye, d. & b. 13 Jul 1802, 19y3m24d, wife of John Constantine Marsellan
Gentilien, female, b. 5 Jan 1844, 9d, dau of M. Gentilien
Gentleman, Eliza, b. 22 Oct 1871, 22y
George, ---, d. 5 Jan 1809, b. 6 Jan 1809, age --, whooping cough, dau of Lucas (dec.) & Margaret
George, Lucas, d. 2 Nov 1808, b. 3 Nov 1808, 30y
George, Mary Catharine, d. 23 Aug 1801, b. 24 Aug 1801, 1y10m, dau of James & Frances
George, Molly, b. 20 Jun 1856, 9y
Geouffret, Gabriel, b. 4 Nov 1863, 17m
Gephard, Ann C., b. 30 May 1849, 35y
Gerand, Emmeline, d. 5 Nov 1811, b. 6 Nov 1811, c. 18m, croup
Gerardin, Louis Hue, b. 16 Feb 1825, c. 50y, unknown sickness, Principal of Baltimore College for several years, native of France
Gerhart, Mary, b. 6 Oct 1861, 65y
Gerish, Lurannar, b. 7 Mar 1859, 70y
German, male, b. 28 Jan 1835, 3y, decline, son of John
German, Mary, d. 2 Jul 1805, b. 3 Jul 1805, c. 70y, consumption, native of Acadia
Germond, Marie Claude Loison Veuve, b. 4 Jan 1812, 75y, native of Reims, France
Gerrey, child, b. 24 Mar 1831, c. 16m, unknown sickness, child of William
Gesford, Margaret, b. 4 Dec 1843, 30y
Gesford, Ruth, b. 4 Dec 1827, age unknown, unknown sickness, poor child
Gesford, William, b. 21 Jan 1828, c. 45y, consumption
Getslich, Charles T., b. 5 Jan 1855, 2y
Getslich, Earnest, b. 9 Apr 1863, 75y
Getslich, Elizabeth, b. 15 Sep 1860, 70y
Gettier, Daniel G., b. 18 Feb 1853, 50y
Gettis, Ann, b. 25 Feb 1847, 4d
Gettslich, Emma J., b. 4 Jan 1871, 18y
Getty, child, b. 28 Aug 1827, age unknown, unknown sickness, child of Mr. Getty
Getty, child, b. 20 Aug 1856, child of Mr. Getty
Getty, Catharine A., b. 8 Nov 1857, 55y
Getty, James, b. 7 Jun 1860, 75y
Ghequiere, Cecelia, b. 4 Apr 1866, 65y
Ghequiere, Charles, d. 12 Aug 1818, b. 13 Aug 1818, 60y, consumption
Ghequiere, Tiernan, d. 7 Nov 1818, b. 8 Nov 1818, 21y, consumption
Ghequire, Harriet, b. 29 Jan 1856, 88y
Gherizza, Lucas DiNochola, d. & b. 8 Sep 1797, 36y, native of Ragusa
Gibbon, John, b. 17 Jun 1863, 23m
Gibbon, Josephine, b. 13 Jan 1826, c. 40y, liver complaint
Gibbon, Mary, b. 10 Dec 1845, 11y
Gibbons, Anna, b. 7 Feb 1864, 9y
Gibbons, Bernard, b. 28 Jun 1850, 19y

Gibbons, Bernard, b. 4 Dec 1859, 27y
Gibbons, Lawrence, b. 31 Aug 1821, mortification of the eye
Gibbons, Michael, b. 28 Sep 1832, c. 28y, consumption
Gibbons, Robert, b. 8 Aug 1861, 12m
Gibbons, Sarah, b. 2 Sep 1854, 25y
Gibbons, Thomas, b. 30 Apr 1845, 30y
Gibbs, Alexander, b. 15 May 1857, 66y, Colored
Gibbs, Ignatius, b. 2 Jan 1851, 32y, Colored
Gibbs, Mary, b. 24 Mar 1861, 67y, Colored
Gibbs, Rebecca, b. 20 Oct 1850, 12y, Colored
Gibbs, Susan, b. 3 Oct 1861, 20y
Gibiline, Joseph, b. 30 Sep 1860, 3y
Giblin, Jane, b. 22 May 1863, 3y
Giblin, Thos. Wm., b. 29 Dec 1857, 2y
Gibney, child, b. 3 Dec 1874, stillborn, child of Mr. Gibney
Gibney, Mrs. E., b. 13 Apr 1870, 38y
Gibney, George, b. 7 Jun 1866, 42y
Gibson, child, b. 10 Oct 1874, child of Bridget
Gibson, female, b. 28 Sep 1852, ½ hour, dau of Michael
Gibson, Mrs., b. 24 Jul 1870, 27y
Gibson, Basil, b. 29 Oct 1848, 60y, Colored
Gibson, Bridget, b. 10 Oct 1874, 25y
Gibson, Charles A., Jr., b. 7 Feb 1857, 5y
Gibson, Charles A., b. 7 May 1857, 41y
Gibson, Chas. W., b. 25 Feb 1861, 2½y
Gibson, Frederic, d. 20 Dec 1799, b. 21 Dec 1799, c. 48y
Gibson, John, b. 11 Jul 1821, c. 75y, old age
Gibson, John, b. 8 Mar 1867, infant
Gibson, Mary C., b. 23 Jun 1870, 2m
Gibson, Michael, b. 3 Mar 1859, 37y
Gibson, R. A. C., b. 23 Feb 1857, 32y
Gibson, Robert, b. 28 Jul 1824, 10m, convulsion fits, son of John (overseer of General Harper's Farm)
Gideon, Sister Mary Angelica, b. 20 Feb 1860, 41y, Oblate Sister of Providence, Colored
Giffey, John Patrick, b. 1 Sep 1859, 2m
Gilbert, male/child, b. 1 Jun 1836, 6m, catarrh fever, son/child of John
Gilbreth, Margaret, b. 8 Mar 1854, 22y
Gilchon, child, b. 25 Oct 1829, c. 4y, scalding, child of John H. Gilchon
Gilchrist, Ann, b. 25 Feb 1831, c. 17y, consumption
Gildea, male, b. 18 Apr 1850, 2y, son of Francis
Gildea, Alexius, b. 18 Nov 1832, 3y, unknown sickness
Gildea, Eliza, d. 25 Aug 1816, b. 26 Aug 1816, 2y, summer complaint & whooping cough
Gildea, Eliza, b. 19 Dec 1840, 7y, dropsy
Gildea, Felix, b. 14 Sep 1836, c. 55y, liver complaint
Gildea, Francis, b. 12 Jun 1859, 6y
Gildea, Juliana, b. 2 Jan 1869, 60y
Gildea, Laura P., b. 2 Jan 1867, 2½m
Gildea, Mary, d. & b. 7 Oct 1814, 4y6m, in Baltimore
Gildea, Mary/Mary A., b. 30 Jun/1 Jul 1838, c. 50y, decline
Giles, Loisa, b. 30 Nov 1840, 25y, consumption, Colored
Giles, Rody, b. 21 Apr 1852, 65y, Colored
Gilfoy, male, b. 23 Mar 1861, 30 minutes, son of Mr. Gilfoy
Gilfoyle, Patrick, b. 17 Aug 1863, 46y
Gilgreest, child, b. 27 Jul 1831, 3m, child of Edward
Gill, female, b. 28 Jan 1844, 2y, dau of Charles
Gill, William, b. 8 May 1849, 39y

Gillan, male, b. 27 Jul 1857, 3 minutes, son of James
Gillan, Mr., b. 24 Sep 1834, c. 30y, decline
Gillan, Andrew, b. 12 Jun 1854, 13y
Gillan, Bernard, b. 14 Nov 1845, 40y
Gillan, Catherine/Catharine, b. 15 Jun 1842, 3m, infantile unknown
Gillan, James, b. 26 May 1856, 7d
Gillan, Mary Jane, b. 9 May 1864, 18m
Gillan, Thos., b. 26 May 1864, 28y
Gillan, William, b. 13 May 1857, 8m
Gillaren, male, b. 20 Sep 1847, 7w, son of James
Gillen, Ann, b. 20 Aug 1867, 8m
Gillen, Bridget, b. 17 Oct 1874, 76y
Gillen, Ellen, b. 1 Mar 1860, 21y
Gillen, James, b. 29 Sep 1863, 2y
Gillen, John, b. 3 Feb 1861, 2½y
Gillen, Lackey, d. 13 Jul 1818, b. 14 Jul 1818, 40y, drank cold water
Gillen, Margaret, b. 4 Sep 1864, 62y
Gillen, Mary, b. 17 Jan 1861, 6y
Gillen, Mary, b. 7 May 1867, 80y
Gilles, Mrs., b. 23 Aug 1849, 70y
Gilles, Clara Ann, b. 24 Jan 1836, 39y, consumption
Gilles, Henry, b. 12 Dec 1834, 54y, pulmonary consumption
Gilles, Henry F., b. 23 Feb 1844, 20y
Gillespie, Helen, b. 14 Aug 1826, 7w
Gillespie, Mary, b. 8 Nov 1841, 30y, consumption
Gillespy, Edward, b. 4 Apr 1829, c. 50y, unknown sickness, native of Ireland, long time resident of Baltimore
Gillespy, George, d. 10 Apr 1820, b. 11 Apr 1820, 48y, consumption, native of Donnegal, Ireland
Gillespy, John, b. 13 Jul 1825, c. 40y, unknown sickness
Gillespy, Mary, b. 6 Oct 1834, 40y, unknown sickness
Gillespy, Thomas, b. 3 Aug 1868, 1d
Gilley, Elizabeth M., b. 19 Apr 1869, 4½y
Gilley, Mary, b. 2 Feb 1869, 62y
Gillian, Luke, b. 7 May 1835, c. 30y, typhus fever
Gilligan, male, b. 13 Sep 1834, 6w, son of Mr. Gilligan
Gilligan, Ann, b. 11 Sep 1873, 60y
Gilligan, Henry, b. 13 Oct 1836, 5w
Gilligan, Henry, b. 29 Dec 1839, 35y, bilious fever
Gilligan, John J., b. 19 Jan 1870, 20y
Gilligan, Mary Ann, b. 3 Aug 1864, 2y
Gilligan, William, b. 23 Mar 1857, 16m
Gillin, Chas. P., b. 18 Dec 1872, 2y
Gillin, Margaret M., b. 24 Jul 1852, 20m
Gillis, Mrs., b. 21 Oct 1822, palsy, native of France
Gillispie, Mrs., b. 3 Feb 1826, c. 35y
Gillmartin, child, b. 24 Jul 1825, age unknown, unknown sickness, child of Charles
Gillmeyer, Elizabeth, b. 11 Jun 1864, 13m
Gillmeyer, Lewis, d. 28 Jul 1805, b. 29 Jul 1805, 1y10m19d, cholera, son of Francis & Catharine
Gillon, Bernard, b. 19 Sep 1858, 12m
Gillon, Daniel, b. 8 May 1868, 45y
Gilman, child, b. 21 May 1830, stillborn, child of John
Gilman, male, b. 1 Sep 1834, c. 5m, decline, son of Mr. Gilman
Gilmartin, child, b. 30 Jun 1823, 3y, measles, child of Charles
Gilmore, child, b. 5 Oct 1826, c. 1y, unknown sickness, child of James
Gilmore, child, b. 9 Oct 1826, summer complaint, child of John
Gilmore, Mrs., b. 10 Sep 1831, c. 60y, unknown sickness

Gilmyer, William, b. 15 May 1862, 5y
Gilney, John, b. 1 Oct 1862, 6d
Gimper, Sarah, b. 22 Jun 1863, 18y
Ginnie, James, b. 11 May 1854, 2y
Ginnings, Mrs., b. 7 Oct 1838, 30y, consumption
Ginnisan, Patrick, d. 27 Jun 1795, b. 28 Jun 1795, c. 50y
Ginny, James, b. 9 Apr 1864
Girand, Catharine Adelaide, d. 26 Jun 1804, b. 27 Jun 1804, 5y2m, dau of John James & Harriet Wheeler
Girand, Dr. John James, b. 23 Mar 1839, 85y, dropsy
Girvin, Elizabeth, b. 29 Dec 1849, 2½y
Gisrial, Carry Magdalina, b. 17 Oct 1862, 8m
Gisrial, Sophia I., b. 29 Sep 1862, 6y
Gisriel, John, b. 19 Apr 1872, 14y
Gitzendine, Ann, b. 28 Jul 1862, 9m
Giverns, Rebecca, b. 1 Nov 1859, 20y
Gleason, male, b. 16 Mar 1841, 17m, burned in the face, son of Thomas
Gleason, Bridget, b. 21 Apr 1858, 54y
Gleason, Captn. John, b. 24 Nov 1863
Gleason, Mary, b. 25 Mar 1844, 23m
Gleason, Michael, b. 27 Dec 1864, 35y
Gleeson, David F. T., b. 21 May 1854, 10w
Gleeson, James, b. 6 Mar 1867, 2½y
Gleeson, John, d. & b. 29 Aug 1800, 10y, smallpox, son of Maurice & Mary
Gleeson, John, b. 23 Aug 1828, c. 35y, fit, native of Ireland
Gleeson, Mary, b. 17 Sep 1856, 10y
Gleeson, Mary, b. 24 Sep 1856, 22m
Gleeson, Mary Ann, d. 5 Aug 1795, b. 6 Aug 1795, 5m, dau of Francis & Catharine
Gleeson, Mary Ann, d. 28 Aug 1801, b. 29 Aug 1801, 2y3m, dau of Frans & Catharine
Gleeson, Mary T., b. 2 Jan 1850, 9y
Gleeson, Roger, d. 6 Nov 1798, b. 7 Nov 1798
Gleeson, William, d. & b. 12 Oct 1800, c. 3y, son of Roger & Catharine
Glenan, John, b. 17 Mar 1864
Glenn, ----, b. 29 Feb 1848, 25y
Glenn, child, b. 20 Jul 1825, c. 6m, convulsions, child of Patrick
Glenn, child, b. 2 Dec 1854, 3y, child of Michael
Glenn, child, b. 31 Oct 1858, stillborn, child of Edwd.
Glenn, Anna, b. 29 Jul 1855, 19m
Glenn, Edward, b. 28 Dec 1857, 3y
Glenn, James, d. 10 Jul 1810, b. 11 Jul 1810, c. 1y
Glenn, John, b. 13 Nov 1855, 10½m
Glenn, John, b. 16 Mar 1871, 29y
Glenn, Judah, b. 31 Mar 1863, 16m
Glenn, Mary, b. 13 Aug 1851, 7y
Glenn, Patrick, b. 13 Jan 1856, 7w
Glenn, Patrick, b. 4 Aug 1861, 7m
Glenn, Rose, b. 7 Oct 1854, 18m
Glennan, child, b. 23 Sep 1829, 2y, unknown sickness, child of James
Glin, Thomas, d. 9 Jul 1795, b. 10 Jul 1795, c. 35y, native of Ireland
Glissen, Elizabeth, b. 30 Oct 1831, c. 8m, dau of Mr. Glissen
Glisson, James, b. 2 May 1831, c. 40y, unknown sickness
Glopen, Honora, b. 11 Nov 1829, c. 40y, fit
Glossett, David, b. 22 Nov 1825, c. 50y, bowel complaint
Glover, Elizabeth, b. 9 Aug 1852, 30y, Colored
Glowdell, Jane, b. 5 Jul 1864, 85y
Glynn, Eliza, b. 16 Dec 1872, 8y

Glynn, Mary, b. 18 Dec 1872, 11y
Gobbi, Marie Joan, b. 10 Jul 1822, consumption, free Colored woman
Gobert, Josephine, d. 12 Feb 1817, b. 13 Feb 1817, 5w
Gobert, Washington, d. 5 Dec 1815, 1m, cold
Gobright, Charles B., b. 13 Nov 1851, 2y
Gobright, Matilda A., b. 5 Nov 1863, 43y
Gochy, Joseph, d. 20 Nov 1796, b. 21 Nov 1796, 1y14d, son of Charles & Mary
Goddard, female, b. 7 Aug 1828, c. 3y, croup, dau of Charles
Goddard, male, b. 29 Dec 1837, 3y, scarlet fever, son of Charles
Goddard, Mrs., b. 13 Oct 1844, 35y
Goddard, Charles H., b. 23 Dec 1843, 9m
Goddard, George, b. 25 Dec 1861, 34y
Goddard, Mary Ann, b. 5 Jun 1836, c. 31y, consumption
Godfry, Alice, d. 28 Jul 1820, b. 29 Jul 1820, 3y, cancer in the face
Godin, Charles Francis, d. & b. 30 Sep 1794, c. 23y, native of the Parish of St. Mary at Port-Au- Prince, St. Domingo, buried in St. Peter's Church Yard
Godon, Caroline, b. 29 Aug 1848, 40y
Godrow, female, b. 9 Aug 1834, 8m, water on the brain
Goertz, Hugh, b. 18 Feb 1863, 5 hours
Goff, Cornelius, b. 19 Aug 1865, 60y, Colored
Goff, John, b. 28 Sep 1854, 53y
Gofney, John, b. 7 Nov 1844, 50y
Goggin, Thomas, b. 1 Feb 1821, c. 30y, bilious fever
Goggins, Mrs. Mary, b. 14 Oct 1868, 47y
Goghen, female, b. 9 Oct 1820, c. 3m, dau of William
Gohlin, John, b. 19 Aug 1830, 9m, summer complaint, son of Michael
Goiran, Henriette, d. 24 Oct 1799, b. 25 Oct 1799, c. 2y, dau of Isidore & Margaret Picerette Cheylan
Gold, Harriet, b. 30 Apr 1856, 3y
Gold, John, b. 9 Oct 1821, 12y, unknown sickness
Gold, Lewis, d. 31 Jul 1796, b. 1 Aug 1796, 2y7m, son of Paul & Sarah
Gold, Paul, d. 17 Jul 1810, b. 18 Jul 1810, c. 20y
Gold, Thomas, d. 18 Mar 1815, b. 19 Mar 1815, 10y, fits, son of Paul & Sarah
Gold, Timothy, b. 11 Oct 1826, c. 27y, unknown sickness
Golden, male, b. 25 Jul 1835, 14m, son of Barney
Golden, Bridget, b. 24 Aug 1862, 47y
Golden, Delia, b. 15 Jun 1859, 14m
Golden, Jno. Thos., b. 16 Aug 1849, 3w
Golden, Mary, b. 27 Jan 1858, 6m
Golden, Michael, b. 11 Feb 1860, 56y
Golden, Susan, b. 6 Sep 1832, c. 23y, cholera
Golden, Thomas, b. 24 Aug 1861, 13m
Golder, Bryan, b. 17 Dec 1866, 22m
Golder, Susan, b. 26 Feb 1863, 53y
Golding/Goulding, Mary, b. 17 Oct 1837, 29y, crushed to death
Golding, Susan, b. 15 Aug 1850, 7m
Goldsborough, Emily, b. 1 Sep 1858, 31y
Goldsborough, Henrietta, b. 18 Apr 1865, 25y, Colored
Goldsborough, J., b. 27 Aug 1858, stillborn, male, Colored
Goldsborough, Joseph, b. 9 Feb 1855, 18m, Colored
Goldsborough, Mary, b. 28 Jul 1852, 4y
Goldsborough, Susan, b. 13 Jul 1866, 56y, Colored
Goldsmith, female/child, b. 24/25 Jul 1836, 4m, summer complaint, dau/child of Mr. Goldsmith
Goldsmith, female, b. 24 Oct 1839, 2w, dau of John
Goldsmith, George, b. 14 Feb 1867, 25y
Goldsmith, Jno., b. 9 Jul 1846, 40y

Goldsmith, John, b. 12 May 1831, age unknown, unknown sickness, son of John
Goldsmith, John, b. 17 Jan 1854, 16y
Golloha, John, b. 23 Nov 1820, c. 30y, consumption
Golloher, Mr., b. 27 May 1823, c. 50y, suddenly
Gonce, Emily E., b. 1 Aug 1874, 11m
Gondy, male, b. 4 Apr 1855, stillborn, son of Mr. Gondy
Gonet, Sebastian Francis Nicholas, d. 10 Aug 1802, b. 11 Aug 1802, 2y8m, son of Marec-Ilin & Louisa Catharine Pallon
Gong, Michael, b. 17 Sep 1851, 7y
Gonjon, John Baptist, d. 12 Jan 1794, b. 13 Jan 1794, c. 48y, native of Toulouse, Captain of the ship La Pucelle de Bordeaux, buried in St. Peter's Church Yard
Gonnett, Marcelliena, b. 30 Mar 1826, c. 60y, nervous fever
Gonnon, Bridget, b. 9 Aug 1858, 9m
Gonnon, Elizabeth, b. 22 Mar 1848, 30y
Gontz, Benjamin M., b. 21 May 1864, 6m
Gonzales, Rebecca, d. 14 Oct 1801, b. 15 Oct 1801, 48y, wife of Joseph
Good, child, b. 8 Mar 1827, c. 6m, unknown sickness, child of Richard
Good, child, b. 5 Jul 1844, child of Mr. Good
Good, Ann, b. 4 Jan 1859, 6m
Good, Bryan, b. 1 Dec 1842, 50y
Good, Catharine, b. 12 Aug 1865, 63y
Good, James, b. 19 Sep 1834, 35y, bowel complaint
Good, John, b. 20 Aug 1871, 23y
Good, John B., b. 28 May 1864, 62y
Good, Joseph, b. 24 May 1853, 4½y
Good, Mary, b. 25 Nov 1832, c. 45y, unknown sickness
Good, Mary, b. 12 Jun 1836, 50y
Good, Sister Mary, b. 7 Jul 1858, 20y
Good, Mary, b. 17 Aug 1865, 25y
Good, Michael, b. 7 Jul 1850, 7m
Good, Patrick, b. 19 Sep 1867, 55y
Good, William, b. 24 Oct 1859, 4d
Good, Wm. Richd., b. 13 Jun 1851, 9y
Goodall, ---, b. 24 Jan 1863, 80y
Goodall, child, b. 26 Sep 1823, 18m, whooping cough, child of Matthew
Goodall, James, b. 23 May 1822, 3m, convulsion fits
Goodall, Margret, b. 18 Dec 1869, 40y
Goodden, child, b. 18 Jul 1826, 1y, bowel complaint, child of Rosanna
Goodden, Mary, b. 12 Aug 1827, c. 40y, unknown sickness
Gooddowl, child, b. 18 Nov 1823, 4y, dropsy of the brain, child of Matthew
Gooden, male, b. 17 Apr 1839, 8d, son of James
Goodin, James, b. 19 Nov 1836, 1 hour
Gooding, Hannah, b. 15 Aug 1862, 60y
Goodman, Mrs. Nancy, b. 5 Dec 1852, 70y
Goodrich, child, b. 9 Jul 1831, age unknown, child of Mr. Goodrich
Goodrich, Elizabeth, b. 2 Mar 1837, c. 80y, catarrh
Goodrich, Jane, b. 6 Sep 1836, c. 35y, decline
Goodrich, Washington, b. 11 Mar 1824, c. 20y, typhus fever
Goodrick, child, b. 18 Feb 1826, c. 3w, child of Thomas C. Goodrick
Goodrick, female, b. 4 May 1831, c. 4y, unknown sickness, dau of Thomas
Goodrick, female, b. 11 Aug 1837, c. 2y, summer complaint, dau of Thomas/Mrs. Goodricks
Goodrick, Ely, b. 15 Feb 1826, c. 42y, suddenly
Goodrick, Susan, b. 19 Jun 1849, 2y
Goodwin, Ann, d. 8 Jul 1804, b. 9 Jul 1804, 17m10d, dau of James & Rosanna
Goodwin, Bernard, b. 18 Jul 1852, 3½y
Goodwin, Jane, d. & b. 24 Sep 1800, c. 16y, wife of James

Goodwin, Joseph, d. 30 Aug 1809, b. 31 Aug 1809, 18m, son of James & Rosanna
Googan, Ann, b. 18 Aug 1853, 12m
Goonan, child, b. 28 Jun 1832, child of Mrs. Goonan
Gootee, Eliza Margaret, b. 6 Mar 1848, 40y
Gordall, Jas., b. 6 Jun 1871, 40y
Gordon, Catharine, b. 1 Nov 1842, 61y
Gordon, Charles, or female child of Charles Gordon, b. 19 Jun 1842, 6m, infantile unknown, Colored
Gordon, Gilbert, b. 16 Sep 1847, 45y, Colored
Gordon, James, b. 29 Aug 1832, c. 52y, bilious fever
Gordon, James, b. 4 Dec 1836, c. 36/ 40y, dropsy
Gordon, James T., b. 4 Aug 1870, 5m
Gordon, Margaret, b. 18 Nov 1829, c. 3y, unknown sickness
Gordon, Mary, b. 13 Jun 1829, c. 30y, unknown sickness
Gordon, Theodore, b. 10 Jun 1840, 6y, drowned
Gordon, Wm., b. 10 Jul 1872, 1y
Gore, male, b. 19 Apr 1838, 2 hours, son of Mr. T. Gore/Jabus
Gorel, ---, d. (at 10:00 a.m.) & b. 16 Jan 1794, c. 24y, native of Maletroit, Britany, diocese of Vannes, buried in St. Peter's Church Yard
Goret, Peter, d. 21 Nov 1818, b. 22 Nov 1818
Gorges, ---, b. 7 Dec 1820, child
Gorish, ---, b. 11 Nov 1828, 42y, dropsy
Gorman, child, b. 18 Jan 1835, c. 1y, child of Mr. Gorman
Gorman, child, b. 6 Oct 1857, stillborn, child of William F. Gorman
Gorman, male, b. 12 Nov 1848, 14y, son of Mr. Gorman
Gorman, male, b. 22 Apr 1859, stillborn, son of Wm. H. Gorman
Gorman, Albert, b. 1 Nov 1869, 10m
Gorman, Annie, b. 5 Aug 1874, 1y
Gorman, Edward, d. 16 Apr 1819, b. 17 Apr 1819, 18m, measles
Gorman, Esther, b. 11 Jul 1853, 65y
Gorman, Francis, b. 10 Oct 1863, 28y
Gorman, James, b. 12 Dec 1873, 1d
Gorman, John, b. 24 Jul 1832, c. 75y, consumption
Gorman, Louis, b. 16 Oct 1845, 7y
Gorman, Margaret, b. 21 Oct 1861, 26y
Gorman, Mary, b. 9 May 1849, 7m
Gorman, Mary, b. 13 Aug 1850, 3m
Gorman, Mary, b. 15 Sep 1854, 47y
Gorman, Mary, b. 3 Mar 1866, 51y
Gorman, Mary E., b. 16 Jun 1869, 71y
Gorman, Michael, d. 31 Jan 1807, b. 1 Feb 1807, 18m, croup, son of Micheal & Bridget
Gorman, Nicholas, b. 2 Nov 1861, 82y
Gorman, Patrick, b. 20 Feb 1869, 32y
Gorman, Peter, b. 5 Aug 1853, 3y
Gorman, Sarah, d. 27 Jun 1802, b. 28 Jun 1802, 9m12d, dau of Daniel & Alice
Gorman, William H., b. 12 Jan 1860
Gorman, William O., b. 12 Jul 1829, c. 85y, mortification
Gormand, Mrs., b. 2 Jul 1855
Gormly, Bridget, d. 11 Jun 1810, b. 12 Jun 1810, 16y
Gormly, Daniel, d. 18 Jul 1803, b. 19 Jul 1803, 6y, in Baltimore County, son of Owen & Catharine
Gormly, James, d. 6 Apr 1810, b. 7 Apr 1810, smothered by the falling of a sand bank
Gormly, James, d. & b. 18 Jun 1798, long, lingering sickness, native of Ireland
Gormly, Owen, d. 3 Aug 1800, b. 4 Aug 1800, 94y, native of Ireland
Gormly, Owen, d. 16 Apr 1813, b. 17 Apr 1813, 40y, pleurisy, native of Ireland, late resident of Lancaster County, Pennsylvania
Gormly, Sarah, d. 11 Feb 1800, b. 12 Feb 1800, advanced age, wife of Owen, native of Ireland

Gorsuch, Mary Elizabeth, b. 22 Oct 1856, 18y
Gosland, Daniel, b. 28 Mar 1868, 28y
Gosling, Emilia, d. 6 Jan 1798, b. 7 Jan 1798, 1y10m8d, dau of John & Susanna
Gosman, Annie M., b. 19 Jul 1867
Gosman, Eliza J., b. 13 Oct 1873, 47y
Gosman, James, b. 8 Feb 1873, 12y
Goss, Robert, b. 25 Jan 1865, 40y
Goucher, Mary Ellen, b. 20 Aug 1863, 4m
Goud, child, b. 6 Jun 1827, c. 5w, convulsions, child of Joanna
Gouffran, John Baptist, d. 10 Aug 1798, b. 11 Aug 1798, c. 41y, native of Nantz, France
Gough, Alice, b. 30 Sep 1868, 56y
Gough, Benedict, b. 22 Jan 1870
Gough, James, b. 26 Sep 1870, 33y
Gough, Mary, b. 28 Aug 1846, 11y
Gouiran, Ann Eleanor, d. 29 Nov 1796, b. 30 Nov 1796, 10m14d, dau of Isidore & Margaret Pierrette Chaillan
Gouiran, Virginia Sophie Fanny, d. & baptised 1 Sep 1795, 11m8d, dau of Isidere & Margaret Pierrette Chaillan
Gould, Albina, b. 28 May 1849, 30y
Gould, Eliza, d. 8 Sep 1805, b. 9 Sep 1805, 1y9m2d, dau of Paul & Mary
Gould, Mrs. Harriet, b. 4 Sep 1848, 60y
Gould, Mary Ellen, b. 3 Aug 1842, 12w/m, whooping cough, Colored
Gould, (Capt.) Paul, b. 29 Jul 1839, 68y, consumption
Gould, Mrs./Mrs. Paul, b. 14 Jul 1840, 70y, dropsy
Goulden, female, b. 7 Dec 1838, 5m, dau of Bernard
Goulden/Gouldens, male/Bernard, b. 8 Jul 1840, 3y, son of Bernard
Gouldens, male/Bernard, see Goulden/Gouldens, male/Bernard
Goulding, Arabella, d. 8 Jun 1809, b. 9 Jun 1809, 54y, decline, wife of Patrick
Goulding, John, d. 28 Sep 1796, b. 29 Sep 1796, 9d, son of John & Martha
Goulding, John, b. 17 Dec 1848, 4m
Goulding, Margaret, d. 5 Sep 1803, b. 6 Sep 1803, 3m19d, dau of Patrick & Arabella
Goulding, Martha, d. 19 May 1810, b. 20 May 1810, 60y
Goulding, Mary, see Golding/Goulding, Mary
Goulding, Mary Martha, d. 25 Sep 1807, b. 27 Sep 1807, 18y, dau of John & Martha
Gour, William, b. 22 Jul 1823, c. 40y, bowel complaint
Gourd, Mary Regina, b. 10 Sep 1858, 18m
Gourde, Mary A., b. 10 Jan 1864, 3y
Gourian, ---, born & d. 10 Mar 1809, b. 11 Mar 1809, son of Isidore & Margaret Pierrette Chaillan
Gourke, child, b. 14 Jun 1823, child of Francis
Gourley, Ann, b. 18 Jun 1838, 28y, abortus
Gowan, male, b. 13 Dec 1836, son of Mr. Gowan
Gowen, Margaret, b. 15 Nov 1826, c. 60y, unknown sickness
Grace, Margaret I., b. 1 Oct 1850, 11y
Grace, Mary, b. 25 Feb 1819, 19m, measles, dau of W. Grace
Grace, Oliver, d. 10 Nov 1794, b. 11 Nov 1794, late of Annamessic on the Eastern Shore, buried in St. Peter's Church Yard
Grace, Miss Rose, b. 19 Aug 1866, 25y
Grace, Teresa, b. 20 Oct 1850, 13y
Gracey, Elizabeth, b. 27 May 1875, 8m, unknown sickness
Grache, Bartholomew, d. & b. 31 Jul 1801, native of Genoa
Grade, John, b. 12 Jun 1854, 30y
Grady, male, b. 6 Aug 1838, 21m, summer complaint, son of Mr. Grady/Patrick
Grady, male, b. 23 Jan 1858, 5y, son of John
Grady, Ann, b. 13 Sep 1858, 38y
Grady, Catharine, d. 30 Jul 1794, b. 31 Jul 1794, c. 30y, buried in St. Peter's Church Yard, native of Kerry, Ireland

Grady, Daniel Thos., b. 14 Jul 1847, 2m
Grady, Eliza Hillary, b. 15 Jul 1856, 12m
Grady, Emma, b. 6 Mar 1872, 22y, Colored
Grady, James, b. 24 Oct 1849, 41y
Grady, James, b. 16 Oct 1868
Grady, James I., b. 12 Jan 1863, 25y
Grady, Jas. W., b. 24 Feb 1849, 12m
Grady, John, b. 11 Nov 1852, 10y
Grady, John, b. 20 Sep 1858, 26y
Grady, John, b. 19 Jun 1859, 10m
Grady, John, b. 29 Oct 1863, 27y
Grady, John, b. 28 Dec 1865, 26y
Grady, John P., b. 23 Jul 1856, 14m
Grady, Jolin, b. 6 Jun 1864, 88y
Grady, M., b. 3 Aug 1857, 6m
Grady, Margaret, b. 28 May 1848, 12m
Grady, Mary, b. 27 Nov 1823, 36y, bilious fever
Grady, Matilda, b. 22 Jun 1845, 3y
Grady, Michael I., b. 22 Jul 1862, 32y
Grady, Peter, b. 10 Jun 1847, 27y
Grady, Peter, b. 26 Apr 1852, 4y
Grady, William, b. 8 Oct 1814, c. 6y, nervous fever
Grady, William, b. 9 Jan 1854, 9m
Graham, male, b. 22 Jan 1856, 10 minutes, son of Mr. Graham
Graham, Agness, b. 25 Mar 1852, 11y
Graham, Anna, b. 28 Jul 1861, 11m
Graham, Catharine, b. 25 Mar 1847, 2m
Graham, Catharine, b. 11 Aug 1854, 65y
Graham, Catharine, b. 27 Jul 1855, 5m
Graham, Catharine, b. 14 Aug 1860, 65y
Graham, Catharine Francis, b. 15 May 1846, 17y
Graham, Catherine, d. 15 Oct 1818, b. 16 Oct 1818, 8d
Graham, Charles McD., b. 1 Aug 1865, 15m
Graham, Edward, b. 3 Aug 1853, 12m
Graham, Ellis C., b. 7 Aug 1861, 61y
Graham, John, b. 26 Sep 1858, 83y
Graham, Margaret, b. 13 Oct 1830, scarlet fever, dau of Richard
Graham, Mrs. Mary, b. 6 Sep 1846, 25y
Graham, Mary V., b. 27 Oct 1853, 21m
Graham, Michael, b. 30 Apr 1864, 2y
Graham, Michael, b. 3 Jul 1868, 49y
Graham, Rebecca, b. 26 May 1853, 35y
Graham, Richard, b. 30 Jul 1820, 11m, summer complaint
Graham, William, d. 22 Mar 1820, b. 23 Mar 1820, 2y2m, worms
Grain, Aimee (Aime), d. 13 May 1807, b. 14 May 1807, c. 9m, croup, dau of Peter & Adelaid Dercourt
Grainger, Daniel, d. 12 Aug 1809, b. 13 Aug 1809, lingering illness
Grainger, George, d. 27 Jul 1820, b. 28 Jul 1820, summer complaint
Grainger, Mary, d. & b. 13 Jul 1802, c. 65y
Grainger, Mary Ann, d. 9 Jan 1809, b. 10 Jan 1809, 14m, dau of Matthew & Sarah
Grainger, Rose, d. 18 Jul 1802, b. 19 Jul 1802, native of Nova Scotia
Gramon, Margaret, d. 11 May 1794 (4:00 p.m.), d. 12 May 1794, c. 38y, wife of John Buchonan, inhabitant of St. Domingo, received the sacraments of the church
Grand, Albert, b. 25 Mar 1872
Grandchard, Pierre Francois, d. & b. 22 Aug 1815, 18m
Granger, Margaret, b. 13 Jun 1813, 2m, dau of Matthew

Granger, Marrian, b. 12 Jan 1868, 5y
Granger, Mary, b. 12 Jan 1868, 3d
Granger, Mathew, b. 22 Apr 1841, 58y, consumption
Granger, Sarah, b. 21 Nov 1858, 71y
Granger, Thomas Foley, b. 15 Nov 1859, 18m
Granger, Walter, b. 26 June 1867, 3m
Grant, female, b. 20 Sep 1834, 5y, bilious pleurisy, dau of Stephen
Grant, female, b. 11 Mar 1841, 7/14y, scarlet fever, dau of Mr. Grant
Grant, Anna, b. 13 Feb 1846, 35y, Colored
Grant, Elizabeth, d. 30 Mar 1815, b. 31 Mar 1815, 35y, violent cold
Grant, Ellen, b. 8 Jul 1868, 33y
Grant, Frances, b. 28 Dec 1845, 9y, Colored
Grant, Henry, d. 2 Feb 1817, b. 3 Feb 1817, 2y, croup
Grant, James, b. 10 Jan 1866, 1m
Grant, John, b. 19 Dec 1829, 73y, died of ---
Grant, Joseph P., b. 7 Apr 1858, 74y
Grant, Maria B., b. 13 Jun 1861, 56y
Grant, Mary I., b. 6 Sep 1861, 6m
Grant, Mary Jane, d. 17 Jun 1808, b. 18 Jun 1808, 20m, dau of Magus & Jane
Grant, Michael, b. 4 May 1859, 10m
Grant, William, d. 10 Aug 1809, b. 11 Aug 1809, 15m, son of Magnus & Jane
Grason, male, b. 21 Nov 1838, 3w, infantile unknown, son of John
Grass, Polly, b. 5 Dec 1854, 80y
Grate/Great, Mrs. Catherine, b. 30 Jul 1838, c. 64y, paralysis
Grate, John, d. & b. 18 Jul 1803, 3m
Grate, Nicholas, d. 8 Aug 1796, b. 9 Aug 1796, 16m, son of Nicholas & Hannah
Gratefield, Emma Frances, b. 6 Jul 1864, 6m
Gratefield, John, b. 15 Feb 1832, c. 2y, unknown sickness
Gratefield, John, b. 19 May 1845, 63y, Colored
Gratefield, John, b. 26 Apr 1865, 2d
Gratefield, Sarah, b. 23 Aug 1865, 3y
Gray, child, b. 13 Aug 1832, 7w, bowel complaint, child of James
Gray, child, b. 25 Jun 1860, stillborn, child of Bernard
Gray, Mrs. A., b. 13 Dec 1871, 41y
Gray, Alexius, b. 3 Dec 1869, 62y
Gray, Alice Ann, b. 25 Feb 1857, 16m
Gray, Bernard, b. 17 Jul 1864, 8m
Gray, Bernd., b. 16 Jun 1873, 12m
Gray, Catharine, b. 19 Jun 1854, 63y
Gray, Catherine, b. 24 Dec 1824, 9y, consumption
Gray, Eliza, b. 13 Mar 1847, 30y, Colored
Gray, Elizabeth, b. 29 Jul 1864, 60y
Gray, Hugh, b. 3 Jul 1864, 15m
Gray, Hugh I., b. 28 Apr 1860, 14m
Gray, Isaac, b. 27 Mar 1831, c. 40y, unknown sickness, Colored
Gray, James, b. 18 Nov 1850, 1d
Gray, James, b. 6 Jul 1868, 38y
Gray, James B., b. 30 May 1864, 6y
Gray, James N./H., b. 11 Sep 1868, ½ hour
Gray, John, b. 16 Mar 1832, c. 42y, decay
Gray, John, b. 15 Jan 1850, 2w
Gray, John Edwd., b. 24 Dec 1865, 7w
Gray, John Thos., b. 10 Dec 1864, 11y
Gray, Joseph, b. 6 Mar 1855, 15y
Gray, Margt., b. 8 Aug 1873, 10m
Gray, Owen H., b. 27 May 1856, 2y

Gray, Patrick, b. 6 May 1868, 45y
Gray, Peter, d. 28 May 1815, b. 29 May 1815, Balt., c. 59y, dropsy, native of Ireland
Gray, Rachel, b. 18 Aug 1865, Colored
Gray, Sarah, b. 16 Mar 1862, 4y
Gray, Teresa, b. 22 Jul 1863, 11m
Gray, Thos. W., b. 26 Jun 1868, 3y
Gray, W. E., b. 31 Jul 1874, 8y
Gray, Wm., b. 17 Feb 1873, 6y
Grayson, H., b. 28 Oct 1872, 10y
Great, Mrs. Catherine, see Grate/Great, Mrs. Catherine
Great, Jacob, b. 8 Mar 1838, 72y, inflamation of the bowels
Green, Ann E., b. 20 Feb 1859, 1½m
Green, Ann M., b. 7 Apr 1843, 23y
Green, child, b. 7 Feb 1827, unknown sickness, child of John
Green, child, b. 14 Apr 1828, burned to death, child of Thomas
Green, child, b. 29 Dec 1831, c. 2d, child of Henry
Green, child, b. 2 Aug 1832, 3y, unknown sickness, child of Henry
Green, child, b. 17 Dec 1832, age unknown, unknown sickness, child of Henry
Green, child, b. 11 Dec 1839, 2y, child of George
Green, child, b. 1 Sep 1861, stillborn, child of John
Green, female/male, b. 27 Aug 1840, 9m, cholera infantum, dau/son of Mr. Green
Green, male, b. 29 Jun 1858, 2d, son of Bernard
Green, Mrs., d. 28 Sep 1804, b. 29 Sep 1804, 77y, breast cancer, wid of Thomas
Green, Augustus, d. 20 Jan 1813, b. 21 Jan 1813
Green, Benedict, d. 26 Nov 1800, b. 27 Nov 1800, c. 30y
Green, Bennet, b. 8 Mar 1819, 84y
Green, Catharine, d. & b. 21 Sep 1800, c. 50y, wife of Bennet
Green, Cecelia, b. 13 Jul 1868, 70y
Green, Charles, d. 6 Sep 1800, b. 7 Sep 1800, 19y, son of Edward & Mary
Green, Edward, d. 10 Jun 1815, b. 11 Jun 1815, 81y, suddenly
Green, Eleanor, d. 7 Nov 1796, b. 8 Nov 1796, 6y4m4d, dau of Edward & Mary
Green, Eleanor, d. 22 Oct 1801, b. 23 Oct 1801, c. 10m, dau of Thomas & Elizabeth
Green, Elizabeth, b. 14 Jan 1831, c. 21y, unknown sickness
Green, Frances, b. 25 Nov 1837, 8y, unknown sickness, Colored
Green, Francis, d. 10 Aug 1801, b. 11 Aug 1801, 21y, son of Bennet & Catharine
Green, George E., b. 2 Feb 1872, 1d
Green, Henry, b. 20 Feb 1854, 3w
Green, James, d. 2 Dec 1801, b. 3 Dec 1801, 3y21d, son of Bennet & Ann
Green, John, b. 27 Dec 1826, c. 55y, consumption
Green, John, b. 5 Apr 1865, 42y
Green, Joseph, b. 13 Apr 1872, 30y
Green, Julia, b. 9 Sep 1854, 30y, Colored
Green, Louisa, b. 1 Dec 1853, 21y
Green, Margaret, b. 19 Dec 1825, c. 18y, suddenly, servant of Baltzar Hitzelberger
Green, Margaret A., b. 5 Mar 1846, 4y, Colored
Green, Maria, b. 18 Aug 1848, 11y, Colored
Green, Mary Ann, b. 27 Nov 1832, 87y, apoplexy
Green, Mary Jane, b. 16 Mar 1869
Green, Matthew, b. – Jun 1812, dropsy, died yesterday
Green, Michael, b. 12 Jul 1823, 9m, cholera morbus, son of Edward
Green, Richard, b. 23 Dec 1857, 75y, Colored
Green, Rose Ann, b. 22 Aug 1864, 5y
Green, Sarah, b. 31 Mar 1827, c. 50y, unknown sickness
Green, Sarah, b. 28 Dec 1849, 46y
Green, Susan, b. 14 Dec 1839, 40y, consumption

Green, Susanna, d. 10 Jul 1794, b. 11 Jul 1794, 42y, wife of Thos, buried in St. Peter's Church Yard, received all of the rights of the church
Green, Thomas Dallum, b. 3 Feb 1859, 6y
Green, William Henry, b. 9 Nov 1859, 3y
Green, Wm. H., b. 18 Jul 1871
Greenan, Margaret, b. 27 Jun 1821, 9m, water on the brain
Greene, Josias W., d. 15 Mar 1814, b. 16 Mar 1814, aged –
Greene, Maria Juliana (Maria Juliana), d. 10 Jul 1815, b. 11 Jul 1815, 74y
Greenfield, Mrs., b. 12 Oct 1836, c. 60y, bilious fever
Greenfield, Louisa, b. 15 Oct 1836, 27y, bilious fever
Greenfield, Martha, b. 18 Jan 1873, 10m
Greenwell, ---, d. 6 Aug 1811, b. 7 Aug 1811, c. 21y, consumption
Greenwell, James, b. 28 Dec 1853, 3w
Greenwell, Joshua, b. 11 Apr 1855, 35y
Greenwell, Margaret, d. 5 Feb 1810, b. 6 Feb 1810, c. 45y
Greenwood, Sophia, b. 7 Jul 1851, 38y
Greer, Barbara, b. 21 Jun 1835, 25y, consumption
Greer, William, b. 18 Aug 1857, 5m
Gregg, Catherine, b. 21 Oct 1855, 40y
Gregg, Michael, b. 30 Jul 1838, 30y, drank cold water
Gregor, Harriet, d. 19 Oct 1797, b. 20 Oct 1797, 3m, dau of William & Ann
Gregory, John, b. 17 Aug 1852, 24y
Grelland, Mary Frances, d. & b. 6 Aug 1797, 18m, dau of Henry & Antoinette Dollu
Grenner, Michael, b. 5 Aug 1822, c. 30y, suddenly
Grete, Matilda, b. 28 Feb 1819, 18y, rheumatism
Grey, Alice Ann, b. 16 Oct 1863, 2½y
Grey, Ann, b. 11 May 1856, 31y
Grey, Anne, d. 16 Aug 1810, b. 17 Aug 1810, 8m
Grey, John, b. 21 Feb 1865, 34y
Grey, Paula M., b. 13 Apr 1870, 4y
Grey, Sarah Catharine, b. 24 Aug 1858, 17m
Gribbons, child, b. 28 Aug 1831, 13m, child of James
Grier, child, b. 19 Sep 1831, died soon after birth, child of Alexander
Griet, William, b. 10 Jul 1863, 45y
Grieve, Mary, d. & b. 24 Jul 1802, c. 9m, dau of James & Margaret
Griffin, child, b. 9 Oct 1826, age unknown, unknown sickness, child of Bridget
Griffin, infant, b. 24 Nov 1814, child of Martin
Griffin, infant, b. 4 Feb 1819, child of Thomas
Griffin, Abraham, d. 11 Jul 1803, b. 12 Jul 1803, 8m6d, cholera, son of Abraham & Mary
Griffin, Adelaide, d. 19 Jul 1807, b. 20 Jul 1807, 13m18d, dau of Abraham & Mary
Griffin, Adolphus, b. 24 Jul 1848, 10m, Colored
Griffin, Ambrose, b. 10 Aug 1845, 60y, Colored
Griffin, Catharine, d. 4 Mar 1798, b. 5 Mar 1798, 6m, dau of Mary
Griffin, Catherine, b. 30 Aug 1819, 12m, summer complaint
Griffin, Daniel, d. 12 Jul 1818, b. 13 Jul 1818, 30y, drank cold water
Griffin, Dennis, b. 26 Sep 1858, 19y
Griffin, Elizabeth, d. & b. 9 Aug 1805, 5m, dau of Hugh & Mary
Griffin, Elizabeth, b. 13 Jun 1871, 77y
Griffin, George, b. 1 Jun 1830, c. 50y, unknown sickness, servant of Henrietta Davidson
Griffin, Henry, b. 12/13 Jun 1836, c. 45y, consumption, Colored
Griffin, John, d. 27 Aug 1819, b. 28 Aug 1819, 35y, bilious
Griffin, John, b. 26 Jun 1844
Griffin, John, b. 21 Mar 1845, 34y
Griffin, John, b. 2 Mar 1857, 21y
Griffin, John, b. 7 May 1866, 43y
Griffin, John Thos., b. 25 Dec 1846, 19m

Griffin, Joseph, d. 2 Jul 1797, b. 3 Jul 1797, 6m, son of Abraham & Mary
Griffin, Joseph, b. 8 Sep 1856, 4y
Griffin, Joseph A., b. 10 Jul 1862, 45y
Griffin, Margaret, d. 16 Feb 1795, b. 17 Feb 1795, 9m, dau of Abraham & Mary
Griffin, Mary, d. 11 Dec 1806, b. 12 Dec 1806, 7w, dau of Martin & Bridget
Griffin, Mary, d. 19 Oct 1813, b. 20 Oct 1813, 30y, childbirth
Griffin, Mary, b. 21 Oct 1823, c. 26y, consumption
Griffin, Mary, b. 13 May 1824, c. 67y, unknown sickness
Griffin, Mary, b. 10 Feb 1827, c. 34y, consumption
Griffin, Mary, b. 26 Sep 1855, 55y
Griffin, Mary, b. 20 Aug 1858, 3m
Griffin, Mary I., b. 18 Nov 1862, 17m
Griffin, Michael, b. 30 Jun 1862, 32y
Griffin, Nancy, b. 26 Jul 1838, c. 30y, consumption, Colored
Griffin, Patrick, b. 5 May 1861, 19y
Griffin, Peter, b. 19 Oct 1831, c. 55y. suddenly, former servant of Mr. Witherstrandt
Griffin, Thomas, d. 12 Jul 1799, b. 13 Jul 1799, 11m, son of Abraham & Mary
Griffin, Thomas, b. 29 Oct 1813, infant
Griffin, Thomas, b. 17 Jun 1855, 85y
Griffin, Thomas, b. 16 Aug 1861, 49y
Griffin, William, d. 13 Feb 1804, b. 14 Feb 1804, 3y, cholera, son of Hugh & Mary
Griffin, William, d. 27 Jan 1810, b. 28 Jan 1810, 7m, son of Joseph & Mary
Griffin, William, b. 25 Feb 1829, c. 45y, consumption
Griffin, William, b. 30 Jan 1857, 5y
Griffin, William, b. 20 Jun 1860, 3m
Griffith, child, b. 16 Feb 1857, stillborn, child of Mr. Griffith
Griffith, Mrs., b. 23 Jan 1835, c. 70y, palsy, buried in the country, Colored
Griffith, Mrs., b. 3 Dec 1853, 70y
Griffith, twins, b. 5 Oct 1820, died soon after birth & after receiving baptism, buried in a lot, son & dau of Thomas
Griffith, Alexander H., b. 9 Sep 1856, 9m
Griffith, Ann, b. 12 Mar 1837, c. 25y, childbirth
Griffith, Ann, b. 29 Aug 1873, 74y
Griffith, Edward, b. 3 Dec 1827, age unknown, unknown sickness
Griffith, Eliza, b. 14 Jan 1848, 50y
Griffith, Elizabeth, b. 15 Aug 1832, 52y, spider bite
Griffith, Capt. Jno., b. 30 Nov 1861, 71y
Griffith, John A., b. 6 Oct 1862, 12y
Griffith, Jos., b. 19 Sep 1868, 16y
Griffith, Mary, b. 19 Oct 1836, 35y, Colored
Griffith, Mary, b. 8 Feb 1853, 67y
Griffith, Mrs. Mary Ann, b. 16 Feb 1857, 39y
Griffith, Michael, b. 10 Jul 1853, 59y
Griffith, Thomas, b. 26 Oct 1818, 3y
Griffith, Thomas, b. 27 Oct 1850, 67y
Griffith, William, b. 13 Nov 1836, c. 35y, decline
Griggs, John, d. 10 Apr 1805, b. 11 Apr 1805, c. 32y, native of Urio, on Lake Caruo, Italy
Grililion, Alice, b. 19 Oct 1872, 87y
Grimes, Amelia, b. 10 Mar 1856, 70y, Colored
Grimes, Hugh Thos., b. 24 Jul 1848, 2m
Grimes, Priscilla, b. 10 Apr 1829, c. 22y, unknown sickness
Grindel, child, b. 7 Mar 1830, 2y, unknown sickness, child of Isiah
Grindell, Bertha Ann, b. 18 Jun 1859, 14m
Grindle, child, b. 29 Aug 1828, stillborn, child of Ann
Grindoll, child, b. 7 Jul 1825, age unknown, sickness unknown, child of Mary
Grinnel, Edgar, b. 8 Jan 1864, 10m, Colored

Grinnel, John A., b. 6 Aug 1850, 7y
Grinnel, Margaret, b. 1 Mar 1857, 7m
Grinnell, Julia, b. 3 Aug 1845, 30y
Grinnian, David, b. 3 Aug 1864, 11y
Grise, child, b. 20 Nov 1851, stillborn, child of Mr. Grise
Grock, child, b. 14 Apr 1836, 6m, child of Janet
Groe, John A., d. 19 Sep 1822, b. 20 Sep 1822, c. 90y, suddenly, native of France, but inhabitant of Balto. for many years
Grogan, John, b. 25 Aug 1862, 2y
Gronewell, John H., b. 28 Nov 1857, 32y
Gronger, Marian, b. 28 Mar 1852, 14y
Groom, Harriet Ann, b. 19 Oct 1853, 40y, Colored
Groom, Nelly, b. 21 Mar 1858, 14m
Groomes, Miss, b. 17 May 1849, 23y, Colored
Groomes, John A., b. 16 Jul 1849, 2m, Colored
Groomes, Samuel Joseph, b. 31 Mar 1853, 7y
Grooms, William, b. 16 Jan 1856, 19y, Colored
Gross, Eliza Alice White, b. 6 Jul 1861, 8m, dau of Jacob Gross, Sr.
Gross, Elizabeth Worthington, b. 11 May 1824, c. 28y, wife of John, Jr., aunt of Abb. Gross
Gross, Sarah, b. 22 Apr 1862, 1d
Grout, Emma E., see Crout/Grout, Emma E.
Grovell, male, see Growel/Grovell
Groves, Mrs., b. 30 Jul 1839, 68y, epilepsy
Grovner, Robt. I., b. 12 Feb 1873, 6m
Growel/Grovell, male, b. 14 Nov 1836, c. 2w/y, infantile unknown, son of Mr. Growel
Grubb, Mary Ann, b. 30 Aug 1859, 55y
Guarant, Adelaide, d. 21 May 1819, b. 22 May 1819, 17y, consumption
Guerand, Francis, b. 28 Oct 1870, 70y
Guerdin, Mary Rose, d. 24 Jun 1795, b. 25 Jun 1795, 1y, at Baltimore, dau of Peter & Victoroire Baupuy
Guest, John, b. 11 Jan 1869, 32y
Guibert, Felicite, b. 14 Jul 1814, infant of Frances
Guichard, Francaise S./Francaise Sophia, b. 6 Jan 1852, 80y
Guigon, Julius, d. 14 Oct 1821, b. 15 Oct 1821, putrid fever, son of Peter & Mary Brichard
Guilfoy, Catharine A., b. 7 May 1857, c. 5m/minutes
Guillauchaux, Lewis, d. & b. 17 Oct 1797, c. 35y, native of Nantes, France, son of Lewis & Mary Roussaux
Guillaume, Eugene, d. 22 May 1816, b. 23 May 1816, c. 36y, spitting of blood, suddenly
Guillon, Franciose Catharine Brisson, d. 13 Sep 1793, b. 14 Sep 1793, born in the parish of Or St. Sauver in La Rochelle, *(French)
Guinny, Elizabeth, b. 30 Jan 1861, 16y
Guirk, Jeremiah, b. 27 Aug 1868, 9m
Guise, male, b. 11 Oct 1852, 15 minutes, son of Philip
Gulliot, Josephine, b. 21 Sep 1840, 55y
Gunn, Mr., b. 15 Jan 1821, 55y, dropsy
Gunn, Ann, b. 20 Jun 1823, c. 4y, unknown sickness, dau of Bernard
Gunn, Ann Maria, b. 5 Aug 1857, 60y
Gunn, Bernard, b. 29 Sep 1838, 50/56y, dysentery
Gunn, Clara, b. 21 Nov 1836, c. 24y, consumption
Gunn, Edward, b. 26 Nov 1855, 3y
Gunn, Eleanor, d. 30 Jul 1810, b. 31 Jul 1810, 1y
Gunn, James, b. 20 Jun 1823, cholera morbus, child, son of Bernard
Gunn, James, b. – Jul 1835, bowel complaint, son of Barney
Gunn, James, b. 11 Jul 1838, 50/69y, dropsy
Gunn, Jane Eleanor, d. 6 Jan 1812, b. 8 Jan 1812
Gunn, Margaret, b. 7 Oct 1826, c. 30y, bilious fever

Gunn, Mary Eleanor, b. 22 Oct 1832, 18y, consumption
Gunnet, ----, d. 9 Nov 1812, b. 10 Nov 1812, consumption
Gunnet, Henrietta, d. 13 Feb 1812, b. 14 Feb 1812, 9m
Gunnetta, Catherine, b. 9 May 1824, c. 19y, consumption
Guthan, George, b. 28 Jan 1852, 45y
Gutherow, Ann, b. 28 May 1822, 80y, apoplectic stroke, native of Arcadia, inhabitant of Balt. for a number of years
Guthroe, Francis, d. 6 May 1819, 5m, consumption, son of Stephen
Guthroe, Stephen, b. 30 Apr 1819, b. 1 May 1819, c. 35y, consumption
Guthrow, ---, b. 8 May 1831, c. 85y, old age
Guthrow, Charles Simon, d. 26 Sep 1809, b. 27 Sep 1809, 2y, son of Stephen & Juliet
Guthrow, John, Jr., d. 14 Jul 1803, b. 15 Jul 1803, 29y, son of John & Ann
Guthrow, Joseph, b. 25 Apr 1823, c. 40y, unknown sickness
Guthrow, Julia, b. 29 Jun 1852, 63y
Guyton, child, b. 28 Sep 1821, c. 6m, child of Sarah
Guyton, Antoinette Gihan, d. 20 Feb 1796, b. 21 Feb 1796, c. 35y, native of St. Domingo
Guyton, Henry, b. 27 Apr 1868, 42y
Guyuemer, Mary Louisa, d. 1 Sep 1794, b. 2 Sep 1794, 17m, dau of John Augustin & Mary Soliz, buried in St. Peter's Church Yard
Guzman, Augustine, b. 19 Feb 1868, 17m
Gwinn, Ellen, b. 9 Jun 1845, 35y
Gwinn, Jos., b. 20 Dec 1872, 20d
Gwinn, Mrs. Teresa, b. 2 Apr 1848, 90y
Gwynn, David, d. 12 Aug 1801, b. 13 Aug 1801, run over by a cart
Gwynn, Mary, d. 5 Oct 1801, b. 6 Oct 1801, c. 45y, wid
Gyer, Sophia, b. 20 Aug 1827, 25y, native of Germany

Hack, Garrett, b. 25 Apr 1850, 5y
Hacket, child, b. 7 Mar 1862, stillborn, child of Patrick
Hacket, Ann Maria, b. 12 Jun 1857, 6y
Hacket, James, b. 18 Feb 1853, 3y
Hacket, John, b. 12 Dec 1856, 2 hours
Hacket, Mary, b. 15 Oct 1852, 50y
Hacket, Mary Ann, b. 25 Sep 1859, 11m
Hacket, Pat., b. 14 Nov 1860, 6y
Hacket, Patrick, b. 18 Feb 1829, c. 45y, killed on the railroad by the falling in of the bank, Irishman
Hackett, Mr., b. 8 Feb 1853, 34y
Hackett, Joseph, b. 8 Nov 1872, 3y
Hackett, Mary Ann, b. 30 Nov 1868, 8y
Hackney, male, b. 12 Jun 1839, 2m, cholera infantum, son of William
Hackney, Robert, b. 31 Mar 1837, 35y, consumption
Hackney, Mrs./Mrs. Sarah A., b. 2 Jun 1842, 27y, consumption
Hadden, child, b. 16 Apr 1828, 9m, child of Mr. Hadden
Haden, George, b. 15 Apr 1867, 57y
Hadford, Maria, b. 2 Apr 1855, 11m
Hagan, child, b. 10 Mar 1854, child of Mr. Hagan
Hagan, female, b. 20 Jul 1841, 11/14m, dau of Dennis
Hagan, male, b. 18/19 Sep 1841, 2m, infantile thrush, son of Mark
Hagan, Ann, b. 2 Aug 1858, 80y
Hagan, Bridget, b. 17 Jun 1857, 42y
Hagan, Chas., b. 25 Jan 1848, 7d
Hagan, Cornelius, b. 13 Nov 1861, ½ hour, Colored
Hagan, Ellen, b. 15 Aug 1862, 2½y
Hagan, Francis, b. 10 Oct 1845, 25y
Hagan, Hugh, b. 16 Mar 1849, 10m
Hagan, Margaret, b. 30 Jul 1847, 12m
Hagan, Mary, b. 31 Aug 1862, 55y
Hagan, Mary Ann, b. 25 Oct 1864, 4y
Hagan, Patrick, b. 6 Oct 1852, 84y
Hagerty, Bridget E., b. 20 Dec 1865, 3d
Hagerty, Catharine, d. 25 Jul 1803, b. 26 Jul 1803, 1y, dau of Bernard & Margaret
Hagerty, Catherine, b. 8 Jul 1866, 3y
Hagerty, Edward, d. 9 Mar 1806, b. 11 Mar 1806, 26y, bilious fever, native of Ireland
Hagerty, James, d. 3 Apr 1797, b. 4 Apr 1797, native of Ireland
Hagerty, James, b. 8 Dec 1859, 3½y
Hagerty, Luke, d. 22 Jun 1798, b. 23 Jun 1798, 2y, son of Michael & Eleanor
Hagerty, Margaret, b. 18 Aug 1852, 25y
Hagerty, Mary, b. 15 Jun 1866, 15y
Hagerty, Matthew, d. 21 Aug 1799, b. 22 Aug 1799, 15m, son of Matthew & Ann
Hagerty, Michael L., d. 16 Nov 1799, b. 17 Nov 1799, 1m, son of Michael & Eleanor
Hagerty, William, b. 25 Sep 1869, 1 hour
Haggerty, Mary, b. 9 Feb 1864, 18m
Haggerty, Patrick, b. 1 Apr 1869, 36y
Haggin, female, see Haggins/Haggin, female
Haggin, Ellen, b. 1 Apr 1835, c. 45y, palsy
Haggins/Haggin, female, b. 24 Jan 1840, 10m, water on the brain, dau of Joseph
Haggins, Eleanor, d. & b. 25 Sep 1800, c. 3y, dau of Richard & Elizabeth
Hagner, Mrs., b. 25 Jul 1835, 47y, consumption
Hagner, Susan, b. – Sep 1835, 8y, dropsy
Hagthorp, Eleanor, d. 30 Jan 1799, b. 31 Jan 1799, c. 33y, wife of Edward
Hagthrop (Hagthorp), Eleanor, d. & b. 10 Sep 1794, 5y, buried in St. Peter's Church Yard
Hagthrop, Mary I., b. 13 Aug 1852, 51y

Hahn, Michael, b. 8 Apr 1845, 32y
Hailey, Valentine, d. 2 Jul 1808, b. 3 Jul 1808, c. 50y, native of Ireland
Haily, Robert (Rober), d. 1 Jul 1794, b. 2 Jul 1794, c. 45y, buried in St. Peter's Church Yard, native of Ireland
Haitegan, James, b. 4 Sep 1854, 41y
Halan, C. P., b. 22 Jun 1860, 54y
Hale, Charles, b. 25 Dec 1859, 36y
Hale, James, b. 26 Jan 1864, 6y
Hale, Susan, b. 17 Jul 1856, 13m
Haley, ----, b. 1 Apr 1814, 2y
Haley, child, b. 10 Aug 1821, dropsy on the brain, child of Mr. J. Haley
Haley, Barbary, b. 13 Jun 1851, 16m
Haley, Mary, b. 24 Jan 1865, 2y
Haley, Thomas, d. 19 Sep 1810, b. 20 Sep 1810, 5m
Haley, Thomas, b. 19 Apr 1851, 15y
Haley, Timothy, b. 11 Apr 1849, 65y
Halfpenny, Catharine, d. 31 Jan 1798, b. 1 Feb 1798, c. 45y, wife of Patrick, native of Ireland
Halfpenny, Patrick, d. 24 Aug 1802, b. 25 Aug 1802, native of Ireland
Hall, child, b. 10 Jan 1827, age unknown, unknown sickness, child of Elias
Hall, child, b. 21 Sep 1828, 7m, whooping cough, child of ---- Hall
Hall, child, b. 6 Apr 1832, c. 4y, unknown sickness, child of Ann
Hall, female, b. 22 May 1842, 3y, whooping cough, dau of Elias
Hall, male, b. 26 Aug 1835, 5y, son of Mrs. Hall
Hall, male, b. 22/23 Oct 1837, 6w, inflamation, son of Joseph
Hall, male, b. 21 Feb 1839, 2d, son of Joseph
Hall, male, b. 6 Mar 1858, 40 minutes, son of Mr. Hall
Hall, Mr/Mrs., b. 21 Feb 1842, 40y
Hall, A. M., d. 3 Sep 1819, b. 4 Sep 1819, 7m, summer complaint
Hall, Ambrose, b. 25 Dec 1859, 5m
Hall, Ann, b. 12 Feb 1851, 30y, Colored
Hall, Danl., b. 6 Feb 1847, 5y
Hall, Edward, b. 23 Aug 1861, 3m
Hall, Ellen, b. 4 Jul 1846, 60y, Colored
Hall, Ferdinand C., b. 26 Sep 1863, 8w
Hall, Henrietta M., b. 20 Apr 1860, 70y
Hall, James, b. 5 May 1866, 15m, Colored
Hall, James William, b. 24 Aug 1832, 6y, cholera, son of Elias
Hall, Jno. D., b. 30 Aug 1872, 53y
Hall, John, d. 11 Apr 1799, b. 12 Apr 1799, 2d, son of John & Susanna
Hall, John, b. 14 Jan 1821, 28y, consumption, Colored
Hall, John, b. 6 Feb 1831, c. 2y, unknown sickness, son of Adam, Colored
Hall, John, b. 8 Nov 1847, 30y
Hall, John, b. 27 Feb 1851, 2y
Hall, John, b. 9 Mar 1863, 4y
Hall, John, b. 18 Mar 1869, 66y
Hall, John, b. 11 Aug 1871, 2y
Hall, Joseph, b. 26 Nov 1845, 41y
Hall, Josephine, b. 10 Jun 1871, 16m
Hall, Joshua, b. 23 Jun 1823, c. 1y, measles, son of Elias
Hall, Levin I., b. 16 Oct 1859, stillborn, female
Hall, Margaret, b. 30 Jul 1830, c. 2y, unknown sickness, dau of Fanny, Colored
Hall, Margaret, b. 22 Jan 1868, 4m, Colored
Hall, Margaret, b. 5 Oct 1868, 27y
Hall, Maria Julia Ann, b. 9 Apr 1856, 40y, Colored
Hall, Mary, b. 17 Mar 1858, 33y
Hall, Mary, b. 9 Apr 1866, 38y

Hall, Mary, b. 8 Oct 1867, 24y, Colored
Hall, Mary C., b. 2 Jan 1864, 5y, Colored
Hall, Mgt., b. 12 Oct 1873, 84y
Hall, Mgt., b. 16 Apr 1874
Hall, Minnie, b. 15 Aug 1874, 2y
Hall, Nacky, b. 30 Jul 1818, 2w, Colored
Hall, Sarah, b. 1 Sep 1825, c. 35y, consumption
Hall, Sarah Ann Francis, b. 28 Aug 1828, 9y, sickness in the head
Hall, Susan, b. 9 Oct 1841, 33y, consumption, Colored
Hall, Susanna, d. 12 Apr 1799, b. 13 Apr 1799, 20y, wife of John
Hall, Thomas, b. 12 Jan 1864, 14m, Colored
Hall, William Henry, b. 7 Sep 1820, 10d, Colored, son of John
Hall, Wm. A., b. 26 May 1853, 12m, Colored
Halladay, female, b. 22 Nov 1853, 1w, dau of Mrs. Halladay
Hallagers, John, b. 8 Jul 1847, 11m
Hallahan, Matthew, b. 23 Sep 1830, 55y, unknown sickness
Hallan, Margaret, d. 10 Mar 1802, b. 11 Mar 1802, 13m, dau of --- & Margaret
Halligan, Ann, b. 31 Jul 1857, 55y
Halligan, Catharine, b. 8 Jul 1865, 36y
Halligan, James/female, b. 9 Jan 1865, stillborn
Halligan, John Joseph, b. 28 Nov 1854, 18m
Halligan, Patrick, b. 17 Dec 1849, 2y
Hallon, Kate, b. 1 Aug 1867, 10m
Hallon, Thomas, b. 14 Aug 1853, 30y
Hallowond, Mr./Hanara, see Hollowood/Hallowond, Mr./Hanara,
Hally, male, b. 20 Jul 1861, 8m, son of Thomas, Colored
Hally, Ann, b. 27 Sep 1855, 6m, Colored
Hally, George, b. 23 Apr 1862, 29y, Colored
Haloran, Ellen, b. 22 Aug 1854, 8m
Haloran, Sarah G., b. 26 May 1863, 2y
Halpon, James, b. 26 Dec 1835, c. 60y, dropsy
Hambleton, Henrietta, b. 20 Apr 1869, 9y
Hamelin, Francis, b. 29 Mar 1830, c. 2y, fits
Hames, child, b. 9 Nov 1825, c. 3y, complaint in the head, child of James
Hamil, James Wm., b. 18 Nov 1862, 7y
Hamil, Patrick, b. 31 Aug 1866, 83y
Hamil, Teresa Jane, b. 29 Aug 1858, 17m
Hamilton, ---, born & d. 1 Sep 1806, b. 2 Sep 1806, dau of Pliny & Abigail
Hamilton, child, b. 3 Feb 1853, stillborn
Hamilton, female, b. 8/9 Jul 1838, 3w/m, unknown sickness, dau of William
Hamilton, Abigail, d. 4 Feb 1815, b. 5 Feb 1815, 41y, died in child bed
Hamilton, Alice, b. 18 Nov 1864, 68y
Hamilton, Christina, b. 24 Nov 1870, 70y, Colored
Hamilton, Clementine, b. 14 Jul 1850, 3w
Hamilton, Eugene, b. 1 Oct 1848, 6w
Hamilton, James, d. & b. 14 Oct 1809, 15d, son of Pliny & Abigail
Hamilton, James, b. 29 Oct 1869, 41y
Hamilton, Joseph B., d. 12 Mar 1808, b. 13 Mar 1808, 1y6m11d, son of Pliny & Abigail
Hamilton, Mary, d. 8 Oct 1802, b. 9 Oct 1802, 1y1m2d, dau of Pliny & Abigail
Hamilton, Mary A., b. 19 Feb 1872, 90y
Hamilton, Rich., b. 22 Nov 1872, 87y, Colored
Hamlin, child, b. 13 Oct ----, stillborn, child of Francis
Hamling, Anthony, b. 3 Apr 1871, 56y
Hammer, Ann, b. 10 Oct 1845, 30y
Hammer, Gerhard, b. 29 Apr 1857, 55y
Hammer, Henry, d. 21 Oct 1817, b. 22 Oct 1817, 45y, died of the gravel

Hammer, Joseph, d. 16 May 1821, b. 17 May 1821, c. 45y, consumption, Mulatto man
Hammer, Joseph L., b. 3 Feb 1852, 4m
Hammer, Mary Louisa, b. 17 Aug 2854, 16y
Hammill, child, b. 2 Jan 1851, 6m, child of Mr. Hammill
Hammill, Mary, b. 21 Mar 1847, 7m
Hammon, Joseph, b. 25 Nov 1850, 8y, Colored
Hammond, child, b. 2 Aug 1827, unknown sickness, child of Francis
Hammond, child, b. 22 Mar 1851, 18m, child of Chas., Colored
Hammond, child, b. 26 Jul 1863, 4m, child of Ann, Colored
Hammond, Mr. & Mrs., b. 7 Aug 1827, former died suddenly, latter died of consumption
Hammond, Catharine, b. 23 Jan 1864, 25y, Colored
Hammond, Catharine, b. 30 Aug 1867, 3½y
Hammond, Charles, b. 16 Jul 1867, 3m
Hammond, Eliza, b. 10 Dec 1846, 34y
Hammond, John, b. 7 Mar 1856, 15y
Hammond, Mary, b. 7 Jan 1851, 2y, Colored
Hammond, Mary V., b. 25 Aug 1863, 2y, Colored
Hammond, Peter, b. 21 Mar 1862, 45y, Colored
Hammond, Terry/Jerry, b. 6 Sep 1839, 70y, consumption, Colored
Hammond, Wm., b. 7 Nov 1874, 10m
Hamond, Elizabeth, b. 29 Dec 1869, 18y
Hampton, Ignatius W., b. 11 Oct 1868, 2½y
Hanan, Arthur, b. 11 Oct 1856, 2y
Hanawin, Edward, b. 16 Apr 1851, 36y
Hand, child, b. 18 Jan 1871, 1d, child of Mr. Hand
Hand, Alexander, b. 11 Nov 1868, 78y
Hand, Alexander X., b. 8 Feb 1861, 22y
Hand, Ann, b. 23 Dec 1862
Hand, Ann, b. 20 Dec 1871, 79y
Hand, Delia, b. 25 Oct 1862, 10 minutes
Hand, John Richard, b. 15 Aug 1859, 3m
Hand, Mary Ann, b. 29 Oct 1830, c. 1y, scarlet fever, dau of Alexander
Hand, Mary Ann, b. 22 Jul 1832, c. 40y, bilious fever
Handley, George A., b. 8 Aug 1863, 32y
Handley, Julia Ann, b. 5 Sep 1857, 11m
Handley, Margaret, b. 19 Apr 1826, c. 30y, unknown sickness
Handley, Valentine, b. 22 Sep 1863, 90y
Handlin, Alice, b. 6 Aug 1865, 55y
Handy, Frances, b. 16 Jan 1858, 5d, Colored
Hane, Jane, b. 16 Dec 1831, c. 10y, burn
Hane, Matthew, b. 28 Jul 1872, 66y
Hanegan, Peter H., b. 5 Mar 1866, 17y
Haney, Bridget, b. 14 Sep 1863, 33y
Haney, Francis S., b. 15 Feb 1851, 6m
Haney, Julia, b. 6 Dec 1858, 4y
Haney, Mary, b. 21 Jan 1850, 30y
Hank, Mary, b. 3 Apr 1865, 15y
Hankey, Catherine, b. 8 Jul 1815, b. 9 Jul 1815, –y, died in child bed
Hankey, William, d. 17 Apr 1816, b. 18 Apr 1816, 35y, dropsy
Hanky, Catherine, d. 24 Nov 1815, b. 25 Nov 1815, 4m, croup
Hanky, Mary, d. 2 Aug 1810 shortly after baptism, b. 3 Aug 1810
Hanlan, Agness, b. 13 Aug 1858, 13m
Hanlan, Aloysius, b. 22 Apr 1860, 3y
Hanlan, James, b. 26 Jan 1868, 45y
Hanlan, Thomas, b. 3 Feb 1848, 6m
Hanley, female, b. 7 Sep 1840, 6m, dau of William

Hanley, Ann E., b. 8 Jul 1866, 12m
Hanley, Bridget, b. 10 Oct 1864, 7m
Hanley, James, b. 15 Apr 1857, 51y
Hanley, James, b. 31 Jul 1864, 45y
Hanley, James, b. 2 Aug 1864, 45y
Hanley, Julia Ann, b. 20 Oct 1852, 52y
Hanley, Margaret, b. 8 Apr 1866, 58y
Hanley, Mary, b. 7 Jul 1864, 11m
Hanley, Patrick, b. 3 Apr 1866, 32y
Hanley, Peter, b. 30 May 1842, 55y, consumption
Hanley, Valentine, b. 17 Sep 1842, 6m
Hanlin, male, b. 8 Jan 1850, 2m, son of John
Hanlin, Catharine, b. 16 Aug 1863, 40y
Hanlin, Francis, b. 17 Oct 1856, 30y
Hanlin, Jane, b. 16 Jul 1857, 36y
Hanlin, Margaret E., b. 17 Dec 1864, 3m
Hanlin, Mary Ann, b. 19 May 1867, 20y
Hanlin, Mary Jane, b. 13 Jan 1854, 2y
Hanlin, William, b. 25 Jan 1844, 35y
Hanlon, Agnes, b. 21 Apr 1869, 18y
Hanlon, Catharine, b. 4 Jun 1852, 14m
Hanlon, Christopher, b. 18 Feb 1868, 60y
Hanlon, John, b. 18 Sep 1855, 5 minutes
Hanly, Andrew, b. 23 May 1867, 30y
Hanly, Elizabeth, b. 1 Oct 1855
Hanly, Margaret, b. 7 Jun 1863, 53y
Hanly, Mary, b. 3 Feb 1865, 26y
Hanna, Mrs., b. 10 Oct 1841, 60y, consumption
Hanna, Edward, b. 7 Jul 1845, 20y
Hanna, Patrick, b. 28 Mar 1829, 10d, fits, son of Patrick
Hannah, male, b. 19 Mar 1837, 6y, scarlet fever, son of Elijah
Hannah, Geo., b. 26 Apr 1872, 6m, Colored
Hannah, Patrick, b. 5 Nov 1829, c. 40y, fits, suddenly
Hannan, Elizabeth, d. 30 Apr 1800, b. 1 May 1800, 66y, wid
Hannan, George, d. 22 Aug 1803, b. 23 Aug 1803, 2y, lingering illness, son of Michael & Jennet
Hannan, Jane, d. 24 Oct 1802, b. 25 Oct 1802, c. 30y, wife of Michael, died at Fells Point
Hannan, John Hodgkin, d. 11 Jul 1796, b. 12 Jul 1796, 7m11d, son of John & Margaret
Hannan, Mary, d. & b. 18 Oct 1797, c. 70y, native of Ireland
Hannan, Mary, d. 3 Jan 1801, b. 4 Jan 1801, 1y, dau of Michael & Jane
Hannan, Michael, d. 20 Aug 1805, b. 21 Aug 1805, 35y, apoplexy
Hannan, Susanna Hodgkin, d. 9 Jun 1805, b. 10 Jun 1805, 6m, dau of John & Margaret
Hannan, Thomas, d. 10 May 1802, b. 11 May 1802, 1y6m14d, son of John & Margaret
Hannan, Thomas, b. 1 Dec 1854, 3y
Hannan, William, d. 28 Mar 1798, b. 29 Mar 1798, 11m, son of John & Margaret
Hannegan, female, see Hennegan/Hannegan, female
Hannegan, Elizth., b. 4 Jun 1846, 6m, dau of Thos.
Hannegan, Mary, b. 12 Apr 1849, 60y
Hannegan, Philip, b. 2 May 1858, 65y
Hannegan, Thomas, b. 25 Aug 1856, 8m
Hannegan, William b. 18 May 1850, 37y
Hannegon, Margaret, b. 22 May 1868, 71y
Hanney, James, see Hanny/Hanney, James
Hannigan, Ann, b. 23 Jan 1864, 32y
Hannigan, Margaret, b. 21 Jun 1846, 30y
Hannigan, Philip F., b. 9 Aug 1849, 16m
Hannoh, child, b. 4 Oct 1826, c. 1y, unknown sickness, child of Patrick

Hannoh, child, b. 3 May 1828, stillborn, child of Patrick
Hannon, William, b. 30 Nov 1858, 35y
Hannoway, Margaret, b. 22 Dec 1862, 6w
Hanny/Hanney, James, b. 22 May 1837, c. 37y, bilious pleurisy
Hans, Annie, b. 25 Jul 1874, 3d
Hanson, child, b. 26 Jul 1825, c. 2y, teething, child of Henry
Hanson, child, b. 22 Sep 1827, c. 17m, child of Charlotte
Hanson, Ann Elizabeth, b. 22 Oct 1850, 23y
Hanson, Charlotte, b. 9 Jan 1854, 62y, Colored
Hanson, Christianna, b. 15 Aug 1830, c. 1y, consumption, dau of Henry
Hanson, George Thos., b. 21 Sep 1864, 16m
Hanson, Henry, b. 7 Sep 1832, c. 40y, cholera
Hanson, Ida E., b. 4 Jun 1866, 5m
Hanson, John, b. 26 Jan 1860, 43y
Hanson, Mary, b. 20 Oct 1874, 77y
Hanson, Wm., b. 25 Jul 1852, 15m
Hanson, Wm. Edwd., b. 23 Jul 1854, 9d
Hanssard, Mary Ann, b. 12 Dec 1834, 51y, unknown sickness
Haplinger, George, b. 12 Dec 1830, c. 2m, unknown sickness, son of George
Happenne, Catharine, b. 3 Jun 1856, 90y
Harbaugh, Alice, b. 22 Jul 1849, 4y, Colored
Harbaugh, Chas. Henry, b. 3 Jul 1849, 6y, Colored
Harbaugh, Emily, b. 18 Jul 1849, 2y
Hard, Mrgaret A., b. 7 Oct 1849, 16y
Harden, Catharine, b. 11 Sep 1860, 56y, Colored
Harden, John, b. 11 Nov 1845, 60y
Hardesty, Harry, b. 23 Jan 1869, 12d
Hardey, George, d. 28 Apr 1805, b. 29 Apr 1805, c. 45y
Hardick, Peter, d. 1 Nov 1800, b. 3 Nov 1800, 2y6m, son of Emericus
Hardie, James, b. 5 Aug 1853, 24y
Hardin, Mrs., b. 18 Mar 1844, 50y
Hardin, Bernard, b. 4 Jul 1838, 19y, liver complaint
Hardin, William, b. 6 Jan 1843, 56y
Harding, Eleonora, d. 18 Feb 1816, b. 19 Feb 1816, 40y
Harding, Rosanna, b. 20 Feb 1844, 16y
Hardinoff, Elisha, b. 28 Jun 1873, 7m
Hardinott, Mark, b. 12 Feb 1871, 10m
Hardy, ---, d. 14 Oct 1813, b. 15 Oct 1813, c. 15y
Hardy, child, b. 4 Mar 1849, 2y, child of John E. Hardy
Hardy, John, b. 21 Jun 1846, 5y
Hardy, John, b. 3 Feb 1867, 50y, Colored
Hardy, Joseph, b. 24 Oct 1861, 2y, Colored
Hardy, Mary A., b. 17 Oct 1849, 2m
Hardy, Pricilla, b. 16 Dec 1853, 80y
Hardy, Thomas, b. 23 Jan 1851, 50y
Hardy, William, b. 16 Oct 1865, 67y
Hare, child, b. 14 May 1823, c. 1y, unknown sickness, child of Mamie
Hare, Catharine, b. 12 Aug 1856, 3½y
Hare, Ed., b. 16 Jun 1873
Hare, John, b. 2 Jul 1841, 32y, gastric fever
Hare, Mary, b. 23 Aug 1867, 8y
Hare, Samuel, d. & b. 23 Jul 1797, c. 10m, son of Patience
Harent, Mary Magdalen, d. 11 May 1794, b. 12 May 1794, c, 35y, Mulattress from St. Domingo, received sacraments of the church, buried in St. Peter's Church Yard
Hargrove, Thomas, d. 11 Oct 1804, b. 12 Oct 1804, 59y, native of Ireland
Harig, child, b. 6 Nov 1874, stillborn, child of Jos.

Harig, Albert A., b. 19 Nov 1864, 11m
Harig, Catharine, b. 27 Sep 1849, 60y
Harig, John, b. 13 Mar 1872, 2 hours
Harig, Joseph, b. 1 Apr 1866, 2d
Harig, Joseph, b. 16 Jul 1873, 7w
Harig, Mary, b. 4 May 1867, 2 hours
Harig, Mary A., b. 14 May 1867, 40y
Harig, Thomas, b. 15 Feb 1871, 4 hours
Harion, Joseph, d. 1 Dec 1817, b. 2 Dec 1817, c. 60y, consumption
Haris, Daniel, d. 11 Aug 1803, b. 12 Aug 1803, c. 15y, son of John & Catharine
Harkens, Daniel, d. 26 Nov 1804, b. 27 Nov 1804
Harkens, Margaret, b. 7 Apr 1831, c. 6y, unknown sickness
Harker, Charles W., b. 23 Oct 1855, 34y
Harkins, female, b. 11 Feb 1840, 10m, dau of Giles
Harkins, Daniel, b. 31 Mar 1818, 4w
Harkins, Elizabeth, d. 28 Jul 1800, b. 29 Jul 1800, c. 7m, dau of Hugh & Barbara
Harkins, Ellen, b. 25 Sep 1858, 3y
Harkins, Hannah, b. 19 Jun 1861, 57y
Harkins, James, d. 27 Aug 1819, b. 28 Aug 1819, 1m, colic
Harkins, Thomas, b. 1 Nov 1835/1837, 40y, painter's colic
Harkins, Thos., b. 22 Dec 1852, 50y
Harkins, William H., b. 18 Mar 1861, 3y
Harlan, Catharine, b. 10 Oct 1863, 23y
Harley, Sarah, b. 14 Nov 1830, c. 50y, unknown sickness
Harlow, David, b. 17 Sep 1824, 57y
Harlow, John, b. 14 June 1867, 25y
Harman, female, b. 3 Nov 1850, 1d, dau of James
Harman, Catharine, b. 10 Nov 1850, 20y
Harman, Elizabeth, d. & b. 21 Oct 1800, c. 31y, wife of Philip
Harman, Hannah, b. 5 Oct 1853, 3 hours
Harman, James, b. 10 Jul 1848, 49y
Harman, Margaret, d. 21 Aug 1797, b. 22 Aug 1797, c. 24y, wife of James
Harman, Mary Ann, d. & b. 22 Oct 1800, 1y1m8d, dau of Philip & Elizabeth
Harmon, Mary, b. 12 Aug 1863, 35y
Harmony, Susan, b. 20 Jul 1832, c. 20y, consumption
Harnett, James, d. 25 Mar 1805, b. 27 Mar 1805, c. 55y, native of Ireland
Harney, Philip, b. 7 Oct 1821, bilious fever, native of Ireland
Harper, Mrs. Catharine, b. 15 Feb 1861, 84y
Harper, Francis, b. 31 Mar 1862, 5 minutes
Harper, Julianna, b. 24 Aug 1831, c. 4y, fit, dau of Alexander
Harper, Rebecca, b. 7 Apr 1829, age unknown, suddenly
Harper, Wm, d. 21 Sep 1816, b. 22 Sep 1816, 40y, died of the ----
Harrien, Joseph, d. 16 Dec 1795, b. 17 Dec 1795, 5d, son of Joseph & Margaret
Harrien, Joseph Lewis, d. 8 Jan 1806, b. 9 Jan 1806, 5y6m5d, croup, son of Joseph & Margaret
Harriette, Mary Frances, d. 22 Dec 1793, b. 23 Dec 1793, 6y, born in St. Domingo, buried in St. Peter's Church Yard, dau of John Baptiste & Victoire Gerard
Harrig, Joseph, b. 19 Oct 1862, 7d
Harrigan, John, b. 2 Feb 1855, 7m
Harrigan, Thos., b. 9 Jan 1874, 74y
Harrington, male, b. 5 Oct 1863, 18m, son of Mrs. Harrington
Harrington, Ambrose, b. 16 Jun 1829, c. 2m, summer complaint, son of Otis
Harrington, Elizabeth, b. 9 Nov 1848, 28y
Harrington, Honoria, b. 15 Jun 1864, 73y
Harrington, John, b. 15 Mar 1861, 35y
Harrington, Mary, b. 2 Aug 1855, 67y
Harrington, Mary Ellen, b. 15 Aug 1859, 18m

Harrington, Mgt. C., b. 9 Feb 1858, 3½y
Harrington, Oliver, d. 10 Aug 1819, b. 11 Aug 1819, 34y, killed yesterday
Harrington, Silas, b. 20 Jun 1871, 26y
Harris, female, b. 25 Jul 1814, 13m, dau of Dick & Patty Harris, Colored
Harris, female, b. 30 Jun 1838, 1½m, summer complaint, dau of Mr. Harris
Harris, female, b. 24 Feb 1842, 5m, dau of Mrs. F. D. Harris
Harris, female, b. 21 May 1873, 2y, sister of Laura
Harris, Mrs., b. 1 May 1832, c. 45y, unknown sickness
Harris, Charlotte C., b. 14 Sep 1851, 2y
Harris, David, b. 6 Oct 1854, 11y, Colored
Harris, Eli, b. 31 Jan 1840, 30y, consumption
Harris, Ignatius, b. 14 Apr 1852, 18m, Colored
Harris, Isaac, b. 14 Oct 1869, 7m, Colored
Harris, Isabella, b. 21 Oct 1862, 9m
Harris, James, b. 4 Jul 1837, 39y, decline
Harris, John, d. 8 Jan 1804, b. 9 Jan 1804, 12y, free Negro
Harris, Joseph A., b. 9 Feb 1853, 13m, Colored
Harris, Josiah, b. 19 Aug 1823, c. 10m, summer complaint, son of Josiah
Harris, Laura, b. 20 May 1873, 3y
Harris, Margaret, b. 13 Jul 1854, 2m
Harris, Maria, b. 21 Jun 1873, 2w
Harris, Mary, b. 19 Sep 1857, 83y, Colored
Harris, Mary, b. 16 Oct 1868, 7d
Harris, Mary, b. 12 Jun 1873, 25y
Harris, Mary Ann, b. 27 Aug 1864, 25y, Colored
Harris, Neilson, b. 3 Aug 1867, male child, Colored
Harris, Rebecca, b. 1 Jan 1848, 2y
Harris, Sarah, d. 5 Jan 1813, b. 6 Jan 1813, 1y
Harris, Sarah, b. 2 May 1851, 60y, Colored
Harris, Suckey, d. 22 Jan 1813, b. 23 Jan 1813, 4y
Harris, Vigiliana/Virgilana, b. 6 Jun 1842, 10m/y, croup
Harris, Wilfred H., b. 3 Jul 1869, 2m
Harris, William, d. & b. 24 Sep 1797
Harris, Wm., b. 23 Jul 1863, 45y, Colored
Harrison, child, b. 29 Aug 1832, 6y, cholera, child of Henry, Colored
Harrison, female, b. 30 Aug 1842, 1m, dau of Mr. Harrison
Harrison, Mr., b. 15 Sep 1864, 40y
Harrison, Ann, d. 23 Sep 1797, b. 24 Sep 1797, 65y, native of London
Harrison, Eleanor, d. 18 Sep 1800, b. 19 Sep 1800, 3y, dau of Joseph & Eleanor
Harrison, Eliza, b. 15 Feb 1854, 16m, Colored
Harrison, Henry, d. 6 Sep 1811, b. 7 Sep 1811, c. 1y, Colored
Harrison, John M., b. 10 Jan 1866, 4y
Harrison, Joseph, d. & b. 28 Oct 1800, 10d, son of John & Elizabeth
Harrison, Margaret, b. 6 Dec 1830, c. 82y, inflamation of the head & face
Harrison, Mary I. I., b. 6 May 1867, 42y, Colored
Harrison, Robert, b. 11 Mar 1867, infant
Harrison, Susan, b. 12 Dec 1864, 55y, Colored
Harrison, Thos., b. 31 Jul 1863, 14m, Colored
Hart, female, b. 3 Jun 1851, 6w, dau of Joseph
Hart, Catharine, b. 30 Jun 1863, 55y
Hart, James, b. 27 Jun 1866, 2y
Hart, James W., b. 24 Sep 1874, 6m
Hart, John, d. 31 Mar 1810, b. 1 Apr 1810, c. 50y
Hart, John, b. 21 Feb 1860, 5 hours
Hart, Margaret, b. 9 Feb 1853, 5w
Hart, Rosan, b. 27 Feb 1853, 6m

Hartagan, Anastasia, b. 31 Jul 1824, c. 13m, summer complaint
Hartgan/Hartigan, female, b. 27 May 1842, 6m, dau of William
Hartigan, female, see Hartgan/Hartigan, female
Hartigan, John, b. 9 Jul 1825, 11m, summer complaint, son of John & Margaret
Hartigan, John, b. 4 Aug 1828, c. 10m, dropsy in the head, son of John
Hartigan, John, b. 11 Jun 1854, 70y
Hartigan, Margaret, b. 17 Sep 1859, 70y
Hartigan, Rebecca, b. 28 Nov 1865, 22y
Hartigan, Thomas, b. 18 Sep 1822, son of John, who is buried in ground
Hartigan, Wm., b. 13 Aug 1850, 55y
Hartley, James, b. 19 Oct 1863, 23y
Hartman, Addie, b. 16 Aug 1871, 2 hours
Hartman, Florence F., b. 22 Mar 1859, 11y
Hartman, Martha I., b. 14 Feb 1869, 8m
Hartman, Mary C., b. 1 Dec 1869, 21y
Hartnett, Ann, d. 27 Feb 1796, b. 28 Feb 1796, wife of James Hartnett Taylor
Hartnett, John, d. 12 Sep 1797, b. 13 Sep 1797, native of Ireland
Hartwell, William, b. 9 Aug 1849, 50y
Harty, Susan, b. 28 Oct 1857, 35y
Hartzell, child, b. 13 Feb 1849, stillborn, child of Mr. Hartzell
Hartzell, Apolonica, b. 12 Dec 1851, 30y
Hartzell, Joseph L., b. 6 Aug 1851, 13m
Harve, Mary, b. 2 Nov 1891, 7d, convulsion fits, free
Harvey, child, b. 18 Aug 1822, c. 15m, child of Thomas
Harvey, Ann, b. 18 Feb 1860, 76y
Harvey, Cath., b. 30 May 1873, 55y
Harvey, John, b. 28 Aug 1871, 59y
Harvey, Mary, b. 27 Jun 1862, 100y
Harvey, Pat, b. 9 Jul 1835, c. 43y, cholera morbus
Harvey, Thomas, b. 17 Feb 1862, 38y
Harwood, Mrs., b. 22 Feb 1828, age unknown, unknown sickness
Harwood, Jane, d. 25 Aug 1805, b. 26 Aug 1805, 39y
Harwood, Rachel, d. 8 Dec 1798, b. 9 Dec 1798, c. 36y, wid
Haselton, Henrietta, b. 13 Apr 1865, 12y, Colored
Hasham, Josiah, d. 3 Oct 1801, b. 4 Oct 1801, 7y, son of Josiah & Lucy
Hasham, Lucy, d. 25 Dec 1799, b. 26 Dec 1799, 38y, wife of Josiah
Hasham, Susanna, d. 21 Sep 1800, b. 22 Sep 1800, 3y4m, dau of Josiah & Lucy
Haslan, Samuel, b. 14 Apr 1862, 28y
Haslan, Sarah, b. 19 Apr 1860, 50y
Haslen, Richard P., b. 12 Jun 1860, 5m
Haslet, child, b. 31 Jul 1857, stillborn, child of Mr. Haslet
Haslin, John see Haulin/Haslin, John
Haslin, Mary Mgt., b. 18 Jun 1853, 6m
Haslin, Richard, b. 15 Jun 1859, 9m
Haslin, Samuel H., b. 29 Jan 1858, 1d
Haslin, Sarah, b. 18 Apr 1863, 2d
Hasline, Richard, see Hesslen/Hasline, Richard
Hass, Catharine, b. 13 May 1851
Hassan, male, b. 14 Oct 1837, 6w, dropsy on the brain, son of Patrick
Hassard, Captn., b. 14 Aug 1862, 38y
Hassard, Eliza, b. 10 Feb 1851, 26y
Hassard, Marsella, b. 7 Mar 1831, c. 33y, died in child bed
Hassard, Mary Elder, b. 24 Jul 1858, 10m
Hassefratz, Catharine, d. 27 Aug 1797, b. 28 Aug 1797, 1m, dau of George & Dorothy
Hassen, Mrs., b. 22 Dec 1845, 40y
Hasset, Joseph, b. 17 Nov 1856, 2m

Hasting, child, b. 25 Jun 1851, 2y, child of Mr. Hasting
Hasting, male, b. 9 Oct 1851, 3y, son of Mr. Hasting
Hastings, Ernest, b. 31 Jul 1862, 10m
Hastings, F. W., b. 21 Jul 1863, 7m
Hastings, Grace M., b. 26 Dec 1862, 4y
Hastings, Joseph I., b. 8 May 1846, 11m
Hastings, Mary, d. & b. 27 Mar 1814, c. 70y, suddenly
Hastings, Mary D., b. 28 Jun 1856, 12m
Hasy, Dorcas, b. 20 Jun 1844, 75y, Colored
Hatch, George, d. 5 Aug 1796, b. 6 Aug 1796, 1y5d, son of John & Margaret
Hatch, John, d. 21 Aug 1797, b. 22 Aug 1797, c. 7m, son of John & Margaret
Hathaway, Mr., b. 30 Dec 1827, age unknown, died by an accident, buried by order of the Right Rev. Dr. Whitfield
Haughray, Jane, b. 8 Apr 1861, 25y
Haughray, John, b. 16 Mar 1832, c. 2y, cold, son of Bernard
Haughrey, Josephine, b. 13 Aug 1843, 18m
Haughrey, Sarah, b. 12 Jul 1831, c. 19y, drowned on Saturday last
Haughry, male, b. 15 Jun 1839, 6m, scarlet fever, son of Neal
Haughry, male, b. 11 Dec 1839, 8m, decline, son of Mr. Haughry
Haughry, Bernard, b. 22 Nov 1846, 35y
Haughy/Haugry, male, b. 14 Sep 1838, 4y, unknown sickness, son of Bernard
Haugry, male, see Haughy/Haugry, male
Haulin/Haslin, John, b. 27 Sep 1846, 7y
Haup, child, b. 2 Feb 1823, c. 3w, fit, child of Mr. Haup
Haupe, child, b. 1 Jan 1828, c. 2y, unknown sickness, child of Mr. Haupe
Haupe, Mary, b. 6 Feb 1832, c. 60y, suddenly
Haupt, child, b. 24 Oct 1824, stillborn, child of George
Haupt, Eleanora, b. 20 May 1864, 21y
Haupt, Eliza, b. 10 Jun 1847, 95y
Haupt, Emily Sophia, b. 13 Apr 1854, 3y
Haupt, Isaac, b. 8 Apr 1845, 14y
Haupt, Jane Rebecca, b. 25 Jun 1855, 41y
Haupt, John M., b. 12/13 Aug 1836, 95y, palsy
Haupt, Laura V., b. 6 Dec 1860, 11y
Haupt, Louisa, d. 1 Feb 1805, b. 2 Feb 1805, 3m, dau of Mathias & Elizabeth
Haupt, Ludovicus, d. 10 Sep 1801, b. 11 Sep 1801, 8m, son of Mathias & Elizabeth
Haupt, Mary Josephine, b. 1 Jan 1862, 2½y
Haupt, Mathias, b. 27 Feb 1867, 72y
Haupt, Rose, b. 13 Jan 1846, 30y
Haupt, Ruth, b. 2 Jul 1864, 55y, Colored
Havers, Benedict, d. 19 Jan 1810, b. 20 Jan 1810, c. 27y
Havey, William, b. 25 Apr 1865, 2y
Havis, Mary, d. 2 Nov 1808, b. 3 Nov 1808, cancer
Hawkins, Caroline, b. 2 Aug 1845, 40y, Colored
Hawkins, Caroline, b. 7 Sep 1848, 40y, Colored
Hawkins, Geo., b. 28 Jul 1872, 9m
Hawkins, Mary Jane, b. 4 Sep 1853, 30y
Hawkins, Mary Theresa Carroll, b. 19 Jan 1828, 32y, consumption, wife of Willaim of Philadelphia
Hawkins, Sarah, b. 8 Dec 1862, 24y
Hay, child, b. 12 Apr 1826, age unknown, unknown sickness, child of John
Hay, male, b. 10 May 1839, 2y, casualty, son of Thomas
Hay, Mich., b. 9 Jun 1871, 13y
Hayden, child, b. 24 Oct 1826, age unknown, unknown sickness, child of Denis
Hayden, Anne, b. 24 Feb 1874, 27y
Hayden, Ann Teresa, b. 18 Jul 1843, 21y

Hayden, Aquilia, d. 11 Aug 1819, b. 12 Aug 1819, 22y, dropsy of the head
Hayden, Bernard, b. 18 Oct 1867, 59y
Hayden, Bridget, b. 27 Apr 1873, 14y
Hayden, Bryan, b. 3 Aug 1852, 12m
Hayden, Eliza, b. 16 Mar 1830, c. 25y, sore throat
Hayden, James, d. 27 Apr 1817, b. 28 Apr 1817, 18y, consumption
Hayden, James, b. 1 Apr 1822, son of Mr. Hayden
Hayden, James, b. 19 Sep 1824, 51y, consumption
Hayden, John, b. 9 Sep 1838, 24y, bilious fever
Hayden, John, b. 29 Sep 1849, 29y
Hayden, Maria I., b. 22 Apr 1864, 58y
Hayden, Mary Eliza, b. 9 Dec 1845, 7y
Hayden, Mary M., b. 6 Nov 1846, 6y
Hayden, Michael, b. 6 Sep 1846, 46y
Hayden, Rachel, b. 27 Apr 1828, c. 45y, long & lingering disease
Hayden, Thomas, b. 26 May 1853, 21y
Hayes, child, b. 12 Jan 1832, stillborn, child of Joseph
Hayes, James, b. 27 Dec 1857, 2 hours
Hayes, Mary, b. 6 Dec 1830, c. 37y, consumption
Haynes, Henry, b. 8 Aug 1862, 28y
Haynes, Jacob, b. 16 Nov 1831, c. 28y, bilious fever, Colored
Haynes, Serena, b. 15 Jan 1860, 27y, Colored
Hays, child, b. 14 Sep 1831, 5y, child of Mrs. Hayes
Hays, male, b. 6 Jan 1846, 1d, son of Jas.
Hays, Mrs., b. 13 Apr 1832, c. 45y, unknown sickness
Hays, Agness, b. 26 Sep 1857, 4y
Hays, Alexander, d. & b. 22 Nov 1799, 2y3w1d, son of Alexander & Elizabeth
Hays, Ann, b. 4 Jun 1844, 74y
Hays, Dennis, b. 5 Oct 1855, 9y
Hays, John, b. 1 Jul 1842, 15m, summer complaint
Hays, John, b. 26 Jul 1845, 9m
Hays, John, b. 27 Feb 1855, 80y
Hays, John, b. 14 Dec 1859, 68y
Hays, John Henry, b. 24 Dec 1851, 2m
Hays, Margaret, b. 1 Mar 1850, 13m
Hays, Margaret, b. 17 Jun 1864, 9m
Hays, Mary Ann, b. 28 May 1841, 16y, consumption
Hays, Mary Ann, b. 22 Jul 1849, 10m
Hays, Mary Ann, b. 14 Mar 1856, 40y
Hays, Mary Ann, b. 17 Apr 1865, 4y
Hays, Mary L., b. 22 Aug 1846, 3y
Hays, Mgt. C., b. 9 Dec 1861, 3y
Hayward, Frances, b. 14 Jun 1872, 43y, Colored
Hazelton, Mary E., b. 4 Jun 1864, 2½y
Hazlip, Benjamin, b. 17 Sep 1832, c. 30y, died from steaming or casualty
Healey, Alice, b. 30 Apr 1868, 6m
Healey, Ellen, b. 1 Oct 1866, 3y
Healey, Mary A., b. 15 Aug 1865, 10m
Healey, Michael, b. 16 Oct 1865, 8y
Healy, child, b. 2 Sep 1836, 2y, child of James
Healy, child, b. 20 Dec 1868, 2y, child of John
Healy, Agnes, b. 14 Sep 1871, 5y
Healy, Anastasia, b. 9 Aug 1859, 69y
Healy, Catharine, b. 16 Apr 1851, 60y
Healy, Henry, d. 22 Dec 1799, b. 23 Dec 1799, 13m, son of Dennis & Mary, buried in the Catholic Burying Ground

Healy, James, b. 16 Jun 1860, 5y
Healy, James, b. 11 Sep 1868, 18m
Healy, John, b. 15 Dec 1860, 18m
Healy, John, b. 25 Dec 1869, 8m
Healy, Mary Ann, b. 13 Sep 1855, 12m
Healy, Mary C., b. 10 Oct 1869, 11y
Healy, Mathew, b. 24 May 1864, 80y
Healy, Michael, b. 23 Sep 1858, 3½y
Healy, Susan, b. 26 Jan 1872
Healy, Thomas, d. 6 Nov 1810, b. 7 Nov 1810, 7m
Healy, William, b. 12 May 1859, 34y
Heany, Ann, b. 16 Feb 1848, 22y
Heany, John, b. 21 Oct 1858, 47y
Heaps, John, b. 26 Mar 1820, murdered near Baltimore as he was driving into the city with the U.S. Mail, native of England
Heaps, William, b. 20 Feb 1829, 15y, disease of the spine
Heath, Mrs., b. 27 Dec 1864
Heathcoat, Mary E., b. 8 Jan 1862, 40y
Hebrew, Joseph, b. 19 Aug 1823, c. 3y, measles
Heckey, Augustus, b. 18 May 1844, 6m
Heckey, Eliza, b. 30 Jun 1848, 9d
Hector, Charlotte, b. 26 Sep 1821, c. 37y, childbirth
Hector, John Baptist, b. 13 Apr 1817, French Negro, from St. Domingo, suddenly
Hector, Mary, b. 30 May 1832, c. 60y, unknown sickness, Colored woman
Hedian, Patrick, b. 15 May 1865, 41y
Hedian, Wm. Myers, b. 12 Mar 1864, 14m
Hefferman, male, b. 12 Sep 1840, 2 hours, son of Patrick
Heffernan, Catharine, b. 20 Mar 1870, 3y
Heffernan, Thomas, b. 30 Jun 1865, 53y
Heffernan, William, d. 10 Jun 1810, b. 11 Jun 1810, 38y, consumption
Heffron, Christiana, b. 10 Jan 1856, 27y
Heffron, John, b. 11 Jun 1858, 12m
Heggy, Eliza, b. 7 Oct 1844, 25y
Heigh, Clara, b. 24 Jun 1871, 3y
Heighes, Edward, b. 25 Jun 1864, 2½y
Heilbrun, male, b. 27 Sep 1874, stillborn
Heineman, Eliza, b. 5 May 1853, 18y
Heiner, Jane, b. 15 May 1864, 35y
Heinlen, Catherine Elizabeth, d. 1 Sep 1793, b. 2 Sep 1793, 4m, dau of Ann Mary, buried in St. Peter's Church Yard, Baltimore
Heinsler, Georgianna C., b. 22 Feb 1854, 9y
Heinsler, Philippina, d. & b. 14 Oct 1800, 54y, wife of Anthony, native of Germany
Heiskell, Esther, b. 19 Jul 1873, 25y
Heisler, Mrs. Mary, b. 6 Jan 1837, 50y, consumption
Heistler, Phillip, b. 5 Mar 1823, c. 2y, fever, son of Joseph
Helen, Cecilin, b. 5 Oct 1855
Hell, John, b. 7 Feb 1848, 40y, Colored slave
Hellen, Mary Robina, b. 18 Apr 1848, 14y
Helliquit, Mary, b. 6 Sep 1870, 1y, Colored
Helmelin, Elizabeth, d. & b. 1 Jun 1801, 11m, dau of Joseph & Abigail
Helmer, John, d. & b. 27 Jul 1794, 17d, son of William & Catharine, buried in St. Peter's Church Yard
Helmlin/Hemlin, Sebastian, d. 15 May 1802, b. 16 May 1802, 6d, son of Joseph & Abigail
Helmling, male, b. 2 Aug 1838, 2y, dropsy & liver complaint, son of Mr. Helmling
Hemger, Japhet, see Hingen, Japhet
Hemlin, Sebastian, see Helmlin/Hemlin

Hemling, female/Anthony, b. 20 Jun 1836, 3m, dau/son of Mr. Hemling
Hemling, female, b. 20 Jun 1837, 4m, dau of Anthony
Hemling, male/Anthony, b. 13 May 1836, 2/6m, croup, son of Mrs. Hemling
Hemling, Henry, b. 29 Mar 1866, 55y
Hemling, Theodore, b. 28 Dec 1845, 25y
Hemmel, Mary, d. 30 Sep 1815, b. 1 Oct 1815, 50y
Hemmeling, Apollonia, d. & b. 16 Feb 1803, 1d
Hemmick, Francis K., b. 24 Jun 1852, 10m
Henchy, John, b. 1 Feb 1863, 60y
Henderson, Isaiah, b. 28 May 1819, 5m, convulsions, mother was a Colored woman
Henderson, John, b. 25 Dec 1870, 6w
Henderson, Lydia, b. 30 Sep 1839, 39y, dropsy, Colored
Henderson, Mary, b. 7 Apr 1850, 56y
Henderson, Mary, b. 25 Jul 1857, 35y, Colored
Henderson, Mary, b. 25 Jul 1864, 12y, Colored
Hendricks, Ellen, b. 7 Aug 1849, 3m
Henegan, child, b. 8 Aug 1834, c. 18m, bowel complaint, child of Mr. Henegan
Henen, Mr., b. 30 Apr 1846, 35y
Henisler, male, b. 16 Jul 1840, 2y, son of George
Henisler, Catherine E., b. 8 Jul 1868, 12m
Henisler, Elizabeth Mary Michele, b. 27 Aug 1832, c. 31y, cholera, first wife of Mr. George
    Anthony Henisler
Henisler, Joseph A., b. 24 Feb 1862, 82y
Hennagan, Philip, b. 13 Oct 1838, 10m
Hennecy, David, d. 2 Dec 1811, b. 3 Dec 1811, died at Mr. McGrath's, native of Ireland, resident
    of this country for some years
Hennegan/Hannegan, female, b. 6 Nov 1839, 5m, croup, dau of Thomas
Hennegan, Catherine, b. 24 Apr 1842, 71y, disease of the bowels
Hennessy, William, b. 16 May 1837, c. 45y, decline
Hennick, child, b. 9 Jan 1873, stillborn, child of M. Hennick
Hennick, Geo. A., b. 26 Jan 1874, 11d
Hennigan, Mary, b. 12 Aug 1863, 32y
Henninger, David, d. 16 Jan 1796, b. 17 Jan 1796, 4m, son of John & Elizabeth, buried in St.
    Peter's Church Yard
Henny, Matilda, b. 28 Dec 1831, c. 30y, unknown sickness
Henrich, Moses B., b. 1 Aug 1854, 8m
Henrick, Patrick, b. 10 Feb 1865, 35y
Henricks, Thos. A., b. 17 Oct 1863, 3y
Henry, child, b. 13 Mar 1828, c. 7y, water on the brain, child of David
Henry, Alice, b. 20 Jan 1826, c. 50y, dropsy
Henry, Ann, d. 10 Apr 1799, b. 11 Apr 1799, dau of Daniel (dec.) of Baltimore city & Elizabeth
Henry, Arthur, b. 19 Nov 1866, 55y
Henry, Bennet, d. 21 Mar 1811, b. 22 Mar 1811, 18m
Henry, Bridget, b. 7 Apr 1851, 25y
Henry, Catharine, d. 5 Oct 1802, b. 7 Oct 1802, wife of Isaac
Henry, Charles, b. 28 Jul 1830, unknown sickness, Colored child
Henry, Eleanor, d. 14 Oct 1808, b. 15 Oct 1808, child bed, Negro, wife of John
Henry, Elizabeth, d. 27 Jun 1815, b. 28 Jun 1815, c. 65y, consumption
Henry, George, d. 26 Feb 1815, b. 27 Feb 1815, 3w
Henry, George, b. 12 Aug 1828, 5m, unknown sickness, son of Miles
Henry, Hugh, d. 17 Mar 1800, b. 18 Mar 1800, 5y, son of Hugh (dec.) & Rosanna
Henry, Hugh, b. 30 Jul 1823, c. 15y, flux, son of James
Henry, James, d. 21 Jan 1806, b. 22 Jan 1806, 4y, son of Aaron & Minty, free Negroes
Henry, James, b. 29 Jan 1826, age unknown, unknown sickness
Henry, John, b. 27 Aug 1813, 5m, Colored
Henry, John, b. 10 May 1823, c. 29y, typhus fever

Henry, John, b. 20 Jan 1826, c. 4m, croup
Henry, John, b. 21 Oct 1827, c. 70y, palsy
Henry, John, b. 11 Jun 1829, c. 1y, measles, Colored
Henry, John, b. 28 Jul 1829, c. 2w, fit, Colored, of Mary Scott
Henry, John, b. 11 Mar 1851, 2w, Colored
Henry, Lewis, d. 24 Nov 1809, b. 25 Nov 1809, Black child
Henry, Margaret, d. 9 Sep 1801, b. 10 Sep 1801, 10m, Negro, dau of Thomas & Monica
Henry, Martha, b. 25 Nov 1851, 65y
Henry, Martin, b. 2 Jun 1836, 35y
Henry, Michael, b. 31 Aug 1850, 72y
Henry, Mrs. R., b. 19 May 1845, 80y
Henry, William, b. 13 Feb 1832, c. 8m, croup, Colored, son of Mary Hutchins
Henry, William, d. 22 Jul 1800, b. 23 Jul 1800
Henry, W. M., d. 1 Apr 1819, b. 2 Apr 1819, Negro
Hensler, Cath. E., b. 23 Feb 1874, 4y
Henson, child, b. 5 Nov 1826, unknown sickness, child of Catherine, Colored
Henson, David, b. 30 Jul 1830, 4m, consumption, Colored
Hepes, Ann, b. 12 Apr 1819, 16m, measles
Herbert, child, b. 11 Aug 1822, c. 5m, child of Phebe
Herbert, child, b. 3 Aug 1824, age unknown, unknown sickness, child of Phebe
Herbert, Mr., b. 28 Jun 1836
Herbert, George, b. 28/29 May 1836, 25y, consumption
Herman, male, b. 30 Dec 1840, 4w, son of Terence
Hermange, Anthony, d. 29 Jun 1811, b. 30 Jun 1811, 40y
Hermange, Peter, b. 6 Jul 1845, 55y
Hermelin, Margaret, d. 4 Oct 1794, b. 5 Oct 1794, 7d, dau of Joseph & Abigail, buried in St.
    Peter's Church Yard
Hermisemon, George, b. 26 Apr 1865, 12m
Heron, John, d. 29 Aug 1806, b. 30 Aug 1806, c. 32y, native of Ireland
Herrin, Mrs., d. 20 Sep 1813, b. 21 Sep 1813, 40y, dropsy
Herring, Susan, d. 10 Feb 1814, b. 11 Feb 1814, c. 28y, suddenly
Herron, Elizabeth, d. 27 Jan 1798, b. 28 Jan 1798, advanced age, native of Ireland
Herron, James, d. 9 Jan 1805, b. 10 Jan 1805, 4m, son of William & Rebecca
Herron, William, d. 29 Nov 1804, b. 30 Nov 1804, c. 27y, native of Ireland
Hersperger, Sarah, d. 30 Jan 1807, b. 31 Jan 1807, c. 36y, consumption, wife of Adam
Herter, John Ignatius, d. 12 Sep 1819, b. 13 Sep 1819, 4m
Hertzhog, Catharine, d. 22 Jul 1805, b. 23 Jul 1805, 5m, cholera, dau of George & Dorothy
Hertzog, Mary Magdalene, d. 16 Jul 1802, b. 17 Jul 1802, c. 11m, dau of George & Dorothy
Hertzon, Maria, b. 20 Mar 1823, c. 30y, consumption
Herzog, Ferdinand, b. 4 Nov 1874, 1y
Herzogg, Francis A., b. 5 Jan 1859, 10m
Hess, child, b. 25 Jan 1856, child of Mr. Hess
Hess, Augusta, b. 16 Jul 1849, 2w
Hess, Charles, b. 6 Mar 1858, 14y
Hess, James, b. 22 Dec 1845, 4y
Hess, Mary E., b. 21 Sep 1871, 33y
Hessian, John, d. 28 Nov 1805, b. 29 Nov 1805, c. 57y, suddenly, native of Ireland
Hessian, Thomas, b. 20 Oct 1845, 36y
Hesslen/Hasline, Richard, b. 22 Aug 1832, 33y, cholera
Hessler, child, b. 28 Aug 1831, 4y, child of Richard
Hetrick, male, b. 25 Sep 1821, c. 3y, unknown sickness, son of Catherine
Heuisler, Mary A. J., b. 13 Feb 1857, 43y
Heuisler, William J., b. 4 Aug 1844, 34y
Hevins, male, b. 23 Sep 1844, 8m, son of Mr. Hevins
Heyden, Mary, d. 30 Oct 1802, b. 31 Oct 1802, 2y3m4d, dau of James & Elizabeth
Heyfron, John, b. 18 Jul 1855, 6m

Hick, child, b. 31 Aug 1843, 7w, child of Mr. Hick, Colored
Hickery, male, b. 15 Mar 1849, 2m, son of James
Hickey, female, b. 7 Mar 1837, 18m, unknown sickness, dau of Patrick
Hickey, female, b. 4 Jul 1839, 15m, dau of Mrs. Hickey
Hickey, male, b. 31 Jan 1844, 6 hours, son of James
Hickey, male, b. 20 May 1847, 4m, son of Michael
Hickey, Bernard, b. 21 Aug 1832, 66y, cholera
Hickey, Charles I., b. 11 Jan 1856, 15m
Hickey, David, b. 22 Sep 1827, c. 35y, typhus fever
Hickey, Dennis, b. 17 Nov 1864, 30y
Hickey, Edmund, d. 7 Sep 1804, b. 8 Sep 1804, 1y8m, son of William
Hickey, Edward, b. 2 Aug 1849, 2w
Hickey, Fanny, b. 8 Nov 1853, 36y
Hickey, James, b. 26 Oct 1832, c. 36y, cholera
Hickey, James, b. 3 Jul 1846, 6m
Hickey, James, b. 30 Nov 1850, 5m
Hickey, James, b. 4 Jul 1853, 40y
Hickey, Jas., b. 5 Jun 1848, 3y
Hickey, John, b. 7 Apr 1853, 32y
Hickey, Martin, b. 29 Sep 1864, 54y
Hickey, Michael, b. 27 Mar 1854, 2y
Hickey, Patrick, b. 27/29 Nov 1838, 45y
Hickey, Thomas, b. 22 Jun 1845, 9m
Hickley, ---, d. 2 Mar 1813, b. 3 Mar 1813
Hickley, Barbara, b. 20 Oct 1852, 75y
Hickley, Charles, b. 15 Jun 1848, 2y
Hickley, Eleanor, b. 30 Nov 1874, 85/86y
Hickley, Ellen, b. 3 Dec 1830, c. 8y, scarlet fever
Hickley, Francis, b. 18 Jul 1856, 32y
Hickley, James, d. 19 May 1810, b. 20 May 1810, 13m
Hickley, James, b. 11 Apr 1868, 40y
Hickley, John, d. 14 Jul 1798, b. 15 Jul 1798, c. 1y, son of Sebastian & Catharine
Hickley, Lewis, b. 28 May 1850, 9y
Hickley, Robert, b. 15 Dec 1845, 63y
Hickley, Robert, Jr., b. 24 Apr 1866, 37y
Hickley, Thomas James, b. 22 May 1868, 83y
Hicks, Horace, b. 16 Feb 1873, 73y
Hicks, Robert, b. 15 Jun 1848, 5w, Colored
Hicks, Susan, b. 29 Mar 1856, 59y, Colored
Hickson, John, b. 6 Jun 1851, 27y
Hickson, Patrick, b. 16 Jul 1851
Hide, Sophia, d. 28 Jun 1807, b. 29 Jun 1807, 11m, dau of Margaret
Higden, Mary, b. 11/14 Nov 1837, c. 20/24y, decline
Higdon, Mary Ann, b. 17 Oct 1856, 75y
Higgan, Elizabeth, b. 6 Oct 1824, 4y
Higgins, child, b. 8 Feb 1827, c. 1y, whooping cough, child of Daniel
Higgins, female, b. 27/28 Jul 1837, 3m, summer complaint, dau of Edward
Higgins, Beatty, b. 1 Dec 1836, 7m, whooping cough, grandson of Mrs. Higgins
Higgins, Bertha, b. 19 Jul 1871, 1m
Higgins, Edward, d. 1 Oct 1811, b. 2 Oct 1811, c. 48y, suddenly
Higgins, Edward, b. 25 Jul 1829, 69y, old age
Higgins, Edward, b. 30 Oct 1864, 60y
Higgins, Eliza, b. 5 Mar 1868, 32y
Higgins, Mrs. Ellen, b. 28 Jun 1849, 65y
Higgins, Hannah, b. 25 Aug 1873, 74y
Higgins, Honor, d. 24 Jul 1803, b. 25 Jul 1803, 31y, accidentally drowned

Higgins, James P., b. 24 Jun 1854, 9m
Higgins, John, b. 8 Jul 1860, 7m
Higgins, John, b. 25 Sep 1865, 42y
Higgins, John, b. 3 Jul 1868, 2m
Higgins, John Gegan, b. 3 Aug 1853, 16m
Higgins, Joseph, b. 27 Sep 1861, 6½y
Higgins, Louis, b. 1 Oct 1861, 4y
Higgins, Mary, d. 24 Jul 1803, b. 25 Jul 1803, 9m, accidentally drowned
Higgins, Rosina, b. 9 Mar 1869, 1y
Higgins, Susan Ann, b. 14 Apr 1861, 52y
Higgins, Susanna, b. 12 Mar 1857, 76y
Higgins, Thomas, b. 24 Jul 1828, died soon after birth, son of William
Higgins, Timothy Jas., b. 9 Jan 1863, 2½y
Higgins, William E., b. 1 Jan 1863, 7m
High, male, b. 17 May 1839, 6m, whooping cough, son of David
High, Mrs., b. 3 Apr 1837, c. 35y
High, Ann Eliza, b. 9 Feb 1829, c. 1y, unknown sickness, dau of David
Hilberg, Frederick, b. 16 Feb 1865, 45y
Hilbert, Sophia, b. 4 Jan 1831, c. 35y, consumption
Hilferty, Hugh, d. & b. 13 Sep 1800, native of Ireland, hus of Mary
Hill, Mrs., b. 26 Nov 1828, 60y, unknown sickness
Hill, Mrs., b. 10 Sep 1837, c. 50y, cancer
Hill, Ann, d. 8 May 1809, b. 9 May 1809, 33y, pleurisy, wife of Richard
Hill, Ann, b. 23 Nov 1821, c. 25y, cancer
Hill, Anthony, b. 10 Oct 1863, 50y, Colored
Hill, Catharine, b. 26 Apr 1862, 2½y
Hill, Clara, b. 8 Dec 1865, 2y, Colored
Hill, Emmanuel, d. 27 Jun 1806, b. 28 Jun 1806, c. 9m, cholera, son of Richard & Hannah
Hill, James, d. 1 Nov 1801, b. 2 Nov 1801, 2y7m, son of Richard & Ann
Hill, John, b. 4 Apr 1873, 70y
Hill, Julia, b. 21 Aug 1866, 11m
Hill, Mary Ann, d. 1 Aug 1811, b. 2 Aug 1811, 18m
Hill, Sarah, b. 1 Nov 1835, c. 30y, unknown sickness, free, Colored
Hill, William, b. 3 Sep 1840, 32y, congestive fever
Hill, William, b. 6 Sep 1855, 55y
Hill, William, b. 2 Jun 1862, 4y
Hill, William, b. 22 Dec 1866, 28y
Hillard, Ann M., b. 29 May 1866, 65y
Hillberg, George H., b. 6 Oct 1850, 4w
Hillen, Ellenora, b. 5 Feb 1854, 2w
Hillen, Mrs. Francis, b. 18 Mar 1857, 40y
Hillen, Mrs. Robina E. Kennedy, b. 15 Mar 1857, 82y
Hillen, Solloman, b. 22 Feb 1859, 2m
Hillen, Solomon, Sr., d. 27 Mar 1801, b. 29 Mar 1801, 64y, native of Baltimore county
Hilligist, Alice M., b. 23 Oct 1874, 27y
Hilt, child, b. 28 Aug 1825, c. 9m, dropsy in the brain, child of Frances
Himmel, Bernard, d. 4 Jan 1801, b. 5 Jan 1801, 1w, son of Jacob & Catharine
Himmel, Catherine, d. & b. 15 Jul 1801, 7m, dau of Peter & Mary
Hinche, William, b. 15 Dec 1848, 19y
Hinder, Mary Angler, b. 10 Aug 1854, 2y
Hindes, Bridget, b. 6 Jun 1849, 10m
Hinds, John L., b. 30 Jul 1849
Hines, James, b. 14 Jun 1866, 3½y
Hines, John, b. 29 May 1860, 2½y
Hines, Thomas, b. 21 Aug 1855, 6m
Hingen/Hemger, Japhet, b. 11 Jul 1836, c. 35y, lockjaw

Hinmer, Mary Ann, b. 16 Apr 1824, 8y
Hinson, Mary Ann, b. 20 Jul 1857, 42y
Hinson, Robert, b. 29 Jul 1830, c. 2y, whooping cough, son of Charlotte, Colored
Hinson, William Henry, b. 7 Jul 1829, c. 1y, consumption, Colored
Hinton, male, b. 8 Feb 1838, 6/7d, died from want of care, son of Mrs. Hinton
Hipsley, Agness, b. 27 Jun 1854, 4m
Hipsley, John S., b. 6 Jul 1858, 4½y
Hisky, ---, b. 4 Mar 1831, c. 30y, consumption
Hiss, Silvia, b. 30 Mar 1864, 60y, Colored
Hitchcart, male, b. 30 Oct 1834, 3m, son of George
Hiteshew, Catherine, b. 4 Jul 1868, 40y
Hitselberger, child, b. 8 Jan 1829, stillborn
Hitselberger, Ann, b. 8 Nov 1866, 45y
Hitselberger, Sister Inez/Agnes, b. 23 Oct 1862, 35/43y
Hitselberger, John, b. 7 Apr 1865, 80y
Hitselberger, Mary M., b. 3 Apr 1853, 67y
Hitselberger, Nicholas Francis, b. 8 Sep 1824, c. 6y, unknown sickness, son of Nicholas
Hitselberger, Phoebe K./Key, b. 21 Sep 1845, 17m
Hitselberger, Roger S., b. 30 Jun 1860, 23m
Hitselbeyer, Joseph, b. 28 Aug 1856, 11m
Hitzelberger, Amila Lock, b. 14 Feb 18--, c. 38y, consumption, wife of Nicholas
Hitzelberger, Elijah, d. 21 Jun 1808, b. 23 Jun 1808, 8m, son of John & Mary
Hitzelberger, Mrs. Elizabeth/Betsy, b. 21 Nov 1845, 45y
Hitzelberger, George Washington, b. 16 May 1813, 3m
Hitzelberger, Joseph, b. 7 Oct 1840, 13y, gastric fever
Hoan, Mary Ann, b. 27 Sep 1846, 8m
Hoarsey, Juliana, d. 7 Aug 1811, b. 8 Aug 1811, c. 30y, consumption
Hobbs, Ann Maria, b. 5 Jul 1855, 33y
Hochall, Charles, b. 20 Jun 1866, 18m
Hochstatter, John David, d. 7 Dec 1802, b. 9 Dec 1802, 60y
Hockete, John, b. 1 Feb 1853, 9y
Hockshaw, Mary Ellen, b. 25 Apr 1857, c. 1/10y
Hoddinott, Ellen, b. 26 Jul 1874, 3w
Hoddinott, Mary, b. 10 Jul 1872, 4m
Hoden, Margaret (Magaret), b. 23 Feb 1829, c. 60y, unknown sickness
Hoden, Michael, b. 16 Apr 1829, 21y, consumption, buried in a lot
Hodge, George, b. 30 Aug 1857, 3m, Colored
Hoffeman, Thomas, b. 7 Feb 1863, 3m
Hoffernan, Elizabeth, b. 29 Sep 1863, 6d
Hoffey, child, b. 25 May 1854, 8m, child of Daniel
Hoffman, child, b. 29 May 1855, 5m, child of Mr. Hoffman
Hoffman, female, b. 31 May 1856, 5 minutes, dau of Peter
Hoffman, Mrs., b. 12 Nov 1871
Hoffman, Alexander, b. 9 Oct 1828, 5w, unknown sickness, son of Michael
Hoffman, Charles, b. 23 Jul 1870, 4m
Hoffman, David Whiteford, b. 11 Jun 1853, 4y
Hoffman, John, b. 8 Oct 1849, 2y
Hoffman, Konig, b. 26 Jul 1853, 1m
Hoffman/Hofman, Margaret P., b. 14 Jun 1848, 56y
Hoffman, Mary F., b. 29 Apr 1867, 2y
Hoffman, Thomas, d. 31 Jul 1806, b. 1 Aug 1806, 2w, son of Gabrial & Helen
Hofman, Margaret P., see Hoffman/Hofman, Margaret P.
Hogan, ---, b. 30 May 1863, 12m
Hogan, male, b. 7/19 Aug 1837, 4y, worms, son of John
Hogan, Agness E., b. 10 Mar 1863, 6m
Hogan, Andrew, d. & b. 17 Oct 1802, c. 35y, native of Ireland

Hogan, Catharine, b. 1 Jun 1865, 63y
Hogan, Chas., b. 29 Mar 1874, 60y
Hogan, Cornelius, b. 26 May 1859, 39y
Hogan, Dennis, d. 17 Aug 1796, b. 18 Aug 1796, 3y, son of Patrick & Mary
Hogan, Dennis, b. 3 Sep 1842, 40y
Hogan, Edward, d. 12 Mar 1794, b. 13 Mar 1794, 32y, buried in St. Peter's Church Yard, native of Tiperary, Ireland
Hogan, Ella M., b. 21 Jan 1871, 3y
Hogan, Jas. Edw., b. 17 Jan 1871, 2y
Hogan, John, b. 18 May 1840, 52y
Hogan, John, b. 30 Oct 1857, 49y
Hogan, John, b. 7 Aug 1860, 65y
Hogan, John, b. 8 Mar 1864, 36y
Hogan, John, b. 20 Jan 1871, 5y
Hogan, Louis, b. 14 Feb 1869, 3y
Hogan, Margaret, b. 17 Jan 1854, 27y
Hogan, Mary, d. 14 Feb 1802, b. 15 Feb 1802, wife of Patrick, native of Ireland
Hogan, Mary, b. 18 Apr 1863, 10y
Hogan, Mary Eliza, b. 1 Aug 1856
Hogan, Matthew, d. 25 Feb 1797, b. 26 Feb 1797, 7y, son of Patrick & Mary
Hogan, Michael, b. – Jun 1821, fits, suddenly
Hogan, Rose, b. 16 Nov 1872, 54y
Hogan, Thomas, d. & b. 11 Aug 1796, 9m8d, son of Patrick & Mary
Hogan, William, b. 2 Dec 1858, 30y
Hogden, Thos., b. 12 Mar 1873, 58y
Hogg, John Henry, b. 21 Feb 1856, 8m
Hoggins, Richard, d. 2 Oct 1819, b. 3 Oct 1819, 18y, malignant fever
Hoggins, Sarah, d. & b. 25 Jul 1799, 3m, dau of Richard & Elizabeth
Hoggins, William, d. 18 May 1796, b. 19 May 1796, son of Richard & Elizabeth
Hohn, child, b. 8 Aug 1869, child of J. B. Hohn
Holbein, Ellen L., b. 2 Jun 1859, 8y
Holbrook, male, b. 15 Mar 1849, 4 hours, son of Mr. Holbrook
Holbrook, Cabell, b. 12 Mar 1871, 7y
Holbrook, Christiana, b. 21 Jun 1873
Holden, child, b. 7 Aug 1858, stillborn, child of Patrick
Holden, Agness, b. 12 Nov 1851, 2y
Holden, Annastasia, b. 4 Sep 1862, 5y
Holden, Catherine, b. 9 May 1863, 18y
Holden, Eliza, b. 7 Nov 1866, 23y
Holden, John, b. 13 Aug 1849, 12m
Holden, John, b. 5 Jul 1854, 14m
Holden, Mary, b. 14 Aug 1855, 40y
Holden, Mary, b. 30 Nov 1857
Holden, Mary, b. 22 May 1863, 5y
Holden, Mary Ann, b. 5 Sep 1853, 12y
Holden, Patrick, b. 16 Mar 1864, 63y
Hollahan, Mary, b. 1 Nov 1830, c. 55y, unknown sickness
Holland, child, b. 1 Sep 1830, age unknown, unknown sickness, child of Catherine
Holland, male, b. 13 Jul 1845, son of Isaiah
Holland, Ann, d. & b. 8 Jun 1799, 1y, dau of Thomas & Margaret
Holland, Diana, b. 13 Nov 1847, 45y, Colored
Holland, Ellen, b. 30 Sep 1853, 28y
Holland, George, b. 5 Sep 1826, c. 18y, accidental drowning, servant of Capt. Gold
Holland, Mrs. Hannah, see Hollins/Holland, Mrs. Hannah
Holland, Ignatius, b. 3 Apr 1859, 2m
Holland, James, b. 4 Jan 1857, 40y

Holland, Julian, b. 12 Sep 1858, 4y
Holland, Lucy, b. 25 Dec 1841, 50y, dropsy, Colored
Holland, Margaret, b. 22 Mar 1836, 45y, consumption, Colored
Holland, Margaret, b. 17 Jul 1868, 55y
Holland, Mary, b. 13 Sep 1839, 9y, dropsy, Colored?
Holland, Mary, b. 22 Oct 1846, 50y
Holland, Nancy, b. 28 Nov 1830, c. 45y, apoplexy, servant of Capt. Peter Gould
Holland, Rebecca, b. 1 Apr 1846, 7y
Holland, Thomas, b. 18 Mar 1857, 40y
Holland, William, b. 19 Aug 1858, 29y
Holliday, Charlotte, b. 28 May 1851, 45y
Holliday, Eliza, b. 28 Sep 1849, 22y
Holliday, Henry, d. 3 Jan 1810, b. 4 Jan 1810, c. 35y, free Mulatto
Holliday, Milly, d. 9 Oct 1814, b. 10 Oct 1814, c. 40y, consumption
Holliday, Nancy, d. 5 Aug 1805, b. 6 Aug 1805, c. 1y, cholera, Negro, dau of Sergent Holliday, Negro slave of Zeb Hollingsworth, & Lucy Butler, his wife
Holliday, Pricilla, b. 29 Dec 1850, 72y
Hollingsworth, Cyrus, b. 14 Aug 1860, 44y
Hollins, male, b. 10 Jan 1839, 15m, son of James
Hollins/Holland, Mrs. Hannah, b. 21 Sep 1838, 24/30y, inflamatory rheumatism
Hollins, James, b. 8 Aug 1865, 2w
Hollohan, Eleanor, d. & b. 4 Nov 1801, c. 35y, native of Ireland
Hollohan, Lewis, d. 15 Nov 1801, b. 16 Nov 1801, c. 5y, son of Robert & Eleanor
Holloway, Francis H., b. 25 Oct 1862, 4y
Hollowood/Hallowond, Mr./Hanara, b. 27 Sep 1836, 40y
Holly, Geo., b. 8 May 1873, 65y
Holly, Jane, b. 15 Aug 1863, 3m, Colored
Holly, Joseph, b. 28 Oct 1871, 80y, Colored
Holly, Martha, b. 10 May 1857, 67y, Colored
Holly, Priscilla, b. 27 Mar 1848, 50y, Colored
Holme, Joseph, b. 17 Sep 1852, 18m
Holmes, child, b. 3 Sep 1826, 2y, unknown sickness, child of James
Holmes, Emmanuel, d. 15 Dec 1815, b. 16 Dec 1815, 24y, consumption
Holmes, James, d. 30 May 1797, b. 31 May 1797, c. 29y, resident of the city of Baltimore
Holmes, John, d. 17 Jun 1799, b. 18 Jun 1799, c. 29y
Holmes, Joseph, d. 25 Jul 1794, b. 26 Jul 1794, c. 7m, son of James & Magdalen, buried in St. Peter's Church Yard
Holmes, Joseph, d. 5 Sep 1809, b. 6 Sep 1809, c. 35y, native of England
Holmes, Mrs. Lizzy, b. 22 Jun 1851, 23y
Holmes, Margaret, b. 8 Jul 1868, 6m, Colored
Holmes, Martha, b. 23 Dec 1862, 30y, Colored
Holmes, Mary, b. 22 Aug 1855, 3y
Holmes, Rose, b. 15 Aug 1855, 2y, Colored
Holmes, Samuel, d. 4 Feb 1797, b. 5 Feb 1797, 10m1d, son of James & Magdalene
Holmes, Sarah, d. 13 Sep 1806, b. 14 Sep 1806, 6m, dau of Anthony & Margaret
Holoran, Ann, b. 2 Jun 1854, 21y
Holsher, Margaret, b. 17 Mar 1864, 19y
Holstein, Elizabeth, b. 28 Sep 1856, 34y
Holstein, M. R., b. 21 Apr 1874, 28y
Holt, child, b. 3 Nov 1825, c. 2y, unknown sickness, child of Caleb
Holt, Elizabeth, d. 7 Aug 1815, b. 8 Aug 1815, 1m
Holton, Bernard, b. 1 Oct 1856, 25y
Holton, John, b. 27 Oct 1852, 13y
Holton, John, b. 25 Jul 1856, 59y
Honeywell, child, b. 17 Jul 1823, c. 4y, measles, child of Mr. Honeywell
Honeywell, Emily, b. 20 Apr 1849, 33y

Honeywell, George G., b. 4 Nov 1855, 15m
Honeywell, I., b. 14 May 1866, 4y
Honeywell, Mary Magdalen, b. 30 Apr 1825, c. 30y, scopula (scrofula)
Honeywell, Stephen, b. 20 Dec 1832, c. 45y, inflamation of the bowels
Hoode, Henry, b. 21 May 1852, 5y
Hook, child, b. 21 Sep 1822, child of Michael, in his own lot
Hook, child, b. 8 Dec 1823, stillborn, child of Michael
Hook, male, b. 16 Apr 1849, 12m, son of Henry
Hook, Ambrose, b. 2 Oct 1819, 13m, whooping cough
Hook, Andrew, b. 2 Sep 1859, 23y
Hook, Anthony, d. 21 Aug 1800, b. 22 Aug 1800, 17y, son of Anthony (dec.) & Mary
Hook, Anthony, Sr., d. 5 Jun 1798, b. 6 Jun 1798, 71y, husband of Mary
Hook, Barbara, d. 8 Aug 1790, b. 9 Aug 1790, 1y6m24d, dau of Ferdinand & Magdalene
Hook, Bennet, d. 9 Sep 1800, b. 10 Sep 1800, 3y, son of John & Barbara
Hook, Eleonora, b. 5 Feb 1815, 6m, dau of Michael & Elizabeth
Hook, Eleonora, b. 14 May 1835, 75y, palsy
Hook, Eliza, b. 1 Aug 1848, 18m
Hook, Elizabeth, b. 10 Sep 1845, 55y
Hook, Enoch, b. 15 Dec 1867, 55y
Hook, Ferdinand, d. & b. 24 Jul 1826, 63y9m, complication of disease
Hook, Frederick, b. 7 Aug 1852, 2y
Hook, Frederick, b. 28 Apr 1857, 38y
Hook, George, d. & b. 25 Jul 1799, 4w, son of Ferdinand & Magdelane
Hook, George, d. & b. 29 Sep 1800, c. 20y, son of Anthony (dec.) & Mary
Hook, George F., d. 25 Jul 1867, 22y
Hook, George Michael, d. 19 Jul 1809, b. 20 Jul 1809, 1y5m18d, son of Andrew & Susanna
Hook, Henry, d. 18 May 1853, 63y, son of Ferdinand
Hook, Jane Elizabeth, b. 1 Jul 1820, 5m, summer complaint, dau of Michael
Hook, John, d. & b. 9 Dec 1794, 15m, son of John & Barbara, buried in St. Peter's Church Yard
Hook, John, d. & b. 25 Aug 1800, hus of Barbara
Hook, John, d. & b. 26 Aug 1800, 5y, son of John (dec. yesterday) & Barbara
Hook, John, d. 9 Apr 1816, b. 10 Apr 1816, 75y
Hook, Mary, d. 4 Sep 1798, b. 5 Sep 1798, 1½y, dau of Ferdinand & Magdalen
Hook, Mary Ann, d. 29 Apr 1808, b. 30 Apr 1808, 4y2m15d, dau of Andrew & Susanna
Hook, Mary E., b. 8 Jun 1851, 4y
Hook, Sarah, b. 15 Oct 1842, 13y
Hoolahan, Catharine, b. 27 Dec 1862, 12m
Hooper, Mrs., b. 14 Sep 1842, 60y
Hooper, Eliza, b. 18 Feb 1828, c. 20y, inflamation of the liver, bowels, etc.
Hooper, Jacob, b. 23 Aug 1845, 20y, Colored
Hooper, John, b. 29 Aug 1840, 60y, bilious fever
Hooper, Margaret, b. 8 Aug 1859, 74y
Hooper, Maurice, b. 22 Oct 1871, 10m
Hoover, child, b. 1 Jul 1840, 2w, child of Francis
Hoover, child, b. 7 Apr 1848, 18m, child of Francis
Hoover, male/child, b. 15 Apr 1842, 3m/y, son/child of Francis
Hoover, Mrs., b. 10 Nov 1853, 90y
Hoover, Charles, b. 30 Mar 1848, 22m
Hoover, Ellen B., b. 3 Aug 1854, 18m
Hoover, Francis, b. 17 May 1870, 65y
Hoover, Francis E., b. 19 Jan 1870, 4y
Hoover, George, b. 11 Apr 1850, 50y
Hoover, Georgianna, b. 20 Feb 1872
Hopkin, child, b. 24 Jun 1852, stillborn, child of Mr. Hopkin
Hopkins, Amanda P., b. 3 Apr 1861, 22y
Hopkins, Ann, b. 1 Aug 1848, 10m

Hopkins, Ellen, b. 19 Dec 1865, 70y
Hopkins, Emelia, b. 5 Oct 1831, 8d, unknown sickness
Hopkins, Henry, b. 22 Jul 1847, 5m
Hopkins, James, b. 26 Jul 1848, 2y
Hopkins, James, b. 28 Feb 1861, 23y
Hopkins, John/female, b. 3 Jun 1851, 2½y, dau of John
Hopkins, Lewis D., b. 7 Nov 1865, 5y
Hopkins, Lucy, b. 23 Jan 1849, 2y, Colored
Hopkins, Martha, b. 22 Jun 1864, 95y, Colored
Hopkins, Mary, d. 25 Dec 1810, b. 26 Dec 1810, 50y
Hopkins, Mary, b. 31 Oct 1846, 3y
Hopkins, Mary, b. 3 Mar 1848, 5m, Colored
Hopkins, Ruth E., b. 29 Mar 1849, 7m, Colored
Hopkins, Samuel, d. 11 Mar 1816, b. 12 Mar 1816, 30y, suddenly
Hopkins, Sarah, b. 14 Jun 1858, 24y, Colored
Hopkins, Susan A., b. 12 Sep 1870, 13m
Hopora, Jane, b. 1 Mar 1853, 34y
Hopp, Thomas, b. 8 Jun 1849, 80y, Colored
Hoppy, Catharine, b. 24 Oct 1847, 3y
Hoppy, Mary, b. 23 Dec 1847, 4y
Hopwood, Mary Ann, b. 7 Apr 1828, c. 40y, consumption
Hore, Richard Thos., b. 27 Aug 1852, 1w
Horlon, Frances Alice, b. 7 May 1859, 5y
Horn, Alexius, b. 27 Oct 1867, 17y
Horn, Daniel, b. 15 Mar 1828, c. 40y, died from fall from a scaffold
Horn, Joseph, d. 14 Nov 1796, b. 15 Nov 1796, 12d, son of Joseph & Catharine
Horn, Michael, b. 27 Oct 1867, 60y
Horne, female, b. 20 Oct 1839, 3m, dau of Patrick
Horne, Mr., b. 29 Oct 1834, 28y, died of receiving a bruise
Horne, Ellen, b. 4 Sep 1867, 12m
Horne, Henry, d. 21 Jul 1799, b. 22 Jul 1799, 2y, son of John & Jane
Horne, Mary, b. 7 Oct 1864, 46y
Horne, Mary Ann, d. 11 Jun 1801, b. 12 Jun 1801, 8m11d, dau of Peter & Eve
Horner, Anastasia, b. 15 Feb 1872, 1m
Horner, Francis, b. 29 Sep 1834, 49y, dropsy, Colored
Hornes, Priscila, b. 12 Aug 1831, c. 27y, consumption
Horney, child, b. 6 Jan 1831, 5m, unknown sickness, child of Thomas, Colored man
Hornling, female, b. 20 Jan 1837, 4m, summer complaint, dau of Mr. Hornling
Horon, Michael, b. 10 Oct 1849, ½ hour
Horsey, Mrs., b. 9 Oct 1869, 48y
Horwits, Mary E., b. 4 Feb 1846, 5m
Horwitz, male, b. 14 Mar 1841, 1y, son of Mr. Horwitz
Hosefros, Margaret, b. 29 Sep 1852, 45y
Hoskins, Mrs., b. 2 Oct 1824, c. 40y, cancer
Hoskins, Henry, d. 3 Sep 1803, b. 4 Sep 1803, 3m, son of John Henry & Ann
Hoskins, Louisa, d. & b. 24 Jul 1802, 9m20d, dau of John & Ann
Hoskins, Richard, d. 29 Nov 1819, b. 30 Nov 1819, 23y, consumption
Hossafras, Alphonsus, b. 6 Dec 1860, 4m
Hossefratz, George, d. 10 or 11 Apr 1801, b. 12 Apr 1801, consumption, born 1 May 1767
Hottenberger, Eliza, b. 19 Nov 1852, 20y
Houck, Maria, b. 2 Jan 1873, 7y
Hough, Eliza Ann, b. 28 Jul 1823, 6y, measles, dau of Wade & Mary Jane
Hough, Leonard, b. 4 Feb 1849, 18y
Houghry, Catharine, b. 22 Feb 1859, 22y
Houser, George, b. 5 Oct 1859, 4y, Colored
Houser, William T., b. 5 Oct 1862, 4y

Houver, Henry, b. 31 Jan 1824, age unknown, unknown sickness, buried in a lot
Houzelot, Peter, d. 5 Feb 1815, b. 6 Feb 1815, 50y, consumption
Houzlot, child, b. 13 Apr 1823, c. 10y, dropsy in the head, child of Peter
Hover, Ignatius, d. 8 Aug 1798, b. 9 Aug 1798, 8m5d, son of Ignatius & Rebecca
Hovey, Daniel Patrick, b. 19 Jan 1863, 6w
Howagan, Sarah, d. 27 Jun 1806, b. 28 Jun 1806, c. 3y, cholera, dau of Thomas & Ruth
Howard, female, b. 14 Jul 1867, stillborn, dau of Allen
Howard, Ann, b. 9 Oct 1866, 3m
Howard, George Washington, d. 27 May 1816, b. 28 May 1816, 4y, dropsy in the head
Howard, Hester A., b. 21 May 1860, 34y
Howard, James Myers, b. 25 Aug 1852, 18m
Howard, Maria, b. 26 Dec 1857
Howard, Mary, b. 27 Aug 1852, 30y
Howard, Robert, b. 28 Nov 1869, 1d
Howard, Susanna, d. 25 Apr 1800, b. 27 Apr 1800, 5½m, dau of William & Mary
Howard, Thos., b. 11 Oct 1872, 17y
Howard, Wm., b. 15 Aug 1863, 2y
Howe, male, b. 19 Oct 1829/1839, child, son of Patrick
Howe, Frances, b. 5 Jun 1870, 19y
Howe, Honoria, b. 5 Oct 1851, 7y
Howe, Ignatius, b. 22 Nov 1851, 70y
Howe, Patrick, b. 20 Dec 1869, 58y
Howe, Thomas S., b. 22 Nov 1870, 23y
Howell, ----, d. 11 Jan 1806, b. 12 Jan 1806, 3d, debility
Howell, male, b. 7 Mar 1860, 3 hours, son of William
Howell, Florence C., b. 11 Jun 1874, 6m
Howell, Jane, b. 16 Aug 1844, 2y
Howell, Joseph, b. 2 Feb 1838, 31y, consumption
Howell, Wm., b. 9 May 1844, 24y
Howland, Cornelius Joseph, b. 23 Jun 1823, c. 1y, unknown sickness, son of Mr. Howland
Howlett, John, d. 2 Aug 1819, b. 3 Aug 1819, 24y, bilious fever
Howser, Anne, b. 17 Oct 1858, 9d
Howser, George, b. 8 Apr 1863, 2½y
Howser, Samuel A., b. 5 Jun 1857, 4y
Hoyt, Elizabeth, d. & b. 3 Aug 1800, 4d, dau of --- & Elizabeth
Hubbard, Ann, b. 20 Jul 1859, 30y
Hubbard, Bridget, b. 24 Jan 1870, 45y
Huber, Wm. H., b. 18 May 1872, 2m
Hubon, Oliver, d. 26 Nov 1796, b. 27 Nov 1796, 63y6m10d, native of Fort Royal, Martinico
Hudgens, Mary C., b. 10 Jul 1866, 12m
Hudson, Edwin Webster, b. 6 Mar 1874, 2w
Huges, James, see Hughes, James
Hugh, Christian Brother, b. 6 May 1872, 27y
Hughes, child, b. 14 Nov 1826, 2y, bowel complaint, child of Jane
Hughes, child, b. 26 Feb 1830, died almost immediately after birth, child of Patrick
Hughes, child, b. 12 Sep 1831, died immediately after birth, child of Patrick
Hughes, child, b. 13 Jun 1832, stillborn, child of John
Hughes, child, b. 15 Jun 1859, 10m, child of Mrs. Hughes
Hughes, child, b. 25 Aug 1863, 9m, child of Pat.
Hughes, female/Patrick, b. 7 Mar 1852
Hughes, male, b. 28 Jun 1824, c. 60y, father-in-law of Hughes
Hughes, male/John, b. 6/7 Jun 1836, 4m/y, croup, son of John?
Hughes, male, b. 27 Mar 1845, 2w, son of Mr. Hughes
Hughes, male, b. 5 Aug 1855, 18m, son of Mrs. Hughes
Hughes, male, b. 26 Jan 1859, 3w, son of Mrs. Hughes
Hughes, Mr., b. 27 Nov 1832, 34y, bilious fever

Hughes, Mrs., b. 14 Jan 1873, 71y
Hughes, Anasthasia, b. 4 Mar 1874, 22y
Hughes, Ann, b. 26 Apr 1844, 40y
Hughes, Catharine, b. 30 Sep 1868, 19y
Hughes, Catherine, b. 26 Jun 1832, child of unknown age, unknown sickness
Hughes, David L., d. 29 Jul 1802, b. 30 Jul 1802, 2m7d, son of John & Elizabeth
Hughes, Ed. Thos., b. 22 Dec 1854, 3m
Hughes, Edward, b. 23 Nov 1858, 3y
Hughes, Edward, b. 2 Apr 1862, 8m
Hughes, Edward, b. 13 Jun 1872, 18m
Hughes, Edwd., b. 6 Apr 1846, 6w
Hughes, Eliza, b. 25 Aug 1832, c. 25y, consumption
Hughes, Elizabeth, b. 3 Dec 1864, 6d
Hughes, Elizabeth, b. 21 Dec 1874
Hughes, Ellen, b. 16 Mar 1827, c. 22y, consumption
Hughes, Ellen, b. 28 Feb 1832, c. 70y, unknown sickness
Hughes, Ellen, b. 26 Jan 1855, 2w
Hughes, Ellen, b. 8 Feb 1859, 5y
Hughes, Felix, b. 21 Mar 1856, 56y
Hughes, Felix, b. 22 Feb 1859, 3y
Hughes, Francis, b. 13 Aug 1850, 8y
Hughes, Henry, b. 27 Aug 1862, 12m
Hughes, Henry, b. 15 Jul 1872, 15y
Hughes, James, d. 11 Oct 1795, b. 12 Oct 1795
Hughes, James, b. 5 Jul 1810, Black man, received the sacrament
Hughes/Huges, James, b. 1 Sep 1832, c. 21y, cholera
Hughes, James, b. 26 Aug 1851, 70y
Hughes, James, b. 23 Feb 1857, 35y
Hughes, James, b. 16 Feb 1858, 6y
Hughes, James, b. 10 Nov 1863, 47y
Hughes, Jane, b. 7 Mar 1831, c. 22y, died in child bed
Hughes, Jane, b. 13 Oct 1852, 10m, dau of James
Hughes, John, b. 17 Aug 1830, c. 40y, typhus fever
Hughes, John, b. 24 Jul 1831, c. 56y, asthma
Hughes, John, b. 24 Sep 1832, 24y, cholera
Hughes, John, b. 16 Jan 1860, 22y
Hughes, John, b. 12 Dec 1861, 22y
Hughes, John, b. 3 Jan 1866, 67y
Hughes, John Thomas, b. 22 May 1860, 5m
Hughes, Lewis, b. 17 Mar 1858, 6y
Hughes, Martin, b. 25 Jul 1851, 11y
Hughes, Mrs./Mrs. Mary, b. 19/20 Oct 1839, 30/31y
Hughes, Mary, b. 13 Jun 1849, 9½y
Hughes, Mary, b. 9 Aug 1854, 35y
Hughes, Mary, b. 30 Jul 1855, ½ hour
Hughes, Mary Eliza, b. 23 Dec 1853, 9m
Hughes, Matthew, b. 22 Sep 1832, c. 38y, cholera
Hughes, Michael, b. 4 Sep 1850, 18m
Hughes, Michael, b. 13 Nov 1861, 47y
Hughes, Patrick, b. 26 May 1840, 40/52y, casualty
Hughes, Patrick, b. 12 Oct 1850, 5y
Hughes, Peter, b. 17 Jan 1847
Hughes, Philip, b. 23 Mar 1865, 23y
Hughes, Rose, b. 22 Apr 1866, 20y
Hughes, Sarah, b. 22 Jun 1857, 10m
Hughes, Sarah, b. 15 Jul 1865, 36y

Hughes, Susan, b. 26 Feb 1860, 1w
Hughes, Susanna, b. 26 Dec 1852, 3m
Hughes, Thomas, b. 21 Feb 1829, c. 21y, killed on the railroad by the falling of the bank
Hughes, Thomas, b. 4 May 1853, 65y
Hull, child, b. 29 Jul 1826, child of John, Colored
Hull, child, b. 22 Aug 1849, stillborn, child of Mr. Hull
Hull, child, b. 8 Nov 1867, stillborn, child of Wm. V. Hull
Hull, Agatha, b. 23 Jun 1864, 7m
Hull, Agnes, b. 16 Aug 1870, 5m
Hull, Alfred C., b. 17 Sep 1865, 3m
Hull, Aman, b. 30 May 1859, 10m
Hull, Eliza A. C., b. 20 Aug 1849, 17y
Hull, John A., b. 2 Sep 1863, 10m
Hull, Josiah, b. 25 Dec 1866, 7y
Hull, Rebecca, b. 26 Jun 1869, 4m
Hull, Wm. Edwin, b. 12 Sep 1862, 11m
Hull, Wm. G. V., b. 11 Feb 1874, 51y
Humling, Mary, b. 9 Jul 1829, c. 50y, unknown sickness
Humphrey/Humphry, male/child, b. 5 Aug 1836, 10m, summer complaint
Humphrey, male, b. 5 Jul 1839, 2/12m, summer complaint, son of Mrs. Humphrey
Humphrey, William H., b. 13 Aug 1858, 25y
Humphreys, ---, d. & b. 10 Aug 1803, suddenly, wife of Thomas
Humphreys, Robert, b. 7 Sep 1830, c. 8y, unknown sickness
Humphreys, Sarah, b. 20 Jul 1831, 87y, old age
Humphries, Elizabeth, d. 19 Jul 1796, b. 20 Jul 1796, 1y4m5d, dau of James & Sarah
Humphry, child, b. 10 Aug 1832, child of Nathaniel
Humphry, child, see Humphrey/Humphry, male/child
Hunt, Ann Maria, b. 25 Jun 1844, 13m
Hunt, George, b. 19 Apr 1846, 18m
Hunt, Henry, b. 3 Dec 1854, 4y
Hunt, John, b. 13 Dec 1868, 19y
Hunt, Patrick, b. 20 Dec 1831, c. 35y, unknown sickness
Hunt, Rose, b. 11 Nov 1850, 19y
Hunt, Thomas, b. 19 Sep 1851, 35y
Hunt, William B., b. 17 Jun 1863, 2w
Hunter, Mrs. Ann, b. 29 Jan 1859, 81y
Hunter, Charles, b. 8 Aug 1850, 8m
Hunter, Ellen, b. 22 Oct 1863, 22y
Hunter, George H., b. 8 Aug 1867, 6d
Hunter, Helen, b. 25 Jan 1861, 8m
Hunter, Jannet, b. 15 Jan 1854, 56y
Hunter, Jno. A., b. 1 Dec 1872, 5w, Colored
Hunter, John, b. 16 Nov 1834, c. 50y, cholera, buried at his father-in-law's country seat
Hunter, Louisa J., b. 29 Nov 1870, 27m
Hunter, Mary Ann/Mary A., b. 12 May 1837, 16/19y, consumption
Hunter, Mary E., b. 23 Jun 1861, 3m
Hunter, Sarah, d. 16 Jun 1805, b. 17 Jun 1805, c. 38y, wife of William
Hunter, Susan, b. 4 Mar 1853, 50y
Hurdle, Amanda, b. 29 Feb 1848
Hurl, Mary, b. 26 Jul 1824, 1d, convulsion fits
Hurley, child, b. 29 Jun 1827, 4w, child of Mrs. Hurley
Hurley, child, b. 2 May 1844, 16m, child of Mary E. Hurley
Hurley, male, b. 20 Jan 1840, 7m, cold, son of Michael
Hurley, Ellen M., b. 25 Mar 1839, 18y, consumption
Hurley, Sarah Jane, b. 18 Dec 1841, 3m, cholera morbus
Hush, William, b. 18 Sep 1822, c. 40y, decline & bilious

Huskey, Charles, b. 2 Jun 1861, 4y
Hussear, Sabastian, b. 28 Sep 1838, 78y, old age
Hussey, child, b. 7 Jun 1827, stillborn, child of Christopher
Hussey, Annie, b. 25 Jul 1873, 2y
Hussey, Asahal, b. 16 Apr 1851, 69y
Hussey, Edward P., b. 17 Oct 1866, 18m
Hussey, James, b. 16 Apr 1857, 20y
Hussey, John, b. 22 Oct 1841, 41y
Hussey, Mary, b. 27 Feb 1830, c. 2y, convulsions, dau of Christopher
Huster, Amanda I., b. 28 Aug 1848, 6w
Huster, Andrew, b. 25 Jun 1870, 2w
Huster, Andrew, b. 22 Aug 1874, 64y
Huster, Ann Eliza, b. 5 June 1867, 9m
Huster, Edwd. M. C., b. 4 Aug 1848, 2y
Huster, Francis, b. 30 Aug 1861, 11m
Huster, Grace, b. 20 Aug 1872, 6m
Huster, Jennie, b. 18 Jul 1864, 2y
Huster, Lauretta, b. 17 Feb 1874, 5m
Huster, Martha, b. 1 Oct 1874, 11d
Huster, Martha Ann, b. 19 Aug 1856, 3y
Huster, Mary, b. 23 Aug 1861, 4m
Huster, Philip M., b. 16 Oct 1868, 4m
Huster, William, b. 10 Jul 1864, 8m
Hutchens, Eliza, b. 8 May 1848, 84y
Hutchens, Robert, b. 14 Oct 1847, 6m
Hutchens, Sally, b. 16 Mar 1865, 26y, Colored
Hutchenson, Arthur, b. 27 Oct 1851, 40y
Hutchenson, Ellen, b. 14 Jun 1854, 40y
Hutchenson, Henry, b. 26 Jul 1866, 4½y
Hutchenson, Joseph, b. 1 Jan 1850, 4w
Hutchess, Mrs. Cecilia, b. 2 Oct 1844, 30y
Hutchin, male, b. 10 Oct 1848, 3w, son of Mr. Hutchin
Hutchins, female, b. 11 Jan 1840, 8m, dau of William, Colored
Hutchins, male/child, b. 20 Apr 1837, 3y, spine, son/child of Francis
Hutchins, William Henry, b. 13 Feb 1832, c. 8m, croup, son of Mary, Colored
Hutchinson, Ellen, b. 22 Aug 1812, c. 9m
Hutchinson, Frances, d. 14 Nov 1796, b. 15 Nov 1796, 44y9m
Huttenberger, Lewis H., b. 27 Aug 1852, 7m
Huttlebury, Margaret, b. 23 Oct 1861, 6m
Huzza, Catharine, b. 15 Nov 1868, 69y
Hyatt, Alphens, b. 6 Mar 1865, 72y
Hyatt, Sarah, b. 4 Sep 1856, 70y
Hyde, James, b. 21 Jun 1837, 37y, consumption
Hyde, Margaret, b. 18 Sep 1865, 60y
Hyde, Nancy, b. 15 Oct 1856, 55y
Hydes, Patrick, b. 7 May 1850, 3y
Hyman, William, b. 3 Dec 1854, 6w
Hymer, William, b. 14 June 1867, 10m
Hynes, James, b. 19 Feb 1866, 21y
Hynson, Jacob Alther, b. 17 Sep 1841, 9m, summer complaint
Hynson, Louisa C. S., b. 15 Aug 1850, 38y

Iago, Charles, b. 12 Jun 1871, 10y
Iago, Emily, b. 15 Oct 1863, 8m
Iago, Eveline, b. 4 Dec 1862, 4½y
Iego, Bridget, b. 22 May 1860, 40y
Igo, Charles, b. 10 May 1857, 2w
Igo, Isabella, b. 6 Mar 1861, 20m
Igo, John Henry, b. 17 June 1867, 7m
Igo, Leonard F., b. 1 Sep 1870, 10m
Igo, Wm., b. 8 Jul 1868, 6m
Indereidin, child, b. 17 Mar 1844, 4m, child of Mr. Indereidin
Indereidin, female, b. 16 Mar 1844, 18m, dau of Mr. Indereidin
Inemer, male, see Innermer/Inemer, male
Inemer, Peter, b. 8 Jun 1846, 60y
Inemer/Inermer, male/child, b. 13/14 Aug 1836, 16m, bowel complaint, son/child of Mr. Inemer
Inermer, male/child, see Inemer/Inermer, male/child
Inez, Sister, b. 25 Nov 1874, 37y
Ingolbright, Susanna, b. 16 May 1823, c. 31y, pleurisy
Inico, John, b. 23 Aug 1861, 3m
Innermer/Inemer, male, b. 11 Nov 1838, 9y, son of Mr. Innermer
Ireland, Harriet, b. 8 Apr 1843, 15y, Colored
Ireland, Harriet, b. 28 Dec 1856, 72y
Ireland, Philis, b. 1 Jan 1849, 90y, Colored
Irskine, Robert, d. 11 Jun 1799, b. 12 Jun 1799, 1d, son of Edward & Sidney
Irvane, Lelia C., b. 6 Mar 1874, 4y
Irvin, John, b. 31 Dec 1851, 30y
Irvin, John, b. 7 Feb 1872, 45y
Irvin, Julia, b. 18 Mar 1861, 46y
Irvine, male, b. 24 May 1837, 2y, son of James
Irvine, Ann, d. 17 Jul 1805, b. 18 Jul 1805, c. 1y, dau of Jane
Irvine, Elizabeth, b. 26 Jul 1854, 60y
Irvine, Henry C., b. 29 Jul 1873, 17m
Irvine, Julianna, b. 7 Nov 1832, c. 30y, consumption
Irvine, Mary, b. 1/2 Jan 1837, 73y, cold
Irvine, Thomas/female child of Thomas, b. 1 Jul 1837, age unknown/1m, unknown sickness
Irving, female, b. 11 Dec 1834, 10d, unknown sickness, dau of James
Irwin, child, b. 23 Mar 1868, stillborn, child of John
Irwin, Dennis A., b. 23 Jul 1851, 30y
Irwin, Mathew, b. 5 Mar 1859, 56y
Irwin, Susan, b. 25 Jun 1864, 50y
Isaac, Joseph, d. 7 Sep 1819, b. 8 Sep 1819, 40y, consumption
Isett, Margaret, b. 30 Jul 1856, 98y
Isity, Mary, b. 11 Jan 1851, 70y, Colored
Island, John, b. 11 Sep 1818, 18m
Isler, Miss, b. 10 Jun 1863, 60y
Isler, John, b. 5 Aug 1835, 80y, old age
Isler, John, b. 27 Feb 1866, 63y
Ivory, Christopher, b. 6 May 1824, c. 40y, unknown sickness
Izquierdo, Bonaventura, b. 19 Sep 1818, native of Cartagena de Judian, buried by the Rev.
    D.W.P. Babad, (Enoch Fenwick)

Jack, Hannah, b. 20 Jun 1866, 50y, Colored
Jack, John, b. 20 Oct 1845, 2y, Colored
Jack, John, b. 30 Sep 1869, 45y, Colored
Jack, Wm. Edwd., b. 20 Aug 1849, 6m, Colored
Jacks, David, b. 7 Dec 1841, 18m, teething, Colored
Jackson, child, b. 7 Feb 1832, 2y, consumption, child of Elizabeth, Colored
Jackson, male, b. 21 Feb 1843, 3m, son of Lucy, Colored
Jackson, Ann, b. 19 Jan 1830, c. 40y, consumption
Jackson, Ann, b. 29 Aug 1866, 57y, Colored
Jackson, Cesar, d. 29 Dec 1814, b. 30 Dec 1814, typhus fever, Black servant of Mr. Lindenberger
Jackson, Emma M., b. 1 Sep 1862, 17y
Jackson, Fanny, b. 9 Feb 1861, 4y
Jackson, Harriet, b. 4 Dec 1845, 10m, Colored
Jackson, Henrietta, b. 21 Apr 1857, 35y
Jackson, Henry, d. 27 Mar 1814, b. 28 Mar 1814, c. 45y, typhus fever
Jackson, Henry A., b. 15 Feb 1867, 4m, Colored
Jackson, Henry Thos., b. 26 Apr 1863, 18y, Colored
Jackson, John, d. 9 Jul 1805, b. 10 Jul 1805, c. 6m, teething, son of Catharine
Jackson, John, b. 8 Jul 1829, c. 50y, mortification
Jackson, John, b. 9 Jun 1859, 12y, Colored
Jackson, Julia V., b. 1-5 May 1872, 6m
Jackson, Margaret Ann, b. 7 Aug 1867, 15m, Colored
Jackson, Mary, b. 2 Feb 1826, c. 9y, suddenly, Colored
Jackson, Reuben, b. 19 Jul 1865, 33y
Jackson, William, b. 4 May 1851, 2y, Colored
Jackson, William P., b. 11 May 1864, 52y, Colored
Jacob, Augustus, b. 11 Mar 1844, 50y
Jacobs, Charlotte, b. 15 May 1860, 18y
Jacobs, John, b. 1 Oct 1852, 3w, Colored
Jacque, child, b. 23 Jul 1831, c. 3y, child of Jean
Jacques, Mary Magdelain, d. 15 Aug 1819, b. 16 Aug 1819, c. 55y, consumption
Jacques, Mary Magdalen, b. 8 Sep 1820, 6w, Colored
Jacquin, Mrs. Paul, b. 6 Apr 1837, c. 60y
Jacquin, Paul, b. 20 Apr 1837, 80y
Jacquinot, Jacque Antoine, b. 26 Aug 1795
Jakes, Frederick, b. 20 Aug 1865, 22y
Jakes, John, b. 16 Dec 1857, 8w
Jalabert, Antony Francis, d. 26 Sep 1794, b. 27 Sep 1794, born in the parish of St. Denis, Nantes, Britanny, buried in St. Peter's Church Yard
James/Eagan, Curtain, b. 31 Dec 1852, 25y, (document says "not Eagan")
James, George, b. 12 May 1820, infant, convulsions
James, John, b. 30 Oct 1843, ½ hour
James, John, b. 9 Dec 1855, 29y
James, Sister Mary (Miss Laurette Noel of Wilmington, Delaware), b. 24 Aug 1837, of the Oblate Sister of Providence, 22y, consumption, Colored
James, Sister Mary, b. 10 Feb 1855, 30y
James, Mary, b. 19 Dec 1867, 60y
James, Mary Ann, b. 18 Apr 1863, 7m
James, Mary Louise, see Aloysius, Sister Mary
James, Nath., b. 28 Jul 1873, 16m
James, Sarah Ann, d. 5 Aug 1817, b. 6 Aug 1817, 6m, summer complaint
James, Wm. H., b. 9 Oct 1865, 20y
Jameson, child, b. 24 Apr 1868, 15m, child of Mrs. Ellen (Wm. D.)
Jameson, Mr., b. 8 Nov 1851, 29y
Jameson, Jane, b. 13 Feb 1856, 60y

Jamet, Madam, b. 3 Dec 1857, 45y
Jamet, Charles, b. 25 Apr 1859, 40y
Jamet, Eugenie Cecile, b. 10 Nov 1821, 4y, croup, dau of Charles
Jamison, Andrew, b. 21 Mar 1874, 97y
Jamison, Elizabeth, b. 26 May 1868, 3m, Colored
Jamison, Mary, b. 26 Nov 1855, 2y
Jamison, Dr. W. D., b. 18 Feb 1868, 47y
Jammet, Justine, b. 4 Aug 1826, c. 35y, consumption
JanDyne, Rose, b. 21 Mar 1821, 98y, old age
Janin, Ann, d. 29 Jan 1816, b. 30 Jan 1816, 82y3m18d, native of La Clayte in the Diocese of Macon, France, buried in Balt.
Janin, John Baptist, d. 10 Jan 1803, b. 11 Jan 1803, 50y, native of Paris
Jannaeret, Mary C., b. 8 Jul 1872, 10w
Jaque, Daniel, b. 27 Jul 1830, c. 30y, suddenly
Jaque, Louisa, b. 18 Jan 1831, c. 20y, nervous complaint, Colored
Jaques, Jean, d. 21 Dec 1814, b. 23 Dec 1814, c. 40y, pleurisy, Negro barber
Jarral, Peter, b. 4 Nov 1820, c. 7y, fever & ague
Jarvis, male, b. 9 Dec 1838, 6d/1w, son of Jerry, Colored
Jarvis, John, d. 13 Nov 1814, b. 14 Nov 1814, c. 30y, consumption
Jarvis, Wm. B., b. 27 Feb 1870
Jeanty, Pauline, b. 17 Jun 1871, 12y
Jefferson, Isabella, b. 29 Jun 1849, 3m
Jefferson, Mary, b. 9 Apr 1847, 3y
Jefferson, Robert, d. 6 Sep 1808, b. 7 Sep 1808, 6m15d, son of Ann
Jeffries, William, b. 15 Nov 1831, c. 30y, died soon after the amputation of his leg
Jembred, John, d. 23 Jul 1816, b. 24 Jul 1816, c. 35y, consumption
Jenkin, child, b. 15 Dec 1856, stillborn, child of Joseph
Jenkin, female/Edward, b. 30 Oct 1850, 9m, dau/son of Edward
Jenkin, male, b. 20 Aug 1868, stillborn, son of Mr. Jenkins
Jenkins, ---, d. 21 Aug 1812, b. 22 Aug 1812, c. 6m, son of Micheal
Jenkins, ---, b. 2 Apr 1832, age unknown, unknown sickness, child of Felix
Jenkins, child, b. 30 Dec 1825, died soon after birth, child of James
Jenkins, child, b. 10 Jul 1827, child of Edward
Jenkins, child, b. 15 Apr 1828, stillborn, child of Mark
Jenkins, child, b. 12 Nov 1829, child of William, died soon after birth, Colored
Jenkins, child, b. 22 Aug 1830, 18m, dysentary, child of James
Jenkins, child, b. 6 Jan 1831, stillborn, child of Thomas
Jenkins, child/female, b. 8 Jul 1841, 6w, child of Joseph
Jenkins, female, b. 14/15 Jul 1837, age unknown, unknown sickness, dau of Fredrick/Richard
Jenkins, female/child, b. 14 Aug 1837, 1d, infantile unknown, dau/child of James
Jenkins, female, b. 15 Jun 1838, 3d, dau of Frederick
Jenkins, female, b. 13 Sep 1839, 19m, dau of Edward
Jenkins, male, b. 2 May 1836, c. 1y, son of Thomas Courtney
Jenkins, male, b. 30 Dec 1836, 15m, croup, son of Felix
Jenkins, Alfred, b. 4 Aug 1870, 9m
Jenkins, Alice Julia, b. 13 Dec 1871, 37y
Jenkins, Ann, b. 31 Oct 1822, c. 40y, bilious fever, wife of Michael
Jenkins, Mrs. Ann, b. 3 Feb 1841, c. 56y, consumption
Jenkins, Ann E., b. 26 Jan 1854, 5y
Jenkins, Ann Harrison, d. 14 Sep 1817, b. 15 Sep 1817, c. 30y, consumption, wife of Henry Neale, born 22 Dec 1791
Jenkins, Ann Hillen, d. 9 Aug 1799, b. 10 Aug 1799, 26y, first wife of William
Jenkins, Ann K., d. 25 Feb 1826, b. 26 Feb 1826, c. 38y, died after childbirth, wife of Wm. V. Jenkins
Jenkins, Ann Marie, d. 15 Aug 1816, b. 16 Aug 1816, 11m, summer complaint
Jenkins, Anthony, b. 26 Apr 1837, 1 hour

Jenkins, Augustus L., b. 11 Oct 1839, 25y, gastric fever
Jenkins, Basil, b. 7 Jun 1855, 8m
Jenkins, Betsey, b. 22 Jul 1854, 20y
Jenkins, Caroline, b. 2 Dec 1871, 60y
Jenkins, Carroll, b. 26 Nov 1865, 2y
Jenkins, Catharine, b. 14 May 1857, 15m
Jenkins, Charles, b. 23 Sep 1863, 2y
Jenkins, Charles F., b. 6 Nov 1861, 1w
Jenkins, Claude A., b. 19 Nov 1869, 9y
Jenkins, Lieut. Edmund, b. 26 Sep 1850, 37y
Jenkins, Edward, b. 21 Nov 1842, 5m
Jenkins, Edward, b. 15 Jan 1854, 6y
Jenkins, Eliza, b. 14 May 1874, 87y
Jenkins, Elizabeth, b. 7 Sep 1832, c. 21y, cholera
Jenkins, Elizabeth, b. 2 Dec 1854, 50y, Colored
Jenkins, Ellen, b. 10 Jun 1816, 30y, consumption
Jenkins, Ellen A. M., b. 7 Mar 1847, 3½y
Jenkins, Esther A., b. 15 Jul 1853, 19m
Jenkins, Euphemia, b. 28 Sep 1859, 1y8m15d, dau of Peter & Mary Euphmemia
Jenkins, Felix, b. 27/28 Aug 1838, 52/56y, decline
Jenkins, Francis, b. 9 Aug 1830, 23y, liver complaint
Jenkins, Francis, b. 8 Oct 1871, 17m
Jenkins, Francis C., b. 16 Aug 1862, 20m
Jenkins, Francis Hopkins, d. 3 Jul 1815, b. 4 Jul 1815, 3w, son of Michael
Jenkins, Francis M., b. 28 Nov 1849, 8m
Jenkins, Francis M., b. 19 Aug 1858, 12m
Jenkins, Sister G./Gonzaga, b. 17 Sep 1869, 24y
Jenkins, Harriet, d. 27 Feb 1826, b. 28 Feb 1826, c. 32y, childbirth, wife of Frederick, sister of Ann Maria Jenkins
Jenkins, Henry, d. & b. 21 Aug 1807, 2m15d, son of Michael & Ann
Jenkins, Henry/Henry Neale, b. 2 Jan 1870, 42/88y
Jenkins, Henry W./Worthington, b. 5 Mar 1869, 18m
Jenkins, James, b. 5 Jul 1844, 50y
Jenkins, James C., b. 23 May 1865, 3y
Jenkins, John C., b. 16 Jan 1838, c. 14y, epilepsy
Jenkins, John Hillen, b. 20 Jun 1851, 2½y
Jenkins, Joseph F., b. 22 Jan 1849, 1d
Jenkins, Josephine, b. 2 Jun 1848, 7y
Jenkins, Julia Ann, b. 11 Nov 1847, 18y
Jenkins, Juliana Frances Elder, b. 13 Apr 1846, 37y, first wife of Edward Jenkins
Jenkins, Laura, b. 15 Aug 1853, 9y
Jenkins, L. R., b. 8 Feb 1849, 2y
Jenkins, Lewis A., b. 21 May 1849, 50y
Jenkins, Lewis DeBarth/James W., b. 7 Aug 1841, 10m, summer complaint
Jenkins, Lewis W., b. 24 Sep 1840, 30y, consumption
Jenkins, Louisa (Carrell), b. 13 Mar 1844, 3d
Jenkins, Louisa Carroll, b. 25 Dec 1864, 19y
Jenkins, Martha Coskery, b. 18 Dec 1821, c. 25y, consumption, wife of Felix
Jenkins, Mary, b. 20 Dec 1831, 13y, scarlet fever, dau of Michael
Jenkins, Mary, b. 30 Apr 1837, c. 29y, childbirth
Jenkins, Mary, b. 15 Apr 1864, 7y
Jenkins, Mary, b. 14 Jun 1872, 13m
Jenkins, Mary A., b. 29 Jan 1849, 29y
Jenkins, Mrs. Mary A./Ann, b. 10 Dec 1872, 54y
Jenkins, Mary Ann, b. 20 Jun 1855, 14m
Jenkins, Mary Ann Carrell, b. 23 Sep 1849, 18y

Jenkins, Mary Augusta, b. 3 May 1849, 3y
Jenkins, Mary C., b. 22 Jul 1845, 2m
Jenkins, Mary Isabella, b. 30 Aug 1840, 3y, bilious fever
Jenkins, Mary J., b. 2 Oct 1870, 11y
Jenkins, Meredith, b. 28 Feb 1849, 2y
Jenkins, Michael Hillen, b. 9 Jul 1853, 13y
Jenkins, Michael Wheeler, b. 9 Sep 1832, 54y, cholera
Jenkins, Robinn, b. 23 Mar 1845, 6½y
Jenkins, Samuel, b. 7 Dec 1831, c. 9y, unknown sickness, son of Edward Wheeler & Lilly
Jenkins, Samuel, b. 12 Jan 1862, 65y
Jenkins, Mrs. Sarah, b. 9 Apr 1845, 85y
Jenkins, Stanislaus, b. 21 Oct 1853, 8m
Jenkins, Teresa, d. 29 Mar 1817, b. 30 Mar 1817, c. 28y, consumption
Jenkins, Thomas, b. 29 Sep 1859
Jenkins, Thomas, b. 23 Nov 1865
Jenkins, Thomas B., b. 10 Feb 1829, 38y, pleurisy attack, suddenly
Jenkins, Thomas C., b. 9 Dec 1834, decline
Jenkins, Thos. Meredith, b. 8 Mar 1854, 15m
Jenkins, Usira, b. 29 Apr 1873, 75y
Jenkins, Veronica, b. 7 Aug 1849, 18y
Jenkins, Walter, b. 5 Feb 1822, c. 50y, palsy
Jenkins, Mrs. Walter, b. 27 Dec 1841, 60y, consumption
Jenkins, William, d. 19 Dec 1810, b. 20 Dec 1810, 8d
Jenkins, William, b. 8 Apr 1838, c. 22y, consumption
Jenkins, William V., b. 17 May 1854, 63y
Jenkins, William (Wheeler), b. 21 Feb 1843
Jenne, Aloysius, d. 19 Aug 1802, b. 20 Aug 1802, 5m14d. son of Joseph & Mary
Jenney, Mary, d. 24 Jan 1804, b. 25 Jan 1804, 26y, wife of Captain Joseph
Jenney, Mary, d. 12 Feb 1804, b. 13 Feb 1804, 5m, dau of Captain Joseph & Mary (dec.)
Jenning, male, b. 10 Jul 1865, stillborn, son of Peter
Jennings, male, b. 7 Oct 1838, 30y
Jennings, Catharine, b. 5 Jan 1855, 80y
Jennings, Patrick, b. 25 Jan 1831, c. 71y, consumption
Jervary, Mary Josephine, b. 30 Jul 1852, 8y
Jodonin, Peter, d. 26 Jul 1796 (6:00), b. 27 Jul 1796, c. 30y, native of Bordeaux
John, Brother, of the Cross, b. 11 Jun 1854, 22y
John, Hanlin, b. 8 Jul 1867, 63y
Johnny/Jonny, male, b. 28 Jun 1841, 12m, son of Richard
Johns, Richard, b. 19 Jul 1853, 65y, Colored
Johnson, child, b. 8 Feb 1825, 1m, child of Mrs. Johnson, Colored woman
Johnson, child, b. 18 Nov 1831, child of Clara, died soon after birth, Colored
Johnson, child, b. 7 Sep 1836, child of Emeline
Johnson, child, b. 29 Oct 1844, 3d, child of Horace, Colored
Johnson, child, b. 17 Oct 1857, stillborn, Colored, child of Stanley
Johnson, female, b. 6 Oct 1834, 5d, dau of Martha, Colored
Johnson, female, b. 7 Sep 1836, summer complaint, dau of Emeline, slave of Rev. W. Monelly on the Eastern Shore, Colored
Johnson, female, b. 1 Jul 1839, 4m, dau of Horace, Colored
Johnson, female, b. 19 Aug 1840, 11m, dau of Emily, Colored
Johnson, female, b. 10 Jun 1841, 5m, dau of Mr. Johnson, Colored
Johnson, female, b. 25 Apr 1854, 2w, Colored, dau of Mary
Johnson, male, b. 26 Aug 1834, 4m, cholera infantum, son of Mrs. Johnson
Johnson, male/female, b. 6 Jul 1840, son/dau of Horace, Colored
Johnson, male, b. 7 Jan 1852, 6m, son of John, Colored
Johnson, male, b. 13 Aug 1860, stillborn, son of Robina
Johnson, Mrs., b. 23 Dec 1845, 60y, Colored

Johnson, Mrs., b. 22 Jan 1855, 50y
Johnson, Mrs., b. 30 Nov 1855, 30y, Colored
Johnson, A., b. 28 Oct 1872, 4y
Johnson, Agnes, b. 1 Jul 1869, 7y
Johnson, Albert Sydney, b. 8 Jul 1865, 3w
Johnson, Alexander, b. 11 Sep 1831, 40y, inflamation of the bowels
Johnson, Ambrose, b. 14 Oct 1846, 8y
Johnson, Ambrosia, b. 30 Dec 1847, 3y, Colored
Johnson, Ambrosia, b. 29 Dec 1849, 2y, Colored
Johnson, Ann, b. 10 Jun 1851, 19m
Johnson, Ann, b. 8 Oct 1862, 10 hours
Johnson, Ann Louisa, b. 5 Mar 1861, 1m
Johnson, Ann Maria, b. 10 Jun 1858, 9m, Colored
Johnson, Basil, b. 20 Apr 1823, c. 45y, typhus fever, Colored man
Johnson, Benjamin, b. 3 Apr 1843, 70y, Colored
Johnson, Caroline F., b. 16 May 1862, 2m
Johnson, Catharine, b. 22 Sep 1847, 1y, Colored
Johnson, Charles, b. 17 Jan 1822, 18m, fits
Johnson, Charles, b. 12 Jul 1860, 4w
Johnson, Charles Ed., b. 12 Mar 1858, 9m
Johnson, Charles H., b. 25 Nov 1850, 2y, Colored
Johnson, Charles Thos., b. 20 Dec 1856, 13-?
Johnson, Chas. Raymond, b. 27 Feb 1861, 2m, Colored
Johnson, Clare, d. 6 Nov 1803, b. 7 Nov 1803, c. 20y, suddenly, wife of John Johnson
Johnson, Clara A., b. 19 Jul 1868, 11m
Johnson, Edwd., b. 4 Jan 1858, 4y
Johnson, Elenora, b. 27 May 1873, 2y
Johnson, Eliza, d. 7 Oct 1805, b. 8 Oct 1805, 6y, Negro, dau of Sarah, free Negro
Johnson, Eliza, b. 26 Dec 1857, 40y, Colored
Johnson, Elizabeth, b. 29 Aug 1839, c. 60y, palsy
Johnson, Elizabeth, b. 26/27 Jul 1842, 2w, summer complaint
Johnson, Ellen, b. 12 Jan 1873, 40y
Johnson, Emily, b. 5 Aug 1847, 12m, Colored
Johnson, Emily J., b. 18 Jul 1848, 18m, Colored
Johnson, Fanny, b. 28 Feb 1822, c. 30y, consumption
Johnson, Frances, b. 23 Sep 1848, 40y, Colored
Johnson, Geo. C., b. 21 May 1848, 60y
Johnson, Georgianna, b. 19 Aug 1859, 8y
Johnson, Hannah, b. 9 Sep 1856, 50y
Johnson, Hannah, b. 18 Mar 1867, 42y, Colored
Johnson, Harriet, b. 12 Apr 1830, c. 13y, unknown sickness, Colored
Johnson, Henrietta, b. 10 Jun 1829, 28y
Johnson, Henry, b. 12 Dec 1837, 60y, Colored
Johnson, Henry, b. 18 Sep 1865, 5m, Colored
Johnson, Horace, b. 2 Nov 1872, 50y
Johnson, James, d. 25 Apr 1800, b. 26 Apr 1800, 3m, son of Elizabeth
Johnson, James, b. 16 Dec 1849, 5y
Johnson, James, b. 23 Dec 1856, 3w
Johnson, Jane, b. 1 Nov 1830, c. 21y, consumption, Colored
Johnson, Jane, b. 3 Apr 1850, 19y, Colored
Johnson, Jas., b. 30 Nov 1861, 27y
Johnson, John, d. 1 Feb 1815, b. 2 Feb 1815, 40y, pleurisy, belonged to Col. Howard
Johnson, John, b. 24 Dec 1826, c. 30y, consumption
Johnson, John, b. 3 Oct 1869, 13m, Colored
Johnson, John Francis, b. 30 Nov 1829, died after birth, son of Jones Johnson, Colored
Johnson, Joseph, d. & b. 21 Jun 1798, c. 18y, free Negro

Johnson, Joseph E., b. 16 Dec 1863, 28y
Johnson, Julia, b. 2 Jul 1846, 8m
Johnson, Julianna Frances, b. 4 Jun 1831, 3m, bowel complaint, dau of George
Johnson, Laura A., b. 21 Jul 1850, 8m, Colored
Johnson, L. McCauly, b. 16 Dec 1870, 2y
Johnson, Louisa, b. 24 Jan 1844, 5y, Colored
Johnson, Margaret, b. 13 Feb 1826, 4y
Johnson, Margaret, b. 9 Apr 1856, 3y
Johnson, Margaret, b. 9 Mar 1868, 77y
Johnson, Martha, b. 6 Aug 1873, 5y
Johnson, Martha W., b. 24 Jan 1862, 3y
Johnson, Mary, d. 1 Nov 1795, b. 2 Nov 1795, c. 15m, dau of John & Ann
Johnson, Mary, d. 7 Aug 1807, b. 8 Aug 1807, 2d, dau of Thomas & Mary
Johnson, Mary, b. 26 Sep 1841, 4y, Colored
Johnson, Mary, b. 28 Mar 1848, 27y
Johnson, Mary, b. 29 Jun 1860, 2½y, Colored
Johnson, Mary, b. 31 May 1873, 3m
Johnson, Mary A., b. 2 Nov 1871, 1w
Johnson, Mary Ann, b. 28 Dec 1859, 100y
Johnson, Mary Ann, b. 21 Aug 1865, 14m
Johnson, Mary Ann Elizabeth, b. 2 Aug 1829, c. 3w, dau of Thomas, Colored
Johnson, Mary E., b. 5 Nov 1859, 5y
Johnson, Mary H., b. 5 Aug 1859, 14y
Johnson, Mary Jane, b. 9 Aug 1859, 40y, Colored
Johnson, Mary Magdalen, b. 21 Sep 1832, 6y, bowel complaint, dau of Joshua, Colored
Johnson, M. E., b. 24 Nov 1872, 1y, Colored
Johnson, Milly, b. 4 Jan 1870, 35y, Colored
Johnson, Nelson, b. 3 Sep 1860, 18m
Johnson, Owen, b. 18 Nov 1826, c. 33y, rather suddenly
Johnson, Patrick, b. 5 Sep 1862, 44y
Johnson, Peter, b. 24 Jul 1852, 56y
Johnson, Peter, b. 11 Mar 1867, infant
Johnson, Rebecca, b. 14 Jun 1856, 20y
Johnson, Robert, b. 3 Feb 1823, c. 28y, typhus
Johnson, Robert, b. 25 Jun 1858, 2m
Johnson, Rosetta S., b. 2 Aug 1828, c. 2y, summer complaint, dau of William
Johnson, Samuel, b. 4 Feb 1841, 36y, casualty
Johnson, Sarah, d. 21 Oct 1795, b. 22 Oct 1795, c. 11m, dau of Joshua & Sarah
Johnson, Sarah, b. 2 Mar 1852, 21y
Johnson, Sophia, b. 28 Jun 1824, age unknown, consumption, Colored girl
Johnson, Stanley, b. 17 Oct 1863, 60y, Colored
Johnson, Susan, b. 5 Jul 1866, Colored
Johnson, Thomas, d. 7 Oct 1795, b. 8 Oct 1795, c. 2y, son of Thomas & Mary
Johnson, Thomas, b. 12 Apr 1824, 2y, unknown sickness, Colored, born of William & Fanny
Johnson, Thomas, b. 2 Jun 1854, 20y
Johnson, William, b. 18 Sep 1829, c. 22y, consumption
Johnson, William, b. 6 Nov 1848, 7m, Colored
Johnson, William, b. 21 Feb 1858, 56y, Colored
Johnson, William, b. 8 Jul 1868, 65y
Johnson, William H., b. 10 Dec 1858, 9y
Johnson, William H., b. 15 Jul 1859, 3m, Colored
Johnson, William H., b. 10 Apr 1860, 34y
Johnson, William Henry, b. 7 Aug 1841, 7m, summer complaint, Colored
Johnston, James, b. 6 Feb 1832, age unknown, unknown sickness
Johnston, James, b. 29 Jul 1874, 47y
Johnston, Patrick, d. & b. 2 Jun 1807, 22y, native of Ireland

Joice, child, b. 7 Feb 1832, c. 2y, worms, child of Nancy, Colored
Joice, Bridget, b. 25 Oct 1857, 12m
Joice, Clara Estella, b. 15 Jun 1864, 2y
Joice, Daniel, d. 10 Jan 1813, b. 11 Jan 1813, c. 50y, suddenly, Colored
Joice, Delia Agness, b. 14 Jun 1864, 8m
Joice, Ellen, b. 12 Apr 1844, 75y, Colored
Joice, Eugene Thos., b. 27 Aug 1865, 4y
Joice, Mary, b. 27 Feb 1851, 25y, Colored
Joice, Mary, b. 28 Jun 1855, 23y
Joice, Mary, b. 27 Nov 1859, 12y
Jolly, Joseph, b. 1 Dec 1847, 2y
Jolly, Richd., b. 13 Jun 1846, 3y
Jones, ---, b. 26 May 1822, 17m, cold, Colored girl
Jones, child, b. 13 Feb 1828, 9m, inflamation on the brain, child of John
Jones, child, b. 7 Mar 1846, 3 hours, child of Joshua
Jones, female, b. 9 Jul 1839, 5y, burned, dau of William
Jones, female, b. 29 Oct 1851, 2 hours, dau of Mr. Jones
Jones, male, b. 20 Jun 1845, 13m, son of Joshua
Jones, Mrs., b. 4 May 1832, 100y6m, old age
Jones, Mrs., b. 12 Apr 1852
Jones, Mrs., b. 4 Sep 1866, 66y, Colored
Jones, Alexander, b. 10 Jul 1861, 3m
Jones, Anastasia, d. 14 May 1799, b. 15 May 1799, 12y, dau of Aubreay & Sarah
Jones, Ann, d. 26 Jan 1818, b. 27 Jan 1818, 16y, typhus
Jones, Ann, b. 22 Jul 1822, c. 31y, consumption
Jones, Ann, b. 24 Jan 1843, 30y, Colored
Jones, Ann, b. 16 Mar 1870, 76y
Jones, Annie, b. 15 Jul 1867, 2y
Jones, Aubray, d. 12 Jun 1818, b. 13 Jun 1818, 60y
Jones, Aubry, d. 11 Sep 1816, b. 12 Sep 1816, bilious fever
Jones, Aubury, b. 15 Jul 1854, 20y
Jones, Cath., b. 9 Nov 1874, 67y
Jones, Catharine A., b. 3 Jul 1851, 26y
Jones, Charles, d. & b. 22 Jul 1796, 1y9m, son of William & Eleanor
Jones, Chas. D., b. 4 Feb 1847, 4y
Jones, Chas. K., b. 24 Aug 1866, 3w, Colored
Jones, Clarissa, see Norris/Jones, Clarissa
Jones, Daniel, b. 5 Apr 1830, c. 50y, unknown sickness, Colored
Jones, Doran, b. 23 Jan 1845, 4y
Jones, Dorsey, b. 9 Dec 1851, 65y
Jones, Edward, b. 23 Nov 1858, 18m, Colored
Jones, Elisha, b. 16 Jul 1850, 33y
Jones, Elisha, b. 21 Nov 1857, 77y
Jones, Elizabeth, d. 2 Nov 1794, b. 3 Nov 1794, 8y8m, dau of Aubreay & Sarah, buried in St. Peter's Church Yard
Jones, Ellen, b. 18 Sep 1841, 75/78y, apoplexy, Colored
Jones, Ellen, b. 18 Jul 1860, 26y
Jones, Emily, b. 14 Aug 1859, 30y
Jones, Eugenia, b. 31 May 1856
Jones, Francis, d. 2 Oct 1818, b. 3 Oct 1818, 6y
Jones, Francis, b. 14 Oct 1857, 21y
Jones, Grace, b. 25 Aug 1830, 2m, bowel complaint, Colored
Jones, Henrietta, b. 15 Jul 1859, 100y, Colored
Jones, James, b. 14 Mar 1838, 75y, Colored
Jones, James, b. 27/29 Jan 1842, 80y, old age, Colored
Jones, James, b. 23 Mar 1864, 48y

Jones, John, b. 1 Jul 1830, 7m, unknown sickness, son of John
Jones, John, b. 30 Jul 1850, 5m
Jones, John, b. 18 Jul 1851, 7m
Jones, John, b. 5 Mar 1854, 12m
Jones, John, b. 23 Mar 1857, 8m
Jones, John, b. 27 Jun 1865, 58y, Colored
Jones, Joseph, b. 10 Jul 1826, c. 50y, unknown sickness
Jones, Mrs. Joshua, b. 19 Oct 1847, 10y
Jones, Margaret, b. 10 Nov 1828, c. 35y, consumption
Jones, Maria, b. 24 May 1861, 2m
Jones, Martin, b. 6 Dec 1825, c. 35y, unknown sickness
Jones, Mary, d. & b. 11 Sep 1800, 7y2m24d, dau of Awbreay & Sarah
Jones, Mary, b. 24 Apr 1847, 45y
Jones, Mary, b. 2 Aug 1861, 2y, Colored
Jones, Mary, b. 12 Jun 1869, 46y, Colored
Jones, Mary, b. 12 Jun 1870, 1w
Jones, Mary Agnes, b. 26 Aug 1851, 12m, Colored
Jones, Mary Ann, b. 25 Oct 1845, 17y
Jones, Mary Eliza, b. 8 May 1855, 4y
Jones, Matilda, b. 6 Jul 1860, 60y
Jones, Patrick, b. 16 Oct 1823, c. 50y, unknown sickness
Jones, Robert, b. 24 Aug 1862, 45y, Colored
Jones, Robert, b. 8 Jul 1872, 14m
Jones, Rose, b. 25 Mar 1866, 50y, Colored
Jones, Sarah, d. 13 Sep 1800, b. 14 Sep 1800, c. 38y, wife of Awbreay
Jones, Sarah, b. 24 Mar 1823, c. 50y, typhus, free woman
Jones, Susan, b. 6 Feb 1867, 56y
Jones, Sylvester, d. 25 Nov 1809, b. 26 Nov 1809, c. 3y, son of William & Ellen
Jones, Uriah Edwin, b. 9 Mar 1852, 3y
Jones, William, b. 6 Sep 1831, c. 50y, suddenly
Jones, Wm. Joseph, b. 4 Aug 1870, 6m
Jonny, male, see Johnny/Jonny, male
Jordan, male, b. 26 May 1843, ½ hour, son of Henry
Jordan, male/child, b. 17 Aug 1838, 7m, unknown sickness, son/child of Sarah
Jordan, Caroline, d. 24 Jun 1806, b. 25 Jun 1806, c. 14m, cholera, dau of George & Ann
Jordan, Charlotte, b. 5 Jan 1844, 45y, Colored
Jordan, Ellen, b. 11 Aug 1862, 45y
Jordan, Ellen, b. 21 May 1869, 22y
Jordan, Hannah, d. 23 Jan 1812, b. 24 Jan 1812, 60y
Jordan, Henry I., b. 28 Nov 1859, 60y
Jordan, John, b. 2 Apr 1842, 52y, dropsy
Jordan, Mrs. Margaret, b. 13 Nov 1834, 20y
Jordan, Mary, b. 9 Sep 1832, age unknown, unknown sickness
Jordan, Owen, b. 21 Oct 1856, 45y
Jordan, Rebecca, b. 28 Nov 1820, 18y, consumption, Colored
Jordon, child, b. 10 Jul 1824, 8m, starvation, child of Mrs. Jordon
Jordon, Rebecca, b. 28 Dec 1825, c. 70y, fit
Joseph, Jean, d. 21 Jun 1813, b. 22 Jun 1813, 3y
Joseph, John, d. & b. 9 Aug 1805, c. 11m, cholera, French Negro
Joseph, John, d. 6 Oct 1809, b. 7 Oct 1809, free Negro
Joseph, John, b. 3 Mar 1819, 19m, measles, infant male
Joseph, John, b. 27 Jun 1848
Joseph, Lewis, b. 13 Apr 1844, 14m, Colored
Joseph, Marie, d. 5 Feb 1815, b. 6 Feb 1815, 14m, fever
Joseph, Marie, b. 13 Apr 1817, 3y, Colored
Joseph, Mary, d. 23 Apr 1799, b. 24 Apr 1799, c. 6y, Mulatress

Joseph, Mary, d. 25 Jul 1799, b. 26 Jul 1799, c. 7m, French Mulatto
Joseph, Sister Mary, b. 12 Dec 1856, 38y
Joseph, Mary, b. 18 Jul 1871, 6m, Colored
Joseph, Nicholas, b. 20 Jul 1838, c. 20y, pleurisy, Colored
Josephine, Sister, b. 8 Mar 1850
Josse, Antony, b. 3 Feb 1855, 78y
Jourdan, Eliza, b. 6 Jul 1873, 6m
Jourdan, Joseph, d. 29 Oct 1793, b. 30 Oct 1793, 37y, formerly of Cap Francois, St. Domingo, native of Mazorques in the government of Marseilles, *(French)
Jourdan, Rosa, b. 8 Oct 1874
Jourdant, Margt., b. 28 Feb 1873, 29y
Jourday, Anthony, b. 3 May 1873, 75y
Joy, Thomas, b. 18 Oct 1841, 25y, consumption
Joyce, Edith, b. 21 Dec 1867, 5y, Colored
Joyce, J., b. 17 Jul 1872, stillborn
Joyce, John, d. 15 Mar 1800, b. 16 Mar 1800, c. 6m
Joyce, Lilly, b. 10 Feb 1874, 2y
Joyce, Martha, b. 28 Dec 1862, 47y, Colored
Joyce, Mary Margaret, b. 23 Dec 1863, 5d
Joyce, Mary Mgt., b. 26 Dec 1860, 18d
Joyce, Moses, b. 21 Aug 1832, c. 80y, cholera, Colored
Joyce, Patrick, b. 7 Jan 1867, 5y
Joyner, Ellen V., b. 17 Aug 1867, 10m
Joze, Antonia, d. 18 May 1804, b. 19 May 1804, 25y, native of Portugal
Judge, male, b. 7 Aug 1841, 3y, brain fever, son of Henry Judge
Judge, Ann, b. 17 Jan 1866, 48y
Judge, Mrs. Bridget, b. 28 Jun 1855, 40y
Judge, Ellen, b. 18 Nov 1850, 5d
Judge, Ellen M., b. 14 Dec 1857, 25y
Judge, Henry, b. 11 Aug 1871, 62y
Judge, William, b. 9 Sep 1856, 4d
Judick, Fannie B., b. 28 Aug 1871, 19y
Judik, Mary M., b. 3 May 1856, 14m
Juel, James, b. 23 Jul 1823, c. 2y, measles, son of Martin
Juel, James, b. 17 Nov 1823, c. 40y, pleurisy
Juever/Junever, Mary, b. 23 May 1837, 40y
Junca, Bernard, d. 4 Dec 1808, b. 5 Dec 1808, 49y, native of France, son of Anthony & Catharine LaCoste
Junever, Mary, see Juever/Junever, Mary
Justice, Miss, b. 30 Mar 1853, 22y
Justice, William, d. 12 Aug 1808, b. 13 Aug 1808, 1y, cholera, son of Sheeny & Mary
Justin, Sister, b. 18 Dec 1857, 50y

Kahew, Patrick, b. 26 Nov 1820, c. 40y, decline
Kahler, Emma J., b. 18 Jun 1869, 21y
Kain, James, b. 14 Dec 1863, 3½y
Kain, Mary, b. 14 Dec 1863, 5½y
Kains, Patrick, b. 2 Dec 1867, stillborn
Kallahan, John Mathew, b. 5 Aug 1858, 12m
Kallaher, Catharine, b. 7 May 1850, 4m
Kane, child, b. 8 Jan 1839, 2w, child of Mr. Kane
Kane, child, b. 1 Apr 1855, stillborn, child of Patrick
Kane, child, b. 21 Feb 1856, stillborn, child of Patrick
Kane, child, b. 20 Apr 1856, 3d, child of Capt Jas. M. Kane
Kane, male, b. 30 Apr 1838, few hours old, son of Mr. Kane
Kane, male, b. 30 Jul 1846, 1d, son of Mr. Kane
Kane, Ann, b. 5 Sep 1846, 25y
Kane, Catharine, b. 10 Aug 1862, 60y
Kane, Ellen, b. 3 Mar 1852, 12m
Kane, Ellen, b. 22 Jul 1858, 3y
Kane, Etlie, b. 19 Dec 1865, 40y
Kane, Francis P., b. 10 Jul 1866, 12m
Kane, Frank, b. 3 May 1864, 2 hours
Kane, Hugh, b. 24 Oct 1859, 1d
Kane, Isabella, b. 21 Jun 1851, 32y
Kane, James, b. 13 Aug 1840, 36y, apoplexy
Kane, James, b. 3 Sep 1848, 25y
Kane, James, b. 8 Sep 1851, 13y
Kane, James, b. 1 Feb 1857, 15y
Kane, James, b. 1 Jan 1858, 8m
Kane, James, b. 19 Mar 1860, 3y
Kane, James, b. 1 Jun 1866, 45y
Kane, James, b. 22 May 1870, 17y
Kane, Jane, b. 7 Jul 1849, 1m
Kane, Jane, b. 14 Jun 1863, 5y
Kane, Joanna, b. 16 Aug 1851, 21y
Kane, John, b. 18 Sep 1843, 40y
Kane, John, b. 27 Sep 1847, 79y
Kane, John, b. 13 Jan 1858, 43y
Kane, John, b. 12 Jun 1866, 35y
Kane, John, b. 30 Jul 1868, 76y
Kane, Mary, b. 10 Aug 1840, 26y, consumption
Kane, Mary, b. 18 May 1872, 38y
Kane, Mary E., b. 19 Aug 1872, 2m
Kane, Owen, b. 4 Sep 1866, 43y
Kane, Patrick, b. 2 Dec 1870, 35y
Kane, William E., b. 17 Jul 1856, 2y
Kanes, Thomas, b. 7 Mar 1852, 3y
Kanish, Curtis, b. 7 Sep 1860, 10m
Kanna, female, see Kennard/Kanna, female
Karn, child, b. 10 May 1847, 2y, child of Mr. Karn
Karney, Mrs., b. 6 Aug 1861, 50y
Karney, Arabella, b. 25 May 1869, 37y
Karney, Daniel, b. 24 Sep 1846, 30y
Karney, Laura Teresa, b. 26 Feb 1862, 36y
Karney, Mary, b. 11 Oct 1850, 37y
Karr, male, b. 24 Dec 1844, stillborn, son of Patrick
Karr, Joseph, b. 5 Apr 1830, son of James (dec.)
Karr, Patrick, b. 4 Feb 1851, 53y

Karr, Rachell, b. 25 Apr 1850, 29y
Karrick, James, d. 20 Nov 1815, b. 21 Nov 1815, 2y
Kasner, Lavinia, b. 5 Apr 1869, 29y
Katsenberger, Lewis E., b. 21 June 1867, 8m
Katzenberger, John A., b. 5 Aug 1871, 1y
Katzenberger, L. E., b. 10 Oct 1874, stillborn
Kauffman, John, d. 10 Jul 1819, b. 11 Jul 1819, 33y, drank cold water
Kavanah, Mary, b. 14 Oct 1868, 47y
Kavancan, Mary Sophia, b. 2 Dec 1859, 74y
Kavannah, Catharine, b. 16 Jun 1858, 6m
Kavannah, John, b. 16 Jul 1854, ½ hour
Kavannah, Thomas, b. 16 Jan 1863, 8y
Kay, J. Henry, b. 15 Sep 1871, 4y
Keady, Edward, b. 6 Nov 1858, 55y
Keady, Patrick, b. 9 Apr 1854, 26y
Kean, Adaline, b. 2 Oct 1822, c. 20y, consumption, free Colored girl
Kean, Alexander, d. & b. 1 Oct 1794, 4y, smallpox, son of Hugh & Rose, buried in St. Peter's Church Yard
Kean, Amelia, b. 19 Apr 1852, 19m
Kean, Edmund, d. 9 Sep 1803, b. 10 Sep 1803, 66y
Kean, Thomas, b. 22 Jan 1838, 30y, consumption
Keane, Holly, b. 18 Mar 1869, 9y
Kearn, William, b. 3 Dec 1860, 75y
Kearnan, Agnes, b. 17 Jul 1825, c. 11m, dysentery
Kearnan, Eugene Oscar, b. 18 Feb 1832, c. 6y, liver complaint, son of Leonard
Kearnan, Hugh, d. 3 Jun 1824, b. 4 Jun 1824, c. 9y, drowned
Kearnan, Michael, b. 18 Jun 1831, c. 66y, breaking of a blood vessel
Kearnard, child, b. 2 May 1829, stillborn, child of William
Kearney, Augustin, b. 30 Mar 1862, 24y
Kearney, John, b. 27 Nov 1852, 65y
Kearney, Mary, b. 29 May 1869, 35y
Kearney, Mary T., b. 22 Nov 1860, 40y
Kearns, Catharine, b. 26 Sep 1856, 4m
Kearns, Charles, d. 17 Apr 1797, b. 18 Apr 1797, 2y, son of Charles & Hannah
Kearns, Henry, d. 17 Apr 1794, b. 18 Apr 1794, c. 7m, son of Charles & Hannah Kears, buried in St. Peter's Church Yard
Kearns, Mary, b. 29 Jul 1856, 2y
Kearns, Thomas, b. 9 Jul 1858, 9m
Kearns, Thomas, b. 30 Jun 1863, 23y
Kearny, Martin I., b. 17 Mar 1861, 45y
Keating, child, b. 15 Jul 1859, 3m, child of Laurence
Keating, Mr., b. 18 Oct 1827, c. 40y, not buried, died at the Poor House
Keating, Emma, b. 23 Jun 1858, 2m
Keating, John, b. 25 Apr 1847, 35y
Keating, John, b. 4 Aug 1867, 60y
Keedy, Gertrude D., b. 18 Nov 1868, 15½y
Keefe, Mary, d. 4 Sep 1798, b. 5 Sep 1798, c. 14m, dau of Patrick & Mary
Keefe, Mary, b. 9 Aug 1848, 80y
Keeffe, Michael, b. 28 Apr 1847, 82y
Keegan, child, b. 17 Jun 1850, 2y, child of Mr. Keegan
Keegan, female, b. 12 Jul 1867, 18m, dau of John
Keegan, Hugh, b. 19 Jun 1850, 5y
Keegan, James, b. 10 Nov 1871
Keegan, John, b. 7 Sep 1868, 26y
Keegan, Joseph, b. 9 Aug 1857, 4y
Keegan, Margt., b. 7 Feb 1874, 55y

Keegan, Thomas, b. 15 Jun 1850, 2½y
Keegan, Thos., b. 27 Aug 1873, 15m
Keelan, Bernard, b. 21 Feb 1871, 47y
Keelan, Bridget, b. 28 Apr 1856, 49y
Keelan, Catharin, b. 2 Jul 1858, 1m
Keelan, Edward, b. 8 Jul 1872, 41y
Keelan, James, b. 7 Mar 1874, 28y
Keelan, Peter, b. 3 Mar 1855, 24y
Keeland, Patrick, b. 18 Sep 1857, 54y
Keelin, Mary, b. 9 Jul 1857, 2y
Keenan, child, b. 18 Oct 1823, age unknown, unknown sickness, child of John
Keenan, child, b. 15 May 1824, stillborn, child of James
Keenan, child, b. 12 Jul 1825, stillborn, child of James
Keenan, child, b. 21 Jul 1828, 22m, unknown sickness, child of Anthony
Keenan, child, b. 29 Nov 1831, 5m, unknown sickness, child of Thomas
Keenan, child, b. 13 Feb 1832, 3y1m, worms, child of James
Keenan, female, b. 11 Oct 1837, 4y, scarlet fever, dau of Anthony
Keenan, female, b. 28 Oct 1837, 11m, scarlet fever, dau of Anthony
Keenan, female, b. 13 Sep 1838, 5y, unknown sickness, dau of Patrick
Keenan, female, b. 12 Jul 1841, 18m, inflamation on the brain, dau of Michael
Keenan, female, b. 5 Aug 1842, 16w/m, summer complaint, dau of William
Keenan, male, b. 24 Oct 1843, 18m, son of Mr. Keenan
Keenan, Amelia, b. 16 Feb 1849, 3y
Keenan, Anthony, b. 2 Jul 1859, 72y
Keenan, Bernard, b. 11 Mar 1846, 20y
Keenan, Blanch, b. 26 Jul 1870, 17m
Keenan, Catharine, b. 8 Jul 1843, 40y
Keenan, Catharine, b. 4 Nov 1857, 45y
Keenan, Catharine, b. 11 Oct 1860, 30y
Keenan, Catharine, b. 10 Aug 1862, 11m
Keenan, Catharine, b. 5 Aug 1866, 25-
Keenan, Charles, b. 24 Apr 1867, 78y
Keenan, Chas., b. 21 Feb 1846, 22y
Keenan, Mrs. Chas., b. 31 May 1869, 80y
Keenan, Edward, b. 20 Aug 1847, 5y
Keenan, Eliza, b. 14 Nov 1860, 36y
Keenan, Elizabeth, of John, b. 13 Jul 1844, 5y
Keenan, Emma I., b. 20 Mar 1867, 22y
Keenan, Frances, b. 18 Jul 1851, 17m
Keenan, George P., b. 26 Aug 1861, 17y
Keenan, Hannah, b. 25 Mar 1859, 72y
Keenan, James, b. 21 Dec 1835, c. 36y, consumption
Keenan, James L., b. 13 Aug 1837, 18y, drowned
Keenan, John, b. 23 Nov 1831, c. 2y, unknown sickness
Keenan, John, b. 19 Aug 1832, c. 1y, dropsy in the brain
Keenan, Joseph, b. 18 Sep 1854, 27y
Keenan, Joseph F., b. 14 Dec 1861, 2y
Keenan, Julia, b. 27 Aug 1847, 40y
Keenan, Mary, b. 3 Feb 1849, 15y
Keenan, Mary A., b. 1 Apr 1870, 2y
Keenan, Mary Ann, b. 7 Oct 1831, c. 1y, unknown sickness, dau of James
Keenan, Mary J., b. 25 May 1872, 64y
Keenan, Michael, b. 29 Aug 1862, 18m
Keenan, Owen, b. 15 Jun 1865, 58y
Keenan, Robert, b. 20 Nov 1836, 10/12y, worms, son of Charles, Colored
Keenan, Susan I., b. 25 Jun 1845, 3m

Keenan, Susanna, b. 5 Sep 1828, c. 9m, bilious fever, dau of Thomas
Keenan, Thomas, b. 13 May 1850, 32y
Keenan, Thomas, b. 25 Jul 1857, 10d
Keenan, Wm. H., b. 12 Oct 1863, 34y
Keenan, Wm. H., b. 4 Dec 1865, 56y
Keene, male, b. 3 Dec 1860, stillborn, son of Benjamin
Keene, Augusta, b. 3 Apr 1864, 23y
Keene, Benj., b. 22 Aug 1874, 58y
Keene, James, d. & b. 3 Aug 1802, 2w, son of Thomas & Ann
Keene, Joseph, b. 9 Mar 1870, 8m
Keene, Mrs. Susan T., b. 23 Nov 1865
Keenon, child, b. 19 Jul 1832, age unknown, summer complaint, child of Patrick
Keenon, female, b. 26 Apr 1846, 10y, dau of Mrs. Keenon
Keenright, Mr., b. 29 Dec 1852, 40y
Keenright, Mrs., b. 22 Jan 1845, 49y
Keenright, John, b. 8 May 1846, 26y
Keens, Catherine, b. 7 Jan 1826, c. 60y, native of Germany
Keens, Jacob, b. 22 Apr 1829, c. 30y, suddenly
Keepers, Mary Ann, b. 15 Mar 1855, 30y
Keer, Pat/Patrick, b. 15/16 Sep 1836, c. 30/35y, old hemorrhage of the lung
Keeravin, Denis, b. 5 Nov 1829, 35y, consumption
Keeside, Caroline, b. 4 Sep 1856, 23y
Kegan, Henry, b. 15 Sep 1864, 10y
Kegan, John, b. 29 Jan 1863, 45y
Keho, Bridget, see Keogh/Keho, Bridget
Keho, Mary Lizzie, b. 9 Oct 1866, 7y
Keho, Patrick H., b. 1 Jun 1866, 16m
Kehoe, infant, b. 18 Sep 1822, new born, convulsion fits, child of Mr. Kehoe
Kehoe, male, b. 20 Mar 1819, 3m, consumption, son of Philip
Kehoe, male, b. 9 May 1866, 5 minutes, son of Patrick
Kehoe, Jessie, b. 28 Sep 1868, 27y
Kehoe, Rebecca, d. 12 Sep 1819, b. 13 Sep 1819, c. 32y, consumption
Keiley, Alf. L., b. 6 May 1874, 2y
Keilholtz, Isabella, b. 10 Feb 1847, 40y
Keip, male, b. 16 Dec 1845, stillborn, son of Louis H. Keip
Keirnan, male, b. 30 May 1843, 4m, son of Mrs. Keirnan
Keirnan, Bernard, b. 8 Mar 1843, 48y
Keirns, Richard, b. 29 Aug 1832, 35y, cholera
Keis, Francis A., b. 12 Apr 1862, 6m
Keis, Mrs. J. B., b. 2 Nov 1861, 24y
Keisler, John Joseph, b. 9 Mar 1824, 2y2m, son of Lewis & Cornelia
Keith, Lieut. Lewis G., U. S. N., b. 1 May 1846, 37y
Kelcher, John, b. 11 May 1865, 29y
Kell, Honoria, b. 27 Jul 1868, 12m
Kelleher, Jane, b. 2 Aug 1858, 7y
Kellenberger, Charlotte, d. 8 Sep 1801, b. 9 Sep 1801, 9m, dau of George & Elizabeth
Keller, child, b. 12 Sep 1827, age unknown, unknown sickness, son of Patrick Welsh, nephew of Conrad
Keller, child, b. 14 Mar 1830, stillborn, child of William
Keller, child, b. 22 Aug 1830, age unknown, unknown sickness, child of Mr. Keller
Keller, Josephine, b. 25 Aug 1827, 3m, unknown sickness, dau of Conrad
Keller, Mary, d. 27 Sep 1810, b. 28 Sep 1810, 70y
Keller, Vendel, d. & b. 13 Sep 1794, buried in the Catholic Burying Ground
Keller, William Henry, b. 2 Jul 1823, 20m, measles
Kelley, child, b. 11 Oct 1823, age unknown, unknown sickness, child of Timothy
Kelley, child, b. 21 Sep 1824, c. 3w, unknown sickness, child of William

Kelley, child, b. 27 Sep 1824, c. 2y, unknown sickness, child of Patrick
Kelley, child, b. 28 Dec 1824, age & sickness unknown, child of Mrs. Kelley, Colored woman
Kelley, child, b. 6 Jan 1825, 4w, child of Martin
Kelley, Ann, b. 14 Feb 1827, c. 33y, childbirth
Kelley, Ann, b. 29 Aug 1868, 32y
Kelley, Catherine, b. 10 Aug 1824, c. 10y, unknown sickness, dau of Patrick
Kelley, Denis, b. 22 Aug 1828, c. 35y, unknown sickness, native of Ireland
Kelley, Dudley, b. 4 Dec 1848, 45y
Kelley, Edward, b. 4 Jun 1828, c. 1y, inflamation in the head, son of John
Kelley, James, b. 2 Apr 1867, 5d
Kelley, Sarah, b. 21 Jun 1829, c. 5m, summer complaint, dau of Catherine
Kelley, Thomas, b. 17 Dec 1869, 1y
Kellom, Lewis, b. 10 Jan 1830, c. 27y, consumption
Kelly, ---, d. 2 Aug 1810, b. 4 Aug 1810, drowned, native of Spain
Kelly, child, b. 9 Mar 1821, unknown sickness, child of Conrad
Kelly, child, b. 21 Dec 1830, 2y, unknown sickness, child of Colum
Kelly, child, b. 1 Oct 1832, child of William
Kelly, child, b. 2 Aug 1847, stillborn, child of Mr. Kelly
Kelly, child, b. 17 Nov 1850, 1d, child of Peter
Kelly, child, b. 13 May 1851, child of Sarah, buried same day as Sarah
Kelly, child, b. 7 Apr 1852, 3y, child of Patrick
Kelly, child, b. 29 Sep 1854, 1d, child of Terrence
Kelly, child, b. 28 Nov 1857, 3y, child of Peter
Kelly, child, b. 8 Aug 1859, 6m, child of Peter A. Kelly
Kelly, child, b. 21 Feb 1864, 1d, child of Mrs. M. Kelly
Kelly, child, b. 7 May 1864, stillborn, child of John
Kelly, female, b. 11 Nov 1836, 7m, dau of Timothy
Kelly, female, b. 7 Nov 1837, 2y, croup, dau of James/Jno.
Kelly, female, b. 25 Aug 1842, 18m, dau of Luke
Kelly, female, b. 9 Feb 1843, 9m, dau of James
Kelly, female, b. 9 Aug 1852, 15y, dau of Patrick
Kelly, male, b. 16 Aug 1840, 3m, water on the brain, son of Thomas
Kelly, male, b. 18 Mar 1846, 6m, son of Mr. Kelly
Kelly, male, b. 13 Apr 1846, 7y, son of Jas.
Kelly, male, b. 10 May 1847, 8y, son of Mr. Kelly
Kelly, male, b. 18 Apr 1850, son of Michael
Kelly, male, b. 18 Aug 1854, 2½y, son of Michael
Kelly, male, b. 19 Oct 1834, 10m, son of Mr. Kelly
Kelly/Skelly, male, b. 2 Nov 1837, 2/3y, scarlet fever, son of Luke
Kelly/Skelly, male, b. 14 Nov 1837, 1y, son of Luke
Kelly, Mrs., b. 16 Oct 1857, 74y
Kelly, Mrs., b. 16 Feb 1870, 47y
Kelly, twins, William & Terrence, b. 15 Jan 1852, 3w
Kelly, Anastasia, b. 31 Aug 1850, 10m
Kelly, Anastasia, b. 22 Oct 1852, 6y
Kelly, Andrew, b. 7 Dec 1839
Kelly, Andrew, b. 19 Mar 1850
Kelly, Ann, b. 8 Jan 1821, 76y, dropsy
Kelly, Ann, b. 27 Mar 1822, dau of Patrick
Kelly, Mrs. Ann/Hannah, b. 3 Oct 1845, 80y
Kelly, Ann, b. 29 Jul 1852, 3m
Kelly, Ann, b. 11 Aug 1852, 2y
Kelly, Ann, b. 28 Jan 1853, 47y
Kelly, Ann, b. 30 Jun 1853, 18m
Kelly, Ann, b. 14 Sep 1854, 3m
Kelly, Ann, b. 15 Feb 1862, 8m

Kelly, Mrs. Ann, b. 22 Feb 1871, 61y
Kelly, Annie, b. 30 Oct 1863, 12m
Kelly, Bessie, b. 21 May 1863, 24y
Kelly, Bridget, b. 9 May 1852, 30y
Kelly, Bridget, b. 12 Jan 1861, 17y
Kelly, Bridget, b. 26 Sep 1862, 2y
Kelly, Catharine, d. 26 Oct 1800, b. 27 Oct 1800, 2y, dau of Patrick & Eleanor
Kelly, Catharine, b. 10 Jan 1852, 11y
Kelly, Catharine, b. 8 Jul 1852, 23y
Kelly, Catharine, b. 25 Nov 1853, 29y
Kelly, Catharine, b. 9 Apr 1856, 6m
Kelly, Catharine, b. 26 Apr 1856, 70y
Kelly, Catharine, b. 31 Jul 1856, 13m
Kelly, Catharine, b. 6 Mar 1857, 5y
Kelly, Catharine, b. 3 Dec 1857, 15m
Kelly, Catharine, b. 21 Jul 1858, 12m
Kelly, Catharine, b. 1 Jun 1860, 10m
Kelly, Catharine, b. 10 Feb 1863, 36y
Kelly, Catharine, b. 9 May 1864, 38y
Kelly, Catherine, d. 29 Oct 1793, b. 30 Oct 1793, buried in St. Peter's Church Yard
Kelly, Catherine, b. 6 Nov 1840, 40y, consumption
Kelly, Catherine, b. 3 Mar 1852, 12m
Kelly, Charles, b. 18 Sep 1854, 3w
Kelly, Charles, b. 18 Dec 1855, 3m
Kelly, Charles A., b. 30 Sep 1860, 50y
Kelly, Christien, b. 5 Jul 1870, 71y
Kelly, Daniel, b. 16 Aug 1861, 6m
Kelly, Dennis, b. 1 Apr 1856, 6w
Kelly, Dominick, b. 21 Jul 1830, consumption
Kelly, Dominick, b. 19 Sep 1851, child
Kelly, Edward, b. 23 Mar 1819, c. 18m, son of Francis & Nancy, no charge for ground or church as the parents are very poor
Kelly, Edward, b. 26 Sep 1857, 5w
Kelly, Edward, b. 25 Jan 1871, 47y
Kelly, Eleanor, d. 29 Jan 1798, b. 30 Jan 1798, 4y, dau of John & Ann
Kelly, Elenora, d. 20 Dec 1818, b. 21 Dec 1818, 35y
Kelly, Eliza, b. 22 Aug 1857, 7d
Kelly, Eliza, b. 1 Apr 1865, 3y
Kelly, Elizabeth, b. 31 Jan 1852, 24y
Kelly, Elizabeth, b. 8 Jan 1860, 38y
Kelly, Elizabeth, b. 27 Feb 1860, 66y
Kelly, Elizabeth, b. 11 Jun 1861, 19y
Kelly, Elizabeth, b. 14 Nov 1863, 12y
Kelly, Ellen, b. 24 Oct 1831, 15y, bilious fever
Kelly, Ellen, b. 9 Jul 1845, 60y
Kelly, Ellen, b. 13 Oct 1854, 18m
Kelly, Ellen, b. 27 Feb 1858, 2y
Kelly, Ellen, b. 19 Jul 1863, 3 hours
Kelly, Ellen, b. 2 Jan 1868, 3y
Kelly, Emma, b. 1 Aug 1850, 4y
Kelly, Emma I., b. 22 Sep 1862, 3y
Kelly, Francis, b. 8 Apr 1864, 16m
Kelly, Francis, b. 17 Jun 1865, 8y
Kelly, Francis P., b. 3 Apr 1864, 68y
Kelly, George, b. 16 May 1836, c. 26y, convulsions
Kelly, George, b. 12 Oct 1858, 24y

Kelly, George, b. 18 Jun 1859, 3y, Colored
Kelly, George, b. 30 Oct 1863, 4m
Kelly, George, b. 5 Mar 1870, 1w
Kelly, Gracy, d. 21 Oct 1818, b. 22 Oct 1818, 26y
Kelly, Hannah, b. 23 Jan 1865, 80y
Kelly, Henry H., b. 19 Jan 1864, 42y
Kelly, Honora, b. 3 Apr 1865, 55y
Kelly, James, d. 5 May 1799, b. 6 May 1799, 2m, son of James & Sarah
Kelly, James, d. 12 Jul 1815, b. 13 Jul 1815, --y
Kelly, James, b. 25 Jan 1819, c. 45y, consumption
Kelly, James, d. 31 Jul 1819, b. 1 Aug 1819, 35y, suddenly
Kelly, James, b. 7 Sep 1830, c. 2y, bowel complaint
Kelly, James, b. 9 Sep 1845, 40y
Kelly, James, b. 7 Apr 1846, 2d
Kelly, James, b. 20 Sep 1846, 27y
Kelly, James, b. 3 Jul 1850, 40y
Kelly, James, b. 11 Jul 1852, 49y
Kelly, James, b. 11 Aug 1854, 12m
Kelly, Mrs. James, b. 14 Aug 1856, 3y (sic.)
Kelly, James, b. 24 Dec 1856, 7y
Kelly, James, b. 14 May 1857, 28y
Kelly, James, b. 1 May 1860, 45y
Kelly, James, b. 5 Aug 1860, 2½y
Kelly, James, b. 13 Oct 1862, 6y
Kelly, James, b. 5 Aug 1863, 14y
Kelly, James, b. 21 Nov 1863, 19y
Kelly, James, b. 12 Jun 1865, 78y
Kelly, James, b. 3 Aug 1868, 22m
Kelly, James F., b. 13 Jan 1862, 2y7½m
Kelly, Jane, b. 29 Aug 1834, 13y, lockjaw
Kelly, Jane, b. 10 Jun 1864, 3w
Kelly, Jane, b. 27 Jul 1866, 2y
Kelly, John, d. 11 Feb 1795, b. 12 Feb 1795, c. 17m, son of Andrew & Alice, born in Ireland
Kelly, John, d. & b. 13 Aug 1800, 4y, son of Patrick & Eleanor
Kelly, John, d. 31 May 1807, b. 1 Jun 1807, c. 40y, suddenly, native of Ireland
Kelly, John, d. 14 Jan 1816, b. 15 Jan 1816, 60y, suddenly
Kelly, John, b. 28 Jul 1823, 1y, son of Jeremiah & Mary
Kelly, John, b. 19 Jul 1825, c. 45y, suddenly
Kelly, John, b. 13 Jul 1827, age unknown, suddenly
Kelly, John, b. 21 Aug 1827, c. 80y, unknown sickness, died in the country
Kelly, John, b. 17 Mar 1836, c. 40y, consumption
Kelly, John, b. 24 Apr 1841, 55y, gravel
Kelly, John, b. 17 Jun 1846, 2d
Kelly, John, b. 5 Dec 1848, 20m
Kelly, John, b. 11 Sep 1850, 4y
Kelly, John, b. 30 Jul 1854, 4y
Kelly, John, b. 27 Aug 1856, 20y
Kelly, John, b. 2 Feb 1857, 19y
Kelly, John, b. 11 May 1858, 5m
Kelly, John, b. 4 Sep 1858, 19m
Kelly, John, b. 3 Aug 1862, 14m
Kelly, John, b. 1 Mar 1863, 2y
Kelly, John, b. 4 May 1864, 3y
Kelly, John, b. 22 Dec 1866, 2 hours
Kelly, John, b. 6 Apr 1871, 39y
Kelly, John, b. 24 Jun 1871, 35y

Kelly, John, b. 20 Feb 1872, 60y
Kelly, John, b. 22 Sep 1874, 17y
Kelly, John, b. 12 Dec 1874, 6m
Kelly, John F., b. 11 Oct 1868, 7d
Kelly, John James/male, b. 3 Aug 1840, 7m, summer complaint, son of John James
Kelly, Joseph, b. 22 Mar 1839, 25y, consumption, Colored
Kelly, Joseph, b. 31 Mar 1853, 8m
Kelly, Joseph, b. 29 Jul 1865, 42y
Kelly, Joseph V., b. 27 Jan 1874, 3w
Kelly, Julia, b. 10 Nov 1868, 40y
Kelly, Laurence, b. 2 Oct 1863, 15m
Kelly, Luke, b. 24 Jul 1857, 6y
Kelly, M., b. 27 Jul 1872, 7y
Kelly, Maggie, b. 22 May 1863, 4y
Kelly, Margaret, b. 8 Jan 1837, 35y, cold
Kelly, Margaret, b. 9 Sep 1851, 33y
Kelly, Margaret, b. 17 Aug 1853, 18y
Kelly, Margaret, b. 22 Feb 1855, 73y
Kelly, Margaret, b. 21 Dec 1855, 11y
Kelly, Margaret, b. 12 Feb 1861, 5w
Kelly, Margaret, b. 27 Mar 1864, 45y
Kelly, Maria, b. 6 Aug 1847, 33y
Kelly, Maria E., b. 7 Apr 1851, 20y
Kelly, Martha Ann, b. 24 Mar 1847
Kelly, Martin, b. 26 June 1867, 3w
Kelly, Martin, b. 1 Dec 1867, 42y
Kelly, Mary, b. 12 Aug 1828, c. 40y, cholera morbus
Kelly, Mary, b. 23 Aug 1849, 30y
Kelly, Mary, b. 19 Sep 1853, 40y
Kelly, Mary, b. 6 Oct 1855, 10m
Kelly, Mary, b. 29 May 1856, 2m, (Asylum)
Kelly, Mary, b. 7 Dec 1857, 38y
Kelly, Mary, b. 16 Feb 1861, 56y
Kelly, Mary, b. 29 Jun 1861, 44y
Kelly, Mary, b. 29 Sep 1865, 26y
Kelly, Mary, b. 30 Dec 1866, 76y
Kelly, Mary, b. 4 Mar 1868, 33y
Kelly, Mary, b. 5 Sep 1873, 2 hours
Kelly, Mary Ann, d. 23 Sep 1814, b. 24 Sep 1814, 10m, summer complaint
Kelly, Mary Ann, b. 9 Jul 1855, 18m
Kelly, Mary Ann, b. 27 Feb 1858, 4y
Kelly, Mary Ann, b. 6 Aug 1858, 2y
Kelly, Mary C., b. 13 Jan 1862, 9½m
Kelly, Mary E., b. 14 Aug 1859, 8m
Kelly, Mary F., b. 14 Jun 1865, 3 hours
Kelly, Mary Jane, b. 22 Mar 1859, 27y
Kelly, Matthew, d. 6 Aug 1819, b. 7 Aug 1819, c. 35y, bilious fever
Kelly, Michael, b. 5 Jun 1855, 34y
Kelly, Michael, b. 9 May 1863, 50y
Kelly, Michael, b. 28 Jul 1865, 37y
Kelly, Michael, b. 2 Mar 1873, 4m
Kelly, Michael, b. 30 Dec 1874, 67y
Kelly, Nancy, b. 19 Nov 1869, 80y
Kelly, Owen, b. 24 Oct 1843, 35y, (Sept. 30th)(sic.)
Kelly, Patrick, d. 13 Jun 1794, b. 15 Jun 1794, c. 37y, buried in St. Peter's Church Yard, native of Ireland

Kelly, Patrick, b. 12 Jul 1826, c. 87y
Kelly, Patrick, b. 31 May 1828, 63y, consumption
Kelly, Patrick, b. 23 Sep 1838, 45y, casualty
Kelly, Patrick, b. 25 Sep 1849, 51y
Kelly, Patrick, b. 25 Aug 1852, 66y
Kelly, Patrick, b. 12 Apr 1853, 25y
Kelly, Patrick, b. 6 May 1854, 65y
Kelly, Patrick, b. 13 Jul 1855, 5m
Kelly, Brother Patrick, b. 8 Sep 1856, 37y
Kelly, Patrick, b. 29 Jun 1858, 40y
Kelly, Patrick, b. 27 Nov 1862, 38y
Kelly, Richard, b. 18 May 1852, 30y
Kelly, Rosa, d. 15 Oct 1796, b. 16 Oct 1796, c. 40y, buried in St. Peter's Church Yard, native of Ireland
Kelly, Rosanna, d. 17 Feb 1800, b. 18 Feb 1800, 3m, dau of Patrick & Jane
Kelly, Rose, b. 21 Jul 1831, c. 19y, consumption
Kelly, Rose, b. 18 Apr 1850, 2½m
Kelly, Rose, b. 14 Aug 1870, 70y
Kelly, Sarah, d. 26 Apr 1806, b. 27 Apr 1806, c. 10m, fits, dau of Michael & ---
Kelly, Sarah, b. 11 Jan 1850, 50y
Kelly, Sarah, b. 13 May 1851, 25y, buried same day as her child
Kelly, Sarah, b. 10 Jan 1862, 2y
Kelly, Simon, b. 10 Mar 1862, 50y
Kelly, Susan, b. 14 Dec 1854, 13m
Kelly, Terrence, b. 4 Apr 1856, 80y
Kelly, Terrence, see Kelly, twins
Kelly, Thomas, b. 1 Sep 1829, c. 40y, unknown sickness, (This man was not buried in our grave yard.)
Kelly, Thomas/female, b. 24 Jun 1849, child
Kelly, Thomas, b. 8 Sep 1854, 60y
Kelly, Thomas, b. 27 Apr 1861, 48y
Kelly, Thomas, b. 25 Feb 1864, 9y
Kelly, Thomas, b. 1 Sep 1865, 35y
Kelly, Thomas, b. 15 Jun 1866, 7m
Kelly, Thomas, b. 14 Oct 1866, 6d
Kelly, Thomas, b. 15 Sep 1871, 25y
Kelly, Thomas E., b. 3 Sep 1854, 11m
Kelly, Thomas H., b. 6 Jul 1851, 9m
Kelly, Thomas J., d. 15 Sep 1804, b. 16 Sep 1804, 3m, cholera, son of M. & Eliza
Kelly, Thos., b. 23 Aug 1872, 65y
Kelly, Thos. Francis, b. 23 Mar 1865, 14m
Kelly, Timothy, b. 19 Jul 1825, c. 45y, suddenly
Kelly, Timothy, b. 15 Apr 1867, 87y
Kelly, William, see Kelly, twins
Kelly, William, d. 26 Jul 1796, b. 27 Jul 1796, 5m17d, son of Andrew & Phoebe
Kelly, William, b. 14 Sep 1830, c. 50y, unknown sickness, Colored
Kelly, William, b. 11 Dec 1863, 2y
Kelly, Wm., b. 27 Sep 1855, 65y
Kelly, Wm., b. 5 Mar 1871, 2d
Kelly, Wm. Thos., b. 7 Mar 1861, 2y
Kellys, Joseph Lewis, b. 28 Mar 1844, 3y
Kelser, Mr., b. 24 May 1825, c. 45y, unknown sickness
Kelso, ---, see Kelsoe/Kelso, ---
Kelso, Mrs., b. 29 Sep 1827, 80y, dropsy
Kelso, William, d. 10 Apr 1819, b. 11 Apr 1819, 4y9m
Kelsoe/Kelso, ---, d. 20 Nov 1819, b. 21 Nov 1819, 5y, dropsy

Kelsoe, John, d. & b. 14 Oct 1817, 20m, fits
Keltch, Peter, d. & b. 30 Aug 1801, 2y, son of Peter & Eleanor
Kelty, Mrs. Catharine, b. 22 Oct 1856
Keltzheimer, Francis, d. 25 Sep 1807, b. 26 Sep 1807, 2y, son of John & Sarah
Kemp, Joseph, b. 7 Aug 1832, c. 1y, drops in the brain, son of Robert
Kemp, Sophia, b. 6 Oct 1827, c. 3m, sickness in the head, dau of Peter
Kemp, William H., b. 26 Dec 1862, 18y, Colored
Kempsell, Joseph, b. 15 Feb 1854, 26y
Kendall, Emily, b. 22 Aug 1868, 15m
Kendrick/Kenrick, Patrick, b. 31 Dec 1841, 70y, consumption, uncle of the two brothers, the Archbishops of Baltimore, Md., and of St. Louis, Mo.
Kenlin, John, b. 31 Jul 1845, 1m
Kenly, Philip, b. 31 Jan 1848, 12m
Kenna, Thomas, b. 12 Jan 1854, 66y
Kennard, child, b. 17 Dec 1845, stillborn, child of Wm.
Kennard/Kanna, female, b. 6 Sep 1837, 6/7m, summer complaint, dau of Patrick
Kennard, Priscilla, b. 15 Sep 1867, 55y
Kennard, Wm., b. 3 May 1847, 35y
Kennedy, child, b. 18 Sep 1832, c. 6m, unknown sickness, child of Capt. Kennedy
Kennedy, child, b. 3 Sep 1867, 4d, child of Martin
Kennedy, female, b. 30 Sep 1823, c. 9y, unknown sickness, dau of Mrs. Kennedy
Kennedy, female/child, b. 22/23 Sep 1836, 10m, hives, dau/child of James
Kennedy, female, b. 17 Jan 1837, 4m, dau of Felix
Kennedy, male, b. 16/17 Jul 1840, 3w, water on the brain, son of Felix
Kennedy, Mrs., b. 8 Oct 1838, c. 55/88y, decline
Kennedy, Agnes, b. 12 Jul 1832, 8m, summer complaint, dau of John
Kennedy, Andrew, b. 27 Oct 1840, 75/78y, heart disease
Kennedy, Ann, b. 24 Jan 1851, 60y
Kennedy, Ann, b. 21 Jan 1856, 70y
Kennedy, Barbara, b. 11 Oct 1850, 47y
Kennedy, Bridget, b. 26/27 Jul 1832/1836, 16y, liver complaint
Kennedy, Bridget, b. 31 Jul 1845, 20y
Kennedy, Bridget, b. 22 Feb 1859, 40y
Kennedy, Catharine, b. 14 Mar 1846, 3y
Kennedy, Catherine, b. 30 Jun 1823, c. 26y, consumption
Kennedy, Christopher, b. 22 Feb 1854, 27y
Kennedy, Denis, d. 21 May 1820, b. 22 May 1820, 35y, consumption
Kennedy, Ellen, b. 27 Sep 1845, 3½y
Kennedy, Emily V., b. 19 Jul 1853, 18m
Kennedy, Francis, b. 3 Jun 1856, 9m
Kennedy, Francis, b. 18 Dec 1862, 72y
Kennedy, Mrs. Helen, b. 1 Aug 1835, 40y, burned
Kennedy, Hugh, b. 8 Sep 1849, 78y
Kennedy, Hugh, b. 30 Nov 1850, 30y
Kennedy, Hugh, b. 24 May 1864, 16y
Kennedy, James, d. 12 Jan 1802, b. 13 Jan 1802, 2y, son of James & Sarah
Kennedy, James, b. 9 Oct 1821, 2y6m, unknown sickness, in a lot
Kennedy, James, b. 8 Jul 1866, 50y
Kennedy, John, b. 15 Oct 1825, c. 30y, unknown sickness
Kennedy, John, b. 7 Nov 1835, c. 47y, consumption
Kennedy, John, b. 22 Dec 1862, 59y
Kennedy, John, b. 16 Sep 1864, 4y
Kennedy, John, b. 9 Dec 1869, 45y
Kennedy, John Francis, b. 27 Jan 1854, 7y
Kennedy, Joseph, b. 17 Jul 1850, 7m
Kennedy, Laura, b. 19 Oct 1854, 3y

Kennedy, Laurence, b. 29 Sep 1865, 33y
Kennedy, Louis, b. 23 May 1856, 2d
Kennedy, Margaret, b. 1 Jan 1850, 71y
Kennedy, Margaret, b. 22 Sep 1851, 2y
Kennedy, Martin, b. 10 Nov 1866, ½ hour
Kennedy, Martin, b. 18 May 1871, 2y
Kennedy, Martin, b. 3 Feb 1872, 5d
Kennedy, Mary, b. 11 Nov 1838, 27y, consumption
Kennedy, Mary, b. 25 Nov 1861, 3y
Kennedy, Mary Ann, d. 23 Jul 1805, b. 24 Jul 1805, 1y11d, cholera, dau of James & Sarah
Kennedy, Mary Ann, b. 5 Dec 1852, 17m
Kennedy, Mary Jane, b. 22 Feb 1853, 18m
Kennedy, Mary V., b. 28 Oct 1860, 2y
Kennedy, Michael, b. 24 Aug 1831, c. 18m, bilious fever, son of John
Kennedy, Michael, b. 1 Jul 1853, 38y
Kennedy, Mordecai, b. 12 Oct 1858, 78y
Kennedy, Pat., b. 23 Dec 1847, 35y
Kennedy, Regina, b. 14 Jul 1857, 22m
Kennedy, Rosan, b. 28 Dec 1854, 3y
Kennedy, Rosanna, b. 1 Sep 1864, 8m
Kennedy, Rose, b. 5 Oct 1841, 3m, spasms
Kennedy, Sarah H., b. 11 Dec 1862, 38y
Kennedy, Teresa, b. 10 Aug 1857, 6m
Kennedy, William, b. 20 Aug 1858, 3y
Kennedy, Wm. Henry, b. 7 Jul 1850, 2½y
Kenney, child, b. 29 Oct 1832, died soon after birth, child of Patrick
Kenney, Charles, d. 6 Mar 1816, b. 7 Mar 1816, c. 30y, pleurisy
Kenney, George, d. 18 Jun 1819, b. 19 Jun 1819, 34y, consumption, native of Ireland
Kenney, John, born & b. 15 Nov 1825, son of Peter & Catherine
Kenny, female, b. 1 Dec 1846, 3y, dau of Mr. Kenny
Kenny, Catherine, b. 14 Nov 1826, c. 33y, unknown sickness
Kenny, Cecelia, b. 23 Jan 1860, 10m
Kenny, Edward, b. 11 May 1866, 77y
Kenny, Elizabeth, b. 13 Jul 1854, 35y
Kenny, Francis, b. 25 May 1851, 9y
Kenny, Mrs. G. M., b. 13 May 1862, 45y
Kenny, Henry, b. 25 May 1854, 14w
Kenny, James, b. 11 Nov 1849, 10m
Kenny, James, b. 7 Jul 1857, 10m
Kenny, James A., b. 5 Sep 1851, 30y
Kenny, John, b. 18 May 1837, c. 36y, consumption
Kenny, John, b. 22 Feb 1848, 65y
Kenny, Joseph F., b. 9 Jan 1849, 2y
Kenny, Margaret, b. 27 Jul 1855, 19y
Kenny, Margaret A., b. 14 Oct 1855, 13m
Kenny, Martin, b. 14 Nov 1835, c. 32y, consumption
Kenny, Martin, b. 10 Oct 1862, 19y
Kenny, Mary, b. 3 Feb 1847, 56y
Kenny, Mary, b. 28 Jun 1852, 16y
Kenny, Mary, b. 11 Feb 1854, 76y
Kenny, Mary Ann, b. 17 Dec 1832, 28y, consumption
Kenny, Mary Ellen, b. 11 Oct 1853, 6m
Kenny, Mathew, b. 11 Sep 1858, 60y
Kenny, Michael, b. 25 Jan 1858, 26y
Kenny, Patrick, b. 18 Mar 1848, 45y
Kenny, Peter, b. 18 May 1846, 86y

Kenny, Thomas, b. 31 Jan 1855, 60y
Kenny, Thomas, b. 27 Oct 1856, 34y
Kennys, Wm., b. 25 Aug 1848, 45y
Kenrick, John, b. 7 Aug 1858, 9m
Kenrick, Mary, b. 1 Oct 1862, 32y
Kenrick, Patrick, d. & b. 8 Jul 1863, 67y
Kenrick, Patrick, see Kendrick/Kenrick, Patrick
Kensey, child, b. 1 Feb 1831, 2y3m, scarlet fever, child of Teresa
Kensey, Ellen, b. 3 Aug 1829, 2y, unknown sickness
Kentwall, William, b. 28 Sep 1834, 21y, bilious fever
Keogh/Keho, Bridget, b. 12 Jul 1838, c. 30/40y, apoplexy
Keogh, Joseph Wm., b. 25 Sep 1850, 3m
Keogh, William, b. 7 Sep 1850, 3y
Keoh, Mary, b. 4 Jul 1857, 9m
Keorns, Patrick, b. 4 Nov 1828, c. 50y, bilious fever
Keough, male, b. 14 Dec 1834, 12d, son of John
Keough, Andrew, b. 6 Feb 1864, 5½y
Keough, Denis, b. 20 Feb 1872, 32y
Keough, Katie, b. 19 Feb 1871, 21m
Keough, Michael, b. 20 Nov 1872, 33y
Keplinger, William, b. 9 Jun 1830, c. 8m, unknown sickness, son of George
Kepringer, child, b. 14 Aug 1837, 3m, infantile unknown, child of Mr. Kepringer
Kerchner, Joseph, b. 6 Oct 1860, 6m
Kerley, John, b. 19 Aug 1865, 54y
Kerley, Mary, b. 29 Oct 1825, 10m
Kernan, female, b. 13 Nov 1844, dau of Peter
Kernan, Anastasia, b. 2 Dec 1856, 50y
Kernan, Andrew H., b. 6 Nov 1846, 16y
Kernan, Ann, b. 26 Mar 1856, 11d
Kernan, Bernard, b. 10 May 1873, 63y
Kernan, Cath., b. 22 Aug 1872, 67y
Kernan, Cath., b. 26 Nov 1872, 38y
Kernan, Celia, b. 2 Aug 1874, 18m
Kernan, Edward, b. 14 Apr 1856, 8m
Kernan, Eliza Jane, b. 23 Aug 1856, 11m
Kernan, James, b. 10 Apr 1867, 80y
Kernan, John, b. 21 Oct 1855, 6y
Kernan, Leonard, b. 20 Mar 1854, 55y
Kernan, Lewis Harper, b. 12 Oct 1852, 16m
Kernan, Mrs. Mary, b. 3 Dec 1855, 39y
Kernan, Mary, b. 26 Jul 1862, 3½y
Kernan, Mary, b. 27 Mar 1868, 75y
Kernan, Mathew, b. 27 Mar 1854, 10d
Kernan, Mathew, b. 8 Feb 1861, 16m
Kernan, Michael, b. 23 Jun 1871, 70y
Kernan, P., b. 7 Apr 1869
Kernan, Patrick, b. 21 Feb 1850, 2½y
Kernan, Patrick, b. 1 Aug 1859, 13m
Kernan, Patrick, b. 20 Jul 1870, 56y
Kernan, Patrick L., b. 6 June 1867, 69y
Kernan, Peter, b. 6 Dec 1870, 14m
Kernan, Thomas, b. 15 Dec 1869, 2y
Kerney, Aloisius Frances, b. 28 Jul 1849, 7w
Kerney, Ann, b. 22 Nov 1847, 27y
Kerney, Eleanora, b. 13 Mar 1865, 25y
Kerney, John, b. 6 Dec 1851, 50y

Kerney, Mary Agnes, b. 2 Jan 1857, 18m
Kerney, Peter, b. 25 Dec 1870, 20y
Kernon, ---, b. 8 Mar 1827, c. 64y, bilious
Kernon, Francis, b. 28 Sep 1853, 18y
Kerns, James, d. & b. 6 May 1814, c. 24y
Kerns, Patric, b. 3 Aug 1814, 10m, son of Pat (dec.) & ---
Kerr, child, b. 5 Sep 1831, stillborn, child of Edward, buried with two other stillborn children of Mr. McLaughlin & Mr. ---
Kerr, male, b. 13 Mar 1850, 2d, son of Mr. Kerr
Kerr, Mrs., b. 15 Jun 1846, 73y
Kerr, Albert, b. 5 Feb 1864, 4½y
Kerr, Ann, b. 5 Dec 1857, 2y
Kerr, Edward, b. 6 Jan 1866, 68y
Kerr, Elizabeth, d. 9 Oct 1814, b. 10 Oct 1814, 15y, bilious fever
Kerr, Francis, b. 7 Dec 1844, 35y
Kerr, Hugh, d. 17 Dec 1812, b. 18 Dec 1812, fall from a horse
Kerr, James, b. 31 Aug 1849, 47y
Kerr, James, b. 20 Jun 1866, 56y
Kerr, John, b. 14 Mar 1858, 48y
Kerr, John, b. 21 Apr 1861, 16y
Kerr, Margaret, b. 27 Jan 1864, 3y
Kerrigan, Mr., b. 7 Sep 1862, 72y
Kerrigan, Miss Jane, b. 8 Sep 1855, 53y
Kershner, Edward T., b. 29 Jan 1870, 13y
Kerwan, Elizabeth, b. 1 Dec 1823, c. 1y, dau of Thomas & Elizabeth
Kerwick, Charles, b. 9 Jan 1865, 3y
Kerwick, Isabella, b. 6 Jul 1864, 2m
Kerwin, Mary, b. 31 Aug 1832, c. 19y, unknown sickness
Kerwin, Thomas, b. 13 Oct 1821, c. 2w, unknown sickness, son of Thomas
Kew, Bernard, b. 14 Apr 1855, 14y
Key, John, b. 30 May 1852, 25y, slave
Keylor, Maurice Killan, b. 10 Oct 1854, 40y
Keys, male, b. 19 Jun 1828, 5d, son of John, Colored
Keys, Catherine, b. 17 Apr 1855, 3m, Colored
Keys, Chas., b. 8 Dec 1872, 2w
Keys, Ellen C., b. 19 Sep 1860, 58y
Keys, Isaac, b. 29 Oct 1849, 19y, Colored
Keys, Jno., b. 4 Feb 1873, 43y
Keys, Joanna, b. 1 Jun 1856, 2m
Keys, John, b. 16 Nov 1839, 50y, consumption, Colored?
Keys, Margaret, b. 25 Sep 1824, c. 40y, bilious fever
Keys, Mary, b. 6 May 1872, 17y, Colored
Keyser, Joseph, d. 6 Jun 1806, b. 7 Jun 1806, c. 1y, cholera, son of John & Catharine
Kidd, Anna, b. 17 Apr 1850, 4m
Kidd, Charles, b. 16 Jan 1862, 9m
Kidd, Mrs. Jno., b. 20 Jun 1873, 48y
Kidd, Joshua, b. 12 Feb 1861, 2w
Kidd, Julia A., b. 31 Jul 1863, 1d
Kidd, Mary C., b. 15 Jul 1869, 2m
Kidd, Sarah Ruth, b. 1 Oct 1862, 15m
Kielan, Laurence, b. 17 Mar 1854, 28y
Kieran, Patrick, b. 6 Dec 1865, 45y
Kiernan, Patrick, d. 30 Apr 1813, b. 1 May 1813, 35y, native of Ireland
Kildee, Edward, d. 29 Jun 1813, b. 30 Jun 1813, 3m, son of Michael
Kilduff, John Thos., b. 19 Mar 1859, 8m
Kilduff, Patrick, b. 7 Jun 1855, 45y

Kilduff, Patrick, b. 30 Nov 1873, 29y
Kill, twins, Peter & Jas., b. 16 Jan 1863, ½d
Killduff, Mary, b. 29 Jul 1871, 1m
Killduff, Sarah I., b. 31 May 1858, 16m
Killen, Andrew, d. 4 Jun 1801, b. 5 Jun 1801, 5y, son of Jacob & Mary
Killen, Bernard, b. 28 Nov 1862, 67y
Killen, Bridget, b. 25 Jul 1864, 72y
Killen, Joseph, b. 16 Nov 1864, 28y
Killen, Mathew, b. 4 Feb 1858, 4m
Killen, Mathew, b. 16 Jul 1862, 29y
Killen, Thomas I., b. 16 Feb 1867, 3m
Killman, Edward B., b. 1 May 1870, 5m
Killpatrick, Hugh, b. 23 Dec 1847, 23y
Killy, Mrs., b. 7 Mar 1850, 40y
Kilmarten, Lake, b. 15 Jun 1823, 18m, fits
Kilmer, Mary, b. 23 May 1867, 14y
Kilner, Chas., b. 18 Jul 1873, 5w
Kilpatrick, Ann, b. 25 May 1843, 60y
Kilty, Mary E., b. 6 Aug 1870, 80y
Kinchard, Mrs., b. 6 Feb 1854, 30y
Kine, Patrick, b. 14 Aug 1853, 35y
Kines, Albert, b. 27 Dec 1870, 3y
Kines, Water (sic) D., b. 15 Dec 1868, 4d
King, child, b. 25 Jul 1831, 11m, child of Michael
King, child, b. 4 Jun 1847, 6d, child of Michael
King, child, b. 14 Mar 1864, stillborn, child of Hugh
King, male, b. 27 Mar 1840, 22m, scrofula, son of John
King, male, b. 9 Dec 1851, 18m
King, male, b. 6 Dec 1855, 5 minutes, son of Hugh
King, Abby, b. 6 Mar 1852, 50y
King, Adele, b. 13 Oct 1855, 4y
King, Amelia, b. 25 Jul 1865, 27y
King, Ann, b. 27 Apr 1852
King, Ann, b. 2 Jul 1858, 16y, Colored slave
King, Ann, b. 26 May 1860, 16y
King, Anna, b. 23 Oct 1864, 19y
King, Arthur, b. 20 Sep 1837, 40y
King, Bridget, b. 14 Dec 1852, 45y
King, Bridget, b. 6 Feb 1864, 60y
King, Catharine, b. 17 Nov 1853, 28y
King, Catharine, b. 13 May 1862, 80y
King, Caroline, b. 3 Sep 1867, 19y
King, David, d. 19 Oct 1799, b. 20 Oct 1799, c. 52y, native of Ireland
King, Edwd. D., b. 5 Jun 1847, 2y
King, Elizabeth, d. 22 Sep 1800, b. 23 Sep 1800, c. 23y
King, Elizabeth, d. 18 Feb 1820, b. 19 Feb 1820, consumption
King, Elizabeth, b. 28 Nov 1853, 26y
King, Rev. George, b. 20 Jun 1856, 63y
King, Hugh, b. 18 Oct 1860, ½ hour
King, James, b. 21 May 1846, 3d
King, James, b. 19 Mar 1856, 76y
King, John B., b. 20 Apr 1868, 8m
King, John Edmund, b. 17 Nov 1851, 14m
King, Joseph, b. 27 Jun 1828, 4m, summer complaint, son of Jarrett
King, Lizzie, b. 9 May 1865, 24y
King, Louisa Jane N., b. 4 May 1856, 49y

King, Margaret, b. 16 Aug 1851, 2y
King, Mary, b. 11 Feb 1853, 5y
King, Mary, b. 15 Jan 1863, 6y
King, Mary Ann, b. 30 Apr 1856, 3m
King, Nicholas, b. 14 May 1851, 36y
King, Patrick, b. 7 Mar 1852, 60y
King, Peter, b. 5 Sep 1845, 45y
King, Peter, b. 3 May 1851, 17m
King, Richard, d. 23 Jun 1799, b. 24 Jun 1799, 12d, son of David & Honor
King, Rose, b. 15 Aug 1852, 27y, Colored
King, Rose, b. 27 Jun 1868, 20y
King, Sarah, b. 29 Feb 1848, 28y
King, Sarah, see Smith/King, Sarah
King, Susannah, b. 4 Aug 1829, 12m, cholera inflamation, dau of George of Washington
King, Thomas, b. 12 Jun 1855, 4½y
King, Thos., see Smith/King, Thos.
Kings, Mr., b. 10 Dec 1848, 10m
Kinsella, Agness, b. 15 Dec 1866, 11m
Kinsella, Edward, b. 31 May 1861, 3m
Kinsella, Ellen, b. 1 Sep 1857, 10m
Kinsella, Wm., b. 30 Dec 1873, 10y
Kintz, child, b. 2 Jun 1826, 3y, dropsy in the head, child of George
Kintz, Ambrose, b. 21 Jun 1828, c. 2w, unknown sickness, son of George
Kintz, Eve, b. 12 Jan 1836, c. 42y, affection on the brain
Kirby, female, b. 9 May 1842, 18m, dau of Mary
Kirby, Mrs., b. 9 Feb 1865, 65y
Kirby, John, b. 9 Jan 1840, 45y, pleurisy
Kirby, Martin D., b. 7 Dec 1872, 10m
Kirby, William, b. 18 Nov 1866, 2y
Kirk, George, b. 3 Oct 1796, 4d, son of Felix & Susanna, buried in St. Peter's Church Yard
Kirk, James, b. 26 Feb 1823, c. 30y, consumption
Kirkpatrick, Hugh, b. 9 Jun 1860, 78y
Kirkpatrick, Samuel I., b. 16 Jan 1863, 25y
Kirns, Charlotte, b. 8 Dec 1830, 37y, unknown sickness
Kirvin, Thomas, b. 21 Aug 1832, c. 60y, cholera
Kirwan, Maria, d. 15 Jul 1796, b. 16 Jul 1796, 9y7m9d, dau of John & Mary
Kirwan, Mary Ann, b. 3 Sep 1856, 6m
Kirwick, John Patrick, b. 14 Feb 1855, 4½y
Kirwick, Mary, b. 20 Jul 1866, 8m
Kirwin, child, b. 16 May 1850, 1 hour, child of Mr. Kirwin
Kirwin, male, b. 23 Aug 1855, 30 minutes, son of Bernard
Kirwin, Ann, b. 7 Feb 1861, 43y
Kirwin, James, b. 28 Jan 1854, 22y
Kirwin, John W., b. 29 Jul 1864, 3y
Kirwin, Murtah, b. 4 Jul 1854, 45y
Kisrial, George G., b. 21 Jul 1850, 26y
Kisriel, Joseph F., b. 17 Jul 1861, 7y
Kitten, John, d. 15 Sep 1810, b. 16 Sep 1810, 38y, consumption, received sacrament
Kitts, Mrs. John, b. 27 Jun 1866, 81y
Kline, Mary Jane, b. 4 Jul 1845, 2½y
Knackslead, Mary Ann, b. 19 Mar 1860, 18m
Knacksted, Edmund, b. 15 Nov 1869, 2y
Knacksted, Maria, b. 20 Aug 1871, 37y
Knackstedt, Mary Ann, b. 20 Aug 1862, 48y
Kneeland, Michael, b. 14 Dec 1852, 2w
Knight, child, b. 17 Nov 1851, 6m, child of Mrs. Knight, Colored

Knight, Benjamin, d. 12 Feb 1817, b. 13 Feb 1817, c. 55y, bilious fever, Balt.
Knight, George Lewis, b. 10 Sep 1857, 18m
Knight, James, d. 30 Apr 1797, b. 1 Mar 1797, 16m, son of Benjamin & Margaret
Knight, Mary Ann, b. 26 Jun 1865, 7w
Knight, Mrs. M. E., b. 10 May 1868, 30y
Knight/Knigt, Rebecca, d. 27 Mar 1819, b. 28 Mar 1819, 23y, consumption, buried in lot
Knight, Thomas, d. 17 Jun 1804, b. 18 Jun 1804, 2y, son of Abraham & Ann
Knight, William, d. 21 Sep 1810, b. 22 Sep 1810, 11m
Knigt, Rebecca, see Knight/Knigt
Knipe, female, b. 4 Dec 1844, 3y, dau of Mr. Knipe
Knipe, Charles, b. 22 Oct 1865, 34y
Knipe, Charles W., b. 12 Mar 1832, 4y, unknown sickness
Knipe, Franklin, b. 29 Nov 1832, c. 5y, croup
Knott, James, d. 10 May 1796, b. 11 May 1796, c. 33y
Knox, Veronica, b. 6 Jan 1854, 25y
Koffer, John, d. & b. 9 Oct 1800, 73y, native of Germany
Koffer, Mary, d. & b. 13 Oct 1800, c. 60y, wid of John
Kohler, Anthony, d. 6 May 1809, b. 7 May 1809, suddenly
Koons, Charles, b. 1 Feb 1867, 32y
Koons, Chas. F., b. 31 Jul 1874, 9m
Koontz, Mary Mgt., b. 28 May 1855, 9m
Kopler, ---, b. 4 Jan 1826, c. 30y, consumption
Kourke, James, b. 6 Oct 1852, 45y
Kreamer, Nicholas, b. 31 Oct 1874, 35y
Kremmelburg, Joseph W., b. 15 Jul 1869, 26m
Kretzer, Lydia E., b. 22 Oct 1845, 30y/28y6m
Kridler, Jeremiah, b. 4 Apr 1873, 61y
Kriney, male, b. 11 Feb 1836, 3y, convulsions, son of Mr. Kriney
Krull, child, b. – Jul 1835, stillborn, child of Maria
Kuhan, Michael, b. 22 Aug 1852, 3y
Kuhn, child, b. 10 Aug 1858, stillborn, child of Sylvester
Kuhn, George, b. 30 Apr 1864, 34y
Kuirk, Mary, b. 29 Dec 1856, 19y
Kummer, Betsy, b. 12 Jul 1858, 53y
Kummers, Margaret, b. 4 Jan 1859, 2½y
Kummet, Maria E., b. 15 Jul 1852, 14m
Kurtz, Ellen E., b. 3 Apr 1856, 3m
Kurtz, Mary Ellen, b. 20 Jun 1851, 8m
Kusic, Sarah Ann, b. 13 Jul 1856, 3w

Labarth, Charlotte, b. 6 Jan 1859, 82y, Colored
LaBoisscere, Mrs., b. 27 Jun 1861, 100y
LaBrouche, John Baptist Meton, d. 13 Dec 1793, b. 14 Dec 1793, 47y, son of Bernard Timothy & Mary Magdalene Dessens, hus of Mary Magdalene Berquier, native of Dax in Gasop, New York, buried in St. Peter's Church Yard
LaBurn, Margaret, b. 27 Sep 1835, 28y, childbirth
Lacey, Mary Ann, d. 25 Aug 1815, b. 26 Aug 1815, 7y
Lachy, Michael, b. 5 Jun 1856, 35y
LaClergue, Jean, d. 27 Jun 1793, b. 28 Jun 1793, native of province of Bearn, *(French)
LaCombe, Jean Joseph, b. 7 Oct 1793, native of Cossade in the diocese of Cahors, formerly a resident of St. Domingo, *(French)
LaCombe, Mrs. Marie, b. 27 Mar 1827, c. 80y, lingering illness
Lacompte, James D., b. 4 Jul 1853, 38y
LaCoste, Bernard, d. 28 Jul 1793, b. 29 Jul 1793, native of Sainte Malie parish in Bordeaux, *(French)
LaCount, male, b. 26 May 1837, c. 3/3½y, son of James
LaFarge, Marie Elizabeth Ariol, d. 11 Feb 1793, b. 12 Feb 1793, wife of Joseph Louis, lawyer, resident of the North Province of St. Domingo, *(French)
LaFerrendiere, ---, d. 20 Aug 1820, b. 21 Aug 1820, 65y, consumption
Lafevre, Ferdinand, b. 3 Apr 1867, 29y
Lafeyre, T. I., b. 11 May 1868, 50y
Lafferty, ---, d. 24 Dec 1817, b. 25 Dec 1817, 4y, dropsy in the head
Lafferty, child, b. 5 Jun 1860, 15y, orphan of Bridget
Lafferty, female, b. 3 Nov 1850, 5m, dau of Mr. Lafferty
Lafferty, male, b. 12 Aug 1823, 5y, bilious, son of James
Lafferty, Bridget, b. 11 Aug 1857, 32y
Lafferty, Ellen, b. 12 Oct 1850, 3y
Lafferty, James, b. 21 Apr 1852, 8m
Lafferty, Jane, b. 27 Jun 1857, 18m
Lafferty, John, b. 2 Apr 1871, 20y
Lafferty, Mary, b. 11 May 1860, 7y
Lafferty, Mary Jane, d. 12 Oct 1819, b. 13 Oct 1819, 4m
Lafferty, Thomas, b. 18 May 1872, 24y
Laffy, Bridget, b. 31 Oct 1864, 42y
Laffy, Daniel, b. 30 Aug 1864, 4m
Laffy, Joseph T., b. 26 Jan 1874, 4m
Laffy, Margaret, b. 24 Jun 1865, 5y
LaFiteaux, Anthony, d. & b. 27 Sep 1796, c. 3y, son of John Baptist & Mary Catharine DuPlan, planter of Grande Riviere Island, St. Domingo
LaFiteaux, Jean, d. 19 Oct 1793, b. 20 Oct 1793, c. 40y, native of Bordeaux, resident of La Grande Riviere de France, North Province of St. Domingo, *(French)
LaFitte, male, b. 22 Mar 1837, 1m, son of Mr. LaFitte
LaFont, Mr., b. 25 Aug 1840, 79y, cholera morbus
Lafont, Maria Justice, b. 30 Mar 1953, 76y
LaGarde, Mary, d. 30 Jan 1820, b. 31 Jan 1820, 80y
LaGrave, Pierre, d. 24 Aug 1793, b. 25 Aug 1793, son of Pierre & Elizabeth de Mirolour, born 3 Jun 1782, baptized in the Church St. Catherine of Susmian & Castelmaie, Oleron diocese, *(French)
LaHerty, James, b. 29 Aug 1821, 8m, fits
L'Aignox, J. B. Armand, b. 2 Oct 1848, 34y
LaJute, Charles, b. 21 Sep 1824, c. 50y, unknown sickness, Colored man, attended by Rev. Mr. Chance
Lake, child, b. 27 Apr 1831, 1m, child of Samuel
Lally, Catharine, b. 21 Jul 1852, 32y
Lally, J. A., b. 23 Dec 1870, 21m
Lally, James, b. 7 Feb 1863, 48y

Lally, Joseph M., b. 19 Apr 1855, 3w
Lally, Stephen, b. 24 Sep 1874, 9y11m
Lally, Thomas, b. 29 Jul 1852, 12m
Lalor, John, b. 29 Sep 1850, 33y
Lalor, John H., b. 9 May 1869, 8m
Lam, John Baptist, d. 27 May 1806, b. 28 May 1806, 41y, hosten native of Grenada, lately from St. Lucy
Lamb, Elizabeth, b. 9 Sep 1874, 56y
Lamb, Ellen, b. 12 May 1861, 1d
Lamb, James, b. 21 Apr 1870, 21y
Lamb, Mary, b. 17 Aug 1856, 12m
Lamb, Patrick, b. 26 Feb 1865, 20y
Lambden, William, b. 29 Sep 1830, c. 2y, fevers
Lambert, Cheri, d. & b. 24 Jun 1796, 18m, son of Victoire
Lambert, Juliana, d. 15 Aug 1794, b. 16 Aug 1794, 4m, buried in St. Peter's Church Yard
Lambert, Lewis, b. 7 Jul 1837, 37y
Lamberton, Mary, b. 1 Nov 1836, c. 35y
Lamdin, Mary, b. 17 Oct 1870, 3m
Lame, male, b. 14 Apr 1855, son of Jno.
L'Ami, Ann, b. 18 Jul 1831, old age
Lamits, Rose, b. 23 Oct 1871, 39y
LaMotte, Pierre, d. 27 Sep 1793, b. 28 Sep 1793, born 19 Sep 1793, son of Jean & Genevive Victoire Darnett, residents of St. Domingo, *(French)
LaMour, Pierre, b. 17 Dec 1814, c, 40y, pleurisy, native of Africa, lived for many years on St. Domingo, later resident of Balt.
Lanagan, Mrs. Sarah, b. 16 Jul 1868, 70y
Lanaghan, Nancy, b. 19 May 1853, 28y
Lanahan, Jas., b. 27 May 1856, 4y
Lanahan, Patrick, b. 6 Jun 1868, 68y
Lanan, Louisa, b. 12 Oct 1851, 12y
Lancaster, Caroline, b. 2 Apr 1856, 41y
Lancaster, Dr./Dr. C. C., b. 7 Mar 1855, 60y
Lancaster, Francis, b. 7 Sep 1831, 18y, bilious & inflamation of the brain
Lancaster, Jno. K., b. 31 Jul 1852, 21y
Lancey, Octavia, b. 18 Aug 1850, 16y, Colored
Lander, child, b. 20 Mar 1867, 2y, child of John
Landers, Andrew, d. 30 Jul 1796, b. 31 Jul 1796, 5m, son of Peter & Lydia
Landers, Catharine I., b. 6 Jul 1860, 2y
Landers, Lydia, d. 22 Aug 1801, b. 23 Aug 1801, 16m, dau of Peter & Lydia
Landers, Peter, d. & b. 20 Mar 1802, 5y, son of Peter & Lydia
Landers, William, d. 20 Oct 1796, b. 22 Oct 1796, c. 35y, native of Ireland
Landigan, John, b. 24 Oct 1855, 44y
Landkae, Elizabeth/Eliza, see Lane/Landkae, Elizabeth/Eliza
Lando, Mrs., b. 16 Dec 1829, c. 60y, dysentery
Landon, James, b. 18 Mar 1845, 22y, Colored
Landra, Eliza M., b. 28 Feb 1870, 78y
Landre, Josephine, b. 18 Aug 1824, c. 90y, bilious fever
Landricks, child, b. 15 Dec 1839, 2y, whooping cough, child of Mary/Polly, Colored
Landrigan, Mary, b. 26 Mar 1864, 63y
Landry, Barbara, d. 14 Jun 1799, b. 15 Jun 1799, c. 49y
Landry, George, d. 2 Jun 1802, b. 3 Jun 1802, c. 56y, native of Acadia
Landsey, Martha, b. 7 Nov 1863, 20y, Colored
Landsfield, John, d. & b. 7 Aug 1799, 19w, son of George & Mary
Lane, child, b. 2 Mar 1864, 3m, Colored, child of Philip
Lane, female, b. 9 Jul 1839, 5y, dau of William
Lane, female, b. 29 Jun 1843, 6w, dau of William

Lane, male, b. 18 Aug 1837, 14m, summer complaint, son of William
Lane, male/child, b. 6 Oct 1838, 18m, son/child of Nicholas, Colored?
Lane, male, b. 5 Jan 1839, 18 hours, son of Henry
Lane, male, b. 9 Sep 1839, 2y, decline, son of Mr. Lane
Lane, male, b. 30 Sep 1846, 2d, son of Mr. Lane
Lane, Mrs., b. 5 Jul 1839, 52y
Lane, Mrs., b. 13 Aug 1851, 52y
Lane, Charles, b. 13 Mar 1865, 15y
Lane/Landkae, Elizabeth/Eliza, b. 28 Sep 1838, 30y, dropsy
Lane, Henry, b. 31 Mar/1 Apr 1838, c. 30/50y, bronchitis
Lane, Honora, b. 6 Sep 1825, c. 30y, suddenly
Lane, James C., b. 21 May 1852, 6m
Lane, Jane, b. 9 Jun 1843, 35y
Lane, Jeremiah, b. 19 Jul 1872, 35y
Lane, John, b. 3 May 1821, consumption
Lane, John, b. 23 Mar 1849, 16m
Lane, John Nicholas, b. 2 Oct 1830, 7m, consumption, son of William
Lane, Mary, b. 27 Jul 1864, 11m
Lane, Mary, b. 8 Mar 1865, 29y, Colored
Lane, Samuel, b. 30 Nov 1844, 4y
Lane, Sarah, b. 13 Aug 1856, 12m
Lane, Thos., b. 28 Mar 1849, 6y, son of Mr. Lane
Lane, William, b. 27 Feb 1848, 11y
Lane, William, b. 25 Dec 1866, 18y, Colored
Lane, Wm., b. 21 Nov 1868, 55y
Lang, child, b. 16 Jun 1832, c. 6w, child of Mr. Lang
Langan, James, b. 28 Nov 1830, age unknown, unknown sickness
Langden, Thomas, b. 27 Jun 1848
Langdon, Edward, b. 7 Oct 1865, 11y
Langdon, James, b. 14 Feb 1870, 1d
Langen, Thos., b. 2 Jan 1851, 6m
Langley, Catherine, b. 27 Jun 1840, 35y, consumption
Langurt, Mary, b. 31 Dec 1855, 2 minutes
Lannan, Jane L., b. 10 Jul 1874, 5m
Lannan, John, b. 17 Aug 1863, 38y
Lannaway, Amos, d. 14 Oct 1813, b. 15 Oct 1813, 2y
Lanon, Mark, b. 27 Sep 1871, 52y
Lansdale, Mary Ann, b. 27 Oct 1851, 15y, Colored
Lansfield, Mary, b. 8 Sep 1823, c. 49y, bilious fever
LaPeter, child, b. 28 May 1826, 3y
LaPoule, Genevive Elizabeth, d. 17 Aug 1798, b. 18 Aug 1798, 1y, Colored, dau of Elizabeth LaPoule
LaPouraille, child, b. 3 Sep 1827, c. 4m, accident, child of Peter
Lappan, Patrick, b. 19 Oct 1853, 37y
LaPrade, Ann Joseph St. Martin DuFourcy, d. 20 Nov 1799, b. 22 Nov 1799, 21y, dau of Simon Joseph St. Martin & Mary Ann Smith, wife of John Frans Cabannes DeLaPrade, Knight of the Order of St. Lewis, Col. Commandant of Artillary & Adjutant General of the south of St. Domingo
LaPratt, Rose, b. 3 Sep 1858, 33y
Lapsfield, child, b. 10 Apr 1828, c. 3y, fever, child of Steven
Laraquay, child, b. 12 Aug 1867, 11m, child of Wm.
Laraquey, Michael, b. 31 Dec 1850, 2y
Larback, Mary, b. 8 Feb 1874, 41y
Lareintrie, Louisa/Lousa, d. & b. 21 Sep 1816, 7m, whooping cough, Colored child
Larguey, Mrs. Julia, b. 26 Nov 1855, 45y
Larigan, Dennis, b. 2 May 1842, 1w, infantile unknown

Larkin, Bridget, b. 17 Jan 1844, 20y
Larkin, James, b. 6 Sep 1822, c. 35y, bilious complaint
Larkin, John, b. 23 Jan 1848, 16y
Larkin, Michael, b. 13 Dec 1868, 49y
Larkin, Thomas, b. 16 Feb 1853, 38y
Larkins, male, b. 19 Jul 1839, 18m, worms, son of Mary
Larkins, Ann, b. 19 Oct 1851, 43y
Larkins, Mary, b. 25 Aug 1855, 10m
Larkins, Michael, b. 15 May 1839, 45y, consumption
Larkins, Michael, b. 10 Dec 1857, 14m
Larkins, Stephen, b. 30 Jul 1850, 32y
Larnates, Wm., b. 6 Oct 1868, 2y
Larnum, Mrs. Susan, b. 18 May 1838, 70y, casualty
Larogue, Miss Sophia, b. 16 Oct 1850, 85y
Laron/Lawn, John, b. 23 Apr 1841, 17y, consumption
LaRoque, child, b. 4 Nov 1825, c. 4 hours, child of Edward
LaRoque, child, b. 28 Jan 1830, stillborn, child of Edward
LaRoque, female, b. 15 Oct 1841, 10y, water on the brain, dau of Mr. LaRoque
Laroque, Mrs. A. A., b. 18 Sep 1854, 55y
Laroque, Alex., b. 25 Jul 1873, 65y
Laroque, Alexis, b. 31 Aug 1865, 49y
Laroque, Amelia, b. 5 Nov 1850, 18y
Laroque, Chas., b. 11 Aug 1873, 36y
Laroque, Dr. Edward, b. 16 Feb 1861
Laroque, Edwd., b. 19 Sep 1868
Laroque, Emile, b. 16 Feb 1871, 50y
Laroque, Eugenie, b. 11 Mar 1869, 67y
Laroque, Ferdinand, b. 14 Apr 1862, 2y
LaRoque, Francis, b. 30 Sep 1829, 75y, unknown sickness, born in the southern part of St. Domingo Island in 1754 a.d.
LaRoque, Francis Oliver, b. 7 Jul 1829, c. 1y, teething
Laroque, John, b. 26 Mar 1864, 76y
Laroque, Joseph B., b. 19 Jan 1864, 16m
Laroque, Mary Adele, b. 20 Sep 1858, 3m
Laroque, Mathilde M., b. 28 Apr 1870, 15y
Laroque, Susan, b. 15 Sep 1859, 70y
Larquey, Dennis, b. 1 Oct 1852, 45y
Larquey, John P., b. 9 Aug 1859, 14m
Larquey, Patrick, b. 2 May 1854, 35y
Larquey, William, b. 26 Feb 1850, 70y
LaSalle, Henrietta Emilia, d. 3 Oct 1796, b. 4 Oct 1796, 18m, dau of William, native of Ortaix in Bearn, France, & Jane Mary Huve, born at Baqueat, Bigorre, both now of Baltimore
Lash, Ephraim, b. 4 Jun 1847, 52d
Lashford, Sarah, d. & b. 19 Nov 1797, 7m, dau of Daniel & Catharine
LaTaste, Ann Mary, d. & b. 12 Jun 1806, 7m6d, cholera, dau of John & Elizabeth Augustine Legout
Latham, Ann E., b. 25 Aug 1863, 38y
Latourda, Eliza, b. 10 Jan 1849, 90y, Colored
Lauer, Annie F., b. 29 Jun 1872, 8m
Lauer, Charles H., b. 20 Dec 1871, 4y
Lauer, Mrs. M. E., b. 25 Oct 1870, 40y
Laugherty, Mary, b. 26 Jul 1828, 22y, cholera morbus
Laughran, Peter, b. 10 Sep 1848, 38y
Laulers, James, b. 22 May 1866, 60y
Laurence, Ellen, b. 30 Jul 1846, 9m
Laurence, Ferdinand, d. 14 Aug 1804, b. 15 Aug 1804, c. 50y, gangrene

Laurence, Jacob, d. 23 Jul 1799, b. 24 Jul 1799, 20m, son of Ferdinand & Elizabeth
Laurence, James, b. 26 Mar 1862, 65y
Laurence, Joseph, d. 25 Jan 1799, b. 26 Jan 1797, 53y, native of Germany
Laurence, Margaret, d. 30 Mar 1796, b. 3 Apr 1796, 24y, wife of Wendel
Laurence, Margaret, b. 16 Sep 1861, 60y
Laurence, Paulina, b. 30 Dec 1850, 62y
Laurence, Richard, b. 24 Jun 1871, 13m
Laurence, Robert I., b. 28 Nov 1866, 49y
Laurence, William, b. 16 Aug 1857, 50y, Colored
Laurenson, child, b. 3/4 May 1842, child of Mr./Philip
Laurenson, Francis Buston, d. 29 Jun 1815, b. 30 Jun 1815, 1m1w, bilious colic, son of Philip & Margaret
Laurenson, Louisa, born & d. 20 Sep 1806, d. 21 Sep 1806, dau of Philip & Margaret
Laurenson, Mrs. Margaret, d. 5 Jan 1826, b. 7 Jan 1826, wife of Philip, born in Baltimore 27 Aug 1778
Laurenson, Philip, d. 24 Jan 1849, b. 26 Jan 1849, 74y
Laurey, Delia, b. 2 Oct 1863, 27y
Laurishford, Daniel, d. 23 Jun 1805, b. 24 Jun 1805, c. 35y
Laval, Ann, b. 17 Aug 1832, 58y, consumption
LaVale, Jean, d. & b. 17 Oct 1793, c. 61y, lieutenant of the ship Indian of Bordeaux, native of Sempe in Labour, *(French)
LaValla, Mary Ann Catherine Contusier, b. 25 Nov 1825, 77y, typhus
LaVerne, Mary C. P., b. 1 Oct 1857, 4½y
Lavery, Hugh, b. 30 Sep 1822, c. 40y, bilious fever
LaVigue, Cassandra, d. & b. 30 Jul 1797, c. 15m, dau of Augustin & Cassandra Andrews
LaVille, Peter, d. & b. 25 May 1797, c. 89y, native of Bordeaux, St. Croix, lately from Cape Francais, St. Domingo
Lawler/Lawless, female, b. 28 Feb/2 Mar 1842, 6m, dau of Richard
Lawler, Mrs., b. 28 Jan 1846, 36y
Lawler, Mary, b. 16 Apr 1869, 4y
Lawler, Sarah Jane, b. 3 Aug 1852, 2y
Lawless, female, see Lawler/Lawless
Lawless, Bridget, b. 14 Sep 1871, 37y
Lawless, John Thomas, b. 23 Aug 1863, 12m
Lawless, Maggie, b. 11 Jul 1866, 2y
Lawless, Mary E., b. 7 Nov 1868, 8d
Lawless, Mathew, b. 19 Jun 1849, 70y
Lawless, Nicholas, b. 2 Feb 1870, 37y
Lawless, Richard, b. 7 Aug 1825, age unknown, bilious fever
Lawless, Mrs. Richard, b. 2 Sep 1842, 30y
Lawless, Richd., b. 13 May 1874, 75y
Lawlor, Lawrence P., b. 6 Feb 1869, 2y
Lawn, Annabella, b. 7 Sep 1860, 13m
Lawn, Chr., b. 6 Feb 1873, 92y
Lawn, Mrs. Henry, b. 5 Jul 1839, 52y, consumption
Lawn, Henry, b. 1 Oct 1848, 23y
Lawn, Henry, b. 11 Jul 1851, 14m
Lawn, Henry, b. 2 Jul 1864, 80y
Lawn, James I., b. 16 Jan 1858, 35y
Lawn, John, b. 30 Oct 1852, 4y
Lawn, John, b. 11 Feb 1853, 74y
Lawn, John, see Laron/Lawn, John
Lawn, Margaret, b. 17 Aug 1857, 12m
Lawn, Mary C., b. 10 Jan 1848, 2y
Lawn, Mary Jane, b. 25 Oct 1852, 8y
Lawn, Rose, b. 20 Apr 1852, 13m

Lawn, Thos. I., b. 29 Dec 1850, 23y
Lawrence, Margaret, d. 27 Mar 1794, b. 29 Mar 1794, 4y, dau of Ferdinand & Elizabeth, buried in St. Peter's Church Yard
Lawrence, Mary, b. 10 May 1828, c. 12y, metallic poison
Laws, Arbeti, b. 22 Sep 1863, 2y, Colored
Laws, Cath., b. 26 Jun 1870, 44y
Lawson, Elizabeth, d. 12 Jan 1815, b. 13 Jan 1815, c. 35y, typhus fever
Lawson, Mary Ann, b. 21 Sep 1823, c. 19y, bilious fever
Lawson, Patrick, b. 1 Jul 1871, 2y
Lawson, Rosa, b. 17 Apr 1851, 5y
Laxalde, Alexander Vincent, d. (4:30 a.m.) & b. 22 Jan 1801, c. 23y, native of St. John DeLuzin, France
Laybron, Thomas, b. 6 Jan 1859, 30y
Layden, James, b. 12 Jun 1853, 17y
Layman, Catherine, b. 28 Sep 1832, 2y, summer complaint
Layneham, John, d. 1 Aug 1819, b. 2 Aug 1819, 34y, bilious
Lazar, Peter, d. 23 Jun 1806, b. 24 Jun 1806, 22y, consumption
Leadbeaten, Susan, b. 13 Feb 1847, 5y
Leadbeater, Francis, b. 3 Apr 1845, 36y
Leahy, Anastasia, b. 1 Nov 1850, 37y
Leahy, Catharine, b. 18 Jul 1855, 10m
Leahy, James, b. 7 Apr 1859, 2½y
Leahy, James, b. 27 May 1866, 39y
Leahy, Mary, b. 5 Oct 1863, 25y
Leahy, William, b. 16 Aug 1850, 11y
Leahy, William, b. 22 May 1865, 50y
Leake, female, b. 2 Feb 1840, 1d, dau of John
Leake, Chas. R., b. 7 Jun 1871, 2y
Leake, Mary Teresa, b. 31 Jan 1848, 3y
Leake, Teresa, b. 11 Feb 1848, 11m
Leakin, child, b. 29 Apr 1846, stillborn, child of Mr. Leakin
Leakin, Henrietta, b. 15 Nov 1870, 44y, Colored
Leakin, Jos. J., b. 28 Oct 1874, 2m
Leakin, Mary A., b. 22 Dec 1857, 19y
Leaky, John, d. 9 Jul 1805, b. 10 Jul 1805, 43y
Leary, female, b. 15 Nov 1857, ½ hour, dau of James
Leary, Ann, b. 6 Feb 1858, 40y
Leary, Daniel, d. 25 May 1797, b. 26 May 1797, c. 40y, accidentally drowned
Leary, Henry, b. 21 May 1865, 25y
Leary, Richard, b. 19 Jun 1865, 78y
LeBaritre/LeBarthe, male, b. 23 Feb 1838, 4y, scarlet fever, son of Mr. LeBaritre/LeBarthe, Colored
LeBarry, Sophia, b. 19 Jul 1824, c. 3y, bowel complaint
LeBarth, Eli, b. 26 Nov 1864, 85y, Colored
LeBarthe, female, b. 19 Aug 1839, 3y, whopping cough, dau of Hillary, Colored
LeBarthe, male, see LeBaritre/LeBarthe, male
LeBarthe, Eli, b. 3 Sep 1839, 12/16y, consumption, Colored
LeBarthe, Hillary, b. 22 Jun 1839, 8m, Colored?
LeBatard, Marie Louise Josephine, d. 1 Feb 1797, b. 2 Feb 1797, 19m, dau of John Lewis & Jeanne Catharine Hubert
LeBlanc, Daniel, d. 6 May 1810, b. 7 May 1810, 81y
LeBlanc, Margaret, d. 21 Nov 1799, b. 22 Nov 1799, 71y, native of Nova Scotia
LeBomb/LeBomd, Louis, b. 16 Jul 1822, c. 30y, apoplexy, native of Morticles
LeBomd, Louis, see LeBomb/LeBomd, Louis
LeBon, child, b. 5 Apr 1823, c. 18m, unknown sickness, child of Charles
Lebon, Frances E., b. 10 Jun 1845, 20y

LeBon, Julius, b. 26 Feb 1829, c. 5m, cold, son of Charles
LeBon, Marceline, b. 21 May 1857, 65y
LeBon, Mary Louisa, d. 29 Nov 1795, b. 30 Nov 1795, c. 60y, wid of Charles (dec.) of St. Domingo
LeBon, Rebecca, b. 9 Oct 1840, 3y, convulsions
LeBon, Virginia, b. 11 Sep 1840, 17m, whooping cough
LeBrade, child, see LePrade/LeBrade, child
LeBron, John Anthony, d. 4 Jul 1807, b. 5 Jul 1807, 2y1m19d, son of Anthony & Alice
Lechter, child, b. 17 Jul 1826, c. 10m, dropsy, child of George
Lechy, Christopher, b. 26 Feb 1854, 23y
LeClaire, Charles Dominic, d. 24 Aug 1807, b. 25 Aug 1807, 2y3m, son of Lewis Sebastian & Jane Juliette
LeClere, Adelaide, d. 14 Sep 1802, b. 15 Sep 1802, 17y, dau of Francis, born at Plaisance, St. Domingo
LeClere, Adolphus, d. 28 Aug 1810, b. 29 Aug 1810, 1m
LeClere, Louisa Eugenia, d. 3 Sep 1810, b. 4 Sep 1810, 11y
LeCog, Margaret Virginia, d. 10 Jul 1798, b. 11 Jul 1798, 3m15d, dau of John & Charlotte Chantran
LeCoq, John, d. & b. 8 Dec 1794, 17m, son of John & Charlotte Chantrot, buried in St. Peter's Church Yard
LeCoq, Mary, d. 26 Nov 1794, b. 27 Nov 1794, 4y7m, dau of John & Charlotte Chantrot, buried in St. Peter's Church Yard
Lecta, Jeanne Julie, d. 20 Mar 1816, b. 21 Mar 1816, 36y10m, consumption
Lectere, Francis, d. 17 Jan ----, b. 18 Jan ----, c. 60y, suddenly, native of France
Lecze, William, d. 24 Jan 1801, b. 25 Jan 1801, physician, native of France
Ledden, Ann, b. 4 Aug 1853, 15m
Ledden, Peter, b. 11 Jul 1846, 39y
Leddy, male/John Michael, b. 12 Jul 1841, 6m, summer complaint, son of John
Leddy, Ann Eliza, b. 26 Apr 1849, 18y
Leddy, James, b. 3 Aug 1849, 16y
Leddy, John, b. 19 Sep 1847, 43y
Leddy, M. G., b. 6 Feb 1846, 3y
Ledoyean, Geo. W., b. 6 Aug 1848, 18m
LeDoyen, Robert E. L., b. 5 Oct 1865, 12m
Ledoyne, Frances V. S., b. 26 Aug 1864, 18m
Lee, child, b. 13 Aug 1827, 9m, water on the brain, child of John
Lee, child, b. 13 Jan 1828, stillborn, child of Mr. Lee
Lee, child, b. 28 Mar 1838, 1y, cold, child of Rodney, Colored
Lee, female, b. 30 Oct 1836, 5y, dau of Samuel I. Lee
Lee, female, b. 21 Sep 1838, 8d, dau of William
Lee, male, b. 19 Aug 1836, 3m, bowel complaint, son of Robert
Lee, male, b. 23 Nov 1838, 4y, dropsy, son of Collins
Lee, male, b. 6 Jan 1840, 1d, son of William
Lee, male, b. 19 Jun 1840, 4y, son of Jas.
Lee, male, b. 31 Oct 1844, 6y, son of Mr. Lee
Lee, Abraham, b. 4 Nov 1829, c. 60y, dropsy, servant of Dr. Ducatel
Lee, Andrew, b. 10 May 1851
Lee, Ann, b. 23 Sep 1854, 50y
Lee, Catharine, b. 31 Dec 1857, 46y
Lee, C. E., b. 6 Sep 1870, 6m
Lee, Cecilia, b. 30 Jan 1837, c. 22y, decline
Lee, Charles I., b. 19 Aug 1850, 8m
Lee, Ed. H., b. 23 Aug 1872, 28y
Lee, Edward Grant, b. 16 Aug 1861, 5m
Lee, Elizabeth, d. 9 Dec 1809, b. 10 Dec 1809, 52y, consumption, wid
Lee, Elizabeth, b. 18 Jan 1859, 19m

Lee, Ellen, b. 2 Oct 1861, 22y
Lee, George M., b. 23 Sep 1857, 50y
Lee, H., b. 21 May 1860, Colored
Lee, Henrietta, d. 11 Apr 1816, b. 12 Apr 1816, 3y
Lee, Ida, b. 25 Jan 1844, 7w
Lee, James Saml., b. 9 Jul 1848, 3y
Lee, Jane, b. 18 Jan 1860, 20y
Lee, John, b. 4 Dec 1859, 26y
Lee, Miss Maria, b. 1 Feb 1852, 50y
Lee, Mrs. Martha A., b. 16 Apr 1864, 49y
Lee, Mary, b. 6 Nov 1866, 5m
Lee, Mary Ann, d. & b. 8 Aug 1817, 1y
Lee, Mary Ann, b. 19 Jun 1865, 44y, Colored
Lee, Mary Ellen G., b. 8 Jul 1868, 12m
Lee, Michael, d. & b. 15 Aug 1799, 54y11m, native of Ireland
Lee, Michael, b. 8 Oct 1855, 18y
Lee, Richard Henry, b. 10 Nov 1859, 21y
Lee, Sarah, d. 7 Sep 1794 (10:00 p.m.), b. 8 Sep 1794, 2y3m, dau of John & Sarah, buried in St. Peter's Church Yard
Lee, Sarah, d. & b. 16 Sep 1794, 43y, buried in St. Peter's Church Yard
Lee, Sophia, b. 19 Dec 1836, 23y, inflamation of the lungs
Lee, Susan, b. 7 Dec 1858, 70y, Colored
Lee, Thos., b. 27 Mar 1845, 35y
Lee, William, d. 10 Sep 1817, b. 11 Sep 1817, 3y6m, summer complaint
Lee, William, b. 3 Apr 1851, 45y
Leeks, Rose, d. 30 Jan 1795, b. 31 Jan 1795, 39y, buried in St. Peter's Church Yard
Leeson, Catharine M., b. 29 Jul 1854, 8m
Leeson, Michael, b. 25 Aug 1851, 40y
Leeson/Leyson, Thomas C., b. 28 Jul 1838, c. 25/28y, died from the heat
Leeson, Timothy, b. 16 Jul 1852, 27y
Leeward, Ann, b. 17 Jan 1853, 16y
LeFaivre, Joseph Louis, b. 18 Apr 1858
LeFeore, Mary Frances, d. 14 Aug 1796, Aug 15 1796, c. 20m, child of Color, dau of Eugenie, free Mulatto
Lefevre, child, b. 11 Jul 1847, 80y(sic.), child of Mr. Lefevre
Lefevre, Frances Z., b. 9 Sep 1849, 15m
Lefevre, Richard I., b. 14 Jul 1847, 6m
Leffler, Catharine, b. 30 Dec 1846, 27y
Leffler, Catharine, b. 18 May 1847, 26y
Lefittes, female, b. 14 May 1844, 6y, dau of John
Lefrever, Josephine F., b. 16 Jun 1854, 3y
Legar, Matilda, b. 28 Jun 1861, 48y
LeGard, child, b. 10 Dec 1830, c. 6m, unknown sickness, child of Joseph
Legat, Elizabeth, b. 11 Nov 1832, c. 40y, cancer
Leger, Louis, b. 18 Apr 1864, 56y, Colored
LeGran, William Thomas, d. 29 Dec 1815, b. 30 Dec 1815, 4y, accidentally burned
LeGrand, ---, d. 11 Jan 1818, b. 12 Jan 1818, child bed
LeGrand, child, d. 17 Mar 1820, b. 18 Mar 1820, 2½y, child of W. LeGrand
LeGrand, Caroline, d. 5 Aug 1799, b. 6 Aug 1799, 2y, dau of Samuel & Eleanor
LeGros, James, d. & b. 16 Jan 1794, 6m, son of Gabriel & Margaret Renaudy, buried in St. Peter's Church Yard
LeHault, Auguste, d. 3 Jun 1808, b. 4 Jun 1808, 23y, dropsy
Lehigh, male, b. 23 Jul 1843, 7d, son of Mr. Lehigh
LeHoux, Anthony Lewis Charles Carroll, d. 26 Nov 1793, b. 27 Nov 1793, 5w2d, son of Lewis Dennis, physician at Capt Francis, & Agnes Sophia DePrunes, deceased near Baltimore,

buried in St. Peter's Church Yard (Margatt Carroll, James Carroll, Rev. Francis Charles Nagoot, SS)
Lehr, Harry, b. 10 Jan 1859, 14m
Leigh, Nicholas, b. 23 Feb 1823, c. 50y
Leintard, D. C., b. 8 Aug 1873, 76y
Leitch, Francis Wm., b. 9 Jul 1857, 13m
Leitch, Margaret, b. 19 May 1857, 2½y
Leland, Richard, b. 16 Jul 1850, 40y
Leland, Sarah, b. Jul 1800, c. 10m, dau of Francis & Mary
LeLoup, Louis Francis, d. 24 Apr 1821, b. 25 Apr 1821, 46y, dropsy, former French consul
LeLoup, Mrs. M. A., b. 6 Sep 1855, 90y
LeMaitre, Elizabeth, d. 21 Sep 1805, b. 22 Sep 1805, 7w, dau of John Baptist & Cecelia Elenora
LeMaitre, Mary Rose, d. 19 Oct 1805, b. 20 Oct 1805, 2½m, dau of John Baptist & Cecelia Elenora Vanden
LeManguen, Mary Jane, d. & b. 19 Aug 1799, 61y, wid of Leroy, born at Crossic, Nantes
Lemmon, Catharine, d. 1 Feb 1806, b. 2 Feb 1806, 1m7d, dau of William & Alice
LeMoine, Mrs., d. 2 Nov 1813, b. 3 Nov 1813, 30y
Lemon, Margaret, b. 10 Feb 1872, 2y
Lenaghan, David, b. 22 Sep 1852, 10y
Lenahan, Bridget, b. 17 Jan 1861, 30y
Lenahan, Ellen, b. 6 Jan 1865, 3m
Lenahan, Mary, b. 14 Feb 1855, 40y
Lenahan, Mary, b. 1 Nov 1864, 17y
Lender, Frances, d. 13 Aug 1797, b. 14 Aug 1797, c. 18m
Lendersbergen, Geo. R., b. 9 Nov 1862, 22y, Colored
Leneghan, Charles, d. 12 Oct 1800, b. 13 Oct 1800, c. 28y, native of Ireland
Leneghan, Frances, d. & b. 4 Oct 1800, 4m, dau of Charles & Sarah
Lenehan, child, b. 20 Oct 1822, child of James, buried in the grave of its mother
Lennan, male, b. 13 Feb 1855, 5 minutes, son of James
Lennan, Patrick, b. 1 May 1861, 33y
Lennan, Rose, b. 17 Feb 1865, 29y
Lennon, Bernard, b. 10 May 1872, 23y
Lennon, Elizabeth I., b. 20 Mar 1846, 18m
Lennon, Mary, b. 19 Oct 1865, 65y
Leonard, male, b. 19 Jan 1850, ½ hour, son of Mr. Leonard
Leonard, Abbie, b. 30 Jan 1870, 35y
Leonard, Ann, d. & b. 12 Sep 1797, c. 40y
Leonard, Ann, b. 1 Nov 1870, 34y
Leonard, Anna, b. 22 Jul 1863, 8y
Leonard, Francis I., b. 25 Feb 1865, 4½y
Leonard, James, b. 14 Sep 1862, 23y
Leonard, Margaret, b. 7 Dec 1854, 35y
Leonard, Margaret, b. 12 Jan 1860, 18d
Leonard, Margaret, b. 13 Dec 1868, 15m
Leonard, Margaret A., b. 19 Jan 1853, 5y
Leonard, Maria, b. 20 Aug 1863, 31y
Leonard, Mary, b. 8 Feb 1826, c. 87y, pleurisy
Leonard, Patrick, b. 13 Sep 1858, 3m
Leonard, Rosanna, b. 16 Jun 1850, 14m
Leonard, Rosanna, b. 9 Jan 1856, 2y
Leonard, Rose, b. 13 Feb 1857, 35y
Leonard, Rose Ellen, b. 2 Jan 1856, 3y
Leonard, Sarah Ann, b. 1 Jul 1848, 3d
Leonard, Thomas, b. 15 Jun 1870, 5w
LePage, Leopold, b. 5 Feb 1830, aged --, suddenly, native of France
LePetletier, Frances, d. 19 Oct 1820, b. 20 Oct 1820, c. 32y, bilious colic

Lepper, Agnes, b. 16 Jun 1871, 11m
Lepper, Geo. A., b. 28 Nov 1856, 40y
Lepper, Mary T., b. 10 Jun 1871, 11m
LePrad, Benjamin, b. 16 Oct 1850, 50y
LePrade/LeBrade, child, b. 2 Aug 1839, 4y, scarlet fever, child of Benjamin, Colored
Ler----, Mary Madelaine, d. 6 Dec 1814, b. 7 Dec 1814, 70y, Colored
Lerch, John B., b. 9 Aug 1863, 21m
LeRet, Ann Louisa Beeston, d. & b. 16 Oct 1797, 11m, dau of Peter & Rebecca
LeRoi, ---, b. 6 Jun 1821, dropsy
LeRoy, Mrs., d. 31 Mar 1822, b. 1 Apr 1822, dropsy
LeRoy, Thomas, d. 9 Oct 1820, b. 11 Oct 1820, c. 68y, lingering complaint
Lessendier, John, d. 28 Apr 1816, b. 29 Apr 1816, 50y, bilious fever, native of France
Lester, child, b. 21 Nov 1850, 5m, child of William
Lester, Ann, b. 7 Oct 1857, 30y
Lester, M. P., b. 1 Feb 1871, 1y
Lester, Thomas F., b. 19 Nov 1867, 2m
Lestrange, Rose, b. 29 Aug 1874, 8d
Letter, Thos., b. 10 Jun 1873, stillborn
Lettercurb, Joseph, b. 9 Jul 1825, 2y, sick for a year
Letute, Elice Victor, b. 2 Nov 1827, 9m, unknown sickness, child of Victor
LeVagne, Pierre, b. 13 Apr 1823, c. 50y, unknown sickness, servant of Mrs. Velanbrant
L'Eveilke, Alexis Benjamin, d. 30 Dec 1806, b. 1 Jan 1807, c. 4m, whooping cough, Mulatto
LeVeque, Peter, d. 24 Mar 1807, b. 25 Mar 1807, c. 2y4m, whooping cough, Mulatto, slave of Mrs. Volumbrum
Levering, male, b. 12 Mar 1837, 18m, convulsions, son of Mr. Levering
Leverne, child, b. 3 Jun 1824, child of Peter, died immediately after birth, all people of Color
Levier, Sarah, b. 18 May 1842, 30y
LeVillain, James, d. & b. 29 Jul 1803, 28y, native of Paris, consul from the French Republic for the State of Maryland
LeVoy, Mrs., b. 7 May 1821, 56y, consumption
Levy, Rev. Mr., b. 29 Nov 1848, 50y
Lewis, child, b. 1 Aug 1823, stillborn, child of Margaret
Lewis, two children, b. 8 Dec 1842, 2 hours, Colored
Lewis, female, b. 12 Oct 1839, 8m, decline, dau of John, Colored
Lewis, Ann, b. 8 Aug 1821, c. 50y, consumption
Lewis, Archibald, b. 26 Feb 1832, c. 36y, smallpox
Lewis, Augustus, b. 2 Aug 1848, 20y, Colored
Lewis, Augustus, b. 18 Aug 1848, 1y, Colored
Lewis, Augustus, b. 3 Feb 1851, 2y, Colored
Lewis, Cecilia, b. 12 Jul 1826, 15m
Lewis, Charles, b. 24 Dec 1869, 23y, Colored
Lewis, Charles Henry, b. 5 May 1831, died soon after birth, son of John
Lewis, Elenora, b. 30 Aug 1832, c. 12y, cholera, Colored
Lewis, Eliza, b. 8 Dec 1854, 14y, Colored
Lewis, Elizabeth, b. 6 Apr 1839, 35y, consumption, Colored
Lewis, Ellen, b. 25 Nov 1853, 40y, Colored
Lewis, Eveline, b. 3 Mar 1850, 15m, Colored
Lewis, Francis, d. 3 Dec 1806, b. 4 Dec 1806, c. 1m, slave of Madame Rey
Lewis, Francis, b. 30 Dec 1853, 4y, Colored
Lewis, Francis, b. 25 Jul 1863, 9m, Colored
Lewis, George, b. 16 Apr 1872, 4y
Lewis, Isaac, b. 29 Dec 1853, 63y
Lewis, James Ambrose, b. 5 Dec 1843, 10y
Lewis, John, b. 3 Aug 1812, 5m, son of Charlotte, servant to Mrs. Guthron
Lewis, John, b. 19 Sep 1818, 3w, Colored
Lewis, John, b. 23 Jul 1842, 6m, summer complaint, Colored

Lewis, John, b. 9 Jul 1852, 2w
Lewis, John, b. 28 Oct 1859, 90y, Colored
Lewis, John, b. 25 Nov 1868, 54y
Lewis, John Alfred, b. 26 Feb 1852, 3y, Colored
Lewis, John G., b. 25 Jan 1867, 22y
Lewis, John Henry, b. 6 Apr 1840, 1y, catarrh fever, Colored
Lewis, Joseph, b. 30 Jul 1863, 10m
Lewis, Loretta, b. 9 Feb 1858, 30y, Colored
Lewis, Loretta, b. 24 Jun 1860, 4y
Lewis, Maria, b. 1 Sep 1849, 30y, Colored
Lewis, Maria Louisa, b. 27 Jun 1855, 2y, Colored
Lewis, Martha, b. 8 Jul 1852, 20y, Colored
Lewis, Mary E., b. 26 Jun 1856, Colored
Lewis, Mary Ellen, b. 20 Mar 1855, 3m, Colored
Lewis, Mrs. Rachel, b. 23/24 Jun 1837, c. 40/47y, apoplexy
Lewis, Peter, d. 13 Aug 1800, b. 14 Aug 1800, 4m, Negro
Lewis, Sally, b. 25 Jun 1864, 92y, Colored
Lewis, William, b. 5 Sep 1858, stillborn
Lewis, Wm., b. 22 Aug 1850, 10m
Lewis, Wm., b. 16 Dec 1874, 50y
Leyburn, female, b. 3 May 1844, 6y, dau of Mr. Leyburn
Leyburn, male, b. 3 Oct 1838, 4y, dropsy
Leydecker, Catharine, d. 20 Jul 1797, b. 21 Jul 1797, c. 74y, wife of Simon
Leydecker, Simon, d. 15 Feb 1798, b. 16 Feb 1798, c. 70y
Leyson, Thomas C., see Leeson/Leyson, Thomas C.
L'Hermite, Vincent, d. 16 Dec 1811, b. 17 Dec 1811, c. 40y, murdered
Liantaud, Sophie, d. 5 Aug 1800, b. 6 Aug 1800, 4m, dau of Claude & Jeanne Catharine Brule
Liddea, John, b. 10 Feb 1823, suddenly
Liddy, Mary, b. 10 Aug 1825, c. 60y, unknown sickness
Liddy, Patrick, d. 1 Jul 1801, b. 2 Jul 1801, c. 60y
Liddy, Rose, d. 20 Jul 1806, b. 21 Jul 1806, 14m, cholera, dau of John & Mary
Lientand, Bartholomew Claus, d. 17 Jul 1819, b. 18 Jul 1819, 71y, bilious fever
Lientend, Anthony Bartholomew, b. 21 Oct 1823, 27y, unknown sickness
Lieutand, Bart. A., b. 2 Nov 1846, 20y
Lieutand, Dennis, b. 14 Jun 1863, 22y
Lieutand, Mary Jane Brusle, d. 9 Nov 1808, b. 10 Nov 1808, 38y, consumption, wife of Claude B. of St. Domingo, native of St. Domingo
Ligand, Marie Olive, b. 3 Jan 1816, 12m, Colored
Lihault, Peter Fras, d. & b. 2 Sep 1800, 39y, native of Honflear, Normandy
Lilly, Catharine, b. 15 Jul 1850, 10d
Limpecott, Thomas, b. 2 Jun 1825, c. 36y, suddenly
Linah, Elizabeth, d. 4 Mar 1805, b. 5 Mar 1805, c. 16y
Linan, Daniel, b. 29 Nov 1831, c. 44y, unknown sickness
Linan, Thomas, b. 1 Sep 1832, 2½y, ate noxious plant
Linbury, Eliza, b. 18 Mar 1861, 43y, Colored
Linchan, Margaret, b. 20 Jul 1858, 16y
Linchan, Mary Jane, b. 8 Jun 1853, 26d
Linchon, Margaret, b. 2 Aug 1822, c. 35y, ague & fever, expenses on the part of the clergy are remitted
Linden, Timothy, b. 25 Mar 1849, 28y
Lindon, Daniel, b. 5 Aug 1829, c. 55y, drowned
Lindsay, male, b. 30 Nov 1857, stillborn, son of Edwd.
Lindsey, Isabella, b. 18 Jul 1850, 16y
Linean, Margaret, b. 24 Jan 1831, 14y, consumption
Lineanthae, Sarah C., b. 25 Aug 1851, 10m
Linenberger, John, b. 24 Mar 1856, 70y, Colored

Liner, Peter, d. 19 Jan 1798, b. 20 Jan 1798, c. 57y, native of Ireland
Liners, Anthony, d. 29 Jul 1820, b. 30 Jul 1820, 86y, suddenly
Link, Caroline, b. 1 Jul 1842, 7m, infantile unknown
Linly, John, d. 15 Nov 1817, b. 16 Nov 1817, 26y4m, consumption
Linn, Charles, b. 20 Jun 1858, 2d
Linn, John Thos., b. 2 Mar 1868, 4m
Linn, Mary, b. 5 Oct 1853, 2y
Linn, Mary, b. 22 Jul 1870, 14m
Linn, Mary, b. 21 May 1871, 5y
Linn, Mary E., b. 22 Apr 1861, 2y
Linn, Peter, b. 2 Jul 1868, 75y
Linn, Sarah Ann, b. 23 Mar 1868, 3w
Linnehan, John, b. 8 Aug 1870, 46y
Linnot, Alexander N., b. 17 Jun 1856, 8½m
Linnot, Ann, d. 10 Nov 1814, b. 11 Nov 1814, c. 30y, consumption
Lipp, Agnus V., b. 11 Aug 1870, 3y
Lipp, Catharine, b. 16 Nov 1849, 74y
Lipp, Edward McC., b. 1 Jul 1863, 5y
Lipp, James, b. 1 Jan 1859, 4y
Lipp, Joseph, b. 31 Oct 1850, 36y
Lipp, Joseph, b. 14 Jun 1858, 74y
Lipp, Mary Ann, b. 30 Apr 1850, 37y
Lipp, Mary C., b. 27 Apr 1847, 52y
Lipp, Thos. S., b. 12 Aug 1874, 2w
Lippard, Joseph, b. 13 Nov 1855, 16y
Lisky, Anastasia, d. & b. 11 Oct 1797, c. 49y
Litchfield, Amanda, b. 5 Jan 1865, 70y, Colored
Litsan, Mary, b. 23 Aug 1849, 37y
Little, Ann, b. 3 Aug 1874, 19m
Little, John, b. 17 May 1869, 30y
Little, Peter, b. 10 Jun 1871, 25y
Little, William, b. 11 Aug 1860, 8m
Littledall, Frederick, b. 17 Oct 1842, 3y
Litzinger, Elizabeth, d. 26 Nov 1793, b. 27 Nov 1793, 9m, dau of William & Elizabeth, buried in St. Peter's Church Yard
Litzinger, Mary, d. 29 Sep 1793, b. 30 Sep 1793, 7y, Baltimore, dau of William & Elizabeth, buried in St. Peter's Church Yard
Litzinger, Peter, d. 23 Oct 1793, b. 25 Oct 1793, 61y, native of Germany, buried in St. Peter's Church Yard
Liver, James, d. 11 Jan 1800, b. 12 Jan 1800, 9y, son of Peter & Barbara
Liver, Sarah, d. 6 Sep 1802, b. 7 Sep 1802, 7y5m, dau of Peter & Barbara
Livers, Mrs., b. 16 Sep 1824, c. 60y, unknown sickness
Livers, Arnold, d. 29 Sep 1804, b. 30 Sep 1804, 42y7m24d, hus of Mary Brawner
Livers, Elizabeth Cassia, d. 11 Jan 1803, b. 12 Jan 1803, 6m13d, dau of Arnold & Mary
Livers, Helen, b. 11 Sep 1822, c. 18y, typhus fever
Livers, James, d. & b. 9 Sep 1802, 23y, malignant fever, son of Anthony
Livers, Mary, d. 13 Jun 1801, b. 14 Jun 1801, 3m, dau of Arnold, Jr. & Mary
Livers, Mary, d. 2 Jan 1818, b. 3 Jan 1818, c. 40y, fits
Livers, Mary, b. 3 Sep 1825, c. 21y, consumption, buried in a lot
Livers, Mary Alie, b. 16 May 1855, 3m
Livers, Patience, d. 2 Sep 1806, b. 3 Sep 1806, 29d, dau of Arnold & Mary
Livers, Richard, d. 8 May 1796, b. 9 May 1796, 8m, son of Arnold & Mary
Livers, Rosetta, b. 15 May 1848, 50y, Colored
Livest, Anna, b. 10 Mar 1863, 27y, Colored
Livest, John, b. 15 Dec 1862, 6y, Colored
Livete, Peter, b. 18 Jul 1825, c. 17y, dropsy, Colored

Livingston, Amelia, d. 17 Dec 1811, b. 18 Dec 1811, c. 3y, dau of Robert
Livingston, Catharine, b. 1 Nov 1859, 6y
Livingston, Mary, b. 19 Sep 1865, 1d
Livingston, Michael Wm., b. 3 Oct 1858, 3y
Livree, Pierre, b. 12 Aug 1811, 22y, suddenly of indigestion, native of France
Lize, Voillet, b. 18 Jun 1874, 61y
Lloyd, Andrew J., b. 23 Nov 1874, 5y
Lloyd, Catharine, d. 11 Oct 1798, b. 12 Oct 1798, c. 35y, wife of William
Lloyd, Eliza, d. 8 Nov 1799, b. 9 Nov 1799, 2w, dau of Richard & Esther
Lloyd, Sarah, d. 1 Jun 1796, b. 2 Jun 1796, 1y, dau of Richard & Esther
Lloyd, Thos., b. 13 Jan 1862, 72y
Lloyd, William John, d. 10 Mar 1800, b. 11 Mar 1800, 3m, son of William & Elizabeth
Loan, Daniel, b. 23 May 1867, 50y
Loane, Annie, b. 22 Dec 1857, 12y
LoBare, Sophia, b. 28 Dec 1829, c. 40y, unknown sickness
Loben, Mrs., b. 29 Jan 1840, 35y
Lober, Francis C., b. 22 Jul 1830, c. 25y, bowel complaint
Loborn, male, b. 1 May 1828, c. 1y, bilious, son of Nicholas Laborn
Lockard, John, b. 22 Jul 1828, 11m, bowel complaint, son of Henderson
Lockerman, Mary, d. 11 Mar 1797, b. 12 Mar 1797, c. 22y, buried in St. Peter's Church Yard
Lodan, James, b. 7 Jul 1862, 1w
Lodan, Jeremiah, b. 2 Nov 1865, 2y
Loddy, child, b. 1 Jun 1826, c. 1y, bilious complaint, child of James
Lofair, Stephen, b. 1 Nov 1861, 15m
Loftus, Patrick/female, b. 10 Jan 1859, stillborn
Logan, female, b. 29 Jun 1844, 4y, dau of Mr. Logan
Logan, Alexander, b. 28 Jan 1868, 28y
Logan, Andrew, d. 16 Nov 1799, b. 17 Nov 1799, 2y, son of Cornelius & Mary
Logan, Ann, b. 29 Nov 1836, c. 29y, dropsy
Logan, Daniel, b. 29 Oct 1848, 75y
Logan, Eliza, b. 2 Oct 1842, 14m
Logan, Elizabeth, d. 8 May 1816, b. 9 May 1816, 10m
Logan, Frances Mary, b. 20 Dec 1823, c. 46y, consumption, free Colored woman
Logan, Henrietta, b. 3 Apr 1829, 2y, unknown sickness, dau of Margaret, Colored
Logan, James, b. 9 Aug 1848, 13m
Logan, John, d. & b. 16 Jul 1797, 3w3d, son of Cornelius & Mary
Logan, John, b. 3 Sep 1834, 26y, bilious fever
Logan, John, b. 19 Feb 1840, 27y
Logan, Mary, b. 14 Feb 1859, 12y, Colored slave
Logan, Mary, b. 1 Mar 1865, 86y
Logan, Neal, b. 5 Jun 1870, 40y
Logan, Thomas, b. 28 Dec 1848, 2y
Loghary, Patrick, d. 19 Jul 1813, b. 20 Jul 1813, 2y, son of Daniel & Ann
Login, Dennis, b. 10 May 1844, 29y
Logsdon, John, d. 16 Aug 1804, b. 17 Aug 1804, 2y3m, cholera, son of Job & Patience
Logsdon, Margaret, d. & b. 5 Oct 1802, c. 3y, dau of Job & Patience
Logsdon, Mary, d. 16 Oct 1790, b. 17 Oct 1790, 3y, dau of Job & Patience
Logue, child, b. 16 Aug 1827, age unknown, unknown sickness, child of John
Logue, female, b. 4 Jul 1843, 1d, dau of Dennis
Logue, female, see Logues/Logue, female
Logue, Andrew, b. 24 Oct 1855, 2y
Logue, August, d. 22 Feb 1807, b. 23 Feb 1807, 8m, son of Charity
Logue, Bernard, b. 22 Sep 1850, 28y
Logue, Bridget, b. 23 Jul 1865, 5 minutes
Logue, Charity, b. 24 Aug 1831, c. 55y, palsy
Logue, Charles B., b. 16 Apr 1872, 6m

Logue, Denis, b. 11 Apr 1829, c. 50y, dropsy
Logue, Elizabeth, b. 13 Mar 1850, 7m
Logue, Ellen, b. 3 Jul 1828, 4w, summer complaint, dau of Ann
Logue, James, b. 13 Sep 1852, 5y
Logue, Col. Jno. C., b. 3 Dec 1856, 37y
Logue, Margaret, b. 8 Dec 1854, 60y
Logue, Mary A., b. 13 May 1872, 52y
Logue, Samuel, b. 10 Oct 1862, 18m
Logues/Logue, female, b. 1/31 Jul 1842, 3w, infantile unknown, dau of Mr. Logue
Lohr, Mary, b. 17 Nov 1825, c. 60y, consumption, servant of Charles DeLenotte
L'Oisean, L. F., b. 22 Dec 1855, 81y
Lomax, child, b. 30 Jun 1825, c. 2y, unknown sickness, child of Sarah
Lomax, Harriet, b. 22 Jun 1827, c. 55y, dropsy
Lomax, Rachel, b. 19 Aug 1824, 43y, dropsy
Lombard, Thomasine, d. 27 Nov 1794, b. 28 Nov 1794, 11m, dau of Sylvester & Mary Magdalen Clavean, buried in St. Peter's Church Yard
Lone, John, b. 29 Jun 1852, 2y
Lone, Mary, b. 6 Sep 1861, 42y
Loney, female, b. 5 May 1849, 1d, dau of Mrs. C. Loney
Long, child, b. 25 Aug 1865, dead born, child of Alexander
Long, Mrs., b. 4 Apr 1856, 40y
Long, Ann, b. 2 Mar 1861, 3y
Long, Catharine, b. 18 Mar 1862, 19y
Long, George, b. 10 Mar 1863, 45y
Long, George E., b. 14 Mar 1867, 28y
Long, James P., b. 14 Apr 1862, 7w
Long, Margaret, b. 3 Jul 1822, 60y, dropsy, interred in her own lot
Long, Mary, d. 5 Nov 1794, b. 6 Nov 1794, 4m, dau of Thomas & Elizabeth, buried in St. Peter's Church Yard
Long, Mary, d. 26 Aug 1805, b. 27 Aug 1805, wife of Thomas
Long, Mary L., b. 19 Sep 1870, 15y, Colored
Long, Robert, b. 7 Apr 1866, 16y
Long, Thomas, d. & b. 14 Jun 1808, c. 40y, suddenly
Longe, Wm. H., b. 4 Oct 1874
Longret, Ross, b. 24 Dec 1827, age unknown, unknown sickness
Looby, John Alexis, b. 14 Jun 1853, 10m
Looby, Margaret, b. 10 Aug 1864, 45y
Looby, Mary, b. 11 Apr 1860, 10y
Looby, Thomas, b. 27 Jul 1851, 3m
Loomer, Mary Jane, d. 24 Jun 1817, b. 25 Jun 1817, c. 3w
Loomis, Josephine, b. 14 Feb 1854, 23y
Lopz, Jane Maria, b. 28 Dec 1869, 1y, Colored, dau of Joseph & Rosalie
Loran, Ellen P., b. 23 Sep 1867, 24y
Lother, Mary Ann, b. 6 Apr 1850, 6y
Lotouranda/Lotourandas, Mary, b. 9 Mar 1852, 70y
Loucas, Jacques Joseph, d. 10 Jun 1793, b. 11 Jun 1793, born 11 Apr 1745 in Marseilles, *(French)
Loud, Catharine, b. 3 Dec 1860, 78y
Louden, Mary, b. 18 Nov 1863, 17m, Colored
Loughran, James, b. 26 Mar 1842, 45y, liver complaint
Loughran, Michael, b. 6 Sep 1853, 40y
Louis, child, b. 16 Jul 1824, 2w, unknown sickness, child of Charles John
Louis, child, b. 10 Sep 1832, 7y, cholera, child of John
Louis, Charles, d. 12 Jan 1820, b. 13 Jan 1820, 40y, suddenly
Louis, Francis, b. 8 Sep 1816, c. 2y, summer complaint
Louis, John, d. 11 Apr 1815, b. 12 Apr 1815, c. 4m, cold, Colored

Louis, Robert, d. 11 Apr 1814, b. 12 Apr 1814, 17y, apoplexy
Louisier, Jeanne Eugenie Tutin, d. 22 Feb 1813, b. 25 Feb 1813, c. 28y, wife of James, native of St. Domingo
Lovett, Christopher, b. 1 Jul 1864, 9½m
Lowdan, Julia, b. 23 Jun 1864, 9m
Lowden, Dennis, b. 7 Jul 1868, 7y
Lowe, Alexander, b. 16 Sep 1869, 1m
Lowe, Ann Elizabeth, d. 8 Aug 1820, b. 9 Aug 1820, 10m, summer complaint
Lowe, Catherine, b. 10 Apr 1871, 72y
Lowe, James, b. 17 Feb 1854, 30y, Colored
Lowe, James H., b. 14 Dec 1853, 2m, Colored
Lowe, Mary, b. 1 Feb 1840, 35y, consumption
Lowery, child, b. 2 Jul 1822, child of Mrs. Lowery, buried in a lot of Mrs. Patterson
Lowery, Mary, b. 27 Jun 1870, 76y
Lowmiller, Louisa, b. 19 Mar 1864, 2y
Lown, Mary Ann, b. 9 Aug 1830, c. 16y, bilious fever
Lowry, Mrs., b. 21 Feb 1845, 56y
Lowry, Mary, b. 21 Apr 1842, 33y, consumption
Lowry, Mrs. Mary Ann, b. 3 Aug 1843
Lowry, Robert, d. 9 Nov 1820, b. 10 Nov 1820, c. 35y, consumption
Loyd, child, b. 21 Aug 1821, child of Nancy, Colored
Loyd, child, b. 2 Sep 1823, c. 3y, child of Mary, Colored woman
Loyd, Mary Ann, b. 2 Apr 1825, 3y, fever
Loyd, William, d. 9 Aug 1810, b. 10 Aug 1810, 17m
Lucas, child, b. 7 Jul 1830, child of Fielding
Lucas, male, d. 29 Apr 1826, c. 4m, buried in a lot, son of Mr. Lucas
Lucas, Elizabeth Mary Moore Carrell, b. 30 Jul 1863, 75y, wife of Fielding
Lucas, Ellen Maria, b. 29 Jul 1821, 4m, dau of John
Lucas, Fielding, 3rd, b. 6 Jun 1853, 41y
Lucas, Fielding, Jr., b. 12 Mar 1854, 73y
Lucas, Francis, d. 18 Feb 1794, b. 19 Feb 1794, 5d, son of Francis & Elizabeth of Baltimoretown, buried in St. Peter's Church Yard
Lucas, Francis, d. 29 Oct 1808, b. 30 Oct 1808, 11m, son of Peter & Lydia
Lucas, Francis, d. 12 Jan 1811, b. 14 Jan 1811, 103y
Lucas, John Baptist, d. & b. 22 Oct 1795, c. 45y, native of Tarbes, Bigore
Lucas, John Carrell, b. 12 Jun 1844, 30y
Lucas, Juliana, b. 27 Dec 1862, 46y
Lucas, Thomas, b. 1 Sep 1832, 47y, cholera
Lucas, Zacharias, b. 24 Mar 1857, 40y
Lucern, Mary Ann, b. 21 Jun 1847
Lucy, Margaret, b. 1 Aug 1857, 25y
Ludgan, Christina, b. 15 Mar 1846, 50y
Luemer, Mary, b. 23 May 1837, c. 40y, consumption
Lugger, John, b. 19 Jul 1817, 1m
Lugget, Bartholemew, b. 1 Aug 1865, 5w
Luggins, child, b. 12 Mar 1825, 1w, unknown sickness, child of Margaret, Colored woman
Luke, child, b. 2 Feb 1824, child of Mr. Luke
Luke, Henrietta, b. 17 Jun 1837, 13y, scarlet fever
Lunden, Harriet, b. 10 May 1846, 40y
Lundy, John P., b. 8 Nov 1870, 17m
Lunt, female, d. 21 Nov 1794, b. 22 Nov 1794, buried in St. Peter's Church Yard
Lunt, Joseph, b. 20 May 1856, 40y
Lunt, Thomas, b. 18 Aug 1856, 65y
Luptky, Anna Catharine, d. 26 Sep 1800, b. 27 Sep 1800, 1y, dau of Henry & Anna
Lupton, Stephen, b. 16/17 Aug 1836, 60y, killed by the falling of a bank
Lurman, Patrick, b. 25 Mar 1857, 31y

Lurty, Mary, b. 13 Dec 1846, 20y
Lusby, Charles, b. 18 Jan 1852, 29y
Lusby, Charles Edwd., b. 15 Mar 1850, 5m
Lusby, John H., b. 22 Feb 1854, 62y
Lusby, Mary A., b. 3 Jun 1853, 3y
Lusby, Mary Chew, b. 18 Sep 1863, 62y
Lusby, Robert, b. 28 Mar 1855, 18m
Lusby, Robert H., b. 16 Nov 1852, 2y
Lusby, Sevilla, d. 6 Aug 1816, b. 7 Aug 1816, whooping cough
Lusette, Madame, b. 9 Dec 1872, 80y
Lusherow, Angelica, d. & b. 9 Sep 1794, c. 9y, buried in St. Peter's Church Yard
Lusherow, Margaret, d. 11 Sep 1794, b. 12 Sep 1794, c. 14y, buried in St. Peter's Church Yard
Lutham, William, b. 30 May 1859, 4 hours
Lutine, Joseph, b. 4 Apr 1867, 43y
Luttier, Catherine, d. 5 Jul 1820, b. 6 Jul 1820, 78y
Lutz, Catherine, b. 8 May 1856, 12m
Lutz, David, b. 2 Jun 1858, 37y
Lutz, George W., b. 8 Jun 1857, 6y
Lutz, John, see Lutz, Mary & John
Lutz, Mary, b. 26 Apr 1865
Lutz, Mary & John, b. 28 May 1856, 3y
Lutz, Romanus, b. 20 Dec 1857, 5d
Lutz, Valentine, d. 23 Jan 1797, b. 24 Jan 1797
Lybrant, Mary, b. 19 Dec 1846, 75y
Lybrant, Wm. B., b. 25 May 1844, 2½y
Lycett, Mary C., b. 14 May 1872, 2y
Lyer, Rachel, b. 10 Sep 1839, 35y, Colored
Lynch, child, b. 12 Jan 1831, 10m, child of Michael
Lynch, child, b. 10 Jul 1842, 7m, child of Mr. Lynch
Lynch, child, b. 13 Nov 1865, 2y, child of Mrs. Lynch
Lynch, female, b. 14 Aug 1834, c. 7m, cholera infantum, dau of Mr. Lynch
Lynch, female, b. 29 Aug 1863, 15 minutes, dau of Thomas
Lynch, male, b. 12 Aug 1834, 3m, son of James
Lynch, male, b. 13 Oct 1840, 4m, son of James
Lynch, male, b. 21 Jun 1841, 12m, son of Daniel
Lynch, male, b. 10 Apr 1850, 5y, son of Daniel
Lynch, Mrs., b. 12 Apr 1841, 24y, consumption
Lynch, Ann, b. 29 Jul 1851, 3m
Lynch, Ann, b. 26 Jul 1873, 48y
Lynch, Ann, b. 23 Jan 1874, 1d
Lynch, Bridget, b. 7 Feb 1862, 15y
Lynch, Cecelia, b. 8 Dec 1868, 55y
Lynch, Clara A., b. 3 Apr 1858, 5m, Colored
Lynch, Daniel, d. 29 Jul 1799, b. 31 Jul 1799, c. 23y, accidentally drowned
Lynch, Daniel, b. 20 Sep 1858, 45y
Lynch, Emily, b. 13 Apr 1852, 18m
Lynch, Harriet, b. 4 Feb 1852, 60y
Lynch, Henry, b. 3 Aug 1819, 7w, fits
Lynch, Hugh, d. 18 Sep 1802, b. 19 Sep 1802, c. 26y, accidentally drowned, native of Ireland
Lynch, James, b. 3 Oct 1847, 35y
Lynch, James, b. 28 Jul 1870, 18m
Lynch, James, b. 29 Jun 1874, 29y
Lynch, John, d. 4 Dec 1796, b. 5 Dec 1796, Major in the Service of the United States of America, native of Ireland
Lynch, John, d. & b. 22 Oct 1797, native of Ireland
Lynch, John, b. 15 Nov 1839, 33y, drowned

Lynch, John, b. 29 May 1846, 12m
Lynch, John, b. 29 Feb 1860, 2½y
Lynch, Martin, d. & b. 14 Sep 1800, 58y, native of Ireland
Lynch, Mary, d. & b. 30 Sep 1800, c. 55y, wid of Martin (recently dec.), native of Ireland
Lynch, Mary Ann, b. 27 Jan 1860, 4y
Lynch, Mathew, b. 19 Feb 1867, 10m
Lynch, Mgt., b. 31 Mar 1874, 90y
Lynch, Michael, d. 10 Nov 1793, b. 11 Nov 1793, c. 25y, buried in St. Peter's Church Yard, native of Ireland
Lynch, Patience, d. 14 Oct 1803, b. 15 Oct 1803, 33y, wife of John
Lynch, Patrick, d. 2 Aug 1798, b. 4 Aug 1798, c. 10m, son of Edward & Mary
Lynch, Patrick, b. 11 Nov 1860, 36y
Lynch, Sarah Ellen, b. 25 Jul 1859, 18m
Lynch, Thomas, b. 19 Nov 1830, c. 42y, unknown sickness
Lynch, Thomas, b. 17 Aug 1849, 30y
Lynch, Thomas, b. 17 Aug 1862, 8d
Lynch, Walter, b. 9 Oct 1866, 8y
Lynch, William Henry, b. 1 Apr 1856, 3y
Lynn, Bernard, b. 25 Aug 1863, 14m
Lynn, Margaret A., b. 29 Jul 1867, 15m
Lynrust, Prudence, b. 14 May 1846, 86y, Colored
Lyon, child, b. 14 Jul 1859, stillborn, child of Mr. Lyon
Lyon, child, b. 27 June 1867, 6m, child of Wm.
Lyon/Lyons, female, b. 24 Aug 1838, 3w/m, premature birth, dau of Peter
Lyon, James, d. 20 Mar 1814, b. 21 Mar 1814, c. 25y, consumption
Lyon, James, b. 26 Apr 1873, 23y
Lyon, John, b. 29 Mar 1853, 40y
Lyon, Mary, d. 26 Jun 1813, b. 27 Jun 1813, c. 30y
Lyon, Mary, b. 30 Mar 1842, 15m
Lyon, Mrs. Mary, b. 19 Aug 1852, 60y
Lyon, Robert, b. 22 May 1846, 56y
Lyon, Thos., b. 30 Jun 1856, 36y
Lyon, Wm., b. 22 Sep 1872, 3w
Lyons, child, b. 3 Mar 1813, 10m, pluerisy, child of William
Lyons, female, see Lyon/Lyons, female
Lyons, Abby, see Dignoir/Lyons, Abby
Lyons, Agness, b. 13 Aug 1859, 3w
Lyons, Bartholomew, d. 20 May 1814, b. 21 May 1814, 3y, consumption
Lyons, Bridget, b. 27 Jan 1851, 40y
Lyons, Bridget, b. 24 Oct 1868, 85y
Lyons, Catharine, b. 13 Aug 1853, 11m
Lyons, Catharine, b. 19 Sep 1857, 28y
Lyons, Catharine, b. 12 Sep 1870, 40y
Lyons, Eliza Jane, b. 3 Sep 1858, 6d
Lyons, Ellen, b. 1 Nov 1864, 76y
Lyons, James, b. 4 Sep 1848, 6y
Lyons, James, b. 16 Nov 1862, 77y
Lyons, James R., b. 17 Oct 1865, 3d
Lyons, Jeremiah, b. 24 Aug 1859, 4w
Lyons, Joanna, b. 21 Mar 1853, 24y
Lyons, Joanna, b. 12 Jun 1853, 3m
Lyons, Joanna, b. 8 May 1861, 9w
Lyons, Johana, b. 1 Jan 1863, 71y
Lyons, Johanna, b. 5 Dec 1858, 63y
Lyons, John, d. 10 Aug 1799, b. 11 Aug 1799, 8m, son of Bartholomew & Sarah
Lyons, Mr. I., b. 16 May 1839, 82y, infirmity of age

Lyons, Mary Ellen, b. 28 May 1865, 25y
Lyons, Mary F., b. 14 May 1860, 3½y
Lyons, Mary Felecite, b. 30 Apr 1865, 2y
Lyons, Michael, d. 20 Sep 1800, b. 21 Sep 1800, 4y, son of John & Susanna
Lyons, Patrick, b. 26 Jan 1854, 38y
Lyons, Patrick, b. 20 Dec 1871, 50y
Lyons, Peter, b. 28 Jan 1843, 40y
Lyons, Thomas, b. 31 Jan 1838, stillborn
Lyons, William, d. 13 Dec 1812, b. 14 Dec 1812, c. 8w, son of Michael & Mary
Lyons, William, d. 8 Oct 1813, b. 9 Oct 1813, 3y
Lyston, John, d. 12 Sep 1794, b. 13 Sep 1794, advanced age
Lyttle, James, b. 28 Jan 1864, 7y

M----, Mary, b. 27 Jun 1859, 8m
Macaden, male, b. 12 Feb 1836, 2y, consumption, son of Mrs. Macaden
Machie, Hugh, d. 3 Nov 1799, b. 4 Nov 1799
Machin, male, b. 3 Feb 1837, 1y, scarlet fever, son of Edward
Machot, Mrs., d. 9 Aug 1818, b. 10 Aug 1818, 100y
Mack, James, b. 22 Jan 1864, 15 minutes
Mack, John Henry, b. 11 Nov 1863, 12m
Macken, Ann, b. 23 Oct 1830, c. 3y, scarlet fever
Macken, Henry, b. 18 Jul 1861, 6m
Macken, Henry, b. 16 Jul 1866, 7y
Macken, John, b. 12 Dec 1865, 68y
Macken, Mary, b. 10 Feb 1851, 72y
Macken, Mary, b. 20 Apr 1864, 23y
Macken, Michael, b. 6 Aug 1866, 3y
Mackenheimer, Josephine, b. 7 Apr 1858, 4m
Mackey, child, b. 20 Jul 1826, 19m, fits, child of John
Mackey, child, b. 12 Sep 1830, 3y, child of Mr. Mackey
Mackey, Charles Thomas, b. 27 May 1842, 3d, infantile unknown
Mackey, Elizabeth, d. 2 Jul 1820, b. 3 Jul 1820, 35y
Mackey, Jane, b. 3 May 1848, 50y
Mackey, John, b. 29 May 1832, c. 45y, consumption
Mackey, Michael, d. 6 Jul 1820, b. 7 Jul 1820, 45y, bilious fever
Mackey, Thomas, b. 28 Jun 1828, c. 26y, drank cold water
Mackie, Francis, d. 12 Sep 1799, b. 13 Sep 1799, 14m, son of Hugh & Sarah
Mackin, Anna, b. 31 Jul 1874, 17y
Mackin, Bernard, b. 29 Nov 1862, 80y
Mackin, Margaret, b. 10 Feb 1853, 30y
Mackin, Mary, b. 2 Oct 1863
Mackin, Mary, b. 19 Mar 1866, 70y
Mackin, Michael, b. 2 Jan 1853, child
Mackin, Michael I., b. 4 Jul 1862, 1d
Mackin, Thomas, b. 6 Mar 1842, 50/58y, consumption
Macklin, William, b. 27 Feb 1835, 19y, killed accidentally at a fire
Maclay, Hamilton, d. 1 Sep 1799, b. 2 Sep 1799, c. 35y
MacLenne, child, b. 6 Dec 1830, stillborn, child of Michael
MacNamara, Margaret, d. 23 Aug 1798, b. 24 Aug 1798, 8m, dau of Thomas & Mary
Madden, male, b. 20 Aug 1834, c. 14m, measles, son of Thomas
Madden, Bridget, b. 9 Nov 1853, 51y
Madden, Bridget, b. 25 Oct 1859, 30y
Madden, Carolina, d. 22 Aug 1799, b. 23 Aug 1799, 11m, dau of Amelia, free Mulatto
Madden, Catharine, b. 16 Feb 1851, 3y
Madden, David, b. 4 Dec 1865, 62y
Madden, Denis, b. 30 Dec 1870, 3y
Madden, Eliza, b. 3 Nov 1854, 16y, Colored
Madden, Elizabeth, b. 22 Sep 1859, 36y
Madden, Fanny I., b. 22 Nov 1849, 14m
Madden, John I., b. 24 Jul 1854, 30y
Madden, Margt., b. 25 Nov 1872, 25y
Madden, Martin, b. 14 Jul 1853, 6d
Madden, Mary, b. 10 Dec 1857, 64y
Madden, Maurice, b. 8 Apr 1823, c. 30y, pleurisy
Madden, Patrick F., b. 29 Nov 1860, 12m
Madden, Teresa, b. 12 Mar 1873, 8y
Madden, Thomas, b. 13 Feb 1855, 49y
Madden, Thomas, b. 10 Apr 1859, 6½m
Madden, William, b. 9 Apr 1852, 14m

Madden, William, b. 15 Oct 1859, child
Madden, William, b. 13 Aug 1865, 35y
Maddens, Catharine, d. 2 Aug 1809, b. 3 Aug 1809, 19y, wife of Henry
Maddock, Margaret, b. 30 Oct 1854, 17m
Maddon, William, b. 9 Oct 1857, 5 minutes
Maddox, Ann Maria, b. 9 Apr 1869, 69y
Maddox, Mary, b. 24 Apr 1856, 40y
Madegan, Bridget, b. 13 Jun 1868, 60y
Madigan, Dennis, b. 15 Oct 1854, 70y
Madigan, Pat., b. 12 Jul 1866, 66y
Madison, child, b. 26 Feb 1854, 4y, child of Mr. Madison
Madison, Mary Ann, b. 22 Apr 1861, 28y
Maduna, Mary, b. 21 Jan 1868
Maffae, Angela, b. 11 Sep 1860, 56y
Maffee, Geo., b. 1 Apr 1870
Maffei, Mary, b. 13 Apr 1869, 7m
Maffer, Mary Teresa, b. 1 Jul 1863, 9m
Magan, Ann, d. 21 Sep 1807, b. 22 Sep 1807, 4m, wife (sic) of Michael
Magan, Peter, d. 24 Aug 1803, b. 25 Aug 1803, 11m4d, son of Michael & Ann
Magan, Thomas, d. 16 Jul 1800, b. 17 Jul 1800, 9m, son of Matthew & Ann
Magauran, Mrs., b. 10 Jun 1872, 70y
Magaurin, Margaret, d. 5 Sep 1820, b. 6 Sep 1820, c. 30y, bilious
Magdalen, Mary, b. 28 Jun 1824, c. 50y, bowel complaint, Colored
Magdalen, Mary, b. 28 Aug 1832, c. 50y, cholera
Magee, Ann, b. 15 Aug 1859, 1y3½m
Magee, Bernard, b. 25 Jan 1845, 50y
Magee, Catharine Ann, b. 3 Feb 1865, 3m
Magee, John, b. 18 Feb 1854, 3m
Magee, Mary Ann Eliza, b. 20 Nov 1846, 34y
Magers, Abraham L., b. 14 Jul 1850, 7w
Magers, Abraham M., b. 10 Mar 1858, 14m
Magers, Francis P., b. 22 Apr 1862, 2y
Magers, Louis L., b. 8 May 1862, 4m
Magers, Mary Loretta, b. 25 Sep 1863, 5m
Magers, Minnie S., b. 9 Jun 1865, 18y
Magers, Thomas, b. 27 May 1870, 17y
Mageuty, Thomas, b. 7 Jul 1832, c. 8m, unknown sickness, son of James
Magher, William, b. 6 Oct 1860, 1m
Magill, child, b. 14 Feb 1858, 10 minutes, child of Mr. Magill
Magill, Ann, b. 20 Feb 1858, 36y
Magill, Daniel, b. 1 Dec 1868, 59y
Magill, John Joseph, b. 2 Sep 1853, 4 hours
Magill, Mary A., b. 5 Jul 1866, 5m
Magin, Mary Ann, b. 8 Dec 1845, 23y
Magin, Michael, b. 20 Jun 1842, 56y, 'by a visitation of God'
Magin, Michael, b. 28 Aug 1854, 6m
Magin, Thomas, b. 18 Aug 1842, 23y
Maginity, Ann, b. 13 Feb 1848, 25y
Maginnis, male, b. 3 Dec 1847, stillborn, son of Mr. Maginnis
Maginnis, Mr., see McGinnis/Maginnis, Mr.
Maginnis, Alice, b. 6 Dec 1847, 24y
Maginnis, Catharine, b. 6 May 1850, 37y
Maginnis, Catharine A., b. 27 Aug 1853, 8d
Maginnis, Mrs. Laura I., b. 4 Jun 1859, 40y
Maglanan, Mary C., b. 5 Jun 1849, 3y
Magleman, James, b. 28 Jul 1821, c. 42y, malignant fever

Maglenan, Mrs., b. 25 Sep 1843, 35y
Maglenan, Mrs., b. 8 Dec 1843, 35y
Maglenan, Margaret, b. 1 Jan 1849, 21y
Maglone, Bridget, b. 16 Jun 1863, 32y
Maglone, Catharine, b. 4 Feb 1855, 28y
Maglone, Margaret, b. 7 Aug 1851, 14m
Magner, John, d. 29 Nov 1805, b. 30 Nov 1805, c. 28y, native of Ireland
Magnon, Catharine, b. 3 May 1856, 2w
Magough, Mary, d. 11 Mar 1801, b. 12 Mar 1801, c. 40y, wife of Henry
Magrain, Mrs. Mary, b. 14 Jun 1844
Magrain, Michael, b. 19 May 1850, 55y
Magrain, Thomas, d. 29 Sep 1807, b. 30 Sep 1807, c. 37y
Magrain, William, see McGrain/Magrain, William
Magraw, Sister Catharine, b. 14 Mar 1858, 27y
Magraw, John, b. 30 Jul 1849, 27y
Magraw, Margaret, b. 17 Apr 1858, 42y
Magraw, Mgt. Ellen, b. 26 Feb 1854, 6m
Magruder, George, b. 21 Jul 1857, 4y
Magruder, Helen Mary, b. 21 Jan 1832, 36y, consumption
Magruder, Sarah M., b. 17 Jul 1868, 3y
Magruder, Wm. H., b. 15 May 1860, 12m
Maguire, child, b. 21 Jul 1837, stillborn, child of Thomas
Maguire, Miss, b. 15 Jan 1852, 20y
Maguire, Mrs., b. 18 Jun 1849, 40y
Maguire, Alice, d. 12 Nov 1809, b. 13 Nov 1809, c. 26y, wife of John
Maguire, Annie, b. 26 Jun 1870, 36y
Maguire, Bernard, b. 1 Nov 1864, 2y
Maguire, Catharine, d. & b. 19 Aug 1800, 1y, dau of Roger & Eleanor
Maguire, Catharine, b. 29 Jul 1857, 47y
Maguire, Catherine, b. 28 Sep 1815, 3m, bilious
Maguire, Eleanora, b. 18 Dec 1857, 19y
Maguire, Eliza, b. 12 Aug 1853, 14y
Maguire, Elizabeth, b. 16 Oct 1854, 52y
Maguire, Elizabeth, b. 20 Oct 1854
Maguire, Ellen, b. 12 Mar 1840, 29y, stomach inflamation
Maguire, Emily, b. 14 Apr 1850, 2 hours
Maguire, Francis, d. 19 May 1812, b. 20 May 1812, c. 45y
Maguire, Genl. Jas. I., b. 27 Aug 1860, 56y
Maguire, Henry A. W., b. 14 Jun 1872, 31y
Maguire, Hugh, b. 22 Nov 1845, 45y
Maguire, Hugh W., b. 21 Jan 1847, 2y
Maguire, James, d. 27 Nov 1804, b. 28 Nov 1804, 2m, son of John & Alice
Maguire, James, b. 12 Mar 1852, 17m
Maguire, John, d. 18 Jul 1797, b. 19 Jul 1797, 5m, son of Roger & Eleanor
Maguire, John, d. 25 Nov 1809, b. 26 Nov 1809, 1m16d, son of John & Alice
Maguire, John, b. 27 Dec 1865, 50y
Maguire, Joseph, d. & b. 8 Aug 1807, c. 15m, son of Thomas & Mary
Maguire, Julia, b. 4 Aug 1863, 30y
Maguire, Margaret, b. 29 Aug 1846, 56y
Maguire, Mrs. Margaret, b. 1 Feb 1849, 80y
Maguire, Margaret, b. 27 Feb 1852, 28y
Maguire, Mary, b. 23 Oct 1858, 16y
Maguire, Michael I., b. 23 Jun 1847, 10m
Maguire, Patrick, d. 5 Oct 1806, b. 6 Oct 1806, 23d, son of John & Alice
Maguire, Patrick, b. 29 Dec 1854, 50y
Maguire, Patrick, b. 5 Jun 1856, 70y

Maguire, Roger, d. & b. 28 Sep 1800
Maguire, Roger, b. 22 Sep 1855, 45y
Mahan, Edward/child, b. 21 Feb 1860
Mahany, Michael, b. 4 May 1854, 8w
Mahar, Martha Ellen, b. 7 Aug 1852, 15m
Maher, child, b. 6 Feb 1837, child of Mr. Maher
Maher, male, b. 18 Jul 1839, 18m, son of John
Maher, male, b. 3 Aug 1842, 12w/m, summer complaint, son of Mr. Maher
Maher, Mrs., b. 15 May 1842, 64y, old age
Maher, Ambrose, b. 19 Nov 1847, 12d
Maher, Catherine, b. 5 Jul 1854, 30y
Maher, Edmund I., b. 24 Nov 1857, 30y
Maher, Margaret, b. 24 Dec 1852, 53y
Maher, Margaret, b. 23 Dec 1862, 5y
Maher, Mary Ellen, b. 4 Sep 1861, 8y
Maher, Michael, b. 29 Mar 1854, 20y
Maher, Peter, d. 11 Sep 1807, b. 12 Sep 1807, c. 2y2m, son of Patrick & Mary
Maher, Rebecca, b. 10 Jun 1844, 26y
Maher, Thomas, b. 18 Sep 1850, 62y
Maher, Thomas, b. 1 Oct 1860, 53y
Mahers, Mary A., b. 28 Jul 1847, 12m
Mahon, female, b. 11 Mar 1864, stillborn, dau of John
Mahon, Catharine, b. 7 Jun 1849, 70y
Mahon, James, b. 15 Apr 1862, 43y
Mahon, John, b. 27 Sep 1831, c. 25y, suddenly
Mahon, Julia, b. 22 Dec 1854, 25y
Mahon, Mark, b. 8 Dec 1862, 2m
Mahon, Rose, b. 27 Feb 1860, 33y
Mahona, John, b. 6 Apr 1853, 10 hours
Mahoney, child, b. 13 Nov 1863, 12m, Colored, child of Elizabeth
Mahoney, male, b. 30 Aug 1851, 4w, son of Mr. Mahoney
Mahoney, Catherine, b. 18 Sep 1821, c. 3y, worms, dau of Joanna, free Colored woman
Mahoney, Daniel, b. 11 Jan 1828, c. 60y, unknown sickness
Mahoney, James, b. 5 Oct 1821, c. 23y, suddenly
Mahoney, James, b. 20 Aug 1828, c. 20y, unknown sickness, native of Ireland but longtime Baltimore resident
Mahoney, John, b. 18 Nov 1868, 1 hour
Mahoney, Julia, b. 15 Apr 1840, 40y, consumption
Mahoney, Michael, b. 18 Apr 1874, 9m
Mahoney, Nancy, b. 1 Aug 1865, 102y
Mahony, Charles, d. 31 Dec 1809, b. 1 Jan 1810, 20y, free Mulatto
Mahony, Ellen, b. 9 Oct 1828, c. 37y, consumption
Mahony, Hannah, b. 6 Mar 1830, c. 36y, unknown sickness
Mahony, John, b. 2 Jun 1830, c. 20y, consumption
Mahony, Wm., b. 3 Mar 1855, 12d
Maines, Hugh L., b. 28 Dec 1849, 26y
Maines, John Thomas, b. 8 Jul 1832, 10m, summer complaint, son of Patrick
Maines, Rosanna, b. 8 Dec 1874, 83y
Mains, Ann, b. 24 Jun 1828, c. 3y, unknown sickness, dau of John
Mains, John, b. 24 Jun 1826, 33y, consumption
Mains, Patrick, see Manes/Mains, Patrick
Maiten, George, b. 22 Jun 1861, 42y
Majers, Peter A., b. 19 Apr 1864, 54y
Maker, female, b. 5 Feb 1837, 3y, unknown sickness, dau of Francis
Makewen, John, b. 23 Feb 1832, c. 34y, murdered by several men
Makin, Ann, b. 19 Jan 1831, c. 26y, consumption

Makin, Patrick, b. 10 Jul 1846, 35y
M'Alisse, Patrick, b. 20 Jul 1831, c. 40y, unknown sickness
Mallan, male, b. 11 Feb 1861, 15 minutes, son of Henry
Mallen, James, b. 26 Sep 1866, 65y
Mallenbre, child, b. 20 Sep 1830, stillborn, child of George
Mallett, James, b. 22 Oct 1866, 50y
Mallon, Bridget, b. 20 Dec 1857, 42y
Mallon, Bridget, b. 5 Aug 1867, 22y
Mallon, Chas., b. 22 Apr 1874, 18y
Mallon, Elizabeth, b. 27 Mar 1871, 87y
Mallon, Francis, b. 8 Mar 1867, 73y
Mallon, Margaret, b. 16 Apr 1869, 51y
Mallon, Mary, b. 1 Nov 1861, 4d
Mallon, Mary, b. 15 Jan 1864, 7w
Mallon, Patrick, b. 2 May 1852
Mallon, Patrick, b. 10 Feb 1863, 48y
Mallon, Patrick, b. 15 Feb 1871, 30y
Mallon, Sarah, b. 9 Nov 1864, 24y
Mallon, Susan, b. 27 Dec 1865, 39y
Mallon, Thomas, b. 18 Aug 1860, 30y
Malloy, Catherine, b. 30 Sep 1837, c. 37y, mania potua
Malonay, Mrs. Ann, b. 22 May 1864, 60y
Malone, child, b. 11 Dec 1849, 2m, child of John
Malone, female, b. 10 Jun 1840, 18m, brain fever, dau of John
Malone, Ann, b. 15 Jan 1850, 3y
Malone, Ann, b. 9 Dec 1858, 26y
Malone, Edward, b. 16 Aug 1826, c. 26y, bilious fever
Malone, Jane, b. 25 Apr 1852, 74y
Malone, Mary, b. 23 Jul 1860, 19m
Malone, Mary, b. 12 Sep 1870, 24y
Malone, Mary Ann, b. 4 Aug 1853, 41y
Malone, Mary Ann, b. 3 Aug 1868, 70y
Malone, Miss Teresa, b. 18 Mar 1858, 50y
Malone, Thomas, b. 23 Dec 1858, 2w
Malone, Thos. L., b. 16 Nov 1872, 20y
Maloney, child, b. 26 Jul 1863, 10d, child of Thos.
Maloney, Bryan, b. 20 Mar 1862, 16m
Maloney, Elizabeth, b. 29 Mar 1857, 19y
Maloney, Margaret, d. 10 Aug 1797, b. 11 Aug 1797, 1y6m, dau of James & Eve
Maloney, Mary Ann, b. 23 Aug 1856, 22m
Maloney, Mary E., b. 1 Mar 1864, 2½y
Maloney, Thomas, b. 2 Jul 1855, 55y
Maloney, Thomas, b. 6 Dec 1865, 25y
Maloney, William, b. 23 Dec 1866, 2½y
Maloon, Alice, b. 25 Apr 1825, 21m, dau of Arthur & Eliza
Maloone, Stephen, b. 3 Jan 1831, c. 30y, consumption
Maloy, Eliza Jane, b. 14 Jun 1855, 2y
Maloy, Emily, b. 12 Aug 1858, 9m
Maloy, Mary Ann, b. 16 Jul 1866, 48y
Mamon, child, b. 7 Dec 1861, stillborn, child of Patrick
Man, Mr. Corne.? (sic), b. 18 Aug 1842, 8m
Manahan, John, b. 5 Mar 1848, 30y
Manes/Mains, Patrick, b. 29 Oct 1838, 51y
Manezans, John, d. 18 Mar 1804, b. 19 Mar 1804, c. 47y, consumption, native of Macault, France
Mangan, male, b. 13 Jan 1838, 18m, son of John

Mango/Munjo, Mary, b. 17 Oct 1837, 65y, inflamation of the breast, Colored
Manian, Mary, b. 29 Jan 1859, 16m
Manice, Mary, b. 8 Aug 1828, age unknown, cholera morbus
Manion, Ellen, b. 22 Jan 1855, 5m
Manion, James, b. 2 Aug 1861, 30y
Manion, James, b. 6 Apr 1868, 24y
Manion, John, b. 6 Sep 1848, 35y
Manion, Margaret, b. 19 Nov 1853, 1w
Manion, Margaret, b. 28 Mar 1861, 80y
Manion, Mary Jane, b. 21 Sep 1860, 65y
Manion, Mary Jane, b. 29 Apr 1864, 6m
Manion, Thomas, b. 16 Jun 1853, 17m
Manley, Agnes G., b. 21 Nov 1869, 21m
Manly, male, b. 21 Sep 1864, stillborn, son of John
Manly, Mrs., b. 3 Nov 1853, 65y
Manly, Jno., b. 29 Nov 1872, stillborn
Manly, Samuel, b. 23 Aug 1843, 11m
Mann, James, b. 23 Jun 1856, 3y
Mann, Mrs. Margaret, b. 19 Sep 1821, c. 33y, consumption, wife of Dr. Mann
Manning, child, b. 30 Oct 1826, 9m, unknown sickness, child of Patrick
Manning, child, b. 7 Nov 1826, c. 5y, quinsey, child of Patrick
Manning, child, b. 22 Dec 1826, c. 4y, consumption, child of Patrick
Manning, child, b. 7 Jul 1828, c. 2y, unknown sickness, child of Mr. Manning
Manning, child, b. 5 Nov 1831, 2y, unknown sickness, child of William
Manning, child, b. 7 Nov 1859, stillborn, child of Mr. Manning
Manning, male, b. 6 Apr 1839, 8/9m, decline, son of Mrs. Manning
Manning, Bridget, b. 27 Oct 1849, 17y
Manning, Edward, b. 30 Nov/1 Dec 1836, c. 36y, dropsy
Manning, Elizabeth, b. 16 Nov 1823, c. 38y, suddenly
Manning, Ellen, b. 8 Sep 1851, 19y
Manning, John, d. 11 Dec 1803, b. 12 Dec 1803, c. 30y, native of Ireland
Manning, Kate, b. 11 Jul 1856, 22y
Manning, Margaret, b. 9 Oct 1852, 16y
Manning, Mary, b. 18 Oct 1845, 12y
Manning, Mary A. V., b. 3 Mar 1848, 9m
Manning, Mary B., b. 10 May 1859, 3m
Manning, Patrick, b. 24 Mar 1854, 6w
Manning, Sarah, b. 2 Sep 1849, 45y
Manning, William, b. 10 Sep 1838, 30y, decline
Mannion, James, b. 7 Nov 1863, 5w
Manro, male, b. 10 Aug 1842, 3y, son of Samuel
Manty, Wm. E., b. 27 Oct 1846, 35y
Manual, Emily, b. 17 Jun 1856, 18d
Maquet, Nelson, b. 24 Nov 1854, 40y
Maquett, Hyacenth, b. 25 Sep 1828, c. 26y, unknown sickness, son of Michael, Colored
Maquett, Rose, b. 23 Apr 1849, 76y, Colored
Mara, Patrick, b. 6 Sep 1854, 6d
Maran, Mrs., b. 10 Mar 1828, age unknown, unknown sickness
Maran, Elizabeth, b. 27 Nov 1853, 32y
Marast/Marst, female, b. 12 Feb 1841, 2 hours, dau of Mr. Marst
Marchan, see Marchand/Marchan
Marchand/Marchan, ---, d. 24 May 1813, b. 25 May 1813, age --, apoplexy, native of ----
Marchand, Peter, d. 6 Jan 1825, b. 7 Jan 1825, c. 60y, native of France, had resided in St. Domingo
Marchant, Peter Francis Henry, d. 8 Nov 1801, b. 9 Nov 1801, c. 2y, son of Peter Stephen & Mm. Mallet

Marcial, Ann Maria, b. 23 Dec 1866, 30y, Colored
Marcias, Juana G. di M., b. 5 Mar 1872, 2y
Marcias, M. Z., b. 31 Mar 1874, 16m
Marea, Hannah, b. 4 Aug 1866, 40y
Marean, M. L. T., b. 25 Apr 1866, 50y
Marechal, Pierre, d. & b. 4 Oct 1793, sustained by the sacraments, sailor on the ship Les Deaux Arnis of Nantes, son of Michel & Susanne Contins, native of Noirmontier, *(French)
Marechol, Archbishop Ambrose, d. 29 Jan 1828, b. 2 Feb 1828, enlargement of the heart with complications, born at Orleans, France in 1768, a resident of Baltimore for many years, Archbishop of Baltimore for the last 11 years, died after a virtuous & useful life to the Church of God, received all of the sacraments
Mareste, James Marie deChavanne, d. 16 Oct 1817, b. 17 Oct 1819, 58y, native of France
Marie, Isabella, b. 13 Aug 1859, 8m
Marie, Joseph, d. (5:00 a.m.) & b. 30 May 1800, 43y, died in the vicinity of Baltimore, born in the parish of St. John, diocese of Marseillis
Marion, John, b. 26 Aug 1868, 60y
Mark, Julius Cesar, d. 26 May 1819, b. 27 May 1819, 18m, consumption, Colored infant
Marker, John, b. 23 Dec 1845, 16m
Markham, Marcella, b. 25 Jul 1864, 35y
Marks, Claudia, b. 5 Apr 1874, 30y
Marks, Michael, d. 12 Feb 1798, b. 13 Feb 1798, c. 23y, native of Ireland
Marlin, Ann, b. 12 Jun 1850, 22y
Marr, Bridget, b. 9 Dec 1830, c. 2y, scarlet fever
Marr, Margaret, b. 26 Jul 1858, 25y
Marr, Mary Ann, d. 16 Aug 1794, b. 17 Aug 1794, 8m, dau of Robt & Margt, buried in St. Peter's Church Yard
Marrast, Rose, d. 3 Aug 1796, b. 4 Aug 1796, 20m, dau of John & Mary Louisa Solane Marrest
Marre, Domenico, b. 1 Oct 1846, 56y
Marrell, Lewis, see Morell/Marrell, Lewis
Marren, child, b. 18 Aug 1832, 22m, bowel complaint, child of Patrick
Marsh, child, b. 17 Aug 1821, child of John
Marsh, Mary, b. 4 Feb 1858, 2½y
Marshall, Joseph, b. 17 Feb 1873, 4y
Marshall, Susanna, d. 18 Jan 1801, b. 19 Jan 1801, c. 50y
Marsket, Edward, b. 7 Aug 1862, 3m
Marst, female, see Marast/Marst, female
Marston, Mrs. Margt., b. 4 Aug 1859, 21y
Marten, female, b. 24 Dec 1874, 2w
Martha, Marie, d. 16 Jun 1815, b, 17 Jun 1815, 80y
Martiacq, Ann, d. & b. 26 Mar 1803, 2y, worms, dau of John & Mary
Marticque, Angelina, d. 6 Aug 1810, b. 7 Aug 1810, c. 6m
Martin, ---, b. 29 Apr 1830, unknown sickness
Martin, child, b. 31 Jul 1844, 6m, child of Edwd.
Martin, child, b. 19 Jul 1869, 1y, child of Mr. Martin
Martin, female, b. 29 Jun 1835, 6w, convulsions, dau of Patrick
Martin, female/child, b. 11 Jun 1836, 1 hour old, dau/child of Patrick
Martin, female, b. 21 Feb 1837, 6w, convulsions, dau of Mrs. Martin
Martin, female, b. 18 Jan 1868, stillborn, dau of James
Martin, male, b. 2 Oct 1836, 4m, son of Patrick
Martin, male, b. 17 Jun 1839, 5m, brain fever, son of Michael
Martin, male, b. 16 Sep 1840, 2m, son of John
Martin, male, b. 3 May 1846, 4y, son of Mr. Martin
Martin, male, b. 1 May 1847, 1½ hour, son of Mr. Martin
Martin, male, b. 4 Feb 1856, 8 hours, son of Patrick
Martin, Mr., b. 9 Aug 1827, 28y, fit
Martin, Mrs., b. 21 Apr 1838, 50y, unknown sickness

Martin, Mrs., b. 11 Jan 1849, 30y
Martin, Abby Louisa, b. 26 Feb 1860, 2½y
Martin, Andrew, b. 29 Oct 1851, 41y
Martin, Ann, b. 26 Mar 1850, 56y
Martin, Anna Clark, b. 29 Aug 1859, 11m
Martin, Anna M., b. 26 Apr 1872, 79y
Martin, Arthur, b. 6 Aug 1870, 9m
Martin, Bernard, b. 5 Jan 1849, 5d
Martin, Bridget, b. 19 Dec 1820
Martin, Catharine, d. 21 Aug 1796, b. 22 Aug 1796, c. 2½y, dau of Robert & Mary
Martin, Catharine, d. 3 Sep 1807, b. 4 Sep 1807, 1y, dau of Patrick & Ann
Martin, Catherine, b. 21 Sep 1830, c. 25y, consumption
Martin, Mrs. Charles, b. 21 Dec 1840, 45y, sore throat
Martin, Charles, b. 28 Apr 1858, 24y
Martin, Charles Joseph, b. 11 Jul 1859, 13m
Martin, DuBois, d. 26 Nov 1819, b. 27 Nov 1819, 69y
Martin, Ellen Teresa, b. 19 Oct 1841, 3y, fever
Martin, Eugene C., b. 20 Dec 1868, 1m
Martin, Francis, b. 26 Sep 1830, c. 10m, unknown sickness, son of James
Martin, Francis, b. 11 Mar 1866, 1w
Martin, Francis DeSales, b. 30 Apr 1863, 7y
Martin, George Francis, b. 2 Jul 1862, 6d
Martin, Henry, b. 8 Jul 1868, 1d
Martin, Henry, b. 25 Dec 1872
Martin, Henry C., b. 21 Jun 1855, 12m
Martin, Isabella, b. 21 Jul 1846, 7y
Martin, James, b. 26 Oct 1827, c. 40y, consumption
Martin, Jane, d. 20 Jun 1798, b. 21 Jun 1798, 4m, dau of Robert & ---
Martin, Jane E., b. 16 Jan 1849, 49y
Martin, J. H. I., b. 15 Jun 1865, 2y
Martin, Jno. Thos., b. 27 Oct 1857, 9m
Martin, Jno. W., b. 12 May 1846, 16y
Martin, John, d. 18 Jul 1797, b. 19 Jul 1797, 3m, son of Thomas & Mary
Martin, John, d. & b. 16 Sep 1808, c. 3w, son of Milly
Martin, John, b. 13 Mar 1841, 65y, consumption
Martin, John, b. 14 Aug 1845, 4y
Martin, John, b. 28 Jan 1862, 2½y
Martin, John, b. 20 May 1869, 56y
Martin, John Charles, b. 9 Jun 1857, 15 hours
Martin, John J., d. 20 Jan 1806, b. 22 Jan 1806, 49y, consumption, merchant, native of Martigue, France
Martin, John Thos., b. 26 Dec 1864, 6m
Martin, Jos., b. 26 Aug 1873, 9d
Martin, Jos. A., b. 22 Mar 1874, 3y
Martin, Josephina, b. 9 Mar 1863, 15m
Martin, Josephine B., b. 10 Nov 1857, 22y
Martin, Josephine J. A., b. 24 Nov 1857, 8y
Martin, Julia, b. 2 Apr 1867, 82y
Martin, Juliet DuBois, b. 23 Aug 1832, 47y, cholera, native of St. Domingo, inhabitant of Baltimore for many years
Martin, Kate, b. 29 Aug 1863, 10m
Martin, Margret, b. 21 Nov 1874, 36y
Martin, Mary, b. 18 Jun 1826, 2w
Martin, Mary, b. 19 Dec 1851, 6y
Martin, Mary, b. 21 Nov 1857, 60y
Martin, Mary, b. 17 Dec 1858, 40y

Martin, Mary, b. 24 Apr 1862, 100y
Martin, Mary, b. 20 May 1874, 39y
Martin, Mary A., b. 11 Dec 1863, 25y
Martin, Mary E., b. 10 Apr 1870, 15m
Martin, Matilda, b. 3 Apr 1862, 45y
Martin, Michael, b. 31 Mar 1839, 26y, consumption
Martin, Michael, b. 20 Jul 1855, 3m
Martin, Owen, b. 26 Aug 1863, 6m
Martin, Patrick, d. 29 Dec 1806, b. 30 Dec 1806, c. 35y, suddenly, native of Ireland
Martin, Patrick, b. 20 Sep 1822, c. 30y, bilious fever
Martin, Patrick, b. 4 May 1842, 28y, dropsy
Martin, Peter, b. 2 Aug 1840, 38y, consumption
Martin, Philip F., b. 7 Sep 1832, 35y, cholera
Martin, Robert, d. 16 Oct 1800, b. 17 Oct 1800, c. 45y, suddenly, native of Ireland
Martin, Rosella, b. 23 Feb 1860, 9½m
Martin, Sarah, b. 24 Aug 1850, 35y
Martin, Sarah C., b. 18 Dec 1874, 17d
Martin, Thomas, b. 15 Sep 1834, c. 25y
Martin, Thomas, b. 22 Apr 1855, 24 hours
Martin, Thomas, b. 8 Nov 1869, 11y
Martin, Thos., b. 5 Feb 1853, 3d
Martin, T. P., b. 24 Apr 1874, 2y
Martin, Virginia, b. 10 Jun 1846, 4y
Martin, William, b. 11 Jan 1862, 61y
Martin, Winifred, b. 9 Aug 1852, 5y
Martinez, Julia, b. 11 Jun 1871, 3y
Martinez, Merceret, b. 25 Sep 1871, 1 hour
Martinique, Mrs., b 18 Jul 1827, dropsy
Martz, male, b. 23 Mar 1853, 5 minutes, son of Joseph
Martz, Joseph, b. 7 Dec 1851, 2 hours
Martz, Joseph, b. 15 Jul 1867, 50y
Martz, Margaret, b. 25 Oct 1850, 7m
Martz, Mary, b. 24 Mar 1853, 27y
Mary, Catharine, d. 16 Jul 1798, b. 17 Jul 1798, 6y3m, dau of Bartholomew & Adelaide DuHarley
Maryatt, female, b. 7 Dec 1839, 9m, smallpox, dau of Augustus
Maryatt, Catherine, b. 12 Aug 1840, 34m/y, consumption
Marye, Vincent Augustin, b. 16 Apr 1827, 82y
Mashan, Catharine, d. 23 Dec 1797, b. 24 Dec 1797, 10d, dau of Joseph & Christina
Mashan, Mary, d. & b. 20 Oct 1801, 2y7m, dau of Joseph & Christina
Masicat, Augustus, b. 11 Nov 1850, 21y
Mason, child, b. 9 Nov 1867, stillborn, child of Mr. Mason
Mason, Mrs., b. 20 Dec 1861, 49y
Mason, Clem., b. 8 Apr 1873, 18y
Mason, Clemintine, b. 25 Jan 1862, 34y, Colored
Mason, James, b. 20 Jul 1861, 40y, Colored
Mason, Thomas A., b. 3 Feb 1866, 5y
Massey, Bridget, b. 20 Nov 1868, 3y
Massey, Thomas, b. 14 Mar 1823, 32y, dissipation of the body
Massie, Albert V., b. 25 Jun 1862, 5m
Massie, James, b. 16 Nov 1866, 30y
Masterson, child/female, b. 9 Apr 1841, 7m, child/dau of Mr. Masterson
Masterson, Charles, b. 3 Apr 1863, 70y
Masterson, John, b. 11 Nov 1852, 22y
Masterson, Mrs. M., b. 22 Jun 1871, 50y
Masterson, Mary Elizabeth, b. 2 Mar 1831, c. 2y, fits, dau of Charles
Masterson, Michael, b. 13 Dec 1858, 27y

Masterson, William, b. 5 Dec 1851, 24y
Mathew, female, b. 3 Jan 1854, 2m, dau of Mrs. Mathew
Mathews, child/male, see Matthews/Mathews, child/male
Mathews, Mrs., b. 29 Mar 1870, 60y
Mathews, Bridget, b. 23 Aug 1854, 30y
Mathews, Charles, b. 1 Jul 1860, 15y
Mathews, George, b. 3 Aug 1856, 3y, Colored
Mathews, James, b. 20 Jul 1846, 3d
Mathews, John, b. 24 Mar 1851, 51y
Mathews, John H., b. 19 Apr 1860, 25y, Colored
Mathews, Joseph, b. 12 Aug 1853, 10m, Colored
Mathews, Mary, b. 11 Mar 1850, 40y
Mathews, Mary, b. 30 May 1851, 23y
Mathews, Mary, see Matthews/Mathews, Mary
Mathews, Mary Alice, b. 20 Apr 1854, 3y
Mathews, Mary C., b. 17 Jul 1859, 87y, Colored
Mathews, Rosanna, b. 19 Mar 1864, 70y, Colored
Mathews, Rosanna, b. 16 Jul 1864, 70y, Colored
Mathewson, Elizabeth, b. 28 Dec 1857, 2½y
Matthew/Matthews, John, d. 11 Jul 1808, b. 12 Jul 1808, c. 3y, son of Francis & Margaret
Matthews, child, b. 5 Sep 1834, stillborn, child of J. Matthews
Matthews/Mathews, child/male, b. 24/25 Jul 1836, unknown sickness, child/son of Mr. Matthew Colored
Matthews, Miss Amelia, b. 10 Aug 1872, 80y
Matthews, Ann, d. & b. 27 Jul 1801, 9m, dau of Francis & Margaret
Matthews, James, b. 24 Jun 1820, 6m, Colored
Matthews, John, see Matthew/Matthews, John
Matthews, Joseph, b. 26 Nov 1821, c. 2y, son of Mrs. Sophia Matthews
Matthews, Margaret, d. 26 Jun 1809, b. 27 Jun 1809, 31y, wife of Francis
Matthews/Mathews, Mary, b. 20 Nov 1841, 32y, head tumor
Matthews, Mary Ann, d. 5 Nov 1802, b. 6 Nov 1802, 3m3d, dau of John & Mary
Matthews, Mary Ann, b. 8 Nov 1828, 3y, unknown sickness, dau of Ann
Matthews, Peter, 1823 Jan 29, c. 3y, Colored, born of Harriett, slave of Mrs. Starr
Mattingly, Amelia, b. 22 Jun 1857, 14y
Mattingly, Eliza I., b. 21 Mar 1847, 2y
Mattingly, Jane, b. 22 Sep 1856, 45y
Mattingly, Walter, b. 23 Dec 1852, 2y
Mattox, Henry, b. 12 Jul 1860, 21y, Colored
Matty, Ann, b. 18 Aug 1868, 4y
Maubre/Mowbray, child, b. 16 Jun 1836, 2y, child of Mrs./Widow Maubre
Maurean, Ann Celine, b. 25 Nov 1849, 63y
Maurean, John Baptist, d.13 Jul 1795, b. 14 Jul 1795, c. 40y, planter of St. Domingo, received the sacraments of the church
Maureen, Maria L., b. 5 Dec 1848, 102y
Mauser, Mary C., b. 29 Jul 1863, 10m
Mawanere, Margaret, b. 13 Jul 1854, 30y
Maxwell, male, b. 5 Jan 1852, 4y, son of James
Maxwell, Amelia, b. 14 Jan 1863, 6y
Maxwell, John, b. 22 Aug 1852
Maxwell, Josephine, b. 15 Apr 1853, 25y, Colored
Maxwell, Mary Elisa, b. 22 Aug 1855, 10m
May/Thompson, child, b. 3 Jul 1865, 3y, child of Mr. May/Thompson
May, Rev. Mr. Dominic, O.P., d. & b. 2 Oct 1794 (12:45 a.m.), c. 33y, malignant fever, Catholic priest of the St. Domingo Order, lately from Ireland, buried in the Catholic Burying Grou
May, Hon. Henry, b. 26 Sep 1866, 51y
Mayel, Ann, d. 8 Dec 1801, b. 9 Dec 1801, 1y3m16d, dau of James Anthony & Margaret

Mayers, Mary Ann, d. 2 Dec 1806, b. 3 Dec 1806, 6w
Maylon, Mary, b. 29 Dec 1855, 32y
Maylor, Edward, b. 26 Jan 1871, 18m
Maylor, James, b. 18 Mar 1870, 46y
Maze, John Peter Toussain, d. 6 May 1794, b. 7 May 1794, 22y, native of Cape Francais Island, St. Domingo, buried in St. Peter's Church Yard
McAbee, I. T., b. 2 Jul 1864, 9m
McAbee, Julia B., b. 20 Jul 1863, 16m
McAdam, Bernard, b. 16 Oct 1854, 26y
McAdam, Mary, b. 7 Oct 1868, 75y
McAdam, Matilda, b. 18 Apr 1865, 20y
McAdam, Peter, b. 29 Sep 1865, 33y
McAdam, Sarah, b. 1 Sep 1862, 3y
McAdams, Edward, b. 2 Jul 1857, 17m
McAdams, Jacob, b. 1 May 1860, 58y, Colored
McAdams, Michl., b. 29 Jul 1854
McAleer, Francis, b. 21 Apr 1842, 27y, casualty
McAleer, John, b. 24 Jan 1823, c. 36y, pleurisy
McAleer, John, b. 8 Aug 1855, 12m
McAleer, John, b. 10 Feb 1856, 37y
McAleer, John England, b. 10 Apr 1852, 2½y
McAleer, Lewis George, b. 15 Sep 1856, 12m
McAleer, Mary, b. 25 Feb 1861, 84y
McAleese, ---, b. 3 Aug 1860
McAleese, child/female, b. 11 Aug 1837, 5m, infantile unknown, child/female of Archibald
McAleese, Archibald, b. 4 Jan 1859, 72y
McAleese, Bridget, b. 4 Nov 1852, 44y
McAleese, Daniel, b. 8 Jan 1838, c. 30y, consumption
McAleese, Edward, b. 7 Apr 1858
McAleese, Edward Lawrence, b. 27 Sep 1830, 10m, summer complaint
McAleese, James, b. 4 Oct 1868, 30y
McAleese, Jno. James, b. 4 Aug 1860, 30y
McAleese, John, b. 23 Sep 1849, 21y
McAleese, Simon, b. 1 Oct 1837, c. 30y, dropsy
McAlester, Pat., b. 10 Feb 1864, 5y
McAlister, Alexander, d. & b. 4 May 1798, 11m, son of Charles & Elizabeth
McAlister, Elizabeth, b. 28 May 1864, 19m
McAlister, Elizabeth, b. 2 Sep 1866, 11m
McAlister, James Lewis, b. 11 Dec 1866, 3m
McAlister, John, b. 13 Jul 1873, stillborn
McAlister, Mary, b. 16 Nov 1863, 6y
McAlister, Mary, b. 12 Jul 1873, 35y
McAlister, Mary Ann, b. 19 Dec 1865, 1w
McAlister, Richard, b. 9 May 1863, stillborn
McAllister, Alexander, b. 13 Aug 1864, 60y
McAllister, Alexander, b. 15 Sep 1864, 60y
McAllister, Bernard, b. 13 Feb 1869
McAllister, I., b. 18 Jun 1856, 12m
McAllister, James, d. 22 Jan 1796, b. 23 Jan 1796, c. 40y
McAllister, Robt. I., b. 4 Jan 1869, 5y
McAllister, William, b. 15 Jan 1867, 5m
McAnally, Arthur, b. 19 Mar 1839, 23/28y, consumption
McAnally, Emilia, b. 24 Feb 1837, c. 45y, consumption
McAnally, Thomas, b. 31 Aug 1838, 27y, contusion of the brain
McAnany, Mr., b. 9 Mar 1868, 45y
McAneese, Sarah, b. 10 Jun 1847, 28y

McAnnally, Ann, b. 16 Aug 1832, c. 35y, cholera
McAnnulley, male, b. 22 May 1828, 15m, unknown sickness, son of John
McAnoney, Francis, b. 7 Sep 1848, 6d
McArdell, Mary, b. 3 Jul 1872
McArdle, female, b. 22 Jul 1839, 5y, spasms, dau of John
McArdle, female, b. 19 Aug 1839, 7m, decline, dau of John
McArdle, female, b. 11 Mar 1845, 3w, dau of Jas.
McArdle, male, b. 19 Nov 1839, 3y, whooping cough
McArdle, male, b. 20 Oct 1843, 2y, son of Mr. McArdle
McArdle, Mr., b. 13 Apr 1870, 66y
McArdle, Ann, b. 13 Sep 1844, 2y
McArdle, Ann Maria, b. 24 Nov 1860, 6y
McArdle, Catharine, b. 15 Feb 1868, 33y
McArdle, Dennis, b. 7 Jun 1848, 25y
McArdle, Isabella, d. 17 Dec 1815, b. 18 Dec 1815, c. 8m
McArdle, John T., b. 5 Jan 1869, 13y
McArdle, Mary, b. 10 Jun 1848, 20y
McArdle, Mary Ann, b. 20 Aug 1852, 2y
McArdle, Michael, b. 19 Oct 1851, 30y
McArdle, Michael, b. 8 Sep 1853, 25y
McArdle, Rose, d. 6 Aug 1802, b. 7 Aug 1802, 8m, dau of Patrick & Ann
McArdle, William, b. 20 Jan 1848, 4y
McArelle, Silvester, b. 4 Feb 1851, 30y
McAtoor, Patrick, b. 26 Jan 1822, c. 8y, scalded to death in a factory, son of an Irishman
McAulifft, Maurice, b. 4 Jun 1832, 5y, drowned
McAvey, Francis, b. 6 Jul 1870, 68y
McAvoy, child, b. 26 Aug 1832, c. 6m, cold, child of Daniel
McAvoy, child, b. 23/24 Nov 1837, stillborn, child of Mr. McAvoy
McAvoy, female, b. 10 Dec 1834, 2y, ague, dau of Mrs. McAvoy
McAvoy, female, b. 23 Jan 1835, 3y, croup, dau of Mr. McAvoy
McAvoy, female, b. 6 Jun 1840, 9m, dau of Francis
McAvoy, female, b. 7 Sep 1842, 18m, dau of Hugh
McAvoy, Mrs., b. 9 Sep 1849, 45y
McAvoy, Catharine, b. 23 Dec 1858, 30y
McAvoy, Daniel, b. 9 Jan 1835, c. 30y, bilious pleurisy
McAvoy, Eliza, b. 16 Aug 1844, 2y
McAvoy, Emma, b. 20 Mar 1866, 13y
McAvoy, Francis, b. 7 Feb 1860, 4m
McAvoy, Hugh, b. 19 Sep 1847, 47y
McAvoy, John, b. 14 Jan 1831, c. 1w, unknown sickness, son of Daniel
McAvoy, Lewis, b. 6 Mar 1863, 3y
McAvoy, Mary, b. 4 Dec 1844, 36y
McAvoy, Michael, b. 11 Jan 1836, c. 30y, consumption
McAvoy, Patrick, b. 18 Nov 1858, 24y
McAvoy, Rose Emma, b. 1 Jul 1867, 10m
McAvoy, Sarah, b. 19 Feb 1832, c. 35y, consumption
McBerry, child, b. 28 Feb 1832, 6m, unknown sickness, child of John
McBride, female, b. 19 Sep 1839, 2y, summer complaint, dau of John
McBride, Ann, b. 3 Apr 1853, 80y
McBride, Anthony, d. 11 Apr 1807, b. 12 Apr 1807, 19y, native of Ireland
McBride, Bernard, b. 26 Apr 1835, 67y, pleurisy
McBride, Edward, d. 2 Jul 1816, b. 3 Jul 1816, 45y, consumption
McBride, Henry, b. 8 Nov 1857, 12m
McBride, John, d. 12 Nov 1805, b. 13 Nov 1805, 24y, native of Ireland
McBride, John, b. 14 May 1830, c. 22y, drowned, native of Ireland
McBride, John, b. 20 Mar 1868, 67y

McBride, Mary, b. 21 Mar 1854, 12m
McBride, Roger, d. 26 Feb 1805, b. 27 Feb 1805, c. 30y, native of Ireland
McBride, Rosanna, b. 2 May 1863, 63y
McBride, Thomas, d. 3 Aug 1809, b. 4 Aug 1809, 3w, son of John & Elizabeth
McBride, Thomas, b. 7 Mar 1837, 32y, consumption
McBryde, Mrs., d. 15 Aug 1818, b. 16 Aug 1818, 70y
McCabe, child, b. 2 Jul 1849, stillborn, child of Michael
McCabe, child, b. 1 Jan 1862, stillborn, child of James
McCabe, Alice, b. 1 Feb 1861, 70y
McCabe, Cath., b. 22 Jun 1871, 55y
McCabe, Catharine, b. 18 Mar 1865, 50y
McCabe, Ellen, b. 19 Aug 1843, 18m
McCabe, Ellen, b. 29 Jul 1851, 19y
McCabe, Jane, b. 12 Jul 1854, 12m
McCabe, Jefferson, b. 21 Sep 1854, 20m
McCabe, John, b. 21 Jun 1852, 50y
McCabe, Kate, b. 27 Mar 1863, 9y
McCabe, Louisa, b. 18 Aug 1863, 31y
McCabe, Luke, b. 16 Jan 1871, 39y
McCabe, Luke, b. 22 Jun 1871, 2m
McCabe, Maggie, b. 17 Jun 1871, 4y
McCabe, Margaret, b. 30 Jun 1855, 35y
McCabe, Mary, b. 16 Jun 1845, 27y
McCabe, Mary, b. 1 Mar 1861, 15m
McCabe, Mary, b. 28 Jul 1866, 48y
McCabe, Mary, b. 12 Aug 1872, 5m
McCabe, Mary Cath., b. 3 Aug 1863, 6m
McCabe, Michael, b. 8 Aug 1865, 53y
McCabe, Nancy, b. 28 Dec 1860, 60y
McCabe, Owen, b. 20 Dec 1831, c. 67y, palsy
McCabe, Owen, b. 13 Aug 1859, 30y
McCabe, Patrick, b. 29 May 1858, 50y
McCabe, Patrick, b. 25 Nov 1867, 70y
McCabe, Peter, b. 15 Sep 1843, 45y
McCabe, Simon, b. 13 Jun 1848, 35y
McCaddon, child, b. 3 Oct 1827, c. 1y, bowel complaint, child of John
McCaddon, John, b. 27 Mar 1831, c. 44y, consumption
McCaddon, Rosanna, b. 1 Nov 1827, c. 25y, consumption
McCadon, child, b. 12 Feb 1836, 2y, child of Mrs. McCadon
McCafferty, female, b. 5 Jul 1847, 6m, dau of Mr. McCafferty
McCafferty, Eliza, b. 13 Dec 1871, 43y
McCafferty, Ella E., b. 22 Feb 1864, 5y
McCafferty, Margaret, b. 20 Oct 1855, 23y
McCafferty, Peter, b. 30 Jun 1865, 52y
McCaffery, child, b. 3 Mar 1832, c. 5m, inflamation of the lungs, child of Arthur
McCaffery, Miss, b. 18 Jun 1847, 18y
McCaffery, Mrs., b. 1/2 Jan 1836, c. 30y, typhus fever
McCaffery, Ann, b. 13 Feb 1829, c. 66y, old age
McCaffery/McCaffrey, Felix, b. 19 Sep 1838, c. 30y, bilious fever
McCaffray, Alice C., b. 27 Aug 1870, 1y5m
McCaffray, George, b. 25 Jun 1872, 14m
McCaffrey, ---, b. 17 Jul 1864, 66y
McCaffrey, child, b. 27 Sep 1829, 1y, unknown sickness, child of McCaffrey
McCaffrey, female, b. 5 May 1847, dau of Mr. McCaffrey
McCaffrey, male, b. 29 Dec 1840, 3 hours, son of Thomas
McCaffrey, male, b. 28 Jul 1850, 1 hour, son of Henry

McCaffrey, Mrs., b. 25 Feb 1847, 34y
McCaffrey, Andrew, b. 10 Aug 1867, 24y
McCaffrey, Ann, b. 17 Apr 1856, 65y
McCaffrey, Catharine, b. 28 Jun 1847, 9m
McCaffrey, Cornelius, b. 19 Aug 1848, 26y
McCaffrey, Edward, b. 15 Jul 1847, 30y
McCaffrey, Elizabeth, b. 13 Jun 1847, 11m
McCaffrey, Felix, see McCaffery/McCaffrey, Felix
McCaffrey, Francis, b. 17 Jan 1866, 35y
McCaffrey, Henry B., b. 2 Dec 1874, 5d
McCaffrey, Hugh, b. 21 Jun 1825, c. 20y, drank cold water
McCaffrey, Hugh, b. 8 Aug 1859, 15m
McCaffrey, James, b. 4 Jul 1824, c. 10d, son of Felix
McCaffrey, James P., b. 23 Jul 1858, 6m
McCaffrey, Jane, b. 27 Jun 1847, 23y
McCaffrey, Jane Francis, b. 22 Feb 1854, 67y
McCaffrey, John, b. 10 Apr 1848, 24y
McCaffrey, Margaret, b. 18 Feb 1857, 2y
McCaffrey, Margaret Ann, b. 20 Aug 1846, 20m
McCaffrey, Maria, b. 28 Sep 1842, 20y
McCaffrey, Mary I., b. 15 Oct 1848, 9m
McCaffrey, Michael, b. 14 Nov 1860, 36 hours
McCaffrey, Patrick, b. 16 Sep 1846, 63y
McCaffrey, Mrs. Sarah, b. 22 Jul 1838, 42/45y, corruption
McCaffry, Bridget, b. 10 Mar 1848, 30y
McCaffry, Felix, b. 11 Jan 1836, 42y
McCaffry, John, d. 17 Aug 1801, b. 18 Aug 1801, 6m, son of Andrew & Mary
McCaffry, Mary, d. 15 Aug 1801, b. 16 Aug 1801, 22y7m, wife of Andrew, native of Ireland
McCahan, Alice, b. 8 Apr 1872, 2y
McCahil, child, b. 25 Sep 1827, 3y, dysentery, child of Mr. McCahil
McCahill, Catharine, b. 19 Sep 1859, 29y
McCahill, James, b. 5 Jan 1854, 14y
McCahn, Mary, b. 28 Jun 1866, 7y
McCaholl, Bridget, b. 24 Dec 1849, 17y
McCalic, male, b. 11 Oct 1846, 2 hours, son of Mrs. McCalic
McCall, Mrs., b. 21 Nov 1861, 31y
McCall, Bridget, b. 9 Aug 1852, 69y
McCall, Bridget, b. 6 Oct 1869, 60y
McCall, John, b. 19 Nov 1847, 26y
McCall, Margaret, b. 13 May 1854, 30y
McCall, Margaret, b. 18 Aug 1862, 2y
McCall, Martha Ann, b. 30 Dec 1864, 2½m
McCall, Mary, b. 8 Jan 1867, 2m
McCall, Mary Ann, b. 6 Jan 1854, 19m
McCall, Mary Ann, b. 1 Mar 1856, 5y
McCall, Mary Rose, b. 24 Aug 1865, 11m
McCall, Michael, b. 1/3 Feb 1866, 89y
McCall, Michael, b. 26 Nov 1866, 45y
McCall, Michael, b. 14 Nov 1869, 60y
McCall, Patrick, b. 7 Jun 1863, 5½y
McCall, Patrick, b. 10 Apr 1867, 31y
McCall, Wm., b. 2 Jan 1873, 21y
McCallum, Margaret, b. 10 Nov 1862, 73y
McCallum, Sarah, b. 15 Dec 1861, 60y
McCalus, female, b. 16 Jul 1857, 3w, dau of John
McCambridge, Emily, b. 25 Feb 1855, 3y

McCambridge, Hugh, b. 19 Apr 1854, 3y
McCambridge, James, b. 4 Feb 1851, 4w
McCambridge, John Thos., b. 1 Mar 1850, 6m
McCambridge, Mary, d. 26 Oct 1805, b. 27 Oct 1805, c. 40y, wife of Francis
McCambridge, Mary Ellen, b. 2 May 1854
McCambridge, Rose, b. 11 Jun 1862, 18m
McCambridge, Rosetta, b. 24 Mar 1863, 3m
McCambridge, Rosetta, b. 24 Jun 1871, 7y
McCambridge, Rosetta, b. 25 Jul 1874, 72y
McCamley, Mary Jane, b. 2 Sep 1854, 8d
McCammon, Catherine, b. 26 Apr 1865, 21y
McCan, ---, b. 12 Aug 1821, malignant fever
McCan, John, d. 11 Oct 1795, b. 12 Oct 1795, -- age, cooper of this town
McCandell, Wm. S., b. 1 May 1874, 12m
McCann, child, b. 23 Sep 1838, stillborn, child of Bernard
McCann, child, b. 24 Sep 1843, 13m, child of Michael
McCann, male, b. 3 Oct 1845, 6w, son of Mr. McCann
McCann, male, b. 16 Jan 1852, 4y, son of Charles
McCann, Mrs., b. 18 Mar 1842, 80y
McCann, Mrs., b. 13 Dec 1856, 70y
McCann, Ann, d. 14 Aug 1804, b. 15 Aug 1804, 13m, cholera, dau of Francis & Ann
McCann, Bernard, b. 13 Jul 1838, -- age/29y, decline
McCann, Catharine Ann, b. 4 Apr 1852, 6m
McCann, Charles, b. 16 Jul 1845, 54y
McCann, Charles, b. 2 Jul 1853, 22y
McCann, Charles, b. 3 Apr 1863, 75y
McCann, Charles (Ashton), b. 11 Jul 1831, c. 1y, unknown sickness, son of Charles
McCann, Cornelius, b. 8 Sep 1832, c. 36y, bilious fever
McCann, Daniel, d. 4 Jul 1802, b. 5 Jul 1802, c. 14m, son of Frans & Ann
McCann, Edward, b. 31 Jul 1830, c. 1m, unknown sickness
McCann, Edward, b. 27 Aug 1870, 2y8m
McCann, Eufrasia, d. 12 Apr 1826, b. 13 Apr 1826, born 10 Dec, whooping cough, dau of Charles
McCann, Felix, b. 8 Oct 1851, 3m
McCann, Francis, d. & b. 20 Aug 1802, 10d, son of Francis & Ann
McCann, George B., b. 16 Mar 1856, 18m
McCann, Henry, b. 20 Jan 1827, c. 30y, consumption
McCann, Henry, b. 3 Jan/Jun 1841, c. 45y, consumption
McCann, Henry, b. 23 Mar 1863, 6m
McCann, James, b. 20 Aug 1849, 19y
McCann, Laura E., b. 20 Aug 1863, 3y
McCann, Marcella, b. 23/24 Aug 1840, 50y, paralysis
McCann, Mary, b. 25 Mar 1820, 35y, consumption
McCann, Mary, b. 21 Jun 1847, 9m
McCann, Mary Ann, b. 20 Aug 1856, 4m
McCann, Mary Ann, b. 22 Jun 1862, 2½y
McCann, Mary Ann, b. 28 Apr 1866, 42y
McCann, Mary B., b. 25 Aug 1852, 8m
McCann, Mary Elizabeth, b. 10 Aug 1849, 10m
McCann, Michael, b. 25 Oct 1859, 38y
McCann, Robert, b. 16 Mar 1858, 20m
McCann, Sarah B., b. 26 Mar 1849, 2y
McCann, Terrence, b. 21 Sep 1853, 65y
McCann, Thomas, b. 22 Sep 1825, c. 33y, unknown sickness
McCann, Thomas, b. 10 Jul 1862, 45y
McCann, Thomas, b. 25 Aug 1863, 11m

McCanna, Margaret, b. 7 Oct 1859, 34y
McCannon, Michael, d. 2 Feb 1807, b. 3 Feb 1807, 89y, native of Ireland
McCarbly, Margaret, b. 4 Mar 1835, 45y, consumption
McCardel, Bridget, b. 29 Aug 1828, 3w, unknown sickness, dau of Patrick
McCardle, child, b. 4 Mar 1869, stillborn, child of Mrs. McCardle
McCarran, William, b. 14 Mar 1853, 18y
McCarrick, Jane, b. 9 Oct 1840, 50y, dropsy
McCarrigle, Mary, b. 28 Nov 1866, 5y
McCarron, Bernard, b. 9 Aug 1829, c. 35y, bruise
McCarron, Mary, b. 12 Aug 1858, 10m
McCarron, Rosanne, b. 14 Aug 1857, 8m
McCart, Bridget, b. 2 Mar 1864, 30y
McCart, James, b. 4 Jun 1863, ½ hour
McCart, John A. B., b. 15 Nov 1866, 2m
McCart, John Thos., b. 24 Apr 1864, 3d
McCartan, Catherine, b. 3 Sep 1832, 40y, cholera
McCartey, child, b. 12 Dec 1828, stillborn, child of Charles
McCarthy, child, b. 8 Feb 1828, age unknown, unknown sickness, child of Patrick
McCarthy, child, b. 28 Sep 1867, 1d, child of Michael
McCarthy, female, b. 23/27 May 1842, 17m, infantile unknown, dau of Charles
McCarthy, Mrs., b. 17 Apr 1855, 60y
McCarthy, Ann, b. 11 Jan 1858, 9w
McCarthy, Anna Maria, b. 3 Apr 1829, 6w, affection of the liver
McCarthy, Catharine, b. 10 Jun 1857, 4m
McCarthy, Catharine, b. 20 Sep 1864, 8m
McCarthy, Catherine/Catharine, b. 18 Mar 1842, 50y
McCarthy, Charles, b. 22 Feb 1843, 60y
McCarthy, Charles, b. 12 Aug 1851, 60y
McCarthy, Clara Alvina, b. 20 Jan 1862, 3m
McCarthy, Daniel, b. 18 Mar 1870, 14m
McCarthy, Eliza, b. 31 Dec 1855, 62y
McCarthy, Florence I., b. 25 Jul 1860, 22m
McCarthy, Frances, b. 31 Dec 1862, 2y
McCarthy, Hugh, b. 28 Apr 1853, 2y
McCarthy, James, b. 16 Jul 1862, 28y
McCarthy, James, b. 7 May 1874, 9m
McCarthy, Joseph Dennis, b. 2 Sep 1864, 13m
McCarthy, Margaret, b. 8 Oct 1856, 7y
McCarthy, Margaret, b. 19 Aug 1861, 14y
McCarthy, Mary, b. 31 Dec 1857/1858, 65y, Colored
McCarthy, Mary E., b. 15 Mar 1862, 37y
McCarthy, Mary Louisa, b. 25 May 1851, 8m
McCarthy, Michael, b. 3 Aug 1868, 6m
McCarthy, Rose, b. 2 Jul 1824, 9d
McCartney, Edward, d. 2 Dec 1810, b. 3 Dec 1810, 50y, paralytic stroke
McCartney, Hugh, b. 8 Feb 1860, 41y
McCartney, Jas., see Sylvan, Brother
McCartney, John, b. 4 Apr 1852, 22y
McCartney, John, b. 5 Jun 1854, 3y
McCartney, Mrs. Mary, b. 14 Dec 1863, 71y
McCartney, Patrick, b. 28 Oct 1866, 52y
McCartney, Peter, b. 10 Oct 1866
McCarty, child, b. 8 Feb 1828, born dead, child of Charles
McCarty, child, b. 10 Aug 1853, 12m, child of Mrs. McCarty
McCarty, Mrs., b. 11 Aug 1834, c. 25y, nervous fever
McCarty, Mrs., b. 21 Sep 1834

McCarty, Catharine, d. & b. 3 Jul 1797, 3y, dau of Dennis
McCarty, Charles, b. 17 Jan 1830, c. 2m, unknown sickness
McCarty, Cornelius, d. & b. 24 Jun 1820, 6m, teething
McCarty, D. A., b. 25 Apr 1854, 6d
McCarty, Hannah, b. 4 Mar 1864, 16y
McCarty, James, d. 19 Nov 1797, b. 20 Nov 1797, 2y11m, son of Michael & Eleanor
McCarty, Jane, b. 12 Aug 1853, 12m
McCarty, Joanna, b. 6 Nov 1840, 3y
McCarty, John, b. 30 Sep 1822, c. 16y, fevers
McCarty, John, b. 9 Jun 1855, 22y
McCarty, Juliet, d. 21 Feb 1804, b. 22 Feb 1804, c. 70y
McCarty, Mary, d. 30 Oct 1797, b. 31 Oct 1797, c. 2½y, dau of Michael & Mary
McCarty, Mary Ellen, b. 15 Sep 1864, 8m
McCarty, Dr. Peter, b. 3 Jul 1852, 40y
McCaughan, John, d. 3 Sep 1802, b. 4 Sep 1802, 12m13d, son of David & Margaret
McCaul, Laurence, b. 24 Feb 1849, stillborn
McCaul, Mary, b. 11 Nov 1850, 40y
McCaul, Mary Ellen, b. 12 Mar 1857, 11m
McCaul, Mary Martha, b. 11 Feb 1861, 2y
McCaul, Owen, b. 29 Sep 1852, 45y
McCaul, Rose, b. 3 May 1865, 39y
McCaule, Rose, b. 11 Jun 1848, 7y
McCauley, male, b. 9 Jan 1837, 6y, unknown sickness, son of Mrs. McCauley
McCauley, male, b. 18 Sep 1837, 3y, whooping cough, son of Mrs. McCauley
McCauley, Emily M., b. 20 Apr 1868, 9m
McCauley, Mary E., b. 30 Aug 1855, 19y
McCaulley/McCauly, child, b. 22 May 1838, 3y, child of John
McCauly, child, see McCaulley/McCauly, child
McCauly, Charles A., b. 20 Feb 1864, 22y
McCauly, Isabella, b. 26 Dec 1863, 66y
McCauly, William, b. 3 Mar 1851, 60y
McCay, John, b. – Jan 1855, 25y
McChaghy, Catherine, b. 18 Oct 1836, 60y, dysentery
McChary, child, b. 21 Apr 1827, c. 10m, child of John
McClain, Annie, b. 12 Jan 1871, 2y
McClain, James, b. 13 Oct 1830, c. 30y, bilious fever
McClane, Alexander, b. 16 Apr 1850, 8y
McClaran, James, b. 30 Aug 1844, 40y
McClary, Mary T., b. 17 Mar 1867, 72y
McClaskey, Daniel, d. 24 Jul 1803, b. 25 Jul 1803, accidentally drowned
McClean, Patrick/child, b. 1 Aug 1855, child of Patrick?
McClellan, Thomas, b. 28 Jun 1838, 32/33y, bilious fever
McClelland, Elizabeth, b. 31 Aug 1870, 17y
McClenan, Mary Eliza, b. 8 Mar 1845, 18m
McClennan, Maria, b. 4 Oct 1855, 40y
McClerk, James, b. 5 Oct 1863, 13m
McClernan, Alice, b. 11 Apr 1864, 73y
McClevey, Mrs., b. 8 Feb 1828, c. 40y, consumption
McClew, Rose, b. 16 Jul 1828, c. 1y, unknown sickness, dau of Peter, free Colored man
McCloe, Eliza, b. 28 Jul 1840, 2d/w, Colored
McClon, Francis, b. 8 Jul 1830, c. 3m, summer complaint, son of Peter, Colored
McClon, Mary Frances, b. 17 Jun 1829, 4m, bowel complaint, dau of Peter
McCloskey, child, b. 16 Oct 1847, 3½y, child of Mr. McCloskey
McCloskey, Bridget, b. 5 Feb 1857, 51y
McCloskey, Catharine, b. 14 Aug 1847, 26y
McCloskey, Dennis, b. 12 Mar 1858, 74y

McCloskey, Hugh, see McCusker/McCloskey, Hugh
McCloskey, John, b. 29 May 1851, 33y
McCloskey, John P., b. 25 Apr 1859, 16y
McCloskey, Patrick, b. 4 Feb 1850, 29y
McCloskey, Sarah Ann, b. 25 Aug 1851, 5m
McClosky, child, b. 20 May 1845, stillborn, child of Mr. McClosky
McClosky, Mrs. Catharine, b. 8 Sep 1849
McClosky, John, b. 17 May 1843, 35y
McClue, Magdalen, b. 15 Nov 1830, c. 6y, bilious fever, dau of Peter, Colored
McClure, female, b. 8 Aug 1837, 3m, summer complaint, dau of Peter, Colored
McClure, male, b. 9 Aug 1837, 6m, son of Peter
McClure, Mary Ann, b. 2 Sep 1860, 25y, Colored
McClure, Peter, b. 16 Oct 1850, 45y, Colored
McCluskey, D. & Sarah, b. 3 Mar 1871, 1 hour
McCluskey, Sarah, see McCluskey, D. & Sarah
McColgan, male, b. 11 Nov 1836, son of Mr. I. McColgan
McColgan, Mr., b. 17 Jul 1842, 78y
McColgan, Mrs. J., b. 18 Jan 1872, 60y
McColgan, Anne, b. 30 Jul 1856, 64y
McColgan, Bernard, b. 19 Apr 1862, 78y
McColgan, Cath., b. 13 Mar 1874, old age
McColgan, Catharine, b. 17 Jul 1866, 52y
McColgan, Charles, b. 14 Jun 1831, c. 1m, hives, son of Bernard
McColgan, Charles, b. 21 Sep 1853, 3w
McColgan, Charles, b. 5 May 1867, 78y
McColgan, Chas., b. 26 Oct 1849, 7y
McColgan, Dennis, b. 2 Jan 1860, 27y
McColgan, Edward, b. 31 Aug 1863, 15m
McColgan, James, b. 6 May 1867, 50y
McColgan, John, b. 8 Nov 1854, 27y
McColgan, John, b. 28 Jan 1863, 25y
McColgan, Joseph Dennis, b. 15 Sep 1864, 13m
McColgan, Mary, b. 9 Aug 1847, 82y
McColgan, Mary, b. 13 Jul 1855, 6y
McColgan, Mary, b. 18 Aug 1861, 20y
McCollins, Patrick, b. 16 Jan 1856, 24y
McCollough, Mary, b. 27 Nov 1826, c. 64y, dropsy
McCollum, ----, b. 7 Jan 1823, age c. -y, typhus fever, orphan child at our asylum
McComas, John, b. 7 Sep 1874, 2 hours
McComb, Owen, b. 21 Jun 1869, 8m
McCombs, Charles F. R., b. 19 Jul 1870, 1d
McComly, Sarah Ann, b. 24 Oct 1853, 12m
McConley, I., b. 30 Aug 1867, 80y
McConn, James, b. 31 Jul 1842, 50y, effects of intemperance
McConn, Patrick, b. 1 Nov 1852, 55y
McConn, Patrick, b. 27 Jun 1873
McConn, Richard, b. 9 Sep 1870, 72y
McConn, Rose Ann, b. 28 Jan 1854, 90y
McConn, Teresa Josephine, b. 1 Jan 1825, 2m, unknown sickness, dau of Charles
McConnel, Mary, b. 21 Aug 1855, 50y
McConnell, child, born & d. 18 Dec 1821, b. 19 Dec 1821, died after receiving private baptism, child of Thomas
McConnell, child, b. 17 Aug 1823, age unknown, unknown sickness, child of Elizabeth
McConnell, Ann, b. 21 Aug 1827, 25y
McConnell, Elizabeth, b. 20 Jul 1829, 41y, unknown sickness
McConnell, Hugh, b. 7 Nov 1872, 61y

McConnell, Jane Elizabeth, b. 13 Dec 1822, 1m
McConnell, John, b. 31 Jul 1864, 18y
McConnell, Thomas, b. 30 Jan 1866, 61y
McConnell, Thos., b. 24 Dec 1864, 14d
McConnell, William Felix, b. 2 Sep 1829, c. 3m, consumption
McConnelly, Thomas, b. 20 Dec 1829, age unknown, unknown sickness
McConnomy, child, b. 3 Sep 1829, age unknown, unknown sickness, child of Thomas
McConnonry, James, b. 13 Dec 1828, 3y, unknown sickness
McConvey, ---, b. 16 Nov 1854, 23y, cousin of Miss McConvey
McConway, male, b. 22 Nov 1851, 14m, son of Mrs. McConway
McCoobrey, Catherine, b. 2 Jul 1826, 7m
McCorden, child, b. 7 Mar 1831, age unknown, unknown sickness, child of Mr. McCorden
McCordle, child, b. 10 Jan 1825, age unknown, unknown sickness, son-in-law of Alexander McDonal?
McCordle, Edward, b. 10 Feb 1825, c. 34y, knee wound, buried from the Alms House
McCork, John, b. 6 Jul 1855, 6y
McCormac, Mrs., b. 31 Jan 1866, 55y
McCormick, child, b. 23 Mar 1824, unknown sickness, child of William
McCormick, child, b. 12 Dec 1825, c. 3w, suddenly, child of Hugh
McCormick, child, b. 19 Nov 1827, stillborn, child of John
McCormick, child, b. 21 Nov 1838, stillborn, child of James
McCormick, female/James, b. 27 Dec 1844, 2w, dau of James?
McCormick, male, b. 14 Nov 1845, ½ hour, son of Jas.
McCormick, Miss, b. 6 Jun 1865
McCormick, Mrs., d. 25 Aug 1815, b. 26 Aug 1815, 25y
McCormick, Alice, b. 15 Oct 1864, 12m
McCormick, Anna Kate, b. 16 May 1857, 2y
McCormick, Archibald, b. 12 Aug 1863, 44y
McCormick, Bernard, b. 31 Aug 1849, 40y
McCormick, Brian, d. 3 Oct 1809, b. 4 Oct 1809, accidentally drowned
McCormick, Bridget, b. 13 Oct 1862, 52y
McCormick, Catharine, d. & b. 31 Jul 1807, c. 18m, dau of Patrick & Ann
McCormick, Catharine, b. 7 Sep 1850, 8m
McCormick, Daniel, b. 7 Dec 1866, 55y
McCormick, Edmund, b. 28 Mar 1867, 12y
McCormick, Edwin, b. 11 Sep 1860, 6y
McCormick, Francis A., b. 24 Sep 1856, 9y
McCormick, Harris, b. 14 Oct 1864, 10m
McCormick, James, b. 25 Jul 1847, 35y
McCormick, James, b. 14 Aug 1850, 87y
McCormick, James, b. 19 Nov 1859, 48y
McCormick, James, b. 9 Jul 1862, 14y
McCormick, Jane, d. 25 May 1804, b. 26 May 1804, 35y, wife of John
McCormick, Jas. O., b. 2 Jun 1849, 3y
McCormick, John, b. 1 Sep 1832, c. 35y, cholera
McCormick, John, b. 7 Dec 1851, 37y
McCormick, John P., b. 7 May 1852, 2y
McCormick, Margaret, b. 15 Feb 1831, c. 60y, unknown sickness
McCormick, Margaret, b. 7 Nov 1861, 35y
McCormick, Margaret, b. 9 Jun 1874, 25y
McCormick, Margaret I., b. 21 Sep 1849, 18m
McCormick, Maria, b. 6 Aug 1858, 37y
McCormick, Mary, b. 22 Jun 1855, 22m
McCormick, Mary, b. 22 Nov 1861, 68y
McCormick, Mary A., b. 20 Jan 1847, 2½y
McCormick, Mary E., b. 26 Aug 1856, 4y

McCormick, Michael, b. 15 Sep 1832, c. 29y, bilious fever
McCormick, Michael, b. 22 Jan 1860, 36y
McCormick, Michal, b. 5 Jul 1854, 30y
McCormick, Michl., b. 26 Oct 1857, 3m
McCormick, Patrick, b. 2 Apr 1841, 20y, consumption
McCormick, Patrick, b. 15 Aug 1844, 36y
McCormick, Patrick, b. 25 Jan 1855, 12m
McCormick, Patrick, b. 2 Sep 1866, 42y
McCormick, Rosanna, b. 4 Nov 1863, 25y
McCormick, Rose Mary, b. 19 Aug 1842, 1 hour
McCormick, Ross, b. 2 Jun 1862, 75y
McCormick, Stephen, d. 20 Oct 1807, b. 21 Oct 1807, c. 50y, native of Ireland
McCormick, Susan, b. 9 Aug 1864, 18y
McCormick, Thos., b. 17 Feb 1858, 31y
McCormick, William, b. 24 Jul 1859, 33y
McCormick, William, b. 20 Apr 1861, 70y
McCormick, William, b. 27 Oct 1863, 5½y
McCornly, Daniel, b. 14 Aug 1858, 16y
McCorrull, John, b. 16 Nov 1863, 63y
McCort, Anna, b. 2 Dec 1872, 8m
McCosker, Edward, b. 2 Sep 1823, c. 23y, drowned
McCosker, Emily H., b. 2 Dec 1861, 4y
McCosker, Peter, b. 18 Sep 1831, age unknown, unknown sickness
McCoubrey, child, b. 16 Apr 1827, c. 2m, unknown sickness, child of William
McCoubrey, William, b. 28 May 1832, c. 47y, unknown sickness
McCourt, Arthur, b. 2 Jul 1857, 45y
McCourt, Bridget, b. 1 Nov 1864, 66y
McCourt, Charles, b. 25 Aug 1863, 2y
McCourt, James, b. 10 Apr 1871, 6y
McCourt, Jane, b. 14 Oct 1855, 4y
McCourt, Mary, b. 13 Jan 1871, 40y
McCourt, Mary Ann, b. 20 Aug 1864, 11m
McCourt, Michael, b. 15 May 1852, 25y
McCourt, Peter, b. 5 Jul 1860, 12m
McCourt, Peter, b. 19 Feb 1862, 60y
McCourt, Rose, b. 8 Aug 1862, 36y
McCourt, Thomas, b. 6 Jul 1854, 47y
McCovery, child, b. 7 Aug 1822, c. 11m, child of William
McCoy, ---, b. 16 Aug 1801
McCoy, Agness, b. 26 Aug 1856, 19m
McCoy, Ann, d. 4 Feb 1805, b. 5 Feb 1805, 16m, dau of Captain John & Ally
McCoy, Caroline, b. 10 Sep 1851, 26y
McCoy, Dan, b. 12 Sep 1872
McCoy, Georgiana, b. 10 Feb 1872, 56y
McCoy, James, b. 26 Jul 1847, 3m
McCoy, James, b. 6 Jun 1853, 7w
McCoy, Margaret, d. 22 Nov 1811, b. 23 Nov 1811, 4y
McCoy, Margaret, b. 29 Jul 1851, 59y
McCoy, Margaret, b. 16 Mar 1853, 3m
McCoy, Mary, b. 28 Jul 1866, 65y
McCoy, Rachel, d. & b. 31 Oct 1793, c. 6m, Negro, dau of Abraham & Elizabeth, free Negroes, buried in St. Peter's Church Yard
McCoy, Robert, b. 14 Feb 1859, 32y
McCracken, William, b. 5 Jul 1864, 18m
McCrain, Mary Ellen, b. 30 Nov 1855, 2y
McCrapson, Elizabeth, b. 14 Apr 1828, 37y

McCray, ---, d. 30 Aug 1810, b. 31 Aug 1810, 50y
McCrea, male, see McCreagh/McCrea
McCreagh/McCrea, male, b. 19/21 Sep 1836, 1y, son of William
McCreary, Miss, b. 12 May 1857, 35y
McCreary, Mary, b. 16 Dec 1851, 58y
McCredy, Margaret, b. 4 Dec 1845, 20y
McCristal, Catharine, d. 20 Jun 1813, b. 21 Jun 1813, 2y, dau of John & Mary
McCroary, Sarah, b. 12 Jul 1831, c. 30y, unknown sickness
McCroeden, Mary, b. 5 Jan 1856, 37y
McCrystal, James, b. 9 Jul 1854, 2y
McCrystal, John, b. 27 Jul 1854, 4y
McCubbin, Margaret, b. 10 Feb 1824, c. 15y, whooping cough, died suddenly at Havre de Grace, buried in the lot of Philip Laurenson
McCue, female, b. 11 Mar 1841, 7y, consumption, dau of John
McCue, Edward Hunter, b. 24 May 1861, 5y
McCullen, James, b. 19 Jul 1830, c. 1y, unknown sickness, from Fells Point
McCulloch, Henry, b. 27 Sep 1867, 16m
McCulloch, Thomas, b. 28 Apr 1861, 3w
McCullogh, James, b. 28 Jul 1866, 2½y
McCullough, Ann, b. 11 Aug 1857, 80y
McCullough, Francis, b. 8 Mar 1867, infant
McCullough, Thos., b. 14 Feb 1850, 32y
McCullum, Patrick, b. 6 Jan 1822, c. 45y, consumption
McCurdle, Bernard, b. 19 May 1845, 9m
McCurdy, female, b. 2 Jul 1841, 13m, dau of Samuel
McCurdy, Ellen, b. 14 Oct 1849, 4y
McCurdy, Ellen, b. 27 Oct 1853, 9d
McCurdy, Ellen, b. 1-6 Jan 1874, 54y
McCurdy, Samuel, b. 21 Dec 1844, 1y
McCurdy, Samuel, b. 28 Nov 1858, 45y
McCurrey, John, b. 11 Aug 1829, 36y, drank cold water, suddenly
McCusker, Alice, b. 26 May 1857, 2½y
McCusker/McCloskey, Hugh, b. 25 Aug 1841, 62y, asthma
McCusker, Sarah P., b. 9 May 1865, 5½y
McCusker, Thomas, b. 3 Nov 1860, 1d
McCusker, Winifried, b. 15 Aug 1851, 24y
McCuster, Alice, b. 5 Sep 1859, 20m
McDaniel, female, b. 24 Aug 1836, 21m, catarrhal fever, dau of William
McDaniel, Alexander, b. 16 Feb 1829, c. 40y, consumption
McDaniel, Ann, d. 10 Nov 1794, b. 12 Nov 1794, c. 19m, dau of Edwd & Ann, buried in St. Peter's Church Yard
McDaniel, Archibald, b. 26 Jul 1868, 12m
McDaniel, Rachel, d. 27 Oct 1793, b. 28 Oct 1793, 2y, dau of Francis & Rachel, buried in St. Peter's Church Yard
McDaniel, William, b. 24 Aug 1836, 21m
McDay, Mary, b. 2 Nov 1872, 45y
McDermet, Mary Jane, b. 25 Oct 1851, 11y
McDermit, Bernard, b. 14 Jan 1830, c. 30y, suddenly
McDermot, female, b. 28 Nov 1857, stillborn, dau of Patrick
McDermot, male, see McDermott/McDermot, male
McDermot, male, b. 8 Jul 1846, 1d, son of Mrs. McDermot
McDermot, Alice, b. 22 Feb 1857, 3y
McDermot, Annie E., b. 25 Aug 1859, 18y
McDermot, Bernard, b. 17 Feb 1864, 49y
McDermot, Catherine, b. 4 Jan 1824, c. 55y, consumption
McDermot, Catherine, see McDermott/McDermot, Catherine

McDermot, Clare, b. 27 Dec 1861, 6m
McDermot, Eliza, b. 30 May 1864, 2y
McDermot, Harry, b. 3 Mar 1862
McDermot, James, b. 10 Mar 1857, 3y
McDermot, James, b. 1 Nov 1860, 2y
McDermot, Jane, b. 15 Jul 1865, 50y
McDermot, Joseph, b. 15 Nov 1856, 4d
McDermot, Margaret, b. 22 Jun 1857, 25y
McDermot, Mrs. Mary, b. 9 Aug 1859, 75y
McDermot, Michael, b. 24 Nov 1853
McDermot, Terrence, b. 6 May 1859, 70y
McDermot, Thomas, b. 25 Dec 1871, 92y
McDermott/McDermot, male, b. 20 Aug 1837, 3y, measles, son of Francis
McDermott, Ann, b. 22 Sep 1830, c. 3y, unknown sickness, dau of William
McDermott, B. F., b. 27 Jan 1873, 2y
McDermott/McDermot, Catherine, b. 7 Apr 1839, 8y, dropsy
McDermott, Charles, b. – Dec 1814, 12m, died yesterday
McDermott, Christopher, b. 29 Mar 1825, c. 22y, was missing for about 3 weeks, his corpse was found in the Jones Falls
McDermott, Christopher, d. 28 Oct 1816, b. 29 Oct 1816, c. 50y, native of Ireland
McDermott, Elizabeth, b. 24 Oct 1874, 57y
McDermott, Francis P., b. 22 Mar 1859, 10 minutes
McDermott, John, b. 20 Sep 1830, c. 30y, unknown sickness
McDermott, John Christopher, b. 14 Nov 1832, c. 15m, bilious fever, son of William
McDermott, Thomas, d. 11 Mar 1799, b. 12 Mar 1799, c. 38y, native of Ireland
McDermott, Tim., b. 31 Jan 1866, 44y
McDermott, William, b. 13 Sep 1830, c. 5w, croup, son of William
McDevit, Nathaniel, d. & b. 21 Aug 1800, native of Ireland
McDevitt, Agness, b. 10 Jul 1864, 3w
McDevitt, Ann, b. 21 Sep 1870, 56y
McDevitt, Bernard, b. 8 Oct 1868, 44y
McDevitt, Cecelia, b. 26 Nov 1852, 12m
McDevitt, Charles F., b. 25 Feb 1871, 37y
McDevitt, Dominic, b. 9 Aug 1862, 38y
McDevitt, Dominick, d. 15 Jun 1806, b. 16 Jun 1806, c. 35y, consumption, native of Ireland
McDevitt, Edward, b. 18 Jul 1866, 35y
McDevitt, Edward Bernard, b. 27 Jun 1828, 6m, dropsy in the head, son of John
McDevitt, Mr. I., b. 10 Dec 1859, 24y
McDevitt, John, b. 19 Jul 1850, 18y
McDevitt, John, b. 4 Oct 1866, 75y
McDevitt, Mary, b. 27 Jul 1853, 15m
McDevitt, Mary, b. 9 Sep 1862, 10y
McDevitt, Patrick, b. 1 Sep 1855, 26y
McDevitt, Sarah, b. 19 Jan 1852, 32y
McDevitt, Susan, b. 2 Aug 1862, 12y
McDivitt, male, b. 5 Aug 1834, 2m, cholera infantum, son of Mrs. McDivitt
McDonagh, John, d. 10 Mar 1811, b. 11 Mar 1811, c. 1d
McDonagh, Thomas, d. 5 Nov 1798, b. 6 Nov 1798
McDonagh, William, d. & b. 19 Sep 1806, 2d, debility, son of Peter & Sarah
McDonald, ---, d. 22 Jul 1820, b. 23 Jul 1820, 6y, arm hurt & then mortified
McDonald, child, b. 3 Jul 1817, stillborn, child of John
McDonald, child, b. 19 Jul 1822, summer complaint, buried in the grave of its mother, child of Patrick
McDonald, child, b. 23 May 1827, age unknown, unknown sickness, child of Charles
McDonald, child, b. 26 May 1831, c. 3m, unknown sickness, child of Mary Ann
McDonald, child, b. 4 Jul 1853, 2m, child of James

McDonald, child, b. 12 Mar 1855, 6m, child of Patrick
McDonald/McDonnell, female, b. 29 Sep 1838, 17m/y, dau of Mrs. McDonald
McDonald, female, b. 15 Jul 1850, 2d, dau of John Robert McDonald
McDonald, female, b. 5 Jun 1861, stillborn, dau of Michael
McDonald, male, b. 1 Oct 1851, son of Robert
McDonald, male, b. 12 Apr 1853, 2 hours, son of James
McDonald, Alexander, d. 28 Oct 1797, b. 29 Oct 1797
McDonald, Alexander, b. 20 Jul 1821, few months old, son of Alexander
McDonald, Alexander, b. 25 Sep 1835, 30y, bilious fever
McDonald, Alexander, b. 23 May 1840, 90y, infirmity of age, sexton of the Cathedral, Balto., for many years
McDonald, Alice, b. 21 Feb 1850, 65y
McDonald, Mrs. Ann/Mary Ann, b. 6/7 Jun 1836, c. 65y, consumption
McDonald, Ann, b. 26 Dec 1853, 105y
McDonald, Barney, b. 3 Mar 1818, 40y, suddenly
McDonald, Bernard, d. 28 Jul 1802, b. 29 Jul 1802, hus of Jane, native of Ireland
McDonald, Bernard, d. 2 Apr 1820, b. 3 Apr 1820, 22y, consumption
McDonald, Bernard, b. 25 Jul 1830, c. 45y, suddenly
McDonald, Bridget, b. 22 Jul 1856, 4½y
McDonald, Catharine, d. 4 Oct 1813, b. 5 Oct 1813, 4y
McDonald, Catharine, b. 13 Mar 1861, 2y
McDonald, Cecelia, b. 9 Oct 1852, 35y
McDonald, Charles, b. 7 Jul 1864, 6w
McDonald, Daniel, d. & b. 25 Apr 1803, c. 3y, son of Alexander Mary
McDonald, Edward, b. 23 Jan 1829, c. 40y, killed by an unlucky kick, native of Ireland
McDonald, Edward, b. 8 Mar 1852, 72y
McDonald, Elizabeth, b. 13 Sep 1845, 17m
McDonald, Ellen Jane, b. – Jan 1855, 10m
McDonald, Francis, b. 29 Feb 1844, 21y
McDonald, Francis, b. 19 Aug 1866, 18m
McDonald, George, b. 24 Dec 1826, c. 30y, unknown sickness
McDonald, Mrs. Grace, b. 27 Sep 1865, 71y
McDonald, Henry, d. 9 Mar 1815, b. 10 Mar 1815, c. 69y, consumption
McDonald, Hugh, b. 6 Nov 1845, 19y
McDonald, Isabella, b. 17 Oct 1832, c. 45y, bilious fever
McDonald, J., b. 24 Nov 1871
McDonald, James, d. 26 Oct 1799, b. 27 Oct 1799, native of Ireland
McDonald, James, d. & b. 6 Aug 1803, flux, native of Ireland
McDonald, James, d. 7 Nov 1819, b. 8 Nov 1819, 6m, cold
McDonald, James, b. 17 Mar 1832, age --, consumption
McDonald, James, b. 15 Jul 1841, 24y, consumption
McDonald, James, b. 9 Jan 1852, 37y
McDonald, James, b. 10 Jan 1852, 80y
McDonald, James, b. 22 Nov 1856, 23y
McDonald, Jane, d. 28 Jul 1796, b. 29 Jul 1796, 7d, dau of Bernard & Jane
McDonald, Jane, d. 5 May 1800, b. 6 May 1800, advanced age, native of Ireland
McDonald, Jane Ann, b. 20 Feb 1825, suddenly, a poor girl
McDonald, Jno., b. 28 Dec 1872, 53y
McDonald, Joanna, b. 4 Feb 1855, 3y
McDonald, John, b. 8 Mar 1824, c. 30y, son of Alexander McDonald, the sexton
McDonald, John, b. 5 Nov 1858, 40y, Colored
McDonald, John, b. 12 Sep 1860, 45y
McDonald, John, b. 25 May 1871, 67y
McDonald, John Edwd., b. 29 Nov 1859, 3y
McDonald, Mary, b. 27 Mar 1822, c. 30y, smallpox
McDonald, Mary, b. 3 Nov 1830, c. 35y, unknown sickness

McDonald, Mary, b. 7 Jul 1854, 12m
McDonald, Mary, b. 23 Nov 1873, 83y
McDonald, Mary Ann, b. 11 Jan 1856, 9m
McDonald, Mary Ann S., b. 1 Jul 1855, 8m
McDonald, Mary C., b. 28 Jun 1864, 6w
McDonald, Mary E., b. 1 Feb 1861, 3½y
McDonald, Mary Isabel, b. 27 Feb 1863, 9m
McDonald, Mathew, b. 7 Mar 1856, 34y
McDonald, Michael, b. 19 Jul 1837, c. 40y, consumption
McDonald, Michael, b. 27 Jan 1848, 30y
McDonald, Michael, b. 26 Nov 1865, 50y
McDonald, Patrick, b. 14/15 Mar 1836, c. 31/40y
McDonald, Patrick, b. 9 Jul 1848, 81y
McDonald, Patrick, b. 19 Jun 1863, 87y
McDonald, Patrick, b. 12 Mar 1864, 10 minutes
McDonald, Peter, b. 25 Aug 1820, c. 24y, bilious
McDonald, Randall F., b. 20 Mar 1846, 20y
McDonald, Robert, b. 28 Feb 1856, 49y
McDonald, Sarah, b. 18 Oct 1831, c. 4y, unknown sickness, dau of Isabella
McDonald, Sarah, b. 1 Jan 1853, 21y
McDonald, Sarah, b. 5 Feb 1855, 17y
McDonald, Sarah, b. 4 Aug 1873, 50y
McDonald, Sarah Jane, b. 27 Nov 1858, 1d
McDonald, Teresa, b. 19 May 1857, 17m
McDonald, Thomas, d. & b. 8 Aug 1801, 2y, son of Alexander & Ann
McDonald, Thomas, d. 6 Jun 1807, b. 7 Jun 1807, died in the Poor House
McDonald, Thomas, b. 19 Sep 1863, 23y
McDonald, William, b. 8 Mar 1861, 11m
McDonald, Willie, b. 15 May 1866, 3w
McDonnell, ---, b. 13 Oct 1828, c. 25y, unknown sickness
McDonnell, child, b. 12 Oct 1826, died soon after birth, child of Charles
McDonnell, child, b. 10 Jul 1832, 4d, child of James
McDonnell, female, see McDonald/McDonnell, female
McDonnell, Mary, d. & b. 3 Jul 1808, 9m, dau of Thomas & Sarah
McDonnell, Mary, b. 18 Jan 1873, 31y
McDonnell, Mary O., b. 13 Dec 1872, 2y
McDonnell, Octavia, b. 1 Apr 1874, 25y
McDonnell, Patrick, d. 19 May 1824, b. 20 May 1824, c. 60y, drowned in the falls
McDonnell, Patrick, b. 24 Apr 1841, 4y
McDonol, child, b. 8 Aug 1824, age unknown, unknown sickness, child of John
McDonol, child, b. 14 Aug 1824, stillborn, child of Bernard
McDonot, male, b. 5 Apr 1822, stillborn, grandson of Mr. A. McDonot
McDonough, ---, b. 19 Feb 1827, c. 40y, consumption
McDonough, Andrew, d. 29 Jun 1802, b. 30 Jun 1802, c. 70y, accidentally drowned, hus of Bridget
McDonough, Ann, b. 5 Apr 1830, c. 52y, consumption
McDonough, Bartley, b. 6 Aug 1865, 45y
McDonough, Elizabeth, b. 1 Nov 1823, c. 5y, died after the croup
McDonough, John, b. 2 Apr 1829, 25y, consumption
McDonough, John, b. 27 Jul 1853, 11m
McDonough, John, see McDonugh/McDonough, John
McDonough, Martin, b. 4 Dec 1868, 19y
McDonough, Peter, b. 4 Oct 1830, c. 60y, unknown sickness
McDonugh/McDonough, John, b. 14 Feb 1841, 60y
McDormott, Timothy, b. 31 Jan 1866, 49y
McElfresh, Susan, b. 14 Nov 1843, 24y

McElgun, Margaret, d. 19 Dec 1819, b. 20 Dec 1819, 2½y
McElheney, Hugh, b. 22 Oct 1829, 2m, bilious fever
McElheny/McIlheany, male/John, b. 13 Aug 1836, 1y, bowel complaint, son of McElheny/McIlheany
McElroy, male, b. 23 Jul 1846, 10m, son of Patrick
McElroy, male, b. 21 Dec 1848, 2y
McElroy, Mrs., b. 10 Jul 1848, 35y
McElroy, Catharine, b. 14 Jul 1845, 18y
McElroy, Catharine, b. 22 Jan 1872, 68y
McElroy, James, b. 3 Mar 1866, 35y
McElroy, John, b. 16 Jul 1849, 32y
McElroy, Patrick, b. 31 Jul 1847, 33y
McElroy, Thos., b. 26 Jun 1873, 8m
McElvany, Edward McC., b. 8 Mar 1864, 10 hours
McElvene, Jno., b. 27 May 1838, 32y
McElwee, Mark, b. 18 Jun 1860, 14y
McElwee, Mark, b. 26 Aug 1861, 11m
McElwee, Mary A., b. 20 Sep 1867, 45y
McElwee, Mary C., b. 3 Dec 1862, 3m
McElwee, William, b. 4 Aug 1856, 7y
McElwee, William, b. 14 Dec 1865, 40y
McEnery, Mrs. Mary, b. 6 Jan 1845, 70y
McEnnis, child, b. 1 Jan 1837, child of John
McEnnis, male, b. 6 Jan 1832, c. 2y, unknown sickness, son of John
McEnnis, male, b. 3 Jan 1837, 2y, son of John
McEnnis, Catharine, b. 15 Apr 1844, 43y
McEnnis, Charlotte, b. 22 Dec 1830, c. 2y, complication, dau of John
McEnnis, Constantine, d. 19 Jun 1801, b. 20 Jun 1801, 8m, smallpox, son of Arthur & Bridget
McEnnis, Johanns, b. 1 May 1844, 20y
McEnnis, Mary, b. 28 Mar 1861, 9y
McEnnis, Philip, b. 28 Dec 1856, 36y
McEnnis, Rosina, b. 2 Aug 1851, 2y
McEnow/McLenow, Isabella, b. 9 Oct 1841, 40y
McEnrey, Mathew, b. 6 Jun 1844, 77y
McEntee, Eliza, b. 12 Dec 1851, 29y
McEntee, John, b. 13 Aug 1847, 65y
McEntee, Thomas, b. 2 Sep 1853, 30y
McEnter, Daniel, b. 1 Sep 1846, 25y
McEntire, John, b. 6 Nov 1828, c. 22y, suddenly, native of Ireland
McEvoy, Mrs., b. 8 Mar 1829, age unknown, unknown sickness, died at the Alms House
McEvoy, John, d. 28 Aug 1802, b. 29 Aug 1802, c. 24y, native of Ireland
McEwing, Esther, d. 16 Jul 1806, b. 17 Jul 1806, c. 5m, cholera, dau of Owen & Elizabeth
McEwing, James, d. 19 Jul 1807, b. 20 Jul 1807, 12d, son of Owen & Elizabeth
McEwing, Lewis Peter, d. 16 Aug 1804, b. 17 Aug 1804, c. 11m, cholera, son of Owen & Elizabeth
McEwing, Mary Magdalene, d. 9 Jul 1798, b. 10 Jul 1798, 9m, dau of Owen & Elizabeth
McFadan, Sophia, see McFadin/McFadan, Sophia
McFadden, female, b. 11 Sep 1839, 2y, mortification on the chest, dau of John
McFadden, Francis, b. 10 Dec 1862, 46y
McFadden, John W., b. 17 Sep 1870, 9m
McFadden, Mary, b. 3 May 1871, 2y
McFadden, Wm. H. C., b. 2 Mar 1869, 4m
McFaddin, Mrs., b. 5 Dec 1835, 65y, burned to death
McFaddon, ---, b. 10 Dec 1829, 65y, consumption
McFaddon/McFadon, female, b. 28 Aug 1837, 15/16m, summer complaint, dau of Ann
McFaddon, Ann, b. 26 Mar 1826, c. 18y

McFaddon, Charles, b. 1 Nov 1821, c. 60y, consumption
McFaddon, Ellen, b. 25 Jul 1842, 25y, heart disease
McFaddon, Jane, b. 1 Apr 1823, c. 50y, suddenly
McFaddon, Mary, b. 10 Apr 1846, 6m
McFaddon, Sophia Ann, b. 24 Jun 1829, 8m, unknown sickness
McFaddon, William, b. 23 Nov 1865, 17½y
McFaden, Mary Ann, b. 22 Sep 1851, 18m
McFaden, Michael H., b. 5 Jan 1869, 23y
McFadin/McFadan, Sophia, b. 2 Apr 1838, c. 20/25y, dropsy
McFadon, female, see McFaddon/McFadon, female
McFadon, Charles, d. 22 Jul 1807, b. 23 Jul 1807, 9m, son of Charles & Mary
McFadon, Charles, d. 5 Feb 1809, b. 6 Feb 1809, palsy
McFadon, Daniel, d. & b. 22 Oct 1805, 7m, son of Charles & Mary
McFadon, Edward, d. 27 Apr 1801, b. 28 Apr 1801, 3w, son of Charles & Mary
McFadon, Elizabeth, d. 6 Mar 1803, b. 7 Mar 1803, 10m17d, dau of Charles & Mary
McFadon, Elizabeth, b. 3 Sep 1847, 6½y
McFadon, Elizabeth, b. 11 Nov 1860, 76y
McFadon, Francis, b. 14 Aug 1850, 78y
McFadon, Hugh, d. 7 Apr 1809, b. 8 Apr 1809, 10m, son of Hugh & Hannah
McFadon, Hugh, d. 3 Jul 1809, b. 4 Jul 1809, 30y, consumption, native of Ireland
McFadon, John, d. & b. 15 Jul 1803, 1m, cholera, son of Owen & Bridget
McFadon, John, b. 1 Jul 1846, 30y
McFadon, John H., b. 29 May 1854, 17y
McFadon, Margaret, d. 1 Aug 1805, b. 2 Aug 1805, 16m, dau of Charles & Mary
McFadon, Mary Ann E., b. 12 Nov 1851, 9m
McFadon, Neal, b. 8 Jul 1842, 60y, consumption
McFadon, Neil, d. 19 Feb 1801, b. 20 Feb 1801, c. 30y, native of Ireland
McFadon, Patrick, b. 28 Oct 1856, 50y
McFadon, Thomas, d. 19 Nov 1806, b. 20 Nov 1806, 2y5m8d, son of Hugh & Hannah
McFadon, Timothy, b. 17 Aug 1845, 35y
McFadon, Wm., b. 25 Oct 1845, 4m
McFarlan, Ann, d. & b. 11 Jun 1805, c. 25y, wife of Patrick
McFarlan, Margaret, b. 19 Apr 1857, 51y
McFarlan, Martin, b. 8 Jul 1843, 6m
McFarlan, Mary Agness, b. 30 Nov 1864, 13m
McFarlan, Patrick, born, d. & b. 6 Aug 1806, son of Michael & Mary
McFarlan, Peter, b. 3 Dec 1855, 45y
McFarlan, Regina, b. 12 Apr 1853, 53y
McFarlan, Rosa, b. 20 Dec 1852, 40y
McFarland, ---, d. & b. 23 Aug 1813, 3y
McFarland, Daniel, b. 20 Jan 1871, 80y
McFarland, Edwd., b. 10 Jan 1839, 35y
McFarland, Henry, b. 10 Jan 1838, 35y, consumption
McFarland, Thomas, b. 14 Jan 1852, 27y
McFarlane, John, b. 8 Dec 1862, 4y
McFarlane, Lawrence, d. 30 Aug 1810, b. 31 Aug 1810, c. 60y
McFarlen, Catharine, d. 25 Jul 1800, b. 26 Jul 1800, c. 1½y, dau of Michael & Margaret
McFarlen, Margaret, d. 9 Oct 1803, b. 10 Oct 1803, 34y, suddenly, wife of Michael
McFarlin, Barbara, d. 29 Nov 1808, b. 30 Nov 1808, 10d, dau of Margaret
McFaul, child, b. 20 Oct 1823, age unknown, unknown sickness, child of Enos
McFaul, male, b. 25 May 1839, 18m, catarrh fever, son of Eneas
McFaul, male, b. 22 Jun 1839, 6w, son of Eneas
McFaul, Charles, b. 2 Apr 1852, 27y
McFaul, Daniel, b. 21 Apr 1862, 23y
McFaul, Mabe Agnes, b. 23 Dec 1856, 30y
McFaul, Mary, b. 26 Aug 1854, 57y

McFaul, Michael, b. 26 Sep 1850, 13y
McFeadan, Mr., b. 31 Jan 1855, 40y
McFeely, John, b. 12 Apr 1826, c. 45y, suddenly
McFoul, Michael, b. 3 Oct 1831, c. 2y, summer complaint, son of John
McGaghan, Samuel, b. 7 Jan 1821, c. 30y, consumption
McGahan, John, b. 7 Oct 1874, 70y
McGahan, Thomas, b. 23/26 Dec 1839, 32y, consumption
McGahn, John, b. 21 Sep 1850, 7y
McGanaty, Mary, b. 12 Jul 1822, 41y, consumption & broken arm
McGanley, John, b. 20 Jul 1845, 27y
McGar, Peter, b. 19 Nov 1824, c. 42y, native of Ireland
McGaralty, James, b. 27 Jul 1838, 45y, consumption
McGaratty/McGarrity, Bernard, b. 19/20 Jul 1838, c. 40/47y, corruption
McGaraty, male, b. 8 Aug 1835, 14m, son of Bern
McGaraty/McGarity, male, b. 19 Mar 1837, 7y, scarlet fever, son of Bernard
McGaraty/McGarrity, male, b. 19 Aug 1838, 2y, son of B. M. McGaraty/Mrs. McGarrity
McGarel, Emma, b. 17 Jul 1868, 3m
McGarey, Elizabeth, b. 24 Oct 1867, 4y
McGarey, Henrietta, b. 10 Jul 1867, 6y
McGarey, James, b. 1 Sep 1855, 55y
McGarey, Mary, b. 25 May 1862, 13m
McGargle, Francis, d. & b. 3 Sep 1816, 6d, fits
McGarigle, David, b. 18 Aug 1858, 12m
McGarity, male, see McGaraty/McGarity, male
McGarity, Bridget, b. 26 Jul 1857, 22y
McGarity, Francis B., b. 19 May 1862, 5y
McGarity, James, b. 2 Jun 1869, 33y
McGarity, James E., b. 5 Nov 1859, 33y
McGarrity, male, see McGaraty/McGarrity, male
McGarrity, Bernard, b. 5 Dec 1840, 19y, casualty
McGarrity, Bernard, see McGaratty/McGarrity, Bernard
McGarrity, James F., b. 12 Jan 1869, 4y
McGarrity, Mary I., b. 14 Mar 1865, 37y
McGarrity, Mary M., b. 1 Sep 1863, 14m
McGartlan, Patrick, b. 3 Jun 1853, 40y
McGarven, Emmanuel, d. 8 Apr 1803, b. 9 Apr 1803, native of Ireland
McGarvey, Ann, d. 13 Jul 1806, b. 14 Jul 1806, 2y, dau of Connell & Ann
McGarvey, Connell, d. 21 Nov 1813, b. 22 Nov 1813, c. 35y, pleurisy, native of Ireland
McGarvy, James, d. 29 Dec 1809, b. 30 Dec 1809, 18m, son of James (dec.) & --- Garvy
McGary, James, b. 19 Feb 1857, 6m
McGauran, child, b. 28 Aug 1827, 3w, child of Mr. Magauran
McGauran, child, b. 20 Aug 1829, unknown sickness, child of James
McGauran, John., b. 1 Jun 1863, 22y
McGaurin, Mary C., b. 10 Nov 1863, 3d
McGavern, Thomas, b. 15 Jun 1862, 28y
McGeahy, Elizabeth, b. 31 Jan 1848, 6y
McGeary, Mrs., b. 13 Sep 1854, 45y
McGeary, Mary, b. 24 Jul 1855, 5m
McGeary, Rose, b. 17 Oct 1859, 8m
McGeary, Stephen, b. 8 Nov 1859, 32y
McGeary, Susan, b. 16 Aug 1858, 9m
McGee, child, b. 20 Mar 1831, age unknown, unknown sickness, child of Mrs. McGee
McGee, child, b. 2 Apr 1849, stillborn, child of Mr. McGee
McGee, child, b. 19 Jul 1850, stillborn, child of Mr. McGee
McGee, child, b. 13 May 1870, 2 hours, child of R. McGee
McGee, child, b. 27 Aug 1874, stillborn, child of R. McGee

McGee, male, b. 19 Sep 1834, 3w, infantile unknown, son of Bernard
McGee, male, b. 27 Oct 1845, 9 hours, son of Jas.
McGee, Alfred, d. 9 Jul 1796, b. 10 Jul 1796, 8½m
McGee, Daniel, b. 10 Dec 1830, funeral in our burying ground
McGee, Edwd. Jas., b. 20 Feb 1844, 10y
McGee, Elizabeth, d. 3 May 1819, b. 4 May 1819, 22y, consumption
McGee, Elizabeth, b. 13 Feb 1852, 40y
McGee, Ellen, b. 8 Sep 1847, 60y
McGee, Ellen, b. 1 Mar 1854, 28y
McGee, Francis, d. 28 Jul 1819, b. 29 Jul 1819, c. 6m, whooping cough
McGee, Henry, b. 16 Jul 1822, c. 40y, bowel complaint, native of Ireland, longtime resident of Manchester, England
McGee, Henry, b. 26 Nov 1844, 40y
McGee, James, d. 5 Apr 1814, b. 6 Apr 1814, 60y, debility
McGee, James, b. 9 Oct 1854, 32y
McGee, John, b. 27 Jul 1855, 11m
McGee, John A., b. 9 Jul 1855, 19y
McGee, Joseph V., b. 27 May 1866, 3m
McGee, Margaret, b. 15 Nov 1822, c. 30y, childbirth
McGee, Margaret, b. 29 Jun 1854, 52y
McGee, Margaret, b. 26 Apr 1862, 3m
McGee, Mary, d. 20 Sep 1819, b. 21 Sep 1819, c. 28y, consumption
McGee, Mary, b. 19 Feb 1830, c. 45y, unknown sickness, Colored, servant of Mr. Henry Dukehart
McGee, Mary Ann, b. 27 Mar 1868, 2w
McGee, Mary V., b. 25 Mar 1870
McGee, Michael, b. 8 Aug 1853, 56y
McGee, M. Mary, b. 12 Jul 1850, 33y
McGee, Patrick, d. 11 Sep 1806, b. 12 Sep 1806, c. 50y, native of Ireland
McGee, Patrick, d. 5 Feb 1822, b. 6 Feb 1822, c. 30y, consumption
McGee, Patrick, b. 12 Jan 1832, c. 25y, pleurisy
McGee, Rosanna, b. 28 Nov 1860, 15y
McGee, Thomas, b. 20 Aug 1852, 3d
McGeegan, Miles, b. 14 Jun 1873, 48y
McGeeney, Bridget, b. 14 Nov 1858, 76y
McGeeney, Ellen, b. 2 Mar 1868, 50y
McGeeney, John, b. 27 Nov 1858, 3 hours
McGeeney, Mary, b. 28 Feb 1873, 33y
McGeeney, Mary, b. 1 Mar 1873, 30y
McGeeney, Patrick, b. 27 May 1866, 84y
McGeenie, Lizzie, b. 13 Aug 1852, 2y
McGeeny, Thomas, b. 24 Mar 1855, 28y
McGehan/McGhean, female, b. 3 Sep 1838, 2/10d, infantile unknown, dau of McGehan
McGehan, female, b. 12 Oct 1851, 24 hours, dau of Miles
McGehan, male, b. 14 Nov 1840, 14m, water on the brain, son of Miles
McGehan, E., b. 27 Sep 1871, 5w
McGehan, James, b. 3 Oct 1846, 5y
McGehan, Neale, b. 11 Mar 1832, c. 37y, consumption
McGehan, Rachel, b. 9 Jan 1863, 50y
McGhean, female, see McGehan/McGhean, female
McGiff, Patrick, d. 7 Jun 1817, b. 8 Jun 1817, c. 45y, consumption
McGill, Bridget, b. 22 Oct 1863, 38y
McGill, Dennis, d. & b. 7 Aug 1799, 2y, son of Charles & Margaret
McGill, Edward, b. 4 Jan 1861, 5d
McGill, Eliza, b. 31 Aug 1850, 34y
McGill, John, b. 16 Apr 1826, c. 30y, unknown sickness, Colored man

McGill, John, b. 9 Aug 1852, 9m
McGill, Joseph, b. 20 Dec 1852, ½ hour
McGill, Margret, b. 12 Sep 1870, 9y
McGill, Mary, b. 3 Sep 1857, 50y
McGill, Mary Elizabeth, b. 27 Aug 1843, 16m
McGill, Mary Jane, b. 8 Dec 1857, 34y
McGill, Michael, b. 4 Sep 1850, 40y
McGill, Roland, b. 2 Aug 1841, 30y, casualty
McGill, Rosa, b. 26 Sep 1852, 5y
McGillan, child, b. 3 Aug 1826, c. 18m, unknown sickness, child of James
McGillary, Sarah Alice, b. 24 Nov 1863, 4½y
McGilley, E. R., b. 23 Aug 1856, ½ hour
McGillian, child, b. 20 Jun 1828, 7m, summer complaint, child of James
McGin, Ellen, b. 15 Jan 1852, 72y
McGin, Peter, b. 4 Nov 1828, 22y, unknown sickness
McGinggin, Jane, b. 12 Feb 1828, c. 5y, fits
McGinity, James, b. 11 Oct 1851, 22m
McGinity, Joseph, b. 11 Oct 1851, 4w
McGinn, child, b. 29 Aug 1825, c. 10m, summer complaint, child of Michael
McGinn, child, b. 8 Apr 1826, 2d, child of Michael
McGinn, children, b. 14 Aug 1831, 8y & c. 4y, bilious fever, children of Michael
McGinn, male, b. 13 Oct 1834, 1m, son of Mr. McGinn
McGinn, Bridget, b. 3 Sep 1825, c. 26y, bilious fever
McGinn, Charles, b. 18 Sep 1829, c. 2y, ague, son of Michael
McGinn, Mary Ann, b. 9 Sep 1825, 3m
McGinn, Nancy, b. 1 Oct 1868, 80y
McGinnes, Susan, b. 29 Jun 1869, 50y
McGinney, Edward, b. 16 Jul 1870, 4m
McGinnis, ---, d. 19 Feb 1811, b. 20 Feb 1811
McGinnis, child, b. 10 Jun 1826, c. 1y, bowel complaint, child of Matthew
McGinnis, child, b. 28 Jul 1830, c. 2y, water on the brain, child of Patrick
McGinnis, child, b. 30 Oct 1859, 1 hour, child of Michael
McGinnis, female, b. 18 Oct 1849, 3m, dau of Robert
McGinnis, female, b. 13 May 1850, 3y, dau of Mrs. McGinnis
McGinnis/Maginnis, Mr., b. 29 Apr 1839, 60y, casualty
McGinnis, Abigail, b. 6 Nov 1824, c. 50y, consumption
McGinnis, A. Ellen, b. 19 Aug 1842, 30y
McGinnis, Daniel, b. 19 Dec 1822, c. 50y, pleurisy
McGinnis, Francis, b. 29 Jun 1843, 9m
McGinnis, Hugh, b. 11 Jan 1847, 12d
McGinnis, James A., b. 17 Nov 1856, 8y
McGinnis, James Owen, b. 13 Apr 1863, 2½y
McGinnis, John, d. 17 Mar 1820, b. 18 Mar 1820, c. 40y, apoplexy
McGinnis, John Thos., b. 28 Jun 1852, 10m
McGinnis, Mary Ann, b. 11 Aug 1829, 7m, dau of Matthew
McGinnis, Sarah, b. 17 Aug 1829, c. 1y, summer complaint
McGinnity, female, b. 9 Mar 1844, 3w
McGinnity, Bernard Geo., b. 22 Jun 1856, 3m
McGinnity, Catharine, b. 29 Jan 1853, 70y
McGinnity, Felix, b. 11 Jan 1862, 77y
McGinnity, Felix, b. 2 Jan 1864, 27y
McGinnity, Georgianna, b. 2 Aug 1858, 12m
McGinnity, Mary C., b. 13 Jun 1853, 22m
McGinty, John, b. 13 Sep 1830, 20y, typhus fever
McGir--, John, b. 12 Sep 1825, c. 1m, unknown sickness
McGirk, Mary, see McGurk/McGirk, Mary

McGirk, Sarah C., b. 6 Jan 1850, 2y
McGirr, Ann, b. 8 Dec 1857, 22y
McGivern, Peter, b. 25 Jul 1860, 18m
McGlackin, Francis, b. 24 Jul 1845, 6m
McGlade, Mary, b. 6 Dec 1862, 21y
McGlaghlin, Thos. A., b. 5 Oct 1861, 2 minutes
McGlanan, Charles B., b. 18 Aug 1862, 7y
McGlanon, female, b. 17 Sep 1844, 5y, dau of Mr. McGlanon
McGlaughlin, Jeremiah, b. 7 Sep 1822, c. 37y
McGlenahan, James, b. 24 Jun 1856
McGlenan, Mrs., see McGlennan/McGlenan, Mrs.
McGlennan, child, b. 6 Aug 1831, 3m, unknown sickness, child of Denis
McGlennan/McGlenan, Mrs., b. 30 Jun 1842, 40y, consumption
McGlennan, Mary, b. 29 May 1822, c. 50y, cold
McGlennon, Ann E., b. 25 Nov 1830, 4y, fits
McGlenon, Mary Ann, b. 22 Nov 1851, 72y
McGlone, child, b. 7 Dec 1857, stillborn, child of Jas.
McGlone, male, b. 22 Sep 1838, 8d, dropsy, son of George
McGlone, Ann, b. 14 Jul 1867, 1d
McGlone, Barbara, b. 18 Oct 1863, 65y
McGlone, Catherine, b. 17 Sep 1830, age unknown, unknown sickness
McGlone, George, b. 5 Aug 1842, 11y
McGlone, James/child, b. 3 Mar 1853
McGlone, James, b. 6 Dec 1858, 15 minutes
McGlone, James, b. 17 Jun 1866, 9m
McGlone, Mary, b. 19 Apr 1872, 26y
McGlone, Mary, b. 1 Apr 1873, 8y
McGlones, James, b. 5 Sep 1862, 1 hour
McGolden, James, d. 21 Nov 1811, b. 22 Nov 1811, 40y, consumption
McGonegal, Jane, d. 21 Sep 1810, b. 22 Sep 1810, 17m
McGonnigal, Bernard, d. 13 Feb 1810, b. 14 Feb 1810, c. 30y
McGoon, Mary Jane, b. 5 Jul 1832, 2w, fits, dau of James
McGoran, Mathew, b. 4 Aug 1844, 18y
McGouen, Eleanor, d. & b. 27 Aug 1800, c. 26y, wife of James
McGough, child, b. 9 Jun 1863, 5m, child of James B. McGough, Colored
McGough, Ann, b. 5 Jul 1854, 10m
McGough, John H., b. 2 Oct 1851, 16m
McGouldrick, James, b. 20 Jul 1860, 8m
McGounagle, Jane, d. 30 Apr 1809, b. 1 May 1809, 3y, dau of Bernard & Isabella
McGovern, male, b. 18 Sep 1839, 17m, inflamation on the lungs, son of Edward
McGovern, Bridget, b. 15 Feb 1856, 35y
McGovern, Edmond, b. 9 Sep 1831, c. 3y, dropsy on the brain, son of Edmond
McGovern, James, b. 28 Nov 1851, 40y
McGovern, James, b. 21 Jan 1858, 7y
McGovern, James, b. 7 May 1874, 13m
McGovern, Jane, b. 22 Feb 1852, 23y
McGovern, John, b. 14 Aug 1870, 33y
McGovern, Martha Jane, b. 19 Nov 1861, 5½y
McGovern, Mary, b. 27 Jul 1858, 8m
McGovern, Miss M. G., b. 5 May 1847, 19y
McGovern, Michael, b. 1 May 1862, 22y
McGovern, Patrick, b. 15 Feb 1856
McGovern, Patrick, b. 9 Apr 1857, 50y
McGovern, Philip, b. 16 May 1847
McGovern, Thos., b. 23 Aug 1868, 14m
McGowan, child, b. 21 Jan 1869, child of Bernard

McGowan, Bernard, b. 7 Apr 1873, 32y
McGowan, Bridget, b. 30 Jun 1860, 90y
McGowan, David, b. 28 Oct 1836, child
McGowan, Eliza, b. 7 Aug 1861, 40y
McGowan, Ellenora E., b. 24 Jul 1858, 21y
McGowan, Hugh, d. 14 Dec 1802, b. 15 Dec 1802, native of Ireland
McGowan, I., b. 16 Jan 1864, 2d
McGowan, James, b. 27 Oct 1852, 17y
McGowan, James, b. 24 Sep 1854, 9m
McGowan, Jane, b. 16 Feb 1855, 48y
McGowan, John, b. 19 Mar 1855, 9w
McGowan, John, b. 23 Jun 1860, 35y
McGowan, Margaret, b. 18 Jul 1854, 27y
McGowan, Margaret, b. 7 Aug 1856, 63y
McGowan, Martha A., b. 1 Jul 1860, 25y
McGowan, Mary, b. 11 Mar 1832, c. 60y, unknown sickness
McGowan, Mary, b. 7 Aug 1858, 8w
McGowan, Mary, b. 20 Sep 1868, 20y
McGowan, Owen, b. 27 Oct 1870, 74y
McGowan, Patrick, b. 17 Sep 1856, 73y
McGowan, Stephen, b. 11 Jun 1857, 8d
McGowan, Stephen, b. 23 Aug 1869, 3w
McGowen, child, b. 2 Jan 1822, c. 4y, child of John
McGowen, John, b. 2 Jan 1822, c. 40y, suddenly
McGowen, Michael, b. 19 Aug 1822, 8y, drank cold water
McGrady, Ellen, b. 29 Apr 1857, 22y
McGragon, Patrick, d. 5 Apr 1801, b. 6 Apr 1801, 31y, dropsy, native of Ireland, died at Fells Point
McGrain, Andrew, b. 27 Nov 1853, 56y
McGrain, Andrew I., b. 5 Apr 1856, 4y
McGrain/Magrain, William, b. 6 Nov 1837, 33y, consumption
McGrand, Francis, b. 10 Oct 1873, stillborn
McGrane, Patrick, b. 17 May 1868, 43y
McGrann, Sarah, b. 30 Oct 1845, 2y
McGrash, Susannah, b. 8 Aug 1839, 14y, bilious fever
McGrath, child, b. 3 Jul 1850, 13m, child of Mrs. McGrath
McGrath, Bernard, b. 10 Jul 1851, 10m
McGrath, Margaret, d. 17 Nov 1804, b. 18 Nov 1804, 2y, dau of Thomas & Catharine
McGrath, Mark, d. 10 Oct 1803, b. 11 Oct 1803, 3d, son of Edward & Mary
McGrath, Mary, d. 1 Sep 1802, b. 2 Sep 1802, 5d, dau of Thomas & Catharine
McGrath, Richard, d. & b. 4 Jul 1813, c. 38y, native of Ireland
McGrath, Robert, d. 6 Apr 1805, b. 7 Apr 1805, 3y10m, son of Edward & Mary
McGrath, Susanna, b. 26 Jun 1849, 58y
McGraves, child, see McGraw/McGraves, female/child
McGraw/McGraves, female/child, b. 23 Dec 1836, dau/child of William
McGraw, male, b. 29 Jan 1841, 3m, catarrh fever, son of Mr. McGraw
McGraw, Mrs., b. 3 Sep 1847, 40y
McGraw, Bridget, b. 20 Dec 1855, 26y
McGraw, Catherine, b. 2 Sep 1832, c. 30y, cholera
McGraw, Dominick, b. 1 Dec 1834, 60y
McGraw, Edward, b. 5 Jan 1854, 50y
McGraw, Edward, b. 18 Aug 1867, 8m
McGraw, Ellen, b. 23 Jul 1862, 12m
McGraw, John, b. 11 Feb 1826, c. 62y, unknown sickness
McGraw, John, b. 29 Mar 1828, c. 29y, bilious fever
McGraw, John, b. 23 Feb 1853, 47y

McGraw, John, b. 1 Mar 1861, 9d
McGraw, John, b. 2 Mar 1871, 1y
McGraw, Leonora, b. 23 Sep 1869, 18y
McGraw, Margaret, b. 30 Jun 1861, 30y
McGraw, Mrs. Margaret, b. 19 Nov 1864, 25y
McGraw, Margaret, b. 4 Dec 1866, 2m
McGraw, Mary, b. 1 Sep 1865, 8m
McGraw, Michael, b. 23 Aug 1829, c. 1y, bowel complaint
McGraw, Patrick, b. 1 Feb 1857, 33y
McGraw, Patrick, b. 30 Jan 1860, 52y
McGraw, Thomas, b. 15 Jul 1863, 7m
McGreavy/McGreary, female, b. 2 Sep 1838, 5w/m, unknown sickness, dau of William
McGreary, female, see McGreavy/McGreary, female
McGreary, Catharine, b. 18 Nov 1862, 25y
McGreary, Francis W., b. 11 Jul 1852, 4m
McGreary, Hannah, b. 7 Nov 1864, 67y
McGreary, Jane, b. 16 Apr 1854, 10m
McGreary, Mary A., b. 21 Mar 1870, 2m
McGreavy, child, b. 7 Nov 1857, stillborn, child of Jno.
McGreavy, Arthur, b. 1 Aug 1858, 45y
McGreavy, James, b. 3 May 1847, 60y
McGreavy, James Henry, b. 24 Feb 1862, 17m
McGreavy, Maria Jane, b. 10 Aug 1850, 18m
McGreavy, Patrick, b. 3 May 1835, 54y, pleurisy
McGreavy, Rebecca, b. 22 Dec 1870, 83y
McGreavy, Walter A., b. 1 Aug 1850, 9y
McGreevey, James, b. 3 Sep 1822, c. 1y, cutting of teeth
McGreevy, Edward, b. 21 Feb 1829, c. 25y, killed on the railroad by the falling in of the bank
McGreevy, Nancy, b. 22 Nov 1820, c. 25y, child bed
McGregor, Joseph W., b. 29 Mar 1868, 7m
McGregor, Kate, b. 30 Oct 1867, 35y
McGrew, John, b. 6 Nov 1870, 30y
McGrim, Joseph, b. 28 Aug 1855, 28y
McGroh, James, b. 3 Jan 1831, c. 30y, unknown sickness
McGroth, Mary, b. 21 Feb 1858, 65y
McGroth, Thomas, b. 28 Nov 1866, 65y
McGrott, Michael, b. 25 Jul 1830, c. 37y, unknown sickness
McGrovy, child, b. 9 Dec 1821, c. 1y, child of James
McGrow, Mrs., b. 30 Sep 1844, 40y
McGrow, Jno., b. 23 Jun 1873, 18m
McGruder, Laura, b. 6 Apr 1862, 45y
McGuan, John, b. 8 Oct 1829, 24y, unknown sickness
McGuckian, Anthony, b. 11 Dec 1860, 68y
McGuckian, James, b. 16 Nov 1863, 16y
McGuckien, Catharine, b. 9 Feb 1858, 60y
McGuegan, child, b. 15 Jul 1844, 2y, child of Mr. McGuegan
McGuegan, John, b. 25 Jul 1844, 8m
McGuigan, male, b. 5 Jul 1839, 18m, bowel complaint, son of Bernard
McGuigan, male, b. 16 Mar 1840, 3y, croup, son of Thomas
McGuigan, male, b. 6 Aug 1840, 3y, water on the brain, son of Thomas
McGuigan, male, b. 3 Aug 1862, stillborn, son of James
McGuigan, Ann, b. 9 Jul 1851, 51y
McGuigan, Catherine, b. 22 Aug 1835, c. 40y, drank cold water
McGuigan, Catherine, b. 28 Jul 1850, 18m
McGuigan, James, b. 10 Jul 1865, 4m
McGuigan, James, b. 13 Jul 1873, 43y

McGuigan, Jas., b. 29 Jan 1849
McGuigan, John, b. 22 Aug 1858, 34y
McGuigan, Mary, b. 15 Nov 1869, 16m, Colored
McGuigan, Thomas, b. 13 Jun 1842, 2y, casualty
McGuigan, Thomas, b. 27 Feb 1852, 58y
McGuiney, Ellen, b. 13 Jul 1849, 13m
McGuinly, Hugh, d. 5 Nov 1813, b. 6 Nov 1813, dropsy
McGuinn, ---, d. 27 May 1820, b. 28 May 1820, 20y, bilious pleurisy
McGuire, child, b. 8 Aug 1821, child of John
McGuire, child, b. 6 Sep 1821, summer complaint, child of Michael
McGuire, child, b. 9 Aug 1822, died before birth, child of James
McGuire, child, b. 16 Jul 1826, 4y, complication, child of Michael Joseph
McGuire, child, b. 18 Nov 1829, buried soon after birth, child of Francis
McGuire, Ann, b. 20 Sep 1856, 3d
McGuire, Eliza, b. 7 Jan 1832, c. 26y, pleurisy
McGuire, Mrs. Eliza I., b. 8 Jul 1865, 39y
McGuire, Elizabeth Ellen, b. 14 Jul 1823, summer complaint, dau of John
McGuire, James, d. 16 Jul 1796, b. 17 Jul 1796, c. 50y
McGuire, James, b. 9 Aug 1830, c. 30y, suddenly
McGuire, James, b. 3 Jan 1866, 42y
McGuire, Mary Ann, b. 10 Mar 1832, croup, dau of Francis
McGuire, Michael, b. 4 Mar 1828, age unknown, unknown sickness
McGuire, Michael, b. 8 Jun 1835, c. 57y, dropsy
McGuire, Sarah, b. 3 Nov 1821, 4y7m, dysentery, dau of John & Alicia
McGuire, Thomas, b. 6 Aug 1860, 58y
McGuire, Thomas, b. 20 Oct 1865, 49y
McGurk, child, b. 19 Aug 1821, child of John
McGurk, child, b. 26 Aug 1821, child of Peter
McGurk, child, b. 20 Aug 1825, 10m, bowel complaint, child of John
McGurk, male, b. 19 Jan 1850, 10m, son of James
McGurk, male, b. 28 Jan 1850, 4y, son of Henry
McGurk, Andrew, b. 2 Jul 1856, 12m
McGurk, Ann, b. 26 Feb 1848, 50y
McGurk, Arthur, b. 27 Feb 1855, 3 minutes
McGurk, Catharine, b. 30 Jul 1849, 24y
McGurk, Catherine, b. 31 Dec 1827, c. 30y, died after childbirth
McGurk, Catherine, b. 13 Apr 1858, 78y
McGurk, Elizabeth, b. 7 Mar 1855, 23y
McGurk, John, b. 19 Aug 1828, c. 9m, whooping cough, son of Peter
McGurk, Margaret, b. 24 Apr 1845, 56y
McGurk/McGirk, Mary, b. 18 Jan 1842, 30y, consumption
McGurk, Neil, b. 7 Feb 1831, c. 35y, unknown sickness
McGurk, Peter, b. 13 Sep 1855, 70y
McGurk, Sarah, b. 19 Feb 1869, 78y
McGurk, Sarah E., b. 1 Apr 1857, 2m
McGurk, Susan, d. 5 Sep 1819, b. 6 Sep 1819, 7m, bowel complaint
McGurkins, John, b. 15 Aug 1868, 27y
McGurt, female, b. 9 Aug 1834, 21m, infantile unknown, dau of Mr. McGurt
McHall, John, b. 1 Jul 1856, 5m
McHard, Jane, b. 6 Sep 1849, 15m
McHard, Mary, b. 12 Nov 1849, 32y
McHenry, male, b. 27 Dec 1837, 3y, son of James
McHenry, Catharine, d. 24 Feb 1812, b. 25 Feb 1812, 18m, dau of Denis & Mary
McHenry, Catharine, b. 28 Jun 1844, 80y
McHenry, Dennis, b. 29 Dec 1831, c. 70y, apoplexy
McHenry, Felix, d. 1 Mar 1807, b. 2 Mar 1807, c. 7m, croup, son of Dennis & Mary

McHenry, Grace Ann, b. 16 Dec 1828, 10w, catarrhal fever, dau of Denis
McHenry, Hellen, b. 12 Sep 1860, 5y
McHenry, Hugh, b. 16 Apr 1832, consumption
McHenry, Jno., b. 9 Aug 1874, 1d
McHenry, John, see McSherry/McHenry, John
McHenry, Mary, d. 1 Jun 1815, b. 2 Jun 1815, 19y, Baltimore
McHenry, Mrs. Mary, b. 26 Nov 1834, 67y, cold
McHenry, Mary, b. 13 Feb 1848, 46y
McHenry, Mary I., b. 6 Jan 1861, 7m
McHenry, Neal, b. 11 Jul 1856, 82y
McHenry, William, b. 12 Oct 1861, 4y
McHeron, Grace, d. 23 Aug 1806, b. 24 Aug 1806, 28y, wife of Dennis
McHisertan, Patrick, b. 6 Nov 1856, 3m
McHugh, Ann, b. 7 Aug 1865, 24y
McIlhaney, Ed, b. 27 Feb 1873, 3y
McIlhaney, James F., b. 24 Jun 1848, 5y
McIlhaney, Rosann, b. 13 Oct 1860, 41y
McIlhany, John, b. 28 Apr 1847, 40y
McIlheany, male/John, see McElheny/McIlheany, male/John
McIlroy, John, d. 7 Sep 1796, b. 8 Sep 1796, c. 1y10m, son of William & Elizabeth
McIlroy, William, d. 9 Aug 1798, b. 10 Aug 1798, c. 14m, son of William & Elizabeth
McIlvaney, child, b. 13 Oct 1844, stillborn, child of Mr. McIlvaney
McIlvany, Rosanna, b. 12 May 1856, 15m
McInberry, Mrs., b. 20 Aug 1843, 40y
McInteer, James, b. 14 Oct 1836, 80y, old age
McIntere, Alice, b. 5 Mar 1865, 71y
McIntire, child, b. 25 Jun 1848, stillborn, child of Andrew
McIntire, child, b. 25 Oct 1864, 2 hours, child of Philip
McIntire, Ann, b. 15 Aug 1862, 27y
McIntire, Ann Maria, b. 18 Aug 1862, 14m
McIntire, Elenor, b. 25 Jul 1852, 17m
McIntire, Elizabeth, d. 6 Aug 1801, b. 7 Aug 1801, 13m, dau of Patrick & Elizabeth
McIntire, Ellen, b. 30 Apr 1853, 9m
McIntire, Gilbert, b. 16 Dec 1867, 20y
McIntire, James, b. 12 Jun 1856, 14m
McIntire, James, b. 19 Jul 1867, 26y
McIntire, Jane A., b. 23 Nov 1865, 28y
McIntire, Joseph, b. 28 Mar 1861, 2m
McIntire, Lucy, b. 12 Oct 1866, 5y
McIntire, Margaret A., b. 31 Jul 1850, 2½y
McIntire, Margaret Ann, b. 18 May 1851, 18m
McIntire, Michael, b. 27 Nov 1849, 26y
McIntire, Patrick, b. 19 Nov 1861, 37y
McIntire, Sarah, b. 14 Mar 1858, 7y
McIntire, Sarah, b. 14 Jun 1860, 3½y
McIntire, Susan, b. 15 Jul 1868, 5m
McIntire, Susannah, b. 7 Dec 1823, c. 45y, dropsy
McIntire, William, b. 17 Sep 1854, 19y
McIntyre, child, b. 26 Nov 1832, 2w, fit, child of Mrs. McIntyre
McIntyre, Mr., b. 1 Jul 1827, dropsy
McIntyre, John T., b. 18 Sep 1863, 7y
McIver, Ferguson, b. 12 Sep 1845, 50y
McKain, Ann, b. 20 May 1867, 18y
McKan, Joseph, b. 29 Jun 1823, 18y, unknown sickness
McKane, female, b. 12 Sep 1846, 3y, dau of Mr. McKane
McKane, William, b. 6 Apr 1862, 9m

McKane, William H., b. 21 Jun 1866, 66y
McKanna, Bernard T., b. 14 Nov 1868, 2y3m
McKanna, John P., b. 7 Feb 1869, 6m
McKaren, Edward, b. 12 Mar 1816, 40y, killed by a fall
McKaren, Sarah, d. 15 Aug 1816, b. 16 Aug 1816, 6m
McKarney, Teresa, b. 30 Nov 1850, 1d
McKay, Joanna, b. 22 Dec 1855, 65y
McKay, John, d. 12 Aug 1810, b. 13 Aug 1810, c. 4m
McKean, James, b. 28 May 1848, 40y
McKean, Robt., b. 18 Apr 1874, 3m
McKearney, child, b. 3 May 1860, 3m, child of James
McKearney, James, b. 3 May 1860, 50y
McKearvan, Mrs., b. 29 Dec 1832, c. 45y, consumption
McKee, male, b. 2 May 1861, 2y, son of Mr. McKee
McKee, Mrs., b. 1 Mar 1860, 50y
McKee, Bernard, b. 28 May 1842, 6m
McKee, Bernard, b. 16 Jan 1856, 56y
McKee, Caroline, b. 12 Dec 1869
McKee, Catharine, b. 27 Feb 1850, 60y
McKee, Esther, b. 9 Jan 1853, 30y
McKee, John E. F., b. 24 Jun 1853, 6m
McKee, John F., b. 16 Apr 1857, 7y
McKeever, female, b. 3 Sep 1840, 8m
McKeever, female, b. 2/3 Mar 1842, 4y, dau of John
McKeever, male, b. 6 Jul 1841, 2w, son of James
McKeever, Agnes, b. 5 Jun 1870, 15m
McKeever/McKerver, Charles, b. 6 Jun 1837, c. 30y, killed by a fall
McKeever, Chas. B. K., b. 15 Jul 1864, 5w
McKeever, James, b. 22 Oct 1863, 54y
McKeever, John, b. 18 Jul 1849, 48y
McKeever, Joseph Edwd., b. 12 Aug 1864, 2y
McKeever, Julia, b. 10 Feb 1868, 5m
McKeever, Mary, b. 16 Nov 1854, 50y
McKeever, Sarah, b. 7 May 1850, 40y
McKelly, Daniel, b. 17 Oct 1859, 4w
McKenna, ----, b. 8 Sep 1847, 14m
McKenna, ---, b. 4 Mar 1859, 40y
McKenna, child, b. 18 Jan 1830, stillborn, child of McKenna
McKenna, child, b. 1 Aug 1848, 4d, child of Owen
McKenna, child, b. 10 Aug 1874, 2d, infant of Jno.
McKenna, female, b. 24 Oct 1834, 1 hour old, unknown sickness, dau of Mr. McKenna
McKenna, female, b. 3 Mar 1837, c. 5y, worms, dau of Mr. McKenna/William
McKenna, female, b. 3 Jun 1837, 2½y, measles, dau of William
McKenna, female, b. 23 May 1838, 18m, catarrh fever, dau of Arthur
McKenna, female, b. 18 Aug 1838, 13m, putrid sore throat, dau of William
McKenna, female, b. 24 Mar 1853, 1 minute, dau of James
McKenna, female, b. 31 Mar 1855, 5w, dau of Edward
McKenna, male, b. 9 Mar 1837, few hours old, infantile unknown, son of Daniel
McKenna/McKennee, male, b. 17 Jul 1840, 10m, tumor in the neck, son of James
McKenna, male, b. 8 Mar 1849, 2w, son of Wm.
McKenna, male, b. 27 Aug 1852, 2 hours, son of Owen
McKenna, male, see McKinney/McKenna, male
McKenna, Mrs., b. 2 Jun 1854, 83y
McKenna, Mrs., b. 28 Mar 1861, 35y
McKenna, Agness, b. 27 Feb 1858, 3y
McKenna, Alice, b. 27 Jul 1873, 5m

McKenna, Ann, b. 9 Apr 1857, 29y
McKenna, Ann, b. 19 Jul 1868, 35y
McKenna, Arthur, b. 21 Jun 1854, 56y
McKenna, Bridget, b. 15 Mar 1858, 74y
McKenna, Bridget, b. 14 Sep 1862, 30y
McKenna, Catharine, b. 12 Oct 1866, 28y
McKenna, Catherine, b. 30 Aug 1839, 30y, dropsy
McKenna, Catherine, b. 14 Jun 1865, 65y
McKenna, Cecilia, b. 29 Sep 1866, 49y, Colored
McKenna, Charles, b. 7 Aug 1851, 5m
McKenna, Edward, b. 7 Aug 1853, 13m
McKenna, Edward, b. 17 Sep 1859, 35y
McKenna, Eliza, b. 8 May 1850, 35y
McKenna, Francis, d. & b. 2 Jul 1797, c. 23y, son of James
McKenna, Frank, b. 25 Oct 1866, 31y
McKenna, George T., b. 24 Jul 1856, 9m
McKenna, Harriet, b. 30 May 1859, 36y, Colored
McKenna, Henry, b. 4 Oct 1857, 3m
McKenna, Henry, b. 5 May 1863, 50y
McKenna, Imogene, b. 19 Jul 1859, 18m
McKenna, James, b. 17 Nov 1825, c. 28y, suddenly
McKenna, James, b. 18 May 1862, 2m
McKenna, James, b. 3 Apr 1870, 31y
McKenna, James, b. 5 Jan 1872, 2y
McKenna, Jane, b. 28 Oct 1856, 4w
McKenna, John, b. 28 Sep 1843, 31y
McKenna, John, b. 10 Jul 1859, 66y
McKenna, John, b. 3 Mar 1865
McKenna, John, b. 16 Aug 1866, 89y
McKenna, John McColgan, b. 3 Feb 1851, 2y
McKenna, John Thos., b. 7 Jun 1854, 18m
McKenna, Kitty, b. 19 Jul 1863, 9y
McKenna, Margaret, b. 20 Jul 1861, 20y
McKenna, Mary, b. 1 Sep 1851, 30y
McKenna, Mary, b. 9 Nov 1853, 64y
McKenna, Mary, b. 18 Oct 1856, 66y
McKenna, Mary, b. 24 Nov 1857, 45y
McKenna, Mary Ann, b. 20 May 1830, 1w, dau of William
McKenna, Mary E., b. 24 Aug 1853, 5m
McKenna, Mary Ellen, b. 1 Aug 1857, 5m, Colored
McKenna, Owen, b. 25 Dec 1871, 70y
McKenna, Peter, b. 3 Mar 1845, 2m
McKenna, Rose, b. 2 Mar 1845, 7m
McKenna, Rose, b. 11 Aug 1873, 4m
McKenna, Thomas, b. 8 Aug 1854, 58y
McKenna, William, b. 20 Feb 1857, 58y
McKennee, male, see McKenna/McKennee, male
McKenney, female, see McKenny/McKenney, female
McKenney, James, b. 27 Jun 1851, 72y
McKenny, child, b. 24 Oct 1858, 4m, Colored, child of Dennis
McKenny/McKenney, female, b. 2 Mar 1842, 10m, infantile unknown, dau of Mr. McKenny
McKenny, Alphonsus, b. 6 Jun 1853, 2m, Colored
McKenzie, male, b. 19 Jul 1850, 6w, son of Mr. McKenzie
McKern, Dennis, see McKew/McKern, Dennis
McKernan, Hugh, b. 19 Jan 1872, 59y
McKernan, John, b. 27 May 1851, 15y

McKernon, Jane, b. 14 Jan 1852, 3w
McKernon, Mary E., b. 20 Jul 1855, 5w
McKervan, George, b. 4 Jul 1846, 17m
McKerven, female/Archibald, see McKewen/McKerven, female/Archibald
McKerver, Charles, see McKeever/McKerver, Charles
McKetrick, Alice, b. 28 Mar 1864, 18m
McKetrick, Edward, b. 17 Dec 1849, 22y
McKetrick, Miss Frances, b. 3 Sep 1860, 16y
McKetrick, James, b. 13 Jan 1857, 29y
McKetrick, Philip, b. 7 Mar 1861, 19m
McKettick, Virginia, b. 27 Apr 1847, 7m
McKevin, child, b. 7 Apr 1823, stillborn (as was supposed), child of Patrick
McKew, ---, b. 6 Nov 1826, 66y, cramp colic
McKew, child, b. 13 Sep 1851, stillborn, child of Francis
McKew, male, b. 4 Feb 1840, 3y, croup, son of John
McKew, Alice, b. 13 Sep 1851, 34y
McKew, Ann, b. 31 Jul 1862, 2y
McKew/McKern, Dennis, b. 27 Sep 1839, 30y, consumption
McKew, Dennis, b. 9 Aug 1848, 70y
McKew, Edward, b. 31 Mar 1828, age unknown, consumption
McKew, Edward F., b. 13 Dec 1862, 30y
McKew, Edwd., b. 12 Jan 1846, 40y
McKew, Edwd. D., b. 25 Dec 1861, 7½m
McKew, Elizabeth, b. 25 Jan 1868
McKew, Ellen, b. 4 Nov 1850, 21y
McKew, Frances, b. 26 Jul 1872, 17y
McKew, Harry, b. 4 Mar 1862, 8y
McKew, Honora Maria, b. 23 Dec 1858, 66y
McKew, John, b. 20 Aug 1867, 60y
McKew, Patrick, b. 23 Apr 1855, 60y
McKewan, child, b. 14 Mar 1862, 24 hours, child of William F. McKewan
McKewen, child, see McKuan/McKewen, child
McKewen/McKerven, female/Archibald, b. 23 Aug 1836, 1/13m, summer complaint, dau of Archibald
McKewen, male, b. 27 Nov 1839, 2w, catarrh fever, son of Archibald
McKewen, Mrs., b. 20 Jan 1857, 90y
McKewen, Archibald, b. 3 Jan 1859, 6m
McKewen, Arthur, b. 2 Dec 1864, 43y
McKewen, Charles, b. 29 Feb 1848, 6m
McKewen, Eliza, b. 1 Aug 1845, 1m
McKewen, Elizabeth, b. 28 Jul 1849, 90y
McKewen, Ellen, b. 17 Oct 1874, 5m
McKewen, Frederick I., b. 1 Jan 1867, 2y8m
McKewen, Hugh, b. 18 Oct 1866, 32y
McKewen, James, b. 4 Jan 1848, 2½y
McKewen, James F. b. 1 Oct 1860, 3y
McKewen, Mrs. Jane, b. 25 Sep 1845, 30y
McKewen, Margaret, b. 29 May 1855, 8y
McKewen, Margaret, b. 23 Aug 1861, 18m
McKewen, Sarah, b. 17 Jun 1863, 92y
McKewen, William, b. 1 Jul 1852, 3y
McKewen, William, b. 28 Mar 1859, 48y
McKewer, James, b. 12 Sep 1849, 18m
McKim, child, b. 3 Oct 1836, 18m, child of Robert
McKim, Anthony M., b. 3 Jul 1865, 5y
McKim, Charles, b. 1 Jun 1820, 64y, consumption

McKim, Mary, b. 7 Jan 1864, 8y
McKim, Ro. Grace, b. 7 Jan 1857, 4y
McKinley, Alexander, b. 17/19 Jan 1840, 27y, consumption
McKinley, Charles, b. 12 May 1841, c. 30y, consumption
McKinley, John, d. 22 Jul 1817, b. 23 Jul 1817, c. 43y, sudden stroke of lightening, native of Ireland
McKinley, Margaret, d. 22 Nov 1795, b. 23 Nov 1795, 5d, dau of Neale & Margaret
McKinley, Margaret, d. 28 Dec 1801, b. 29 Dec 1801, c. 26y, wife of Neil
McKinley, Margt., b. 21 Mar 1850, 82y
McKinley, Mary, d. 10 Aug 1800, b. 11 Aug 1800, 16m, dau of Neil & Margaret
McKinney/McKenna, male, b. 12 Oct 1838, 14m, decline, son of Mr. McKinney
McKinny, child, b. 11 Nov 1850, stillborn, child of Mr. McKinny
McKinzea, child, b. 12 Jul 1824, died soon after birth, child of John
McKitrick, Harry, b. 2 Jul 1870, 1y
McKittrick, Francis, b. 9 Sep 1832, 9m, flux, son of Philip
McKittrick, Phil, b. 10 Jul 1873, 77y
McKittrick, Robert, b. 2 Jul 1868, 25y
McKivit, Thomas, b. 12 Dec 1834, c. 65y, severe cold
McKnight, Mary Ann, b. 3 Apr 1827, died soon after birth
McKown, Eliza, b. 17 Aug 1844, 21m
McKuan/McKewen, child, b. 17 Aug 1837, 2y, summer complaint, child of Archibald
McKuan, male, b. 28 May 1835, 14m, son of John
McKue, male, b. 3 Oct 1836, few months old, unknown sickness, son of Mr. McKue
McKue, Miss, b. 16 Aug 1835
McKue, James, b. 9 Nov 1836, 50y, bilious fever
McKuen, Elizabeth, d. 29 Aug 1814, b. 30 Aug 1814, 7m, summer complaint
McKuen, John, d. 19 Sep 1816, b. 20 Sep 1816, 18m, summer complaint
McKuen, John C., d. 21 Dec 1807, b. 22 Dec 1807, 6y4m, son of Owen & Elizabeth
McKuen, Owen, d. 19 Jan 1816, b. 20 Jan 1816, 48y, pleurisy
McKuster, Philip, b. 14 May 1863, stillborn
McLane, child/Alexander, b. 25 Oct 1853
McLane, Mr. A., b. 21 May 1841, age unknown/40y, liver complaint
McLane, Alexander, b. 7 Feb 1853, 7m
McLane, Joseph Edwd., b. 4 Oct 1852, 18m
McLane, Mary, b. 16 Jun 1861, 40y
McLane, Patrick, b. 4 Oct 1852, 6y
McLane, Rosa, b. 22 May 1870, 19y
McLatry, Rose, b. 3 Feb 1851, 13y
McLaughlin, ---, d. 1 Sep 1811, b. 2 Sep 1811, c. 45y
McLaughlin, child, b. 26 Jul 1825, c. 16m, complication, child of Joseph
McLaughlin, child, b. 12 Aug 1827, 2y, child of John
McLaughlin, child, b. 1 Sep 1827, died soon after birth, child of Mrs. McLaughlin
McLaughlin, child, b. 17 Mar 1828, 2y, unknown sickness, child of Mrs. McLaughlin
McLaughlin, female, b. 2 Aug 1850, 11m, dau of Chas.
McLaughlin, female, b. 21 Feb 1856, dau of Charles
McLaughlin, male, b. 10 Jul 1823, c. 9y, unknown sickness, son of Peter
McLaughlin, Mrs., b. 20 Jan 1823, c. 70y, unknown sickness
McLaughlin, Agness, b. 5 Jul 1864, 16m
McLaughlin, Alice, b. 28 Dec 1870, 4y
McLaughlin, Andrew, b. 24 Sep 1866, 2m
McLaughlin, Ann, d. 19 Mar 1817, b. 20 Mar 1817, 50y, bilious fever
McLaughlin, Ann, b. 17 Sep 1844, 53y
McLaughlin, Ann, b. 16 Jan 1848, 48y
McLaughlin, Ann, b. 22 Nov 1857, 75y
McLaughlin, Ann, b. 21 Mar 1871, 81y
McLaughlin, Ann E., b. 10 May 1873, 19m

McLaughlin, Catherine, b. 20 Sep 1830, c. 1y, summer complaint, dau of John
McLaughlin, Charles, b. 16 Feb 1852, 51y
McLaughlin, Charles, b. 1 Jun 1868, 53y
McLaughlin, Charles A. B., b. 13 Oct 1862, 15y
McLaughlin, Edward, b. 30 Mar/May 1842, 14y, consumption
McLaughlin, Edward, b. 11 May 1852, 25y
McLaughlin, Edward, b. 14 Jul 1860, 2m
McLaughlin, Edward, b. 24 Feb 1871, 45y
McLaughlin, Edwin, b. 16 Jan 1844
McLaughlin, Eliza, b. 12 Jan 1853, 3w
McLaughlin, Elizabeth, d. 5 Aug 1803, b. 6 Aug 1803, 6m14d, dau of James & Mary
McLaughlin, Elizabeth, b. 21 Jul 1832, 10m, teething, dau of John
McLaughlin, Elizabeth, b. 26 Jun 1865, 8w
McLaughlin, Mrs. Ellen, b. 19 Feb 1851, 67y
McLaughlin, Francis, b. 8 Sep 1826, c. 53y, bilious fever
McLaughlin, Francis, b. 7 May 1862, 3y
McLaughlin, Francis, b. 30 May 1869, 1 hour
McLaughlin, Hugh, b. 26 Oct 1854, 8m
McLaughlin, James, d. & b. 7 Sep 1800, native of Ireland
McLaughlin, James, d. 14 Nov 1805, b. 15 Nov 1805, c. 30y, accidentally drowned
McLaughlin, James, d. 1 Jul 1808, b. 2 Jul 1808, c. 30y, native of Ireland
McLaughlin, James, b. 2 Jul 1849, 35y
McLaughlin, James, b. 4 Oct 1854, 26y
McLaughlin, James, b. 27 Jul 1865, 12m
McLaughlin, James, b. 19 Oct 1874, 22y
McLaughlin, James J., b. 24 Nov 1870, 2y8m
McLaughlin, Jno. Thos., b. 23 Jan 1851, 2w
McLaughlin, John, b. 6 Apr 1843, 40y
McLaughlin, John, b. 14 Jun 1844, 4½y
McLaughlin, John, b. 19 Jul 1861, 10d
McLaughlin, John, b. 18 Dec 1864, 25y
McLaughlin, John McIntire, b. 10 Feb 1865, 2y
McLaughlin, Jos., b. 15 Dec 1870
McLaughlin, Joseph, b. 10 Aug 1852, 19m
McLaughlin, Joseph, b. 24 Jun 1871, 24y
McLaughlin, Joseph, b. 1 Mar 1873, 58y
McLaughlin, Laurence, b. 16 Dec 1849, 3y
McLaughlin, Lucy, b. 30 Jan 1838, 21y
McLaughlin, Margaret, d. 26 Jan 1813, b. 27 Jan 1813, 26y, short illness
McLaughlin, Margaret, b. 10 Jul 1838, 23y, consumption
McLaughlin, Margaret, b. 4 Mar 1859, 7y
McLaughlin, Mary, d. 10 Sep 1800, b. 11 Sep 1800, c. 6m, dau of Joseph & Mary
McLaughlin, Mary, d. 15 Jun 1806, b. 16 Jun 1806, c. 3w, cholera, dau of John & Rebecca
McLaughlin, Mary, d. 14 Jan 1811, b. 15 Jan 1811, c. 35y
McLaughlin, Mary, d. 3 Apr 1818, b. 4 Apr 1818, 25y, childbirth
McLaughlin, Mary, b. 2 May 1853, 26y
McLaughlin, Mary, b. 11 May 1860, 38y
McLaughlin, Mary, b. 26 May 1860, 3m
McLaughlin, Mary, b. 25 Jul 1861, 77y
McLaughlin, Mary Agness, b. 21 Dec 1867, 6w
McLaughlin, Mary Alice, b. 6 Oct 1859, 6y
McLaughlin, Mary Ann, b. 7 Jul 1864, 6m
McLaughlin, Mary Ann, b. 22 Jan 1874, 18y
McLaughlin, Mary Anne, d. 11 Jul 1813, b. 12 Jul 1813, 8y, accidentally drowned, dau of Mary
McLaughlin, Matthew, b. 13 Aug 1834, c. 25y, killed by the falling of a bank
McLaughlin, Patrick, b. 3 Mar 1846, 30y

McLaughlin, Patrick, b. 14 Apr 1856, 26y
McLaughlin, Patrick, b. 9 Oct 1873, 60y
McLaughlin, Peter, d. & b. 3 May 1805, c. 30y, died in the hospital
McLaughlin, Peter, d. 21 Jan 1808, b. 23 Jan 1808, c. 48y, native of Ireland
McLaughlin, Peter, b. 27 Sep 1832, 59y, bilious
McLaughlin, Peter, b. 12 Feb 1861, 2w
McLaughlin, Rosanna, b. 29 Apr 1835, 26y, consumption
McLaughlin, Rosanna, b. 14 Aug 1835, c. 55y, cholera morbus
McLaughlin, Rosanna, b. 6 Nov 1870, 2m
McLaughlin, Susan, b. 13 Feb 1844, 21y
McLaughlin, Teresa, b. 12 Mar 1867, 6m
McLaughlin, Thomas I., b. 1 Jan 1860, 60y
McLean, female, b. 10 May 1839, 8/20m, quincey, dau of Margaret
McLean, Robert, b. 9 Apr 1857, 17m
McLeary/McLeavy, Mrs., b. 5 Dec 1840, 26/36y, child bed
McLeavy, Mrs., see McLeary/McLeavy, Mrs.
McLeavy, Henry, b. 23 Dec 1846, 32y
McLeavy, Henry, see McLeevy/McLeavy, Henry
McLeavy, I., b. 29 Sep 1867, 50y
McLeevy/McLeavy, Henry, b. 30 Jul 1838, c. 65/85y, dropsy
McLeMar, Judith, b. 15 Jul 1822, c. 40y, dysentery
McLenow, Isabella, see McEnow/McLenow, Isabella
McLevy, Mary, b. 16 Jul 1823, 2y, measles
McLilla, Rosanna, b. 15 Mar 1850, 2y
McLorely, James, b. 29 Oct 1864, 45y
McLoughlin, Thomas, b. 26 Oct 1863, 5y
McMahan, Elisa, b. 4 Feb 1859, 2½y
McMahan, Francis, b. 15 Aug 1849, 30y
McMahan, William, see McMahon/McMahan, William
McMahon, ---, b. 29 Jun 1858, 12m
McMahon, child, b. 16 Aug 1832, child of Francis
McMahon, child, b. 7 Apr 1843, 2 hours, child of --- McMahon
McMahon, child, b. 8 Jun 1857, stillborn, child of Jas.
McMahon, child, b. 19 Aug 1869, 11m, child of M. McMahon
McMahon, female, b. 7 Nov 1837, 10m, teething, dau of John
McMahon, male, b. 7 Jul 1843, 6 hours, son of John
McMahon, male, b. 10 Aug 1863, stillborn, son of Silvester
McMahon, Catherine, b. 22 Jun 1862, 1d
McMahon, Ellen, b. 14 Mar 1831, c. 2y, cold, dau of Francis
McMahon, Ellen, b. 18 Dec 1858, 72y
McMahon, Ellen, b. 19 Apr 1872, 80y
McMahon, Francis, b. 11 Aug 1856, 8y
McMahon, J., b. 16 Oct 1872, 7y
McMahon, James, b. 25 Mar 1864, 4y
McMahon, James, b. 16 Jan 1865, 23y
McMahon, Jane, d. 24 Oct 1795, b. 25 Oct 1795, wife of James
McMahon, Jane, b. 9 Jan 1862, 46y
McMahon, John, b. 31 Jul 1852, 2y
McMahon, John, b. 30 Dec 1861, 2y
McMahon, John, b. 26 Sep 1863, 58y
McMahon, John, b. 10 Jul 1872, 36y
McMahon, Lilly Jane, b. 7 Jan 1858, 5w
McMahon, Margaret, d. 31 Oct 1800, b. 1 Nov 1800, c. 24y, wife of Michael
McMahon, Mary, b. 14 Aug 1831, c. 20y, bilious fever
McMahon, Mary, b. 8 Jun 1857, 22y
McMahon, Mary, b. 30 Apr 1862, 50y

McMahon, Mary, b. 6 Aug 1863, 52y
McMahon, Mary, b. 2 Apr 1864, 2y
McMahon, Mary C., b. 1 Jan 1863, 2y
McMahon, Mary E., b. 8 Jul 1854, 12m
McMahon, Mathew P., b. 25 Dec 1862, 6y
McMahon, Michael, d. & b. 16 Jan 1797, 3d, son of James & Bridget
McMahon, Michael, b. 19 Dec 1867, 64y
McMahon, Patrick, b. 20 Aug 1834, c. 30y, broken limb
McMahon, Peter, b. 20 Oct 1860
McMahon, Roger, d. 1 Feb 1811, b. 2 Feb 1811, 18m
McMahon, Roger, d. & b. 6 Dec 1813, 45y
McMahon, Rosa, b. 28 Oct 1860, 4m
McMahon, Susan, b. 13 Jul 1832, c. 27y, consumption
McMahon, Teddy, b. 1 Jul 1851, 50y
McMahon, Thomas, d. 25 Jun 1798, b. 26 Jun 1798, 15m, son of Thomas & Mary
McMahon, Thomas, b. 17 Jun 1831, c. 5m, cholera infantum, son of Arthur
McMahon, Thomas, b. 12 Nov 1853, 47y
McMahon, Thomas, b. 8 Oct 1861, 41y
McMahon, Thos., b. 21 Oct 1846, 15m
McMahon, Ulrich I., b. 14 May 1860, 13m
McMahon/McMahan, William, b. 16 Dec 1841, 5m, sudden death
McMahon, William, b. 15 May 1857, 74y
McMaken, Ellen, b. 4 Aug 1823, c. 13y, bilious
McMane, Thos., b. 12 Aug 1872, 1y
McManess, male, see McManus/McManess, male
McMann, child, b. 31 Jul 1825, age unknown, unknown sickness, child of Charles
McManus, child, b. 10 Mar 1823, c. 6y, consumption, child of Patrick
McManus, child, b. 25 Jul 1850, 18m, child of Dr. McManus
McManus, female, b. 11 Sep 1839, 2y, dau of John
McManus, female, b. 17 Feb 1844, 22m, dau of John
McManus, female, b. 20 May 1846, 18m, dau of Dr. McManus
McManus/McManess, male, b. 27 Jul 1837, age unknown, unknown sickness, son of John
McManus, Alexander, b. 4 Sep 1864, 19y
McManus, Charles Henry, b. 13 Jun 1840, 6m, cholera infantum
McManus, Charles, b. 16 Feb 1848, 22y
McManus, Elizabeth, b. 17 Apr 1862, 71y
McManus, Ellen, b. 6 Dec 1865
McManus, Felix, d. 30 Jun 1806, b. 1 Jul 1806, 1m, son of Owen & Mary
McManus, Dr. Felix S., b. 21 Nov 1857, 24y
McManus, James, b. 16 Jan 1858, 4m
McManus, Jno., b. 4 Sep 1866, 2y
McManus, John, b. 26 Oct 1839, 9m
McManus, John, b. 11 Aug 1840, 10m, cholera infantum
McManus, Joseph, b. 4 Mar 1870, 8m
McManus, Julia, b. 21 Feb 1858, 20y
McManus, Julia A., b. 5 Dec 1838, 28y, consumption
McManus, Julia A. C., b. 17 Sep 1856, 47y
McManus, Lewis, b. 10 Jul 1830, 14y, cholera morbus
McManus, Margaret, b. 15 Dec 1845, 28y
McManus, Mary, b. 3 May 1837, 60y, apoplexy
McManus, Mary, b. 12 Jun 1852
McManus, Mary Ann, b. 13 Aug 1840, 10m, cholera infantum
McManus, Owen, d. 13 May 1804, b. 14 May 1804, 2y, son of Owen & Mary
McManus, Owen, d. 6 Sep 1832, 73y, abscess
McManus, Rose, b. 25 Jul 1864, 20y
McManus, Samuel, b. 6 Nov 1865, 21y

McManus, William, b. 15 Nov 1861, 5d
McMechin, Mary, b. 12 Jan 1835, 45y, intemperance
McMelmell, Bridget, b. 18 Mar 1854, 40y
McMillan, John F., b. 23 Apr 1848, 21y
McMullan, child, b. 9 Dec 1874, 1 hour
McMullan, Elizabeth, b. 15 Dec 1862, 67y
McMullan/Quinn, James, b. 28 Mar 1859, 60y
McMullan, John, b. 4 Jun 1863, 35y
McMullan, Louise, b. 19 Jan 1874, 6m
McMullan, Mary Ann E., b. 18 Apr 1848, 2y
McMullen, John, b. 21 Sep 1870, 80y
McMullen, Margaret, b. 21 Mar 1870, 76y
McMullen, Sarah, b. 5 Sep 1859, 78y
McMullin, child, b. 14 May 1866, stillborn, child of Mr. J. McMullin
McMullin, Mary I., b. 14 May 1866, 28y
McNabb, child, b. 30 Aug 1837, stillborn, child of Mr. McNabb
McNabb, John, d. 5 Oct 1802, b. 6 Oct 1802, 18y4m, son of Jane (wid)
McNabb/McNable, Thomas, b. 19 Mar 1838, 30y, dropsy
McNable, Thomas, see McNabb/McNable, Thomas
McNally, child, b. 6 Feb 1864, stillborn, child of John
McNally, female, b. 6 Apr 1839, 14m, dau of Jas.
McNally, female, b. 8 Feb 1861, 2 minutes, dau of Patrick
McNally, female, b. 4 Jul 1866, dau of Mr. McNally
McNally, male, b. 16 May 1846, 10m, son of James
McNally, Miss, b. 4 Jun 1841, c. 22y
McNally, Mrs., b. 13 Feb 1864, 35y
McNally, Mrs. Ann, b. 19 Sep 1859, 65y
McNally, Annie, b. 7 Nov 1873, 23y
McNally, Annie, b. 8 Mar 1874, 58y
McNally, Bernard, b. 18 Jun 1858, 23y
McNally, Bridget, b. 21 Oct 1861, 60y
McNally, Bridget, b. 18 Nov 1866, 45y
McNally, Catharine, b. 15 Feb 1861, 26y
McNally, Eddie, see McNally, J. H. & Eddie
McNally, Elizabeth, b. 24 Apr 1869, 36y
McNally, Ellen, b. 21 Nov 1874
McNally, Hanna Elizabeth, b. 22 Feb 1825, 1y, unknown sickness, dau of Peter
McNally, Henry, b. 12 May 1859, 31y
McNally, Henry, b. 10 Jun 1864, 5m
McNally, James, b. 3/6 Nov 1841, 10y, decline
McNally, J. H. & Eddie, b. 27 May 1871, 3y
McNally, John, b. 14 Mar 1858, 2y
McNally, John, b. 27 Mar 1868, 39y
McNally, Louisa D., b. 3 Mar 1869
McNally, Martin, b. 11 Mar 1871, 61y
McNally, Mary, b. 30 Sep 1841, 26y
McNally, Mary Ann, b. 28 Jan 1845, 16m
McNally, Mary Ann, b. 11 May 1851
McNally, Mary E., b. 7 Jun 1868, 53y
McNally, Patrick, b. 4 Mar 1848, 7y
McNally, Patrick, b. 28 Jun 1863, 60y
McNally, Peter, b. 24 Dec 1847, 70y
McNally, Peter, b. 21 Apr 1874, 16y
McNally, Sarah, b. 22 Mar 1829, age unknown, unknown sickness
McNally, Sarah, b. 8 Jan 1865, 33y
McNally, Sarah, b. 26 Apr 1869, 2y

McNally, Thos., b. 8 Jan 1861, 35y
McNama, Maurice, see McNamee/McNama, Maurice
McNamara, child, b. 10 Jul 1826, bowel complaint, child of Catherine
McNamara, Anna, d. 29 Sep 1794, b. 30 Sep 1794, 35y, wife of Matthew, buried in St. Peter's Church Yard
McNamara, Eleanor, d. & b. 27 Aug 1794, c. 6w, dau of Matthew & Ann, buried in St. Peter's Church Yard
McNamara, Emma, b. 9 Jan 1864, 5y
McNamara, Francis, d. & b. 12 Aug 1795, c. 7m, son of Thomas & Mary
McNamara, Hugh, b. 27 Aug 1861, 8m
McNamara, John, b. 26 Mar 1826, c. 30y, bilious fever
McNamara, John, b. 5 Feb 1854, 11m
McNamara, Jonas, b. 3 Jan 1871, 5d
McNamara, M., b. 18 Apr 1866, stillborn
McNamara, Margaret, d. & b. 11 Aug 1794, 5y, dau of Thos & Mary, buried in St. Peter's Church Yard
McNamara, Mary, d. & b. 23 Aug 1794, dau of Thomas & Mary, sis of Thomas, buried in St. Peter's Church Yard with her brother, Thomas (see McNamara, Thomas)
McNamara, Matthew, d. & b. 18 Aug 1795, age --, native of Ireland, widower
McNamara, Michael, b. 27 Sep 1867
McNamara, Thomas, d. 22 Aug 1794, b. 23 Aug 1794, son of Thomas & Mary, bro of Mary, buried in St. Peter's Church Yard with his sister, Mary
McNamee, Mr., b. 1 Apr 1870, 55y
McNamee, Ann, b. 14 Aug 1859, 14y
McNamee, Bridget, b. 15 Apr 1865, 28y
McNamee, John Thos., b. 18 Feb 1867, 2y
McNamee, J. S., b. 11 Mar 1871, 4m
McNamee, Mathew, b. 24 Dec 1869, 1d
McNamee/McNama, Maurice, b. 14 Jul 1842, 26y, suddenly
McNamee, Michael, b. 13 Nov 1831, c. 25y, bilious fever
McNamee, Patrick, b. 2 Aug 1866, 7m
McNamor, Bernard, b. 10 Oct 1829, c. 30y, bilious fever & dropsy
McNaughlen, John Henry, b. 24 Jun 1823, 8m, measles
McNaughton, Alexr., b. 13 Sep 1855, 5y
McNaughton, John, b. 12 Aug 1857, 5m
McNaughton, John, b. 7 Jan 1862, 3m
McNaughton, Mary, b. 8 May 1860, 3m
McNaughton, Michael, b. 5 Sep 1867, 60y
McNaughton, Thomas, b. 3 Oct 1825, c. 31y, bilious complaint
McNeal, male, b. 2 Jun 1848, ½ hour, son of Martin
McNeal, male, b. 1 Oct 1856, 7w, son of Hugh
McNeal, male, b. 24 Dec 1858, stillborn, son of James
McNeal, A. Alice, b. 26 May 1868, 19y
McNeal, Alfred, b. 27 Jun 1855, 2m
McNeal, Edward I., b. 3 Apr 1863, 1 minute
McNeal, Hannah, b. 24 Jul 1859, 10m
McNeal, Hugh Thos., b. 10 Jul 1858, 9m
McNeal, James, b. 17 Jun 1860, 6w
McNeal, Joseph E., b. 3 Apr 1863, 1d
McNeal, Joseph P., b. 27 Jul 1849, 11m
McNeal, Owen, b. 20 Jan 1858, 41y
McNeal, Patrick, b. 17 Nov 1828, c. 62y, jaundice
McNeal, Samuel, b. 7 Jul 1850, 10m
McNeal, Sarah, b. 12 Nov 1863, 3y
McNeal, Sarah Jane, b. 10 Dec 1862, few months old
McNeal, Wm., b. 10 Jul 1854, 6m

McNeall, Mary, b. 21 Apr 1871, 18m
McNearney, Michael, d. 1 Jun 1824, b. 2 Jun 1824, 35y, consumption
McNeese, Mary Ann, b. 31 Jan 1845, 4m
McNeil/McNeill, Hugh, b. 2 Jun 1842, 2m, infantile unknown
McNeil, James, b. 16 Jul 1863, 11m
McNeil, Mary Ann, b. 6 Mar 1863, 2y
McNeil, Mary Jane, b. 19 Feb 1864, 4m
McNeil, Wm. H., b. 16 Jun 1847, 10d
McNeill, Baudeena E., b. 24 Jun 1852, 6y
McNeill, Catharine, b. 30 Jul 1868, 3m
McNeill, Hugh, b. 13 Feb 1853, 3w
McNeill, Hugh Eugene, b. 10 Sep 1864, 21y
McNeill, Hugh, see McNeil/McNeill, Hugh
McNeill, John, b. 29 Sep 1852, 18m
McNeill, John Henry, b. 13 Jul 1846, 6m
McNeill, Joseph Thos., b. 23 Apr 1848, 4y
McNeill, Mary Ann, d. 28 Jun 1811, b. 29 Jun 1811, c. 30y
McNeire, Ann, b. 10 Jul 1854
McNerny, James, b. 8 Aug 1838, 43y, casualty
McNertney, Mary, b. 6 Nov 1863, 63y
McNesby, John Francis, b. 25 Oct 1861, 7m
McNespie, James, b. 18 Aug 1852, 5m
McNevin, John, b. 16 Nov 1866, 74y
McNevin, Samuel E., b. 8 Nov 1847, 3y
McNewif, Charles, d. 28 May 1800, b. 29 May 1800, c. 40y
McNichol, Bernard, b. 8 Apr 1857, 25y
McNiere, Jane, b. 17 Jan 1865, 18y
McNiven, female, b. 29 Jan ----, 12m, dau of John
McNorton, Bridget, b. 8 Jun 1865, 55y
McNorton, Mary, b. 24 Apr 1841, 28y, child bed
McNorton, Peter, b. 7 Dec 1841, 9m
McNorton, Thos., b. 21 Dec 1848, 4y
McNulty, female, b. 6 Apr 1839, 14m, catarrh fever, dau of James
McNulty, Mr., b. 22 Jan 1831, c. 50y, consumption
McNulty, Charles, b. 11 Mar 1850, 54y
McNulty, Edward, d. 21 Aug 1820, b. 22 Aug 1820, 25y, consumption
McNulty, Eleanor, d. 13 Apr 1809, b. 14 Apr 1809, c. 36y, wife of John
McNulty, Elizabeth, b. 25 Jan 1858, 4y
McNulty, Ellen, b. 4 Feb 1850, 9y
McNulty, James, b. 19 Dec 1836, 35y, aneurysm of the aorta
McNulty, James, b. 19 Feb 1841, 30y, consumption
McNulty, John, d. 20 Dec 1818, b. 21 Dec 1818, 45y, consumption
McNulty, John, b. 14 Jul 1840, 28y, dropsy
McNulty, John, b. 4 May 1860, 25y
McNulty, Maria, b. 3 Jul 1851, 28y
McNulty, Mary Ann, d. 28 Jun 1807, b. 29 Jun 1807, 10m, dau of John & Helen
McNulty, Patrick, b. 25 Apr 1850, 17y
McNulty, Rose Ann, b. 31 May 1858, 3½y
McParlan, Thomas, b. 19 Oct 1864, 26y
McPherson, child, b. 19 May 1854, 8m, child of Charles
McPherson, Alexander, b. 4 Jan 1867, 14y, Colored
McPherson, Caroline, b. 4 Jul 1863, 1y
McPherson, Martha, b. 29 Jun 1863, 38y, Colored
McPherson, Sarah Louisa, b. 4 Jul 1853, 12m
McPhilipps, Michl., b. 19 Apr 1871, 50y
McPhilips, Catharine, b. 18 Aug 1859, 30y

McPhilips, Catharine, b. 3 Aug 1863, 6m
McPhilips, Catharine, b. 9 Jul 1864, 18m
McPhilips, James, b. 27 Dec 1864, 45y
McPoland, Alice, b. 8 May 1873, 49y
McPoland, Charles H., b. 5 Apr 1862, 2y
McPoland, Chas. Henry, b. 29 Aug 1856, 16m
McPoland, Franklin B., b. 20 Oct 1864, 4y
McPoland, Isabella D., b. 6 Oct 1862, 13m
McPoland, Sarah, b. 29 Sep 1853, 30y
McPolin, Laurence, b. 13 Mar 1857, 8m
McPoolan, Susan, b. 12 Dec 1863, 48y
McQuaid, child, b. 23 Mar 1837, stillborn, child of Ed
McQuaid, child/John, b. 30 Nov 1855
McQuaid, female, b. 20 Aug 1834, 13m, summer complaint, dau of Mr. McQuaid
McQuaid, female/male, b. 23 Mar 1837, 1½y, infantile inknown, dau of Edward
McQuaid, Catharine, b. 19 Dec 1856, 9m
McQuaid, Elizabeth, b. 3 Jul 1868, 51y
McQuaid, Francis, b. 22 Jul 1870, 4m
McQuaid, Mary, b. 10 Aug 1870, 5m
McQuaid, Mary Ann, b. 28 Jul 1862, 3y
McQuaid, Mary C., b. 8 Jul 1872, 1y
McQuellan, child, b. 4 Aug 1832, c. 18m, unknown sickness, child of Mrs. McQuellan
McQuilen, James, b. 27 Dec 1830, c. 25y, unknown sickness
McQuillan, ---, d. 12 Mar 1814, b. 13 Mar 1814, 50y, typhus fever, native of Ireland
McQuillan, Miss, b. 17 Aug 1860, 13y
McQuillan, James, b. 2 Dec 1858, 18y
McQuillan, Miss Mary, b. 29 Mar 1851, 60y
McQuillan, Mary, b. 8 Sep 1855, 18y
McQuillan, Owen, b. 17 Apr 1855, 26y
McQuillan, Pierce, b. 1 Mar 1859, 16y
McQuinn, child, b. 17 May 1832, age unknown, unknown sickness, child of Mr. McQuinn
McQuinn, Mr., b. 26 Jan 1823, c. 62y, asthma
McQuinn, Mrs., b. 25 Jul 1822, c. 70y, palsy
McQuinn, Mary, b. 5 Apr 1851, 30y
McRossen, James, b. 23 Nov 1832, 23y, bilious fever
McShane, child, b. 4 Nov 1853, stillborn, child of Mr. McShane
McShane, child, b. 4 Oct 1855, stillborn, child of Mr. McShane
McShane, child, b. 30 Jun 1872, 18m
McShane, Ann, b. 19 Apr 1862, 3y
McShane, Catharine, b. 3 May 1859, 27y
McShane/McShaw, Catherine, b. 26 Jul 1836, c. 80y, old age
McShane, Charles, b. 4 Jan 1861, 80y
McShane, Emily, b. 19 Apr 1871, 7m
McShane, Francis, b. 27 Oct 1865, 11m
McShane, Helen Rosalie, b. 16 Mar 1868, 2½y
McShane, Henry, b. 20 Jan 1857, ½ hour
McShane, Henry, b. 30 Mar 1862, 15m
McShane, James Edwd., b. 6 Jun 1863, 20m
McShane, Jas. H., b. 21 Feb 1850, 3y
McShane, John H., b. 6 Aug 1859, 8m
McShane, Josephine, b. 5 Apr 1858, 17m
McShane, Margaret, b. 21 May 1863, 33y
McShane, Mary C., b. 12 Aug 1859, 21m
McShane, Peter, b. 6 Apr 1873, 53y
McShane, Winifred, b. 20 May 1869, 40y
McShare, female, b. 2 Nov 1860, 3 hour, dau of Patrick

McShaw, Catherine, see McShane/McShaw, Catherine
McShein, Owen, b. 7 Jan 1851, 72y
McSherry, ----, b. 29 Sep 1846, 50y
McSherry, ----, b. 29 Jul 1851, 40y
McSherry, child, b. 25 Oct 1828, age unknown, unknown sickness, child of Andrew
McSherry, child, b. 5 Sep 1832, c. 8m, unknown sickness, child of Catherine
McSherry, child, b. 9 Jan 1853, 5y, child of John
McSherry, Andrew, b. 8 Aug 1839, 56y
McSherry, Ann Ridgely, b. 22 Jul 1864, 60y
McSherry, Barnaby, d. 15 Aug 1796, b. 16 Aug 1796, c. 32y, son of Patrick & Catherine
McSherry, Catherine, b. 5 Sep 1832, c. 32y, cholera
McSherry, Clemantine, b. 16 Jan 1870, 46y
McSherry, E., b. 26 Nov 1870
McSherry, James, b. 28 Aug 1841, 18y, bilious fever
McSherry, James P. W., b. 20 Apr 1854, 4y
McSherry, Jno., b. 29 Nov 1874, 62y
McSherry/McHenry, John, b. 4 Jul 1841, 10y, cholera morbus
McSherry, Joseph, b. 24 Aug 1840, 29y, bilious fever
McSherry, Lewis H., b. 7 Mar 1870, 19y
McSherry, Mary Helena, b. 21 Jan 1863, 4½y
McSherry, Mary V., b. 11 Dec 1871, 29y
McSherry, Wm. K., b. 15 Oct 1872, 24y
McSoreley, Ann, b. 29 Apr 1868, 52y
McStoker, Sarah Frances, b. 9 Jul 1858, 8m
McSweeney, child/female, see McSweeny/McSweeney, child/female
McSweeney, female, see McSweeny/McSweeney, female
McSweeney, Jane, b. 31 Dec 1867, 68y
McSweeney, Mary S., b. 19 Jul 1870, 6m
McSweeney, Mrs. Paul, b. 3 Aug 1843, 63y
McSweeney, Paul, b. 14 Apr 1844, 71y
McSweeny/McSweeney, child/female, b. 30 Jan/5 Feb 1837, child/dau of Francis
McSweeny/McSweeney, female, b. 6 Jun 1837, 8d, convulsions, dau of Francis
McSweeny, Peter, d. 17 Dec 1806, b. 18 Dec 1806, c. 2w, son of Peter & ---
McSwiney, John, b. 25 Feb 1865, 78y
McTagort, Lucy, b. 22 Aug 1845, 45y
McTague, James, b. 7 Jul 1858, 22y
McTague, Mary, b. 25 May 1872, 60y
McTague, Michael, b. 3 Jul 1858, 30y
McTague, Patrick, b. 10 Jan 1868, 29y
McTavish, male, b. 21 Mar 1841, 9y, gastric fever, son of John
McTavish, Mrs. Emily, b. 25 Jan 1867
McTeague, Barney, b. 15 Sep 1854, 45y
McTeague, Ellen, b. 8 Aug 1849, 20y
McTeague, James, b. 19 Jul 1854, 25y
McTeague, Mary, b. 20 Jun 1858, 64y
McTiernan, Mary, b. 4 Nov 1822, c. 30y, childbirth
McVany, John, b. 2 Jun 1838, c. 32y, suddenly
McWilliams, Ann, b. 6 Aug 1860, 28y
McWilliams, Annie, b. 5 Oct 1871
McWilliams, Catharine, b. 5 Apr 1865, 2w
McWilliams, Eliza, b. 31 Oct 1854, 20y
McWilliams, George, b. 18 Sep 1855, 3y
McWilliams, Jno., b. 28 Sep 1854, 13m
McWilliams, John, b. 11 Aug 1861, 16m
McWilliams, John Thos., b. 18 Oct 1858, 7m
McWilliams, Rose, b. 14 Mar 1861, 7m

McWilliams, Thomas, b. 5 Sep 1871, 2y
McWilliams, William, b. 16 Mar 1864, 2½y
Mea, Mary, b. 8 Jul 1868, 6w
Mead, female, b. 10 Aug 1839, 6m, dau of Mr. Mead
Mead, Anna, b. 15 Aug 1855, 16y
Mead, Martha, b. 16 Jul 1846, 14d, Colored
Meads, Geo. Edwin, b. 9 Mar 1860, 16y
Meads, Zacharia, b. 30 Aug 1858, 57y
Meagan, child, b. 31 Aug 1821, summer complaint, child of Mrs. Ann
Meagan, Ellen, b. 3 Jul 1868, 3m
Meagan, John, b. 17 May 1858, 18m
Meagher, Joseph, b. 12 Dec 1852, 40y
Meagher, Mary, b. 30 Nov 1868, 1w
Meahan, Margaret A., b. 27 Aug 1843, 4½y
Meahan, Mary, b. 26 Jan 1848, 30y
Meaher, Pierce, b. 17 Jan 1853, 14y
Meairs, Rebecca, b. 26 Dec 1862, 53y
Mealea, Patrick, b. 27 Nov 1830, c. 50y, dropsy
Mealey, female, b. 20 Nov 1839, 18m, dau of Edward
Mealey, James R., b. 19 Feb 1863, 27y
Mealy, James, b. 18 Dec 1834, c. 38y, bilious pleurisy
Mealy, Mary O., b. 18 Apr 1850, 49y
Mealy, Thomas C., b. 12 Jan 1868, 47y
Meara, David P., b. 20 Sep 1863, 23m
Meara, John, b. 27 Oct 1868, 6 hours
Mears, Michael I., b. 26 Jun 1864, 6y
Meckenheimer, John, b. 18 Jul 1849, 3m
Medley, Ann, b. 7 Oct 1844, 4d, Colored
Medley, Gernon, b. 10 Sep 1822, Colored boy, son of Lewis Medley, born April 1821
Medley, Lewis, b. 24 Jul 1820, died at the bodkin on board his vessel on his way to Baltimore
Meeds, Edwd. M., b. 7 Nov 1865, 49y
Meegan, John, b. 27 Nov 1862, 4y
Meegan, Mary Ann, b. 16 Jul 1868, 36y
Meegan, Rose, b. 27 May 1858, 5m
Meekan, Margaret, b. 29 Jul 1851, 22y
Meeks, Elizabeth, b. 25 Jun 1851, 54y
Meers, Mary Ann, b. 5 Jun 1856, 2y
Meers, Mary Jane, b. 14 Feb 1853
Megan, Elizabeth, b. 29 Oct 1832, c. 25y, bilious cholera
Meghear, Cornelius, b. 28 May 1823, c. 18y, unknown sickness
Meirs, Robert, b. 6 Sep 1854, 55y
Melbourne, female/child, see Melburne/Melbourne, female/child
Melburne/Melbourne, female/child, b. 22/23 Sep 1836, 18m, teething, dau/child of Mr. Melburne
Melcot, Joseph, b. 29 Apr 1850, 40y
Melins, Catharine, b. 20 Nov 1858, 60y
Mellon, male, b. 14 Jun 1840, 3y, son of John
Mellon, Mary C., b. 20 Sep 1870, 70y
Melone, Ann, d. & b. 17 Jul 1803, 10m, cholera, dau of Alexander & Mary
Menard, John, d. 10 Mar 1802, b. 11 Mar 1802, 55y, native of D'Herouvillette, Normandy, lately resided at Cap Francais, St. Domingo, died in the city
Mendiburn, Jean Charles, b. 4 Sep 1822, c. 50y, dysentery, native of France, lately from Gaudeloup
Mends, James, b. 3 Oct 1847, 45y
Menzies, James, b. 4 Feb 1855, 2y
Menzies, Louisa M., b. 3 Oct 1871, 47y
Menzies, Mary, b. 17 May 1858, 4y

Menzies, Mary M., b. 25 May 1849, 6m
Mercer, Sarah, b. 2 Aug 1837, 20y, bilious dysentery
Merceret, Fanny, b. 6 Apr 1855, 4y
Merceret, George H., b. 11 Mar 1864, 2m
Merceret, John Henry, b. 9 Jul 1865, 3w
Merceret, Louis, b. 11 Feb 1855, 1 hour
Merceret, Louis F., b. 28 Jun 1857, 18m
Merceret, Natalia, b. 31 Aug 1865, 63y
Merceret, William P., b. 15 Jun 1854, 20m
Mercier, Charles Joseph, d. 31 Jul 1815, b. 1 Aug 1815, 7m, teething
Meredith, Thomas, b. 19 Dec 1853, 70y
Merito, Antonie, b. 9 Nov 1859, 50y
Meritt, Georgiana, b. 29 Dec 1847, 3m
Merres, Mark, d. 2 Nov 1799, b. 3 Nov 1799
Merrikin, Mary, b. 10 Jun 1838, 30y, abscess on the lungs
Merrit, Albert, b. 24 Feb 1863, 2y
Merrit, John, b. 17 Sep 1849, 41y
Merrit, John H., b. 30 Jul 1850, 31y
Merrit, Susanna, b. 4 Dec 1865, 87y
Merrite, Charles A., b. 22 Oct 1857, 9m
Merrito, Amelia, b. 24 Oct 1868, 19y
Merritt, John, b. 9 Sep 1846, 69y
Merritt, Joseph, b. 14 May 1853, 34y
Merritt, Mary, b. 13 Feb 1852, 6m
Merritt, Mary, b. 30 Apr 1871, 23y
Merritt, William Sidney, b. 4 Sep 1855, 18m
Mertha, Mary, b. 8 Oct 1871, 42y
Mertz, child, b. 7 Nov 1866, 12m, child of Mr. Mertz
Mery, Mary, d. 12 Dec 1793, b. 13 Dec 1793, buried in St. Peter's Church Yard
Mertz, Mary E., b. 25 Mar 1870, 35y
Meskell, Patrick, b. 24 Jul 1858, 4y
Mesonier, Mary, b. 9 Oct 1839, 48y, consumption, Colored?
Metcalf, male/Edward, b. 24 Jul 1841, 20m, dysentery, son of Edward
Metcalf, Anna Clara, b. 28 Jul 1860, 11m
Metter, Mary A., b. 11 Jun 1873, stillborn
Metty, Martha, b. 8 Sep 1822, 25y, consumption
Meyer, Ann, b. 26 Jul 1862, 65y
Meyer, Godfry, d. 2 Dec 1809, b. 3 Dec 1809, 2w, son of Godfry & Catharine
Meyers, Cath., b. 19 Nov 1873, 49y
Meyers, Henriette, b. 1 Jan 1872, Colored
Meyers, James, d. 30 Apr 1805, b. 1 May 1805, c. 26y, Mulatto
Meyers, Lewis, b. 29 Jan 1870, 45y, Colored
Meyers, Louis A. F., b. 15 Jul 1872, 17y
Meyers, Rosanna, b. 3 Aug 1862, 32y
Meyler, Martin I., b. 23 Jul 1850, 17m
Meyler, Martin I., b. 27 Jan 1852, 5m
Meyro, Clara, b. 26 Jan 1866, 9d
Michael, Brother, b. 30 Jan 1868, 21y
Michael, Augustin, d. 21 Aug 1795, b. 22 Aug 1795, c. 40y, native of Italy
Michael, John, see Garey/Michael, John
Michael, P., b. 1 Oct 1872, 40y
Michel, Louisa Felicity, d. 1 Aug 1801, b. 2 Aug 1801, 1y6m25d, dau of Lazare & Adelaide
Michel, Nicholas Francis Just, d. & b. 10 Aug 1795, c. 55y, native of Fontaine Bleau, late Notary General for the western part of St. Domingo, lived at Portau Prince in St. Domingo, died at Fells Point
Michel, William, b. 23 Jan 1826, age unknown, unknown sickness

Michins, Alfred, b. 22 Oct 1834, 14y, inflamation of the bowels
Michl., Patrick Culls, b. 19 Aug 1856, 5 minutes
Mickins, Benjamin, b. 18 Nov 1795
Mickle, Fanny, b. 16 Jul 1854, 3m
Middleton, Annie, b. 3 Nov 1869, 5y
Middleton, George, b. 26 Dec 1841, 19y, consumption
Middleton, Ignatius L., b. 19 Apr 1872, 48y
Middleton, Lidie Berry, b. 11 Nov 1869, 10y
Middleton, Maria, b. 14 Jul 1837, 16y, consumption
Middleton, Robert Owen, b. 21 Jan 1845, 23y
Middleton, Susan, b. 12 Mar 1861, 30y
Middleton, William Thos., b. 19 Jul 1865, 6w
Mieczyslaw, Julius, b. 3 Jun 1853, 10y
Miers, Robert, b. 25 Jun 1847, 4m
Mifflin, Jacob, d. 7 Mar 1798, b. 8 Mar 1798, 3y, son of Elizabeth
Migam, Jas. Wm., b. 25 Dec 1860, 4w
Milbourne, Washington, b. 17 Mar 1844, 7m
Milburn, A. Eligah, b. 15 Aug 1823, 10m, bowel complaint
Milburn, Grace, d. 7 May 1811, b. 8 May 1811, 30y, lingering illness
Miles, child, b. 15 Mar 1827, c. 3y, unknown sickness, child of John
Miles, female, b. 30 Apr 1828, c. 2m, unknown sickness, dau of Ann
Miles, female, b. 15 Jul 1843, 4y, dau of George
Miles, female, b. 13 Aug 1844, 2m, dau of Mr. Miles
Miles/Mules, female, b. 23 Sep 1838, 3y, dau of George Mile
Miles, male, b. 14 Jan 1847, stillborn
Miles, Miss, b. 8 Apr 1853
Miles, Alexius, b. 8 Mar 1851, 18y
Miles, Ann Maria, b. 24 Nov 1836, 26y, decline
Miles, Clara, b. 5 Sep 1864, 16y
Miles, Edward, b. 15 Jul 1853, 20m
Miles, Eleanor A., b. 11 Dec 1856, 6y
Miles, George, b. 17 Jan 1863, 3½y
Miles, George F., b. 10 Nov 1847, 40y
Miles, Georgia Ann, d. & b. 14 Jul 1818, 4m, summer complaint
Miles, Henry, b. 17 Jun 1873, 38y
Miles, James, b. 15 Feb 1837, 19y, St. Vitus' Dance
Miles, John, b. 27 Feb 1828, c. 30y, consumption
Miles, John, b. 13 Jun 1861, 45y
Miles, John, b. 14 Mar 1865, 45y
Miles, Mary, b. 12 Feb 1865, 3m
Miles, Mary A., b. 28 May 1859, 74y
Miles, Rebecca, b. 9 Dec 1853, 3m
Miles, Rosetta, b. 31 Oct 1852, 1y
Miles, Rosetta T., b. 18 Oct 1850, 8m
Miles, Sarah, b. 18 Jul 1873, 58y
Miles, Susanna, b. 13 Feb 1855, 6m
Miles, Wm., b. 11 Mar 1852, 2y
Milhan, Michael, d. 18 Feb 1816, b. 19 Feb 1816, 53y, native of France
Milhan, Peter Beaufort, d. & b. 17 Jul 1806, c. 2½m, son of Michael & Mary Peter Josephine Elizabeth Justine Grenon Pinsault
Millar, Anna Maria, b. 12 Jan 1796, 1 day old, dau of Michael & Elizabeth, buried in St. Peter's Church Yard
Millbourn, female, b. 23 Dec 1838, 2y, dau of Elijah
Millbourne, female, b. 9/10 Jul 1840, 7/9m, brain fever, dau of Elijah
Millbourne, Mary, b.11 Jul 1864, 48y
Millburn, Lear M., b. 6 May 1830, 65y, inflamation of the lungs

Miller, child, b. 22 Feb 1824, age unknown, unknown sickness, child of Conrad
Miller, child, b. 1 Jul 1830, 9m, dysentery, child of Conrad
Miller, child, b. 24 Dec 1851, stillborn, child of Louisa
Miller, child, b. 18 Apr 1869, 2½m, child of Joseph
Miller, female, b. 16 Feb 1840, 2m, dau of Conrad
Miller, male, b. 10 Oct 1864, stillborn, son of William
Miller, A., b. 1 Mar 1873, 6y, Colored
Miller, Alxr., b. 13 Mar 1872, 25y, Colored
Miller, Ann, d. 5 Nov 1818, b. 6 Nov 1818, c. 30y, childbirth
Miller, Catharine, b. 10 Aug 1860, 11m
Miller, Charles, d. 23 Sep 1803, b. 24 Sep 1803, 1y8m, son of Peter & Elizabeth
Miller, David, d. & b. 31 Aug 1800, c. 22y
Miller, Eliza, b. 30 May 1873, 9m
Miller, Elizabeth, b. 21 Aug 1832, 46y, cholera
Miller, Eve, d. 19 Mar 1794, b. 20 Mar 1794, c. 28y, suddenly, wife of Michael, buried in St. Peter's Church Yard
Miller, Francis Anthony, d. 9 Oct 1797, b. 10 Oct 1797, native of Alsace
Miller, Frederick, b. 13 May 1871, 2w
Miller, George, b. 25 Jul 1849, 35y
Miller, Harriet Ann, b. 26 Apr 1865, 22y, Colored
Miller, Henry, b. 23 May 1855, 20m
Miller, Jacob, b. 15 Jan 1855, 60y
Miller, John, d. 16 May 1795, b. 17 May 1795
Miller, John, b. 8 May 1855, 70y
Miller, Julia, b. 21 Jan 1861, 42y, Colored
Miller, Louisa, d. 16 Jan 1804, b. 17 Jan 1804, 10d, Negro, dau of Robert & Elizabeth
Miller, Magdalen, d. 22 Feb 1794, b. 24 Feb 1794, c. 57y, wid, buried in St. Peter's Church Yard
Miller, Margaret A., b. 27 Jan 1868, 25y
Miller, Maria Louisa, b. 12 Jun 1855, 23y
Miller, Mary, d. & b. 17 Jul 1806, dau of John & Susanna
Miller, Mary, b. 18 May 1822, c. 30y, consumption
Miller, Mary, b. 6 Sep 1867, 19y
Miller, Mary, b. 18 Nov 1870, 1d
Miller, Matthew, d. 16 Oct 1795, b. 17 Oct 1795, c. 16y, son of Matthew & Mary
Miller, Victorine, b. 21 Feb 1862, 18m
Miller, William H., b. 16 May 1865, 8m, Colored
Millholland, Margt., b. 13 Dec 1856, 30y
Millhorne, Mr., b. 17 Dec 1853, 48y
Millins, child, b. 27 Mar 1823, unknown sickness, child of Rebecca
Million, Joseph, b. 2 Sep 1828, 53y, unknown sickness, native of Lyons, France, resident of Baltimore for many years
Mills, child, b. 6 Jun 1818, 12m
Mills, female/male, b. 3 Nov 1837, 1y, teething, dau/son of Mr. Mills
Mills, Alverti, b. 11 Nov 1850, 2½y
Mills, Cecelia, b. 11 Feb 1874, 55y
Mills, Daniel, d. 17 Jul 1819, b. 18 Jul 1819, 8d, fits
Mills, Elizabeth, b. 9 Oct 1854, 63y
Mills, James F., b. 9 Jan 1864, stillborn
Mills, John, b. 22 Nov 1830, age unknown, unknown sickness, son of Mr. Mills
Mills, Joshua, b. 17 Oct 1861, 76y, Colored
Mills, Mary, d. 5 Oct 1819, b. 6 Oct 1819, c. 21y, consumption, dau of Mrs. Daly
Mills, Richard C., b. 13 Jun 1863, 7m
Mills, Thomas, b. 13 Aug 1834, c. 30y, struck by the sun
Mills, William, b. 1 May 1840, 50y, consumption
Mills, William, b. 28 Jun 1845, 9m
Minaess, Mary, b. 9 Oct 1870, 2m

Minahan, Miss, b. 18 Oct 1827, c. 23y, consumption
Mincks, Thomas, b. 2 Dec 1853, 60y
Mineghan, Rebecca, d. 22 Sep 1800, b. 23 Sep 1800, 3y, dau of Charles & Sarah
Mineghan, Sarah, d. 27 Sep 1800, b. 28 Sep 1800, c. 29y, wife of Charles
Minehan, John, d. & b. 30 Jul 1800, c. 16m, son of Martin & Susan
Mineyas, J., b. 29 Jan 1871, 3y
Miniere, Gustavus, d. 31 Aug 1796, b. 1 Sep 1796, c. 9m
Minihan, Susan, b. 20 Aug 1831, c. 60y, consumption
Minor, female, b. 12 Mar 1840, 18m, intermittent fever, dau of Mrs. Minor
Minor, Stephen, b. 13 Mar 1873, 19y
Minson, Gabriel, d. 4 Nov 1797, b. 5 Nov 1797, 1y3m21d, son of Gabriel & Margaret
Mirmaghan, child, b. 31 May 1858, 5 minutes, child of Patrick
Misel, Ann, d. 20 Nov 1817, b. 21 Nov 1817, 13m
Miskelly/Misskelly, Jas., b. 18 Jan 1848, 6m
Miskelly, John, d. 22 Feb 1807, b. 23 Feb 1807, c. 6w
Miskelly, John, b. 17 May 1859, 39y
Miskelly, Mrs. Mary, b. 19 Feb 1870, 94y
Misnier, John, d. 27 Sep 1810, b. 28 Sep 1810, 7m
Misokelly, Silvester, b. 16 Jan 1857, 29y
Missing, Catharine, b. 15 Sep 1868, 33y
Misskelly, Elizabeth, b. 3 Nov 1867, 14y
Misskelly, Jas., see Miskelly/Misskelly, Jas.
Misskelly, Hugh, b. 5 Jun 1854, 35y
Mitchel, child, b. 9 Apr 1823, c. 2m, whooping cough, child of Joseph
Mitchel, Barbara, d. 28 Dec 1807, b. 29 Dec 1807, 46y, wid of Peter
Mitchel, Elizabeth, b. 6 Jun 1826, c. 60y, dropsy, Colored
Mitchel, Peter, d. & b. 19 Sep 1805, 57y
Mitchel, Sarah, b. 22 Dec 1830, c. 21y, consumption
Mitchell, child, b. 11 Jan 1813, 4y
Mitchell, female/child, b. 26 Aug 1836, 4m, bowel complaint, dau/child of John
Mitchell, female, b. 18 Jun 1839, 19d, dau of John
Mitchell, female, b. 6 Jan 1840, c. 6m, scarlet fever, dau of John
Mitchell, male/female, b. 11/12 Jul 1838, 9m, teething, son/dau of John
Mitchell, Mrs., b. 31 Jan 1819, c. 40y, brain fever
Mitchell, Ann, b. 8 Sep 1862, 62y
Mitchell, Ann Caroline, b. 27 Jul 1842, 28y
Mitchell, Ann Maria, b. 22 Jan 1853
Mitchell, Bridget, b. 2 Mar 1861, 60y
Mitchell, Catherine, d. 22 Dec 1817, b. 23 Dec 1817, 2y6m
Mitchell, Edward, b. 8 Nov 1863, 34y
Mitchell, Elizabeth, d. 15 Mar 1816, b. 16 Mar 1816, 32y, childbirth
Mitchell, Francis, d. 30 Mar 1825, b. 31 Mar 1825, c. 51y, of Balt. & Charles County
Mitchell, Frederick, d. 22 Apr 1818, b. 23 Apr 1818
Mitchell, Horatio, d. 16 Jul 1813, b. 17 Jul 1813, 4m, son of Richard Bennet & Eliza
Mitchell, James D., b. 11 Aug 1837, 36y, consumption
Mitchell, James W., b. 24/25 Jul 1836, 50y, heart trouble
Mitchell, Joanna M., b. 28 Jun 1858, 6m
Mitchell, John, d. 3 Sep 1817, b. 4 Sep 1817, 4y
Mitchell, John, b. 30 Jun 1845, 45y
Mitchell, Joseph, b. 11 Feb 1862
Mitchell, Joseph I., b. 2 Jun 1857, 15y
Mitchell, Laura, b. 3 Sep 1823, c. 4y, sore throat, dau of Joseph
Mitchell, Louisa, b. 7 Jun 1819, 3m
Mitchell, Maria, d. & b. 8 Oct 1814, 6y, dau of Joseph
Mitchell, Patrick, d. 20 Aug 1794, b. 22 Aug 1794, c. 60y, buried in St. Peter's Church Yard
Mitchell, Robert D. S., b. 20 May 1865, 23y

Mitchell, Sarah, d. 9 Jun 1806, b. 10 Jun 1806, 28y2m12d, child bed, wife of Francis J. Mitchell
Mitchell, Teresa, b. 5 Jul 1859, 3m
Mitchell, Thomas, d. 10 Aug 1817, b. 11 Aug 1817, 3m
Moale, male, b. 24 Mar 1835, 8m, catarrh fever, son of Samuel Moale, Esq.
Moale, Mrs. Ann White, b. 17 Apr 1865, 63y
Moale, John, b. 28 Feb 1836, 2w, infantile unknown, son of Samuel Moale, Esq.
Moan, Ann, b. 3 Mar 1854, 60y
Moan, Charles, b. 15 Oct 1856, 9y
Moan, Francis, b. 23 Nov 1852, 50y
Moan, James F., b. 16 Mar 1853, 9m
Moarman, male, b. 29 Jun 1837, 10d, son of Mr. Moarman
Mobery, Ann Maria, b. 13 Jul 1830, summer complaint, dau of John
Moe, Nancy, b. 9 Mar 1853, 70y, Colored
Moen, Francis, b. 24 Nov 1821, c. 60y, consumption
Moerget, Magdalene, d. & b. 3 Sep 1803, 66y, lately from Wurtzburg, Germany
Moes, Francis Joseph, d. 11 Feb 1795, b. 12 Feb 1795, 9y10m, son of Michael & Susanna
Moffett, female, b. 18 Jun 1835, c. 2y, worms, dau of Mr. Moffett
Moffit, male, b. 22/23 Mar 1838, 1½y, burned, son of Mr. Moffit
Mohan, Ann, d. 22 Dec 1819, b. 23 Dec 1819, 60y, typhus fever
Mohan, Barnabas, d. 6 Aug 1817, b. 7 Aug 1817, consumption
Mohan, Thomas, b. 31 Oct 1864, 48y
Mohany, Catherine, b. 17 Jan 1831, 16y, consumption
Moher, Patrick, b. 29 May 1827, 55y, dry mortification
Mohler, David, b. – Sep 1814, died yesterday
Mohun, Patrick, b. 13 Dec 1851, 70y
Moins, Thomas, b. 4 Sep 1830, c. 3y, summer complaint
Moiry, Mary, b. 22 Jul 1843, 90y
Molier, male, d. 26 Oct 1801, b. 27 Oct 1801, 4d, son of Henry & Elizabeth, received private baptism
Molier, Henry, d. & b. 17 Aug 1799, 14m, son of Henry & Elizabeth
Molier, Joachime, d. 1 May 1802, b. 2 May 1802, 2y3m28d, dau of Henry & Elizabeth LaVille
Molineri, Magdalene Augustine, d. & b. 2 May 1805, c. 6y, dau of John Hugh (dec.) & Mary Rose Boe de St. Martin, native of St. Domingo
Moloney, Thomas, b. 28 Mar 1795, d. 29 Mar 1795, 3m, son of Margaret
Monaghan, Ann, b. 5 Dec 1870, 65y
Monaghan, Daniel, b. 7 Apr 1863, 24y
Monaghan, Mary, b. 18 Aug 1832, c. 35y, cholera
Monaghan, Michael, d. 29 Dec 1805, b. 30 Dec 1805, c. 35y, suddenly, native of Ireland
Monaghan, Peter, b. 25 Sep 1830, c. 28y, suddenly
Monaghan, Philip, b. 9 Mar 1853, 2w
Monaghan, Philip, b. 2 Apr 1853, 40y
Monague, Danl., b. 11 Sep 1851, stillborn
Monahan, Catharine, b. 10 Apr 1854, 36y
Monahan, Catherine, b. 12 Apr 1839, 8y, consumption
Monahan, John, b. 13 Sep 1829, c. 35y, unknown sickness
Monahan, Mary, b. 4 Aug 1860, 18y
Monahan, Michael, b. 13 Feb 1831, c. 3y, fever
Monahan, M. T., b. 3 Dec 1872, 18m
Monahan, Patrick, b. 28 Apr 1827, age unknown, unknown sickness, died at the Poor House
Monhope, Denville H., b. 30 Nov 1852, 6y
Moniel, Mgt., b. 28 Jun 1853, 2m
Monly, Margt. F., b. 29 Nov 1852, 2y
Monmier, Eleazar, d. 7 Apr 1799, b. 8 Apr 1799, c. 45y, native of Provence
Monneny, child, b. 13 Apr 1855, stillborn, child of John
Monnon, Laurent, d. 15 Mar 1815, b. 16 Mar 1815, 70y, dropsy in the chest, native of France
Monohan, male, b. 25 Feb 1861, stillborn, son of Patrick

Monohan, John Thos., b. 15 Jul 1864, 7½m
Monpensier, Jean Marie Auguste, d. 2 Jul 1815, b. 3 Jul 1815, 40y, consumption
Montagle, male, b. 21 Feb 1849, ½ hour, son of Paul
Montague, female, b. 16 Feb 1837, 3y, scarlet fever, dau of Mrs. Montague
Montalibor, Germain deGripiere Monroe, d. 6 Dec 1807, b. 7 Dec 1807, 70y, native of Bresse, France
Montalibor, Martha, b. 30 Apr 1826, age unknown, unknown sickness
Monteray, Mary O'Liva, b. 22 Aug 1855, 1m
Montevary, Joseph, b. 27 Nov 1855, 18m
Monteverde, Frank, b. 5 Apr 1860, 84y
Montgomery, male, b. 9 Dec 1855, 19m, son of Henry
Montgomery, Henry, b. 30 May 1868, 8y
Montgomery, Jos., b. 12 Aug 1873, 6y
Montgomery, Mary, b. 9 Aug 1855, 3y
Montgomery, Mary Jane, b. 8 Apr 1859, 3y
Montgomery, Thos. H., b. 1 Aug 1874, 6w
Montrap, L., b. 13 Feb 1847, 45y
Monville, Thomas Duval, d. 4 Jun 1797, b. 5 Jun 1797, c. 30y
Moody, Betty, b. 12 Mar 1832, c. 85y, fits, Colored
Moody, John B., b. 19 Nov 1861, 21m
Moody, Paul, b. – Sep 1814, c. 45y, consumption, Colored man, died yesterday
Moody, William, d. 8 Jul 1800, b. 9 Jul 1800, 6m, son of William & Elizabeth
Moon, Judith, b. 30 May 1852, 80y
Moon, Margaret Eliza, b. 16 Jul 1861, 2w
Moon, Thomas, b. 2 Mar 1840, 80y, gravel
Mooney, male, b. 23 Aug 1856, 2 hours, son of Patrick
Mooney, Miss, b. 30 May 1851, 60y
Mooney, Mr., b. 11 Mar 1822, c. 60y, consumption, died at Ellicott Mills
Mooney, Ann, b. 6 Oct 1824, 34y, cramp colic
Mooney, Bernard, b. 21 Aug 1831, c. 32y, sunstroke
Mooney, Edward, b. 19 Mar 1828, c. 40y, affection of the breast, native of Ireland, citizen of Baltimore for many years
Mooney, Hugh, b. 12 Jul 1825, 40y, bilious fever
Mooney, Hugh, b. 1 May 1853, 40y
Mooney, Hugh S., b. 29 Mar 1863, 5m
Mooney, James, b. 19 Feb 1823, c. 20y, consumption
Mooney, James, b. 22 Apr 1855, 78y
Mooney, Judith, d. Aug 1830, b. 23 Jan 1831, c. 60y, heat of the weather, died in the country last August, buried in our burial ground
Mooney, Lizzie, b. 13 Apr 1870, 20y
Mooney, Margaret S., b. 5 Oct 1845, 22y
Mooney, Mary, b. 11 Jun 1858, 27y
Mooney, Mary Ann, b. 15 Dec 1861, 8m
Mooney, Mary Eliza, b. 6 Aug 1858, 3m
Mooney, Mary Elizabeth Ann, b. 22 Oct 1830, c. 9y, unknown sickness
Mooney, Mary Ellen, b. 16 Jan 1851
Mooney, Nancy, b. 16 Apr 1839, 70y, consumption
Mooney, Patric (Patrick), b. 31 Jan 1821, 21y, decline
Mooney, Patrick, b. 6 Jun 1868, 1w
Mooney, Richard, b. 25 Sep 1821, c. 50y, consumption
Mooney, Rose, b. 11 Aug 1858, 74y
Mooney, Thos., b. 26 Nov 1845, 74y
Moony, Ann, d. 14 Aug 1819, b. 15 Aug 1819, 6m, summer complaint, Colored
Moony, Edward, d. 16 Jan 1812, b. 17 Jan 1812, pleurisy, native of Ireland
Moore, ---, d. 9 Feb 1827, b. 10 Feb 1827, c. 60y, suddenly
Moore, child, b. 22 Sep 1850, stillborn, child of Robert

Moore, child, b. 18 Mar 1869, child of Thomas
Moore, female, b. 27 Oct 1834, 3m, dau of Robert
Moore, female, b. 28 Aug 1837, 1y, dau of Anthony
Moore, female, b. 6/7 Aug 1838, 17m4d/19m, summer complaint, dau of Mr. Moore/Robert
Moore, male/child, b. 2 Apr 1836, unknown sickness, son/child of John
Moore, male, b. 3 Feb 1845, 2y, son of Robert
Moore, male/child, see More/Moore, male/child
Moore, Anthony, b. 20 Jun 1866, 60y
Moore, Anthony/male, see More/Moore, Anthony/male
Moore, Benjamin, b. 20 Apr 1864, 65y, Colored
Moore, Catharine, b. 19 Nov 1866, 82y
Moore, Catherine, b. 28 Jul 1828, 2y, whooping cough, dau of Robert
Moore, Cecelia, b. 15 Apr 1874, 64y
Moore, Cecelia A., b. 24 Nov 1862, 21y
Moore, Charles A., b. 24 Sep 1860, 9m, Colored
Moore, Ellen, b. 21 Jun 1851, 19m
Moore, Ellen, b. 6 Apr 1869, 40y
Moore, Emily, b. 10 Feb 1866, 13y
Moore, Harriet, b. 21 Jan 1858, 36y, Colored
Moore, Henry Francis, b. 20 Mar 1868, 1d
Moore, James, b. 6 Jul 1829, 26y, drowned at the canal
Moore, James, b. 18 Jul 1843, 10d, of Robert
Moore, James, b. 22 Jan 1860, 23y
Moore, John, d. & b. 12 Sep 1797, c. 19y
Moore, John, b. 19 Mar 1825, c. 30y, consumption
Moore, John, b. 27 Dec 1851, 30y
Moore, John, b. 2 Apr 1867, 35y
Moore, John A., b. 8 Dec 1871
Moore, John H., b. 27 Mar 1836, 2y
Moore, John H., b. 20 Apr 1849, 45y
Moore, Joseph, d. 19 Apr 1794, b. 20 Apr 1794, 8w, son of William & Catharine, buried in St. Peter's Church Yard
Moore, Kate, b. 28 Sep 1862, 24y
Moore, Mary, b. 9 Feb 1851, 39y
Moore, Mary, b. 28 May 1852, 70y
Moore, Mary, b. 11 Apr 1872
Moore, Mary Ann, b. 15 Apr 1864, 2y
Moore, Mary Ella, b. 21 June 1867, 8d
Moore, Mary J., b. 6 May 1872, 5d, Colored
Moore, Mathew, b. 28 Sep 1855, 35y
Moore, Michael, b. 25 Oct 1852, 25y
Moore, Noah A., b. 30 Jan 1852, 4y
Moore, Robert, b. 27 Jul 1851, 50y
Moore, Sophia, b. 12 May 1872, 5m, Colored
Moore, Susan, b. 23 Jan 1859, 2y
Moore, Thomas, b. 28 Apr 1829, c. 6m, convulsions
Moore, Thomas, b. 16 Aug 1830, c. 4w, unknown sickness
Moore, William, b. 25 Feb 1860, 15y
Moore, William, b. 12 Nov 1860, 45y
Moore, William A., b. 12 Jan 1864, 23y
Moore, William P., b. 23 Mar 1868, 2½y
Moquet, Mary, b. 1 May 1808, b. 2 May 1808, 10m, measles, Mulatto, dau of Michael & Rosette LeClaire
Moquet, Selina, b. 7 Oct 1823, 25y, bilious fever, Colored woman
Moquett, Michael, b. 7 Nov 1846, 75y
Moran, child, b. 15 Nov 1821, c. 3w, child of Richard

Moran, female, b. 19 May 1841, 2y, inflamation of the throat, dau of Mr. Moran
Moran, female, b. 20 Sep 1859, 24m, dau of Mary
Moran, male, b. 16 Jun 1837, 3y, measles, son of Mrs. Catherine
Moran, Mrs., b. 28/29 Aug 1837, c. 40y, consumption
Moran, Mrs., b. 5 Jun 1845, 62y
Moran, Andrew, b. 28 Jan 1830, killed by a bank falling in on him
Moran, Anthony, b. 21 Mar 1847, 18m
Moran, Bridget, b. 10 Aug 1857, 55y
Moran, Bridget, b. 23 Sep 1862, 28y
Moran, Catherine, b. 3 Jun 1837, c. 25y, consumption
Moran, Ellen, b. 15 Mar 1844, 95y
Moran, Hanna, b. 12 Jul 1852, 4m
Moran, Isabella, b. 3 Mar 1869, 61y
Moran, James, b. 20 Nov 1831, c. 32y, dropsy
Moran, John, b. 15 Nov 1857, 14m
Moran, John, b. 31 Jul 1864, 20y
Moran, John, b. 2 Aug 1864, 20y
Moran, John, b. 26 Apr 1873, 23y
Moran, Joseph, d. 2 Nov 1812, b. 3 Nov 1812, bilious, native of France
Moran, Joseph, b. 21 Sep 1823, c. 1y, unknown sickness, son of Richard
Moran, Joseph Thos., b. 16 May 1865, 6w
Moran, Margaret, b. 25 Aug 1822, 3y
Moran, Margaret, b. 26 Jul 1860, 26y
Moran, Martin, b. 27 Jun 1864, 6m
Moran, Mary, b. 20 Feb 1853, 6m
Moran, Mary, b. 4 May 1861, 27y
Moran, Mary A., b. 17 Aug 1860, 9m
Moran, Mary Ann, b. 14 Jan 1856, 3m
Moran, Mary E., b. 10 Jun 1864, 7w
Moran, Michael, b. 27 Feb 1835, c. 19y, killed accidentally at a fire
Moran, Michael, b. 19 Oct 1848, 36y
Moran, Michael, b. 22 Aug 1856, 85y
Moran, Patrick, b. 21 Jun 1853, 34y
Moran, Peter, b. 5 Dec 1831, c. 26y, suddenly
Moran, Richd. F., b. 10 Feb 1873, 25y
Moran, Thomas John, b. 2 Sep 1860, 2½y
Moran, William, b. 1 Dec 1861, 3y
Morancy, Francis Joseph, d. 8 Mar 1805, b. 9 Mar 1805, c. 14y, native of St. Domingo
Mordic, Teresa, d. 4 Jun 1817, b. 5 Jun 1817, 54y
Mordock, James (Thom), d. 19 May 1819, b. 20 May 1819, son (child) of James & Hannah
More, female, b. 6 Feb 1837, 8m, unknown sickness, dau of Anthony
More/Moore, male/child, b. 27/30 Jul 1836, 7m, summer complaint, son/child of John H. More/Moore
More, male, b. 29 Aug 1837, 15m, measles, son of Anthony
More/Moore, Anthony/male, b. 23 May 1842, 4y, son of Anthony
More, Catherine, b. 7 Mar 1835, 27y, consumption
Morean, Marie Joseph, d. 12 Apr 1817, b. 13 Apr 1817, 30y, consumption
Moreheiser, Florence, b. 26 Nov 1849, 3½y
Morell, Jeremiah, b. 21 Nov 1860, 3m
Morell/Marrell, Lewis, b. 10 Nov 1838, 50y, Colored
Morgan, child, b. 23 Feb 1853, stillborn, child of Mr. Morgan
Morgan, female, b. 7/8 Jan 1837, 3m, suddenly, dau of William, Colored
Morgan, female, b. 5 Jul 1856, stillborn, dau of Mr. Morgan
Morgan, male, b. 11 Sep 1854, 3w, son of John
Morgan, Alexander, b. 27 Feb 1827, 65y, unknown sickness
Morgan, Ann, d. 10 Oct 1805, b. 11 Oct 1805, 48y, wife of Peter

Morgan, Ann Eliza, b. 29 Nov 1857, 2½y
Morgan, Augustus, b. 15 Jan 1853, 65y, Colored
Morgan, Bernard, b. 26 May 1864, 18m
Morgan, Emily Jane, b. 13 Jun 1862, 2y
Morgan, Frances, b. 16 Aug 1865, 17m
Morgan, Frank, b. 17 Aug 1873, 5d
Morgan, Isabella, b. 26 Aug 1854, 7m
Morgan, James, b. 19 Jul 1867
Morgan, Jane, b. 31 Mar 1852, 8y
Morgan, Margaret, b. 15 Dec 1850, 30y
Morgan, Margaret, b. 19 Dec 1851, 72y, Colored
Morgan, Maria, b. 2 Sep 1845, 50y, Colored
Morgan, Mary C., b. 31 Dec 1874, 80y
Morgan, Mary E., b. 29 Mar 1857, 3y
Morgan, Michael, b. 31 Aug/1 Sep 1837, 43y, consumption
Morgan, Samuel, b. 1 Apr 1814, 3m, fits, Colored
Morgan, Susan, b. 5 Sep 1868, 51y
Morgan, William, b. 21 Jan 1823, c. 37y, unknown sickness, free Colored man
Morgan, William Henry, b. 6 Feb 1861, 46y, Colored
Morgan, Wm., b. 5 Aug 1871, 45y
Morgan, Wm. B., b. 26 Sep 1858, 16m
Morheiser, Joseph, d. 16 Jan 1820, b. 17 Jan 1820, 14m, whooping cough
Moriarty, Miss, b. 25 Apr 1854, 23y
Moriarty, Mr., b. 30 Jun 1841, c. 70y
Morin, Catharine, d. 28 Mar 1795, b. 29 Mar 1795, c. 3½y, dau of John & Eleanor
Morrell, Ellen, b. 6 Nov 1865, 22y
Morrell, Ellen, b. 23 Jul 1866, 10y
Morrin, Paul, d. & b. 31 Aug 1800, c. 25y
Morris, female, b. 24 Feb 1842, 5m, infantile inknown, dau of Mrs. F. D. Morris
Morris, female, b. 9/10 Jul 1842, 9m, summer complaint, dau of Mr. Morris
Morris, male, see Norris/Morris, male
Morris, Mrs., b. 30 Nov 1870, 35y
Morris, Bernard, b. 11 May 1864, 40y
Morris, Bridget, b. 4 Feb 1859, 24y
Morris, Catharine, b. 28 Jan 1870, 36y
Morris, Catherine, b. 18 Jun 1861, 27y
Morris, Elizabeth, b. 30 Jul 1860, 6m
Morris, Ella, b. 25 May 1873, 81y
Morris, James, b. 24 Apr 1845, 35y
Morris, James, b. 6 Aug 1850, 2y
Morris, James, b. 1 Sep 1851, 14m
Morris, James, b. 9 Jun 1865, 60y
Morris, Margaret Ann, b. 24 Jul 1850, 6m
Morris, Mary, b. 21 Feb 1863, 86y
Morris, Mary, b. 23 Nov 1863, 43y
Morris, Mary Ann, b. 27 Aug 1830, c. 1y, summer complaint
Morris, Mary C., b. 3 Apr 1870, 8w
Morris, Mary Teresa, b. 4 Nov 1853, 3y
Morris, Michael, b. 19 Sep 1847, 18m
Morris, Samuel, b. 6 Jul 1830, 3d, unknown sickness, son of Samuel
Morris, Susan, b. 30 Apr 1831, c. 1y, unknown sickness, dau of Thomas
Morris, William, d. & b. 1 Apr 1802, 9y, son of William & Hannah
Morris, William Henry, b. 15 Aug 1832, 8y, unknown sickness
Morrisey, Mary, b. 17 May 1859, 12 hour
Morrison, ---, d. 20 May 1814, b. 21 May 1814, c. 40y, bilious colic, Baltimore
Morrison, child, b. 4 Jul 1829, c. 2w, unknown sickness, child of Samuel

Morrison, child, b. 4 Sep 1832, c. 10m, cholera, child of Giles, taken from the mother
Morrison, male, b. 12 Sep 1838, 2y, unknown sickness, son of Cornelius
Morrison, Mrs., b. 14 Jul 1827, 87y, old age
Morrison, Mrs., b. 7 Sep 1832, cholera
Morrison, Ann, d. 24 Jun 1801, b. 25 Jun 1801, 3y, dau of Patrick & Priscilla
Morrison, Betsy, b. 2 Nov 1861, 62y, Colored
Morrison, Garret, d. 20 Sep 1794, b. 21 Sep 1794, 1m, buried in St. Peter's Church Yard
Morrison, J., b. 8 Sep 1832, c. 35y, cholera
Morrison, Mary/Mrs., b. 15 Jan 1836, 80y, asthma, Colored
Morrison, Mary, b. 20 Apr 1866, 26y
Morrison, Mary, b. 29 Jan 1870, 70y
Morrison, Patrick, d. & b. 28 Oct 1802, c. 40y, native of Ireland
Morrison, Sarah, b. 2 Jan 1852, 33y
Morrison, William, d. 2 Jan 1803, b. 3 Jan 1803, 3m, son of Patrick (dec.) & Priscilla
Morrison, Wm. I., b. 29 May 1862, 6d
Morrissay, Bridget, b. 31 Jul 1854, 30y
Morrissey, Ellen, b. 1 Nov 1860, 35y
Morrisson, Cornelius, b. 11 Dec 1854, 50y
Morrisson, Eliza, b. 24 Jul 1849, 9m
Morrisson, Mary, b. 23 Mar 1864, 49y
Morrisson, Mary Ellen, b. 13 Sep 1858, 3w
Morriston, male, b. 21/24 Apr 1838, 6w/m, unknown sickness, son of Mr./Mrs. Morriston
Morrow, Annette, b. 8 Aug 1830, c. 2y, dau of Robert, Colored servant
Morrow, Barbara, b. 24 Feb 1832, 60y, unknown sickness
Morrow, Robert, b. 10 Nov 1863, 63y
Mortimer, Charles, b. 13 Jul 1846, 12m
Mortimore/Mortimer, John/male, b. 3 Feb 1840, 10d, son of John
Mortimer, John/male, see Mortimore/Mortimer, John/male
Morton, male, b. 2 Jan 1857, 14 hours, son of Thos.
Morton, Ann E., b. 25 Jan 1862, 2y
Morton, John, b. 22 Jun 1864, 5y
Morton, Michael, b. 8 Jan 1862, 28y
Morton, Owen, b. 11 Nov 1832, c. 35y, lockjaw & other things
Morton, Patrick, b. 22 Jul 1860, 35y
Mosher, James, b. 27 Oct 1825, c. 30y, consumption, Esquire
Mosier, Mary, b. 30 Jun 1855, 18m
Moss, Agness C., b. 24 Sep 1866, 8y
Moss, Charles, b. 26 Nov 1826, c. 45y, unknown sickness, native of Ireland
Mount, child, b. 14 Mar 1831, age unknown, unknown sickness, child of --- Mount
Mount, Mrs. b. 15 Apr 1841, c. 50/55y
Mount, Ann, b. 19 Jun 1828, c. 6m, teething, dau of Bernard
Mount, Ann, b. 31 Jan 1829, c. 55y, consumption
Mount, Bernard, b. 16 Jul 1836, 67y, consumption
Mount, Catherine, b. 20 May 1829, 4m, unknown sickness, dau of --- Mount
Mount, James, b. 15 Nov 1821, infant, son of Matthew & Ellen
Mount, James, b. 2 Sep 1832, 26y, cholera
Mount, Mathew, b. 11 Jul 1862, 65y
Mowbra, Mary, b. 19 Aug 1852, 52y
Mowbray, child, b. 16 Sep 1837, stillborn, child of Mrs. Mowbray
Mowbray, child, see Maubre/Mowbray, child
Moxley, Margaret, d. 29 Dec 1831, c. 42y, smallpox
Moylan, male, b. 25 Sep 1864, stillborn, son of John
Moylan, male, b. 16 Dec 1868, 1d, infant son of John
Moylan, Ann, b. 6 Jul 1867, 28y
Moylan, Daniel, b. 9 Oct 1856
Moylan, Daniel, b. 20 Sep 1858, 8w

Moylan, Dennis, b. 15 Feb 1855, 8m
Moylan, Dennis, b. 22 Jul 1862, 11m
Moylan, Ellen, b. 29 Mar 1856, 19y
Moylan, Ellen, b. 19 Jul 1864, 3w
Moylan, Ellen, b. 26 Dec 1868, 11m
Moylan, Ellen, b. 26 Sep 1869, 68y
Moylan, Fanny, b. 27 May 1859, 21y
Moylan, J., see Moylan, John & J
Moylan, John, b. 10 Nov 1857, 18m
Moylan, John & J., b. 20 Aug 1871, 42y
Moylan, Julia, b. 18 Mar 1864, 5d
Moylan, Mary, b. 17 Jul 1856, 11m
Moylan, Mary, b. 21 Oct 1860, 15y
Moylan, Mary, b. 4 Sep 1870, 59y
Moylan, Mary Ann, b. 16 Jul 1861, 6m
Moylan, P., b. 21 Oct 1873, 24y
Moylan, Patrick, b. 8 Aug 1872, 58y
Moyland, Cornelius, b. 20 Feb 1852, 52y
Moyler, Mary A., b. 29 Jan 1854, 3m
Moylon, Daniel, b. 8 Jul 1865, 9m
Moylon, Dennis, b. 20 Jul 1863, 69y
Moynahan, child, b. 4 Jun 1825, c. 6y, child of John
Moynihan, child, b. 8 Nov 1822, 8y, child of John
Moynihan, child, b. 4 Oct 1828, c. 17m, measles, child of John
Moynihan, Mary, d. 12 Apr 1820, b. 13 Apr 1820, 19y
Mudd, George, b. 25 Apr 1869, 3y
Mudd, Mrs. Margaret, b. 28 Nov 1834, 68y, liver complaint
Mulcrone, Edwd., b. 28 Oct 1853, 4w
Mulcrone, Michael, b. 11 Mar 1854, 22y
Muldoon, Mary, b. 8 Apr 1853, 18y
Muldoon, Thos., b. 14 May 1844, 13y
Muldry, John, b. 12 Nov 1867, 20m
Mules, female, see Miles/Mules, female
Mulgren, George, b. 18 Apr 1837, c. 37y, mania potua
Mulgrew, James, b. 20 Sep 1832, c. 35y, consumption
Mulgrew, John, b. 15 Apr 1850, 3m
Mulgrew, Margaret, b. 6 Jun 1851
Mulgroon, child, b. 1 Sep 1830, 3w, child of --- Mulgroon
Mulhaire, Jno., b. 22 Jun 1874, 37y
Mulhan, Mrs., see Mulhare/Mulhan, Mrs.
Mulhare, child, b. 21 Sep 1832, age unknown, unknown sickness, child of Patrick
Mulhare, female, b. 28 Feb 1837, 8m, infantile unknown, dau of Mr. Mulhare
Mulhare, male, b. 13/14 Oct 1836, 5w/11m, unknown sickness, son of Thomas
Mulhare, male, b. 5 Feb 1843, 17m, son of Mrs. Mulhare
Mulhare/Mulhan, Mrs., b. 10 Feb 1840, 60y, consumption
Mulhare, Mrs., b. 23 Nov 1862, 55y
Mulhare, Bernard, b. 20 Jan 1841, 26y, consumption
Mulhare, Brian, b. 28 Aug 1829, c. 60y, decay
Mulhare, Cath., b. 6 Jan 1873, 28y
Mulhare, Charles, b. 17/18 May 1837, c. 25/28y, consumption
Mulhare, Danl., b. 9 Nov 1846, 12y
Mulhare, Owen, b. 13 Apr 1847, 45y
Mulhare, Patrick, b. 9 Jan 1835, c. 50y, consumption
Mulhare, Patrick, b. 3 Jan 1842, 36y, consumption
Mulhern, Bernard, d. 24 Jul 1801, b. 25 Jul 1801, 53y, native of Ireland
Mulhern, Susanna, d. 23 Feb 1809, b. 24 Feb 1809, consumption, wid

Mulholen, Patrick, b. 9 Mar 1832, c. 20y, killed by a car
Mulholland, male, b. 22 Feb 1835, 20m, decline, son of Arthur
Mulinan, Desolins, b. 12 Feb 1872, 4m
Mull, child, b. 17 Jun 1826, c. 9m, unknown sickness, child of John
Mullahon, Catherine, b. 9 Aug 1830, c. 25y, bilious fever
Mullan, child, b. 16 Dec 1849, 3m, child of Mary
Mullan, child, b. 2 Apr 1854, stillborn, child of James
Mullan, child, b. 15 Dec 1860, 2 hours, child of John
Mullan, child, b. 25 Apr 1865, 4 hours, child of Mr. Mullan
Mullan, male, born, d. & b. 7 Jun 1799, son of Patrick & Sarah, received a private baptism
Mullan/Mullins, male, b. 27 Sep 1837, 8m, decline, son of James
Mullan, Ambrose, b. 21 Feb 1839, 3y, scarlet fever, son of Jonathan
Mullan, Ambrose Francis, d. 21 Jun 1804, b. 22 Jun 1804, 3w, son of Patrick & Sarah
Mullan, Ann, b. 15 Sep 1858, 35y
Mullan, Ann, b. 9 Feb 1866, 2m
Mullan, Arthur, b. 9 Jun 1855, 29y
Mullan, Eliza S., b. 6 Aug 1873, 9y
Mullan, Elizabeth, b. 14 Apr 1862, 30y
Mullan, Elizabeth, b. 1 Dec 1864, 68y
Mullan, Emma, b. 13 Mar 1854, 7y
Mullan/Mullans, Francis, b. 30 Aug 1838, 26y, suddenly
Mullan, Henry, b. 19 Jan 1871, 19m
Mullan, James, b. 29 Jan 1845, 50y
Mullan, James, b. 9 Aug 1848, 40y
Mullan, James, b. 5 Jan 1858, 83y
Mullan, James, b. 31 Jul 1864, 70y
Mullan, James, b. 2 Dec 1866, 18d
Mullan, Jeannette, b. 23 Mar 1853, 6y
Mullan, John, b. 13 Sep 1853, 40y
Mullan, John, b. 8 Jul 1862, 45y
Mullan, John, b. 22 Jul 1866, 77y
Mullan, John Francis, b. 8 Feb 1860, 1d
Mullan, Joseph, b. 15 Apr 1851, 7y
Mullan, Louisa, b. 10 Jun 1857, 3y
Mullan, Margaret, d. & b. 15 Sep 1801, 2y, dau of Henry & Susan
Mullan, Margaret, b. 9 Jul 1853, 12m
Mullan, Mary, d. 29 May 1804, b. 30 May 1804, advanced age, died from a fall, wid
Mullan, Mary, b. 7 Oct 1851, 67y
Mullan, Mary, b. 19 Nov 1873, 71y
Mullan, Mary & Robert, b. 5 Jan 1831, c. 5y & c. 4y, unknown sickness, buried in the same grave
Mullan, Mary Ann, b. 20 Nov 1850, 22y
Mullan, Mary Ann, b. 1 Jul 1856, 2y
Mullan, Mary I., b. 26 Nov 1860, 5 minutes
Mullan, Mary Jane, b. 6 Sep 1848, 22y
Mullan, Michael, b. 9 Dec 1857, 8m
Mullan, Michael, b. 24 Jun 1860, 10m
Mullan, Neil, b. 29 Nov 1872, 38y
Mullan, Patrick, b. 25 Mar 1847, 3y
Mullan, Patrick, b. 19 Sep 1856, 2m
Mullan, Peter, b. 8 Aug 1869, 69y
Mullan, Sarah Ann, b. 7 Jun 1868, 65y
Mullan, Sarah I., b. 10 Apr 1854, 24y
Mullan, Sarah I., b. 12 Jan 1859, 7y
Mullanphy, Elizabeth, d. 21 Oct 1795, b. 22 Oct 1795, c. 3y, dau of John & Elizabeth
Mullanphy, Mary, d. & b. 26 Oct 1795, 17d, dau of John & Elizabeth
Mullans, Francis, see Mullan/Mullans, Francis

Mullany, Mary Ann, b. 7 Mar 1862, 6m
Mullaughy, John, b. – Apr 1813, 6y, croup, died yesterday
Mullen, child, b. 27 Nov 1821, child of Mr. Mullen
Mullen, child, b. 5 Jul 1832, c. 7m, summer complaint, child of Peter
Mullen, male, b. 9 Aug 1835, c. 6w, summer complaint, son of Peter
Mullen, Mrs., b. 9 Dec 1824, c. 35y, childbirth
Mullen, Mrs., b. 12 Mar 1847, 50y
Mullen, Bernard, b. 11 Aug 1862, 82y
Mullen, E., b. 26 Jul 1870, 7m
Mullen, G. E., b. 16 Aug 1871, 13m
Mullen, Hannah, b. 4 Jul 1830, c. 33y, unknown sickness
Mullen, Hugh, b. 18 Jan 1829, c. 35y, unknown sickness
Mullen, James, b. 10 Jul 1863, 18m
Mullen, James Henry A., b. 11 Apr 1860, 18y
Mullen, Jas. Henry, b. 15 Nov 1852, 4m
Mullen, John, b. 28 Oct 1822, ague & fever, son of James
Mullen, John, b. 25 Jul 1825, c. 40y, suddenly
Mullen, John, b. 16 Dec 1831, c. 45y, unknown sickness, died in the country
Mullen, Jonathan, b. 20 Jan 1869, 73y
Mullen, Julia Ann, b. 29 Sep 1852, 2½y
Mullen, Katie, b. 14 Apr 1873, 4y, remains from St. Peter's old ground, Charles & Saratoga Sts.
Mullen, Margaret, b. 30 Jan 1863, 40y
Mullen, Maria, d. 11 Aug 1794, b. 12 Aug 1794, 13m, dau of Patrick & Sarah, buried in St. Peter's Church Yard
Mullen, Mary E., b. 22 Jul 1870, 2w
Mullen, Michael, b. 15 Aug 1829, 13m, summer complaint
Mullen, Nancy, b. 25 Nov 1850, 23y
Mullen, Patrick, b. 29 Oct 1816, c. 66y, native of Ireland
Mullen, Patrick, b. 6 Nov 1829, c. 60y, bowel complaint
Mullen, Patrick, b. 9 Nov 1859, 8d
Mullen, Peter, b. 2 Nov 1834, 31y, consumption
Mullen, Peter, b. 14 Jun 1872, 51y
Mullen, Robert, b. 30 Sep 1830, 9m, unknown sickness, son of Peter
Mullen, Sarah, d. 22 Dec 1808, b. 23 Dec 1808, c. 48y, consumption, wife of Patrick
Mullen, Sarah, b. 26 Nov 1870, 40y
Mullen, William, b. 12 Nov 1848, 2d
Mullhare, Sarah, b. 25 Jul 1864, 24y
Mulligan, child, b. 27 Mar 1827, c. 6m, croup, child of Lawrence
Mulligan, child, b. 31 Mar 1827, unknown sickness, child of Ellen
Mulligan, Andrew I., b. 4 Sep 1845, 3m
Mulligan, Benjamin, b. 10 Sep 1854, 23y
Mulligan, Catharine, b. 25 May 1851, 75y
Mulligan, Catharine, b. 23 Dec 1853, 30y
Mulligan, Francis, b. 26 Oct 1853, 4y
Mulligan, James, b. 29 Mar 1851, 45y
Mulligan, John, b. 20 Jul 1831, c. 22y, suddenly
Mulligan, John, b. 7 Jan 1857, 44y
Mulligan, Joseph, b. 1 Dec 1853, 3m
Mulligan, Laurence, b. 8 Dec 1846, 5m
Mulligan, Michael, b. 4 Aug 1842, 4w/m, infantile unknown
Mulligan, O., d. 19 Sep 1810, b. 20 Sep 1810, 12y
Mulligan, Patrick, b. 13 Sep 1832, 60y, typhus fever
Mulligan, Patrick, b. 6 Aug 1847, 18m
Mulligan, Peter, b. 9 Dec 1826, c. 25y, unknown sickness
Mulligan, Rose, b. 15 Jan 1843, 68y
Mulligan, Rose, b. 25 Dec 1853, 16m

Mulligan, Sarah, b. 22 Jan 1864, 13m
Mulligan, Thomas, b. 22 Aug 1852, 30y
Mulligan, Virginia, b. 15 Aug 1844, 3m
Mulligan, Wm. Henry, b. 23 Jul 1849, 3m
Mullin, ----, b. 10 Jan 1865, 1 minute, child of John
Mullin, child, b. 9 Jun 1850, stillborn, child of Mr. Mullin
Mullin, child, b. 17 Jun 1850, stillborn, child of Arthur
Mullin, child, b. 6 Sep 1851, stillborn, child of Arthur
Mullin, Mrs. Ann, b. 1 Oct 1842, 32y
Mullin, Ann, b. 21 Oct 1855, 70y
Mullin, Catharine, b. 27 Jul 1866, 64y
Mullin, Charles, b. 3 Sep 1859, 3y
Mullin, Christopher, b. 7 Aug 1856, 35y
Mullin, Edward, b. 13 Sep 1851, 25y
Mullin, Eliza, b. 11 Aug 1868, 12m
Mullin, James, b. 20 Nov 1855, 6y
Mullin, James, b. 30 Dec 1861, 35y
Mullin, James, b. 27 Jun 1864, 6m
Mullin, James A. E., b. 2 May 1852, 22y
Mullin, Jane, b. 9 Apr 1866, 8m
Mullin, John, b. 23 Aug 1860, 2m
Mullin, Mary, b. 23 Sep 1862, 22y
Mullin, Patrick F., b. 28 Apr 1859, 55y
Mullin, Peter, b. 13 Apr 1847, 50y
Mullin, Philip, b. 2 May 1854, 48y
Mullin, Sarah, b. 14 Dec 1865, 43y
Mullin, Sarah Ann, b. 15 Jun 1854, 8m
Mullin, Teresa, b. 7 Jan 1832, c. 1y, croup
Mullin, Thomas, b. 6 Apr 1853, 4m
Mullin, William, b. 2 Aug 1861, 34y
Mullins, female, b. 29 Jul 1839, 3y, worms, dau of John
Mullins, male, see Mullan/Mullins, male
Mullins, John, b. 3 May 1859, 1 hour
Mullon, Mr., b. 20 Feb 1828, c. 35y, fever
Mullon, Marcellus, b. 15 Oct 1828, 2w, spasms, son of Jonathan
Mulloy, Arthur, d. 18 Feb 1795, b. 19 Feb 1795, 48y, native of Ireland
Mulloy, Mary, d. 10 Mar 1795, b. 11 Mar 1795, c. 43y
Muncks, Andrew, b. 5 Sep 1836, c. 50y, consumption
Muncks, Margaret Henrietta, b. 3 Jun 1827, c. 3y, dau of Andrew
Mundey, Gilbert, b. 16 Mar 1870, 72y
Munjo, Mary, see Mango/Munjo, Mary
Munt, Honora Margaret, b. 17 May 1856, 45y
Murdick, James, b. 27 May 1837, 42y, died from the effects of a fall
Murdoch, Alice, b. 5 Aug 1862, 70y, Colored
Murdock, child, b. 16 Feb 1828, 3y, burned to death, child of James
Murdock, Hannah, b. 29 Mar 1854, 60y
Murnaghan, Charles C., b. 31 Mar 1864, 18m
Murney, Michael, b. 26 Oct 1838, 60y, decline
Murphey, Mary Ann, d. 10 Sep 1819, b. 11 Sep 1819, c. 23y, childbirth & bilious
Murphy, female, b. 11 May 1841, 3w, croup, dau of Patrick
Murphy, Mrs. Alice, b. 2 Feb 1849, 25y
Murphy, Alice, b. 28 Jun 1869, 16m
Murphy, Anastasia, b. 26 Oct 1855, 76y
Murphy, Ann, b. 27 Dec 1849, 20y
Murphy, Ann, b. 13 Mar 1850, 40y
Murphy, Bartholomew, b. 14 Mar 1865, 58y

Murphy, Bridget, b. 12 Dec 1827, c. 50y, unknown sickness
Murphy, Bridget, b. 26 Jul 1830, c. 40y, suddenly
Murphy, Bridget, b. 31 Oct 1854, 40y
Murphy, Bridget, b. 16 Nov 1861, 70y
Murphy, Bridget, b. 2 Nov 1863, 5y
Murphy, Caroline, b. 22 Oct 1855, 18y
Murphy, Catharine, b. 17 Mar 1860, 8m
Murphy, Catharine, b. 30 Jul 1860, 10m
Murphy, Catharine, b. 26 Jul 1861, 75y
Murphy, Christina/Christianna, b. 20/21 Sep 1836, c. 35/40y, fever
Murphy, Christopher, b. 7 Sep 1846, 40y
Murphy, Christopher, b. 12 Nov 1852, ½ hour
Murphy, Daniel, b. 24 Apr 1862, 4y
Murphy, Dennis, b. 18 Jul 1870, 25y
Murphy, Edw., b. 23 Apr 1871, 15m
Murphy, Edward, b. 16 Jun 1852, 2m
Murphy, Edwd. M., b. 25 Jul 1853, 19m
Murphy, Edwd. M., b. 29 Jan 1864, 3y
Murphy, Elizabeth, b. 12 Dec 1870, 75y
Murphy, Ellen, b. 31 Jan 1854, 6m
Murphy, Ellen, b. 26 Nov 1865, 3w
Murphy, James, d. 8 Mar 1800, b. 9 Mar 1800, 7m, son of James & Christina
Murphy, James, d. 26 Jan 1803, b. 27 Jan 1803, hus of Christina, native of Ireland
Murphy, James, b. 26 Jun 1856, 9m
Murphy, James, b. 3 Mar 1862, 17m
Murphy, James, b. 9 Apr 1863, 7y
Murphy, James Aloysius, b. 30 Aug 1858, 9w
Murphy, James C., b. 5 Sep 1862, 4m
Murphy, James I., b. 20 Oct 1855, 7w
Murphy, John, d. 7 Dec 1796, b. 8 Dec 1796, 2y9m, son of Patrick & Susanna
Murphy, John, d. & b, 12 Sep 1800, native of Ireland
Murphy, John, d. 26 Jun 1818, b. 27 Jun 1818, 43y
Murphy, John, b. 5 Nov 1825, c. 30y, dropsy
Murphy, John, b. 11 Sep 1849, 13m
Murphy, John, b. 20 Feb 1854, 23y
Murphy, John, b. 4 Aug 1857, 15m
Murphy, John, b. 2 Feb 1858, 65y
Murphy, John, b. 27 Dec 1861, 3w
Murphy, John, b. 26 Nov 1865, 53y
Murphy, John, b. 10 Jan 1868, 60
Murphy, John A., b. 22 Aug 1872, 19y
Murphy, Joseph, d. 1 Aug 1801, b. 2 Aug 1801, 6m, son of James & Christina
Murphy, Joseph, b. 13 Sep 1855, 14y
Murphy, Kate, b. 29 Jun 1874, 6m
Murphy, Laurence, b. 23 Mar 1853, 26y
Murphy, Lucy, b. 22 Feb 1870, 59y
Murphy, M., b. 3 Sep 1872, 16m
Murphy, Margaret E., b. 29 Oct 1869, 41y
Murphy, Margret, b. 7 Feb 1873, 5y
Murphy, Mark, d. 13 Oct 1799, b. 14 Oct 1799, c. 28y, native of Ireland
Murphy, Martin, b. 25 May 1874, 6m
Murphy, Mary, d. 6 Aug 1795, b. 7 Aug 1795, c. 4m, dau of James & Christina
Murphy, Mary, d. & b. 5 Sep 1800, c. 34y, wife of John
Murphy, Mary, d. 26 Jun 1805, b. 27 Jun 1805, c. 60y, wid, native of Acadia
Murphy, Mary, b. 3 Mar 1859, 14m
Murphy, Mary, b. 10 Mar 1865, 60y

Murphy, Mary, b. 25 Aug 1865, 67y
Murphy, Mary, b. 8 Mar 1872, 16m
Murphy, Mary Ann, b. 24 Jun 1864, 8m
Murphy, Mary C., b. 16 Jul 1848, 11m
Murphy, Mary E., b. 8 Sep 1862, 8y
Murphy, Mary F., b. 17 Nov 1872, 5y
Murphy, Mary H., b. 11 Jun 1847
Murphy, Mary Jane, b. 21 Jun 1853, 15y
Murphy, Matthew, b. 6 Sep 1829, 50y, typhus fever
Murphy, Michael, d. 28 Jun 1820, b. 29 Jun 1820, 35y, consumption
Murphy, Michael, b. 16 Mar 1831, age unknown, unknown sickness
Murphy, Michael, b. 5 Jan 1852, 7m
Murphy, Patrick, d. 15 Oct 1798, b. 16 Oct 1798, c. 30y
Murphy, Patrick, b. 11 Nov 1859, 75y
Murphy, Patrick, b. 16 Jan 1861, 30y
Murphy, Patrick, b. 27 May 1864, 18m
Murphy, Patrick, b. 4 Jul 1867, 60y
Murphy, Patrick, b. 16 Oct 1873, 42y
Murphy, Peter, b. 7/8 Oct 1840, 55y, bilious fever
Murphy, Peter, b. 26 May 1865, 50y
Murphy, Philip, b. 9 Jul 1860, 70y
Murphy, Samuel, d. 12 Aug 1808, b. 13 Aug 1808, 17m20d, son of Daniel & Catharine
Murphy, Samuel P., b. 27 Feb 1852, 9m
Murphy, Sarah, b. 5 Feb 1873, 2y
Murphy, Teresa, b. 29 Feb 1828, c. 30y, consumption
Murphy, Thomas, d. 26 Jul 1796, b. 27 Jul 1796, c. 32y, died at Fells Point
Murphy, Thomas, b. 16 Oct 1857, 2y
Murphy, Thos., b. 6 Jan 1874, stillborn
Murphy, William, b. 5 Aug 1855, 21y
Murphy, William, b. 28 May 1865, 24y
Murphy, William, b. 20 Sep 1868, 12m
Murphy, William I., b. 27 Nov 1866, 2½y
Murphy, Willie, b. 14 Jun 1872, 5y
Murray, ---, b. 16 Sep 1870, 11y
Murray, child, b. 18 Apr 1828, age unknown, unknown sickness, child of Mary
Murray, child, b. 11/12 Oct 1838, 11m, teething (infantile), child of Thomas
Murray, child, b. 24 Mar 1847, 9y, child of Mr. Murray
Murray, child, b. 8 Feb 1848, child of Wm.
Murray, child, b. 1 Feb 1849, stillborn, child of Mrs. Murray
Murray, child, b. 31 May 1850, 4m, child of Thos.
Murray, child, b. 30 Jun 1859, 16m, child of John M. Murray
Murray, child, b. 1 Jul 1859, stillborn, child of James
Murray, female, b. 6 Mar 1835, 2y, dau of James
Murray/Murry, female/child, b. 29/30 Jul 1836, 6/9m, summer complaint, dau/child of James
Murray, female/child, b. 28 Oct 1836, 2d, infantile unknown, dau/child of Richard
Murray, female, b. 24 Jan 1837, 4m, unknown sickness, dau of Patrick
Murray, female, b. 3 Jan 1839/1840, 14m/3y, dropsy, dau of Thomas
Murray, female, b. 3 Jan 1840, 3y, worms, dau of Thomas
Murray, male, b. 28 Jun 1838, stillborn, son of Patrick
Murray, male, b. 12 Dec 1838, 3y, son of Thomas
Murray, male, b. 5 Apr 1841, 7/8m, son of James
Murray, male, b. 26 Oct 1842, 11m, son of Richard C. Murray
Murray, Mr., b. 8 Aug 1821, consumption
Murray, Mrs., b. 2 Nov 1853, 40y
Murray, Mrs. A., b. 1 Oct 1846, 55y

Murray, Alexander, d. 20 Aug 1808, b. 21 Aug 1808, c. 3m, son of Perry, free Negro, & Rachel, slave of Mr. Robert Tuite
Murray, Alice, b. – Jun 1809, 41y, dropsy, died yesterday, wife of ----
Murray, Andrew, b. 8 Jun 1843, 27y
Murray, Andrew I., b. 11 Jan 1863, 26y
Murray, Ann, b. 3 Jul 1851, 6y
Murray, Ann, b. 22 Jul 1854, 28y
Murray, Ann, b. 9 Feb 1861, 86y
Murray, Arthur, b. 18 Jun 1852, 46y
Murray, Bridget, b. 30 Jul 1868, 38y
Murray, Carroll B., b. 31 Jul 1853, 4y
Murray, Catharine, b. 13 Feb 1844, 17y
Murray, Catharine, b. 18 Jun 1852, 56y
Murray, Catharine, b. 15 May 1855, 22y
Murray, Catharine, b. 23 Aug 1860, 5m
Murray, Catharine, b. 17 Oct 1864, 3w
Murray, Catharine, b. 2 Sep 1865, 23y
Murray, Catharine, b. 14 Mar 1870, 32y
Murray, Charles L., b. 3 Aug 1857, 9d
Murray, Cornelius, d. 15 Jun 1798, b. 16 Jun 1798, 2m, son of John & Elizabeth
Murray, Edward, b. 3 Aug 1866, 9m
Murray, Edward, b. 18 June 1867, 25y
Murray, Edwardine, b. 9 Jan 1861, 18y
Murray, Eliza, b. 26 Jun 1853
Murray, Elizabeth, b. 13 Jun 1845, 1m
Murray, Elizabeth, b. 18 Apr 1859, 74y
Murray, Ellen, b. 28 May 1865
Murray, Ellen F., b. 8 May 1855, 9y
Murray, Francis, b. 24 Feb 1841, 27y, consumption
Murray, Francis A., b. 9 Sep 1841, 19m, summer complaint
Murray, George, b. 13 Jan 1814, c. 22y, died from a fall
Murray, George R., b. 10 Aug 1844, 3y
Murray, Henrietta, d. 8 Aug 1794, b. 10 Aug 1794, 15y, buried in St. Peter's Church Yard
Murray, Henry, b. 23 Dec 1852, 45y
Murray, Honoria, b. 21 Apr 1855, 26y
Murray, James, d. 20 Jul 1818, b. 21 Jul 1818, 8m, summer complaint
Murray, James, b. 2 Aug 1854, 9w
Murray, James, b. 20 Nov 1857, 24y
Murray, James, b. 2 May 1858, 80y
Murray, James, b. 7 Feb 1872, 57y
Murray, James H., b. 3 Apr 1864, 5m
Murray, James W., b. 11 Jul 1859, 16m
Murray, Jane, d. 23 Sep 1801, b. 24 Sep 1801, c. 10y, dau of James & Mary
Murray, Jane, b. 28 Jun 1851, 3y
Murray, Joanna, d. 23 Nov 1808, b. 24 Nov 1808, 1m, hives, dau of Nicholas & Elizabeth
Murray, John, d. 9 Sep 1795, b. 10 Sep 1795, 6m, son of Mary
Murray, John, d. 20 Jul 1798, b. 21 Jul 1798, 3½m, son of John & Elizabeth
Murray, John, d. 26 Feb 1817, b. 27 Feb 1817, 34y, suddenly
Murray, John, b. 19 Nov 1849, 2y
Murray, John, b. 27 Jun 1850, 25y
Murray, John, b. 9 Nov 1852, 4m
Murray, John, b. 28 Jun 1860, 5w
Murray, John, b. 3 Oct 1862, 54y
Murray, John, b. 25 Feb 1866, 24y
Murray, Joseph, b. 23 Jun 1844, 16y
Murray, Joseph, b. 19 Jul 1871, 7m

Murray, Joseph F., b. 17 Apr 1854
Murray, Joseph F., b. 13 Feb 1871, 7w
Murray, Judith, b. 11 Jan 1831, c. 84y, old age
Murray, Julia, b. 20 May 1859, 3y8m
Murray, Juliet, b. 4 Dec 1831, c. 37y, consumption
Murray, Kate, b. 13 Jul 1866, 25y
Murray, Lucy, b. 24 Mar 1836, 37y, inflamation of the bowels
Murray, Margaret, d. 29 Jun 1810, b. 30 Jun 1810, c. 70y, received the sacrament
Murray, Margaret, b. 24 Jun 1830, 3m10d, dau of Philip
Murray, Margaret, b. 27 Aug 1864, 12m
Murray, Margaret, b. 8 Mar 1867, 70y
Murray, Maria, b. 10 Aug 1812, 2d
Murray, Martha, b. 16 Apr 1847, 23y
Murray, Martha E., b. 1 May 1870, 31y
Murray, Martin, b. 12 Jul 1871, 1w
Murray, Mary, d. 21 Dec 1800, b. 22 Dec 1800, wife of James, painter
Murray, Mary, b. 11 Mar 1810, 6y
Murray, Mary, b. 21 Nov 1838, 27y, consumption
Murray, Mary, b. 1 Jan 1862, 87y
Murray, Mary Ann, d. 2 Jan 1801, b. 3 Jan 1801, 5m11d, dau of Charles & Catharine
Murray, Mary Ann, b. 4 Sep 1845, 9m
Murray, Mary C., b. 26 Jul 1860, 2y
Murray, Mary E., b. 13 Oct 1855, 4y
Murray, Mary Jane, b. 23 Feb 1867, 60y
Murray, Matthew/Mathew, b. 13/14 May 1842, 26y
Murray, Mathew, b. 9 Aug 1847, 3m
Murray, Michael, b. 6 Nov 1856, 60y
Murray, Milton R., b. 12 Aug 1864, 19m
Murray, Minta A., b. 13 Jul 1847, 35y, Colored
Murray, Owen, b. 26 Jul 1851, 70y
Murray, Patrick, b. 10 Mar 1849
Murray, Patrick, b. 21 Jul 1849, 28y
Murray, Patrick, b. 20 Jun 1854, 3 hours
Murray, Patrick, b. 11 Aug 1858, 55y
Murray, Patrick, b. 7 Mar 1868, 15m
Murray, Patrick, b. 7 Jun 1874, 90y
Murray, Peter, b. 2 Apr 1840, 66y, consumption
Murray, Peter, b. 16 Apr 1872
Murray, Rebecca A., b. 2 Sep 1854, 5m
Murray, Richard P., b. 26 Nov 1832, 3m, dropsy on the brain, son of James C. Murray
Murray, Rosanna, b. 9 Dec 1849, 32y
Murray, Rose, b. 17 Jul 1859, 8y
Murray, Sarah Amanda, b. 16 Apr 1850, 2y
Murray, Thomas, b. 23 Jun 1858, 9m
Murray, Thomas, b. 30 Aug 1858, 79y
Murray, Thomas, b. 16 Jun 1859, 15m
Murray, Thomas, b. 28 Nov 1862, 65y
Murray, Thomas, b. 7 Oct 1867, 50y
Murray, Thos. X., b. 28 Sep 1865, 20m
Murray, William, d. 8 Aug 1820, b. 9 Aug 1820, 14y, dysentery
Murray, William/William Edward, b. 1 Aug/31 Jul 1842, 3m, summer complaint
Murray, William, b. 23 Aug 1856, 20y
Murray, William, b. 10 Apr 1865, 65y
Murray, Wm., b. 1 Mar 1846, 84y
Murray, Wm., b. 15 Sep 1854, 1d
Murray, Wm., b. 26 Oct 1869, 35y

Murray, Wm., b. 26 Feb 1872, 2d
Murry, child, b. 17 Jan 1823, c. 1y, child of Mr. Murry
Murry, child, b. 23 Sep 1824, c. 10m, cough, child of Owen, in a lot
Murry, child, b. 19 Feb 1827, stillborn, child of Peter
Murry, child, b. 9 Oct 1830, age unknown, unknown sickness, child of Matthew
Murry, female/child, see Murray/Murry, female/child
Murry, Amelia, b. 12 Mar 1817, 2y, Colored
Murry, Ann M., b. 17 Jun 1825, c. 38y, unknown sickness
Murry, Elizabeth, b. 24 Nov 1825, c. 70y, suddenly
Murry, James H., b. 18 Sep 1869, 4y
Murry, John, b. 27 Jun 1870, 7w
Murry, Mary, b. 31 Mar 1826, c. 40y, jaundice
Murry, Mary, b. 11 Jul 1826, 10d
Murry, Mary, b. 24 Nov 1828, c. 35y, unknown sickness
Murry, Michael L., b. 1 Oct 1831, 69y, unknown sickness
Murry, William, b. 12 Jan 1828, 41y, accident
Murtha, Jos., b. 7 Mar 1852, 9m
Murtha, Thomas, b. 17 Sep 1830, age unknown, unknown sickness
Murty, James, b. 13 Apr 1874, 69y
Murty, Joseph, b. 13 May 1872, 3d
Murty, Mary, b. 16 Jul 1864, 56y
Murty, Mary, b. 22 Aug 1864, 58y
Mussear, Barbary, d. 26 Feb 1818, b. 27 Feb 1818, c. 49y
Mussear, Joseph, d. 29 Jun 1816, b. 30 Jun 1816, 23y, consumption
Musser, ---, b. 31 Jan 1819, c. 30y, drowned
Muth, Joseph S., b. 23 Sep 1865, 2y
Muth, Mary I., b. 26 Aug 1868, 31y
Myahan, James, b. 4 Apr 1825, c. 22y, consumption
Myer, male, b. 11 Sep 1846, 2w, son of Mr. Myer
Myer, Patrick, b. 9 Jul 1841, 50y, dropsy
Myers, child, b. 9 May 1820, 5m, decline
Myers, child, b. 27 Jun 1822, c. 18m, bowel complaint, child of Mrs. Elizabeth, buried in her own lot
Myers, child, b. 26 Jul 1825, c. 2m, unknown sickness, child of Liddy
Myers, female/male, b. 6/7 Sep 1837, age unknown/6m, unknown sickness, dau/son of Charles
Myers, male, b. 3 Nov 1834, 3y, croup, son of Charles
Myers, twins, b. 18 Nov 1864, 1 hour, children of Nicholas M. Myers
Myers, Alexander, b. 11 Jul 1825, 7m, son of Henrietta, Colored woman
Myers, Ann, b. 26 Jul 1855, 70y
Myers, Catherine, b. 12 Jul 1825, 5y, inflamation of the throat, dau of James & Ann
Myers, Cecelia, b. 16 Sep 1872
Myers, Charles, b. 4 Jun 1862, 58y
Myers, Charles Henry, b. 14 Jan 1864, 37y
Myers, Clementina, b. 5 Jul 1832, 6d, summer complaint, dau of Charles
Myers, Elizabeth, d. 7 Sep 1817, b. 8 Sep 1817, 14m
Myers, Elizabeth, b. 14 Jun 1872, 80y
Myers, Grayson, b. 28 May 1857, 17y
Myers, Hannah, b. 6 Aug 1825, c. 50y, dropsy
Myers, James, b. 25 Feb 1822, infant, mortification
Myers, Jane, b. 9 Dec 1855, 30y, Colored
Myers, John, d. 29 Jul 1799, b. 30 Jul 1799, 3y, son of Patrick & Ann
Myers, John, d. & b. 28 Sep 1807, son of John & Ann
Myers, Lewis, b. 30 Nov 1852, 45y
Myers, Mary, b. 5 Apr 1854, 50y
Myers, Mary, b. 18 Dec 1862, 25y
Myers, Mary F., b. 14 Feb 1850, 22m

Myers, Mary M., b. 27 May 1864, 6m, Colored
Myers, May, b. 14 Dec 1861, 7y
Myers, William, b. 28 Jul 1844, 40y
Myland, child, b. 26 Jan 1851, stillborn, child of Michael
Myler, John, d. 24 Aug 1793, b. 25 Aug 1793, 1y8m, son of Christopher & Frances, buried in St. Peter's Church Yard, Baltimore
Myler, John Joseph, b. 9 May 1864, 2y
Myles, Patk., b. 14 Aug 1873, 23y
Myres, child, b. 1 Feb 1831, 8y, scarlet fever & whooping cough, child of James
Myres, Henry, b. 15 Aug 1821, c. 45y, consumption
Myres, James, b. 24 Nov 1836, 47y, consumption, sexton of the Cathedral

Naff, Franklin H., b. 16 Apr 1860, 33y
Naid, Mrs., b. 22 May 1865, 70y
Nailor, Mary, d. 17 Mar 1814, b. 18 Mar 1814, c. 60y
Nallan, Mary E., b. 9 Nov 1858, 7y
Nanin, Ellen, b. 9 Jan 1857, 2y
Narrod, child, b. 29 Dec 1822, child of James
Narrod, Eliza, b. 12 Jul 1824, 3y, worms, dau of Mr. Narrod
Nash, Hyppolyte, b. 5 Jan 1872, 13y, Colored
Nash, James, b. 25 Oct 1870, 24y
Nash, Mrs. Mary, b. 2 Dec 1849, 50y
Nash, Sarah, b. 1 May 1832, 30y, unknown sickness
Nash, Vironica, b. 30 Apr 1867, 7y, Colored
Nash, William, b. 15 Nov 1847, 56y
Nash, William, b. 12 Jan 1854, 22y
Nathan, Nicholas, b. 12 Aug 1857, 3y, Colored
Nathan, Phoebe Ann, b. 24 Jan 1862, 110y, Colored
Nathan, Temperance, b. 17 Mar 1832, inflamation in the bowels
Nathans, Benjamin, b. 18 Feb 1856, 75y
Nathans, Mary, b. 12 May 1859, 3y, Colored
Nau, Rene Peter Clement, d. & b. 7 Aug 1795, c. 18m, dau of John Baptist & Mary Louisa Beyre
Naughen, child, b. 28 Oct 1829, 19m, inflamation of the lungs, child of Jacob
Naughton, female, b. 23 Feb 1853, dau of Mr. Naughton
Naughton, Mr., b. 10 Aug 1846, 35y
Naughton, John F., b. 3 Jan 1859, 9m
Naughton, Mary, b. 13 Aug 1853, 35y
Naughton, Michael, b. 10 Aug 1853, 4 hours
Naughton, Owen, b. 24 Feb 1854, 40y
Naughton, Thomas, b. 14 Oct 1849, 5y
Naupt, Elizabeth, b. – Dec 1823, 1d, dau of George & Mary
Naw, Catherine, b. 1 Mar 1825, c. 50y, unknown sickness
Nead, Mary, b. 22 Feb 1810, c. 4y
Neal, male, b. 12 Feb 1838, 3y, scarlet fever, son of F. Neal/Frances
Neal, Mrs., b. 23 Nov 1869, 60y
Neal, Ann Catherine, b. 29 Jul 1823, 17m, summer complaint, dau of John
Neal, Patrick, b. 11 Mar 1865, 37y
Neal, Rachel, b. 16 Aug 1829, 30y, consumption, Colored
Neal, Susannah, b. 25 May 1872, 86y
Neal, Wm. M., b. 4 Mar 1864, 16m
Neale, child, b. 22 Sep 1831, 1y, child of Mr. Neale
Neale, child, b. 24 Feb 1837, stillborn, child of Robert
Neale, Mrs., b. 5 Mar 1870, 74y
Neale, Mrs. C., b. 17 Mar 1873, 50y
Neale, Cecilia, d. 25 Jun 1808, b. 26 Jun 1808, 11m, dau of John & Susanna
Neale, Edward, d. & b. 11 Sep 1800, 36y, son of Jeremiah & Jane of St. Mary's County, Maryland
Neale, Ferdinand, b. 8 Aug 1870, 8m
Neale, Mrs. Francis, b. 7 Sep 1867, 62y
Neale, Francis, b. 15 Dec 1872, 79y
Neale, Capt. Frederick, b. 12 Jan 1857, 63y
Neale, James, b. 23 Jan 1836, 44y, typhus fever
Neale, John, d. & b. 11 Aug 1795, 29y, native of Cork, Ireland
Neale, John, b. 18 Feb 1851, 8y, Colored
Neale, John B., d. 9 Feb 1804, b. 10 Feb 1804, 31y
Neale, Margaret Jane, b. 24 Dec 1819, 4y6m, worms
Neale, Susanna, d. 11 Aug 1819, b. 12 Aug 1819, 9m, summer complaint
Neall, Mary, b. 11 Aug 1871, 84y, Colored
Neall, Nina S., b. 5 Mar 1873, 37y

Need, James, b. 30 Oct 1830, c. 36y, suddenly
Negen, Mary, b. 20 Aug 1823, 10m, summer complaint
Negril, Toussaint, b. 28 Oct 1793, 3y, slave of Mr. Sequin, *(French)
Nehoff, Nicholas, b. 22 Nov 1836, 70y
Neid, Mary, b. 4 Aug 1829, 7m, dropsy
Neighbours, John Lloyd, d. 9 Sep 1796, b. 10 Sep 1796, 17m15d, son of Henry & Ann
Neighbours, Sarah, d. 18 Aug 1800, b. 19 Aug 1800, 13m, dau of Henry & Ann
Neighoff, Jacob, b. 15 Oct 1848, 70y
Neighoff, Margaret Ann, b. 20 Feb 1842, 33y, consumption
Neil, female, b. 13 Sep 1856, 1 hour, dau of John O. Neil
Neil, Agnes, d. 4 Nov 1800, b. 5 Nov 1800, wid of Dennis
Neil, John, d. & b. 12 Oct 1797, native of Ireland
Neil, M., b. 9 Sep 1872
Neil, Michael, d. 3 Jul 1802, b. 4 Jul 1802, 1y, son of Michael & Eleanor
Neill, Dennis, d. 9 Mar 1800, b. 10 Mar 1800, c. 62y, native of Ireland
Neill, Mary, d. 7 Sep 1798, b. 8 Sep 1798, wid, native of Ireland
Neilson, William, b. 30 Sep 1837, 43y, consumption
Neisburth, John, b. 20 Nov 1856, 30y
Neiser, John, b. 15 Mar 1855
Nelins, Anthony, b. 28 Jul 1819, 40y, bilious
Nelson, Joseph, b. 26 Feb 1870, 34y, Colored
Nelson, Sarah, d. 16 Nov 1815, b. 18 Nov 1815, 35y, consumption, Colored
Nelson, Susanna, d. 26 Jul 1806, b. 27 Jul 1806, aged --, dau of Valentine & Elizabeth
Nenninger, Mrs., b. 6 May 1868, 66y
Nesbit, female, b. 7 Aug 1837, 3m, unknown sickness, dau of Mrs. Nesbit
Nether, Mary, b. 11 Apr 1872
Neulin, Mary Ann, d. 20 Oct 1805, b. 21 Oct 1805, c. 8m, dau of Bernard & ---
Nevill, Mathew T., b. 7 Jan 1853, 18m
Nevin, child, b. 14 Jul 1859, stillborn, child of Mr. Nevin
Nevin, Bridget, b. 22 Jan 1853, 33y
Nevin, Catharine, b. 1 Mar 1853
Nevin, Ellen, b. 25 Jan 1858, 40y
Nevin, John, b. 21 Jan 1869, 35y
Nevin, Michael, b. 14 Jan 1857, 18m
Nevin, Michael, b. 4 Sep 1862, 10y
Nevin, Patrick, b. 6 Oct 1871, 12d
Nevitt, Philip H., b. 25 Jul 1864, 23y
Newal, Charles, b. 6 Jan 1859, 6m, Colored
Newarr, Mary Ann, b. 28 Jul 1821, 7m, bowel complaint
Newcomb, Joseph Hiram, b. 28 Jun 1860, 2w
Newel, Mary, b. 25 Apr 1854, 65y
Newell, male, b. 29 Aug 1850, 10y, son of Mr. Newell
Newell, Mr., b. 1 Mar 1846, 40y
Newell, Joseph, b. 9 Apr 1851, 30y
Newell, Joseph, b. 7 Feb 1859, 5w
Newell, Thomas, b. 5 Feb 1856, 46y
Newill, child, b. 3 Aug 1832, 9m, summer complaint, child of Ellen, Colored
Newland, Grace, d. 29 Jul 1796, b. 30 Jul 1796, 27y, wife of Edward
Newton, John, b. 9 Jan 1849, 40y
Nexel, John Baptist Cesar, d. 3 May 1794 (11:00 p.m.), b. 4 May 1794, 28y, born at Paris, France, St. Sauver Parish, buried in St. Peter's Church Yard
Nicholas, child, b. 7 Feb 1821, child of John
Nicholas, Augustus F., b. 26 Apr 1863, 8m
Nicholas, Charles/female, b. 27 Sep 1866, 2 hours
Nicholas, Eliza, b. 13 Feb 1853, 70y
Nicholas, Geo., b. 3 Apr 1870, 24y, Colored

Nicholas, Henry, b. 12 Jun 1862, 9d
Nicholas, Henry Moale, b. 8 Sep 1869, 4m
Nicholas, John, d. 31 Aug 1805, b. 1 Sep 1805, 2y, Negro, son of Mary, free French Negro
Nicholas, Richard, b. 5 Jun 1871, 4m, Colored
Nichole, Blancina, d. 11 Jan 1812, b. 12 Jan 1812, 30y, dropsy, Colored Negress
Nichole, Marie, b. --- 1814, 25y, consumption, died yesterday, Colored woman, Balt.
Nicholls, James, b. 16 Aug 1832, c. 8y, dysentery
Nichols, child, b. 29 Dec 1827, c. 2y, consumption, child of Mrs. Nichols
Nichols, female, b. 25 Jul 1835, 3m, bowel complaint, dau of Mr. Nichols
Nichols, Abbey, b. 29 Jan 1866, 2y
Nichols, Hannah, b. 4 Oct 1866, 67y
Nichols, Henrietta, b. 2 Aug 1869, 110y
Nichols, John Henry, b. 21 Feb 1845, 7m
Nichols, Sinclair, b. 28 Mar 1862, 24y
Nichols, Thomas, b. 19 Jul 1860, 60y
Nicholson, child, b. 15 Nov 1849, stillborn, child of Mr. Nicholson
Nicholson, child, b. 16 Nov 1849, 1d, child of Mr. Nicholson
Nicholson, Mrs., b. 27 Mar 1850, 40y
Nicholson, Daniel, b. 20 Apr 1855, 18m
Nicholson, Letty, b. 8 Jul 1868, 80y, Colored
Nicholson, Mary, b. 14 Dec 1827, c. 30y, consumption
Nicholson, Mary, b. 19 Feb 1848, 73y
Nicholson, Mary, b. 24 Mar 1873, 23y
Nicholson, Mary Ann, b. 27 Jul 1824, 4y, dropsy in the brain
Nicholson, Patrick, b. 13 Sep 1819, 27y, bilious
Nicole, Stephen, d. (3:00 a.m.) & b. 5 May 1794, of Guadeloupe Island, born in Marseilles, France, buried in St. Peter's Church Yard
Nidlifree, Mr., b. 21 Mar 1865, 38y
Niercensee, Mary Emily, b. -- Jun 1855, 2m
Nieupert, Aloisius, b. 25 Nov 1852, 4y
Nieupert, Michael, b. 7 Jun 1854, 67y
Night, Margaret, b. 26 Feb 1828, c. 52y, dropsy
Nihoff, Mary Margaret, b. 22 Jan 1828, 57y, unknown sickness
Nihoff, N., b. 23 Nov 1836, c. 72y, dropsy on the chest
Nillman, Ellinor, b. 4 Dec 1821, c. 57y, bilious attack
Ninde, William, b. 9 Feb 1825, c. 21y, consumption
Nircensee, John R., b. 9 Jul 1843, 12m
Nixon, Denis, b. 7 Aug 1870, 5d
Nixon, Mary, b. 10 Aug 1864, 55y
Noble, female, b. 4 Jan 1835, 17m, croup, dau of Mr. Noble
Noblet, child, b. 2 Mar 1824, c. 9m, measles, child of John
Noblet, child, b. 30 Jan 1826, c. 6m, unknown sickness, child of A. Noblet
Noblet, male, b. 12 Oct 1822, c. 11y, son of Mr. Noblet
Noblet, John, b. 1 Feb 1865, 44y
Noblet, Sarah, b. 10 Feb 1861, 73y
Noblett, male, b. 7 Oct 1835, 3y, son of Mrs. Anthony Noblett
Noel, child, b. 12 Mar 1824, c. 10m, unknown sickness, child of John
Noel, Miss Laurette, see James, Sister Mary
Noel, Mrs. Laurette, see Chantel, Sister Mary
Noel, Mary, d. 27 Feb 1809, b. 28 Feb 1809, c. 8y, slave of Mrs. Volumbrun, Negro
Noel, Miss Mary, b. 24 Feb 1851, 60y
Noel, Philothee, d. 13 Apr 1819, b. 14 Apr 1819, 18m, teething
Noenan, Thomas, b. 25 Oct 1861, 4m
Nolan, female, b. 31 Jul 1841, 13m, teething, dau of Mathew
Nolan, female, b. 22 Aug 1849, 11m, dau of Peter
Nolan, female, b. 22 May 1852, 2y, dau of Peter

Nolan, Ann, b. 11 Nov 1856, 68y
Nolan, Francis, b. 21 Sep 1858, 24y
Nolan, James, b. 1 Nov 1852, 10m
Nolan, James, b. 5 Jun 1868, 36y
Nolan, Julia, b. 9 Oct 1865, 7y
Nolan, Margaret, b. 28 Mar 1856, 30y
Nolan, Margaret, b. 29 Oct 1862, 8m
Nolan, Margaret Ann, b. 12 Feb 1860, 3y
Nolan, Mary, b. 1 Feb 1856, 16m
Nolan, Mary, b. 8 Apr 1861, 3y
Nolan, Mathew, b. 7 Oct 1867, 66y
Nolan, Patrick, b. 24 Sep 1840, 18y, bilious fever
Nolan, Patrick, b. 22 Feb 1864, 12m
Nolan, Peter, b. 12 Oct 1853, 40y
Nolan, Richard, see Noland/Nolan, Richard
Nolan, Thomas, b. 28 May 1857, 5m
Nolan, William, b. 1 Sep 1856, 4y
Nolan, William, b. 19 Aug 1859, 5m
Nolan, William, b. 15 Sep 1866, 5w
Noland, male, b. 1 Feb 1836, 2½y, unknown sickness, son of Francis
Noland, male, b. 3 May 1836, 4y, measles, son of Francis
Noland, Ann, b. 24 Aug 1829, c. 20y, dropsy
Noland/Nolan, Richard, b. 26 Jul 1838, c. 32y, casualty
Nolen, Michael, b. 21 Dec 1855, 2y
Nonville, Mary A., b. 5 May 1847, 10m
Noon, Patrick, b. 15 Dec 1850, 50y
Noonan, male, b. 23 Dec 1858, stillborn, son of John
Noonan, Mr., b. 4 Oct 1851, 35y
Noonan, Mrs. Catharine, b. 7 Feb 1868, 51y
Noonan, Cornelius, b. 6 Aug 1866, 9d
Noonan, Edward, b. 15 Feb 1854, 3y
Noonan, Ellen, b. 22 Jul 1852
Noonan, Ellen, b. 9 Jun 1865, 5m
Noonan, Francis Joseph, b. 26 Feb 1856, 6m
Noonan, Geo. F., b. 28 Jan 1864, 20y
Noonan, Hannah, b. 23 Nov 1868, 3w
Noonan, Jane Agness, b. 29 Oct 1862, 56y
Noonan, John, d. & b. 13 Sep 1800, 6y, son of Edward & Mary
Noonan, John, b. 2 Jan 1860, 67y
Noonan, Joseph, b. 3 Feb 1856, 5y
Noonan, Mary, b. 9 Apr 1856, 9y
Noonan, Mich, b. 11 Jun 1871, 18y
Noonan, Robert, b. 26 Mar 1862, 21y
Noonan, Thomas, b. 18 Apr 1859, 10m
Noone, Patrick, b. 18 Jan 1821, consumption
Nooney, Margaret, b. 5 Feb 1825, 4y
Noonin, Catherine, b. 20 Aug 1831, c. 2½y, inflamation of the lungs
Norbeck, William, b. 30 Oct 1859, 9y
Norman, Mary, b. 16 Jun 1850, 65y
Norman, Mary Catharine, b. 4 Jul 1856, 6m
Norris, child, b. 22 Mar 1826, c. 6y, worms, child of Eliza
Norris, child, b. 17 Apr 1830, c. 1y, unknown sickness, child of Eliza
Norris, female, b. 20 Oct 1838, 1d, dau of Mrs. Norris/Mr. Norris
Norris/Morris, male, b. 16/17 Aug 1838, 8m, scarlet fever, son of D. F. Norris
Norris, Mrs., b. 17 Feb 1831, c. 55y, suddenly, found in her bed in the morning
Norris, Bernard, b. 28 Mar 1853, 37y

Norris/Jones, Clarissa, b. 8 Apr 1857, 45y
Norris, Eliza, b. 15 Feb 1831, c. 21y, consumption
Norris, Eliza S., b. 15 Aug 1870, 13m
Norris, Ellen, b. 10 Jul 1850, 10m
Norris, Henry Thomas, b. 25 Jul 1830, 3m, son of Elizabeth
Norris, Hugh, d. 3 Apr 1818, b. 4 Apr 1818, 40y
Norris, Margaret, b. 1 Feb 1847, 76y
Norris, Mary, d. & b. 5 Sep 1800, c. 22y, native of Ireland
Norris, Mary, d. 27 Feb 1812, b. 28 Feb 1812, c. 35y, child bed
Norris, Stephen, b. 31 Dec 1860, 31y
Norris, William, b. 14 Oct 1829, 19y, unknown sickness
Norris, William S., b. 28 Jul 1857, 60y
Norton, Catharine, b. 17 Feb 1846, 4y
Norton, Elizabeth, b. 4 Nov 1844, 3m
Norton, Michael, b. 14 Oct 1871, 52y
Norton, Owen, b. 3 Mar 1848, 12m
Norton, Peter, b. 5 Jan 1842, 9m, infantile unknown
Norville, Emma F., b. 16 Aug 1848, 5m
Nott, female, b. 9 Jul 1845, 10m, dau of Stephen
Noulen, John, b. 18 Feb 1867, 3m
Nowbry, child, b. 14 Jun 1831, c. 1y, summer complaint, child of John
Nowlan, Margaret A., b. 2 Aug 1845, 2y
Nowland, Ann, d. 24 Aug 1794, b. 25 Aug 1794, 11y6m7d, buried in St. Peter's Church Yard
Nowland, Ann, d. & b. 17 Sep 1797, wife of Michael, native of Ireland
Nowland, Eleanor, see Nowland, William & Eleanor
Nowland, John, d. 6 Mar 1796, b. 7 Mar 1796, 1y, son of William & Eleanor
Nowland, John C., b. 14 Oct 1832, 35y, cholera
Nowland, Mary, d. 22 Sep 1800, b. 23 Sep 1800, c. 20y
Nowland, Michael, d. & b. 6 Oct 1797, 46y, native of Ireland
Nowland, William, d. 22 Jun 1800, b. 23 Jun 1800, 3y, smallpox, son of William & Eleanor
Nowland, William & Eleanor, d. 5 Mar 1796, b. 7 Mar 1796
Nowlin, Ann, b. 14 Dec 1868, 70y
Nowlin, Francis, b. 1 Feb 1836, 2½y
Nowlin, Francis, b. 3 May 1836, child
Nowlin, Francis, b. 1 Jul 1845, 50y
Nowly, Lawrence, b. 17 Aug 1826, c. 30y
Noyes, Chas. I., b. 16 Dec 1868, 10d, Colored
Noyes, Sarah Helen, b. 3 Apr 1830, c. 1m, bowel complaint
Nugent, Alice, b. 11 Feb 1859, 3y
Nugent, Ann, b. 7 Oct 1831, 21y, consumption
Nugent, Ann, b. 7 Sep 1854, 64y
Nugent, Bernard, b. 8 Jul 1862, 27y
Nugent, Catharine, b. 24 Jun 1864, 30y
Nugent, Eliza, b. 23 Aug 1870, 4y
Nugent, Ellen, b. 30 Sep 1830, c. 18y, consumption
Nugent, Emma E., b. 29 Aug 1853, 18m
Nugent, James, b. 13 May 1832, c. 18y, consumption
Nugent, James M., b. 28 Sep 1860, 12m
Nugent, Mrs. Jane, b. 9 Jul 1851, 36y
Nugent, Jno., b. 22 Oct 1874, 76y
Nugent, John, b. 1 Apr 1862, 18m
Nugent, John, b. 21 Jul 1864, 19y
Nugent, Julia, b. 5 June 1867, 4y
Nugent, Kate, b. 20 Jul 1869, 25y
Nugent, Margaret, b. 17 Jan 1832, 23y, consumption
Nugent, Mrs. Mary, b. 4 Jul 1868, 50y

Nugent, Mary, b. 17 Feb 1871, 18y
Nugent, Mary Ann, b. 25 Oct 1861, 9y
Nugent, Mary V., b. 16 Nov 1863, 19y
Nugent, Patrick, b. 3 Nov 1840, 30y
Nugent, Sarah, d. 14 Oct 1818, b. 15 Oct 1818, 11m, cholera morbus
Nugent, Walter, b. 13 Jan 1873, 2y
Nugent, William, b. 20 Oct 1854, 27y
Nugent, William, b. 3 Mar 1857, 60y
Numan, Anne M., b. 2 Apr 1864, 9m
Nunan, Kate, b. 14 Feb 1874, 64y
Nussear, Catharine, d. 30 Apr 1803, b. 1 May 1803, c. 63y, wife of Jacob
Nussear, Dorothea, d. 12 Nov 1798, b. 13 Nov 1798, c. 70y, wife of Jacob Nussear, Senior, buried in St. Peter's Church Yard
Nussear, Elizabeth, d. 27 Sep 1809, b. 28 Sep 1809, 4m24d, fits, dau of Jacob & Susanna
Nussear, John, b. 22 Apr 1820, 34y, consumption
Nussear, John C., d. 22 Mar 1806, b. 23 Mar 1806, 10d, son of Jacob & Susanne
Nussear, Susanna, d. 11 Feb 1813, b. 12 Feb 1813, 25y, consumption
Nussier, Sebastian, b. 28 Sep 1838, 78y

Oakes, James, b. 24 Nov 1863, 41y
Oakes, Mary, b. 14 Jul 1867, 38y
Oakley, James, b. 28 Jun 1861, 30y
Oates, Edward, b. 27 Sep 1851, 3d
Oaty, Ann, d. 20 Oct 1801, b. 21 Oct 1801, c. 56y
Obahon, Stephen, b. 28 Jan 1831, c. 26y, died from the falling in of a sand bank
O'Brian, Joanna, b. 12 Jan 1856, 15y
O'Brian, Mary, b. 26 Jan 1856, 2w
O'Brien, ---, b. 15 Jul 1865, 8m
O'Brien, child, b. 7 Jan 1822, c. 18m, unknown sickness, child of Daniel
O'Brien, child, b. 5 Nov 1827, c. 6m, unknown sickness, child of John
O'Brien, child, b. 8 Aug 1838, 3 hours, infantile unknown, child of Mr. O'Brien/Dennis
O'Brien, child, b. 16 Mar 1862, 11y, child of Sally
O'Brien, child, b. 30 Jun 1874, 8m, infant
O'Brien, female, b. 23 Feb 1838, 11d, unknown sickness, dau of Michael
O'Brien, female, b. 7 May 1865, dau of James
O'Brien, male, b. 7 Sep 1835, 2y, son of Jeremiah
O'Brien, male, b. 2 Sep 1852, 2 hours, son of Mr. O'Brien
O'Brien, Mr., b. 14 Feb 1827, c. 45y, native of Ireland
O'Brien, Mrs., b. 20 Jun 1873, 35y
O'Brien, Mrs. Alice, b. 16 Jan 1856, 50y
O'Brien, Ann, b. 16 Jun 1854, 8y
O'Brien, Ann, b. 18 Nov 1874, 63y
O'Brien, Bridget, b. 18 Oct 1852, 56y
O'Brien, Bridget, b. 1 Oct 1854, 28y
O'Brien, Cecilia, b. 4 Apr 1871, 6y
O'Brien, Charles, d. & b. 8 Jul 1803, 2y9m20d, croup, son of Charles & Martha
O'Brien, Charles, b. 24 Nov 1863, 7m
O'Brien, Daniel, b. 13 Aug 1831, c. 4m, summer complaint, son of Jeremiah
O'Brien, Daniel, b. 6 May 1854, 30y
O'Brien, Dennis, d. 28 Aug 1795, b. 29 Aug 1795, 28y, native of Ireland
O'Brien, Dennis, b. 24 Aug 1866, 28y
O'Brien, Donald, b. 31 Dec 1851, 2m
O'Brien, Edward, b. 16 Jan 1858, 2d
O'Brien, Edward, b. 7 Jan 1861, 35y
O'Brien, Edwd., b. 27 Mar 1874, 17y
O'Brien, Eleanor, d. 20 Oct 1798, b. 21 Oct 1798, c. 53y
O'Brien, Eleanor, d. & b. 13 May 1800, c. 35y
O'Brien, Elizabeth, d. & b. 26 Jul 1798, 1½y, dau of Charles & Martha
O'Brien, Elizabeth, b. 30 Dec 1830, c. 5y, scarlet fever, dau of Jeremiah
O'Brien, Elizabeth, b. 21 Jan 1859, 3w
O'Brien, Ellen, b. 29 Dec 1840, 3y, dropsy
O'Brien, Ellen, b. 13 Jul 1851, 2½y
O'Brien, Ellen, b. 18 Jun 1853, 9m
O'Brien, Ellen, b. 8 Feb 1859, 6y
O'Brien, Ellenor, b. 5 Sep 1857, 25y
O'Brien, Emily Kate, b. 4 Jul 1864, 11y
O'Brien, Frances, d. 25 Dec 1799, b. 26 Dec 1799, 9m11d, dau of Charles & Martha
O'Brien, Francis, b. 24 Nov 1862, 24y
O'Brien, Francis, b. 11 Jun 1873, 18y
O'Brien, Geo., b. 11 Dec 1863, 3y
O'Brien, Hannah, b. 5 Feb 1873, 20y
O'Brien, Henry, b. 14 Aug 1800, born in Ireland 15 Aug 1781 at 11 o'clock; died in Baltimore 15 Aug 1800 at 11 o'clock (sic)
O'Brien, Honora, b. 5 Sep 1832, 45y, cholera
O'Brien, James, d. 19 Aug 1795, b. 20 Aug 1795, c. 30y, native of and lately from Ireland

O'Brien, James, b. 21 Jun 1866, stillborn
O'Brien, James B., b. 1 Aug 1858, 12m
O'Brien, Jane, b. 12 Jun 1852, 1d
O'Brien, John, d. 13 Aug 1797, b. 14 Apr 1797, 3y6m, son of John & Hannah
O'Brien, John, b. 18 Jan 1821, suddenly
O'Brien, John, b. 8 Jul 1832, 9m, summer complaint, son of Denis
O'Brien, John, b. 12 Aug 1844, 40y
O'Brien, John, b. 10 Apr 1848, 40y
O'Brien, John, b. 23 Jul 1848, 26y
O'Brien, John, b. 10 Jul 1851, 4m
O'Brien, John, b. 21 Mar 1854, 6d
O'Brien, John, b. 6 May 1856, 57y
O'Brien, John, b. 1 Jan 1857, 13y
O'Brien, John, b. 21 Nov 1863, 14m
O'Brien, John, b. 13 Feb 1869, 3y
O'Brien, John Joseph, b. 30 Oct 1858, 4m
O'Brien, Joseph, d. 21 Jul 1800, b. 22 Jul 1800, 1y2m19d, son of Michael & Margaret
O'Brien, Julianna, b. 17 Jul 1830, 4m, summer complaint, dau of Jeremiah
O'Brien, Lawrence, d. & b. 11 Sep 1794, c. 70y, buried in St. Peter's Church Yard
O'Brien, Margaret, b. 13 Sep 1859, 10y
O'Brien, Martha, b. 5 Nov 1839, 70y, consumption
O'Brien, Mary, d. & b. 12 Oct 1793, 11d, dau of Charles & Martha of Baltimore, buried in St. Peter's Church Yard
O'Brien, Mary, d. & b. 9 Aug 1797, 34y, wife of Patrick, native of & lately from Ireland
O'Brien, Mary, d. 7 Jul 1798, b. 8 Jul 1798, c. 9m, dau of Michael & Margaret
O'Brien, Mary, b. 22 Jul 1861, 40y
O'Brien, Mary, b. 3 Aug 1864, 70y
O'Brien, Mary, b. 6 Dec 1868, 60y
O'Brien, Mary Ann, b. 15 Jul 1851, 9m
O'Brien, Mary E., b. 26 Apr 1873, 28y
O'Brien, Michael, b. 26 Oct 1843, 30y
O'Brien, Michael, b. 13 Dec 1862, 3y
O'Brien, Nicholas I., b. 22 Sep 1849, 8m
O'Brien, Patrick, d. 20 Aug 1797, b. 21 Aug 1797, native & lately from Ireland
O'Brien, Patrick, b. 16 May 1831, c. 42y, consumption
O'Brien, Patrick, b. 18 Mar 1852, 4y
O'Brien, Richard, b. 13 Dec 1850, 72y
O'Brien, Richard, b. 9 Feb 1856, 4m
O'Brien, Richard, b. 27 Oct 1864, 51y
O'Brien, Robert, b. 28 May 1848, 8y
O'Brien, Rosanna Bridget, d. 9 Nov 1801, b. 10 Nov 1801, c. 50y, native of Ireland
O'Brien, Sophia Teresa, b. 21 Jul 1848, 14m
O'Brien, Thomas, d. 27 Apr 1819, b. 28 Apr 1819, 40y, consumption
O'Brien, Thomas, b. 3 Mar 1848, 21y
O'Brien, Thomas, b. 8 Jan 1857, 17y
O'Brien, Thomas, b. 6 Sep 1862, 4y
O'Brien, Thomas J./Thomas Joseph Foley, b. 25 May 1851, 6m
O'Brien, Thos., b. 8 Nov 1849, 4d
O'Brien, Thos., b. 8 Dec 1872, 14y
O'Brien, Thos., b. 15 Nov 1873, 29y
O'Brien, Thos. Henry, b. 8 Jan 1860, 7d
O'Brien, Thos. Joseph, b. 18 Jul 1851, 12m
O'Brien, Timothy, b. 5 Dec 1858, 44y
O'Brien, William, b. 9 Feb 1850, 40y
O'Brien, William, b. 7 Oct 1854, 11y
O'Brien, William, b. 11 Jul 1866, 5m

O'Brien, Rev. William F. X., b. 2 Nov 1832, 54y, dropsy, late chaplain of the Mount Carmel Nuns & former zealous missionary in several states, especially Pittsburg, Pa.
O'Calahan, Calahan, b. 6 Apr 1839, 33y, drowned
Ocks, Mgt., b. 14 Dec 1872, 22y
O'Connel, Ellen, b. 18 May 1857, 87y
O'Connell, female, b. 2 Jul 1841, 3m, summer complaint, dau of Ann H. O'Connell
O'Connell, male, b. 3 Jul 1843, 6m, son of Mr. O'Connell
O'Connell, James, b. 1 Oct 1840, 56y, consumption
O'Connell, James P., b. 16 Jul 1867, 16m
O'Connell, Mary, b. 2 Jan 1856, 28y
O'Connell, Mary, b. 4 May 1860, 3y
O'Connell, Patrick, see O'Connolly/O'Connell, Patrick
O'Conner, female/Edwd., b. 7 Aug 1865, stillborn
O'Conner/O'Connor, Charles, d. 8 Jun 1799, b. 9 Jun 1799, c. 48y, native of Ireland
O'Conner, E. S., b. 4 Apr 1874, 41y
O'Conner, Mary, b. 20 Jun 1871, 7m
O'Conner, Mary E., b. 2 May 1863, 3½y
O'Conner, Peter, b. 12 Dec 1856, 57y
O'Conner, Rosanna/Rosan, b. 11 Oct 1837, 21y, consumption
O'Conner, Sarah, b. 20 Aug 1871, 93y
O'Connolly/O'Connell, Patrick, b. 14 Jan 1840, 27y, bilious fever
O'Connor, child, b. 27 Aug 1829, 8m, decay, child of Margaret
O'Connor, child, b. 15 Nov 1831, c. 2y, unknown sickness, child of Patrick
O'Connor, child, b. 14 Aug 1852, 12m, child of Mr. O'Connor
O'Connor, child, b. 6 Oct 1852, 11m, child of Mr. O'Connor
O'Connor, female, b. 20 Jun 1837, 9m, decline, dau of Patrick
O'Connor, female, b. 25 Mar 1839, 10m, scrofula, dau of Patrick
O'Connor, male, b. 28 May 1851, 3w, son of Mr. O'Connor
O'Connor, male, b. 11 Aug 1851, 12m, son of John
O'Connor, Mrs., b. 4 Feb 1838, 30y
O'Connor, Mrs., b. 25 Jan 1861, 60y
O'Connor, Alice, b. 31 Aug 1849, 30y
O'Connor, Ann & three children, b. 15 Jun 1837, died in the flood, 40y (Ann)
O'Connor, Ann, b. 14 Mar 1864, 27y
O'Connor, Bridget, b. 10 Apr 1868, 60y
O'Connor, Charles, b. 17 Jun 1865, 11m
O'Connor, Charles, see O'Conner/O'Connor, Charles
O'Connor, Daniel, b. 25 Nov 1824, c. 33y, fits, native of Ireland
O'Connor, Daniel, b. 21 Oct 1832, c. 60y, unknown sckness
O'Connor, Daniel, b. 9 Dec 1868, 78y
O'Connor, Elizabeth, b. 11 Jan 1827, c. 70y, consumption
O'Connor, Elizabeth, b. 6 Jan 1840, 25y, consumption
O'Connor, Ellen, b. 3 Mar 1852, 10d
O'Connor, Ellen, b. 28 Jan 1868, 53y
O'Connor, Eugene, b. 29 Jan 1843, 70y
O'Connor, Mrs. Frances, b. 21 Mar 1843, 76y
O'Connor, Francis, d. 25 Sep 1807, b. 26 Sep 1807, 8m, son of Dominic & Jane
O'Connor, Francis, b. 31 Mar 1864, 2y
O'Connor, Honoria, b. 22 Apr 1867, 50y
O'Connor, James, b. 18 Jan 1868, 48y
O'Connor, Joanna, b. 3 Oct 1832, c. 35y, bilious
O'Connor, John, d. 28 Mar 1806, b. 29 Mar 1806, 5y9m18d, dropsy, son of John & Mary
O'Connor, John, d. 24 Jul 1806, b. 25 Jul 1806, c. 36y, native of Ireland
O'Connor, John, b. – Nov 1823, 2d, son of Patrick & Elizabeth
O'Connor, John, b. 29 Dec 1851, 36y
O'Connor, John, b. 20 Aug 1861, 2y

O'Connor, Lewis, d. 9 Jul 1803, b. 10 Jul 1803, c. 5m, cholera, son of Dominick & Jane
O'Connor, Margaret, b. 14 Jun 1872, 75y
O'Connor, Mary, d. 10 Feb 1808, b. 11 Feb 1808, c. 40y, wife of Patrick
O'Connor, Mary Ann, d. 19 Aug 1807, b. 20 Aug 1807, 17m, cholera, dau of John & Mary
O'Connor, Mary Ann, b. 31 Jan 1869, 30y
O'Connor, Mary Cath., b. 10 Sep 1853, 10w
O'Connor, Mary Ellen, b. 23 Jul 1854, 9w
O'Connor, Mary J., b. 21 Aug 1830, c. 14m, summer complaint, dau of Patrick & Joanna
O'Connor, Patrick, d. 26 May 1794, b. 27 May 1794, 3y, accidentally run over by a cart, son of Thomas & Catharine, native of Ireland, buried in St. Peter's Church Yard
O'Connor, Patrick, b. 15 Oct 1842, 35y
O'Connor, Patrick, b. 9 Jul 1851, 55y
O'Connor, Richard, b. 23 May 1823, c. 16y, consumption, buried at Fells Point
O'Connor, Richard, b. 24 Sep 1866, 7m
O'Connor, Sarah, b. 24 Jul 1855, 26y
O'Connor, Thomas, b. 12 Aug 1821, c. 50y, dysentery
O'Connor, Thos., b. 4 Mar 1867, 50y
O'Connor, Captain Walter, d. & b. 30 Jul 1805, 50y, consumption
Oden, Victorine, b. 4 Apr 1855, 25y
O'Dendall, James A., b. 27 Jul 1860, 17d
Odendall, James S., b. 16 Sep 1861, 6w
Odenhall, Rosalie, b. 6 Oct 1861, 30y
Odoin, Joseph, d. 10 Jul 1800, b. 11 Jul 1800, 12y, son of Lewis & Julia
O'Donald, George D., b. 3 Jan 1866, 17m
O'Donald, Mary Jane, b. 14 Dec 1859, 25y
O'Donald, Michael, d. & b. 21 Sep 1803, 1y21d, son of Dennis & Honor
O'Donald, Patrick, b. 21 Dec 1865, 27y
O'Donald, Samuel E., b. 1 Mar 1864, 4y
O'Donavan, female, b. 5 Aug 1834, 9m, cholera infantum, dau of Dr. O'Donavan
O'Donavan, Mrs., b. 9 Apr 1831, c. 60y, unknown sickness
O'Donavan, Elizabeth, b. 1 May 1829, c. 60y, inflamation of the lungs, native of Limerick, Ireland, resident of Baltimore for a long time
O'Donnel, ---, d. 11 Aug 1810, b. 12 Aug 1810
O'Donnel, child, b. 14 Jan 1857, stillborn, child of Charles
O'Donnel, Catharine, b. 11 Nov 1856, 3y
O'Donnell, ---, b. 31 Jul 1828, c. 70y, consumption
O'Donnell, child, b. 5 Nov 1826, c. 9m, unknown sickness, child of Bernard
O'Donnell, child, b. 19 Jul 1831, 2y, child of Bernard
O'Donnell, child, b. 22 Apr 1852, 14m, child of Cornelius
O'Donnell, female/Chas., b. 5 Oct 1851, ½ hour, dau of Chas.
O'Donnell, male, b. 7 Oct 1850, 2m, son of Charles
O'Donnell, Mrs., b. 2 Nov 1830, c. 45y, unknown sickness
O'Donnell, Mrs., b. 18 Aug 1865
O'Donnell, Alice E., b. 20 Jan 1871, 3y
O'Donnell, Augustus P., b. 27 Nov 1863, 20y
O'Donnell, Bernard, b. 6 Feb 1842, 59/65y
O'Donnell, Cath., b. 12 Dec 1865 (entry shown with Joseph Brown)
O'Donnell, Catharine, b. 23 Jul 1847, 3m
O'Donnell, Columbus, b. 25 Apr 1864, 28y
O'Donnell, Edward, b. 6 Nov 1844, 30y
O'Donnell, Edward, b. 15 Sep 1852, 28y
O'Donnell, Edward B., b. 12 Nov 1866, 3m
O'Donnell, Edward Joseph, b. 17 Sep 1852, 5y
O'Donnell, Henry, b. 16 Jul 1854, 2m
O'Donnell, James, d. 27 Jun 1807, b. 28 Jun 1807, c. 33y, consumption
O'Donnell, James, b. 11 Nov 1821, 17m, dropsy in the head, son of Barney

O'Donnell, James, b. 16 Oct 1865, 1d
O'Donnell, Jas., b. 21 Feb 1850, 3m
O'Donnell, John, b. 25 Jul 1847, 33y
O'Donnell, John, b. 17 Dec 1851, 21y
O'Donnell, John, b. 29 Jun 1852, 6m
O'Donnell, John B., b. 6 Apr 1871, 52y
O'Donnell, Joseph F., b. 21 Jun 1861, 8m
O'Donnell, Lewis, b. 3 Feb 1847, 23y
O'Donnell, Manus, d. & b. 10 Sep 1804, c. 38y, suddenly
O'Donnell, Mary, b. 16 Jan 1846, 40y
O'Donnell, Mary, b. 23 Apr 1848, 52y
O'Donnell, Mrs. Mary Ann, b. 21 Sep 1855, 41y
O'Donnell, Mary J., b. 1 May 1864, 31y
O'Donnell, Mrs. Oliver, b. 8 Sep 1865, (missing)
O'Donnell, Patrick, b. 24 Oct 1855, 62y
O'Donnell, Phoebe, b. 2 Nov 1848, 25y
O'Donnell, Rosan, b. 27 Jan 1861, 5y
O'Donnell, Susanna, d. 9 Nov 1818, b. 10 Nov 1818, 4y2m
O'Donnell, Thomas, d. 12 Jul 1804, b. 13 Jul 1804, 11m, cholera, son of Thomas & Jane
O'Donnell, Thomas, b. 20 Aug 1850, 3 hours
O'Donovan, female, b. 8 Jun 1844, 6m, dau of Mrs. O'Donovan
O'Donovan, male, b. 8 Jan 1845, son of Mr. O'Donovan
O'Donovan, Ellen, b. 10 Jan 1861, 80y
O'Donovan, Jeremiah, b. 24 Apr 1847, 70y
O'Donovan, Dr. J. H., b. 18 Jun 1869, 66y
O'Farrel, Mrs. Sally M., b. 20 Aug 1856, 64y
O'Farrell, female, b. 22 Jun 1831, c. 4m, gravel, dau of O'Farrell
O'Farrell, Charles, b. 29 Nov 1844, 63y
O'Farrell, Charles, b. 28 Nov 1857, 3y
O'Farrell, Eliza, b. 18 Apr 1826, 6m, (J. Whitfield)
O'Farrell, Elizabeth, d. 18 Oct 1802, b. 19 Oct 1802, wife of Edward
O'Farrell, Elizabeth, b. 13 Dec 1862, 34y
O'Farrell, Francis, b. 6 Dec 1859, 43y
O'Farrell, Margaret, b. 11 Mar 1845, 19y
O'Farrell, Michael, b. 26 Feb 1868, 23y
O'Ferral, James, b. 26 Jan 1859, 12y
O'Field, Ann, b. 22 Oct 1849, 2y, Colored
O'Fitzcharles/Fitzcharles, Eliza/Eliza O., b. 2 Mar 1841, 4d
O'Flanagan, Mrs., b. 19 Feb 1866, 60y
O'Flannery, male, b. 8 Aug 1838, 8d/1w, infantile unknown, son of Kern
O'Friel, Andrew, b. 2 Jun 1853, 40y
O'Gara, Catharine, b. 6 Jul 1868, 11m
Ogden, Mrs., b. 25 Jul 1835, 50y, cancer
Ogdon, Ellenor, b. 13 Jun 1824, c. 1y, unknown sickness, dau of Johnathan
Ogdon, Jonathan, b. 6 Sep 1832, c. 45y, cholera
Ogilbee, Georgiana, b. 23 Oct 1850, 16y, Colored
O'Glaughlin, ---, d. 1 Sep 1811, b. 2 Sep 1811, 3y
O'Gorman, David, b. 13 Feb 1829, c. 40y, died two days after breaking a blood vessel
O'Gorman, Francis P., b. 2 Aug 1866, 4y
O'Grady, Emma J., b. 23 Sep 1870, 16m
O'Grady, Johanna, b. 19 Feb 1865, 10y
O'Grady, Mary Jane, b. 22 Jan 1870, 20y
O'Haloran, James, b. 22 Sep 1855, 35y
O'Handlon, Bridget, b. 24 Jan 1870, 35y
O'Hanlin, Dennis, b. 10 Dec 1848, 73y
O'Hara, female, b. 1 Jul 1841, 12m, dau of James

O'Hara, Ann, b. 28 Nov 1831, c. 50y, supposedly killed by her husband
O'Hara, Ann, b. 4 Sep 1856, 25y
O'Hara, Catherine, b. 23 Mar 1841, 35y, consumption
O'Hara, Charles, d. 3 Oct 1819, b. 4 Oct 1819, 15m, summer complaint
O'Hara, Charles, b. 18 May 1872, 46y
O'Hara, Elizabeth, b. 12 Oct 1866, 38y
O'Hara, James, b. 5 Mar 1866, 64y
O'Hara, John, d. & b. 11 Sep 1797, c. 2y, son of Matthew & Mary
O'Hara, John, b. 5 Oct 1851, 13y
O'Hara, John, b. 11 Oct 1864, 8d
O'Hara, Mary, d. & b. 13 Sep 1797, native of Ireland
O'Hara, Matilda I., b. 11 Apr 1866, 50y
O'Hara, Michael, d. 2 Aug 1819, b. 3 Aug 1819, 30y, drank cold water
O'Hare, child, b. 28 Jun 1873, 2y, child of Jno.
O'Hare, child, b. 30 Nov 1874, 6w, child of Jno.
O'Hare, Mrs., b. 13 Dec 1874, 33y
O'Hare, Edward, b. 25 Mar 1863, 7m
O'Hare, Joseph, b. 15 Jun 1857, 65y
O'Hare, Margaret, b. 3 Aug 1863, 2y
Oiseau, Elizabeth L., b. 8 Feb 1871, 78y
O'Kane, John, b. 12 Feb 1820, 30y, consumption
O'Keef, Daniel, b. 8 Sep 1835, 42y, consumption
O'Keefe, Mr., b. 21 Mar 1850, 8m
O'Keefe, Cornelius, d. & b. 20 Aug 1796, 8d, son of Patrick & Mary
O'Keefe, Elizabeth, b. 12 May 1866, 35y
O'Keefe, Jno., b. 20 Nov 1874
O'Keefe, John, b. 20 Aug 1853, 2 hours
O'Keefe, Mary, d. 30 Jul 1796, b. 31 Jul 1796, 1y, dau of Patrick & Mary
O'Keefe, Rev. P., see O'Toofe/O'Keefe/O'Toole, Rev. P.
O'Keeffe, Wm. A., b. 2 Oct 1871
O'Kegle, David, b. 5 Mar 1870, 45y
O'Laughlin, male, b. 10 Jul 1861, stillborn, son of Danl.
O'Laughlin, Mrs., b. 22 Jan 1850, 35y
O'Laughlin, Clara E., b. 29 June 1867, 4m
O'Laughlin, Francis, b. 24 Feb 1851, 4y
O'Laughlin, Geo., b. 23 Oct 1871, 2y
O'Laughlin, Malachi, b. 28 Oct 1851, 54y
O'Laughlin, Margaret, b. 22 Oct 1866, 21y
O'Laughlin, Mary, b. 18 Jan 1860, 47y
O'Laughlin, Michael, b. 28 Nov 1854, 23y
O'Laughlin, Willie, b. 22 Jan 1870, 21m
O'Leary, Daniel, b. 29 Jun 1852, 30y
O'Leary, James W., b. 28 Jan 1853, 21y
O'Leary, John, b. 24 Nov 1871, 2 hours
O'Leary, Margaret E., b. 7 May 1860, 29y
O'Leary, Mary Ann, b. 20 Dec 1860, 7m
Olehan, Teresa, b. 2 Nov 1871
Oliver, child, b. 5 Jun 1848, stillborn, child of Mr. Oliver
Oliver, child, b. 3 May 1869, infant of Mr. Oliver
Oliver, female, b. 22 Oct 1834, infantile unknown, dau of Mrs. Oliver
Oliver, male, b. 7 Nov 1834, 5y, death by an accident, son of Stephen
Oliver, male, b. 23 Mar 1852, ½ hour, son of John
Oliver, John, b. 8 Apr 1846, 8m
Oliver, John, b. 21 Jun 1847, 10 minutes
Oliver, John Francis, b. 23 Nov 1861, 3y, Colored
Oliver, Joseph, b. 20 Apr 1852, 28y, Colored

Oliver, Louisa, b. 21 Aug 1848, 37y, Colored
Oliver, Margaret, b. 13 Dec 1866, 56y
Oliver, Mary, b. 10 Aug 1830, c. 9y, unknown sickness
Oliver, Owen, b. 19 Feb 1849, 12m, Colored
Oliver, Richard, b. 10 Nov 1863, 23y, Colored
Oliver, Thomas, b. 9 Apr 1871, 24y, Colored
Oliver, William, b. 20 Aug 1862, 17y
O'Loughlin, Agnes, b. 25 Jan 1870, 2m
Olvis, child, b. 26 Apr 1831, 7w, child of John
Olvis, male, b. 11 Sep 1834, 3y, son of Randall
Omar, Rose, b. 6 Nov 1831, 20y, consumption
O'Mara, Mrs., b. 22 Mar 1829, age unknown, consumption
O'Mara, Agnes, b. 21 May 1845, 3y
O'Mara, James, b. 3 Apr 1852, 38y
O'Mara, Mary A., b. 20 Jul 1869, 2m
O'Mara, Mathias, b. 29 Oct 1822, c. 40y, cholera morbus
O'Mara, William, d. 5 Apr 1798, b. 6 Apr 1798, 3m, son of Patrick & Mary
O'Mealy, child, b. 25 Jul 1832, died shortly after birth, child of James
O'Meara, Ann, b. 10 Mar 1862, 25y
O'Meara, Lucy Maria, b. 17 Jan 1862, 4m
O'Meara, Mary, b. 27 Aug 1857, 7y
O'Neal, child, b. 1 Jul 1822, c. 6y, bowel complaint, child of Mr. O'Neal, the stonecutter
O'Neal, child, b. 27 Aug 1825, c. 3m, summer complaint, child of Daniel
O'Neal, child, b. 11 Jul 1827, age unknown, unknown sickness, child of Hugh
O'Neal, child, b. 8 Aug 1832, few days old, child of Roger
O'Neal, child, b. 24 Sep 1858, stillborn, child of Mr. O'Neal
O'Neal, child, b. 6 Aug 1869, 7m, child of Mr. O'Neal
O'Neal, male, b. 22 Jan 1867, stillborn, son of Charles
O'Neal, Alexander (Ambrose), b. 23 Jan 1832, c. 40y, unknown sickness
O'Neal, Ann, b. 15 Jun 1825, 2y
O'Neal, Ann, b. 27 Jan 1860, 50y
O'Neal, Mrs. Annie, b. 8 Aug 1859, 53y
O'Neal, Bridget, b. 19 Aug 1852, 11m
O'Neal, Charles C., b. 20 Apr 1864, 56y
O'Neal, Daniel, b. 23 Nov 1861, 3y
O'Neal, Daniel, b. 22 Jun 1862, 4m
O'Neal, Ellen, b. 24 May 1863, 32y
O'Neal, F. C., b. 18 Jul 1873, 3w
O'Neal, Felix, d. 11 Jan 1800, b. 13 Jan 1800, suddenly
O'Neal, Francis, b. 24 Jul 1823, measles, child of Ambrose
O'Neal, Henry, b. 1 Jan 1859, 2y
O'Neal, Honoria, b. 29 Oct 1862, 66y
O'Neal, Hugh, b. 12 Jul 1825, 7m, summer complaint
O'Neal, Hugh, b. 27 May 1829, c. 30y, unknown sickness
O'Neal, James, b. 16 Sep 1831, c. 35y, fit
O'Neal, James, b. 6 Dec 1859, 11m
O'Neal, James, b. 31 Dec 1860, 3y
O'Neal, James, b. 9 Jun 1864, 52y
O'Neal, James F., b. 22 May 1863, 14m
O'Neal, James Roger, b. 21 Aug 1850, 5y
O'Neal, John, b. 7 Aug 1852, 10m
O'Neal, John, b. 9 Nov 1860, 3y
O'Neal, Lewis Neal, b. 22 Jul 1864, 7y
O'Neal, Margaret, b. 12 Jan 1862, 3½m
O'Neal, Margaret, b. 10 Oct 1864, 5m
O'Neal, Margaret, b. 21 Dec 1864, 71y

O'Neal, Margaret Ann, b. 5 Jul 1866, 11m
O'Neal, Martin, b. 10 May 1862, 13½m
O'Neal, Mary, b. 17 Jul 1860, 11m
O'Neal, Mary, b. 28 Dec 1865, 63y
O'Neal, Mary Ann, b. 8 Aug 1829, c. 1y, summer complaint
O'Neal, Mary Isabel, b. 26 Dec 1858, 4y
O'Neal, Mary Jane, b. 11 Feb 1830, c. 3y, scalded to death, dau of John
O'Neal, Patrick, b. 29 Jul 1854, 13m
O'Neal, Patrick, b. 29 Sep 1857, 8m
O'Neal, Patrick, b. 31 Mar 1860, 11y
O'Neal, Patrick, b. 31 Oct 1864, 40y
O'Neal, Patrick H., b. 27 Apr 1862, 2y
O'Neal, Rose, b. 3 May 1859, 24y
O'Neal, Rose, b. 17 Apr 1865, 70y
O'Neal, Sarah, b. 17 Jul 1854, 12m
O'Neal, Terrence, b. 20 Apr 1861, 75y
O'Neal, Thomas Francis, b. 18 Mar 1857, 8m
O'Neal, Wm., b. 20 Oct 1872, 21y
O'Neale, Eugene, b. 6 Jul 1854, 41y
O'Neale, Mary, see O'Neil/O'Neale, Mary
O'Neale, Mary Grace, b. 18 Sep 1831, c. 25y, dropsy in the head
O'Neale, Roger, b. 26 May 1858, 72y
O'Neale, Rosanna, d. 5 Jul 1817, b. 6 Jul 1817, 8m
O'Neall, Anna, b. 7 Mar 1873
O'Neall, Elizabeth, b. 3 Apr 1871, 1y
O'Neil, child, b. 28 Feb 1831, c. 2y, unknown sickness, child of Daniel
O'Neil/O'Neill, child, b. 16 Aug 1836, 2w, bowel complaint, child of Mr. O'Neil/John
O'Neil, child, b. 12 Jun 1855, 18m, child of Mr. O'Neil
O'Neil, child, b. 9 Dec 1857, 5 minutes, child of James
O'Neil, male, b. 27 Dec 1837, 3y, unknown sickness, son of William
O'Neil, male, b. 7 Sep 1838, 8m, unknown sickness, son of John
O'Neil/O'Neill, male, b. 26 Aug 1840, 10m, teething, son of John
O'Neil, male, b. 13 Sep 1854, 6m, son of James
O'Neil, male, b. 23 Jan 1858, stillborn, son of Jas.
O'Neil, Mrs., see O'Neill/O'Neil, Mrs.
O'Neil, Widow, b. 2 Sep 1832, old woman, cholera
O'Neil, Agness, b. 8 Sep 1865, 16d
O'Neil, Alonzo, b. 2 Sep 1863, 1y
O'Neil/O'Niel, Ambrose, b. 21 May 1835, 8y, hip disease
O'Neil, Catharine, b. 8 Sep 1854, 19y
O'Neil, Francis, b. 19 Aug 1843, 12m
O'Neil, Francis, b. 15 Nov 1861, 55y
O'Neil, Francis, b. 17 Nov 1872, 10y
O'Neil, Hugh, b. 26 Aug 1838, 24y, water on the brain
O'Neil, James, b. 7 May 1835, 49y, consumption
O'Neil, James Charles, b. 21 May 1831, c. 4y, smallpox, son of Patrick
O'Neil, John, b. 28 Aug 1827, killed by the kick of a horse, suddenly
O'Neil, John, b. 7 Jun 1855, 50y
O'Neil, John, b. 23 Nov 1868, 25y
O'Neil, John, b. 9 Apr 1869, 4m
O'Neil/O'Neill, Joseph, b. 24 Oct 1837, 40y, palsy
O'Neil, Margaret, b. 14 Aug 1855, 12m
O'Neil, Mary, d. 16 Sep 1798, b. 17 Sep 1798, 13m
O'Neil/O'Neale, Mary, b. 7 Nov 1838, 40y
O'Neil, Mary Ann, b. 22 Dec 1861, 22y
O'Neil, Peter, b. 23 Jun 1858, 24y

O'Neil, Prudent, d. 6 Jun 1802, b. 7 Jun 1802, 25y, wife of Captain Daniel O'Neil, native of North Carolina
O'Neil, Sarah, b. 7 Feb 1857, 16m
O'Neil, Thomas, b. 1 Jan 1826, c. 25y, unknown sickness
O'Neil, Thomas, b. 1 Sep 1836, c. 40y, tumor
O'Neil, Thos., b. 25 Jan 1861, 3m
O'Neil, Wm. Edwd., b. 8 Jul 1868, 4y
O'Neill, child, b. 1 Apr 1854, 17m, child of John
O'Neill, child, see O'Neil/O'Neill, child
O'Neill, male, b. 10 Jun 1848, ½ hour, son of James
O'Neill, male, b. 8 Jan 1852, 6m, son of Mr. O'Neill
O'Neill, male, b. 27 Apr 1855, 2 hours, son of Charles
O'Neill, male, b. 29 Jun 1856, son of John F. O'Neill
O'Neill, male, see O'Neil/O'Neill, male
O'Neill/O'Neil, Mrs., b. 20 Feb 1836, c. 35y, dropsy
O'Neill, Mrs., b. 12 Mar 1868, 70y
O'Neill, Ann, b. 25 Nov 1853, 35y
O'Neill, Ann, b. 8 Aug 1861, 45y
O'Neill, Ann, b. 17 May 1870, 75y
O'Neill, Annie, b. 27 May 1871, 2y
O'Neill, Bernard, d. & b. 11 Sep 1797, hus of Margaret
O'Neill, Mrs. Catharine, b. 29 Aug 1850, 67y
O'Neill, Catharine, b. 11 Jan 1856, 52y
O'Neill, Catharine, b. 26 Dec 1857, 5y
O'Neill, Catharine Ann, b. 11 Sep 1861, 2y
O'Neill, Charles, b. 19 Aug 1832, c. 40y, consumption, from the country
O'Neill, Charles, b. 1 Apr 1856, 9y
O'Neill, Charles, b. 16 Apr 1864, stillborn
O'Neill, Charles, b. 2 Nov 1871
O'Neill, Daniel, b. 17 Sep 1864, 82y
O'Neill, Mrs. E., b. 5 Dec 1871
O'Neill, Eliza, b. 18 Jun 1846, 12y
O'Neill, Elizabeth, d. 18 Jul 1819, b. 19 Jul 1819, 42y
O'Neill, Elizabeth, b. 31 May 1867, 6½y
O'Neill, Ellen, b. 17 Oct 1845, 48y
O'Neill, Frances, b. 10 Dec 1848, 4 hours
O'Neill, Howard D., b. 28 Aug 1861, 12m
O'Neill, Hugh, b. 9 Apr 1871, 53y
O'Neill, James Mansfield, b. 30 Nov 1800, 2w, son of Daniel & Prudence
O'Neill, Jane, b. 1 May 1858, 4y
O'Neill, Jane I., b. 4 Jul 1870, 3y
O'Neill, Jas., b. 1 Jul 1844, 6y
O'Neill, Jas. Ed., b. 16 Nov 1852, 2w
O'Neill, Johanne, b. 13 Aug 1864, 15y
O'Neill, John, d. 5 Feb 1799, b. 6 Feb 1799, died at Fells Point
O'Neill, John, b. 20 Jun 1854, 19y
O'Neill, John, b. 4 Jul 1864, 66y
O'Neill, John, b. 24 Feb 1868, 70y
O'Neill, John F., b. 23 Jun 1851, 5d
O'Neill, John R., b. 9 May 1858, 6w
O'Neill, Joseph, see O'Neil/O'Neill, Joseph
O'Neill, Margaret, d. 21 Sep 1799, b. 22 Sep 1799, c. 25y, wid
O'Neill, Margaret, b. 21 Jul 1848, 18m
O'Neill, Margaret, b. 16 Jun 1854, 10m
O'Neill, Mary, b. 13 Jul 1851, 72y
O'Neill, Mary, b. 1 Feb 1856, 18y

O'Neill, Mary Ann, b. 25 Jul 1864, 43y
O'Neill, Mary Jane, b. 26 Feb 1846, 10d
O'Neill, Patrick, b. 21 Jul 1853, 57y
O'Neill, Patrick, b. 22 Aug 1870, 77y
O'Neill, Patrick, b. 5 Jan 1872, 68y
O'Neill, Robert, b. 25 Nov 1830, mortification, native of Ireland
O'Neill, Sarah, b. 16 Dec 1853, 6m
O'Neill, Thomas, b. 19 Dec 1842, 45y
O'Neill, Thomas, b. 4 Sep 1867, 6m
O'Neill, Mrs. Wm., b. 8 Nov 1849, 40y
O'Neill, Wm., b. 29 Sep 1851, 47y
O'Neils, Mrs. Ellen, b. 18 Feb 1852, 31y
O'Niel, Ambrose, see O'Neil/O'Niel, Ambrose
O'Niell, Sarah Ann, b. 10 Jul 1863, 5y
Onion, Caroline M., b. 7 Mar 1844, 36y
Opostte, child, b. 8 Dec 1826, 19m, unknown sickness, child of George
Oram, female, b. 23 Apr 1828, age unknown, unknown sickness, child of Loyd
Oran, Eliza, b. 31 Jan 1824, cold
Orbin, Mary, b. 20 Jan 1862, 116y
O'Reilly, Alexander, b. 27 Feb 1870, 46y
O'Reily, Terence, d. & b. 17 Jul 1811, 40y, native of Ireland
Orem, Catherine, b. 23 May 1825, c. 40y, unknown sickness
Orem, Ellen, b. 12 Jun 1871, 35y
Orford, James, d. 11 Oct 1800, b. 12 Oct 1800, c. 8y, son of Charles & Rose
Orford, Rose, d. 13 Oct 1800, b. 14 Oct 1800, c. 50y, wife of Charles
O'Riley, Mary, b. 28 Mar 1857, 15y
O'Riley, Michael, b. 2 Apr 1853, 12m
O'Riley, Michael, b. 16 Oct 1854, 16y
Ormesby, Catharine, d. 29 Jan 1800, b. 30 Jan 1800, 5d, dau of John & Unity
Ormsby, child, b. 27 Jun 1832, stillborn, child of John
Oro, Francis, d. 8 Aug 1819, b. 9 Aug 1819, 35y, dropsy
O'Rouke, Mrs., b. 9 Jan 1870
O'Rourke, child, b. 17 Nov 1873, stillborn, child of Mr. O'Rourke
O'Rourke, Catharine, b. 8 Mar 1859, 22y
O'Rourke, Catharine, b. 8 Mar 1859, 7y
O'Rourke, Ellen, b. 29 May 1853, 15y
O'Rourke, Ellen, b. 26 Aug 1855, 55y
O'Rourke, Frank, b. 8 Sep 1860, 7y
O'Rourke, Harry, b. 13 Jun 1866, 2y
O'Rourke, James, b. 3 Oct 1858, 34y
O'Rourke, John, b. 11 Dec 1852, 1 hour
O'Rourke, Luke Albert, b. 10 Jul 1861, 2y
O'Rourke, Mary, b. 19 Oct 1863, 85y
O'Rourke, Mary, b. 14 Jan 1870, 3y
O'Rourke, Michael, b. 21 Aug 1853, 7w
O'Rourke, Nicholas, d. 25 Aug 1794, b. 26 Aug 1794, 24y, son of Patrick O'Rourke, Esqr., &
    Mary Angelica Renie de Veteaux, Captain of the Regiment of Walsh in the service of his
    Most Christian Majesty, buried in St. Peter's Church Yard
O'Rourke, Patrick, d. 5 Nov 1806, b. 6 Nov 1806, 66y
O'Rourke, Sarah Ann, b. 9 May 1854, 3y
O'Rourke, William, b. 3 Jan 1852, 60y
O'Rourke, Y. G., b. 12 Aug 1856, 9m
Orr, Charles Noel, b. 9 Jun 1855, 18m, Colored
Orr, James, b. 6 Sep 1861, 15m
Orr, Lucy, b. 10 Feb 1864, 13y
Orr, Mary, b. 19 Apr 1872, 14y

Orr, Thomas, d. 11 Oct 1799, b. 12 Oct 1799, c. 25y
Orrick, female, b. 22 Jul 1839, 5y, dau of Mrs. Orrick, Colored
Orrick, Hetty, b. 16 Jul 1845, 60y, Colored
Orrick, John, b. 16 Oct 1841, 9y, bilious fever, Colored?
Orrick, Mary, b. 8 Nov 1841, 18y, consumption, Colored
Orville, Edward D., b. 10 Jan 1868, 10m
Osband, Nancy, b. 14 Dec 1853, 16y, Colored
Osborn, Margaret, b. 14 Aug 1842, 12m, Colored
Osborne, Sally, b. 24 Jul 1845, 44y, Colored
Osburn, John, b. 22 Jul 1819, 10m
O'Shanesy, child, b. 13 Nov 1865, 15 minutes, child of Mrs. O'Shanesy
O'Shay, Mary Ann, b. 7 Aug 1865, 13m
Osten, Mary Magdalen, d. 17 Apr 1807, b. 18 Apr 1807, 66y, dysentery, wid (Mallet), native of St. Domingo
O'Sullivan, John, d. 15 Dec 1803, b. 16 Dec 1803, dropsy, late from Grenada
O'Sullivan, John, b. 18 Oct 1860, 28y
Oten, John, b. 19 Jun 1869, 7m
O'Toofe/O'Keefe/O'Toole, Rev. P., b. 13 Oct 1870, Priest
O'Toole, male, b. 6 Feb 1866, stillborn, son of John
O'Toole, Bridget, b. 4 Dec 1858, 24y
O'Toole, Catharine, b. 2 Jun 1859, 6m
O'Toole, Rev. P., see O'Toofe/O'Keefe/O'Toole, Rev. P.
O'Toole, William, b. 11 Oct 1860, 37y
Ottman, Mary Joseph, b. 19 Jul 1868, 14m
Oulahan, Mary, b. 22 Apr 1856, 52y
Oulahan, Mary, b. 3 Jun 1858, 2m
Ovaere, Catherine, see Ovare/Ovaere, Catherine
Ovare/Ovaere, Catherine, b. 6 Sep 1839, 70y, infirmity of age
Ovare, John, b. 7 Mar 1842, 60y, consumption
Overman, Jno. T., b. 16 Jul 1872, 18m
Owen, Bridget, b. 12 Jan 1854, 56y
Owen, James, b. 1 Apr 1872, 40y
Owens, Charlotte E., b. 12 Aug 1867, 6m
Owens, Jane, b. 13 Dec 1858, 27y
Owens, Mary, b. 9 Jul 1853, 45y
Owens, Micael (sic.), b. 28 Jul 1866, 3½y
Owens, Patrick, b. 29 Jan 1871, 28y
Owings, Aloysius, b. 31 May 1851, 7y
Owings, Annetta, b. 10 Mar 1866, 6m, Colored
Owings, Jas., b. 6 Aug 1849, 3y
Owings, Lydia C., b. 2 Aug 1874, 18y
Owings, Margaret, b. – Jun 1816, c. 30y, consumption, died yesterday
Owings, Mary C., b. 17 Jun 1851, 4m
Owings, Mary I., b. 5 May 1866, 3y
Owings, Major S., b. 27 Mar 1854, 63y
Owings, Teresa, b. 4 Nov 1853, 56y
Oxford, Jacob, b. 21 Dec 1863, 4y, Colored
Ozier, Clara, b. 6 Jun 1860, 50y, Colored
Ozier, Samuel, b. 30 Jun 1828, 11m, pain in the head, son of John G. Ozier

Padgets, Thos. Alfred, b. 10 Sep 1855, 4y
Padgett, male, b. 22 Jan 1858, stillborn, son of Mr. Padgett
Padgett, Wlliam H., b. 4 Sep 1860, 4½y
Pagan, Hugh, b. 9 Sep 1868, 75y
Page, male, b. 23 Oct 1856, 2 hours, son of Mr. Page
Page, Natalie, b. 27 Mar 1867, 3½y
Pages, male, b. 25 Apr 1854, 8y, Colored
Pages, Mr., b. 11 Apr 1869, child
Paillotet, Margaret, d. 27 Aug 1817, b. 28 Aug 1817, c. 84y, native of Nova Scotia
Paine, child, b. 10 Sep 1848, stillborn, child of Mr. Paine
Paine, child, b. 2 Apr 1851, 20m, child of Jno.
Paine, Celestia, b. 2 Apr 1848, 18m, Colored
Paine, John, d. 1 Sep 1799, b. 2 Sep 1799, c. 25y, native of Ireland
Paines, male, b. 23 Sep 1845, 7m, son of Mr. Paines, Colored
Paini, Mrs. F., b. 21 Jun 1873, 41y
Painter, Virginia P., b. 31 May 1862, 12m
Palfry, Ann, b. 7 Nov 1874, 95y
Pallerson, Adam, b. 3 Apr 1845, 60y, Colored
Palmer, James, b. 26 Jun 1855, 20y
Pamphillion, Hellen C., b. 29 Apr 1857, 16y
Pamphillion, William, b. 21 Apr 1855, 57y
Pamphilon, ----, d. 27 May 1814, b. 28 May 1814, consumption
Pampillion, William James, b. 18 Mar 1830, c. 8m, unknown sickness
Pancia, Anthony, b. 11 Nov 1860, 68y
Paolie, Paul Mark, d. & b. 2 Nov 1794, 30y, hus of Mary, buried in St. Peter's Church Yard
Papano, child, b. 8 Jul 1822, 24d, child of Joshua
Papish, Susanna, d. 2 Aug 1815, b. 3 Aug 1815, 5d
Paris, Susanna, d. 17 Sep 1811, b. 18 Sep 1811, 69y6m
Parish, George, b. 10 Sep 1830, c. 4m, summer complaint, son of William
Parker, Abraham, b. 21 Mar 1853, 30y, Colored
Parker, Alice A., b. 1 Apr 1864, 7m, Colored
Parker, Ann, b. 15 Dec 1864, 8y, Colored
Parker, Mary, b. 18 Apr 1850, 16m
Parker, Mary E., b. 19 Oct 1852, 18m, Colored
Parker, Michael, b. 17 Aug 1856, 36y
Parker, Sarah, b. 19/20 Mar 1836, 65y, cold, Colored?
Parker, William, b. 12 Sep 1854, 30y
Parle, Robert, b. 8 Jun 1844, 46y
Parraway, Manne L., b. 11 Oct 1872, 22y
Parrot, female, b. 18 Aug 1853, 5m, dau of William
Parrot, male, b. 24 Oct 1840, 2m, son of Mr. Parrot
Parrot, Elizabeth Mary, b. 23 Jul 1855, 5w
Parrot, Ellen, b. 16 Nov 1853, 33y
Parrot, Martha Ellen, b. 14 Aug 1847, 6m
Parrot, Sarah, b. 15 Mar 1845, 45y
Parrot, William, b. 16 Mar 1851, 1w
Parrott, Mrs., b. 17 Jun 1844
Parry, Edward Ward, d. 11 Jul 1800, b. 12 Jul 1800, c. 1m, son of Michael & Elizabeth
Parry, Thomas, b. 28 May 1819, 4d
Parsons, Mrs., b. 6 Jul 1872, 94y
Parsons, Eliza, b. 26 Jul 1848, 36y
Parsons, James, b. 14 Nov 1863, 28y
Parsons, Jas. Laurence, b. 19 Mar 1853, 4y
Parsons, John, b. 9 Oct 1824, c. 12y, sore throat
Parsons, John, b. 16 Oct 1841, 60y, consumption
Parsons, Joseph, b. 31 Oct 1865, 49y

Parsons, Mary, b. 19 Jun 1848, 50y
Parsons, Thomas, b. 29 Aug 1856, 18m
Partridge, Ann, d. 25 Sep 1803, b. 26 Sep 1803, 10m, dau of Joseph & Sarah
Partridge, Jane Fenwick, d. 12 Oct 1813, b. 13 Oct 1813, 9y
Pascault, Mrs., b. 25 Dec 1830, c. 73y, fit
Pascault, twins, d. & b. 18 Apr 1812, born 17 Apr 1812, children of Louis
Pascault, John Aime (Aime John), d. 28 Apr 1795, b. 29 Apr 1795, 1y10m3w1d, son of Lewis & Mary, buried in St. Peter's Church Yard
Pascault, Lewis, b. 1 Jun 1824, 75y, native of France, long a resident of Baltimore
Pascault, William Peter, d. 4 Aug 1798, b. 5 Aug 1798, 19m, son of Lewis & Mary Magdalen
Patrick, James, d. 4 Dec 1809, b. 6 Dec 1809, c. 50y, free Negro
Patrick, Resing Fitz, b. 25 Jan 1873, 18m
Patten, Catharine, b. 29 May 1860, 80y
Patter, Henrietta, b. 30 Jan 1858
Patterson, female, b. 23 Mar 1819, c. 30y, suddenly, wife of Patterson, free, very poor
Patterson, Henrietta, b. 4 Feb 1865, 56y, Colored
Patterson, John, d. 27 Oct 1806, b. 28 Oct 1806, died in Baltimore County
Patterson, John, b. 7 Jul 1848, 10m
Pattin, Mary, b. 28 Jun 1850, 34y
Paul, Agness A. C., b. 15 Apr 1864, 12m
Paul, Clementine, b. 18 Feb 1849, 27y, Colored
Paul, Joseph, b. 21 May 1855, 9m
Pauli, Daniel, d. 5 Mar 1802, b. 6 Mar 1802, 2y5d, son of John & Ann
Pauli, Maria Pilippina (Philippina) d. 17 Oct 1799, b. 18 Oct 1799, c. 12m, dau of John & Joanna Catharine
Pauly, William, d. 26 Jul 1808, b. 27 Jun 1808, 2y, cholera, son of Daniel & Jane
Pawley, Jane, d. & b. 24 Jun 1820, 40y, bilious fever
Payne, John David, b. 12 Aug 1847, 6m
Payne, John David, b. 6 Feb 1859, 2½y
Payne, Martha, b. 11 May 1866, 20y
Payne, Thomas, b. 22 Jan 1864, 3y, Colored
Peach, Isabella, b. 8 Mar 1858, 5y
Peach, John, b. 3 Feb 1872, 3w
Peacock, female, b. 30 Oct 1843, 6 hours, dau of Stephen
Peacock, female, b. 20 Dec 1845, 6m, dau of Mrs. Peacock
Peacock, Mrs. E., b. 28 Mar 1871, 80y
Peacock, Sarah, b. 17 Apr 1852, 60y
Peacock, Stephen, b. 27 Oct 1845, 27y
Peacock, Susan, b. 31 Mar 1845, 17m
Peaks, John, b. 29 Jan 1857, 65y
Pearce, male, b. 31 Oct/Nov 3 1840, 1y, son of Richard
Pearce, James, b. 29 Jul 1851, 9m
Pearce, Richard, b. 16 Feb 1853, 53y
Pease, female, b. 23 Jul 1841, 10m, summer complaint, dau of Francis
Pease, Miss, b. 21 Feb 1842, 29y, consumption
Pease/Pise, Christopher, b. 11 May 1839, 4m
Pease, Mary, b. 12 Feb 1840, 36/63y
Pecar, Elizabeth, b. 7 Feb 1859, 2m, Colored
Peckocheck, Miss, b. 26 Feb 1873, 35y
Pecotiere, Ann Frances Brutus Gantier, d. 9 Dec 1796, b. 10 Dec 1796, 2y9m27d, son (sic) of Germain Gantier & Mary Frances Maraine
Pedro, Nicholas, b. 13 Feb 1842, 34y, dropsy & liver disease
Peed, Drury Ann, b. 12 Aug 1863, 30y, Colored
Peed, James, b. 30 Dec 1859, 4y, Colored
Peer, Mary, b. 22 Jan 1861, 110y, Colored
Peirce, Thomas, b. 10 Oct 1854, 7y

Peircey, child, b. 16 Apr 1850, child of J. H. Peircey
Pelais, Eliza, b. 26 Apr 1853, 2y
Pelifsot, John Baptist, d. 21 Nov 1793, b. 22 Nov 1793, 53y5m4d, native of Ricey Hautrive near Bar on the Saone, died in Baltimore, buried in St. Peter's Church Yard
Pembleton, Rebecca, b. 13 Sep 1827, c. 40y, consumption
Penbroke, Sarah, b. 4 Feb 1829, c. 65y, bilious fever, Colored woman
Pendegrass, child, see Pendergrass/Pendegrass, female/child
Pendergast, child, b. 13 Nov 1866, 4 hours, child of Mr. Pendergast
Pendergast, male, b. 5 Aug 1850, 3m, son of Mr. Pendergast
Pendergast, Adelade, b. 6 May 1855, 18m
Pendergast, Mrs. Adelaide L., b. 14 Mar 1859, 32y
Pendergast, Alice, b. 11 Mar 1874, 2y
Pendergast, Charles, b. 7 Oct 1867, 76y
Pendergast, Francis Chas., b. 16 Nov 1859, 10m
Pendergast, John, d. 30 Jul 1798, b. 31 Jul 1798, c. 6m, son of Robert & Ruth
Pendergast, John, b. 2 Nov 1845, 22y
Pendergast, Margaret, b. 5 Sep 1862, 70y
Pendergast, Rosanna, b. 19 Apr 1855, 35y
Pendergast, Thos., b. 6 Nov 1874, 50y
Pendergast, William, b. 11 Sep 1867, 80y
Pendergrass/Pendegrass, female/child, b. 18 Jul 1836, few minutes old/1 hour, dau/child of William
Pendergrass, Ellen, b. 13 Jul 1843, 48y
Peniman, Mary, b. 23 Apr 1822, c. 35y, died in the Alms House
Penman, Ann, b. 7 Aug 1816, 3m, whooping cough
Penman, John, d. 29 Oct 1816, b. 30 Oct 1816, c. 6m, suddenly
Penner, William, b. 2 Mar 1849, 10y
Penpallon, Lewis, d. 11 Mar 1800, b. 12 Mar 1800, c. 17y, native of Mole St. Nicolas
Penston, Catharine, d. & b. 20 Jul 1806, 8m20d, cholera, dau of James & Mary
Penston, Elizabeth, d. 25 Mar 1803, b. 26 Mar 1803, 53y, pleurisy
Perchon, child, b. 20 Aug 1827, died soon after birth, child of Charles
Perdue, Lebon, b. 9 Jul 1854, 74y
Peregoy, Mary, b. 26 Jul 1849, 26y
Peremont, Jean Baptist, d. 9 Jun 1800, b. 10 Jun 1800, c. 3y, son of Ann
Perier, Mary Francis, d. & b. 19 Oct 1797, c. 17m, dau of Peter & Agnes
Perigault, Margaret, d. & b. 26 Sep 1795, c. 43y, wife of Francis LeClere, planter of Plaisance, St. Domingo
Perine, Joseph E., b. 26 Sep 1849, 31y
Perkin, child, b. 25 Jun 1849, 3y, child of Mr. Perkin
Perkin, child, b. 23 Jul 1853, 3y, child of Mr. Perkin
Perkins, male, b. 5 Jul 1846, 13m, son of Mr. Perkins
Perkins, Laura, b. 1 Mar 1864, 32y, Colored
Perkins, Thos. Jas., b. 21 Jan 1850, 13m
Perrine, Frank, b. 17 Aug 1874, 9m
Perrine, Joseph E., b. 3 Feb 1874, 5y
Perron, Stephen, d. 24 Aug 1795, b. 25 Aug 1795, c. 38y, native of La Rochelle, buried in St. Peter's Church Yard
Perry, male, b. 16 Sep 1859, stillborn/1y (sic), son of Michael
Perry, Israel, b. 17 Feb 1871, 78y
Perry, Israel, b. 2 Aug 1874, 48y
Perry, Lydia, b. 8 Jun 1836, c. 45-50y, Colored
Perry, Martha Matilda, b. 18 Jul 1846, 22y
Perry, Mary A., b. 21 Sep 1869, 60y
Perry, Oliver H., b. 28 May 1855, 29y
Pertier, Lewis, d. 30 Jan 1794, b. 31 Jan 1794, 45y, native of Burgundy, France, buried in St. Peter's Church Yard

Pessere, Maria Magdalene, d. 3 Feb 1822 (1:00 p.m.), b. 4 Feb 1822, c. 15y
Petel, Joseph, d. 29 Jul 1798, b. 30 Jul 1798, c. 49y, native of Canada
Peter, Benedict, b. 21 May 1846, 3w, Colored
Peterres, Mary Joseph Adele, b. 6 Sep 1821, 28y, consumption
Peters, Barbara, b. 25 Jun 1858, 80y
Peters, Catharine, d. 5 May 1797, b. 6 May 1797, c. 30y, wid
Peters, Christian, b. 29 Apr 1871, 86y
Peters, Clara, b. 28 Oct 1850, 60y, Colored
Peters, Henry, d. 10 Oct 1793, b. 11 Oct 1793, shoemaker, died at Fells Point, buried in St. Peter's Church Yard
Peters, John, b. 8 May 1851, 31y
Peters, John R., b. 10 Sep 1864, 23y
Peters, Joseph, b. 23 Dec 1856, 33y
Peters, Laura, b. 7 Jan 1853, stillborn
Peters, Laura, b. 7 Jan 1853, 30y
Peters, Margaret, b. 28 Aug 1854, 3y
Peters, Maria, d. 18 Sep 1804, b. 19 Sep 1804, 9d, dau of John & Maria
Peters, Mary, b. 11 Apr 1841, 50y, dropsy, Colored
Peters, Mary, b. 4 Jul 1856, 12m
Peterson, female, b. 19 Apr 1842, 15m, inflamation of the bowels, dau of Mr. Peterson
Peterson, male, b. 31 Jul 1839, 4m, summer complaint, son of William
Peterson, Cath., b. 5 Jan 1872, 84y
Peterson, Elizabeth, b. 9 Nov 1862, 30y
Peterson, John, d. 10 Mar 1808, b. 11 Mar 1808, 5y6m, son of John & Margaret
Peterson, John, d. 6 Jul 1818, b. 7 Jul 1818, c. 50y
Peterson, John, b. 20 Dec 1819, c. 20m-5y, removed from St. Mary's County
Peterson, Joseph C., b. 27 Jul 1867, 33y
Peterson, Julia, b. 1 Jun 1856, 35y
Peterson, Margaret, b. 20 Sep 1847, 70y
Peterson, Mary Ann, d. 10 Aug 1817, b. 11 Aug 1817, 2y
Peterson, Peter, b. 22 Oct 1844, 38y
Peterson, Peter S., b. 23 Aug 1869, 33y
Peterson, Wm. I., b. 3 Feb 1845, 2½y
Petet, Ellen, b. 29 Oct 1858, 21y
Petit, Joseph, b. 17 Jun 1858, 10m
Petrie, child, b. 10 Feb 1846, 3y, child of Mr. Petrie
Petrie, Ferdinand, b. 6 Jan 1849, 15m
Petrie, Mary A. Amelia, b. 7 Aug 1844, 11m
Pettit, Rose, b. 30 May 1859, 8m
Petty, Robert, b. 15 Mar 1862, 49y
Pfifer, Elizabeth, d. & b. 3 Nov 1801, 7m, dau of Nicolas & Mary
Pfifer, George, d. 12 Jan 1807, b. 13 Jan 1807, 74y, widower
Pfifer, John, d. & b. 10 Sep 1797, son of George
Pfifer, Mary, d. 4 Dec 1802, b. 5 Dec 1802, -- age, wife of Nicholas
Pfifer, Rachel, d. 11 Jun 1803, b. 12 Jun 1803, c. 7m, dau of Nicholas & Mary
Pfifer, Sarah, d. 1 Aug 1809, b. 2 Aug 1809, 13m, dau of Frederick & Rebecca
Pfifer, Ursula, d. 3 May 1798, b. 4 May 1798, 54y, wife of George
Pfiffer, Nicholas, d. 17 Dec 1805, b. 18 Dec 1805, c. 40y, dropsy
Phelan, Edward, d. 11 Nov 1815, b. 12 Nov 1815, c. 50y, consumption
Phelan, Elizabeth, d. 10 Sep 1816, b. 11 Sep 1816, c. 31y, bilious fever
Phelan, Patrick, b. 26 Nov 1862, 49y
Philip, child, b. 29 Sep 1849, 6w, child of Mr. Philip
Philip, John, d. 31 Jan 1795, b. 1 Feb 1795
Philipps, James, b. 13 Jul 1874
Philips, Catharine A., b. 1 Aug 1845, 2y
Philips, Mrs. Catharine, b. 29 Aug 1849, 61y

Philips, Charles/Mr., b. 25/26 Dec 1835, 47y, consumption
Philips, Clara Virginia, b. 28 Jul 1866, 3m
Philips, Ferdinand, b. 31 Jul 1840, 27y, consumption, Colored?
Philips, Francis M., b. 25 Jun 1852, 16m
Philips, Letitia, b. 9 Feb 1843, 19y
Philips, Margaret, d. 19 Aug 1797, b. 20 Aug 1797, 2m12d, dau of Jacob & Mary
Philips, Margaret, b. 8 Oct 1845, 3w
Philips, Margaret, b. 28 Jan 1863, 80y
Philips, Mary Jane, b. 2 Feb 1863, 27y, Colored
Philips, Robert A. F., b. 21 Apr 1861, 3w
Phillips, Captain, b. 23 Nov 1822, c. 50y, pleurisy
Phillips, Jacob, see Poly, Jacob
Phillips, Rachel, b. 1 Aug 1872, 22y
Philomena, Sister, b. 15 Mar 1843, 20y, Colored
Phipps, Chas. Henry, b. 31 Dec 1851, 15m
Phipps, Edward, b. 29 Mar 1856, 54y, Colored
Phipps, John, b. 9 Apr 1840, 4m, water on the brain
Phipps, Mary Ann, b. 18 May 1852, 19y
Phips, Anna, b. 4 Apr 1867, 90y
Phips, Mary Ellen, b. 22 Apr 1852, 18y
Phobey, Joseph, b. 25 Oct 1824, c. 48y, consumption
Pic, Mrs., b. 6 Nov 1843, 90y
Picard, Peter, d. 16 Feb 1798, b. 17 Feb 1798, c. 34y, mariner, native of Burgundy, France
Pickeral, George, b. 18 Jul 1853, 10m
Picket, Catharine C., b. 15 Jul 1853, 7m
Picket, Mary, b. 1 Jun 1853, 16y
Pickett, Emma C., b. 9 Dec 1857, 3y
Pickett, Thomas, b. 2 Apr 1842, 35y, consumption
Picquet, Edmund, see Picquit/Picquet, Edmund
Picquet, Garret, b. 27 Oct 1844, 34y
Picquit/Picquet, Edmund, b. 9 May 1837, 32y, drowned
Pierce, Andrew, b. 6 Mar 1861, 33y
Pierce, Barbara, b. 20 Jul 1851, 2w
Pierce, John L., b. 2 Feb 1858, 25y
Pierce, Robert, b. 27 Jul 1858
Piercy, male, b. 12 Apr 1850, 2½y, son of Mr. Piercy
Pierre, Louis, b. 5 Nov 1819, 3y6m, whooping cough
Pierre, Marie, b. 27 Sep 1818, 18m
Pierson, Anastasia, d. 2 Aug 1809, b. 3 Aug 1809, 1y7m, dau of Daniel & Sarah
Pierson, Sarah, d. 21 Jun 1805, b. 22 Jun 1805, consumption, wife of Daniel
Pies, Cecelia, b. 1 Sep 1822, c. 10y, suddenly
Pies, Edward, b. 11 Sep 1822, 5y, brother of two sisters who died a few days ago
Pies, Eliza, d. & b. 1 Sep 1822, c. 14y, sore throat and grief for her sister
Piet, Olivia Mary, b. 8 Jul 1858, 2w
Piet, Susan/Susan McSherry, b. 28 May 1869
Piette, Antoine Casimore Joseph, d. 26 Dec 1790, b. 29 Dec 1790, native of Valenciennes, *(French)
Pifer, male, b. 16 Oct 1861, stillborn, son of Mathias
Piggot, Austen C., b. 12 Feb 1854, 4y
Piggot, Henrietta, b. 21 Jun 1847, 10m
Pigot, Edward, b. 12 Aug 1826, c. 40y
Piguett, Edmund, b. 21 Feb 1864, 7y
Pike, Henry, b. 11 Apr 1856, 62y
Pike, Ignatius, b. 25 Mar 1866, 69y
Pike, Mary A. White, b. 31 Oct 1823, c. 21y, childbirth, dau of Whelan White, Jr., her daughter lived and married Dr. A.J. Bowie, and died 4 Oct 1870, aged 48y

Pilch, Charlotte, d. 31 Oct 1800, b. 1 Nov 1800, 4y, dau of James & Elizabeth
Pilch, Susanna, b. 19 Aug 1805, 13m, dau of Mary
Pinault, Rene, d. 8 Sep 1805, b. 9 Sep 1805, 49y, son of Oliver & Clotilde DePout, native of Loches, Touraine
Pincan, Jean Marie Nicolas (Nicolas), d. 12 Oct 1793, b. 13 Oct 1793, c. 27y, native of the St. Jean Baptiste parish in Tron, in Fort Dauphin,*(French)
Pinckney, John, b. 25 Sep 1863, 16m, Colored
Pinkney, Mary, b. 25 Jul 1852, 6m, Colored
Pinley, Sarah, d. 2 Sep 1816, b. 3 Sep 1816, 25y, consumption, Colored woman, native of Richmond
Pinney, Peter, d. 25 Mar ----, b. 26 Mar ----, typhus
Pippen, child, b. 24 Jul 1823, measles, child of Betsy, servant of Mrs. Crimps
Piquett, Catherine C., b. 20 Dec 1845, 25y
Piquett, Catharine C., b. 26 Jul 1861, 2½y
Piquett, Edward I., b. 15 Aug 1864, 7m
Piquett, Edward I., b. 15 Sep 1864, 17m
Piquett, Francis & T., b. 31 May 1871
Piquett, Francis A., b. 17 Jul 1864, 16m
Piquett, Mary, b. 9 Aug 1860, 84y
Piquett, Moina, b. 24 Jul 1846, 2d
Piquett, T., see Piquett, Francis & T.
Pisani, Mary F., b. 15 Jun 1871, 6m
Pise, Mr., b. 23 Dec 1844, 35y
Pise, Christopher, see Pease/Pise, Christopher
Pitt, child, b. 10 Jun 1822, child of Adaline, servant of John McKim, Jim
Pittman, child, b. 19 Oct 1829, child of Edward
Placide, ---, b. 7 Apr 1829, age unknown, apoplectic fit
Placide, Francis, b. 7 May 1866, 60y
Placide, Henry F., b. 5 Aug 1861, 20y
Placide, Louisa M., b. 11 Jan 1870, 53y
Placide, Louise, d. 19 Sep 1818, b. 20 Sep 1818, 40y, consumption
Placide, Mathew, b. 17 Oct 1873, 59y
Placide, Paul Augustus, d. & b. 18 Jul 1799, 5w, son of Paul & Louisa
Plant, Alice, b. 1 Nov 1864, 6d, Colored
Plater, Earnest, b. 22 Mar 1872, 9y, Colored
Plater, Jane, b. 6 Jul 1813, c. 11y, Colored, dau of Anne Plater, now Yerby, a free Colored woman
Playfort, Mrs., b. 29 Mar 1835, 45y, palsy
Ploughman, Mrs., b. 26 Oct 1843, 35y
Plowman, Margaret, b. 14 Dec 1864, 18y
Plowman, Mary, b. 1 Jan 1872, Colored
Plunket, Charlotte, d. 19 Nov 1803, b. 20 Nov 1803, 3y, dau of Achilles & Renee Rose Amenaide Gentilot
Plunket, Eutropia A., d. 4 Nov 1803, b. 5 Nov 1803, 5y, dau of Achilles & Renee Rose Amenaide Gentilot
Plunket, Mark I., b. 8 Jun 1862, 24y
Plunket, Mary, see Plunket, Wm. & Mary
Plunket, Wm. & Mary, b. 12 Oct 1859, 14 hours
Plunkett, Louise Josephine Athanaise, d. 14 Jul 1800, b. 15 Jul 1800, c. 12y, dau of Charles Edward & Marie Louisa Yvonnet
Plunkett, Mary, b. 27 Jun 1864, 52y
Poat, John, b. 12 Aug 1864, 13 minutes
Poat, Teresa, b. 13 Aug 1865, stillborn
Poats, Mr., b. 31 Mar 1867, stillborn
Pochan, Eulalie M., b. 12 Nov 1858, 60y
Pochan, Maria Teressa, b. 29 Jun 1864, 70y

Pochon, Charles, b. 26 Nov 1866
Pochon, Charles F., b. 4 Apr 1857
Pochon, Charles Julien Joseph, d. 1 Jan 1829, b. 3 Jan 1829, 83y, old age
Pochon, Harriet, d. 12 Jan 1818, b. 13 Jan 1818, 22y, bilious, consort of Charles F. Pochon
Poetron, Elizabeth, b. 12 Jul 1857, 35y
Pogue, Lucinda E., b. 23 Dec 1865, 60y
Poirier, Augustin, d. 30 Oct 1802 (11:00 p.m.), b. 31 Oct 1802, 37y, son of Jn & Margaret Gabara, native of Bougue de la Marche, Brittany, diocese of Nantes
Poirier, Margaret, d. 5 Feb 1799, b. 6 Feb 1799, wid, native of Nova Scotia
Poirier, Peter, d. 19 Mar 1796, b. 20 Mar 1796, 66y10m, native of Acadia
Poland, Bridget M., b. 18 Apr 1869, 40y
Poland, Isabella, b. 25 Jul 1865, 18m
Poland, Thomas, b. 2 Jan 1860, 28y
Poley, Mary, b. 23 Oct 1825, c. 11m
Polley, Eliza, b. 10 Jan 1874, 74y
Polley, Thomas, b. 15 Sep 1828, 9m, unknown sickness, son of Thomas
Pollitty, Augusta G., b. 4 Jul 1873, 6m
Pollock, Winifrid, d. 17 Nov 1815, b. 18 Nov 1815, c. 60y, bilious fever
Polly, Richard, b. 30 Aug 1844, 40y
Polly, Thomas, b. 20 Feb 1838, 30½y, decline
Polly, Thomas, d. 2 Sep 1855, 26y
Poly, George, d. 21 Aug 1802, b. 22 Aug 1802, 2y, son of Mary
Poly, Henry George, d. 24 Sep 1796, b. 25 Sep 1796, 2y5m9d, son of Jacob & Mary
Poly, Jacob (alias Phillips, Jacob), d. 22 Feb 1800, b. 23 Feb 1800
Poncet, Joseph, d. 8 Jan 1797, b. 9 Jan 1797, 2m, son of Lewis Joseph & Ann Venean
Poncet, Lewis, born, d & b. 7 Mar 1799, privately baptised on account of imminent danger, son of Lewis & Mary Julia
Poncia, Cath., b. 31 Mar 1871, 76y
Poncia, Ferdinand, b. 18 Oct 1858, 26y
Ponponneau, Francis, d. 28 Jul 1795, b. 29 Jul 1795, 14m, son of Oliver & Mary Chevalier
Pons, Anthony, d. & b. 19 Jan 1797, native of Port Mahon, Minorca Island
Pontier, Anthony, d. 1 Feb 1816, b. 2 Feb 1816, 49y, nervous fever, native of France
Pontier, Charles, b. 7 Mar 1855, 16y
Pontier, Marie Rose, d. 6 Aug 1811, b. 7 Aug 1811, 4m
Pontier, Mary Frances, d. 6 Oct 1820, b. 7 Oct 1820, c. 25y, nervous fever
Pontier, Teresa Elizabeth, d. & b. 5 Aug 1803, 10m16d, dau of Anthony & Mary Catharine DuPlan
Pontier, Ursula Adelina, d. 3 May 1804, b. 4 May 1804, 5y, dau of Anthony & Mary Catharine
Poole, Elizabeth, d. & b. 17 Jul 1800, 5d
Pooli, Ann, d. 28 Jun 1798, b. 29 Jun 1798, 11m, dau of John & Hannah
Porter, Ann, d. 30 Jun 1809, b. 1 Jul 1809, c. 8m, cholera, dau of John & Sarah
Porter, Ellen, b. 13 Dec 1858, 40y
Porter, Mary J., b. 29 Sep 1872, 40y
Porter, Miss Sarah, b. 16 Dec 1851, 21y
Posey, female, b. 28 Jun 1843, 3m, dau of Adrian A. Posey
Posey, male, b. 3 Jul 1844, 6m, son of A. Posey
Posey, Adrian A., b. 20 Apr 1854, 63y
Posey, Adrian A./male child of Adriana, b. 20 Jan 1841, 2y
Posey, L., b. 16 Sep 1872, 48y
Posey, Margaret, b. 27/28 Mar 1838, c. 53y, consumption
Posey, Rose A., b. 23 Feb 1850, 3y
Postle, William H., b. 3 Jun 1827, 2y
Potat, John, d. 7 Nov 1798, b. 8 Nov 1798, c. 45y, native of France
Poted, John, d. 1 Oct 1809, b. 2 Oct 1809, 52y
Potonie, Basil, b. 9 Aug 1822, c. 80y, consumption, French barber
Potts, Sarah, b. 9 Aug 1867, 22y, Colored

Poucet, Matthew Oscar, d. 30 Aug 1819, b. 31 Aug 1819, 15d, summer complaint
Poullet, Jean Baptiste, d. 17 May 1793, b. 18 May 1793, of Cap Francois, *(French)
Poutier, child, b. 14 Aug 1831, stillborn, child of Lewis Edward
Powell, ---, b. 9 Mar 1873, stillborn, Colored
Powell, child, b. 6 Sep 1859, stillborn, child of Mr. Powell
Powell, Mrs., b. 23 Apr/Aug 1839, 68y, consumption
Powell, James, b. 1 Sep 1870, 54y, Colored
Powell, John, b. 22 Dec 1864, 48y
Powell, Joseph, b. 20 Aug 1832, c. 8y, unknown sickness
Powell, Josephine, b. 30 Sep 1848, 18m
Powell, Joshua, b. 28 Jul 1849, 80y
Powell, Mary, b. 19 Nov 1865, 33y
Powell, Regina, b. 8 Jan 1858, 25y
Power, Alfred, b. 27 May 1848, 16m
Power, Ann, d. 13 Jul 1796, b. 14 Jul 1796, 4m, dau of James & Mary
Power, Benjamin P., b. 10 Aug 1853, 20m
Power, Catharine, d. & b. 12 Aug 1800, 11m, dau of James & Mary
Power, Mrs. Eliza, b. 30 Apr 1839, 40y, consumption
Power, James, b. 5 Oct 1821, c. 45y, bilious fever, native of Ireland
Power, James, b. 3 Feb 1872, 30y
Power, James Richd., b. 25 Jun 1858, 19y
Power, John, b. 21 Jul 1810, 21y, consumption
Power, John, d. 20 Sep 1812, b. 22 Sep 1812, 33y, bilious fever
Power, Lydea Ann, b. 8 Jul 1823, 2m, unknown sickness, dau of Thomas
Power, Maria, b. 1 Apr 1872, 52y
Power, Michael, b. 14 May 1845, 50y
Power, Richard, b. 18 May 1846, 36y
Power, Thomas, d. 26 Aug 1796, b. 27 Aug 1796, c. 6m, son of James & Mary
Power, Thomas C., b. 23 Sep 1842, 13y
Power, William, d. & b. 11 Dec 1793, received the rites of the church, buried in St. Peter's Church Yard
Power, William, d. 30 Oct 1806, b. 31 Oct 1806, 25y, native of Ireland
Powers, ---, d. 19 Apr 1818, b. 20 Apr 1818, 25y, consumption
Powers, Mr., b. 11 Apr 1825, c. 15y, complication of diseases
Powers, Emma, b. 11 Jun 1866, 21y
Powers, James, b. 10 Jul 1825, c. 62y, sickness in the head
Powers, Jno. T., b. 16 Aug 1872, 36y
Powers, Sarah, b. 23 May 1824, 60y, fit
Powers, Thomas, b. 20 Apr 1829, c. 67y, colic
Powers, William, b. 27 Jun 1828, age unknown, drank cold water, suddenly
Powley, William, d. 14 Apr 1809, b. 15 Apr 1809, 6m, son of Daniel & Jane
Pratt, Madeline F., b. 28 Jun 1848, 80y, Colored
Pratt, Mrs. Susan, b. 7 Jan 1853, 49y
Prendergrass, child, b. 18 Nov 1825, c. 3w, unknown sickness, child of William
Prenty, Bernard, b. 24 Sep 1870, 52y
Presbery, William, b. 18 Aug 1832, c. 40y, cholera
Presneham, Elizabeth, d. 1 Mar 1795, b. 2 Mar 1795, 2y7m, dau of James & Eleanor
Pressoir, Charles, d. 14 Aug 1807, b. 15 Aug 1807, 44y, son of James & Magdalen Terreux
Presstman, Phobe, b. 3 Jan 1832, influenza, buried in William Dowling's lot
Preston, Jane, b. 7 Aug 1872, 40y
Preston, Matilda V., b. 13 Sep 1863, 8d
Preston, Menasseh, b. 4 Apr 1815, c. 72y, old age
Preston, Timothy, b. 7 Jan 1865, 41y
Prevost, male, b. 11 Jun 1858, 1 hour, son of Louis Victor
Prevost, male, b. 14 Sep 1863, stillborn, son of Aristedes
Prevost, Mr., b. 9 Jan 1821, unknown sickness

Prevost, Mrs., b. 28 Mar 1841, 84y, infirmity of age
Prevost, Mrs., b. 19 Oct 1853, 25y
Prevost, Adeline, b. 10 Mar 1868, 11y
Prevost, Aristides, b. 8 Feb 1859, 6y
Prevost, Aristide, b. 18 Oct 1862, 5w
Prevost, Benjamin, d. 9 Nov 1820, b. 11 Nov 1820, c. 20y, asthma
Prevost, Emilie, b. 25 Oct 1864, 3y
Prevost, Francis, b. 15 Dec 1849, 16y
Prevost, Francis Nicholas, b. 15 Mar 1831, 84y, unknown sickness, formerly a judge of Cape Francois, received the sacrament in his sickness from Rev. Dr. Lapin
Prevost, Gustave, b. 8 Jan 1861, 5y
Prevost, Louisa, b. 8 Nov 1853, 19m
Prevost, Nadine, b. 21 Dec 1867, 8y
Prevost, Victor, b. 30 Aug 1849, 16m
Prevost, Victor, b. 5 Aug 1871
Prevot, Elizabeth, d. 20 Nov 1798, b. 21 Nov 1798, 4y, dau of John & Mary
Price, Ann, b. 6 Sep 1853, 26y
Price, Ann Rebecca, b. 10 Sep 1832, c. 1y, bilious, child of Thomas, Colored
Price, Eliza, b. 29 Nov 1851, 65y
Price, John, b. 15 Sep 1817, 3m
Price, Thomas, d. 10 Dec 1804, b. 11 Dec 1804, 56y, consumption
Prichard, Elizabeth, d. 7 Nov 1813, b. 8 Nov 1813
Priest, John Baptist LeBreton, d. & b. 6 Mar 1803, 47y, native of France
Prindergast, John, b. – Sep 1821, c. 27y, consumption
Printy, Josephine, b. 13 Sep 1858, 19m
Printz, Bernard, b. 25 Oct 1869, 21y
Prior, male, b. 13 Apr 1836, 2y, teething, son of George
Prior, Almeda A., b. 18 Jul 1854, 2y
Prior, Thomas, b. 8 Nov 1856, 12y
Prisbury, male, b. 30 Sep 1834, 3y, cholera infantum, son of Mr. Prisbury
Proctor, Martha, b. 19 Mar 1841, age --, consumption
Prosper, Adeline, b. 1 Jul 1851, 62y
Prosser, John, b. 2 Aug 1823, c. 35y, cholera morbus
Proud, Daniel, b. 27 Oct 1862, 2y
Proud, Wm. Joseph, b. 25 Oct 1862, 7y
Proudfoot, George, b. 14 Jan 1865, 5m
Prout, Charity, b. 20 Jan 1848, 70y, Colored
Prout, Jacob, b. 24 Dec 1852, 35y
Prout, Margaret, d. 24 Feb 1822, b. 25 Feb 1822, c. 38y, consumption, slave of Mr. F. T. Dougherty
Prout, William F., b. 1 Nov 1862, 5y
Provost, Julian Charles, d. & b. 20 Sep 1794, 8m, son of Julian & Magdalen Josephine Caroline DeLaFaychere, buried in St. Peter's Church Yard
Provotary, Mrs. Elizabeth, b. 9 Aug 1838, 60/82y, tremors in the chest
Pruse, Mrs., b. 27 Aug 1835, c. 28y, childbirth
Pryor, Clara I., b. 14 Jun 1863, 6m
Pryor, Clare, b. 31 Mar 1857, 15y
Pryor, Geo. E., b. 11 Aug 1871, 2m
Pryor, Henry L., b. 21 Jan 1859, 50y
Pryor, Mark F., b. 11 Jun 1863, 2y
Purcell, male, b. 6 Aug 1838, 7m, teething, son of James
Purcell, male, b. 12 Jan 1846, 2y, son of Purcell
Purcell, male, b. 12 Jan 1846, 4y, son of Purcell
Purcell, James, b. 21 Dec 1842, 15m
Purcell, James, b. 20 Jan 1854, 80y
Purcell, John, b. 29 Jul 1843, 6m, from Alms House

Purcill, Thomas, b. 12 Jul 1828, c. 2y, summer complaint, son of James
Purry, Nicholas, d. 8 Nov 1802, b. 9 Nov 1802, c. 75y, native of Italy
Purtell, Mrs., b. 13 Apr 1847, 40y
Purvey, David, b. 25 Sep 1854, 60y, Colored
Purviance, Abraham, b. 3 May 1860, 60y, Colored
Purviance, William Augustus, b. 24 Jul 1824, 7m, bowel complaint, son of Robert

Quaid, Catharine, b. 19 Oct 1857, 42y
Quaid, David, b. 19 Mar 1859, 2y
Quaid, David, b. 23 Sep 1860, 45y
Quaid, Ellen, b. 27 Apr 1860, 4d
Quaid, Honora, b. 20 Jul 1866, 52y
Quaid, James, b. 18 Dec 1868, 7y
Quaid, Kate, b. 16 Dec 1868, 6y
Quaid, Mary, b. 14 Dec 1868, 10y
Quaid, Patrick, b. 31 Dec 1854, 35y
Queen, ---, b. 22 Feb 1863, 3y, Colored
Queen, child, b. 10 Dec 1823, c. 8m, unknown sickness, child of Sophia, servant belonged to Basil Sollers
Queen, child, b. 22 Sep 1825, 7d, unknown sickness, child of Sarah, Colored
Queen, child, b. 26 Mar 1826, c. 6w, child of Edward, Colored
Queen, child, b. 26 Oct 1826, 2½y, died of a fall into the fire, child of Francis
Queen, child, b. 8 Jan 1827, c. 8y, consumption, child of Sidney, Colored woman
Queen, child, b. 7 Aug 1827, unknown sickness, child of Queen
Queen, child, b. 6 Apr 1828, died almost immediately after birth, child of William
Queen, child, b. 7 Aug 1831, unknown sickness, child of ---- Queen
Queen, child, b. 4 Sep 1832, 2m, unknown sickness, child of Elias, Colored
Queen, child, b. 28 Sep 1836, child of Elias, Colored
Queen, female, b. 30 Jan 1839, 3m, dau of Jas.
Queen, female, b. 14 Aug 1841, 2y, summer complaint, dau of Mr. Queen, Colored
Queen, Mrs., b. 29 Jul 1843, 30y, Colored
Queen, Amelia, b. 7 Sep 1832, c. 65y, cholera, servant of Mrs. W. Jenkins, Colored
Queen, Amelia, b. 2 May 1856, 70y
Queen, Andrew, b. 3 Jun 1832, 28y, unknown sickness, Colored
Queen, Ann Eliza, b. 21 Aug 1854, 6m, Colored
Queen, Anthony, b. 14 Aug 1830, c. 45y, unknown sickness, Colored
Queen, Betsy, b. 8 May 1823, c. 30y, dropsy, free Colored woman, (Edward Queen is to pay only three dollars.)
Queen, Charity, b. 6 Jul 1832, c. 60y, typhus fever
Queen, David, b. 30 Dec 1828, 25y, consumption, free Colored man
Queen, Edward, d. 23 Feb 1798, b. 24 Feb 1798, free Negro
Queen, Edward, b. 18 Jun 1823, c. 30y, typhus fever
Queen, Edward, b. 1 Aug 1824, c. 17m, bilious fever, son of Sidney
Queen, Edward, b. 16 Mar 1839, 27y, consumption
Queen, Edward, b. 10 Jan 1848, 60y, Colored
Queen, Edward, b. 6 Nov 1852, 4y, Colored
Queen, Edward, b. 22 Apr 1862, 26y, Colored
Queen, Elias, b. 2 Oct 1839, 42y, casualty, Colored
Queen, Eliza, b. 21 May 1871, 21y, Colored
Queen, Elizabeth, b. 19 Feb 1830, c. 5y, sore throat, Colored
Queen, Elizabeth, b. 29 Aug 1830, 26y, bilious fever, Colored
Queen, Elizabeth, b. 24 Aug 1860, 7y
Queen, Elizabeth, b. 21 Dec 1868, 32y, Colored
Queen, Elizabeth F., b. 24 Oct 1867, 3½y, Colored
Queen/Quinn, Fanny/Fanney, b. 30 Aug 1836, c. 30y, cold, Colored
Queen, Francis, b. 8 Aug 1849, 12y
Queen, Francis V., b. 18 Sep 1852, 12m
Queen, George, b. 23 Feb 1826, 13y, unknown sickness, Colored
Queen, George, b. 23 Feb 1837, 13y
Queen, Harriet, b. 10 Mar 1844, 4y, Colored
Queen, Henrietta, b. 28 Feb 1862, 30y, Colored
Queen, James, b. 30 Sep 1836, 4y
Queen, James, b. 19 Oct 1853, 40y, Colored

Queen, James E., b. 8 Jul 1854, 2y, Colored
Queen, Jane Elizabeth, b. 8 Jul 1823, c. 8m, dau of Edward, Colored
Queen, John, b. 23 Sep 1839, 39y, casualty, Colored
Queen, John, b. 17 Jul 1870, 3y, Colored
Queen, Joseph, b. 14 Aug 1850, 3y, Colored
Queen, Joseph, b. 17 Sep 1865, 2y, Colored
Queen, Lucretia, b. 24 Nov 1867, 87y, Colored
Queen, Margaret, b. 2 Feb 1867, 22y, Colored
Queen, Maria, b. 17 Mar 1850, 26y, Colored
Queen, Martha, b. 10 Oct 1869, 40y, Colored
Queen, Mary, b. 13 Sep 1822, c. 23y, consumption, Colored
Queen, Mary, b. 23 Apr 1825, c. 33y, consumption
Queen, Mary, b. 17 Jan 1828, c. 25y, consumption
Queen, Mary, b. 16 Mar 1839, 22y, consumption, Colored?
Queen, Mary, b. 21 May 1854, 12m, Colored
Queen, Mary, b. 16 May 1866, 60y, Colored
Queen, Mary, b. 12 Dec 1869, 23y, Colored
Queen, Mary, b. 2 Nov 1870, 65y
Queen, Mary Emma, b. 18 Jul 1864, 4y. Colored
Queen, Mary M., b. 2 Aug 1849, 14m, Colored
Queen, Mary R., b. 9 Jul 1855, 2m, Colored
Queen, Monica, b. 28 Dec 1836, 50y, typhus fever, Colored?
Queen, Moses, b. 8 Aug 1830, c. 25y, bilious fever, Colored
Queen, Nancy, b. 22 Dec 1830, c. 30y, unknown sickness, Colored
Queen, Nancy, b. 20 Mar 1867, 68y, Colored
Queen, Noah, b. 6 Jun 1842, 7y, infantile unknown, Colored?
Queen, Sarah, b. 17 Feb 1846, 35y, Colored
Queen, Sarah Ann, b. 10 Jul 1863, 8y
Queen, Sarah C., b. 20 Aug 1855, 4m
Queen, Sarah Jane, b. 20 Jul 1841/42, 15y, cholera, Colored?
Queen, Susan, b. 24 Mar 1845, 30y, Colored
Queen, Susanna, b. 7 Dec 1831, c. 2y, unknown sickness, dau of Edward
Queen, Thomas, b. 30 Jun 1817, 21y, drowned, Negro slave, belonged to Wm. Tiernan
Queen, Thomas, b. 25 Nov 1828, c. 56y, consumption, Colored
Queen, William, b. 10 Jun 1821, consumption, Colored man
Queen, William, b. 18 Jun 1851, Colored
Quigley, Mrs., b. 18 Oct 1845, 60y
Quigley, Ann, b. 27 Sep 1822, c. 30y, died at the Alms House
Quigley, Ann, b. 10 Nov 1853, 20y
Quigley, Ann, b. 22 Feb 1865, 53y
Quigley, Catherine, b. 11 Oct 1824, 18m, liver complaint
Quigley, Edward, b. 15 Aug 1859, 12m
Quigley, Edward, b. 18 Oct 1863, 53y
Quigley, Ellen, b. 1 Mar 1865, 38y
Quigley, James, d. 27 Jun 1815, b. 28 Jun 1815, 60y, asthma, native of Ireland
Quigley, Joseph Edwd., b. 25 Jul 1864, 4m
Quigley, Margaret, b. 18 Aug 1819, 4y, whooping cough
Quigley, Mary, b. 10 Mar 1863, 23y
Quigley, Mary, b. 3 Sep 1865, 4m
Quigley, Patrick, b. 11 Jul 1823, c. 33y, drowned
Quigley, Susan, b. 8 Jul 1822, c. 25y, childbirth
Quigley, William, b. 23 Dec 1862, 15m
Quigly, James, d. 26 May 1816, b. 27 May 1816, 2m
Quigly, John Morgan, b. 22 Oct 1864, 2y
Quigly, John Thos., b. 2 Nov 1861, 2y
Quilan, Susan, b. 27 Dec 1847, 35y

Quillan, Ann, b. 26 Oct 1849, 12m
Quillan, Teresa, b. 13 Jun 1873, 2y
Quilnan, P., b. 20 Mar 1874, stillborn
Quimssur, ---, b. 23 Feb 1824, c. 84y, old age
Quin, Annie, b. 15 Aug 1872, 14m
Quinlan, child, b. 19 Apr 1844, 3w, child of John
Quinlan, male, b. 29 May 1841, 9m, summer complaint, son of Leonard
Quinlan, Anna Frances, b. 3 Jan 1866, 1m
Quinlan, Cora I., b. 20 Jun 1865, 14m
Quinlan, Edmund, d. 20 Feb 1798, b. 21 Feb 1798, 30y2m
Quinlan, Elizabeth, b. 17 Oct 1865, 63y
Quinlan, Henry, b. 27 Nov 1854, 4y
Quinlan, Jane, born & d. 3 Aug 1795, b. 4 Aug 1795, dau of Edward & Jane
Quinlan, Jane F., b. 28 May 1861, 44y
Quinlan, John F., b. 3 Jul 1865, 51y
Quinlan, Mrs. Margaret, b. 2 Dec 1861, 35y
Quinlan, Mark, d. 20 Oct 1795, b. 21 Oct 1795, native of Ireland
Quinlan, Martha, b. 21 Sep 1864, 91y
Quinlan, Mary, d. & b. 24 Sep 1802, malignant fever
Quinlan, Mary Ann, b. 4 Aug 1860, 10m
Quinlan, Mary I., b. 21 Dec 1870, 3y
Quinlan, Michael, d. 14 Oct 1810, b. 15 Oct 1810, 50y
Quinlan, Patrick, d. 26 Jan 1816, b. 27 Jan 1816, 40y
Quinlan, Stephen, d. 30 Jun 1798, b. 1 Jul 1798, 6m4d, son of Edward & Jane
Quinn, child/female, b. 21 Aug 1836, 5y, dysentery, child/dau of James
Quinn, child, b. 28 Sep 1836, Colored, child of Elias
Quinn, female, b. 28 Jun 1838, 7w/m, summer complaint, dau of Matthew/Michael
Quinn, female, b. 27 Dec 1838, 10y, dropsy, dau of Mrs. Quinn, Colored
Quinn, female, b. 30 Jan 1839, 3y, complaint in the head, dau of James
Quinn, female, b. 3 Nov 1841, 6m, infantile unknown, dau of Mrs. Quinn, Colored
Quinn, female, b. 25 Mar 1847, 2d, dau of Chas.
Quinn, male, b. 16 Oct 1834, 2y, cholera infantum, son of Mr. Quinn
Quinn, male, b. 14 Mar 1835, 6m, cold, son of James
Quinn, male, b. 11 Jun 1837, 4½/5y, measles, son of John
Quinn, male, b. 30 Apr 1845, 3m, son of Mr. Quinn
Quinn, Mr., b. 25 Apr 1823, c. 30y, suddenly
Quinn, Mr., b. 13 Oct 1829, c. 60y, sudden illness
Quinn, Mrs., b. 8 Apr 1861, 65y
Quinn, Andrew, b. 19 Nov 1855, 1d
Quinn, Ann, b. 23 Nov 1831, c. 33y, suddenly
Quinn, Ann, b. 16 Apr 1861, 50y
Quinn, Anna, b. 20 Jun 1864, 2½y
Quinn, Arthur, b. 18 Jun 1842, 4w
Quinn, Arthur, b. 5 Sep 1846, 1m
Quinn, Bernard, b. 5 Mar 1859, 37y
Quinn, Bridget, b. 18 Oct 1836, 56y, cold
Quinn, Bridget, b. 4 Nov 1873, 73y
Quinn, Catharine, d. 14 Apr 1795, b. 15 Apr 1795, 7m, dau of David & Mary
Quinn, Catharine, b. 2 Feb 1863, 11m
Quinn, Catharine, b. 15 Sep 1866, 37y
Quinn, Catherine, b. 27 Aug 1824, c. 20y, unknown sickness
Quinn, Catherine, b. 7 Sep 1829, 2w, unknown sickness, dau of John
Quinn, Chas. Eugene, b. 26 Aug 1854, 12y
Quinn, Clara, b. 9 Feb 1869, 11m
Quinn, Daniel, b. 16 Nov 1846, 35y
Quinn, Edward, b. 23 Jul 1849, 15m

Quinn, Edward, b. 14 Mar 1852, 20y, Colored
Quinn, Ellen, b. 4 Sep 1873, 34y
Quinn, Fanny/Fanney, see Queen/Quinn, Fanny/Fanney
Quinn, Francis B., b. 28 Dec 1868, 3y
Quinn, George, b. 15 Apr 1852, 16m
Quinn, Henry K., b. 3 Aug 1857, 18m
Quinn, Hugh, b. 22 Jun 1861, 55y
Quinn, Isabella, b. 10 Apr 1862, 30y
Quinn, James, b. 21 Aug 1836, 5m
Quinn, James, b. 10 Jan 1861, 3m
Quinn, James, b. 25 Aug 1865, 28y
Quinn, James, see McMullan/Quinn, James
Quinn, James/male, b. 5 Oct 1840, 2y, croup, son of Edwd.?
Quinn, James L., b. 18 Jan 1861, 12m
Quinn, Jane, b. 6 Aug 1858, 19y
Quinn, Jno., b. 2 Aug 1846, 9y
Quinn, Johana, b. 11 Nov 1860, 36y
Quinn, John, d. 29 Aug 1797, b. 30 Aug 1797, 14d, son of David & Mary
Quinn, John, b. 26 Mar 1821, 37y, suddenly
Quinn, John, b. 4 Feb 1832, 45y, pleurisy
Quinn, John, b. 31 Aug 1837, c. 40y, contusions
Quinn, John, b. 18 Jul 1840, 32y, bilious fever
Quinn, John, b. 16 Feb 1848, 35y
Quinn, John, b. 1 Dec 1850, 10m
Quinn, John, b. 4 Jul 1852, 40y
Quinn, John, b. 19 Aug 1860, 3 hours
Quinn, John, b. 1 May 1862, 6m, Colored
Quinn, John, b. 17 Jul 1862, 5y
Quinn, John, b. 11 Apr 1865, 96y
Quinn, John, b. 1 Sep 1866, 12m
Quinn, John, b. 13 Oct 1868, 9m
Quinn, John, b. 31 Aug 1870, 24y
Quinn, John B., b. 29 Apr 1864, 2y
Quinn, Joseph, b. 10 Aug 1870, 1y
Quinn, Joseph, b. 7 Dec 1841, 29y, severe cold, Colored
Quinn, Margaret, b. 14 Mar 1859, 14m, Colored
Quinn, Margaret Ann, b. 14 Sep 1859, 15y
Quinn, Mark, b. 8 Sep 1851, 31y
Quinn, Mary, b. 2 Jun 1857, 3m
Quinn, Mary, b. 19 Jul 1871
Quinn, Mary Ann, b. 23 May 1855, 3y
Quinn, Mary Ellen, b. 29 Sep 1864, 6y
Quinn, Mary J., b. 14 Mar 1870, 58y
Quinn, Mary Jane, b. 4 Feb 1853, 12y, dau of James
Quinn, Michael, b. 17 Feb 1861, 82y
Quinn, Patrick, b. 2 Jun 1856, 47y
Quinn, Patrick, b. 16 Jan 1857, 56y
Quinn, Patrick, b. 15 Feb 1862, 26y
Quinn, Paul, b. 2 Oct 1872, 16m
Quinn, Peter, b. 20 Dec 1861, 38y
Quinn, Peter, b. 9 Feb 1874, 54y
Quinn, Philip, b. 22 Aug 1840, 24y, dysentery
Quinn, Richard, b. 3 Feb 1852, 81y
Quinn, Roger, b. 4 Mar 1853, 12y
Quinn, Rosanna, b. 13 Apr 1852, 3d
Quinn, Sarah Ann, b. 10 Oct 1853, 8m

Quinn, Sarah Ann, b. 27 Jun 1854, 10m
Quinn, Thomas, b. 3 Jan 1863, 10y
Quinn, William, b. 14 Oct 1834, 36y, cholera morbus
Quinn, William, b. 8 Nov 1854, 25y
Quinn, William, b. 18 Dec 1854, 6w
Quinn, William, b. 29 Jan 1863, 4y
Quinn, Winnefred, b. 23 Sep 1863, 60y
Quinn, Wm., b. 5 Nov 1854, 3m
Quirk, Alice, b. 16 Aug 1849, 2y
Quirk, Ellen, b. 23 Jan 1871, 19y
Quirk, James, b. 12 Sep 1860, 18y
Quirk, Jeremiah, b. 18 May 1872, 66y
Quirk, John, b. 30 Mar 1861, 29y
Quirk, Joseph F., b. 14 Apr 1860, 20y
Quirk, Mary, b. 19 Apr 1872, 2y
Quirk, Mary Ann, b. 23 Oct 1858, 20y
Quirk, Rosanna, b. 6 Jun 1860, 54y
Quisick, Mary, b. 1 Mar 1801, 13y, dau of John & Mary

Raborg, child, b. 25 Apr 1871, 2 hours
Raborg, Ann, b. 8 Aug 1845, 10m
Raborg, Ann, b. 17 Feb 1848, 2y
Raborg, Ann N., b. 6 Dec 1851, 35y
Raborg, Anna C., b. 27 Dec 1856, 2y
Raborg, Chrisr. H., b. 8 Nov 1849, 13y
Raborg, Eliza, b. 14 Apr 1860, 30y, Colored
Raborg, Felix, b. 27 Jun 1851, 10m
Raborg, Laura, b. 17 Mar 1871, 6y
Raborg, Mary Ellen, b. 18 Mar 1855, 2y
Rachford, Bridget, b. 1 Feb 1873, 30y
Raconnet, Rosina, b. 1 Sep 1864, 80y
Rafferty, child, b. 27 May 1856, stillborn, child of James
Rafferty, child, b. 3 Jun 1859, stillborn, child of Patrick
Rafferty, male, b. 20 Jun 1847, 10m, son of Ellen Q. Rafferty
Rafferty, Bernard, b. 30 Jan 1868, 45y
Rafferty, Edward, b. 27 Jul 1830, c. 50y, suddenly
Rafferty, Isabella, b. 20 Aug 1853, 2y
Rafferty, John, b. 19 Jun 1869, 34y
Rafferty, Kate, b. 14 Sep 1864, 35y
Rafferty, Margaret, b. 15 Apr 1856, 6y
Rafferty, Thos., b. 9 Jul 1847, 35y
Rafferty, Thos., b. 25 Mar 1850, 14m
Rafferty, Wm., b. 20 Jan 1848, 12m
Raffo, Michael, b. 24 Aug 1854, 55y
Rafina, Sister, b. 22 Feb 1868, 45y
Ragan, male, b. 13 Apr 1849, 2d, son of Martin
Ragan, male, b. 2 Oct 1865, stillborn, son of Mary
Ragan, Alice Ann, b. 21 Mar 1853, 7m
Ragan, Catharine, b. 24 Jul 1863, 2y
Ragan, James, b. 9 Feb 1848, 40y
Ragan, John, b. 21 Feb 1846, 2y
Ragan, Martin, b. 6 Jul 1855, 18m
Ragan, Mary, b. 2 Oct 1865, 30y
Ragan, Mary Eliza, b. 15 Sep 1840, 2y, dysentery
Ragan, P., b. 22 Feb 1829, c. 21y, killed by the falling of a sand bank at the railroad
Raidy, Eliza, b. 7 Dec 1856, 15m
Rainbow, Charlotte, d. 23 Aug 1813, b. 24 Aug 1813, 1y
Ramsey, Ann, b. 6 Mar 1823, c. 50y
Ramsey, George, b. 19 Sep 1865, 35y
Randal, Mary, b. 3 Aug 1859, 5y
Randall, Delilah, d. 9 Nov 1814, b. 10 Nov 1814, 32y, consumption, Baltimore
Randall, George B., b. 24 Apr 1868, 52y
Randall, Teresa, b. 27 Oct 1850, 58y
Randerson, child, b. 29 Jul 1832, child of James, Colored
Randolf, Eliza, b. 8 Jul 1868, 60y
Rane, Catharine, b. 10 Aug 1846, 40y
Rane, James, b. 9 Feb 1856
Rane, John Wm., b. 29 Nov 1857, 4d
Rango, child, b. 30 Jun 1830, died soon after birth, child of Anthony O. Rango
Rappetta, John D., b. 22 Jul 1856, 10m
Ratican, female, b. 26 Jun 1855, dau of Edward
Ratican, Mary, b. 29 Jan 1872, 49y
Ratican, Patrick, b. 17 Dec 1849, 7m
Ratier, John, d. 27 Mar 1811, b. 28 Mar 1811, 54y, native of France
Ratigan, Bridget, b. 28 Jul 1847, 5m

Ratigan, John, b. 20 Aug 1849, 2y
Ratigan, John, b. 14 Sep 1854, 2y
Ratigan, John, b. 9 Mar 1857, 42y
Ratigan, John, b. 6 Jul 1857, 3 hours
Ratiken, James, d. 15 Oct 1803, b. 16 Oct 1803, c. 50y, native of Ireland
Ratty, Catharine, b. 30 Dec 1864, 63y
Ratty, Christopher, b. 23 Jan 1865, 12m
Ratty, Henry, b. 25 Mar 1863, 18m
Ratty, Michael, b. 24 Aug 1857, 58y
Ratty, Michael, b. 12 Oct 1866, 12m
Ratty, Patrick, b. 4 Nov 1874, 45y
Ray, female, b. 11 Nov 1860, 3 minutes, dau of John
Ray, Mr., b. 2 Apr 1855, 50y
Ray, Catharine E., b. 19 Jul 1849, 3w
Ray, Emily, b. 11 Nov 1856, 37y, Colored
Ray, Mary Frances, b. 7 Jun 1848, 6m
Ray, Rachel, b. 18 Nov 1846, 3w
Ray, Richard, b. 22 May 1830, c. 38y, consumption
Rayburn, male, b. 17 Dec 1839, 6m, croup, son of Mr. Rayburn
Raymond, Justine, d. 3 Feb 1816, b. 4 Feb 1816, 14y, consumption, Colored
Read, child, b. 10 Apr 1844, 2w, child of Mr. Read
Read, Mr., b. 8 Oct 1847, 50y
Read, Hannah, d. 24 Aug 1793, b. 25 Aug 1793, 14m, dau of James & Elenor, buried in St. Peter's Church Yard
Read, James, d. 11 Sep 1793, b. 12 Sep 1793, resident of Baltimore town, buried in St. Peter's Church Yard
Read, Martha, b. 6 Dec 1857, 38y
Read, Mary, b. 16 Apr 1866, 30y
Read, Michael, b. 27 Aug 1846
Read, Thomas, d. 4 Aug 1805, b. 5 Aug 1805, c. 50y, native of Scotland
Read, Wm. Geo., b. 7 Apr 1846, 46y
Reader, George, b. 19 Jan 1850, 2y
Ready, John, b. 2 May 1846, 30y, Infirmary
Ready, Mary Eliza, b. 23 Sep 1857, 9m
Reagan, child, b. 1 Feb 1858, stillborn, child of Pat
Reagin, Mary Ellen, b. 31 Aug 1867, 2½y
Reall, William, b. 21 Feb 1839, 18m, scarlet fever, son of George
Reans, Thomas, b. 22 Jan 1838, 36y
Reardan, Gobel, b. 18 Oct 1850, 9y
Reardon, Edward, b. 16 Nov 1866, 45y
Reardon, Eliza, b. 8 Jun 1865, 2m
Reardon, John, d. & b. 18 Mar 1815, 27y, typhus
Reardon, Michael, b. 9 Jul 1855, 40y
Reardon, Margt., b. 25 Nov 1868, 39y
Reary, Juliana, b. 21 Jan 1801, 5m, dau of Andrew & Agnes
Reason, Henry, b. 4 Jun 1863, 9m, Colored
Reaves, Mrs., d. 14 Dec 1826, b. 15 Dec 1826, c. 65y, dropsy
Reboux, Pauline, d. 21 Nov 1796, b. 22 Nov 1796, c. 21m, dau of James & Louise Sophie
Recan, Thos., b. 31 Jul 1864, 30y
Recaniere, Charlotte, see Rescaniere/Recaniere, Charlotte
Reckert, child, b. 6 Aug 1869, 5d, child of Mr. Reckert
Rechert, child, b. 7 Aug 1869, 7d, child of Mr. Rechert
Reckert, Mary Ellen, b. 31 Aug 1863, 12m
Records, Jas., b. 16 Oct 1844, 18y
Redden, Catherine, b. 14 Nov 1870, 4y
Redden, Eliza, b. 12 Aug 1853, 27y

Redden, Susan, b. 12 Aug 1853, 29y
Redding, Catharine, b. 14 Oct 1868, 65y
Redding, Rosanna, b. 2/5 Feb 1839, 64y, dropsy
Reddington, John, b. 3 Sep 1857, 1d
Reddon, John, d. 31 Aug 1822, b. 1 Sep 1822, c. 37y, dysentery
Reddy, Geo., b. 7 Jun 1873, 5m
Reddy, Mary, b. 9 Jun 1863, 11m
Reddy, Mgt., b. 5 Jan 1873, 1d
Rederick, Catherine, b. 7 Dec 1822, c. 34y, died after childbirth, buried in her father's lot
Redfoot, Mary Agnes, b. 15 Sep 1856, 6m
Redford, Margaret, b. 2 Feb 1863, 64y
Rediger, Augustus I., b. 15 Aug 1865, 5w
Redman, child, b. 25 Oct 1867, 6m, child of Cap. Redman
Redman, female, b. 13 Nov 1843, 9w, dau of Mr. Redman
Redman, Mrs., see Redmond/Redman, Mrs.
Redman, Ann, b. 2 Feb 1856, 2y
Redman, Dennis, b. 23 Jan 1852, 30y
Redman, Eliza, b. 23 May 1850, 2½y
Redman, Henry, b. 5 Nov 1847, 42y
Redman, James, b. 21 Dec 1837, 2y, croup
Redman, John, b. 1 Jun 1852, 45y
Redman, John B., b. 25 Feb 1869, 17y
Redman, Margaret, b. 20 Dec 1855, 9y
Redmond/Redman, Mrs., b. 19 Aug 1837, 40y, consumption
Redmond, Ann, b. 6 Jul 1857, 31y
Redmond, Hugh, b. 12 May 1865, 63y
Redmond, Patrick, b. 21 Sep 1832, c. 40y, cholera
Redon, Mary Louisa, d. 4 Mar 1798, b. 5 Mar 1798, c. 52y, native of St. Domingo
Reed, ---, b. 22 Mar 1827, c. 55y, unknown sickness
Reed, Ann, b. 30 Oct 1820, infant, inflamation, poor
Reed, Ann, b. 2 Aug 1868, 20y
Reed, Mrs. Delila, b. 24 Mar 1866, 69y
Reed, Mrs. H., b. 22 Jan 1872, 68y
Reed, Elizabeth, b. 6 Feb 1854, 15y
Reed, James, b. 11 Feb 1826, c. 60y, suddenly
Reed, Jane, b. 19 Apr 1822, c. 80y, old age, free woman, lived at Judge Dorsey's
Reed, Jane, b. 10 Jul 1863, 12y
Reed, John H., b. 23 Oct 1862, 3y
Reed, John H., b. 13 Aug 1863, 39y
Reed, John H., b. 29 Jul 1864, 3m
Reed, Joseph, b. 26 Feb 1862, 12 hours
Reed, Joseph, b. 27 Oct 1864, 48y
Reed, Margaret, d. 13 Apr 1820, b. 14 Apr 1820, 45y, consumption
Reed, Margaret, b. 17 Dec 1859, 12y
Reed, Mary R., b. 29 Jul 1856, 3y
Reed, Michael, b. 29 Jul 1864, 2y
Reed, Nora, d. 4 Nov 1815, b. 5 Nov 1815, 72y
Reed, Sarah, d. 29 Oct 1802, b. 30 Oct 1802, 37y, wid
Reed, Sarah, d. 21 Mar 1816, b. 22 Mar 1816, 35y, typhus fever, Balt.
Reeder, Ambrose Jacob, b. 30 Jun 1861, 19m
Reeder, Ann Emma, b. 13 Aug 1857, 4m
Reeder, Charles, b. 22 Nov 1856, 18m
Reeder, Harriet, b. 15 May 1869, 45y
Reeder, James Francis, b. 13 Feb 1853, 2½y
Reeder, Mary, b. 5 Apr 1869, 16y
Reeder, Mary V., b. 29 Dec 1856, 4y

Reese, female, b. 11 Sep 1835, 9m, convulsions, dau of William
Reese, Margaret, b. 26 Jun 1855, 84y
Reese, Mary, d. 24 Aug 1819, b. 25 Aug 1819, 40y, consumption
Reeside, Margaret, b. 8 May 1841, c. 19y, consumption
Reeves, Elizabeth, d. 23 Jun 1801, b. 24 Jun 1801, 6y4m, dau of William & Abigail
Reeves, Francis, b. 15 Aug 1861, 45y
Reg, ----, d. 8 May 1814, b. 9 May 1814, c. 60y, typhus fever
Regan, Bridget, b. 2 May 1873, 56y
Regan, Elizabeth Rebecca, b. 16 May 1822, 1m, Colored
Regan, James H., b. 1 Sep 1853, 4y
Regan, Martin/female, b. 20 Apr 1864, stillborn
Regan, Mary, b. 17 Apr 1849, 25y
Regan, Patrick, b. 30 Jan 1863, 7y
Regan, Sarah, b. 19 Feb 1859, 19m
Regan, Thomas, b. 26 Jul 1853, 13m
Regie, Sister, b. 24 Jun 1873, 41y
Regon, child, b. 13 Mar 1826, c. 9y, unknown sickness, child of Simeon, Colored
Reid, Mary A., b. 9 Aug 1848, 24y
Reifschnider, Jacob, b. 17 Apr 1864, 74y
Reifsnyder, Margaret, b. 22 Mar 1861, 74y
Reilly, child, b. 3 Nov 1821, 1d, infant of Michael
Reilly, child, b. 10 Aug 1874, 9m, infant of Jno.
Reilly, Mrs., b. 23 Sep 1837, c. 47y, bilious pleurisy
Reilly, Ann, b. 2 Dec 1874, 3y
Reilly, Bernard, b. 13 Apr 1839, 24y, consumption
Reilly, Bridget, b. 16 Jun 1852, 76y
Reilly, Chris., b. 22 Mar 1874, 23y
Reilly, Edwin, b. 30 Sep 1869, 1w
Reilly, Geo., b. 21 Sep 1872, 62y
Reilly, Grace, b. 5 Nov 1874, 53y
Reilly, Howard, b. 7 Jul 1873, 9m
Reilly, James, b. 26 Dec 1831, c. 20y, epilepsy
Reilly, John, d. & b. 2 Dec 1797, 8d, son of John & Mary
Reilly, John, d. 6 Oct 1804, b. 7 Oct 1804, 16m, son of John & Mary
Reilly, John, b. 11 Sep 1821, c. 38y, consumption
Reilly, John, b. 18 Jan 1837, 18y, consumption
Reilly, Margt., b. 3 Oct 1874, 69y
Reilly, Mary Ann, b. 18 May 1872, 3y
Reilly, Mary C., b. 27 May 1870, 17m
Reilly, Mary E., b. 13 Dec 1871
Reilly, Michael, b. 11 Jul 1821, c. 30y, malignant fever
Reilly, P., b. 1 Nov 1872, 75y
Reilly, Patk., b. 10 Aug 1873, 54y
Reilly, Patrick, d. 3 Jul 1807, b. 4 Jul 1807, c. 32y, native of Ireland
Reilly/Riley, Patrick, b. 3 May 1842, 35y, consumption
Reilly, Rose, b. 22 Oct 1870, 42y
Reilly, Rose, b. 11 Aug 1871, 6m
Reilly, Rose, b. 17 Oct 1874, 38y
Reily, Anne, d. 25 Jan 1810, b. 26 Jan 1810, c. 5m, dau of William & Margaret
Reily, Bernard, b. 6 Oct 1818, 9m
Reily, Eleanor, b. 15 Jan 1801, c. 7d, dau of --- & Anne
Reily, Jno. D., b. 10 Sep 1872, 5m
Reily, Michael, d. 31 Jul 1819, b. 1 Aug 1819, 40y, bilious
Reily, Patrick, b. 6 Mar 1873, 28y
Reinault, Juliana, d. 15 May 1806, b. 16 May 1806, c. 45y, wife of Sebastian
Reindan, Ellen, b. 22 May 1870, 22m

Reiney, Richd., b. 1 Sep 1874, 16m
Reinhault, Frances, d. & b. 5 Jan 1800, 4y, dau of Sabastian & Juliana
Reip, male, b. 26 Sep 1846, 2 hours, son of Louis H. Reip
Reip, Emma R., b. 29 Feb 1848, 3y
Reip, Laurence J., b. 3 Apr 1865, 40y
Reip, Lewis H., b. 7 Oct 1852, 33y
Reip, Margaret, b. 18 Jun 1847, 2w
Reip, Sarah E./ Sarah E. Hickley, b. 1 Jul 1851, 28y
Reirdon, Mary, b. 7 Dec 1874, 81y
Reiter, Mary, b. 15 Oct 1873, 74y
Rembaud, Mary Rose, d. 19 Feb 1804, b. 20 Feb 1804, 32y, wife of --- Rembaud
Renaud, Margaret Louisa, d. 25 Jul 1798, b. 26 Jul 1798, 14m, dau of John & Harriet
Renehan, Loretta, b. 31 Jul 1863, 22m
Renner, Edward, b. 26 Mar 1850, 18y
Renner, Henry, b. 11 Jun 1861, 2y
Renner, John H., b. 11 Feb 1855, 11y
Renner, Joseph, b. 12 Sep 1842, 19m
Renner, Joseph, b. 6 Jan 1850, 15y
Renner, Joseph, b. 20 Jun 1852, 46y
Renney, Patrick, b. 4 Jan 1832, age unknown, unknown sickness
Renous, Andrew John Baptist, d. 29 Apr 1797, b. 30 Apr 1797, 5m, son of John Baptist & Desdimons
Rescaniere, Adelaide, d. 20 Mar 1820, b. 21 Mar 1820, 4m
Rescaniere, Antoinette Pardien Jermine, b. 20 May 1818, 36y
Rescaniere/Recaniere, Charlotte, b. -- Jul 1820, 19y, consumption, deceased yesterday
Rescaniere, Henry, d. 18 Jul 1819, b. 19 Jul 1819, c. 3y
Rescaniere, Jeanne Martha, d. 22 Sep 1815, b. 23 Sep 1815, 12m, teething
Rescaniere, Martha Clementina, d. 10 Jul 1807, b. 11 Jul 1807, 14m2d, dau of Peter & Antoinette Philippine Tardien
Rescaniere, Philip, d. & b. 8 Dec 1808, 6d, gangrene, son of Peter & Antoinette Philippine Tardien
Rescomier, Peter Eugene, b. 1 Nov 1827, c. 20y, unknown sickness, native of Baltimore, son of Peter of Mirupoix, France & Philipina Antoinette Fordien
Reside, child, b. 30 Apr 1830, age unknown, unknown sickness, child of Virginia
Reubottomer, child, b. 28 Feb 1832, c. 9w, fits, child of Buckley
Reuter, Ann, d. & b. 23 Jun 1803, 2y, cholera, dau of Abraham & Catharine
Reuter, Catharine, d. 23 Feb 1797, b. 24 Feb 1797, c. 9m, dau of Abraham & Catharine
Reyburn, female, b. 1 Sep 1835, 5y, dau of William
Reyburn, Mary, b. 24 Sep 1843, 25y
Reyburn, Thomas, b. 20 Nov 1851, 40y
Reynaud, Fras (Francis) Regis Benedict, d. 17 Apr 1801, b. 18 Apr 1801, native of France
Reyner, Sabastian, d. 12 Nov 1807, b. 13 Nov 1807, 40y
Reynold, child, b. 4 Sep 1849, 1y, child of Mrs. Reynold
Reynold, female, b. 6 Oct 1863, stillborn, dau of Howard
Reynold, male, b. 4 Mar 1865, 5 minutes, son of Mrs. Michael Reynold
Reynolds, ---, d. 9 Oct 1814, b. 10 Oct 1814, c. 40y, wounds received in battle, Balt.
Reynolds, child, b. 12 Aug 1823, child of Mary
Reynolds, female, b. 8 Jun 1846, 2y, dau of Mrs. Reynolds
Reynolds, male, b. 7 Aug 1848, 6m, son of Mr. Reynolds
Reynolds, male, b. 16 Nov 1854, stillborn
Reynolds, Adolphus, b. 15 Dec 1851, 8m, Colored
Reynolds, Anastasia Butler, d. 28 Apr 1860 (sic), b. 6 Dec 1860, 24y, first wife of Col. Charles Ambrose Reynolds
Reynolds, Ann, b. 25 Nov 1851, 12m
Reynolds, Barbara, b. 2 Sep 1828, 32y, consumption
Reynolds, Bernard, b. 18 Sep 1865, 32y

Reynolds, Bridget, b. 9 Jun 1859, 28y
Reynolds, Eliza, b. 17 Oct 1873, 63y
Reynolds, Hannah, b. 20 Jun 1853, 12m
Reynolds, James, b. 18 Nov 1845, 54y
Reynolds, James, b. 31 Jan 1858, 3d
Reynolds, James, b. 14 Dec 1861, 6 hours
Reynolds, James, b. 25 Sep 1868, 18m
Reynolds, James Ed., b. 23 Jun 1853, 6m, Colored
Reynolds, Jno. P./Jno. Paschel Hickley, b. 31 Jul 1873, 8m
Reynolds, John I., b. 22 Jun 1845, 6w
Reynolds, John Thos., b. 5 May 1844, 14m
Reynolds, Julia, b. 12 Apr 1873, 25y
Reynolds, Kate, b. 5 Jul 1867, 12y
Reynolds, Lizzie, b. 1 Apr 1873, 5y
Reynolds, Margaret A., b. 26 Apr 1858, 2y
Reynolds, Mary, d. 21 Aug 1808, b. 22 Aug 1808, c. 32y, wife of Bryan
Reynolds, Mary, b. 26 Oct 1853, 28y
Reynolds, Mary, b. 27 Jul 1871, 16y
Reynolds, Mary Ann, b. 4 Jan 1857, 5y
Reynolds, Michael, b. 27 Sep 1848, 70y
Reynolds, Michael, b. 12 Feb 1865, 50y
Reynolds, Patrick, b. 15 Aug 1869, 81y
Reynolds, Philomena, b. 22 Feb 1859, 14y, Colored
Reynolds, Raphael, b. 11 Feb 1874, 2w
Reynolds, Rasan, b. 26 Sep 1851, 19m
Reynolds, Richard, b. 28 Sep 1807, c. 60y
Reynolds, Rosa, b. 30 Mar 1860, 7m
Reynolds, Rose, b. 10 Aug 1872, 17m
Reynolds, Sarah, b. 23 Feb 1853, 3w, Colored
Reynolds, Skiddenton/Skidenton, b. 26/27 Jun 1837, c. 35y, convulsions
Reynolds, Thomas, d. 5 Aug 1805, b. 6 Aug 1805, c. 8m, cholera, son of Patrick & Honor
Reynolds, William, d. 18 Nov 1806, b. 19 Nov 1806, 8d, son of Patrick & Honor
Reynolds, William, b. 18 Jun 1860, 50y
Rhodes, Wm., b. 9 May 1869, 5d
Rhody, John Albert, d. 29 Apr 1798, b. 30 Apr 1798, 20y, native of Curracoa
Rial, James, b. 2 Jan 1864, 23y
Rial, Jane, b. 14 Feb 1864, 6m
Rial, Jane, b. 29 Sep 1865, 37y
Rial, Julia E., b. 16 Jun 1854, 6m
Rial, Mary Isabella, b. 23 Jun 1861, 2m
Rial, Michael, b. 8 Jan 1874, 37y
Ricand, Sarah, b. 26 Oct 1869, 60y
Ricard, Mary, b. 2 Feb 1860, 70y
Ricards, Rosana, b. 16 Nov 1844, 20y
Rice, Felix, d. & b. 20 Sep 1797, c. 43y, native of Ireland
Rice, John, b. 27 Feb 1860, 43y
Rice, Mary, born & d. 25 Aug 1807, b. 26 Aug 1807, received private baptism, dau of Arthur & Eliza
Rice, Mary, b. 21 Feb 1867, 50y
Richard, Elizabeth Frances Susanna, d. 6 Jun 1799, b. 7 Jun 1799, 19m, dau of Francis & Mary
Richard, John, d. 5 Jan 1796, b. 6 Jan 1796, 48y, native of La Rochelle, France
Richards, Mrs., b. 17 Jun 1836, 47y, cold
Richards, Betsy, d. 2 Feb 1812, b. 3 Feb 1812, c. 55y, suddenly, Colored
Richards, Bridget, d. 19 Jul 1796, b. 20 Jul 1796, 2w, dau of Edward & Margaret
Richards, Cecelia, b. 24 May 1863, 33y
Richards, Elizabeth, b. 27 Oct 1852, 30y

Richards, George Ed., b. 2 Jul 1862, 12y, Colored
Richards, Herman, d. 18 Nov 1797, b. 19 Nov 1797, c. 54y
Richards, James, b. 26 Jul 1868, 24y
Richards, James T., b. 20 Feb 1868, 12y
Richards, John, d. 13 Mar 1815, b. 14 Mar 1815, c. 40y, typhus
Richards, Joseph, d. 24 Jun 1800, b. 25 Jun 1800, 2m, son of John & Ann
Richards, Margaret L., b. 30 Jul 1868, 10m
Richards, Mary, d. 13 Jul 1795, b. 14 Jul 1795, c. 5m, dau of Edward & Margaret
Richards, Mary, d. 30 Jul 1800, b. 31 Jul 1800
Richards, Mary, b. 16 Oct 1822, consumption
Richards, Rebecca, b. 9 Apr 1849, 60y
Richards, Susan, b. 12 Sep 1868, 90y, Colored
Richardson, Henrietta, b. 8 Dec 1845, 35y
Richardson, Henry William Dickinson, d. 8 Aug 1798, b. 9 Aug 1798, c. 1y, son of William & Elizabeth
Richardson, Jas., b. 26 Oct 1860, 50y, Colored
Richardson, John, d. & b. 9 Jul 1798, c. 13w, dau (sic) of Mary
Richardson, Sarah Ann, d. 19 Jun 1818, b. 20 Jun 1818, 5w
Richardson, Thomas, b. 5 Oct 1865, 77y
Richardson, William Henry Dickinson, d. 12 Aug 1798, b. 13 Aug 1798, c. 1y, son of William & Elizabeth
Richfield, male, b. 15 Dec 1856, stillborn, son of R. O. Richfield
Richfield, Joseph, b. 25 Jul 1855, 5m
Richfield, Joseph, b. 26 Jan 1859, 3w, Colored
Richfield, Mary, b. 18 Jun 1861, 3m, Colored
Richfield, Mary Ann T., b. 14 Nov 1863, 8d, Colored
Richfield, Wm. Edwd., b. 16 May 1865, 3y, Colored
Rickets, Martha Jane, b. 2 Jul 1860, 18y
Riddemosier, Mary, see Riddlemoser/Riddemosier, Mary
Riddle, Wm. Thos., b. 2 May 1860, 3d
Riddlemoser/Riddemosier, Mary, b. 9 Jun 1840, 79y, infirmity of age
Ridgely, Adeline Theresa, b. 26 Jun 1860, 55y
Ridgely, Ambrose, b. 19 May 1869, 6w, Colored
Ridgely, Caroline, b. 5 Jul 1869, 73y, Colored
Ridgeway, John, b. 27 Jun 1847, 1½y
Ridgeway, William, b. 2 Jun 1854, 16y
Rieley, Luke, b. 8 Jul 1869, 2m
Rielly, Jno., b. 18 Jun 1873, 13y
Riely, Margaret, b. 7 Jun 1856, 3m
Riffsnider, Ignatius, b. 28 Dec 1850, 33y
Rigby, Rosanna, b. 25 Apr 1846, 30y
Rigdon, John, b. 2 Apr 1848, 4y
Rigg, child, b. 4 Oct 1866, 4m, child of Ellen
Riggin, John, b. 2 Jan 1870, 10m
Riggs, Mary, d. 13 Aug 1799, b. 14 Aug 1799, dau of Daniel & Sarah
Rigour, Augustine, b. 8 Nov 1869, 2 hours, Colored
Rigour, Charles, b. 14 Jun 1872, 17m
Riley, child, d. 5 Jan 1822, b. 6 Jan 1822, c. 10m, unknown sickness, child of Lawrence
Riley, child, b. 29 Dec 1822, child of Michael, ground free
Riley, child, b. 29 Feb 1832, age unknown, unknown sickness, child of Patrick
Riley, child, b. 21 Nov 1848, child of Mr. Riley
Riley, female, b. 24 Jul 1840, 5w, dau of Fergus
Riley, female, b. 28 May 1852, 6w, dau of Mr. Riley
Riley, female, b. 13 Sep 1855, dau of James
Riley, male, b. 8 May 1835, 2y, hives, son of Patrick
Riley, male, b. 15 Sep 1835, 5y, bowel complaint, son of Thomas

Riley, male, b. 24 May 1838, few minutes old, decline, son of John
Riley, male, b. 11 Jun 1839, 2w, son of Mrs./Mr. Riley
Riley, male, b. 13 Jun 1839, 5m, son of George
Riley, male, b. 17 Jun 1839, 3w/m, son of Fergus
Riley, male/Peter, b. 5 Dec 1840, 5y, pleurisy, son of Peter
Riley, male, b. 3 Aug 1853, 1d, son of Patrick
Riley, male, b. 30 Jun 1860, stillborn, son of Daniel
Riley, Mrs. b. 22 Sep 1837, 38y
Riley, Mrs., see Young, Mrs.
Riley, Alice, b. 24 Apr 1862, 60y
Riley, Alice, b. 20 Jan 1864, 29y
Riley, Ann, b. 25 Feb 1822, c. 40y, palsy
Riley, Ann, b. 8 Mar 1849, 15m
Riley, Ann, b. 15 Nov 1850, 28y
Riley, Ann, b. 14 Feb 1851, 70y
Riley, Ann, b. 3 Dec 1856, 2m
Riley, Bernard, b. 13 Apr 1839, 24y
Riley, Bernard, b. 26 Apr 1853, 16y
Riley, Brian, b. 19 Jun 1848, 60y
Riley, Bridget, b. 22 Sep 1857, 27y
Riley, Catharine, b. 9 Jan 1848, 2y
Riley, Catharine, b. 19 Aug 1850, 3½y
Riley, Catharine, b. 7 Feb 1857, 20y
Riley, Catharine, b. 20 Jul 1863, 66y
Riley, Catharine Ann, b. 24 Dec 1852, 40y
Riley, Catherine, b. 14 Oct 1826, c. 40y, unknown sickness
Riley, Catherine, b. 28 Jan 1831, c. 25y, pleurisy
Riley, Catherine, b. 21 Aug 1859, 13m
Riley, Catherine, b. 17 Oct 1865, 19y
Riley, Charles, b. 15/16 Jul 1838, 17y, sunstroke
Riley, Charles, b. 6 Mar 1856, 7m
Riley, Daniel, b. 14 Oct 1865, 5y
Riley, David, d. & b. 20 Jul 1802, c. 13m, son of Thomas & Eleanor
Riley, Dennis, b. 26 May 1849, 40y
Riley, Ed/Edward, b. 13 Aug 1838, c. 40/41y, sudden death from heart
Riley, Edward, d. 30 Jan 1836, b. 31 Jan 1836, c. 35y, murdered
Riley, Edward/female, b. 17 Mar 1840, 10m, teething, child of Edward
Riley, Edward, b. 26 Nov 1846, 18m
Riley, Edward, b. 11 Aug 1853, 1w
Riley, Edwd., b. 19 Oct 1863, 3w
Riley, Eleanor, b. 5 Feb 1839, 40y, railroad accident
Riley, Elizabeth, b. 19 Sep 1845, 33y
Riley, Elizabeth, b. 3 Dec 1854, 40y
Riley, Elizabeth, b. 20 Nov 1855, 65y
Riley, Elizabeth, b. 25 Nov 1857, 2m
Riley, Elizabeth, b. 2 Aug 1868, 42y
Riley, Fergus, b. 7 Sep 1842, 40y
Riley, Mrs. Fergus, b. 7 Oct 1842, 35y
Riley, Florence A., b. 18 Jan 1854, 14m
Riley, Frances, b. 2 Sep 1859, 55y
Riley, Francis, b. 28 Nov 1856, 18m
Riley, Francis V., b. 5 Apr 1862, 5m
Riley, George I., b. 20 Aug 1846, 6y
Riley, Hugh, b. 9 May 1835, 25y, gravel
Riley, James, b. 18 Feb 1840, 53y, consumption
Riley, James, b. 12 Oct 1847, 27y

Riley, James, b. 16 Apr 1848, 40y
Riley, James, b. 15 Mar 1854, 12y
Riley, James, b. 17 Mar 1860, 35y
Riley, James, b. 20 Nov 1862, 24y
Riley, James, b. 17 Jul 1868
Riley, Jane, b. 3 Nov 1855, 64y
Riley, Jno., b. 14 Jan 1860, 3d
Riley, John, b. 25 May 1844, 2y
Riley, John, b. 26 Jul 1845, 40y
Riley, John, b. 5 May 1849, 32y
Riley, John, b. 15 Feb 1851, 6w
Riley, John, b. 12 Aug 1852, 34y
Riley, John, b. 3 Jan 1854, 22y
Riley, John, b. 3 Oct 1855, 80y
Riley, John, b. 27 Mar 1858, 8m
Riley, John, b. 3 Sep 1863, 72y
Riley, John, b. 30 Nov 1863, 33y
Riley, John P., b. 22 Jul 1852, 5m
Riley, John P., b. 23 June 1867, 16m
Riley, Joseph, b. 19 Oct 1842, 18m
Riley, Joseph, b. 30 Oct 1854, 11m
Riley, Joseph, b. 27 Jul 1859, 19y
Riley, Laurence, b. 7 Feb 1856, 5w
Riley, Lawrence, b. 26 Jan 1829, c. 60y, fell from a cart, native of County Cavan, Ireland
Riley, Maria, b. 14 Nov 1849, 22y
Riley, Mary, b. 1 Aug 1835, 25y, consumption
Riley, Mary, b. 29 Jul 1851, 11m
Riley, Mary, b. 29 Oct 1851, 72y
Riley, Mary, b. 16 Dec 1854, 3m
Riley, Mary, b. 21 Oct 1858, 3m
Riley, Mary, b. 10 Feb 1859, 27y
Riley, Mary, b. 4 Dec 1867, 35y
Riley, Mary, b. 13 Apr 1868, 70y
Riley, Mary, b. 27 Jun 1868, 8m
Riley, Mary Ann, b. 14 Aug 1855, 2y
Riley, Mary Louisa, b. 18 Apr 1858, 18m
Riley, Michael, b. 7 Dec 1853, 33y
Riley, Michael, b. 10 Jan 1856, 32y
Riley, Nelly, b. 25 May 1823, c. 70y, consumption
Riley, Owen, b. 24 Sep 1849, 51y
Riley, Owen, b. 22 Mar 1851, 30y
Riley, Patrick, b. 25 Sep 1829, c. 36y, bilious fever
Riley, Patrick, b. 14 Aug 1842, 43y
Riley, Patrick, b. 13 Jun 1847
Riley, Patrick, b. 22 Jan 1850, 60y
Riley, Patrick, b. 31 May 1853, 38y
Riley, Patrick, b. 12 Apr 1859, 35y
Riley, Patrick, see Reilly/Riley, Patrick
Riley, Peter, b. 14 Aug 1834, c. 40y, dysentery
Riley, Peter, b. 22 Jun 1850, 17m
Riley, Peter, b. 12 Sep 1860, 45y
Riley, Philip, d. 14 Jul 1795, b. 15 Jul 1795, c. 13m, son of John & Mary
Riley, Phillip, b. 16 Mar 1823, 33y, consumption
Riley, Philip, b. 1 Sep 1839, 37y, bilious fever
Riley, Philip, b. 11 Aug 1841, 6y, spinal affection
Riley, Philip, b. 31 Oct 1852, 2y

Riley, Philip, b. 24 Jan 1864, 2½y
Riley, Richard, b. 3 Dec 1848, 22y
Riley, Rosanna, b. 11 Jun 1839, 28y, child bed
Riley, Rosanna, b. 6 Nov 1843, 60y
Riley, Thomas, b. 28 Mar 1830, 9m, unknown sickness
Riley, Thomas, b. 6 Aug 1862, 17y
Riley, Thos., b. 9 Jul 1858, 2m
Riley, Thos. F., b. 2 Jan 1867, 14y
Rine, George W., b. 20 Nov 1856, 2y
Ringold, Mrs., b. 18 Dec 1855, 65y
Ringold, Amelia, b. 4 Dec 1854, 3m
Riordan, Honoria, b. 1 Jul 1862, 45y
Ritchie, Annie, b. 23 Nov 1868, infant
Ritener, Susan G. W., b. 8 Feb 1857, 40y
Rittur, William, b. 12 Oct 1835, 35y, consumption of the throat
Roach, female, b. 3 Jul 1847, 4m, dau of Michael
Roach, male, b. 21 Oct 1835, 2y, dysentery, son of Michael
Roach, Mrs., d. 12 Jul 1818, b. 13 Jul 1818, suddenly
Roach, Mrs., b. 13 Sep 1832, c. 35y, consumption
Roach, Bridget, b. 17 Oct 1863, 20y
Roach, Cecelia, b. 31 Jan 1846, 16y
Roach, Emily Theresa, b. 24 Sep 1867, 2y
Roach, John, b. 6 Feb 1831, 36y, consumption
Roach, John, b. 3 Sep 1865, 16m
Roach, Laurence I., b. 21 Jul 1843, 2y
Roach, M., b. 8 Mar 1873, 4y
Roach, Margaret, b. 26 Sep 1866, 28y
Roach, Mary, d. 3 Aug 1796, b. 4 Aug 1796, 9m, dau of James & Eleanor
Roach, Michael/male, b. 24 Apr 1842, 4y, worms, son of Michael?
Roach, Michael/child, b. 17 Feb 1844
Roach, Patric, b. 29 Jun 1813, c. 35y, native of Ireland
Roach, Thomas, d. 7 May 1795, b. 8 May 1795, 2m, son of William & Bridget
Roach, William, b. 20 Nov 1841, 17y
Roach, Wm., b. 3 Oct 1847, 60y
Roache, Elizabeth, b. 13 Jun 1872, 3w
Roache, Mary A., b. 7 Mar 1874, 74y
Roan, Luke, b. 15 Jul 1830, c. 59y, typhus fever, native of Ireland
Roan, Michael, see Roane/Roan, Michael
Roane/Roan, Michael, b. 12 Apr 1840, 54y, catarrh fever
Roaney, John, d. 1 Aug 1813, b. 2 Aug 1813, teething
Roark, Patrick, b. 19 Aug 1824, c. 30y, bilious fever
Robb, Mrs., b. 20 Nov 1856, 50y
Robbin, John, b. 2 Aug 1850, 60y
Robbins, Sarah, b. 17 Jul 1869, 1y
Robbinson, John, b. 2 Dec 1855, 23y
Robbison, Elizabeth, b. 29 Mar 1857, 64y
Roberson, Zephiniah, b. 27 Aug 1824, c. 30y, bilious fever
Robert, Peter, d. 23 May 1798, b. 24 May 1798, 2y4m, son of James & Fiere Debras
Roberts, female, b. 30/31 Jul 1837, 3m, cholera infantum, dau of John, Colored?
Roberts, male, b. 22 Nov 1836, 4m, son of Louisa, Colored
Roberts, Ann, b. 4 Feb 1860, 70y, Colored
Roberts, Eleanor, b. 28 Jul 1798, b. 29 Jul 1798, c. 8m, dau of James & Elizabeth
Roberts, Eleanor, b. 24 Mar 1839, 16y, gastric fever, Colored?
Roberts, Elizabeth, b. 12 Oct 1831, c. 50y, apoplexy
Roberts, Henry, b. 20 Jun 1849, 40y, Colored
Roberts, Henry, b. 25 Jun 1855, 18y, Colored

Roberts, Henry, b. 8 Aug 1872, 5m
Roberts, Jemima, d. 28 Apr 1796, b. 29 Apr 1796
Roberts, John, d. 15 Aug 1807, b. 16 Aug 1807, c. 18m, son of George & Elizabeth, free Negroes
Roberts, Levin, b. 3 Dec 1800
Roberts, Mary Ann, d. 3 Jun 1801, b. 4 Jun 1801, 7y, dau of James & Elizabeth
Roberts, Mary I., b. 27 Nov 1849, 3m
Roberts, Moses, d. 20 Aug 1807, b. 21 Aug 1807, 18m, son of George & Elizabeth, free Negroes
Roberts, Thomas, b. 4 Jul 1849, 3m
Robertson, child, b. 12 Jul 1837, 5m, lack of nourishment, child of Richard
Robertson, child, b. 18 Jul 1852, 4y, child of Mr. Robertson
Robertson, female, b. 26 Sep 1836/1839, 7m, whooping cough, dau of Thomas
Robertson, female, b. 18 Aug 1841, 2w, dau of Mr. Robertson
Robertson, Catherine, b. 29 Jun 1853, 67y
Robertson, Eliza, b. 27 Jun 1829, c. 2m, died of the thrush, Colored, child of Mr. R. Barry
Robertson, Eliza, b. 5 Mar 1874, 26y
Robertson, Lydia, b. 27 Apr 1862, 9y
Robertson, Margaret, b. 19 May 1847, 5d
Robertson, Mrs. Mary Margaret, b. 6 Feb 1842, 32y, consumption
Robin, Ann, b. 5 Oct 1832, c. 40y, cholera, native of Ireland
Robinson, child, b. 11 Aug 1823, age unknown, unknown sickness, child of Margaret
Robinson, child, b. 17 Aug 1823, age unknown, unknown sickness, child of Margaret
Robinson, child, b. 11 May 1854, 10m, Colored, child of Mrs. Robinson
Robinson, female, b. 21 Dec 1840, 8w, dau of Rosanna
Robinson, female, b. 3 Oct 1842, 1d, dau of Mrs. Robinson
Robinson, Mrs., b. 29 Sep 1846, 40y
Robinson, Betsy, b. 30 Aug 1851, 60y
Robinson, Cath., b. 20 Oct 1872, 56y
Robinson, Elizabeth, b. 12 May 1859, 80y
Robinson, Elizabeth, b. 19 Feb 1869, 15m
Robinson, Hiram, b. 15 Apr 1861, 20y, Colored
Robinson, John, b. 6 Jul 1872, 9m
Robinson, Julia, b. 18 Oct 1860, 15y, Colored
Robinson, Lewis, b. 6 Oct 1862, 40y
Robinson, Louisa, b. 7 Feb 1861, 2m, Colored
Robinson, Maria, b. 18 Oct 1862, 65y
Robinson, Mary, d. 9 Mar 1796, b. 11 Mar 1796, c. 55y
Robinson, Mary, d. 29 Feb 1816, b. 1 Mar 1816, 30y, consumption
Robinson, Mary, b. 14 Mar 1859, 20m, Colored
Robinson, Mary E., b. 20 Mar 1852, 3y
Robinson, Peter, b. 11 Jun 1851, 21y
Robinson, Robert, d. 2 Jul 1814, b. 3 Jul 1814, 4m, son of Alex.
Robinson, Wm. Francis, b. 14 Jan 1873, 35y
Robison, Thomas, b. 13 Nov 1861, 46y
Roche, ---, d. 26 May 1810, b. 27 May 1810, 4y, croup
Roche, Ann E., b. 26 Mar 1871, 26m
Roche, Annie, b. 29 Jul 1869, 85y
Roche, Catharine, b. 10 Feb 1856, 30y
Roche, Edward, d. 8 Oct 1797, b. 9 Oct 1797, 4y3m, son of John & Mary
Roche, Mrs. Eliza, b. 22 Oct 1854, 40y
Roche, Ellen, b. 22 Jul 1854, 35y
Roche, Frances, b. 9 Jul 1853, 5d
Roche, George, b. 7 Feb 1872, 6m
Roche, Mrs. J., b. 12 Feb 1871, 90y
Roche, James, b. 20 Aug 1861, 24y
Roche, James, b. 21 Jun 1862, 2y

Roche, James, b. 12 Jul 1862, 74y
Roche, James, b. 16 Oct 1865, 4½y
Roche, John, b. 26 Aug 1862, 27y
Roche, John, b. 21 Dec 1863, 38y
Roche, John W., b. 25 May 1864, 2y
Roche, Mary, b. 22 Jun 1865, 2y
Roche, Mary C., b. 10 Aug 1853, 2y
Roche, Michael, b. 16 Nov 1854, 9y
Roche, Michael, b. 30 Mar 1857, 60y
Roche, Michael, b. 16 Sep 1869, 28y
Roche, Michael, b. 8 Nov 1871, 3y
Roche, Robt., b. 16 Mar 1871, 4y
Rochester, George, b. 1 Jan 1860, 31y
Rochet, Joseph Duroche, d. 28 Jul 1793 around 11:00 p.m., b. 29 Jul 1793, c. 73y, *(French)
Rochford, Ann, b. 15 Sep 1848, 30y
Rock/Rocks, child, b. 9 May 1837, 2y, child of Neale/Neal
Rock, female, b. 4 May 1843, 3y, dau of Alice
Rock, Mrs., b. 10 Mar 1821, mortification
Rock, Mrs. B., b. 16 Jan 1871, 72y
Rock, Cecelia, b. 17 Oct 1866, 2y
Rock, Cornelius, b. 25 Jun 1853, 45y
Rock, Edward, b. 24 Dec 1873, 3y
Rock, Eliza, b. 4 Oct 1842, 35y
Rock, Harriet, b. 11 Feb 1868, 65y
Rock, James, b. 15 Oct 1841, 30y, bilious fever
Rock, John, b. 27 Aug 1855, 4½y
Rock, Margaret, b. 8 Jul 1830, c. 1y, summer complaint, dau of Neal
Rock, Mary, b. 1 Feb 1853, 40y
Rock, Mary, b. 8 Nov 1857, 3½y
Rock, Mary, b. 14 Feb 1862, 82y
Rock, Patrick, b. 27 Sep 1840, 30y, bilious fever
Rock, Rosanna Mary, b. 23 Jun 1822, c. 40y, cramp colic, wife of Charles
Rock, Thomas, b. 22 Jun 1853, 50y
Rock, Thomas, b. 16 Oct 1863, 16m
Rock, Thomas, b. 21 Oct 1867, 15m
Rock, Timothy, b. 28 Apr 1866, 13m
Rock, William, b. 13 Nov 1860, 40y, Colored
Rock, William H., b. 30 Sep 1855, 14m
Rocks, child, see Rock/Rocks, child
Rocks, James, b. 25 Oct 1828, c. 3m, unknown sickness, son of Peter
Roddy, Edward, d. 30 May 1819, b. 31 May 1819, 35y, buried in the old burying ground
Roddy, Eleanor, d. 9 May 1794, b. 10 May 1794, 3m, dau of Patrick & Eleanor, buried in St. Peter's Church Yard
Roddy, Eleanor, d. 28 Jul 1795, b. 29 Jul 1795, 1m, dau of Patrick & Eleanor
Roddy, John, d. 14 Feb 1795, b. 15 Feb 1795, 5y, son of Patrick & Eleanor, buried in St. Peter's Church Yard
Roddy, John, b. 20 Aug 1853, 11m
Roddy, Patrick, d. 2 Feb 1801, b. 4 Feb 1801, c. 50y, accidentally drowned, native of Ireland
Roddy, Patrick, d. 31 Jan 1808, b. 1 Feb 1808, 3w3d, son of James & Sarah
Roddy, Patrick Brison, d. 12 Jan 1797, b. 13 Jan 1797, 3m
Roddy, Patrick Henry, d. 24 Jul 1798, b. 25 Jul 1798, 20d, son of Patrick & Eleanor
Rodes, child, b. 17 May 1869, 10d, infant of John
Rodes, Antoine, b. 24 Jun 1818, 11m
Rodes, Monica, b. 20 Aug 1827, c. 45y, consumption
Rodger, Francis, b. 11 Jun 1872, 4m, Colored
Roebuck, female, b. 6 Jul 1839, 12m, bowel complaint, dau of Henry

Rogan, Mr., b. 29 Mar 1843, 74y
Rogan, Margaret, d. 10 Aug 1799, b. 11 Aug 1799, 11m, dau of Philip & Mary
Rogan, Mary, d. 26 Aug 1807, b. 27 Aug 1807, 2y, dau of Michael & Margaret
Rogan, Michael, d. 27 Aug 1809, b. 28 Aug 1809, c. 27y
Rogers, ---, d. 13 Nov 1818, b. 14 Nov 1818, 60y
Rogers, child, b. 12 Apr 1830, stillborn, child of John
Rogers, child, b. 18 Sep 1831, stillborn, child of Mr. Rogers
Rogers, child, b. 13 Dec 1831, unknown sickness, child of Hetty
Rogers, Arthur, d. 9 Jul 1804, b. 10 Jul 1804, 30y, suddenly, native of Ireland
Rogers, Eliza, b. 5 Oct 1874, 12y
Rogers, Ellis, b. 2 Mar 1868, 3w
Rogers, George, b. 18 Mar 1857
Rogers, Helen, d. 29 Dec 1808, b. 30 Dec 1808, 3d, debility, dau of Bernard & Rose
Rogers, Hugh, b. 16 Dec 1854, 35y
Rogers, James, b. 8 Oct 1856, 20y
Rogers, Jane, b. 21 Sep 1829, c. 18m, consumption, dau of John
Rogers, Jane Riley, b. 16 Feb 1861, 12 hours
Rogers, John, b. 8 Dec 1851, 4y
Rogers, Joseph, b. 21 Apr 1828, c. 2y
Rogers, Margaret, d. 12 Aug 1817, b. 13 Aug 1817, 62y, consumption
Rogers, Margaret, b. 19 Apr 1839, 50y, cancer in the chest
Rogers, Margaret, b. 24 Dec 1859, 5y
Rogers, Mary, d. 18 Oct 1800, b. 19 Oct 1800, 25y, wife of John
Rogers, Mary, b. 28 Nov 1864, 35y
Rogers, Mary Ann, d. 2 Apr 1812, b. 3 Apr 1812, 17m, dau of Bernard & Rosanna
Rogers, Michael, b. 15 Jun 1849, 9d
Rogers, Narcise, b. 18 Aug 1867, 50y
Rogers, Patrick, b. 5 Sep 1847, 6m
Rogers, Patrick, b. 13 Jun 1848, 10d
Rogers, Rebecca, d. 20 Jul 1809, b. 21 Jul 1809, c. 9m, dau of Joseph & Debora
Rogers, Rosanno, b. 23 Nov 1821, c. 40y, decay
Rogers, William, d. 13 Jul 1803, b. 14 Jul 1803, c. 13m, cholera, son of Arthur & Ann
Rogers, William, d. 11 Aug 1810, b. 12 Aug 1810
Roggee, child, b. 23 Dec 1824, child of Mrs. Roggee
Rohan, child, b. 13 Jun 1845, 9m, child of David
Roholy, Daniel, b. 6 May 1852, 54y
Rollins, Edward, b. 22 May 1864, 11y
Rollins, Henry, b. 7 Feb 1864, 4d
Rollins, John Isaac, b. 7 Apr 1860, 19m
Rollins, Joseph, b. 25 Sep 1873, 2y
Rollins, Mary Frances, b. 11 Sep 1866, 8m
Rollins, Sarah, b. 14 Jun 1871, 2y
Rollins, Willie, b. 18 Aug 1863, 12m
Romain, Palmire, d. 27 Jul 1793, b. 28 Jul 1793, 6y, dau of Arnold Romain & Miss Antoinette Cahuel of Cap Francois, (French)
Romaine, Alexis, d. 23 Sep 1816, b. 24 Sep 1816, 47y
Rone, John, d. 13 Mar 1797, b. 14 Mar 1797, c. 5m, son of John & Elizabeth, both natives of Ireland
Roney, child, b. 20 Mar 1838, stillborn, child of Mr. Roney
Roney, female, b. 10 Nov 1837, 9y, sickness in the head, dau of Mr. Roney
Roney, female, b. 24 Feb 1840, 20m, croup, dau of Patrick
Roney, male, b. 28 Sep 1848, 6y, son of Patrick
Roney, Anna E., b. 15 Nov 1864, 9y
Roney, Bridget, b. 1 Mar 1826, c. 40y, consumption
Roney, Mary, b. 14 Jul 1850, 2m
Roney, Mary Ann, b. 25 Oct 1853, 17y

Roney, Roger, d. 20 Oct 1802, b. 21 Oct 1802, c. 55y, native of Ireland
Ronsean, John, d. 3 Jan 1798, b. 4 Jan 1798, c. 17m, son of Andrew & Rachel
Ronsel, Joseph, d. 1 Jul 1807, b. 2 Jul 1807, c. 33y, native of Catalonia, lately resident of city of St. Domingo
Ronso, Henry, d. 20 Jul 1801, b. 21 Jul 1801, 11m, son of Andrew & Rachel
Rooney, child, b. 1 Mar 1830, died soon after birth, child of Hugh
Rooney, female, b. 8 May 1843, 1m, dau of Mr. Rooney
Rooney, Mrs., b. 7 Jan 1871, 71y
Rooney, Agness, b. 13 Apr 1868, 16y
Rooney, Ann, b. 11 Nov 1856, 37y
Rooney, Ann, b. 12 Nov 1860, 33y
Rooney, Ann, b. 19 Mar 1870, 50y
Rooney, Ann E., b. 10 Aug 1865, 4m
Rooney, Annie, b. 16 Dec 1863, 9y
Rooney, Bernard, b. 25 Sep 1863, 8d
Rooney, Catharine, b. 1 Feb 1863, 40y
Rooney, Catharine A., b. 7 Aug 1866, 2d
Rooney, Catherine, b. 16 Jul 1867, 18m
Rooney, Charles I., b. 18 Dec 1856, 3m
Rooney, Edward, b. 31 Mar 1829, c. 1y, consumption, son of Ellen
Rooney, Ellen, b. 13 Dec 1862, 3½y
Rooney, Ellen, b. 5 May 1865, 35y
Rooney, Ellen, b. 7 May 1867, 5m
Rooney, Hugh, b. 4 Feb 1829, c. 30y, consumption, native of Ireland
Rooney, James, b. 16 Apr 1822, c. 45y, consumption
Rooney, James, b. 28 May 1866, 59y
Rooney, James, b. 2 Jul 1873, 22y
Rooney, John, b. 18 Nov 1865, 34y
Rooney, Joseph M., b. 7 Nov 1861, 2y
Rooney, Mary, b. 17 Jul 1862, 11m
Rooney, Mary, b. 1 Sep 1868, 38y
Rooney, Mary Jane, b. 2 Sep 1823, bowel complaint, dau of Hugh
Rooney, Michael, b. 22 Aug 1854, 9m
Rooney, Michael, b. 12 Nov 1863, 32y
Rooney, Patrick, b. 28 Jul 1827, 24y, consumption
Rooney, Patrick, b. 15 Jan 1851, 65y
Rooney, Peter, b. 27 Jul 1855, 3y
Rooney, Peter, b. 25 Jul 1857, 4d
Rooney, Sarah, b. 25 Jan 1856, 25y
Rooney, Thomas, b. 7 Aug 1822, c. 30y, suddenly
Rooney, William, b. 5 Dec 1867, 28y
Rooney, Wm. I., b. 30 Jun 1868, 20y
Roose/Rose, male, b. 29 Aug 1837, 1d, infantile unknown, son of Mr. Roose
Root, Eliza V., b. 1 Jul 1874, 24y
Root, Henry R., b. 12 Jan 1870, 50y
Root, Thos. I., b. 26 Oct 1860, 56y
Ropiem, Mrs. E., b. 27 May 1850, 18y
Roque, Sarah, d. 22 Apr 1819, b. 23 Apr 1819, 60y, consumption
Rork, child, b. 20 Mar 1828, 3m, cold, child of Michael
Rork, Thomas, b. 14 Sep 1821, c. 11m, bowel complaint, son of Patrick & Ann
Rosalie, Anna, b. 29 May 1856, 4m, (Asylum)
Rosalie, Marie, d. 23 Apr 1818, b. 24 Apr 1818
Rose, female, b. 16 Jul 1836, 9m, inflamation of the brain, dau of George
Rose, male, see Roose/Rose, male
Rose, Ann Jane, b. 4 Mar 1865, 39y
Rose, Catherine, b. 13 Feb 1840, 35y, neglect after childbirth

Rose, Eleanor, b. 18 Dec 1856, 74y
Rose, Ellen, b. 29 Jan 1825, infant
Rose, George F. M., b. 18 Oct 1867, 14m
Rose, John, b. 29 Jul 1851, 9m
Rose, Joseph B., b. 21 Jul 1864, 7w
Rose, Lydia Ann, b. 13 Jul 1849, 10m
Rose, Marie, d. & b. 19 Aug 1804, 9m, Negro
Rose, Mary, d. & b. 19 Jul 1803, 6m9d, croup, free Negro, dau of George & Fanny
Rose, Sister Mary (Miss Rose Boegue), b. 20 Dec 1871, 80y, Oblate Sister of Providence, one of the first, Colored
Rose, Mary I., b. 23 Sep 1863, 2y
Rosea/Rosia, Sidney, b. 16 Mar 1841, 70y, infirmity of age, Colored
Roseman, Charles, b. 5 Jun 1866, 12y
Roseman, George Mary C., b. 8 Aug 1852, 17m
Roseman, Wm. Jno., b. 2 May 1850, 11m
Rosensteel, Charles, b. 10 Mar 1858, 17y
Rosensteel, Elizabeth, b. 20 Nov 1870, 80y
Rosensteel, George, Jr., d. 17 Sep 1805, b. 18 Sep 1805, 31y, son of George & Susanna
Rosensteel, Joseph, b. 16 May 1843, 1w
Rosensteel, Joseph, b. 30 Apr 1863, 13m
Rosensteel, Joseph I., b. 7 Jul 1862, 58y
Rosensteel, Louise, b. 15 Nov 1871
Rosensteel, Samuel, d. 23 Dec 1800, b. 24 Dec 1800, 3y, son of George & Susanna
Rosensteel, Victoria, b. 13 Mar 1864
Rosensteel, William, d. 1 Jun 1799, b. 2 Jun 1799, 9m, son of George & Barbara
Rosewell, child, b. 22 Mar 1854, 6m, child of James
Rosia, Sidney, see Rosea/Rosia, Sidney
Rositter, Miss, b. 29 Sep 1867, 60y
Rositter/Rossetter, Thomas, b. 15 Nov 1838, 47y
Ross, male, b. 4 Apr 1842, 9y, measles, son of Mr. Ross
Ross, Mr./child, b. 28 Jun 1856
Ross, Ann, b. 15 Aug 1850, 25y, Dwarf
Ross, Bridget, b. 8 May 1863, 14y
Ross, Bridget, b. 11 May 1870, 19y
Ross, Charles, b. 18 Jan 1869, 47y
Ross, Charles Hiram, b. 21 Jan 1861, 50y
Ross, Daniel I., b. 31 Jul 1861, 9y, Colored
Ross, Elizabeth, b. 26 Jun 1849, 27y, Colored
Ross, George Edwd., b. 14 Aug 1850, 4y
Ross, Jesse Eugene, b. 3 Nov 1862, 8y
Ross, John, b. 14 Feb 1859, 22y
Ross, Margt. Jane, b. 4 Oct 1851, 6y
Ross, Mary Ann, b. 20 Aug 1818, 1d
Ross, Mary E., b. 25 Apr 1852, 12y
Ross, Samuel, b. 23 Feb 1871, 35y
Ross, Thomas, b. 16 Sep 1868, 10m, Colored
Ross, Thomas, b. 7 Jul 1870, 70y
Ross, William D., b. 20 Jan 1855, 43y
Rosser, Mrs. Robina F., b. 25 Apr 1857, 50y
Rossetter, Thomas, see Rositter/Rossetter, Thomas
Rossinot, child, d. 21 Jan 1799, b. 22 Jan 1799, 17d, received private baptism when dangerously ill, son of Michael & Mary Rose Pellerin
Rourke, Ann, b. 1 Jan 1856, 24y
Rourke, Catharine, b. 3 Jan 1855, 9y
Rourke, Daniel, d. 9 Aug 1817, b. 14 Aug 1817, drowned in the great inundation of water, native of Ireland

Rourke, James, b. 8 Sep 1825, 6m, bowel complaint
Rousby, William M., d. 22 Jan 1815, b. 23 Jan 1815, 5m, violent cold, Colored
Rouso, Anthony, d. 5 Sep 1799, b. 6 Sep 1799, 16m, son of Andrew & Rachel
Rousse, Alphonse, b. 22 Feb 1816, Colored, belonged to Charles O'Rourke
Roussean, Peter, d. 14 Mar 1815, b. 15 Mar 1815, c. 50y, consumption
Rouster, child, b. 23 Sep 1821, c. 8m, dropsy, child of Mrs. Rouster
Roux, Jean Andree, d. 13 Jan 1815, b. 14 Jan 1815, 58y, bilious fever
Rouzell, ---, d. 28 Jul 1820, b. 29 Jul 1820, 6m
Row, Bridget, b. 3 Jan 1831, 9m, unknown sickness
Rowan, Henry Purtil, b. 23 Mar 1848, 2y
Roy, Ellen E., b. 7 Jun 1846, 8m
Roy, Thomas, b. 7 Jun 1845, 3y
Royl, Dominic, d. 27 Oct 1793, b. 28 Oct 1793, 22y, Baltimore, buried in St. Peter's Church Yard, native of Ireland, (F. Beeston, cure de St. Pierre)
Royston, Chas., b. 17 Sep 1849, 1y, son of John
Royston, Edward, b. 26 Dec 1852, 3y
Royston, John, b. 15 Dec 1866
Royston, Thos. F., b. 7 Jan 1874, 19y
Ruan, Thomas, b. 2 Aug 1864, 30y
Ruby, Wm., b. 26 Nov 1870, 3y8m
Rudden, Margaret, b. 20 Aug 1871, 73y
Rudiger, Margaret, b. 25 Jun 1870, 22m
Rudolph, male, b. 18 Aug 1838, 5m, summer complaint, son of Mr. Rudolph
Rudolph, Joseph, b. 7 Dec 1851, 5m
Ruissaux, Baptiste Alexius Cevilly Dex, d. 21 Sep 1813, b. 22 Sep 1813, 6m
Runnell, female, b. 10 Aug 1840, 15m, dau of William
Rush, child, b. 30 Jul 1861, stillborn, child of Jacob
Rush, male, b. 23 Aug 1854, stillborn, son of Jacob
Rush, Barbara, b. 28 Nov 1864, 38y
Rush, Jacob, b. 24 Oct 1851, 9d
Rush, Jacob, b. 18 Sep 1858, 19d
Rush, James Henry, b. 15 Jan 1851, 4m
Rush, Joseph, b. 9 Dec 1871, 78y
Rush, Joseph Edwd., b. 27 Aug 1850, 2y
Rush, Mary Ann, b. 16 Dec 1862, 1 hour
Rush, Mary Marcella, b. 6 Nov 1858, 3y
Rush, Mary Sophia, b. 31 Jan 1858, 14m
Rushlow, Margaret, d. 17 Sep 1819, b. 18 Sep 1819, 75y, consumption
Ruside, Hester, b. 16 Feb 1840, 16y, rheumatism in the head
Ruside, William, b. 27 Sep 1839, 47y, consumption
Rusk, male, b. 15 Jul 1860, 6w, son of Edward
Rusk, Mrs., b. 19 Dec 1856, 50y
Rusk, Elizabeth, b. 8 Sep 1856, 25y
Rusk, William, b. 18 Sep 1840, 37y, Colored
Russel, Anne, d. 29 Aug 1810, b. 30 Aug 1810, 1y
Russel, Mary, b. 30 May 1855, 60y
Russell, female, b. 15 Oct 1843, 4y, dau of Mr. Russell
Russell, male, b. 1/2 Aug 1842, 15m, summer complaint, son of Mr. Russell
Russell, Mrs., b. 29 Jul 1865, 33y
Russell, Ann, b. 9 May 1855, 73y
Russell, Christopher, b. 14 Oct 1843, 9y
Russell, Eliza Ann, d. 26 Sep 1808, b. 27 Sep 1808, 1y14d, teething, dau of Samuel & Ann
Russell, Ignatius, b. 17 Mar 1849, 4d
Russell, Jane, b. 14 Sep 1841, 29y, apoplexy
Russell, Jane, b. 8 Mar 1856, 76y, Colored
Russell, Lucretia, b. 29 Jul 1856, 3y

Russell, Mary Adele, b. 2 Feb 1869, 21m
Russell, Mary Ann, b. 22 Oct 1847, 2½y
Russell, Mary E., b. 31 Dec 1848, 6m
Russell, N. Dashiel, b. 22 Aug 1856, 16m
Russell, Patrick, b. 7 Mar 1864, 60y
Russell, Rebecca, b. 1 Apr 1823, c. 74y, palsy
Russell, Samuel, b. 26 Oct 1843, 40y
Russell, Susan, b. 4 Dec 1864, 38y
Russell, Virginia Lee, b. 26 Oct 1863, 12m
Rutledge, Jane, b. 3 Feb 1851, 34y
Rutledge, Mary, d. 14 Nov 1793, b. 15 Nov 1793, c. 13y, wife of Thomas of Baltimore, buried in St. Peter's Church Yard
Rutledge, Mary, b. 1 Nov 1869, 68y
Rutter, Elizabeth, b. 28 Feb 1830, c. 60y, consumotion
Rutter, Henry, d. 1 Aug 1803, b. 2 Aug 1803, 6m11d, son of Moses & Elizabeth
Rutter, Julia, b. 22 Feb 1857, 22y
Rutter, Thomas, d. & b. 20 Jun 1800, 1y, smallpox, son of Moses & Elizabeth
Ruyter, Mrs., b. 24 Apr 1820, c. 35y, consumption, buried at Mr. Thomas Killen's farm
Ryan, female, b. 6 Mar 1852, 5m, dau of James
Ryan, Mrs., b. 31 May 1840, c. 40/60y, consumption
Ryan, Mrs., b. 16 Jan 1841, 40y, consumption
Ryan, Alice M., b. 19 Jan 1870, 16y
Ryan, Anastasia, b. 19 Mar 1860, 6y
Ryan, Anastasia, b. 17 Aug 1874, 9m
Ryan, Bridget, b. 16 Nov 1853, 21y
Ryan, Bridget, b. 7 Jun 1856, 49y
Ryan, Bridget, b. 20 May 1859, 33y
Ryan, Bridget, b. 24 Mar 1866, 2m
Ryan, Catharine, b. 27 Dec 1862, 28y
Ryan, Daniel, b. 5 May 1853, 9m
Ryan, Edward, b. 31 Aug 1837, 13y
Ryan, Edward, b. 6 Aug 1864, 9m
Ryan, Eleanor, d. 29 Jul 1796, b. 30 Jul 1796, 7m25d, dau of Michael & Jane
Ryan, Eleanor, d. 26 Jul 1809, b. 27 Jul 1809, 15m
Ryan, Emanuel, b. 8 Oct 1850, 38y
Ryan, Fanny, b. 2 Oct 1856, 33y
Ryan, Francis, b. 14 Sep 1849, 17m
Ryan, James, d. 19 Nov 1798, b. 20 Nov 1798, 19y, native of Ireland
Ryan, James, b. 24 Jul 1826, c. 25y, consumption
Ryan, James, b. 9 May 1856, 23y
Ryan, James, b. 11 May 1863, 5y
Ryan, Jas., b. 29 Aug 1872, 68y
Ryan, Jeremiah, b. 19 June 1867, 45y
Ryan, John, d. 2 Oct 1810, b. 3 Oct 1810, 40y, bilious fever
Ryan, John, b. 17 Aug 1854, 42y
Ryan, John, b. 3 Sep 1855, 10m
Ryan, John, b. 27 Dec 1864, 3½y
Ryan, John, b. 18 Jul 1865, 8d
Ryan, Joseph A., b. 15 Mar 1862, 19m
Ryan, Kate, b. 20 Jun 1866, 14m
Ryan, Laura, b. 9 Dec 1871, 1y
Ryan, Laurence, b. 11 Jul 1865, 2d
Ryan, Margaret, d. 30 Jan 1795, b. 31 Jan 1795, 2m, dau of Michael & Jane
Ryan, Margaret, b. 4 Aug 1853, 21y
Ryan, Margaret, b. 8 Feb 1858, 40y
Ryan, Margaret, b. 17 Feb 1871

Ryan, Margaret E., b. 30 Nov 1871, 3y
Ryan, Mary, b. 27 Aug 1835, c. 36y, kidney complaint
Ryan, Mary, b. 23 Aug 1856, 32y
Ryan, Mary, b. 20 Jul 1858, 56y
Ryan, Mary, b. 9 Aug 1858, 5½y
Ryan, Mary, b. 26 Jul 1859, 29y
Ryan, Mary, b. 24 Aug 1861, 28y
Ryan, Mary, b. 21 May 1864, 9y
Ryan, Mary A., b. 14 Dec 1872, 3w
Ryan, Mary Ann, b. 26 May 1853, 6m
Ryan, Michael, b. 26 Jun 1849, 27y
Ryan, Patrick, b. 25 Jun 1825, c. 28y, bilious fever
Ryan, Patrick, b. 12 Jan 1826, c. 40y, unknown sickness
Ryan, Patrick, b. 10 Aug 1832, 4y, cholera, son of Peter
Ryan, Patrick, b. 11 Jul 1839, 40y
Ryan, Patrick, b. 13 Feb 1870, 35m
Ryan, Stephen, b. 7 Dec 1821, c. 40y, consumption
Ryan, Thomas, d. 24 Sep 1809, b. 25 Sep 1809, c. 25y
Ryan, Thomas, b. 4 Nov 1862, 67y
Ryan, Thomas, b. 1 Aug 1866, 14m
Ryan, Thomas, b. 14 Oct 1868, 2d
Ryan, Thomas James, b. 8 Nov 1825, c. 10m, convulsions
Ryan, Timothy, b. 24 Aug 1866, 14m
Ryan, William, b. 30 Oct 1836, c. 40/45y
Ryan, William, b. 4 Feb 1850, 15m
Rynd, Elizabeth, d. 15 Nov 1804, b. 16 Nov 1804, c. 2m, dau of Bryan & Mary
Ryne, John, b. 24 Sep 1820, c. 23y, bilious fever
Ryon, Michael, b. 30 Oct 1829, c. 45y, bilious fever
Ryster, R. Ann, b. 3 June 1867, 39y, Colored

Sadler, Ann, d. 25 Nov 1819, b. 26 Nov 1819, 45y, consumption
Sadler, Elizabeth, b. 31 Oct 1852, 17y
Sadler, Mary, b. 12 Jul 1873, 3d
Sain, male, b. 18 Aug 1837, 14m, son of Wm.
Saladin, Margaret Elizabeth, d. 4 Aug 1809, b. 5 Aug 1809, 50y, native of Paris, wid of Robert
Sale, Mary Ann, b. 27 Oct 1863, 11y
Sallary, James, b. 21 Jun 1855, 14y
Sallery, female, b. 18 Sep 1852, 3w, dau of John
Sallum, Susan, b. 7 May 1838, 70y
Salmon, John/male, see Selman/Salmon, John/male
Salmon, Joseph, b. 9 Nov 1854, 13m
Salmon, Sarah E., b. 4 Jan 1849, 2y
Salom, male, b. 24 Apr 1862, ½ hour, son of John
Salom, Francis, b. 27 May 1863, 34y
Salom, Francis C., b. 7 Feb 1864, 9m
Salsbury, John Thos., b. 2 Aug 1866, 6m, Colored
Salva, Henrietta/female, see Saville/Salva, Henrietta
Sampson, Isaac, b. 8 Sep 1832, c. 60y, cholera, Colored
Sampson, Jacob, b. 30 Apr 1844, 40y, Colored
Sampson, John Alexander, d. 25 May 1810, b. 26 May 1810, Colored, belonged to Mr. Volumbrun
Sampson, Salico, b. 6 Feb 1867, 60y, Colored
Sanbury, Elizabeth, d. 30 Jan 1817, b. 31 Jan 1817, 6m
Sanchez, John, d. 20 Aug 1808, b. 21 Aug 1808, 23y
Sanders, Alphred, b. 13 Jul 1826, c. 23y, bilious & typhus, Colored
Sanders, Annie, b. 6 Dec 1869, 25y, Colored
Sanders, Benedict I., b. 1 Feb 1860, 35y
Sanders, Beverly C., b. 24 Mar 1853, 3y
Sanders, Clement W., b. 18 Jul 1853, 4y
Sanders, Edwd. I., b. 12 Mar 1861, 22y
Sanders, Ellen, b. 22 Sep 1818, 1d
Sanders, Eugene, b. 23 Feb 1867, 22y
Sanders, Isaac, b. 4 Sep 1866, 21y
Sanders, John, b. 22 Mar 1848, 3y
Sanders, John, b. 22 Nov 1855, 35y
Sanders, Joseph H., b. 20 Nov 1853, 12m
Sanders, Joshua, b. 9 Apr 1857, 7y
Sanders, Leonidas, b. 27 Oct 1865, 35y
Sanders, Mary, b. 26 Jul 1862, 5y
Sanders, Mary Ann, b. 5 Jul 1849, 22y
Sanders, Sarah, b. 5 Sep 1869, 17y
Sanders, Sarah Ann, b. 13 Feb 1847, 3m
Sanders, Thomas L., b. 9 May 1860, 5y
Sanderson, Elizabeth, d. 31 Jan 1799, b. 1 Feb 1799, 14m
Sanderson, Mary Ann, b. 23 Mar 1823, c. 16y, typhus, Colored
Sandford, Nicholas, d. & b. 27 Jun 1800, 41y
Sands, Bridget, b. 10 Aug 1862, 59y
Sands, Ellen, b. 16 Mar 1862, 32y
Sands, Felix, b. 14 Jun 1868, 60y
Sands, Hugh, b. 26 Jan 1859, 26y
Sands, John, d. 24 Sep 1810, b. 25 Sep 1810, 40y, born in Ireland
Sands, John, b. 23 Jun 1861, 6m
Sands, John, b. 3 Sep 1865, 23y
Sands, Joseph, b. 9 Nov 1872, 17m
Sands, Margaret, b. 25 Oct 1861, 23y
Sands, Margaret Ann, b. 11 Apr 1858, 2m

Sands, Mary, b. 14 Aug 1872, 29y
Sands, Peter, b. 3 Jul 1868, 22y
Sane, female, b. 9 Sep 1837, 2y, dau of Mr. Sane
Sanner, Maria, b. 18 Jun 1851, 32y
Sanner, Mary Ann, b. 17 Aug 1852, 18m
Sanner, William F., b. 9 Sep 1867, 21m
Sansburg, Ann, d. 19 Sep 1819, b. 20 Dec 1819, 45y, consumption
Sanson, Thomas, b. 4 Feb 1824, 14y, fits, Colored
Santel, William, b. 27 Jul 1866, 2y
Santy, Hanelly, d. 20 Aug 1820, b. 21 Aug 1820, 35y, consumption
Sap, James, d. 2 Jul 1799, b. 3 Jul 1799, c. 6y, son of John & Sarah
Sap, Regina, d. 19 Nov 1801, b. 20 Nov 1801, 3y, dau of George & Mary
Sapington, John D., b. 22 Mar 1871, 29y
Sappington, Ambrose L., b. 9 Mar 1874, 22y
Sappington, Frances B., b. 14 May 1853, 4y
Sappington, Josephine, b. 3 Mar 1857, 5y
Sappington, Mary, b. 4 Jul 1872, 26y
Saran, Margaret, see Soran/Saran, Margaret
Saratta, Isabella, b. 9 Nov 1850, 34y
Sarfield, twins, James & Ellen, b. 14 Sep 1824, died soon after baptism, children of Stephen & Margaret
Sargent, infant, b. 2 Aug 1816, child of Samuel & Jane
Sargent, Angelina, b. 22 Sep 1815, 4m, dau of Elizabeth
Sargent, Elizabeth, d. & b. 14 Aug 1817
Sargent, Isabella, d. 15 Jul 1813, b. 16 Jul 1813, c. 3m, dau of Samuel & Jane, his reputed wife, though really Jane Dorney
Sargent, Margaret, d. 23 Mar 1815, b. 24 Mar 1815, 3w
Sarsfield, Ellen, b. 14 Aug 1829, 9m, summer complaint, dau of --- Sarsfield
Saterfield, Capt., b. 23 Oct 1871, 55y
Satterfield, male, b. 26 Dec 1858, stillborn, son of Mr. Satterfield
Satterfield, Hannah, b. 30 Nov 1861, 21y
Satterfield, Joseph, b. 30 Jun 1856, 9m
Sauer, child, b. 23 Oct 1874, 12 hours, infant of A. Sauer
Sauerland, Sarah A., b. 11 Mar 1871, 51y
Sauerwine, Eugene, b. 5 Aug 1862, 4m
Sauerwine, Mary, b. 15 Nov 1849, 3y
Sauerwine, Mary E., b. 27 Jan 1858, 2y
Saul, Mary, b. 7 May 1850, 23y
Saulsbury, child, b. 6 Jun 1827, c. 9m, child of Andrew
Saunders, Everlinda (Linny), d. 20 Jun 1810, b. 21 Jun 1810, 58y
Saunders, Thomas, b. 11 Mar 1858, 47y
Saunders, Wm., b. 26 May 1874, 42y
Saurin, Peter, d. 10 Aug 1819, b. 11 Aug 1819, c. 60y, consumption
Saurret, Eli, b. 16 Sep 1861, 14m
Saustin, Mary Ann, b. 27 Oct 1822, 4m
Savage, ---, d. 17 Apr 1814, b. 18 Apr 1814, c. 50y, consumption
Savage, Eliza, b. 19 Feb 1831, c. 40y, fever
Savage, Elizabeth, d. 25 Nov 1802, b. 26 Nov 1802, 25y, suddenly, wife of Patrick
Savage, Elizabeth, d. 7 Jul 1818, b. 8 Jul 1818, cancer
Savage, Hester, d. 2 Feb 1794 (1:00), b. 3 Feb 1794, 30y, wife of Dennis, buried in St. Peter's Church Yard
Savage, James, b. 20 Jun 1873, 3m
Savage, Jas., b. 1 Nov 1851, 45y
Savage, John, d. 15 Jul 1800, b. 16 Jul 1800, 2y, son of Patrick & Elizabeth
Savage, Margaret, b. 24 Jun 1844, 32y
Savage, Mary Ann, b. 20 Jul 1852, 40y

Savage, Patrick, d. 13 Apr 1812, b. 14 Apr 1812, 49y, consumption
Savil, Lewis, b. 5 Mar 1829, 2y, catarrhal fever, son of ---
Saville/Salva, Henrietta/female, b. 26 Aug 1837, 6y, convulsions, dau of Isaac
Sawer, child, b. 11 Dec 1874, 2y
Sawers, Anna C., b. 6 Dec 1874, 4y
Saxton, Miss, b. 22 Nov 1851, 7y
Saxton, Mr., b. 17 Jan 1866
Saxton, Alexander, b. 17 Nov 1869, 70y
Saxton, Catherine, b. 16 Nov 1851, 8y
Saxton, Cornelius, b. 2/3 May 1838, c. 65y, decline
Saxton, Jane, b. 24 Sep 1865, 68y, Colored
Saxton, Mary Annie, b. 5 Oct 1857, 16y
Scarf, Francis F., b. 13 Mar 1850, 10y
Scarf, Mary M., b. 1 Apr 1870, 5w
Schaeffer, child, b. 20 Jun 1831, child of Mrs. Schaeffer
Schaeffer, Florence, b. 10 Feb 1871, 3y
Scharf, Aloisius, b. 9 Jan 1849, 2y
Scharf, George W., b. 10 May 1855, 37y
Scharf, Mary, b. 2 Feb 1855, 4y
Schaub, Catharine, b. 8 Oct 1868, 25y
Scheewickert, Mary E., b. 1 Aug 1851, 26y
Scheick, child, b. 18 Jul 1859, stillborn, child of Joseph
Scheick, Emma Teresa, b. 16 Jan 1856, 10y
Scheick, Joseph, b. 15 May 1857
Schell, female, b. 15 Oct 1834, 18m, dau of Luke
Schilling, Richard, b. 18 Jul 1862, 2m
Schilsberger, Abiner, b. 8 Sep 1830, c. 1y, unknown sickness, son of Martin
Schley, child, b. 19 Aug 1858, stillborn, child of Mr. Schley
Schley, Francis K., b. 27 Aug 1868, 5y
Schlipelberger, Martin, b. 12 Aug 1828, 54y, old age
Schmidt, male, b. 17 Apr 1836, 3m, son of V. Schmidt
Schmidt, Elizabeth, b. 24 Apr 1864, 78y
Schmidt, Joseph, b. 5 Mar 1846, 60y
Schmuck, Ellen R., b. 24 Jun 1871, 61y
Schofield, John, b. 9 Feb 1866, 2d
Schofield, Susan, b. 2 Sep 1852, 18m
Schofield, Susie, b. 4 Jul 1872, 2m
Scholastica, Sister Mary (Miss Claire Bourgoin), b. 16 Aug 1872, Oblate Sister of Providence, Colored
Schraegly, Michael, d. 10 Sep 1801, b. 11 Sep 1801, 72y, native of Germany
Schreck, child, b. 22 Sep 1847, stillborn, child of Mr. Schreck
Schrieber, Mary, d. 15 Feb 1813, b. 16 Feb 1813, 35y, consumption
Schriver, Laura, b. 28 Feb 1821, 15y, decline
Schroeden, Mr., b. 2 Aug 1851
Schully, John, b. 25 Mar 1852, 7y
Schwartz, Mrs., b. 13 Jun 1862, 80y
Schwartz, Elizabeth, d. 14 May 1795, b. 15 May 1795, 12y, dau of John & Barbara
Schwartz, Francis, b. 14 Jul 1857, 24y
Schwartz, Lewis, b. 23 Mar 1861, 21y
Schwartz, Mary, b. 6 Jan 1860, 16y
Schwartze, Anthony, b. 18 Dec 1862, 87y
Schwegert, Martin, b. 29 Jul 1851, 4m
Schweigert, John, b. 11 Aug 1854, 40y
Schweigert, Mary Susan, b. 18 Nov 1858, 4y
Sciffington, Patrick, b. 15 Apr 1858, 16y

Sclaper, Frances, d. & b. 13 Mar 1794, c. 55y, wid of Mr. Basterate, lately from Cape Francois Island, St. Domingo, buried in St. Peter's Church Yard
Scofield, Ellen, b. 27 Jul 1855, 19m
Scoggins, Ann, b. 20 Jan 1853, 2½y
Scollion, Michael, b. 11 Dec 1856, 25y
Sconlin, Mary, b. 23 Oct 1829, c. 35y, unknown sickness
Scoti, child, b. 11 Sep 1822, 14m, child of John
Scott, child, b. 19 Mar 1825, c. 18m, unknown sickness, child of John
Scott, male, b. 13 Jul 1837, 5y, died from a fall, son of Patrick
Scott, male, b. 15 Jun 1841, 7m, son of Thomas P. Scott
Scott, Amelia A., b. 13 Nov 1844
Scott, Catharine, b. 19 Jan 1868, 40y, Colored
Scott, Cornelia, b. 8 Jan 1829, 10m, inflamation in the brain, dau of John
Scott, Eliza, b. 11 Jul 1874, 52y
Scott, Francis, b. 19 Mar 1832, pleurisy
Scott, John A., b. 25 Jul 1855, 7m
Scott, John Henry, b. 15 Oct 1823, c. 4y, measles, son of John
Scott, John Henry, b. 28 Jul 1828, c. 2w, fit, son of Mary, Colored
Scott, Juliana, b. 22 Jan 1845, 7y
Scott, Luke, d. 12 Jan 1796, b. 13 Jan 1796, c. 50y, buried in St. Peter's Church Yard
Scott, Margaret A., b. 17 Aug 1852, 2y
Scott, Martha E., b. 30 Oct 1834, c. 4y, croup
Scott, Mary, d. 4 Feb 1797, b. 5 Feb 1797, c. 70y, wid, native of Ireland
Scott, Mary Ann, b. 6 Sep 1842, 6w
Scott, Nina, b. 6 Aug 1870, 11m
Scott, Rosanna, b. 10 Sep 1841, 32y, consumption
Scott, T. Parkin/Thomas Parkin, b. 13 Oct 1873, 71y
Scott, William, b. 25 Nov 1850, 5y
Scotti, male, b. 12 Mar 1837, 6m, catarrh, son of Lewis F. Scotti
Scotti, Mrs., b. 6 May 1859, 71y
Scotti, John, b. 26 Jun 1829, 56y, unknown sickness
Scotti, Lewis, b. 4 Oct 1842, 2y
Scotti, Louis A., b. 13 Nov 1853, 45y
Scotti, Peter, b. 4 Feb 1855, 21y
Scotti, Virginia, b. 24 Mar 1827, c. 9m, dropsy, dau of John
Scotti, William A., b. 28 Jan 1868, 15m
Scroggy, James, b. 9 Jul 1853, 6m
Scullin, Michael, d. 16 Sep 1811, b. 17 Sep 1811, 26y
Scullion, George, d. & b. 21 Nov 1800, 5y, son of James & Darky
Scullion, Nicholas, d. 6 Aug 1820, b. 7 Aug 1820, 33y, bilious
Scully, Edward, b. 20 Sep 1860, 21y
Scully, Jane, d. 7 Aug 1799, b. 8 Aug 1799, 9m, dau of James & Darkey
Scully, Mary, b. 29 Oct 1870, 34y
Scully, Thomas, b. 25 Oct 1870, 2 hours
Scully, Timothy B., b. 5 Feb 1853
Seale, Helen, b. 2 Jul 1852, 3y
Seale, William, b. 8 Oct 1851, 4y
Seaman, Helen, b. 12 Aug 1870, 4y
Seaman, Sarah, b. 10 May 1829, c. 30y, consumption
Sears, female, b. 19 Jan 1844, 9m, dau of Mr. Sears
Sears, Maria C., b. 26 Apr 1852, 26y
Seche, Mr., b. 24 Jul 1870, 88y
Seche, Mrs., b. 21 Jul 1870, 74y
Seche, Francoise Julie, b. 23 Mar 1828, c. 25y, consumption
Seche, Joseph, b. 25 Jun 1872, 40y
Sedgwick, Hannah, b. 25 Sep 1823, 9y, Colored, Mr. Wells paying the expenses

Sedgewick, Hannah, b. 20 Jan 1840, 40y, cramp, Colored
Sedgwick, Phillip, b. 29 Jul 1872, 63y
Seebrook, Joshua/male, b. 25/26 Apr 1842, 3y, consumption, son of Joshua?
Seeman, Barbary E., b. 1 Apr 1870, 14m
Segan, Lewis, b. 25 Aug 1820, c. 15m, summer complaint
Segeler, Theobald, d. 2 Feb 1795, b. 3 Feb 1795, Baltimore, native of Germany
Seger, Rachel, b. 10 Sep 1839, 35y, Colored
Seguin, John, b. 10 Oct 1858, 40y
Seguine, Anne Claude, b. 10 Oct 1832, c. 39y, delirium tremens
Selby, Blanche, b. 11 Aug 1870, 2m
Selby, Edith M., b. 12 Jul 1871, 5m
Seleve, Ann, d. 30 Aug 1820, b. 31 Aug 1820, 23y, consumption
Sellery, John, b. 13 Jan 1850, 15m
Sellman, Barbary, b. 8 Feb 1846, 20y
Sellman, Elizabeth, b. 20 Oct 1843, 25y
Sellman, Elizabeth, b. 30 Mar 1848, 65y, Colored
Sellman, Mary, b. 6 Feb 1847, 27y
Sellman, Rose, b. 20 Nov 1850, 45y
Selman, Elizabeth, d. 10 Dec 1806, b. 11 Dec 1806, 8m6d, dau of Peter & Elizabeth
Selman, Francis, b. 24 Mar 1842, 28y, consumption, Colored?
Selman/Salmon, John/male, b. 2 Aug 1841, 7m, son of John?
Selmon, Francis, b. 3 Aug 1816, 11m
Selvage, Geo., b. 11 Mar 1851, 39y
Semmes, Ignatius, b. 3 Jan 1826, c. 8y, consumption
Semmes, Wm. Gaston, b. 17 May 1844, 6m
Sencehal, Gabriel Alexis, b. 3 Oct 1793, native of Cayes, St. Domingo, son of Bonaventure & Marie Catharine Labry(French)
Senechal, Bonaventura, d. & b. 6 Jan 1805, Baltimore, c. 70y, native of Dol, Franche Corute
Sequin, Jacque Ferdinand, b. 6 Jun 1795
Sequin, John, b. 16 May 1803
Sequin, Juliana B., b. 7 Nov 1865, 15y
Sequin, Laurent, d. 18 May 1816, b. 19 May 1816, 37y, native of France
Sergent, Rosemond, d. 6 Feb 1807, b. 8 Feb 1807, c. 18y, consumption, son of Lambert & Gertrude Devau, native of Guadaloupe
Series, John, d. (c. 2:00 a.m.) & b. 7 May 1802, c. 72y, Baltimore, born at Smyrna of French parents
Serjent, Francis, d. 18 Jun 1796, b. 19 Jun 1796, 6½m, son of John & Ruth
Serjent, Philip Nicholas, d. 24 Jul 1796, b. 25 Jul 1796, c. 2y, son of John & Ruth
Serres, Ferdinand, b. 23 Sep 1824, c. 26y, bilious fever
Serres, John Baptiste, b. 13 Apr 1823, 58y, consumption
Serval, Eliza, b. 14 May 1829, c. 20y, consumption
Serval, William Henry, b. 8 Jan 1829, c. 10w, unknown sickness
Servall, Henry, d. 26 Nov 1801 (c. 12:00 a.m.), b. 27 Nov 1801, 60y, of St. Mary's County
Servary, male, b. 14 Nov 1835, 3y, croup, son of John
Servary, Joachim Francois Xavier, b. 24 Jan 1813, 1y
Servary, Louis A., b. 14 Jun 1853, 42y
Servary, Lulia N., b. 16 Jun 1853, 19y
Servary, Margaret Celia, b. 26 May 1857, 76y
Servary, Mary E., b. 21 Jan 1856, 10d
Servary, Peter I., b. 10 Aug 1861, 88y
Servel/Sewell, Louisa, b. 26 Mar 1842, 2m
Sesche, E. J., b. 22 May 1871, 80y
Sesselberger, George, b. 20 Oct 1854, 40y
Seveney, James H., b. 6 Mar 1867, 11y
Sever, James, d. 14 Jun 1802, b. 15 Jun 1802, c. 20y
Severa, Eliza, d. 27 Aug 1804, b. 28 Aug 1804, 11m, cholera, dau of Joseph & Mary

Severa, Joseph, born & d. 25 Aug 1804, b. 26 Aug 1804, son of Joseph & Mary
Sevier, Sarah, b. 18 May 1842, 30y, consumption
Sevill, female, b. 23 May 1828, c. 3d, dau of Isaack
Seviller/Swillier, Justine, b. 23 Dec 1841, 65y, sudden death, servant of Dr. Chatard, Colored?
Sewall, Dina, d. 10 May 1815, b. 11 May 1815, 40y, pleurisy
Sewary, Achsah, b. 26 Dec 1858, 36y
Sewel, Sarah, b. 3 Aug 1854, 1m, Colored
Sewell, male, b. Apr 26/3 May 1837, 14m/y, scarlet fever, son of Francis
Sewell, Louisa, see Servel/Sewell, Louisa
Sewell, Mary E., b. 7 Apr 1858, 11y
Sewell, Sukey, d. 14 Sep 1805, b. 15 Sep 1805, 2y, Negro, dau of Sukey
Sexton, female, b. 13 Mar 1853, 2 hours, dau of James
Sexton, Catharine, b. 9 Jul 1845, 9m
Sexton, Catharine, b. 20 Nov 1852, 60y
Sexton, Daniel, b. 26 Nov 1846, 3m
Sexton, Mary Jane, b. 26 Nov 1848, 10y
Seyler, Mrs., b. 29 Oct 1834, c. 35y, inflamation
Seymour, F., b. 28 Jun 1857, 35y
Shaddock, William, d. 24 Feb 1798, b. 25 Feb 1798, 4m2d
Shade, Eliza, b. 22 Feb 1853, 29y
Shade, Hannah B., b. 25 Jul 1831, age unknown, consumption
Shaffer, Annie, b. 20 Jan 1871, 3y
Shaffrey, Edward, b. 1 Sep 1868, 68y
Shane, George, b. 28 Jun 1847, 15m
Shane, John T., b. 28 Aug 1870, 2y
Shanes, William, d. 5 Jul 1819, b. 6 Jul 1819, 1m
Shanessey, Mary, b. 20 Oct 1874, 70y
Shaney, Eliza, b. 2 Mar 1851, 60y
Shanks, Jane, b. 26 Aug 1856, 2w
Shanler, Rose, b. 24 Jan 1863, 20y
Shanley, Mrs. E. Rosanna, b. 8 Feb 1836, 59y, suddenly
Shannan, Miss/ L., b. 5/12 Jan 1842, 22y, consumption
Shannessy, John, b. 25 Sep 1870, 28y
Shannon, male, b. 6 Sep 1856, 15m, son of Mathew
Shannon, Mrs. B., b. 7 Oct 1869, 26y
Shannon, Bridget, b. 11 Aug 1854, 19m
Shannon, Daniel, b. 25 Jun 1853, 45y
Shannon, Dennis, b. 18 Feb 1861, 50y
Shannon, James, b. 21 Jul 1831, 40y, bilious fever
Shannon, James Thos., b. 31 Jul 1855, 18d
Shannon, John, b. 11 Sep 1829, c. 10m, unknown sickness
Shannon, Margt. Ann, b. 27 Jan 1847, 18m
Shannon, Matthew, b. 29 Dec 1872, 47y
Shannon, Nicholas, b. 4 Dec 1824, c. 28y, consumption
Shannon, Patrick, b. 15 Jun 1829, c. 5y, accidentally drowned
Shanon, Catharine M., b. 23 Aug 1847, 9m
Shark, Mary Magdalen, d. 3 Jun 1794, b. 4 Jun 1794, 10d, dau of Peter & Margaret, buried in St. Peter's Church Yard
Sharkey, male, b. 15 Sep 1850, 2 hours, son of Laurence
Sharkey, Mrs., b. 27 Mar 1836, 45/65y, died of a fall
Sharkey, Elizabeth, b. 20 Jan 1825, c. 59y, consumption
Sharkey, Elizabeth, b. 5 Sep 1832, c. 40y, cholera
Sharkey, John, b. 12 Sep 1851, 41y
Sharkey, John, b. 10 May 1871, 54y
Sharkey, John Singleton, b. 29 Jan 1854, 30y
Sharkey, Mary, b. 15 Dec 1870, 68y

Sharkey, Michael, b. 15 Feb 1830, c. 45y, unknown sickness
Sharkey, Robert, b. 6 Oct 1834, 45y, killed
Sharkey, Thomas, b. 20 Mar 1854, 17y
Sharky, Hugh, d. 14 May 1821, b. 15 May 1821, c. 60y, consumption
Sharp, Maria, b. 22 Apr 1850, 50y, Colored
Shary, Mary Ann, b. 16 Nov 1855, 13y
Shasgreen, male, b. 6/7 Aug 1837, 3m, son of Catherine
Shasgreen, Caroline, b. 17 Dec 1853, 40y
Shasgreen, Mary, b. 7 Apr 1851, 40y
Shaughnessy, Thomas, b. 2 Sep 1861, stillborn
Shaunessy, female, b. 30 Jul 1841, 5w, dau of Mr. Shaunessy
Shaw, ----, b. 25 Aug 1847
Shaw, female, b. 7 Mar 1866, 30 minutes, dau of James
Shaw, Mr., b. 29 Nov 1846, 70y
Shaw, Ann, b. 30 Jul 1873, 80y
Shaw, Catharine, b. 16 Jun 1854, 39y
Shaw, Charles, b. 14 Jan 1826, c. 14y, unknown sickness
Shaw, James, b. 29 Oct 1863, 50y
Shaw, James, b. 17 Dec 1866, stillborn
Shaw, James, b. 14 Feb 1869, 9y
Shaw, John Thos., b. 28 May 1857, 4½y
Shaw, Joseph, b. 9 Feb 1855, 29y
Shaw, Joshua Thos., b. 8 May 1850, 4m
Shaw, Judith, b. – May 1821, c. 45y, decline
Shaw, Julia Frances, b. 25 Mar 1865, 11m
Shaw, Mrs. Louisa, b. 20 May 1845, 38y
Shaw, Mary, b. 1 Feb 1862, 24 hours
Shaw, Mary I., b. 2 Jul 1851, 16m
Shaw, William/William Henry, b. 19 Jun 1840, 2m, summer complaint
Shaw, Wm. L., b. 9 Dec 1851, 36y
Shay, James, d. 6 Oct 1800, b. 7 Oct 1800
Shea, Mr., b. 13 Jun 1829, c. 40y, killed on the railroad
Shea, Ellen, b. 14 Nov 1863, 55y
Shea, John, b. 14 Oct 1830, c. 10y, scarlet fever
Shea, Margaret H., b. 31 Oct 1864, 22y
Shea, Mary, b. 28 Jan 1848, 22y
Shea, Mary Ellen, b. 29 Oct 1867, 2y9m
Shean, Peter, b. 7 Nov 1843, 19y
Shean, William, b. 8 Jul 1838, 54y, consumption
Sheanan, Rose, b. 2 Aug 1847, 50y
Shear, child, b. 19 Aug 1860, 12m, child of Mr. Shear
Sheean, Dennis, b. 16 Apr 1874, 45y
Sheean, Kate, b. 26 Feb 1874, 8m
Sheean, Nora, b. 27 Nov 1874, 15y
Sheedy, Honora, b. 6 Sep 1859, 30y
Sheedy, Margaret, b. 19 Apr 1872, 45y
Sheedy, Mary, b. 8 Aug 1858, 15m
Sheedy, Simon, b. 10 Aug 1868, 9m
Sheehan, child, b. 8 Nov 1824, 4y, croup, child of Michael
Sheehan, child, b. 9 Oct 1870, 1m, child of T. Sheehan
Sheehan/Shehin, male/Patrick, b. 21 Mar 1836, 5m, unknown sickness, son of Patrick?
Sheehan, Dan., b. 7 Mar 1868, 40y
Sheehan, Elizabeth, b. 27 Aug 1821, c. 5y, fell through a window
Sheehan, Ellen, b. 9 Aug 1867, 4m
Sheehan, John, b. 18 Jul 1825, c. 6m, whooping cough
Sheehan, John F., b. 7 Aug 1869, 26y

Sheehan, Mary, b. 24 Jun 1858, 9m
Sheehan, Mary C., b. 13 Oct 1863, 10m
Sheehan, Mary E., b. 23 Aug 1867, 10d
Sheehan, Mary Ellen, b. 24 Jun 1858, 6w
Sheehan/Shehan, Patrick, b. 29 Dec 1841, 46y, consumption
Sheehan, Philomena, b. 11 Apr 1854, 3w
Sheehan, Simon, d. 20 Apr 1801, b. 21 Apr 1801, c. 35y, native of Ireland
Sheehy, John, d. 14 Oct 1819, b. 15 Oct 1819, 4y, bowel complaint
Sheeley, Danl., b. 22 Jul 1872, 2y
Sheeley, James, b. 19 Jul 1854, 5m
Sheely, child, b. 14 Jul 1848, 18m, child of Eliza
Shehan, male, b. 28 Jun 1857, 2y, son of Catherine
Shehan, female, b. 12 Jun 1865, stillborn, dau of Mr. Shehan
Shehan, Agness, b. 3 Jun 1864, 6m
Shehan, Ann, b. 18 Aug 1861, 30y
Shehan, Catharine b. 21 May 1861, 10d
Shehan, Daniel, b. 24 Jun 1849, child
Shehan, Daniel, b. 18 Jan 1854, 35y
Shehan, Edwd., b. 9 Dec 1870, 16y
Shehan, George, b. 22 Apr 1851, 37y
Shehan, George W., b. 17 Aug 1861, 10m
Shehan, James, b. 25 Apr 1865, 2d
Shehan, Jane, b. 24 Dec 1864, 2m
Shehan, Margaret, b. 29 Jan 1845, 19y
Shehan, Mary, b. 28 Jun 1857, 6w
Shehan, Mary, b. 4 Aug 1863, 15y
Shehan, Mary, b. 14 Jun 1870, 14y
Shehan, Mary Ann, b. 21 Jul 1853, 12m
Shehan, Patrick, see Sheehan/Shehan, Patrick
Shehan, Susan, b. 12 Jun 1847, 60y
Shehan, Thomas, b. 29 Jul 1854, 11m
Shehan, Thomas, b. 17 Apr 1858, 54y
Shehan, Thos. Edmund, b. 10 Jul 1851, 10m
Shehan, Timothy, b. 25 Jan 1855, 6m
Shehans, Timothy, b. 30 Jun 1856, 10m
Shehen, Cornelius, d. 24 Aug 1816, b. 25 Aug 1816, c. 65y, consumption
Shehigh, Mrs., b. 7 Dec 1841, 68y
Shehin, male/Patrick, see Sheehan/Shehin, male/Patrick
Sheider, ---, d. 20 Apr 1810, b. 21 Apr 1810, received extreme unction
Sheils, Mary, b. 28 Apr 1858, 41y
Sheituff, Mary Ann, b. 6 Mar 1854, 12m
Sheley/Shelry, Edward, b. 28 Feb 1838, 40y, intemperance
Shelry, Edward, see Sheley/Shelry, Edward
Shely, child, b. 5 Jul 1836, 14m, child of Edwd.
Shenan, Thomas, b. 1 Nov 1859, 5m
Shepard, E. L., b. 11 Oct 1870
Shepherd, child (alias Acklen, child), b. 23 Oct 1822, unknown sickness, child of Ann Shepherd, alias Ann Acklen
Shepherd, Henry, d. 17 Jan 1794, b. 18 Jan 1794, 6d, son of John & Eleanor, buried in St. Peter's Church Yard
Sheppard, J. H., b. 28 Oct 1872, 4m
Sheppherd, child, b. 18 Oct 1851, 3y, child of Mr. Sheppherd
Sheran, George, b. 14 Jul 1860, 16m
Sherdon, Lavinia, b. 6 Jan 1850, 25y
Sherdon, Maurice, b. 3 May 1849, 30y
Sheredan, Catherine, b. 28 Jan 1830, c. 1m, unknown sickness

Sheredan, Catherine, b. 19 Jul 1849, 22y
Sheredon, James, b. 7 Aug 1828, c. 3y, unknown sickness, son of John
Sheridan, Susanna, b. 25 Aug 1829, c. 2y, summer complaint
Sheriden, John, b. 6 Nov 1849, 17m
Sherlock, James, d. 5 Aug 1810, b. 6 Aug 1810, 13m
Sherlock, John, d. 3 Oct 1817, b. 4 Oct 1817, 2y
Sherlock, Peter, d. & b. 23 Jul 1820, 40y, bilious fever
Sherlock, Peter, b. 13 Feb 1857, 50y
Sherry, James, b. 26 Jan 1851, 60y
Sherry, John, b. 27 Jul 1852, 54y
Sherry, Mary Ellen, b. 15 Oct 1860, 3y
Shetran, James I., b. 29 Jun 1862, 2w
Shevlin, Mary E., b. 3 Sep 1869, 23y
Shield, child, b. 21 Jun 1851, 2m, child of Mrs. Shield
Shields, Lieut., b. 27 Jun 1848, 50y
Shields, Ann, b. 17 Sep 1852, 45y
Shields, Bernard, b. 22 Dec 1851, 50y
Shields, Eliza, b. 12 Aug 1859, 8y
Shields, John, b. 3 Sep 1849, 45y
Shields, Mary, b. 7 Apr 1858, 3½y
Shields, Mary Rosalie, b. 16 Oct 1853, 14d
Shields, Patrick, d. & b. 3 Aug 1821, c. 40y, bilious fever
Shields, Patrick, b. 24 Sep 1852, 22m
Shields, Sarah, b. 4 Jul 1851, 6y
Shilling, Ann, d. 20 Aug 1813, b. 21 Aug 1813, 70y
Shilling, Christina, d. 9 Jul 1794, b. 10 Jul 1794, 1y11m, dau of Tobias & Catharine, buried in St. Peter's Church Yard
Shilling, Jacob, d. 29 Aug 1805, b. 30 Aug 1805, c. 3m, son of Tobias & Catharine
Shilling, Michael, d. 21 May 1798, b. 22 May 1798, 39y
Shilling, Tobias, d. 11 Oct 1810, b. 12 Oct 1810, c. 35y
Shilorr/Challoux, Lewis, b. 9 Mar 1852, 45y
Shiney, Ann, d. 17 Jun 1804, b. 18 Jun 1804, 2m, dau of John & Elizabeth
Shiney, Daniel, d. 31 Mar 1803, b. 1 Apr 1803, 2m14d, fits, son of John & Elizabeth
Shiney, Mary Ann Louisa, d. & b. 15 Jul 1804, 3m, dau of John & Elizabeth
Shingflew, William, d. 12 May 1799, b. 13 May 1799, 1y10d, son of Conrad & Elizabeth
Shio, male, b. 21 Jun 1837, 1d, premature birth caused by fright during the flood, son of Mr. Shio
Shipping, Samuel, d. 23 Mar 1820, b. 24 Mar 1820, 35y, dropsy
Shirk, male, b. 24 Oct 1861, stillborn, son of John
Shirovac, John Charles Francis (alias Bonhomme), b. 27 Mar 1832, calculus
Shock, William, d. 17 Oct 1819, b. 18 Oct 1819, effects of summer complaint
Shockley, male, b. 24 Jun 1858, son of John
Shocknessey, Patrick, b. 19 Oct 1829, c. 35y, bilious fever
Shoemaker, Louisa, d. 28 Nov 1806, b. 29 Nov 1806, c. 37y, wife of Ignatius
Shonnessy, James, b. 27 Jul 1858, 16y
Shorb, Andrew, b. 20 Jul 1844, 78y
Shorb, Juliana, d. 5 May 1803, b. 6 May 1803, 11m16d, dau of Andrew & Juliana
Shorb, Mrs. Margt, b. 10 Nov 1873, 71y
Shorp, Anthony, d. 11 Aug 1796, b. 12 Aug 1796, 11m2w, son of John & Catherine
Short, child, b. 21 Apr 1829, age unknown, unknown sickness, child of John H. Short
Short, Ann, b. 9 Apr 1866, 4w
Short, Annie, b. 18 Jul 1863, 2y
Short, Elizabeth, b. 8 Oct 1825, c. 6m, pleurisy
Short, Martha, b. 8 Mar 1821, child, fits
Short, Peter, b. 21 Sep 1865, 2y
Shorter, child, b. 16 Dec 1832, age unknown, unknown sickness, child of Ann
Shorter, female, b. 27 Aug 1835, 3y, bilious fever, dau of Milly, Colored

Shorter, Jane, d. & b. 24 Jul 1802, c. 18y, free Mulatto
Shorter, Mary Frances, b. 29 Sep 1864, 25y, Colored
Shorter, Nelly, d. 5 Aug 1801, b. 6 Aug 1801
Shorter, Priscilla, d. 29 Jul 1801, b. 30 Jul 1801, 11m, dau of John & Nelly
Shorter, Rosanna, d. 12 Apr 1807, b. 13 Apr 1807, c. 8m, catarrh, dau of Basil & Ann, free Mulattoes
Shorter, Susan/Sarah, b. 24 Sep 1841, 58y, consumption, Colored
Shorter, Sylvester, b. 31 Dec 1861, 60y
Shorter, Teresa, b. 19 Dec 1825, 103y, old age, Colored woman
Shorter, Thomas, b. 23 Jul 1842, 20m, summer complaint, Colored?
Shorts, Cecilia, b. 20 Jun 1831, c. 6m, unknown sickness, dau of John
Shorts, Rosanna, b. 5 Jun 1830, c. 20y, dropsy
Shoughnessy, Thos., b. 15 Oct 1864, stillborn
Show, Mary Ann Mgt., b. 2 Jul 1846, 6m
Shreck, Sarah, d. 28 Mar 1799, b. 29 Mar 1799, 6y, dau of Diderich & Margaret
Shreck, Susan, d. & b. 13 Nov 1801, 3y3m21d, dau of Diderick & Margaret
Shreek, Mary, d. 5 Nov 1796, b. 6 Nov 1796, c. 100y
Shriver, Henry, b. 20 Feb 1865, 77y
Shriver, Sarah, b. 31 Jul 1852, 63y
Shry, Catharine, b. 6 Jan 1868
Shuley, James, b. 13 Sep 1863, 75y
Shultz, Mary, b. 5 Jun 1861, 40y
Shunessy, female, b. 6 Jun 1864, 9m, dau of Michael
Shurkey, ---, d. 8 Feb 1813, b. 9 Feb 1813, 18y, consumption
Shuskey, Anthony, d. 28 Nov 1861, b. 30 Nov 1861, 55y, cold
Sias, Sarah, d. & b. 23 May 1799, c. 22y, dau of Joseph & Rose
Sicard, child, b. 20 Jul 1832, c. 9m, summer complaint, child of Doctor Sicard
Sickfret, Catharine, d. & b. 16 Sep 1797, c. 13y, dau of George
Sickfret, George, d. 28 Oct 1797, b. 29 Oct 1797, 9m9d, son of George & Gertrude
Sickfret, Gertrude, d. 21 Jun 1797, b. 22 Jun 1797, wife of George
Sieg, Mary Ann, d. 7 Aug 1813, b. 8 Aug 1813, 8m
Sieg, William, d. 4 Jun ----, b. 5 Jun ----, c. 20m, fits
Sigand, Steven, d. 28 Mar 1820, b. 29 Mar 1820, 40y
Sigler, Frances Ann, b. 25 Sep 1850, 18y
Signiaigo, Domenico, b. 29 Sep 1819, c. 37y, flux, native of Tyrol, (omnibus sacramentis immitus)
Silk, Bridget, b. 22 May 1863, 13m
Silve, Francis, b. 1 Jan 1822, c. 60y, unknown sickness, native of Spain
Silver, Alexius, b. 18 Jun 1832, c. 40y, consumption, Colored
Silver, Elizabeth Alexius, b. 10 Mar 1829, c. 40y, dau of Alexius, Colored
Simmes, Charles, b. 25 May 1854, 35y
Simmes, Ezekiel, b. 15 Aug 1832, c. 50y, died of ----
Simmonds, Jane, b. 14 Dec 1846, 24y
Simmons, female, b. 17 Sep 1842, 6w, dau of John F.
Simmons, male, b. 22 Aug 1840, 4m, sudden death, son of John
Simmons, male, b. 5 Sep 1842, 5y, son of John F.
Simmons, Ann, b. 7 Jan 1865, 7m
Simmons, James, b. 9 Mar 1853, 43y
Simms, Elizabeth, b. 13 Jan 1862, 4w, Colored
Simms, Mary Ann, d. 11 Sep 1806, b. 12 Sep 1806, 1y1m, dau of William & Susanna
Simon, Henrietta Sophia, d. 21 Sep 1801, b. 22 Sep 1801, 17m, dau of Joseph & Margaret
Simon, Louisa, b. 22 May 1863, 65y, Colored
Simon, Maria, d. 5 Aug 1799, b. 6 Aug 1799, 8m, dau of Joseph & Wilhelmina
Simon, Sophia, b. 30 Apr 1867, 63y, Colored
Simon, William, d. 23 Aug 1797, b. 24 Aug 1797, 6w, son of Joseph & Mina
Simond, Andrew, b. 22 Sep 1861, 80y

Simpson, child, b. 6 Sep 1827, c. 2y, bilious, child of Patrick
Simpson, female, b. 4 May 1835, 5m, decline, dau of William
Simpson, female, b. 9 Aug 1848, 18m, dau of James
Simpson, Catharine. d. 15 Nov 1809, b. 16 Nov 1809, nervous fever
Simpson, Catharine, b. 3 Nov 1849, 26y
Simpson, Edward, b. 7 Feb 1843, 13y, Colored
Simpson, Elizabeth Diana, d. 29 Aug 1810, b. 30 Aug 1810, 15d
Simpson, Hugh, b. 3 Jan 1833, c. 43y, suddenly
Simpson, Martha, b. 7 Sep 1872, 2m
Simpson, Mary Ann, b. 11 Apr 1868, 70y, Colored
Simpson, Sarah, b. 15 Jul 1856, 61y
Sims, William, d. 23 Oct 1809, b. 24 Oct 1809, c. 35y
Simson, Ann, b. 19 Apr 1872, 75y
Simund, Ann, b. 5 Aug 1855, 67y
Sinclair, Mary, d. 27 Mar 1812, b. 28 Mar 1812, 2y, croup
Sinclair, Robert, d. 19 Oct 1795, b. 20 Oct 1795, c. 2w, son of George & Celia
Sindall, Joseph, b. 3 Aug 1819, 13m, teething
Sinnet, Michael, b. 7 Sep 1868
Sinninger, Mr., b. 8 Jan 1839, 63y, consumption
Sinnot, Alexander, b. 8 Aug 1859, 8m
Sinnot, John A., b. 19 Oct 1857, 35y
Sinnot, Mary, b. 29 Jan 1857, 30y
Sinnot, Mary, b. 1 Sep 1857, 26y
Sinnot, Michael, b. 20 Nov 1857, 27y
Sinnott, John, b. 1 Sep 1855, 33y
Sinnott, William, b. 22 Aug 1855, 36y
Sinnott, Wm. R., b. 9 Feb 1871
Sipple, Elizabeth, b. 23 Oct 1855, 25y
Sipple, Elizabeth Ann, b. 29 Jan 1866, 60y
Sirata/Siratta, male, b. 12 Nov 1839, 1 hour, son of Mr. Sirata
Siratta, male, see Sirata/Siratta, male
Siratta, Felix, b. 24 Jun 1858, 39y
Siselberger, Elizabeth, b. 29 May 1838, c. 40y, smallpox
Sisselberger, child, b. 8 Jan 1853, 6m, child of Louis
Sisselberger, George, b. 23 Dec 1841, 2y
Sisselberger, George, b. 4 Nov 1857, 5y
Sisselberger, Margaret, b. 14 Apr 1853, 66y
Sivers, Margaret, d. 28 Jul 1810, b. 29 Jul 1810
Skelly, male, see Kelly/Skelly, male
Skelly, male, see Kelly/Skelly, male
Skerret, Maria, d. & b. 16 Aug 1802, 20y, dau of William (dec.) & Teresa
Skerret, Teresa, d. 13 Oct 1809, b. 14 Oct 1809, bilious fever
Skiffington, Mary, b. 14 Jun 1863, 3m
Skiffington, Patrick, b. 18 Sep 1863, 47y
Skiffington, Rosanna, b. 16 Jul 1846, 11m
Skillen, William, b. 15 Apr 1830, c. 1y, unknown sickness
Slade, Ann, b. 30 Dec 1856, c. 30y
Slain, ---, b. 5 Oct 1832, age --, unknown sickness
Slain, John, b. 1 Sep 1832, 39y, cholera
Slate, female/Ann, b. 20 Feb 1841, 2y, dropsy, dau of Ann
Slate/Slates, male, b. 27 Jul 1842, 5m, water on the brain, son of Mr. Slate
Slate, Ann, b. 17 May 1843, 31y
Slate, George, b. 9 Apr 1863, 58y
Slater, ---, b. 5 Feb 1819, infant son of Slater
Slater, child, b. 23 Jul 1831, 3m, child of George
Slater, Fanny I., b. 13 Feb 1858, 5y

Slater, George, b. 6 Jul 1863, 4y
Slater, George, b. 14 Jun 1865
Slater, Henry, b. 31 Aug 1874, 35y
Slater, Wm., b. 29 Oct 1869, 11m
Slates, male, see Slate/Slates, male
Slattan, child, b. 6 Oct 1837, 2 hours, child of Mr. Slattan
Slattery, Wm. T., b. 14 Sep 1872, 17y
Slavin, John, b. 15 Apr 1856, 56y
Slayman, child, b. 2 Sep 1825, c. 15m, unknown sickness, child of Rodesigns
Slaytor, female, b. 21 Apr 1837, 8/16m, catarrh fever, dau of Mr. Slaytor
Slaytor, Mrs., b. 14 Apr 1835, c. 55y, bilious pleurisy
Slaytor, Bridget, b. 14 Nov 1834, c. 60y, bilious pleurisy
Sleeth, John, b. 22 Aug 1855, 32y
Sloan, child, b. 6 Feb 1858, 15m, child of Mr. Sloan
Sloan, Mr./child, b. 10 Feb 1854, 5y
Sloan, Ann, b. 8 Mar 1854, 35y
Sloan, Hugh, b. 25 Jul 1858, 50y
Sloan, Isabella, b. 20 Sep 1846, 2y
Sloan, Jane, b. 18 Feb 1847, 70y
Sloan, John, b. 5 Aug 1854, 28y
Sloey, Thomas, d. 28 Apr 1819, b. 29 Apr 1819, c. 40y, consumption
Slunt, Cath., b. 7 Dec 1874, 26y
Small, female, b. 13 Mar 1837, 3y, unknown sickness, dau of Ellen, Colored?
Small, Elizabeth, b. 2 Oct 1850, 35y
Small, Mrs. Ellen, b. 15 Jun 1851, 65y
Small, Harriet, b. 26 Jul 1858, 60y, Colored
Small, Josephine, b. 17 Dec 1861, 19y, Colored
Small, Mary, d. 12 Nov 1805, b. 13 Nov 1805, 5y, dau of Richard & Letitia
Smallwood, David, b. 21 Jun 1846, 3m, Colored
Smallwood, Eliza, b. 9 Jan 1863, 21y, Colored
Smallwood, Georgianna, b. 16 Jun 1826, 3m
Smallwood, James, b. 3 May 1844, 13m, Colored
Smallwood, Louisa, b. 5 Feb 1856, 45y, Colored
Smallwood, Mary, b. 1 Jun 1847, 88y
Smallwood, Mary M., b. 27 Sep 1865, 13m
Smiley, Catharine, d. 2 Nov 1816, b. 3 Nov 1816, c. 25y, lockjaw
Smith, ----, b. 2 Nov 1852, 12y
Smith, child, b. 3 Aug 1825, c. 7m, consumption, child of Mary
Smith, child, b. 22 Sep 1827, 18m, summer complaint, child of Ellen
Smith, child, b. 15 Jul 1828, summer complaint, child of Comfort
Smith, child, b. 5 Oct 1830, stillborn, child of Thomas
Smith, child, b. 4 Jul 1831, c. 7m, child of Alex
Smith, child, b. 4 Sep 1836, child of Hugh
Smith, child, b. 11 Aug 1837, 11m, child of Charlotte, Colored
Smith, child, b. 5 Aug 1838, c. 18m, summer complaint, child of Patrick
Smith, child, b. 25 Sep 1839, 3m, child of Ann, Colored
Smith, child, b. 27 May 1848, stillborn, child of Mr. Smith
Smith, child, b. 9 Dec 1858, stillborn twin, child of Peter
Smith, child, b. 2 Sep 1859, stillborn, child of James
Smith, female, b. 3 Sep 1836, 2¼y, bowel complaint, dau of Daniel
Smith, female/child, b. 29 Sep 1836, 5m/w, whooping cough & teething, dau/child of Patrick
Smith, female, b. 15 Feb 1838, 2½y, water on the brain, dau of Thomas
Smith, female, b. 3 Nov 1842, 10m, dau of Thomas
Smith, female, b. 28 May 1850, 3m, dau of Peter
Smith, male, d. 11 Oct 1820, b. 12 Oct 1820, 2w
Smith, male, b. 24 Jun 1835, 1y, unknown sickness, son of Mr. Smith

Smith, male, b. 12 Nov 1836, 6m, spasms, son of Daniel
Smith, male, b. 28 Jul 1838, 11m, son of Andrew
Smith, male, b. 4 Aug 1838, c. 3y, summer complaint, son of Patrick
Smith, male, b. 15 Aug 1838, summer complaint, son of Ann
Smith, male, b. 30 Aug 1843, 13m, son of Patrick
Smith, male, b. 20 Feb 1852, 1½d, son of Patrick
Smith, male, b. 21 Sep 1857, 5 minutes, son of James
Smith, male, b. 8 Aug 1860, stillborn, son of Mr. Smith
Smith, male, b. 17 Mar 1861, stillborn, son of Michael
Smith, Miss, b. 7 Apr 1851, 11y
Smith, Mr., b. 10 Oct 1845, 35y
Smith, Mrs., b. 30 Oct 1858, 25y
Smith, Adeline Jane, b. 23 Sep 1829, c. 1y, unknown sickness
Smith, Alfred, d. 26 Sep 1806, b. 28 Sep 1806, 5m, fits, Mulatto, son of Robert & Mary, free Mulatto woman
Smith, Alice, b. 12 Mar 1861, 28y
Smith, A. N., b. 30 Aug 1819, 4m, summer complaint
Smith, Andrew, d. 22 Apr 1799, b. 23 Apr 1799, infant, son of James & Mary
Smith, Andrew, b. 21 Jul 1854, 6m
Smith, Andrew, b. 9 Feb 1855, 35y
Smith, Andrew, b. 3 Sep 1873, 25y
Smith, Ann, d. & b. 20 Sep 1806, 46y, wife of William, native of Ireland
Smith, Ann, b. 9 Mar 1852, 48y
Smith, Ann, b. 3 Aug 1852, 11y, orphan
Smith, Ann, b. 24 Sep 1857, 27y
Smith, Ann, b. 3 Dec 1858, 62y
Smith, Anne, b. 31 Aug 1829, 23y, typhus fever
Smith, Aquila, b. 29 Jun 1838, 6/16m, decline, Colored male
Smith, Athanasius, d. & b. 14 Apr 1806, c. 17y
Smith, Bartholomew, b. 2 Dec 1829, c. 24y, unknown sickness
Smith, Benjamin, b. 5 Jun 1871, 57y
Smith, Bernard, b. 6 Apr 1842, 25y, heart disease
Smith, Bridget, b. 15 Jul 1866, 51y
Smith, Caroline, b. 21 Apr 1859, 21m
Smith, Catharine, b. 21 Nov 1846, 2½y
Smith, Catharine Ann, b. 28 Mar 1843, 23y
Smith, Catharine Rosalia, b. 12 Feb 1859, 22y
Smith, Catherine, b. 4 Feb 1822, c. 22y, unknown sickness
Smith, Catherine, b. 14 Jan 1848, 35y
Smith, Charles, b. 9 Nov 1861, 8y
Smith, Charlotte, b. 21 May 1852, 46y
Smith, Cornelia, d. 14 Aug 1806, b. 15 Aug 1806, c. 3y, dysentery, Mulatto, dau of Robert & Mary, free Mulattoes
Smith, Daniel, d. 23 Nov 1794, b. 24 Nov 1794, 2y3m, son of Isaac & Elizabeth, buried in St. Peter's Church Yard
Smith, Denis, b. 23 Nov 1868, 13m
Smith, Dorothy, b. 24 Aug 1851, 28y
Smith, Edward, b. 24 Aug 1845, 21y
Smith, Edward, b. 13 Apr 1865, 5y
Smith, Eleanor, d. 5 May 1799, b. 6 May 1799, 16m, dau of John (dec.) & Mary
Smith, Eliza, b. 14 Aug 1829, 28y, consumption, Colored
Smith, Eliza, b. 22 Apr 1841, 30y, consumption
Smith, Eliza, b. 28 Aug 1874, 24y
Smith, Elizabeth, b. 26 Jan 1832, 2m, cold, dau of Hugh
Smith, Ellen, b. 5 Oct 1863, 17y
Smith, Ellen, b. 1 Jun 1870, 90y

Smith, Emily Jane, b. 7 Mar 1852, 12y
Smith, Emmanuel, b. 1 Jan 1873, 11m
Smith, Geo., b. 9 Jan 1864, 3y, Colored
Smith, George, d. 15 Nov 1814, b. 16 Nov 1814, 11m, teething
Smith, George, b. 28 Dec 1817, 2w, Colored
Smith, George, b. 18 Aug 1844, 3½y
Smith, George H., b. 24 Jul 1852, 3y, Colored
Smith, Hannah, b. 15 Jun 1848, 49y
Smith, Harriet, b. 28 Aug 1829, c. 20y, consumption
Smith, Henry, b. 4 Feb 1829, c. 21y, unknown sickness
Smith, Henry, b. 19 Jun 1848, 19y
Smith, Hugh, b. 29 Mar 1859, 8y
Smith, James, b. 31 Aug 1834, c. 25y, bilious fever
Smith, James, b. 21 Jun 1844, 18m
Smith, James, b. 5 Aug 1847, 40y
Smith, James, b. 26 Sep 1857, 40y
Smith, James, b. 9 Aug 1863, 5m
Smith, James, b. 6 May 1865, 8m
Smith, James, b. 24 Dec 1872, 2d
Smith, James, b. 14 Aug 1874, 61y
Smith, Jamima, b. 18 Aug 1860, 7y
Smith, Jane, b. 2 Apr 1857, 11m
Smith, Jane, b. 3 Nov 1867, 45y
Smith, Jno., b. 21 Mar 1850, 35y
Smith, John, b. 14 Feb 1829, 19m, teething, son of John
Smith, John, b. 6 Jun 1844, 36y
Smith, John, b. 9 Sep 1845, 23y
Smith, John, b. 8 Jul 1847, 40y
Smith, John, b. 6 Jul 1852, 9m
Smith, John, b. 5 May 1855, 8w
Smith, John, b. 9 Jun 1857, 43y
Smith, John, b. 5 Oct 1859, 20m
Smith, John, b. 14 Sep 1864, 10m
Smith, John, b. 1 Aug 1867, 14m
Smith, John Thomas, b. 19 Aug 1863, 11m
Smith, John Thos., b. 19 Nov 1865, 5m
Smith, John W., b. 13 Jun 1871
Smith, Jonathan, d. 24 Aug 1798, b. 25 Aug 1798, 22y, mariner, native of Ireland
Smith, Joseph, b. 23 Sep 1840, 23y, bilious fever
Smith, Joseph, b. 19 Jul 1864, 1m
Smith, Julia, b. 15 Jul 1867, 25y
Smith, Juliana, d. 21 Dec 1817, b. 22 Dec 1817, 21y, consumption
Smith, Julia Rose, b. 3 Apr 1865, 2w
Smith, Laurence, b. 30 Apr 1859, stillborn
Smith, Laurence G., b. 27 Aug 1868, 3y
Smith, Letitia, d. 2 Jul 1819, b. 3 Jul 1819, 35y, consumption
Smith, Louisa H., b. 12 May 1844, 16y
Smith, Mrs. L. T., b. 15 Aug 1870, 70y
Smith, Lucinda Ann, b. 2 May 1862, 85y
Smith, Lucy, b. 1 Oct 1870, 80y
Smith, Margaret, b. 12 Jan 1829, c. 30y, pleurisy, free Colored woman
Smith, Margaret, b. 6 Mar 1854, 70y
Smith, Margaret, b. 15 Jul 1854, 2y
Smith, Margaret, b. 22 Oct 1854, 6y
Smith, Margaret, b. 30 Dec 1855, 25y
Smith, Margaret, b. 2 Oct 1867, 60y

Smith, Margaret, b. 3 Nov 1867, 3y
Smith, Maria, b. 30 Nov 1855, 12m, Colored
Smith, Martha, b. 20 Mar 1866, 110y, Colored
Smith, Mary, d. 29 Oct 1793, b. 30 Oct 1793, 4m, dau of Robert & Eleanor of Baltimore town, buried in St. Peter's Church Yard
Smith, Mary, d. 10 Dec 1818, b. 11 Dec 1818, 37y, consumption
Smith, Mrs. Mary, b. 1 Nov 1823, c. 25y, complication of disorders, buried at the time of her child, just born
Smith, Mary, b. 21 Mar 1826, c. 50y, consumption
Smith, Mary, b. 19 May 1837, 28y, bilious pleurisy
Smith, Mary, b. 9 Aug 1842, 3w
Smith, Mary, b. 29 Nov 1844, 45y
Smith, Mary, b. 10 Jan 1849, 25y
Smith, Mary, b. 7 Jan 1852, 5y
Smith, Mary, b. 19 Jun 1854, 50y
Smith, Mary, b. 1 Jul 1855, 3y
Smith, Mary, b. 8 Sep 1855, 52y
Smith, Mary, b. 14 Mar 1856, 62y
Smith, Mary, b. 11 Jul 1858, 5m
Smith, Mary, b. 14 Jun 1859, 25y
Smith, Mary, b. 23 Oct 1871, 4y
Smith, Mary A., b. 7 Oct 1869, 24y
Smith, Mary Ann, b. 4 Jul 1831, c. 16m, summer complaint, dau of William
Smith, Mary Ann, b. 17 Feb 1849, 1y
Smith, Mary Ann, b. 1 Aug 1850, 16m
Smith, Mary Ann, b. 12 Feb 1855, 38y
Smith, Mary Ann, b. 28 Oct 1858, 16y
Smith, Mary Cathe., b. 18 Jul 1862, 16m
Smith, Sister Mary George, b. 19 Sep 1832, cholera, died at Hospital No. 2, martyr of charity
Smith, Mary Jane, b. 12 Nov 1869, 2m
Smith, Mary M., b. 8 Jul 1866, 8m
Smith, Mary Shaw, b. 28 Jul 1840, 21m
Smith, Mary V., b. 13 Jan 1862, 2y, Colored
Smith, Matthew, b. 13 Nov 1825, 76y, palsy
Smith, Michael, b. 15 Jul 1868, 28y
Smith, Nelly, d. 6 Feb 1820, b. 7 Feb 1820, 60y
Smith, Patrick, b. 3 Jun 1843, 40y
Smith, Patrick, b. 13 Mar 1851, 2y
Smith, Patrick, b. 1 Jul 1853, 39y
Smith, Patrick, b. 6 Nov 1862, 34y
Smith, Peter, b. 18 Mar 1845, 34y
Smith, Mrs. Peter, b. 26 Dec 1849
Smith, Peter, b. 22 Jul 1861, 9m
Smith, Pius, b. 30 Oct 1864, 5y
Smith, Rosanna, b. 7 Jul 1856, 8m
Smith, Rose, b. 22 Apr 1866, 21y
Smith, Rose, b. 20 Aug 1872, 29y
Smith, Samuel E., b. 26 Apr 1862, 35y
Smith, Sarah, d. 15 Sep 1796, b. 16 Sep 1796, 14m12d, dau of Isaac & Elizabeth
Smith, Sarah, b. 2 Dec 1835, 28y, childbirth
Smith/King, Sarah, b. 24 Jun 1844, 52y
Smith, Sarah Ann, b. 27 Oct 1839, 14y, consumption
Smith, Sarah D., b. 8 Sep 1841, 1y, whooping cough
Smith, Sarah E., b. 2 Mar 1868, 34y
Smith, Sophia Odilia, d. 8 Oct 1801, b. 9 Oct 1801, 2m6d, dau of Adam & Elizabeth
Smith, Susan, b. 7 Sep 1828, 8m, unknown sickness, dau of James

Smith, Susan, b. 5 Dec 1851, 9d
Smith, Susan, b. 16 Aug 1853, 3m
Smith, Thomas, d. 26 Nov 1794, b. 27 Nov 1794, 1y, son of Isaac & Elizabeth, buried in St. Peter's Church Yard
Smith, Thomas, b. 8 Apr 1830, c. 5m, unknown sickness
Smith, Thomas, b. 13 Aug 1842, 13m
Smith, Thomas, b. 4 Oct 1842, 4y
Smith, Thomas, b. 8 Mar 1845, 30y
Smith/King, Thos., b. 29 Mar 1845, 50y
Smith, Thomas, b. 28 Jun 1847, 30y
Smith, Thomas, b. 12 Dec 1858, 9y
Smith, Thomas, b. 27 Jul 1860, 25y
Smith, Thomas, b. 24 Aug 1860, 69y
Smith, Thomas, b. 3 Jul 1868, 1 hour
Smith, Thomas F., b. 15 Sep 1871, 18m
Smith, William, d. 17 Mar 1794, b. 18 Mar 1794, 1y, son of Isaac & Elizabeth, buried in St. Peter's Church Yard
Smith, William, d. 1 Mar 1820, b. 2 Mar 1820, 7m, bowel complaint
Smith, William, b. 20 Feb 1852, 43y
Smith, William, b. 29 Mar 1865, 12m
Smith, Wm., b. 20 Aug 1844, 11m
Smith, Wm. H., b. 5 Jun 1853, 6m, Colored
Smith, Wm. Henry, b. 9 Jul 1862, 4y, Colored
Smogdi, child, b. 8 Aug 1822, child of Mr. Smogdi, or some such name (sic)
Smyth, child, b. 3 Jan 1827, c. 1y, burned to death, child of Mr. Smyth
Sneeringer, Saml., b. 16 Apr 1872, 52y
Snow, Elizabeth, b. 10 Feb 1852, 68y
Snow, Joseph, b. 8 Feb 1871, 3w, Colored
Snow, Mary Elizabeth, d. 30 Sep 1807, b. 1 Oct 1807, c. 7m, dau of Freeman & Eleanor
Snowden, E. J., b. 27 Mar 1844, 25y, Colored
Snowden, Elizabeth, b. 22 Dec 1813, 2m, dau of James & Mary
Snowden, Harriet, b. 13 May 1866, 72y, Colored
Snowden, Joseph, d. 17 Nov 1816, b. 18 Nov 1816, age --, dropsy
Snyder, Henry, b. 8 Sep 1844, 40y
Soller, Mary J., b. 12 Aug 1873, 22m
Sollers, Cornelius, b. 2 Apr 1848, 4y
Sollers, Susan, b. 9 Nov 1845, 40y
Solly, child, b. 12 Jul 1825, age unknown, unknown sickness, child of Mr. Solly
Solly, Patrick, b. 22 Jun 1829, 55y, bowel complaint
Solques, Raymond, b. 2 Aug 1849, 17y
Somers, Amilia, b. 23 May 1857, 40y
Somerville, ---, d. 22 Jul 1819, b. 23 Jul 1819, -- months old
Sommerville, Charles T., b. 28 Jul 1858, 28y
Sommerville, Joseph, b. 31 Mar 1860, 23y
Sonbiron, Albert, b. 7 Dec 1857, 30y
Sonbiron, Mary Cathe., b. 3 Apr 1859, 6½y
Soncorowitz, Francis, d. & b. 7 Oct 1797, c. 30y, native of Ragusa
Sonhiron, William, b. 4 Jun 1858, 3y
Soran/Saran, Margaret, d. 19 Sep 1816, b. 20 Sep 1816, 2m, summer complaint, dau of Thomas Saran
Sorondo, Alexander, b. 18 Jun 1870, 24y
Soubroin, Mary, b. 29 Jan 1874, 48y
Southwood, Mary, b. 1 Aug 1822, c. 60y, dropsy, Colored woman, expenses of her burial to be paid by C. Finley, Esq.
Souty, Alexander, d. 29 May 1810, b. 30 May 1810, 60y
Sowers, Mary, b. 4 May 1864, 33y

Spalding, child, b. 26 Jan 1832, 8y, scarlet fever, child of Richard
Spalding, female, b. 5 Aug 1836, 6m, summer complaint, dau of Basil
Spalding, male, b. 30 Apr/1 May 1839, 1d, son of William
Spalding, male, b. 13 Jun 1851, stillborn, son of Mr. Spalding
Spalding, Miss Charlotte, b. 16 Dec 1849, 22y
Spalding, Elizabeth L., b. 28 May 1864, 8m
Spalding, H., b. 23 Mar 1863, 20 hours
Spalding, I., b. 21 May 1862, 5y
Spalding, John, b. 13 Nov 1832, 41y, typhus fever
Spalding, Mary, d. 15 Dec 1801, b. 16 Dec 1801, 34y, wife of William
Spalding, M. I., b. 30 Jun 1860, 20y
Spalding, Michael, b. 29 Sep 1845, 5y
Spalding, Michael, b. 1 Nov 1846, 3y
Spalding, Richard, b. 22 Oct 1836, c. 40y
Spalding, Samuel S., b. 16 Jul 1866, 5d
Spalding, William, d. 3 Aug 1803, b. 4 Aug 1803, 48y, consumption, widower, native of Charles
    County, Maryland
Spaulding, Alice E., b. 27 Jul 1872, 8y
Spaulding, R. L., b. 1 Jul 1871, 1w
Speake, Charlotte, d. 4 Aug 1812, b. 5 Aug 1812, 30y, consumption
Speake, George, d. 10 Feb 1812, b. 11 Feb 1812, 27y
Speaks, Eleanor, b. 23 Jul 1842, 70y, old age
Speaks, Mary, b. 14 Aug 1849, 64y
Spear, female, b. 16 Nov 1839, 3y, water on the brain, dau of William
Spear, male, b. 26 Aug 1834, c. 4m, summer complaint, son of William
Spear, male, b. 27 Sep 1837, 8/9m, son of Mr. Spear
Spear, Jane, d. 19 Oct 1795, b. 20 Oct 1795, c. 3½y, dau of John & Eleanor
Spears, female, b. 22 Jul 1837, 3y, quinsy, dau of Mrs. Spears
Speck, child, b. 6 Dec 1820, 5y
Spedden, Francis, b. 29 Jul 1872, 45y
Speel, Margaret, b. 13 Mar 1865, 22y
Speels, Mary, b. 24 Jun 1863, 9d
Spellans, Mrs., b. 27 Jan 1873
Spellard, William, d. 11 Sep 1798, b. 12 Sep 1798, 8m, son of Mathias & Winifred
Spellard, Winifred, d. 29 Sep 1798, b. 30 Sep 1798, 24y, wife of Mathias
Spellman, child, b. 14 Jul 1859, stillborn, child of James
Spellman, Michael, b. 6 Aug 1862, 65y
Spellman, Patrick, b. 18 Oct 1850, 2y
Spellman, Patrick, b. 27 Aug 1852, 12y
Spellman, William, b. 5 Nov 1850, 4y
Spelman, Rosan, b. 31 Aug 1855, 8m
Spencer, female, b. 28 Sep 1840, 2m, dau of Mr. Spencer
Spencer, Caleb, b. 13 May 1866, 35y
Spencer, Edward, d. & b. 6 Dec 1796, c. 32y, native of Ireland
Spencer, Hanna, b. 30 Dec 1831, c. 70y, influenza, Colored
Spencer, Jane, b. 25 Jun 1831, died soon after birth, dau of Mark
Spencer, Lydia, b. 22 Dec 1859, 65y
Spencer, Mary, b. 31 Aug 1854, 60y
Spencer, Serena, b. 21 Jan 1871, 66y
Spencer, Susan, b. 8 Jan 1857, 3m, Colored
Spencer, Thomas, b. 15 Aug 1830, 10y, unknown sickness, Colored
Sperry, Cornelia, b. 19 Feb 1863, 44y
Sperry, Julia, b. 6 Jan 1852, 6m
Spicer, child, see Spicer, Rosanna
Spicer, female, b. 28 Sep 1834, 17m, dau of Hiram
Spicer, male, b. 11 Dec 1834, 4y, croup, son of Hiram

Spicer, John, d. 4 Jun 1802, b. 5 Jun 1802, 12m, son of Harriet
Spicer, Mary, d. 21 May 1798, b. 22 May 1798, c. 3y, dau of George & Harriet, free Negroes
Spicer, Mary Ann, b. 1 Nov 1822, c. 6y, bilious fever, dau of Samuel
Spicer, Rosanna, b. 30 Apr 1831, c. 30y, died soon after childbirth, buried with her stillborn child
Spies, male, b. 29 Jul 1839, 10m, son of Andrew
Spillman, Ellen, b. 17 Nov 1847, 6w
Spillman, Michael, b. 9 Nov 1846, 2½y
Spillman, T. Francis, b. 28 Jun 1845, 19y
Spindler, Ellen, b. 5 Apr 1865, 29y
Spindler, Henry, b. 10 Jun 1864, 14m
Spindler, Peter M., b. 15 Mar 1862, 14m
Spinney, Mary Ann, b. 3 Jul 1860, 5m
Spradling, Mary Ann, b. 1 Apr 1864, 2y
Sprig, child, b. 6 Oct 1830, 2y, dropsy in the brain, child of David
Spriggs, Mr., b. 10 Aug 1846, 40y
Spriggs, Mary, b. 28 Nov 1864, 64y
Sprigs, Bartholemew, b. 9 Jul 1823, c. 30y, unknown sickness
Spring, George, d. 21 Mar 1816, b. 22 Mar 1816, 38y, dropsy, native of Vienna
Sprinkle, Mrs., b. 1 Mar 1836, c. 60y, cold
Sprinkle, Louisa, b. 24 Aug 1848, 13y
Sprole, Ellen F., b. 3 Dec 1857, 70y
Squires, Adelia, b. 15 Sep 1863, 17y
St. Agnes, Roger, b. 21 Dec 1868, 35y
St. Avoye, Jeanne Therese, d. 28 Jan 1795, b. 29 Jan 1795, 28y, died at Abington, native of St. Domingo, wife of Auguste Philippe Laffon DeLaDivat, Esqr., buried in St. Peter's Church Yard
St. Clair, Jane, b. 6 Jul 1814, 3m, dau of Alex.
St. John, Mary Ann, d. 14 Apr 1810, b. 15 Apr 1810, 4m
St. Leger, Wm., b. 5 Sep 1863, 4y
St. Martin, Alexis George Mary, d. & b. 6 Sep 1798, 1y1m2d, son of Peter James Joseph, of St. Domingo, & Margaret Louisa Josephine Leyritz
St. Martin, Peter James Joseph, d. 13 Feb 1800, b. 14 Feb 1800, 42y, native of the Torbee parish, St. Domingo
St. Victor, Emily, b. 26 Jan 1848, 21y
St. Victor, Emily, b. 15 Apr 1871, 72y
St. Victor, William Joseph, b. 12 Aug 1830, c. 1y, son of James
St. Victor, Gustavus/Lewis Gustavus, b. 31 Jul 1841, 10y, consumption
Stabler, Joseph, b. 29 May 1864, 56y
Stack, Catharine, b. 16 Aug 1868, 46y
Stack, Honora, b. 11 Jan 1858, 6½y
Stack, James, b. 14 Oct 1858, 47y
Stack, Jno. P., b. 15 Jul 1872, 14m
Stack, Mary, b. 28 Jun 1858, 9m
Stack, Susan, b. 12 Aug 1874, 1y
Stack, Thomas, b. 18 May 1864, 2y
Stack, Wm. Edwd., b. 5 Mar 1858, 20m
Stacks, Jane, b. 24 Jul 1854, 14m
Stacks, Mary, b. 4 May 1859, 5d
Stacks, Thomas, b. 28 Oct 1847, 36y
Staeler, Elizabeth, born & d. 28 Dec 1795, b. 29 Dec 1795, dau of Philip & Catharine
Staesser, Mathias, b. 25 Mar 1864, 71y
Stahl, Jacob, b. 4 Feb 1850, 3w
Stahl, John P., b. 21 Aug 1848, 7w
Stailor, Catharine, d. 9 Dec 1802, b. 10 Dec 1802, c. 38y, wife of Philip
Stain, child, b. 20 Aug 1825, 3y, summer complaint, child of John
Stalling, female, b. 9 Jun 1852, 3m, dau of Mr. Stalling

Stallings, Aquilla, b. 27 Jun 1852, 60y
Stallings, Jane, b. 10 Feb 1854, 62y
Stallings, Mary E., b. 21 May 1857, 10½m
Stallings, Mary Julia, b. 24 Dec 1861, 3y
Stallings, Sarah, b. 26 Oct 1869
Stamp, Ann, b. 16 Feb 1853, 70y
Stamp, Mrs. Elizabeth, b. 1 Oct 1846, 85y
Stamp, George A., b. 17 Mar 1850, 65y
Stamp, Rachel, d. 18 Aug 1814, b. 19 Aug 1814, c. 25y, consumption
Standly, Maria, b. 18 Sep 1830, c. 45y, unknown sickness
Staney, Miss, b. 31 Jul 1869, 13y
Stanislaus, Mary (Miss Cassandra Butler of Fredrick City, Md.), b. 30 Sep 1832, 22y, consumption, one of the Society of the Colored Oblates, the first Oblate sister to die
Stanley, John Steuart, b. 23 May 1857, 50y, Colored
Stansbury, Susan, b. 10/11 May 1839, 18y, consumption, Colored
Stanton, George, b. 13 Apr 1868, 5w
Stanton, Wm. F., b. 21 Oct 1848, 35y
Stapleton, child, b. 30 Jul 1831, 1y, summer complaint, child of Mr. Stapleton
Stapleton, child, b. 27 Jun 1832, c. 6m, suddenly, child of Lertis
Stapleton, Max, b. 19 Dec 1868, 38y
Stapleton, Patrick, b. 28 Dec 1850, 18m
Star, child, b. 20 Sep 1826, 1y, bowel complaint, child of George
Star, female, d. 21 Jan 1795, b. 22 Jan 1795, wife of Star
Star, Charles, d. 3 Jul 1813, b. 4 Jul 1813, 18m, son of George & Anne
Star, Elizabeth, b. 2 Oct 1821, 18m, smallpox
Star, William H., b. 28 Sep 1865, 11y
Starkey, child, b. 30 Aug 1824, c. 3m, unknown sickness, child of George
Starkey, child, b. 1 Dec 1824, stillborn, child of Robert
Starkey, child, b. 3 Nov 1825, died soon after birth, child of Robert
Starkey, Catharine, b. 3 Oct 1847, 12m
Starkey, Frances, b. 2 Dec 1824, c. 24y, consumption & dropsy
Starkey, John E., b. 3 Jan 1855, 3y
Starkey, Joseph, b. 26 Feb 1874, 26y
Starkey, Mary, b. 12 Mar 1832, c. 50y, unknown sickness
Starr, James, b. 28 Sep 1844, 27y
Starr, Jane, b. 20 Jan 1857, 40y
Starr, John, b. 4 May 1838, 31y, cholera morbus
Starr, Mary, b. 4 Apr 1856, 6w
Starr, William, d. 27 Jan 1817, b. 28 Jan 1817, 2y, dropsy
Starr, William I., b. 19 Dec 1854, 17y
Startey, child, b. 1 Dec 1823, stillborn, child of Robert
Staub, Charles E., b. 19 Jun 1871
Staub, Henry, b. 6 Feb 1871, 3y
Staub, M. L., b. 26 Jan 1871, 5y
Staunton, Mary, b. 9 Jan 1855, 35y
Stayler, Catherine, b. 31 Jul 1814, 9m, dau of Philip & Sophia
Staylor, child, b. 26 Apr 1837, 8m, child of John
Staylor, child, b. 16 Apr 1842, child of William
Staylor, child, b. 7 Sep 1852, stillborn, child of Thos.
Staylor, child, b. 27 Feb 1860, 3m, child of Henry
Staylor, female, b. 20/21 Jul 1838, 11m, water on the brain, dau of Mr. Staylor/George
Staylor, male, b. 29 Sep 1836, 1y, summer complaint, son of Mr. Staylor
Staylor, male, b. 28 Jul 1840, 6m, son of John
Staylor, male, b. 8 Jul 1841, 2½y, scarlet fever, son of George
Staylor, male, b. 11 Jun 1845, 1m, son of John
Staylor, Albert, b. 30 Aug 1851, 7m

Staylor, Ann Maria, d. & b. 18 Oct 1814, 22m, Baltimore
Staylor, Anthony, b. 24 Nov 1839, 18y, typhus fever
Staylor, Cora, b. 5 Aug 1858, 9m
Staylor, Eliza, b. 9 May 1832, 6m, unknown sickness
Staylor, Eliza, b. 10 Dec 1856, 63y
Staylor, Ellen, b. 7 Sep 1859, 60y
Staylor, Ellen, b. 20 Apr 1874, 26y
Staylor, Emily R., b. 29 Jan 1861, 40y
Staylor, Frederick, b. 23 Sep 1858, 14y
Staylor, George, b. 15 Sep 1830, c. 1y, fever, son of Henry
Staylor, George, b. 10 Jul 1842, 6m, infantile unknown
Staylor, Henry, b. 13 Jul 1846, 14d
Staylor, Henry, b. 2 Jan 1863, 70y
Staylor, Isabella F. V., b. 11 Jul 1866, 3m
Staylor, Jane Cecilia, b. 10 May 1852, 31y
Staylor, Jane E., b. 16 Nov 1851, 2m
Staylor, John, b. 26 Apr 1862, 72y
Staylor, John Andrew, b. 2 Dec 1834, 20m, son of George
Staylor, John Francis, b. 12 Feb 1859, 5m
Staylor, Mark J., b. 29 Mar 1870, 30y
Staylor, Mary, b. 3 Feb 1829, c. 30y, died after childbirth
Staylor, Mary, b. 15 Mar 1860, 68y
Staylor, Mary C., b. 18 Feb 1860, 34y
Staylor, Oscar, b. 3 Jul 1856, 9m
Staylor, Philip, d. 14 May 1804, b. 15 May 1804, convulsions
Staylor, Philip, b. 10 Jun 1830, c. 5m, unknown sickness, son of John
Staylor, Philip, b. 13 Feb 1840, 53y, inflamation on the brain
Staylor, Samuel W., b. 20 Nov 1863, 4y
Staylor, Virginia, b. 19 Nov 1859, 2y
Staylor, William, b. 9 Apr 1842, 5y, measles
Stead, William Miles, b. 30 Jun 1864, 2y
Steadman, Daniel, b. 14 Jun 1862, 10m
Steare, John, d. 3 Aug 1806, b. 4 Aug 1806, 40y, dropsy, native of Germany
Steed, Mrs., b. 13 Feb 1870
Steed, Augustus O., b. 18 Nov 1868, 7m
Steed, Richard A., b. 31 Aug 1866, 18m
Steed, Sarah E., b. 7 Aug 1858, 7m
Steele, Elizabeth, d. 5 Jun 1802, b. 6 Jun 1802, c. 4m, dau of Rachel
Steele, Mary Ann, d. 25 Aug 1815, b. 26 Aug 1815, 9m, summer complaint
Steele, Rachel, d. 20 Feb 1802, b. 21 Feb 1802, c. 22y
Steets, William, d. 10 Dec 1806, b. 12 Dec 1806, 4m, debility, son of Barbara
Steiger, George, d. 18 Feb 1795, b. 19 Feb 1795, 6m, son of Mathias & Mary
Steiger, Henry, d. & b. 11 Oct 1797, c. 30y
Steiger, Jacob, d. 3 Feb 1808, b. 4 Feb 1808, 46y
Steiger, John, Senr., d. 6 Jan 1797, b. 10 Jan 1797, c. 73y
Steiger, Mathias, d. 7 Sep 1797, b. 8 Sep 1797, house carpenter
Steiger, Sarah, d. 23 Sep 1801, b. 24 Sep 1801, c. 10y, dau of Jacob & Catharine
Steigers, Charles, b. 5 May 1850, 58y
Steigers, Ellen, b. 12 Mar 1867, 64y
Steigers, Henry I., b. 1 Aug 1853, 26y
Steigers, John, b. 12 May 1860, 70y
Steigers, M. Catharine, b. 18 Feb 1850, 22y
Steigers, Philomena, b. 1 Aug 1870, 31y
Stein, Mary A., b. 9 Apr 1836, 29y, liver complaint
Steinmetz, Bruno, b. 25 Mar 1870, 4m

Steinmetz, Francis, d. 20 May 1808, b. 21 May 1808, c. 15m, teething, son of Michael & Mary Ann
Steinmetz, Francis, d. 1 Sep 1816, b. 2 Sep 1816, 16m, summer complaint
Steinmetz, Michael, b. 1 Dec 1812, 8m, son of Michael & Mary Ann
Steinmetz, Theresa, d. 6 Sep 1798, b. 7 Sep 1798, 5y, dau of Gabriel & Barbara
Steinmetz, William, d. & b. 24 Aug 1800, 14m, son of Michael & Mary
Steinson, William, b. 3 Oct 1826, 75y, native of Ireland, long an inhabitant of Baltimore, stepfather of Archbishop Eccleston
Stellman, Emma, b. 24 May 1849, 9m
Stellman, Ernestine H., b. 9 Jul 1865, 14m
Stellman, Jeremiah, b. 27 Apr 1864, 4m
Stellman, Louisa, b. 3 Jul 1866, 10m
Stelman, Susanna C. M., b. 9 Mar 1848, 21m
Stemp, Elizabeth, d. 15 Dec 1812, b. 16 Dec 1812, 25y, consumption
Stencil, Robert, b. 11 Jul 1849, 65y
Stenemet, Michael, d. 12 Jan 1824, b. 13 Jan 1824, 48y, native of Germany, ground free
Stenson, Miss Catharine R., b. 5 Jan 1868, 43y
Stenson, Elizabeth, d. 24 Aug 1796, b. 25 Aug 1796, c. 2y, dau of William & Elizabeth, stepsister of Archbishop Ecclicton
Stenson, Elizabeth, d. 12 Aug 1805, b. 14 Aug 1805, 61y, wife of William, Esq., of Baltimore county
Stenson, Fenwick, b. 11 Feb 1868, 50y
Stenson, John Carroll McKean, d. 24 Oct 1807, b. 25 Oct 1807, 12d, debility, son of William & Martha Hynson
Stenson, Mrs. Martha, b. 16 Mar 1844, wid of William Stenson, his 2nd wife & her 2nd husband, mother of Abh. Eccleston
Stenson, Mary, b. 3 Dec 1856, 35y
Stenson, William, d. 12 Jun 1796, b. 13 Jun 1796, c. 4½y
Stenson, William, b. 30 Jul 1863, 28y
Stenson, William F. B., d. 2 Aug 1808, b. 3 Aug 1808, 9m21d, son of William & Martha
Stephens, Joseph, b. 20 Apr 1851, 3y
Stephens, Lewis/Joseph, b. 26 Sep 1836, c. 65y, dysentery, cold on the bowels
Stephenson, Ann Maria, b. 22 Aug 1832, c. 35y, cholera
Stephenson, Julian, b. 29 Dec 1846, 6m
Stephenson, Juliana, d. 14 Feb 1812, b. 15 Feb 1812, 3y
Stephenson, Sophia, b. 9 Dec 1838, 40y, cancer
Sterling, George, b. 4/5 Jan 1838, 19y, consumption
Sterling, George, b. 28 Aug/4 Sep 1841, 50y
Sterling, Rosanna, d. & b. 2 Aug 1819, 70y, bilious
Sterling, Sarah, b. 14 Oct 1828, consumption
Sterrett, child, b. 11 Jun 1826, c. 8d, unknown sickness, child of Mary
Sterret, Mary, d. 8 Oct 1810, b. 9 Oct 1810, 23m
Steuart, female, b. 6 Nov 1839, 2y, water on the brain, dau of Dr. R. S. Steuart
Steuart, Bridget, b. 10 Mar 1857, 50y
Steuart, Elizabeth, b. 3 Jul 1850, 2m
Steuart, John, b. 10 Apr 1867, 80y
Steuart, Mary E., b. 24 Sep 1854, 5y
Steuart, Mary H., b. 17 Jul 1845, 2y
Steuart, Thomas, b. 26 Jul 1855, 28y
Steuart, William H., b. 11 May 1868, 31y
Stevens, Mary E., b. 26 Oct 1854, 30y
Stevenson, Edward, d. 10 Feb 1808, b. 11 Feb 1808, c. 8m, son of Shidrack & Sophia, free Mulattoes
Steward, female, b. 6 Feb 1866, stillborn, dau of William A. Steward
Steward, James Thos., b. 30 Jul 1860, 5m
Stewart, ---, b. 8 Aug 1830, c. 70y, jaundice

Stewart, child, b. 23 May 1824, 4m, unknown sickness, child of Elijah
Stewart, child, b. 6 Nov 1844, stillborn, child of James
Stewart, child, b. 31 Jul 1853, 10m, child of Adeline
Stewart, female, b. 3 Jan 1831, 5y, scarlet fever, dau of Dr. Stewart
Stewart, female, b. 25 Feb 1865, 5 minutes, dau of George
Stewart, male, b. 17 May 1842, 4y, son of Rosanna Steward
Stewart, Agness F. C., b. 1 Mar 1854, 6m
Stewart, Alexius, b. 5 Jan 1822, c. 57y, unknown sickness, free Colored man
Stewart, Alice, b. 8 Nov 1851, 62y
Stewart, Catharine, b. 1 Sep 1847, 18y
Stewart, Eliza, b. 28 May 1831, 6m, dropsy in the head, dau of Mary, Colored
Stewart, Francis, b. 12 Jul 1856, 24y
Stewart, George, d. 19 Jul 1800, b. 20 Jul 1800, 1y10m, son of Jane
Stewart, Isaac, b. 20 Jul 1847, 40y, Colored
Stewart, James, d. 23 Jan 1815, b. 24 Jan 1815, 60y, bilious fever, Balt.
Stewart, James, b. 21 Oct 1863, 52y
Stewart, Joseph, b. 25 May 1874, 19y
Stewart, Joseph A., b. 22 Dec 1872, 8w
Stewart, Mary, b. 28 Jan 1851, 70y
Stewart, Mary, b. 3 Oct 1870, 7y
Stewart, Mary Ann, b. 3 Jan 1852, 5w
Stewart, Thomas F., b. 22 Nov 1853, 27y
Stewart, Thomas F., b. 9 Jul 1854, 2y
Stewart, William, b. 12 Oct 1854, 49y
Steylon, Sophia, b. 1 Oct 1821, c. 30y, consumption
Stigers, Catherine, b. 3 Apr 1824, c. 52y, unknown sickness
Stigers, Francis C., b. 13 Jul 1824, 6w, bowel complaint, son of Charles
Stiles, Sarah, b. 26 May 1867, 25y, Colored
Stilling, female, b. 14 Nov 1844, stillborn, dau of Mr. Stilling
Stillinger, Michael, d. & b. 22 Jul 1798, 1d, son of Jacob & Christina
Stillwell, Mrs. Mary, b. 5 May 1874, 42y
Stilts, Mary E., b. 3 Mar 1845, 6m
Stinchcomb, female, b. 31 May 1837, 3y, dau of Mr. Stinchcomb
Stinchcomb, Geo. W., b. 19 Jun 1871, 50y
Stinchicum, Charles, b. 3 Sep 1858, 2y
Stinsicum, Grace A., b. 19 Apr 1864, 2y
Stith, Philip Henry, b. 21 Aug 1843, 35y
Stock, Margaret, b. 29 Apr 1867, 2½y
Stoddard, Mr., b. 6 Feb 1862, 13y
Stoddard, Agnes, b. 15 Jun 1859, 3d
Stoddard, Charles, b. 15 Nov 1872, 78y
Stokes, male, b. 29 May 1851, 12m, son of Mr. Stokes
Stokes, Chrs., b. 21 Oct 1869, 45y
Stokes, Mary Ann, b. 11 Aug 1847, 2y
Stokes, William, b. 30 Oct 1852, 2m
Stokes, Wm., b. 15 Feb 1874, 58y
Stokey, Sarah, b. 15 Sep 1863, 2w
Stole, William Henry, b. 9 May 1829, 10m
Stone, female, b. 30 Jun/1 Jul 1838, 6d, unknown sickness, dau of James C. Stone
Stone, Elizabeth, b. 6 Jan 1867, 90y
Stone, Mary M., b. 15 Sep 1853, 19m
Stone, Mary M., b. 12 Oct 1853, 4y
Storkers, Michl., b. 28 Jul 1846, 1d
Storm, Mrs., b. 4 Nov 1834, age --, decline
Story, Susan Ann, b. 6 Apr 1858, 2y
Stover, Josias, b. 14 Aug 1805, 25y, from Massachusetts

Strain, Sophia, b. 16 Jul 1851, 31y
Strand, Catherine, b. 17 Jul 1822, c. 7y, dysentery
Straney, female, b. 6 Feb 1842, 1w, infantile unknown, dau of Edward
Straney, Ann, b. 27 Mar 1865, 67y
Straney, Ann M., b. 2 Dec 1869, 64y
Straney, Ed. J., b. 31 Dec 1872, 40y
Straney, Edwd., b. 6 Mar 1844, 50y
Straney, Jane, b. 22 Oct 1829, c. 66y, bilious fever
Straney, John, b. 9 May 1869, 70y
Straney, Mary, b. 17 Aug 1847, 42y
Straney, Wm., b. 15 Mar 1855, 20y
Strasburg, Alex., b. 1 Aug 1872, 26y
Stratton, female, b. 5 Oct 1837, 2 hour, infantile unknown, dau of Mr. Stratton
Stratton, Ellen, b. 10 Nov 1867, 85y
Stribel, Geo., b. 8 Oct 1871
Stribel, George, b. 13 Feb 1864, 10y
Strible, William, b. 1 Aug 1849, 18y
Strider, child, b. 7 May 1825, c. 8m, dropsy on the brain, child of C. Strider
Strider, child, b. 2 Jul 1828, age unknown, unknown sickness, child of Mrs. Strider
Strider, Anthony, d. 16 May 1798, b. 17 May 1798, 12y, son of --- Strider
Strider, Charles, b. 17 Jan 1827, c. 40y, died from breaking of a blood vessel
Strider, Elizabeth, d. 10 Jun 1797, b. 11 Jun 1797, c. 15y, dau of Joseph & Catharine
Strider, Maria, b. 16 Jul 1868, 40y
Strike, Eleanor, d. 19 Nov 1794, b. 20 Nov 1794, wife of Nicholas, buried in St. Peter's Church Yard
Strike, Margaret, b. 2 Jun 1825, c. 45y, consumption
Strike, William, d. 12 Feb 1795, b. 13 Feb 1795, 3m, son of Nicholas & Eleanor
Strohm, Ellenora, b. 15 May 1858, 53y
Stromeyer, male, b. 26 Dec 1863, 2d, son of Mr. Stromeyer
Stroudt, John, b. 18 Nov 1826, c. 45y, unknown sickness
Stuart, female, b. 26 Jun 1835, 8m, dau of George
Stuart, Albert, b. 29 Jun 1872, 2m
Stuart, Alice, b. 8 Mar 1872, 6m, Colored
Stuart, Eagan, b. 13 Aug 1869, 18 minutes
Stuart, Geo. P., b. 11 Aug 1871, 2m
Stuart, Mary Ann, b. 6 Sep 1825, 1w, Colored
Stub, Adam, b. 18 Jul 1826, c. 36y, pleurisy
Stuche, Frederick W., b. 28 Sep 1865, 13m
Stump, William, b. 11 Mar 1867, infant
Sturgeon, Catharine E., b. 29 Jan 1858, 17y
Sturgeon, Catharine E., b. 31 Jul 1864, 53y
Sturgeon, Elizabeth, b. 27 Jun 1860, 27y
Sturgeon, Henry D., b. 29 Jun 1855, 23y
Sturgeon, Lindsey, b. 20 Nov 1871, 61y
Sturges, Edward, d. 29 Jun 1808, b. 30 Jun 1808, c. 4m, son of Jonathan & Mary
Subroin, Chas., b. 30 Apr 1873, 23y
Suire, Daniel, d. 26 Apr 1804, b. 27 Apr 1804, 68y, native of Saintes, France
Suire, Edmond, d. 11 Dec 1798, b. 12 Dec 1798, c. 42y, son of Abraham & --- LaPorte, native of the parish of Aux Cayes, south side of St. Domingo, buried in St. Peter's Church Yard, Baltimore
Sulivan, Ellen, b. 23 Nov 1872, 4m
Sullavan, Sarah, b. 22 Jun 1821, consumption
Sullivan, ----, b. 13 Sep 1851, 40y
Sullivan, child, b. 4 Jul 1827, child of Mr. D. Sullivan
Sullivan, child, b. 16 Nov 1854, 10m, child of Mr. Sullivan
Sullivan, child, b. 11 Jun 1866, 2 hours, child of Mr. Sullivan

Sullivan, child, b. 15 Mar 1869, child of James
Sullivan, male/child, b. 26 Nov 1835, 16m, son/child of John
Sullivan, male/child, b. 25 Sep 1836, 4y, bilious fever, son/child of Dennis
Sullivan, male, b. 6 Oct 1837, 11m, unknown sickness, son of Denys
Sullivan, male, b. 25 Apr 1866, stillborn, son of Eugene
Sullivan, Mr., b. 6 Sep 1834, c. 34y, liver complaint
Sullivan, Mrs., b. 31 Aug 1821, c. 22y, bilious fever & childbirth
Sullivan, Mrs., b. 22 Sep 1836, 28y, bilious fever
Sullivan, Mrs. A., b. 22 Jan 1846, 35y
Sullivan, Bernard, b. 24 Jul 1831, 21y, bilious fever
Sullivan, Bridget, b. 28 Nov 1859, 15y
Sullivan, Catharine J. A., b. 4 Jan 1845, 10m
Sullivan, Catharine T., b. 10 Jun 1844, 3y
Sullivan, Charles, b. 5 Jul 1846, 18y
Sullivan, Daniel, d. 21 Sep 1794, b. 22 Sep 1794, c. 1m, buried in St. Peter's Church Yard
Sullivan, Daniel, b. 3 Jul 1820, 17y, drowned
Sullivan, Daniel, b. 18 Apr 1850, 25y
Sullivan, Daniel, b. 30 Oct 1857, 5w
Sullivan, Denys/D., b. 31 Dec 1836, c. 50/56y
Sullivan, Mrs. Eliza, b. 18 May 1850, 33y
Sullivan, Elizabeth, b. 7 May 1827, c. 33y, cholera morbus
Sullivan, Eugene, b. 3 Mar 1853, 18m
Sullivan, Eugene, b. 14 May 1855, 50y
Sullivan, Eugene, b. 17 Oct 1861, 6y
Sullivan, George, b. 16 Apr 1842, 26y, consumption
Sullivan, Hannah, b. 27 Mar 1846, 2½y
Sullivan, Ida, b. 22 Dec 1854, 36y
Sullivan, James, b. 16 Nov 1820, 16y, consumption, Colored
Sullivan, James, b. 12 Feb 1854, 2y
Sullivan, James, b. 18 Nov 1854, 26y
Sullivan, James, b. 27 Jun 1863, 4m
Sullivan, James S., b. 9 Feb 1873, 41y
Sullivan, Jane, b. 3 Nov 1854, 15y
Sullivan, Jeremiah, d. & b. 23 Sep 1800, c. 30y, native of Ireland
Sullivan, Jeremiah, b. 20 Oct 1835, c. 20y, head contusion
Sullivan, Jeremiah, b. 26 Jan 1848, 2y
Sullivan, Jeremiah, b. 19 May 1862, 13y
Sullivan, John, b. 7 Oct 1852, 76y
Sullivan, John B., b. 6 Feb 1860, 56y
Sullivan, Joseph, b. 11 Dec 1854, 10m
Sullivan, Joseph, b. 30 Mar 1863, 1 hour
Sullivan, Joseph M., b. 8 Jul 1846, 3w
Sullivan, Joseph Thos., b. 23 Jan 1851, 2y
Sullivan, Julia, b. 3 Mar 1866, 26y, Colored
Sullivan, Mary, b. 10 Jan 1856, 56y
Sullivan, Mary, b. 23 Jul 1866, 17y
Sullivan, Mary, b. 25 Mar 1874, 65y
Sullivan, Mary Ann, b. 4 Mar 1863, 60y
Sullivan, Mary E., b. 9 Aug 1865, 11m
Sullivan, Michael, b. 23 Jul 1825, c. 40y, heat & drank cold water
Sullivan, Michael, b. 12 Jan 1862, 35y
Sullivan, Michael, b. 18 Oct 1866, 60y
Sullivan, Owen, b. 13 Apr 1863, 65y
Sullivan, Patrick, b. 27 Nov 1835, c. 40y, apoplexy
Sullivan, Patrick, b. 24 Sep 1865, 20 minutes
Sullivan, Patrick R., b. 11 Apr 1868, 9y

Sullivan, R., b. 28 Oct 1873, stillborn
Sullivan, Samuel F., b. 10 Feb 1854, 14y
Sullivan, Thos., b. 17 Mar 1849, 20y
Sullivan, Thos., b. 13 Jan 1873, 66y
Sullivan, Timothy, d. 16 May 1796, b. 17 May 1796
Sullivan, Timothy, b. 9 Aug 1825, c. 40y, bilious fever
Sulvia, Ann, b. 12 Aug 1832, c. 20y, consumption
Summers, Margt., b. 26 Sep 1872, 32y
Summers, Robert, b. 18 Mar 1819, 22y, killed by a sand bank falling on him
Summers, Sally, b. 1 May 1862, 80y, Colored
Summerville, female, b. 24 Dec 1827, c. 60y, dropsy, wife of Clement, Colored
Summerville, Elizabeth, b. 15 Apr 1846, 15y
Summerville, F. H., b. 14 Dec 1860, 38y
Summerville, Mary A., b. 10 Apr 1870, 90y
Summerville, Rebecca, b. 9 May 1863, 66y
Summerville, Robert C., b. 4 Sep 1854
Summerville, Tiernan Wm., d. 22 May 1857, 41y
Summerville, Wm., b. 11 Nov 1848, 22y
Sunderland, Daniel, d. 30 Oct 1819, b. 31 Oct 1819, 4m, cholera morbus
Sungross, Josephine, b. 18 Aug 1829, died soon after birth, dau of Mary
Suter, Mary Ann, b. 3 Oct 1821, 3y, Colored
Sutherland, Margaret, d. 4 Aug 1815, b. 5 Aug 1815, 6m, summer complaint
Suttle, John, b. 3 Apr 1864, 80y
Sutton, Margaret, d. 16 Dec 1817, b. 17 Dec 1817, 9y, accidentally burned to death
Swagler, Robert E. Lee, b. 6 Dec 1867, 15m
Swain, Margaret, b. 27 Jun 1850, 63y
Swaine, male, b. 16 Nov 1843, 12d
Swaine, Peter, b. 13 Jan 1846, 28y
Swan, John H., b. 4 Feb 1865, 9d
Swartz, Sarah Jane, b. 22 Aug 1857, 21y
Swayne, Kate, b. 25 May 1872, 8m
Swayne, Louis, b. 10 Dec 1872, 52y
Sweeney, ---, d. 22 Dec 1813, b. 23 Dec 1813, c. 30y, consumption
Sweeney, Mrs., b. 28 Oct 1848, 70y
Sweeney, child, b. 2 Jun 1869, 6m, child of John
Sweeney, Agness, b. 16 Jan 1865, 5m
Sweeney, Bridget, b. 11 Aug 1868, 4m
Sweeney, Charles Henry, b. 28 Aug 1855, 16m
Sweeney, Daniel, b. 5 Sep 1868, 34y
Sweeney, Dennis, see Sweeny/Sweeney, Dennis
Sweeney, Elizabeth, b. 1 Apr 1865, 29y
Sweeney, Hugh, b. 7 Apr 1840, 70/86y, infirmity of age
Sweeney, Isabella, b. 6 Dec 1859, 62y
Sweeney, John, b. 17 Jul 1853, 60y
Sweeney, Josephine, b. 30 Aug 1839, 30/32y, inflamation on the bowels
Sweeney, Margaret, b. 30 Jun 1864, 35y
Sweeney, Mary, b. 30 Aug 1861, 6w
Sweeney, Mary J., b. 12 Nov 1871, 4y
Sweeney, Patrick, b. 10 Oct 1826, fit
Sweeney, Peter, b. 10 Oct 1869, 50y
Sweeney, Sarah, b. 19 Jun 1853, 38y
Sweeney, Timothy, b. 7 Apr 1865, 5m
Sweeney, William, b. 7 Apr 1856, 6d
Sweeney, William B., b. 28 Jul 1859, 20m
Sweeny, ---, d. 12 Nov 1799, b. 13 Nov 1799, 2y, child of Alexander & ---
Sweeny, male/child, b. 11 Dec 1835, 4m, son/child of John

Sweeny, Mrs., b. 24 Jul 1822, c. 30y, brought from Gray's Factory, died after childbirth
Sweeny, Mrs., b. 25 Feb 1836, 35y?
Sweeny, Mrs., b. 12 Aug 1837, 75y, convulsions
Sweeny, Ann, b. 23 Oct 1794, dau of Hugh & Mary (dec.), buried in St. Peter's Church Yard
Sweeny, Denis, b. 5 Jan 1823, c. 60y, consumption
Sweeny/Sweeney, Dennis, b. 18 Dec 1837, 28y, mania potua
Sweeny, Edward, d. 24 Jun 1799, b. 25 Jun 1799, c. 25y
Sweeny, Edward, b. 30 Aug 1823, 4d
Sweeny, Francis P., b. 24 Oct 1859, 3w
Sweeny, Hugh, d. 7 Aug 1795, b. 8 Aug 1795, 2m, son of Hugh & Mary
Sweeny, John, d. 7 Aug 1798, b. 8 Aug 1798, 3y4m, son of Hugh & Priscilla
Sweeny, Mary, d. 10 Jul 1817, b. 11 Jul 1817, 30y, suddenly
Sweeny, William, b. 23 Mar 1824, c. 50y, suddenly
Sweglar, child, b. 15 Jan 1869, child of Jos. P. Sweglar
Swick, Mary E., b. 2 Aug 1854, 39y
Swift, Loretto F., b. 14 Feb 1870, 3m
Swillier, Justine, see Seviller, Justine
Swing, Henry, b. 27 Mar 1850, 3d
Sylva, Mary Ann, d. 13 Feb 1799, b. 14 Feb 1799, wife of Francis
Sylvan, Brother (Jas. McCartney), b. 12 Jan 1853, 40y
Synod, Ellen, b. 18 Mar 1867, 50y

Taabs, Mary, b. 5 Nov 1869, 35y, Colored
Tabb, Joseph, b. 10 Mar 1870, 4m
Tael, Edward, b. 3 Aug 1860, 2m
Tagart, David, b. 26 Aug 1830, c. 12y, bilious fever
Tagart, Patrick, b. 25 Oct 1867, 67y
Taggard, child, b. 23 Nov 1827, child of William
Taggart, Elizabeth, b. 13 Oct 1865, 40y
Taggart, Thomas, b. 18 Mar 1869, 62y
Tagort, Hugh, b. 26 Jun 1828, c. 40y, drank cold water, suddenly
Tailor, Captain, b. 22 Oct 1849, 45y
Tairchlen, Lewis, d. 21 Sep 1800, b. 22 Sep 1800, c. 35y, native of Durman, Anjon
Talb, Sophia, b. 16 Sep 1857
Talbot, Sarah, b. 7 Dec 1853, 50y
Tamman, Anna, b. 14 Jul 1864, 29y
Taner, Ellen, b. 10 Apr 1870, 3y
Tanerland, Adolphus, b. 25 Jun 1844, 18m
Taney, James, b. 27 Sep 1835, 50y, bilious fever
Tanner, Francis, d. & b. 30 Jul 1805, 2y, cholera, son of Peirce L. & Pamela
Tapes, Wm. M., b. 7 Sep 1870, 7w
Tar, Margaret D., b. 17 Sep 1867, 25y
Tardien, Mary Louisa, d. 20 Oct 1796, b. 21 Oct 1796, c. 15m, dau of John, from Jeremy, St. Domingo, & Josephine Ognam
Tarlton, Julia A., b. 18 Apr 1847, 48y
Tarr, Wesley B., b. 9 Sep 1863
Tarrell, Charles O., b. 27 Mar 1850, 22y
Tarrell, Mary Ann, b. 27 Aug 1857, 17m
Tate, Rachel, b. 7 Dec 1844, 40y
Tavlin, John, b. 22 Jul 1854, 27y
Taylor, ---, d. 7 Oct 1799, b. 8 Oct 1799, 10m
Taylor, ----, b. – Nov 1816, c. 18m, deceased yesterday
Taylor, child, b. 24 Aug 1832, 2w, summer complaint, child of Alfred
Taylor, child, b. 5 Apr 1862, stillborn, child of Mr. Taylor
Taylor, female/Mary Ann, b. 28 Jun 1842, 6y, water on the brain, dau of Mary Ann, Colored?
Taylor, male, b. 30 Apr 1828, 7m, unknown sickness, son of Levi
Taylor, Mrs., d. 24 Nov 1811, b. 25 Nov 1811, 59y, consumption
Taylor, Allen, b. 20 Dec 1859, 32y
Taylor, Annie M., b. 9 Dec 1870, 7y9m
Taylor, Charles E., b. 23 Feb 1865, 30y
Taylor, Charlotte, b. 9 Dec 1870, 4y6m
Taylor, Elizabeth, b. 22 Feb 1829, c. 25y, consumption
Taylor, Elizabeth, b. 7 Jun 1832, c. 27y, consumption
Taylor, Ellen, b. 20 Dec 1869, 38y
Taylor, Henry, d. & b. 28 Aug 1800, hus of Mary
Taylor, James, b. 18 Feb 1829, c. 4y, dropsy of the brain
Taylor, Joseph, b. 12 Jan 1867, 22y
Taylor, L., b. 27 Jan 1873, 35y
Taylor, Leven, b. 24 Sep 1829, 39y, consumption
Taylor, Mary, b. 4 Sep 1847, 100y, Colored
Taylor, Mary V., b. 20 Aug 1849, 3m
Taylor, Mathew M., b. 3 Apr 1870, 1y
Taylor, Susanna, d. 26 Aug 1800, b. 27 Aug 1800, 3y, dau of Henry & Mary
Taylor, William Henry, b. 5 Aug 1821, 15m, whooping cough, in the lot of William M. Hook
Teale, Thomas, b. 13 Jun 1852, 13m
Teany, Cecilia, b. 14 Sep 1850, 2m
Tecomey, Timothy, b. 18 Sep 1862, 33y
Teerney, William, b. 30 May 1868, 18y

Teirnan, Anna G., b. 9 Jan 1873, 96y
Tellery, Eliza, b. 11 Sep 1850, 18y
Tenaghan, John, d. 13 Nov 1793, b. 14 Nov 1793, 2y6m, son of Charles & Sarah, buried in St. Peter's Church Yard
Tenahan, Catharine, b. 7 Sep 1861, 19m
Tenne, Ann, d. & b. 21 Sep 1801, 8m18d, dau of Joseph & Mary
Tennison, William H., b. 18 Sep 1854, 34y
Tennyson, Catharine, b. 17 Dec 1869, 35y
Teresa, Sister Mary, b. 26 Apr 1848, 57y, Oblate Sister of Providence
Terrasse, Madame/Anne, see Tharasse/Terrasse, Madame/Anne
Tervary, Jerome, b. 14 Mar 1852
Tessier, Andrew, b. 23 Aug 1867, 54y
Tessier, C., b. 4 Oct 1872, 60y
Tessier, Christina, b. 16 Feb 1858, 7y
Tharasse/Terrasse, Madame/Anne, b. 26 Dec 1870, 92y
Thebout, Mrs., b. 13 Aug 1842, 109y
Theodosia, Mary, b. 14 Feb 1859, 3m
Thirian, Elizabeth, b. 2 Aug 1849, 2w
Thoman, Ann, b. 25 Sep 1871
Thoman, Wm., b. 15 Sep 1871
Thomas, child, b. 6 Nov 1826, c. 1y, unknown sickness, child of Benjamin
Thomas, female/Mr., b. 18 Mar 1852, 3y, Colored
Thomas, female/Wm., b. 29 Jul 1853, 3w, Colored
Thomas, Alice, b. 28 Jul 1862, 90y, Colored
Thomas, Amelia Ann, b. 8 Jan 1853, 46y
Thomas, Andrew, b. 9 Nov 1834, older than 80y, old age, Colored
Thomas, Ann, d. 6 Jul 1796, b. 7 Jul 1796, 8m, dau of Paul & Mary Catherine Bardon de Monglas
Thomas, Annie L. S. T., b. 22 Jul 1869, 16m
Thomas, Caroline, b. 23 Apr 1862, 50y, Colored
Thomas, Charlotte/female child of Charlotte Thomas, b. 22 Mar 1841, 3y, catarrh fever, Colored
Thomas, Chas. Henry, b. 20 Jan 1867, 25y, Colored
Thomas, Daniel, d. 22 Apr 1808, b. 23 Apr 1808, 9m, measles, free Negro, son of James & Eva
Thomas, Elizabeth, b. 4 May 1859, 30y, Colored
Thomas, Georgiana, b. 6 Aug 1859, 3y, Colored
Thomas, Georgianna, b. 19 Jul 1844, 3y, Colored
Thomas, H. J., b. 12 Oct 1872, 4y
Thomas, Harriet, b. 4 Nov 1837, 50y, inflamation of the bowels, Colored?
Thomas, Miss Helen, see Thomas, Sister Mary Gertrude
Thomas, Henry. B. 23 Mar 1841, 20y, consumption, Colored
Thomas, Henry, b. 13 Jan 1854, 27y, Colored
Thomas, Henry, b. 7 Jan 1871, 3m
Thomas, Henry Nathan, b. 10 May 1853, 10d, Colored
Thomas, Jacob, b. 21 Nov 1845, 8y, Colored
Thomas, Jacob, b. 26 Dec 1853, 8m
Thomas, James C., b. 20 Jul 1852, 5m, Colored
Thomas, Jane, b. 7 Nov 1855, 4y, slave, Colored
Thomas, Jas. A., b. 16 Nov 1852, 13y
Thomas, Jenny, b. 27 Sep 1826, c. 60y, Colored
Thomas, Jeremiah, b. 16 Nov 1872, 25y
Thomas, John, b. 1 Apr 1849, 50y, Colored
Thomas, John, b. 18 Nov 1862, stillborn
Thomas, John A., b. 9 May 1853, 19y
Thomas, John J., b. 23 Oct 1874, 3w
Thomas, John W., b. 2 Jul 1858, 18m, Colored
Thomas, Joseph, b. 3 Aug 1861, 4m

Thomas, Josephine, b. 30 Jan 1850, 9y
Thomas, Lewis, b. 3 Apr 1854, 29y, Colored
Thomas, Lewis, b. 3 Jul 1855, 18m, Colored
Thomas, Martha, b. 11 Jan 1873, 6y
Thomas, Mary, b. 19 Dec 1830, c. 40y, unknown sickness
Thomas, Mary Adelle, d. & b. 1 Sep 1796, c. 14m, dau of John Lewis & Mary Catharine Conrod
Thomas, Mary Ann, d. 5 Aug 1811, b. 6 Aug 1811, 9m
Thomas, Mary C., b. 8 Oct 1874, 21y
Thomas, Sister Mary Gertrude (Miss Helen Thomas), b. 6 Oct 1861, 42y, Oblate Sister of Providence
Thomas, Mgt., b. 3 Jan 1873, 55y, Colored
Thomas, Nancy, b. 26 Jul 1870, 41y, Colored
Thomas, Patience, d. 7 Feb 1811, b. 9 Feb 1811, 22y, Black
Thomas, Philip E., b. 4 Feb 1860, 2y
Thomas, Rachel, b. 18 Nov 1872, 70y
Thomas, Richard, d. 17 Jul 1807, b. 18 Jul 1807, 47y, died in Reister's Town, native of Ireland
Thomas, Robert, b. 30 Nov 1828, c. 1y, consumption
Thomas, Samuel, b. 7 Mar 1854, 6m, Colored
Thomas, Sarah, d. 21 May 1796, b. 22 May 1796, 11d, dau of Ann
Thomas, William Henry, b. 31 Jan 1853, 2½y, Colored
Thomas, Wm., b. 1 Jul 1873, 4m
Thomas, Wm. H., b. 18 Jul 1872, 35y
Thompson, ---, born & d. 16 Jun 1806, b. 18 Jun 1806, son of Josias & Jane
Thompson, child, b. 9 Dec 1832, c. 4y, croup, child of Alfred
Thompson, child, b. 4 Jun 1839, 3m, child of Mr. Thompson
Thompson, child, b. 6 May 1853, 4y, child of Joseph R. Thompson
Thompson, child, b. 2 Jun 1853, 7m, child of Mr. Thompson
Thompson, child, see May/Thompson, child
Thompson, female, b. 18 Aug 1835, 3y, summer complaint, dau of Mr. Thompson
Thompson, female, b. 17 Aug 1837, 2y, summer complaint, dau of Charlotte, Colored
Thompson, male, b. 21 Oct 1844, 18m, son of Mr. Thompson
Thompson, Mrs., b. 11 Mar 1825, c. 75y, old age
Thompson, Agnes, b. 30 Sep 1872, 16y
Thompson, Anastasia, b. 20 Jan 1848, 14y
Thompson, Ann, b. 26 Jan 1848, 2y
Thompson, Ann, b. 28 Sep 1863, 24y
Thompson, Catharine, b. 14 Jan 1842, 13y, typhus fever, Colored?
Thompson, Charlotte, b. 17 Aug 1837, 2y
Thompson, Clara, born & d. 29 Sep 1798, b. 30 Sep 1798, dau of Josias & Jane
Thompson, David Ed., b. 10 Dec 1845, 3m
Thompson, Edgar W., b. 15 Aug 1847, 11m
Thompson, Eliza, b. 3 Mar 1869, 45y, Colored
Thompson, Ellen M., b. 28 Nov 1851, 22y
Thompson, George, b. 2 Feb 1863, 3y
Thompson, James A., b. 8 Nov 1854, 5y
Thompson, Jas., b. 4 Mar 1849, 30y, Colored
Thompson, John, b. 2 Nov 1853, 3y
Thompson, John, b. 29 Jan 1864, 4m
Thompson, Joseph, b. 24 Aug 1866, 3m
Thompson, Julia Ann, b. 18 Dec 1862, 42y
Thompson, Lisby, b. 10 Jan 1827, c. 35y, typhus fever
Thompson, Maria, b. 4 Feb 1850, 45y, Colored
Thompson, Mary, d. 29 May 1795, b. 30 May 1795, c. 31y, wid
Thompson, Mary, d. 14 May 1801, b. 15 May 1801, c. 3m, dau of Benjamin & Flora, free Mulattoes
Thompson, Mary, b. 15 Jun 1864, 55y

Thompson, Mary, b. 10 Dec 1873, 6d
Thompson, Mary Agness, b. 28 Feb 1861, 2y, Colored
Thompson, Mary E., b. 19 Sep 1853, 2y
Thompson, Mary Ellen, b. 22 Feb 1849, 8m
Thompson, Mary Jane, b. 13 Jun 1852, 12m
Thompson, Mary M., b. 11 Aug 1852, 11m
Thompson, Rachel, b. 14 Dec 1858, 60y
Thompson, Sarah, b. 22 Sep 1864, 4 hours
Thompson, Thomas, b. 25 Sep 1849, 18m
Thompson, Thos., b. 25 Nov 1848, 2m
Thompson, Virginia, b. 14 Apr 1866, 6m
Thompson, William, b. 20 Jun 1826, c. 30y
Thompson, William, b. 12 Sep 1830, 5m, unknown sickness
Thompson, William Op, d. 15 Aug 1809, b. 16 Aug 1809, 7m4d, debility, son of James & Anne
Thomson, Anne, d. 6 Aug 1809, b. 7 Aug 1809, 29y, wife of James
Thomson, John, b. 8 Aug 1870, 18m, Colored
Thomson, Mary A., b. 25 May 1872, 61y
Thomy, Mary, d. 3 Mar 1820, b. 4 Mar 1820, 30y, consumption
Thornhill, child, b. 22 Aug 1832, c. 12m, cholera infantum, child of Patrick
Thornton, child, b. 11 Jun 1828, c. 2w, stomach inflamation, child of Mary
Thornton, child, b. 19 Jul 1828, 9m, bowel inflamation, child of Martha
Thornton, Amelia, d. 1 Nov 1802, b. 2 Nov 1802, 13y, dau of John & Jane, free Mulattos
Thornton, Amilia, b. 9 May 1815, Colored child
Thornton, Harriet, b. 9 Nov 1848, 71y
Thornton, Jane, b. 7 Aug 1831, c. 25y, consumption
Thornton, Jane, b. 23 Dec 1836, 94/96y, old age, Colored?
Thornton, Jno., b. 23 May 1873, 11m
Thornton, Martha, b. 1 Jan 1840, 26y, nervous disease
Thornton, Sarah, b. 3 Nov 1821, c. 35y, unknown sickness
Throtenberg, Thomas William, d. 18 Sep 1819, b. 19 Sep 1819, 40y, apoplexy
Thuman, John, b. 14 Jun 1872, 9y
Thurion, John, b. 13 Jun 1847, 9m
Tibbs, Jno. T., b. 23 Jun 1873, 7m
Tidings, child, b. 17 Apr 1832, c. 4m, influenza, child of William H. Tidings
Tiernan, Adelaide, b. 12 Aug 1873, 44y
Tiernan, Agnes, b. 12 Sep 1825, c. 18y, dau of Luke
Tiernan, Mrs. Ann, b. 21 Feb 1841, 60y, paralysis
Tiernan, Ann Eliza, b. 27 May 1857
Tiernan, Catherine, b. 23 Dec 1846, 25y
Tiernan, Gay R., b. 15 Dec 1868, 51y
Tiernan, Luke, b. 9 Nov 1839, 81y, catarrh fever
Tiernan, Luke, Jr., b. 17 Nov 1828, c. 25y, consumption
Tiernan, Patrick, b. 25 Jun 1851, 72y
Tiernan, Sarah, d. 9 May 1819, b. 11 May 1819, 16y, consumption, dau of Luke
Tiernan, William H., b. 18 Mar 1863, 55y
Tierney, child, b. 21 Jun 1822, c. 1y, child of John, lately from Ireland
Tierney, Ann, b. 17 Apr 1864, 40y
Tierney, Catherine, b. 2 Jan 1851, 6m
Tierney, James, b. 1 Feb 1859, 7y
Tierney, Jno., b. 2 Apr 1874, 28y
Tierney, Jno., b. 5 Nov 1874, 2m
Tierney, John Thos., b. 1 Jul 1866, 5 hours
Tierney, Margaret, b. 12 Jul 1846, 30y
Tierney, Mary, b. 18 Oct 1861, 30 minutes
Tierney, Mary Elizah., b. 20 Jul 1859, 3y
Tierney, Mathew, b. 18 Jun 1871, 51y

Tierney, Michael, b. 5 Jul 1854, 30y
Tierney, Michael, b. 11 Jul 1865, 6y
Tierney, Patrick, b. 5 Oct 1817, 31y, killed by the explosion of a powder mill
Tierney, Patrick, b. 17 Jul 1857, 3m
Tierney, William, b. 18 Sep 1865, 1y
Tigh, John, b. 16 Jan 1860, 15m
Tighe, Catharine, b. 13 Nov 1854, 60y
Tighe, Frederick, b. 21 Dec 1854, 1d
Tighe, Jno., b. 12 Sep 1874, 2y
Tighe, John, b. 20 Nov 1856, 4y
Tighe, John, b. 8 Dec 1865, 4 hours
Tighe, Mary, b. 28 Jun 1865, 22y
Tighe, Patrick, b. 22 Dec 1854, 1w
Tighe, Patrick, b. 20 Jul 1872, 55y
Tigher, Cecilia, b. 4 Jan 1832, suddenly
Tight, Wm., b. 22 Jun 1874, 2m
Tilghman, Thomas Henry, b. 15 Jul 1840/1841, 8y, bilious fever, Colored
Tilliard, Ann, b. 15 Aug 1854, 84y, Colored
Tillman, Mary, b. 19 Apr 1872, 9m
Timmon, female, b. 24 Nov 1838, 9m, dau of Charles
Timmons, Charles, b. 7 Feb 1869, 83y
Timmons, Mary C., b. 17 Aug 1863, 11m
Timmons, Peter, b. 6 Mar 1829, 4m, croup, son of Charles
Timmons, Rosanna, b. 5 Sep 1851, 18y
Timmons, Thomas, b. 28 Oct 1853, 17y
Timmons, William, b. 12 Nov 1862, 37y
Timon, John Mathias, d. 31 Oct 1800, b. 1 Nov 1800, c. 9m, son of Joseph & Frances
Timon, Thomas, born & d. 20 Nov 1807, b. 21 Nov 1807, son of James & Eleanor
Timothy, Brother, b. 28 Jun 1851, 27y
Tindill, Wm., b. 5 Sep 1870, 15m
Tissny, Mrs., b. 4 Jan 1871, 32y
Titan, Joseph A., b. 23 Jul 1864, 2m, Colored
Toban, Ellen, b. 4 Jan 1871, 5y
Tobin, David, d. 18 Oct 1805, b. 19 Oct 1805, 7y, son of John & ----
Tobin, Francis, b. 24 Sep 1814, 9y
Tobin, Margaret, b. 4 Mar 1839, 30y
Tobin, Michael, d. 27 Jun 1804, b. 28 Jun 1804, c. 40y
Todd, female, b. 16 Aug 1861, child of Ignatius
Todd, Rose, b. 16 Aug 1839, 26y, consumption, Colored
Togood, Elizabeth, b. 15 Aug 1817, 36y, consumption, Colored
Togue, Daniel, d. 31 May 1808, b. 1 Jun 1808, 26y, native of Ireland
Tohey, Jeremiah, b. 29 Dec 1829, c. 33y, accidentally drowned
Tole, child, b. 20 Jul 1857, 6m, child of Susan
Tolen, Thomas, b. 5 May 1859, 65y
Tolin, Ann, b. 2 Aug 1846, 45y
Tolin, Mary, b. 1 Dec 1851, 45y
Tolin, Susan, b. 27 May 1858, 21y
Tollinger, Catherine, d. 10 Aug 1820, b. 11 Aug 1820, 9m, summer complaint
Toly, Claude, d. 11 Dec 1821, b. 12 Dec 1821, c. 60y, murdered, native of Grenoble, France, former inhabitant of St. Domingo
Toman, Mary, b. 26 Feb 1863, 84y
Toman, Michael, b. 10 Dec 1858, 78y
Tomilty, Henry, d. 23 Oct 1808, b. 24 Oct 1808, 60y
Tomlin, Edwd. L., b. 7 Mar 1849, 10m
Ton, male, b. 24 Dec 1848, ½ hour, son of Wesley B.
Toncas, John Lewis, d. 13 Jan 1798, b. 14 Jan 1798, 1y20d, son of Lewis & Mary

Toner, child, b. 10 Oct 1849, stillborn, child of George
Toner, Bernard, b. 10 May 1870, 40y
Toner, Bridget, b. 17 Aug 1865, 20y
Toner, Catherine, b. 8 Nov 1859, 60y
Toner, Francis, b. 1 Sep 1857, 56y
Toner, Mrs. George, b. 10 Oct 1849
Toner, George, b. 22 Jun 1865, 22y
Toner, George, b. 21 Aug 1872, 67y
Toner, James, b. 6 May 1832, 15y, fits
Toner, John, b. 22 Jun 1861, 3d
Toner, John, b. 13 Jan 1866, 25y
Toner, John, b. 23 Jul 1867, 13m
Toner, John Michael, b. 10 Jan 1829, c. 1y, unknown sickness, son of Michael
Toner, Joseph, b. 23 Sep 1873, 9m
Toner, Margaret, b. 4 Aug 1852, 11m
Toner, Mary, b. 2 Sep 1869, 45y
Toner, Mary C., b. 2 Sep 1868, 17y
Toner, Rosetta, d. 13 Nov 1806, b. 15 Nov 1806, 13m10d, whooping cough, dau of Edward & Mary
Toner, Sarah, b. 27 Mar 1863, 20y
Tonney, Timothy, b. 3 Aug 1859, 5½y
Toogood, Agness, b. 29 Sep 1851, 5m, Colored
Toole, female, b. 11 Mar 1837, few minutes old/1 hour, infantile, dau of Peter
Toole, Mr., b. 19 Oct 1851, 50y
Toole, Bernard, d. & b. 3 Oct 1798, c. 2y, son of Edward & Elizabeth
Toole, Bridget, d. 6 Nov 1806, b. 7 Nov 1806, 2m10d, dau of Fergus & Mary
Toole, Elizabeth, b. 2 Oct 1860, 61y
Toole, Fergus, d. 7 Jul 1808, b. 8 Jul 1808, c. 30y, native of Ireland
Toole, James, b. 15 Jul 1859, 9m
Toole, John, b. 5 Sep 1832, c. 35y, cholera
Toole, Michael, b. 9 Aug 1850, 50y
Toole, Morgan, b. 7 Sep 1854, 23y
Toomey, child, b. 20 Nov 1837, stillborn, child of Mr. Toomey
Toomey, Daniel, b. 12 May 1842, 91y, old age
Toomey, Ellen, b. 13 Nov 1825, c. 18y, rather suddenly
Toomey, Sarah, b. 11 Sep 1823, c. 54y, consumption
Torbet, Francis, d. & b. 15 Jul 1806, 6m, cholera, son of Elizabeth
Tormey, Florence C., b. 2 Jul 1868, 11m
Tormey, Grace M., b. 5 Aug 1871, 3y
Tormey, John E., b. 20 Jan 1857, 10m
Tormey, Louis Jos., b. 26 Apr 1872, 20d
Tormey, Mary, b. 15 Feb 1872, 5y
Tormey, Michael, b. 27 Sep 1872, 60y
Tormey, Patrick, b. 13 Jul 1852, 54y
Torney, Edward, b. 19 Jun 1851, 2m
Torphy, Catherine, b. 12 Jul 1842, 12m, summer complaint
Torphy, Mrs. Ellen, b. 26 Jul 1847, 30y
Torphy, Thomas, b. 14 Feb 1866, 55y
Torphy, Thos., b. 7 Sep 1852, 8y
Torphy, William, b. 20 Sep 1847, 9m
Toucas, Mary, d. & b. 7 Oct 1797, 30y, wife of Captain Lewis
Toulan, George, b. 30 Jan 1864, 20y
Tourney, John, b. 4 Dec 1859, 45y
Touze, Ann, d. 28 Jun 1807, b. 29 Jun 1807, 39y, wife of Frans, native of Bordeaux
Townsend, Mary Phebe, b. 22 Jul 1863, 29y, Colored

Townsend, Robert, d. 21 Jan 1796, b. 22 Jan 1796, c. 45y, at Fells Point, buried in St. Peter's Church Yard
Townsend, Sarah L., b. 22 Jul 1862, 11m, Colored
Towson, child, b. 7 Oct 1858, stillborn, child of John
Traband, Amelia, d. 17 Feb 1807, b. 18 Feb 1807, c. 2½y, dau of Anthony & Sophia
Traband, Mark Anthony, d. & b. 16 Jul 1806, 3m, cholera, son of Mark Anthony & Sophia
Tracey, child, b. 5 Aug 1822, c. 8m, child of Matthew
Tracey/Tracy, John Edward, b. 20 Oct 1841, 1y, decline, Colored?
Tracey/Tracy, Mary Ann, b. 21/27 Jul 1842, 18m, summer complaint
Tracey, Thomas, d. 1 Jul 1808, b. 2 Jul 1808, 9m, son of Patrick & Jane
Tracy, child, b. 27 Jul 1827, stillborn, child of Mrs. Tracy
Tracy, child, b. 26 Aug 1829, stillborn, child of Hugh
Tracy, child, b. 9 Oct 1830, stillborn, child of Hugh
Tracy, child, b. 16 Sep 1831, died soon after birth, child of Hugh
Tracy, male, b. 15 Nov 1839, 3y, burned, son of Thomas
Tracy, Ambrose P., b. 2 May 1866, 4y
Tracy, Catharine, b. 16 Apr 1866, 6y
Tracy, Hugh, b. 4 Oct 1844, 2y
Tracy, Hugh, b. 18 Aug 1847, 50y
Tracy, Hugh, b. 8 Mar 1849, 2¼y
Tracy, John, b. 29 Nov 1853, 50y
Tracy, John Edward, see Tracey/Tracy, John Edward
Tracy, Mary, d. 11 Feb 1794, b. 12 Feb 1794, 65y, at Fells Point, wife of Usher, carpenter, native of Ireland, buried in St. Peter's Church Yard
Tracy, Mary, b. 20 Apr 1852, 68y
Tracy, Mary Ann, b. 11 Oct 1837, 22y, bilious pleurisy
Tracy, Mary Ann, see Tracey/Tracy, Mary Ann
Tracy, Mary R., b. 4 Aug 1844, 6m, Colored
Tracy, Mathew, b. 7 Mar 1854, 80y
Tracy, Michael, b. 22 Jun 1849, 40y
Tracy, Philip, b. 4 Feb 1853, 37y
Tracy, Sarah, b. 21 Dec 1863, 67y
Tracy, Thomas, b. 22 Mar 1868, 65y
Tracy, William, b. 16 Apr 1866, 2y
Trahlen, Wm., b. 6 Aug 1863, 18m
Trainer, female, b. 22 Jul 1841, 12m, summer complaint, dau of Catharine
Trainer, female, b. 1 Nov 1842, 2m, dau of Bernard
Trainer, male, b. 25 Mar 1847, 3m, son of Bernard
Trainer, Ann, b. 26 Jun 1835, 50y, tumor
Trainer, Bernard, b. 11 Nov 1872, 63y
Trainer, Chas., b. 21 Sep 1845, 6w
Trainer, James, b. 31 Jul 1838, 26y
Trainer, Josephine, b. 18 Jul 1848, 6m
Trainer, Josephine, b. 26 Apr 1872, 21y
Trainer, Lawrence, b. 18 Mar 1835, 28y, pleurisy
Trainer, Patrick, b. 29 Aug 1849, 24y
Trainor, Alice, b. 18 Aug 1862, 12m
Trainor, Ann, b. 27 Jun 1860, 22y
Trainor, Miss Catharine, b. 22 May 1868, 22y
Trainor, Christopher, b. 20 Jun 1861, 2y
Trainor, Emily M., b. 24 Jun 1855, 2m
Trainor, Mrs. H., b. 15 Feb 1872, 57y
Trainor, J., b. 22 Jun 1852, 35y
Trainor, Jane, b. 16 Aug 1868, 34y
Trainor, Mrs. Mary, b. 7 May 1859, 35y
Trainor, Patrick, b. 19 Dec 1851, 37y

Trapman, male, b. 20/21 Jul 1837, 13m, cholera influx, son of Mr. Trapman
Travers, James, d. 24 Apr 1810, b. 25 Apr 1810, 50y, Colored
Travers, Mary, b. 29 Jul 1824, 36y, cholera morbus
Travers, P., b. 11 Jan 1835, 45y, unknown sickness
Tredway, Mary, b. 17 Jul 1848, 50y
Trenton, Anthony, d. 17 Feb 1803, b. 18 Feb 1803, c. 66y
Trepannier, ---, d. 17 Jun 1816, b. 18 Jun 1816, c. 75y
Trepannier, Ann, d. 29 Sep 1800, b. 30 Sep 1800, c. 46y, wife of August
Trepannier, Michael, d. & b. 9 Oct 1800, 14y, son of August & Ann
Trevin, Rebecca, d. 15 Feb 1794, b. 16 Feb 1794, advanced age, native of Nova Scotia, buried in St. Peter's Church Yard
Trigant, Mrs., d. 24 Jul 1811, b. 25 Jul 1811, 44y
Trigger, Mary Ann, b. 24 Jul 1817, c. 1m
Trigger, Mary Jane, b. 20 Aug 1818, 2w
Troupe, Mrs. Sally, b. 4 Jun 1851, 26y
Troute, Ellen, b. 29 Jun 1854, 35y
Troute, Susan, b. 27 Jun 1854, 3m
Trouve (Trouve'), Mary Louisa Bois, d. 5 May 1798, b. 7 May 1798, 39y, wife of Peter
Trovice, Nancy, b. 15 Mar 1825, c. 55y, unknown sickness, Colored
Truely, Henrietta, d. 25 Jul 1796, b. 26 Jul 1796, c. 2m, Negro, dau of Richard & Henrietta
Truely, Jane, d. 11 Jul 1804, b. 12 Jul 1804, 17m, Mulatto, dau of Milly
Truly, child, b. 10 Jan 1823, suddenly, child of William, Colored man
Truly, Hannah, d. 23 Jan 1810, b. 24 Jan 1810, Colored
Truly, Moses, b. 30 Sep 1827, c. 11y, consumption
Trumbo, Aloysius, b. 21 Jul 1854, 17m
Trumbo, Catherine, b. 3 Aug 1832, age unknown, unknown sickness
Tubman, child, b. 7 Dec 1867, stillborn, Colored, child of Hester
Tubman, Carrie G., b. 31 Aug 1870, 24y
Tubman, Charlotte, b. 15 Feb 1874, 60y
Tucker, child, b. 6 Aug 1825, age unknown, unknown sickness, child of Mr. Tucker
Tucker, female, b. – Feb 1836, 7m, teething, dau of Mr. Tucker
Tucker, Elizabeth, d. & b. 25 Sep 1806, 6m, Negro
Tucker, Hanson, b. 8 Oct 1829, c. 50y, dropsy
Tucker, James, b. 3 Sep 1823, 10m, measles
Tucker, Rebecca, b. 26 Oct 1857, 5y
Tucker, Zachariah, b. 13 Nov 1866, 50y
Tuel, John, b. 26 Mar 1842, 1w
Tuemer, child, b. 4 Jan 1832, stillborn, child of Peter N. Tuemer
Tuhy, Ruth Ann, b. 23 May 1839, 28y, consumption
Tull, Jane, d. 7 Jan 1804, b. 8 Jan 1804, 25y, wife of Henry
Tulley, Andrew, d. 7 Sep 1806, b. 8 Sep 1806, 1y, son of James & Margaret
Tully, Bridget, b. 15 Oct 1864, 40y
Tully, John Patrick, b. 23 Mar 1862, 1w
Tulon, John E., b. 3 Jan 1850, 16m
Tumbleton, Elizabeth, b. 7 Nov 1827, c. 74y, suddenly
Tuomay, Mary, b. 13 Aug 1844, 5m
Tuomy, Margaret, b. 25 Feb 1860, 23y
Ture, John, b. 4 Jun 1860, 3y
Turel, John M. B., b. 3 May 1836, c. 66y, bilious fever
Turell, Mrs., b. 13 Dec 1856, 70y
Turenne, John, d. 30 Nov 1805, b. 1 Dec 1805, 6y5m, son of John & Mary
Turnbull, Ellen, b. 13 Apr 1870, 35y
Turner, child, b. 21 Sep 1822, 3y, unknown sickness, child of Mary
Turner, child, b. 16 Oct 1822, child of Mary
Turner, child, b. 21 Nov 1823, age unknown, unknown sickness, child of Mary
Turner, child, b. 27 Jun 1825, 8m, dysentery, child of Peter

Turner, child, b. 18 Jul 1827, 7m, summer complaint, child of Thomas
Turner, child, b. 5 Dec 1831, age unknown, unknown sickness, child of John
Turner, Alexander, d. 3 Jul 1819, b. 4 Jul 1819, 2m
Turner, Anna H., b. 13 Jul 1852, 5y
Turner, Emma Lee, b. 27 Aug 1868, 1y
Turner, George, b. 23 Dec 1865, 13y
Turner, George H., b. 11 Aug 1854, 4w
Turner, Ida, b. 17 Sep 1864, 12m
Turner, John H., b. 21 Sep 1864, 48y
Turner, Joseph, b. 11 Aug 1852, 3y
Turner (?), Josephine, d. & b. 6 Aug 1814, c. 1y
Turner, Maria, b. 20 Oct 1846, 18m
Turner, Mary, b. 23 Jul 1873, 40y
Turner, Mrs. M. C., b. 19 Aug 1858, 41y
Turner, Mgt., b. 26 Dec 1872, 35y
Turner, Polly, b. 22 Jul 1846, 80y, Colored
Turpin, Mary, b. 9 Jun 1871, 8m
Tustin, John, b. 18 Oct 1855, 2y
Tustin, Thomas, b. 16 Oct 1855, 18m
Tuttle, Mrs., b. 9 Dec 1851, 45y
Tweedal/Tweedel, Mrs./Mary, b. 8 May 1836, c. 40y, convulsions
Tweedel, Mrs./Mary, see Tweedal/Tweedel, Mrs./Mary
Tweedell, Sarah, d. 30 Jul 1817, b. 31 Jul 1817, 10m13d
Twiddell, child, b. 25 Oct 1827, c. 1y, flux, child of James
Twineham, Ann, b. 7 Sep 1865, 64y
Twineham, Lucretia, b. 2 Dec 1842, 12y
Tyrrell, Joanna, b. 19 Jan 1858, 20y
Tyson, Henry, d. 17 Jan 1806, b. 18 Jan 1806, 31y, consumption
Tyson, John, d. & b. 28 May 1797, 1m2d, son of Henry & Sabina
Tyson, Mary Ann, d. & b. 20 Jul 1805, c. 6y, dau of Henry & Sabina
Tyson, Sarah Dorothy, d. 19 May 1802, b. 20 May 1802, 5m1d, dau of Henry & Sabina

Ucarn, Francis, b. 9 Nov 1834, c. 40y, cholera
Umphers, Eliza, b. 28 May 1857, 24y
Underland, Robert, d. 23 Jan 1811, b. 24 Jan 1811, c. 11m
Underwood, Loretto A., b. 31 Jul 1870, 8y
Uniack, Albert, b. 30 Mar 1874, 8m
Uniack, Catharine, b. 20 Nov 1856, 57y
Uniack, James A., b. 3 Jul 1872, 6y
Uniack, John D. M., b. 5 Mar 1865, 16m
Uniack, Nannie, b. 24 Nov 1868, 3y
Unlatre, Jean Baptiste, b. 30 Sep 1793, slave of Monsieur de Montaliber, resident of St. Domingo, *(French)
Upperman, Eliza, b. 15 Nov 1859, 66y
Upperman, Thomas, b. 14 Sep 1867, 34y
Usher, James, d. 3 Sep 1800, b. 4 Sep 1800, 7m, son of James & Catharine

Valdor, Andrew, d. & b. 27 Mar 1814, c. 10y
Valdore, Don Manuel, b. 29 Dec 1841, 72y
Valentine, child, b. 15 Aug 1822, c. 6m, child of W. Valentine
Valentine, Mrs., b. 21 May 1849, 47y
Valentine, Mary Ann, d. 25 Mar 1808, b. 26 Mar 1808, 2y10m, Negro, dau of Benjamin & Joanna, free Negroes
Valentine, Mary U., b. 28 Jun 1851, 8m
Valentine, Oliver, b. 3 Dec 1873, 25y
Vallee, Ann Mary Clare, d. 11 Sep 1806, b. 12 Sep 1806, 3m, dau of Francis & Ann Mary Philother Gunnet
Vallentine, Patrick, b. 14 Jun 1856, 16m
Vallette, child, b. 16 May 1825, died shortly after birth, child of Augustus Vallette
Vallette, Arsenius Joseph, d. 2 Feb 1797, b. 3 Feb 1797, 1y4m12d, son of Charles & Jane Baque'
Vallette, Charles, d. 16 Nov 1818, b. 17 Nov 1818, bilious fever
Vallette, Mrs. Jane, b. 28 Dec 1841, 66y, rheumatism
Vallette, Mary Louisa, d. 14 Oct 1797, b. 15 Oct 1797, 10m23d, dau of Charles & Jane Baque'
Vallette, Matilda, b. 30 May 1849, 39y
Vallette, Victor, b. 14 Mar 1853
Vanbibber, child, b. 11 Nov 1863, stillborn, child of Dr. Vanbiber
Vanbibber, Louis, b. 1 Apr 1856, 7y
Vance, Adam, b. 13 Sep 1864, 49y
Vandanaker, Maria, b. 27 Mar 1867, 67y
Vandaneker, John, b. 2 Apr 1867, 7m
Vandaneker, Mary L., b. 14 Sep 1868, 10m
Vandaniker, Conrad, b. 21 Oct 1848, 5y
VanDaniker, Joseph, b. 25 Jun 1870, 74y
Vandervoort, Cis. L., b. 26 Jun 1858, 50y
Vandinier, Joseph, b. 7 Jan 1866, 29y
Vansant, female, b. 8 Dec 1840, 4y, scarlet fever, dau of Joshua
Vansant, Mary, b. 6 Sep 1832, c. 7y, typhus fever
Vanschalkewych, female, b. 15 May 1849, 13m, dau of Abr.
Vaughan, Jane, b. 17 Jan 1865, 57y
Vaughan, Peter, d. 20 Nov 1811, b. 21 Nov 1811, 16m
Vaughan, Rose, b. 27 May 1873, 74y
Vaughan, Thomas, b. 17 Jul 1865, 46y
Vaughn, Denis, b. 25 Jul 1830, c. 35y, suddenly
Vaughon, Timothy, b. 17 Aug 1826, c. 65y, pleurisy
Veal, Joanna, d. & b. 15 Oct 1797, 1y2m15d, dau of Nicholas & Catharine
Veal, Nicholas, d. & b. 8 Sep 1797, native of Ireland
Veal, Nicholas, d. 8 Sep 1800, b. 9 Sep 1800, 2y4m, son of Nicholas (dec.) & Catharine Melone, formerly Veal
Veal, Thomas, d. & b. 12 Sep 1797, c. 24y, native of Ireland
Veil, William, d. 2 Aug 1819, b. 3 Aug 1819, 17m, summer complaint
Veltzinger, Elizabeth, b. 10 Sep 1830, age unknown, unknown sickness
Venet, Mrs., b. 2 Jan 1823, c. 50y, unknown sickness
Venny, Evans, d. & b. 23 Sep 1800, c. 13y, son of --- & Margaret Venny, now Cowen
Verdan, child, b. 17 Jul 1823, c. 7m, unknown sickness, child of Rebecca
Verdier, Jane Morel, d. 20 May 1795, b. 21 May 1795, 58y, deceased at Baltimore, wife of John Peter, surgeon, native of Lions, France
Verdun, Catharine, b. 30 Aug 1860, 6m
Verger, Antonia M., b. 16 Feb 1852, 24y
VeRiveire, Louise Compain, b. 6 Apr 1823, 60y, pleurisy
Verndtson, Chas., b. 1 Apr 1873, 27y
Verne, Maria Josephine L., b. 10 Jan 1855, 3y
Vernetson, male, b. 20 Dec 1844, 2y, son of Wm.

Vernetson, Harriet, b. 16 Jan 1868, 60y
Vernetson, Sarah, b. 17 Aug 1867, 50y
Vernetson, William, b. 22 Jul 1855, 50y
Vernier, Mary, d. 26 Sep 1810, b. 27 Sep 1810, 86y, French
Vernon, female/child, b. 13 Jan 1836, 2y, unknown sickness, dau/child of Margaret
Vernon, Amilia, b. 23 Aug 1838, 31y, consumption
Vernon, Daniel, b. 11 Nov 1839, 62y, apoplexy
Vernon, John, b. 6 Jun 1836, 38y?
Verrhie, male, b. 15 Jul 1821, 8y, drowned, son of Mr. Verrhie
Vetery, Mary, b. 16 Jan 1826, 89y, unknown sickness
Veuier, Francis, d. 11 May 1808, b. 12 May 1808, 35y
Veville, child, b. 13 Oct 1826, c. 3y, croup, child of Patrick
Vezey, Agnes, b. 6 Dec 1868, 16m
Vibert, Francis, d. 7 Mar 1810, b. 8 Mar 1810, 47y
Victory, Mrs. Ann, b. 9 Dec 1854, 72y
Victory, Daniel, b. 14 Jan 1845, 73y
Victory, John, b. 10 Oct 1848, 30y
Victory, Luke, b. 27 Feb 1832, 64y, influenza
Victory, Mary Agnes, b. 3 May 1869, 45y
Victory, Winefred, b. 22 Jan 1829, c. 56y, unknown sickness
Vidal, John Lewis, d. 1 May 1797, b. 2 May 1797, 43y, deceased at Baltimore, born at Toulouse, France, inhabitant of the southern district of St. Domingo, buried in St. Peter's Church Yard
Viellard, Alexander, d. 16 Feb 1807, b. 17 Feb 1807, 33y, dysentery, merchant from Guadaloupe, native of France
Vignenon, Mrs., b. 26 Nov 1823, c. 50y, suddenly
Villers, Julia, b. 5 Oct 1843, 48y
Vincent, child, b. 19 Apr 1822, c. 6m, child of Mr. Vincent
Vincent, Sister Mary, b. 12 Mar 1867, 29y
Vinches, Louis, d. & b. 6 Oct 1793, c. 52y, native of Lien de la Pointe, in the parish of Boudon, Cahors diocese, resident of La Plume du Ford de la Tole a Vache Torbech parish, St. Domingo, *(French)
Viney, John, d. 30 Sep 1794, b. 1 Oct 1794, son of Thomas & Ann, buried in St. Peter's Church Yard
Viningder, Catharine, d. 24 Sep 1800, b. 25 Sep 1800, c. 16y
Viningder, Catharine, d. 25 Jan 1802, b. 26 Jan 1802, c. 60y, native of Germany
Vinkler, Alexander, b. 19 Jan 1832, c. 15y, mortification
Vinkler, John, d. 15 Sep 1826, b. 16 Sep 1826, c. 52y, dropsy, native of Germany
Vinney, Patrick, d. & b. 16 Sep 1797
Vise, Mrs., b. 9 May 1830, c. 70y, dropsy
Vise, Mary, d. 21 Jan 1813, b. 22 Jan 1813, infant
Vogelberg, Eliza, b. 12 Jul 1846, 35y
Voglebourg, child, b. 2 Sep 1844, 3m, child of Mr. Voglebourg
Voiry, Charles, d. 12 Sep 1806, b. 13 Sep 1806, 33y, native of Cayenne, South America
Volpon, Giovan, b. 18 Jan 1867, 2y
Voyage, James, b. 20 Jul 1830, c. 45y, lockjaw, Colored
Voynard, child, b. 27 Feb 1823, stillborn, child of Peter
Voynard, child, b. 7 Apr 1823, stillborn, child of Peter

Waddle, child, b. 23/24 Jul 1838, 2y6m, liver complaint
Waddle, female, b. 19 Jun 1839, 9m, teething, dau of Mrs. Waddle
Wade, Mrs., b. 29 Apr 1847, 60y
Waelflein, John/female, b. 9 May 1865, stillborn
Wagaman, Henry, b. 14 May 1851, 30y
Wagner, Dennis D., b. 18 Mar 1857, 47y
Wagner, Fanny Cecilia, b. 12 Apr 1852, 3y
Wagner, James, b. 17 Dec 1851, 55y
Wagner, Mary, b. 24 Jun 1868, 40y
Wahen, Matilda, b. 6 Jul 1855, 60y
Wainright, Elizabeth, b. 8 Oct 1864, 38y
Waite/White, Adelia, b. 20/19 Jul 1841, 43y, consumption
Wakefield, John, b. 13 Apr 1872, stillborn
Walace, Mary, b. 30 Dec 1870, 25y, Colored
Walbach, Capt. Louis A., b. 29 Jun 1853, 42y
Walbach, Mary, b. 19 Jan 1871, 90y
Walbach, Mary L./Lucas, b. 26 Jan 1847, 25y
Walback, Brig. Genl. J. B., b. 10 Jun 1857, 91y
Walch, Ellen, b. 11 May 1863, 66y
Walker, male, b. 7 Jun 1847, 8m, son of Mrs. Walker
Walker, Alexius, b. 27 Jul 1820, c. 35y, bilious, Colored man
Walker, Edward, b. 1 May 1852, 1m
Walker, Edward, b. 29 Aug 1860, 6½y
Walker, Elizabeth, d. 29 Oct 1797, b. 30 Oct 1797, 3m, dau of Robert & Sarah
Walker, Ellen, b. 17 Aug 1853, 70y
Walker, Helen, b. 24 Jan 1851, 2d
Walker, John Dennis, d. 29 Dec 1799, b. 30 Dec 1799, c. 14m, son of Robert & Sarah
Walker, Joseph, d. 15 Feb 1817, b. 16 Feb 1817, 4w
Walker, Mary, d. 9 Aug 1797, b. 10 Aug 1797, 3y4m, dau of Robert & Sarah
Walker, Mary, b. 23 Jun 1858, 16y
Walker, Oliver, b. 19 Dec 1867, stillborn
Walker, Peter, b. 27 May 1851, 71y
Walker, Rosanna, b. 14 Aug 1860, 45y
Wall, male, b. 1 Oct 1852, 3 hours, son of Walter
Wall, James, b. 27 Jul 1830, c. 24y, suddenly
Wall, William, b. 29 Oct 1837, 35y, consumption
Wallace, child, b. 2 Sep 1826, age unknown, unknown sickness, child of John
Wallace, child, b. 27 Oct 1832, 3y, dropsy of the brain, child of Samuel
Wallace, child, b. 6 Nov 1840, 2 hours, child of William
Wallace, male, b. 1 Mar 1842, 10/18m, infantile unknown, son of Mr. Wallace
Wallace, Edward P., b. 6 Jul 1869, 2y
Wallace, Mary, d. & b. 23 Sep 1803, 3y, dau of James & ---
Wallace, Mary, b. 4 Oct 1855, 22y
Wallace, Mary Ann, b. 22 Jul 1866, 11m
Wallace, Sarah, b. 25 Dec 1872, 26y
Wallace, Susan, d. 30 Sep 1802, b. 1 Oct 1802, 3m, dau of Saul & Hannah
Wallace, William Thos., b. 25 Feb 1865, 15m
Waller, Miss, b. 21 Feb 1854, 30y
Wallis, Michael I., b. 28 Jul 1859, 5m
Wallis, Robert, b. 11 Apr 1872, 40y
Walls, child, b. 21 Sep 1823, age unknown, unknown sickness, child of Elizabeth
Walsh, ---, d. 12 Jan 1815, b. 13 Jan 1815, c. 60y
Walsh, child, b. 18 Aug 1832, 3y, dysentery, child of James
Walsh, child, see Welsh/Walsh, child
Walsh, female, b. 28 Apr 1828, 18m, unknown sickness, dau of Thomas, Colored
Walsh, male, b. 16 Dec 1836, 8m, disease of the head, son of Michael

Walsh, male, b. 22 Dec 1856, 3y, son of Thos.
Walsh, Mr., b. 2/3 Jun 1837, c. 60/80y, old age
Walsh, Annie, b. 12 Aug 1859, 18m
Walsh, Augustine, b. 1 Dec 1834, 25y, consumption
Walsh, Bridget, d. 31 Mar 1804, b. 1 Apr 1804, 1d, dau of James & Judith
Walsh, Cath., b. 18 Nov 1872, 1y
Walsh, Cath., b. 23 Apr 1874, 20y
Walsh, Catharine, b. 8 Aug 1861, 24y
Walsh, Catharine, b. 3 Jan 1862, 8y
Walsh, Charles, b. 17 May 1853, 24y
Walsh, Edward, d. 7 Apr 1795, b. 8 Apr 1795, 28y, deceased at Fells Point, native of Ireland
Walsh, Edward, d. 9 Feb 1813, b. 10 Feb 1813, c. 30y, consumption
Walsh, Edward Carrere, d. 25 Apr 1799, b. 26 Apr 1799, 5m, son of Robert & Elizabeth
Walsh, Eleanor, d. 31 Jul 1798, b. 1 Aug 1798, c. 4m, dau of Maurice & Elizabeth
Walsh, Eliza, b. 2 Nov 1837, 22y
Walsh, Ellen, b. 6 Sep 1859, 3½y
Walsh, Ellen C., b. 7 Jan 1850, 2y
Walsh, Francis, b. 20 Jun 1860, 9m
Walsh, Francis William, d. 22 Apr 1795, b. 23 Apr 1795, c. 6w, son of Robert & Elizabeth, buried in St. Peter's Church Yard
Walsh, Hannah, d. 14 Jan 1807, b. 15 Jan 1807, c. 50y, wid of Edward
Walsh, Harriet Jane, b. 25 Jan 1862, 3y
Walsh, Ignatius, d. 20 Sep 1796, b. 21 Sep 1796, 4y8m20d, son of Robert & Elizabeth
Walsh, James, d. 12 May 1808, b. 14 May 1808, 14m, measles, son of Edward & Rachel
Walsh, James, b. 30 Jul 1850, 63y
Walsh, James W., b. 19 Dec 1837, 44y, decline from M.P.
Walsh, Jane, b. 20 Apr 1835, 23y, consumption
Walsh, J. J., b. 20 Oct 1873, 1m
Walsh, John, d. 11 Sep 1794, b. 12 Sep 1794, 15m, son of Richard & Eleanor, buried in St. Peter's Church Yard
Walsh, John, d. 21 Aug 1800, b. 22 Aug 1800, 25y, native of Ireland
Walsh, John, d. 24 Nov 1814, b. 25 Nov 1814, c. 25y, consumption
Walsh, John, b. 12 Aug 1853, 40y
Walsh, John, b. 13 Apr 1858, 76y
Walsh, John F., d. 2 Mar 1818, b. 3 Mar 1818, 27y, consumption
Walsh, John H., b. 2 Aug 1850, 2½y
Walsh, Joseph, b. 5 Aug 1853, 33y
Walsh, Judith, b. 2 Oct 1851, 9m
Walsh, Julia, b. 20 Nov 1858, 41y
Walsh, Kate, b. 20 Nov 1871, 50y
Walsh, Margt., b. 18 Aug 1846, 36y
Walsh, Mary, d. & b. 19 Feb 1802, c. 2w, dau of Miles & Elizabeth
Walsh, Mary, d. 5 Apr 1804, b. 7 Apr 1804, c. 22y, epilepsy, dau of Edward & Hannah
Walsh, Mary, b. 20 Apr 1856
Walsh, Mary Ann, d. 8 Aug 1800, b. 9 Aug 1800, 10m, dau of Maurice & Elizabeth
Walsh, Mary Ann, b. 5 Nov 1850, 2½y
Walsh, Mary Ann, b. 8 Jun 1861, 26y
Walsh, Mary E., b. 26 Apr 1862, 3y
Walsh, Mathew, b. 3 Jun 1862, 13m
Walsh, Maurice, d. 19 Dec 1802, b. 20 Dec 1802, c. 35y, accidentally drowned, hus of Elizabeth, native of Ireland
Walsh, Michael, d. 25 Aug 1800, b. 26 Aug 1800, hus of Anna Catharine
Walsh, Michael, b. 25 Apr 1835, 38y
Walsh, Michael, b. 27/28 Jun 1837, c. 30y, convulsions
Walsh, Nicholas, b. 1 Apr 1872, 69y
Walsh, Patrick, d. & b. 12 Aug 1798, c. 30y, native of Ireland

Walsh, Patrick, b. 26 Jun 1832, c. 34y, blown up in a quarry
Walsh, Patrick, b. 7 Sep 1832, c. 32y, cholera
Walsh, Patrick, b. 27 Oct 1856, 40y
Walsh, Peter, d. 31 Aug 1803, b. 1 Sep 1803, 30y, native of Ireland
Walsh, Pierce, d. 19 Dec 1799, b. 20 Dec 1799, 12m
Walsh, Pierce, d. 8 Jan 1809, b. 9 Jan 1809, consumption
Walsh/Welsh, Mrs. Richard, b. 21 Dec 1841, 30y, consumption
Walsh, Robert, b. 10 Jan 1831, 81y, unknown sickness, native of Ireland, resident of Baltimore for many years
Walsh, Rosanna, b. 21 Nov 1825, c. 52y, palsy
Walsh, Thomas I., b. 30 Apr 1847
Walsh, Victoria E., b. 5 Jul 1860, 13m
Walsh, Virginia, b. 16 Jan 1862, 5m
Walsh, Walter, d. & b. 7 Feb 1798, 2y1m6d, son of Pierce & Mary
Walsh, Walter, b. 4 Oct 1868, 15 minutes
Walsh, William B., b. 8 Sep 1865, 51(missing)
Walsh, William Maurice, d. 29 Jul 1804, b. 30 Jul 1804, 14m, son of Maurice & Elizabeth
Walsh, Winefred, d. & b. 18 Jan 1803, 13m, dau of James & Judith
Walstrum, child, b. 20 Jul 1822, 2y, summer complaint, child of Peter
Walstrum, Charles E., b. 16 Jul 1870, 11m
Walstrum, Chas. Ed., b. 3 Aug 1866, 4y
Walstrum, Hester E., b. 14 Mar 1854, 3y
Walstrum, Rosalin, b. 22 Feb 1865, 4y
Walter, child, b. 11 Mar 1846, 6m, child of Mrs. Walter
Walter, child, b. 8 June 1867, stillborn, child of Mr. Walter
Walter, child, b. 7 Sep 1874, child of Geo. M. Walter
Walter/Watters, female, b. 6 Sep 1838, 5y, scarlet fever, dau of William
Walter, female, b. 6 Jan 1840, 1y, dau of William
Walter, male, b. 20 Feb 1838, 5m, catarrh fever, son of William
Walter, male, b. 5 Oct 1862, stillborn, son of Mr. Walter
Walter, Charles, b. 30 Jul 1867, 7w
Walter, David, d. 5 Jul 1796, b. 6 Jul 1796, 2m10d, son of Nicholas & Ann Mary
Walter, Edward Alexis, b. 31 Mar 1853, 23m
Walter, Elizabeth, d. & b. 3 Sep 1800, c. 10y, dau of Lewis & Eve
Walter, Elizabeth, d. 7 Sep 1801, b. 8 Sep 1801, 24y, dau of Peter & Margaret
Walter, Francis(sic), d. 7 Aug 1814, b. 8 Aug 1814, dau of John & Eleanor
Walter, Franklin, b. 1/2 Oct 1836, 15m/y, liver complaint
Walter, Geo. W., b. 6 Mar 1844, 11m
Walter, Geo. W., b. 29 Nov 1870, 50y
Walter, Grace C., b. 6 Jun 1871, 4m
Walter, Harry L., b. 21 Dec 1873, 10m
Walter, Jacob, b. 11 May 1865, 81y
Walter, James, b. 10 Nov 1830, c. 24y, suddenly
Walter, James Henry, b. 23 Jan 1854, 9y
Walter, Johanna Frances, b. 9 Feb 1822, c. 6m, buried in a lot
Walter, John, d. 21 Aug 1797, b. 22 Aug 1797, murdered, tailor of Baltimore city, hus of Elizabeth
Walter, John, b. 18 Sep 1825, c. 40y, consumption
Walter, Joseph M., b. 30 Apr 1865, 5m
Walter, Lewis, d. & b. 5 Sep 1800, c. 30y, hus of Eve
Walter, Margaret, b. 20 Apr 1824, c. 30y, pulmonary sickness
Walter, Maria, b. 21 Jul 1823, c. 6y, unknown sickness, dau of John
Walter, Mary, b. 30 Jun 1853, 47y
Walter, Mary Emily A., b. 18 Jul 1859, 18y
Walter, Mary Laura, b. 22 Jul 1824, c. 6m, bowel complaint, dau of Jacob
Walter, Mgt. Ann, b. 22 Oct 1854, 5y

Walter, Nicholas, d. 30 Nov 1816, b. 31 Nov 1816(sic), 60y, consumption
Walter, Peter, born & d. 2 Sep 1795, b. 3 Sep 1795, son of Peter & Margaret
Walter, Peter, d. 11 Aug 1797, b. 12 Aug 1797, 2y, son of John & Elizabeth
Walter, Peter, born & d. 5 Jun 1808, b. 6 Jun 1808, son of John & Eleanor
Walter, Peter, b. 10 Oct 1830, c. 82y, dropsy
Walter, Peter, b. 12 Nov 1830, c. 77y, unknown sickness
Walter, William, b. 30 May 1857, 40y
Walters, Earnest, b. 5 Jul 1869, 2w
Walters, Eliza, b. 2 Oct 1874, 22y
Walters, William, b. 10 Apr 1848, 62y
Walton, Henry, b. 8 Sep 1840, 16y, dysentery
Walton, Maria, b. 27 Nov 1800, 5y9m, dau of John & Barbara
Walton, Martial Alexander, d. & b. 17 Jul 1804, 2y14d, son of John & Barbara
Walton, Samuel, d. & b. 26 Oct 1801, 10y, son of Chareton & Sarah
Walton, Sarah, d. 30 Apr 1800, b. 1 May 1800, 3m, dau of Charleton & Sarah
Waran, Thomas, b. 10 Jul 1872, 6m
Warck, Eliza, b. 4 Oct 1863, 50y
Ward, child, b. 3 Feb 1832, c. 1y, unknown sickness, child of Matthew
Ward, child, b. 2 Jan 1848, 2y, child of Wm.
Ward, female/child, b. 14 Mar 1837, few minutes old, infantile unknown, dau/child of John
Ward, female, b. 23 Feb 1840, 2y, dau of Mr. Ward
Ward, male, b. 18 Jul 1838, 5m, decline, son of Mrs. Ward
Ward, male, b. 8 Jun 1839, 19y, measles, son of William
Ward, male, b. 24 Apr 1865, stillborn, son of Mathew
Ward, Anastasia, b. 29 Jul 1865, 4m
Ward, Ann, b. 6 Mar 1858, 49y, Colored
Ward, Ann, b. 26 Aug 1863, 50y
Ward, Anne F., b. 25 Jun 1869, 13m
Ward, Bernard, b. 22 Feb 1838, 37y, consumption
Ward, Bridget, b. 31 Jul 1854, 80y
Ward, Mrs. Catherine Mary Chatard, b. 27 Mar 1865, 25y
Ward, Charles, d. 11 Aug 1803, b. 12 Aug 1803, 3y, son of Charles & Sophia
Ward, Charles, b. 5 Nov 1849, 50y
Ward, Chas., b. 30 Dec 1870, 48y, Colored
Ward, Daniel, d. 1 Jul 1820, b. 2 Jul 1820, 30y
Ward, Edward, b. 28 Jun 1866, 63y
Ward, Eliza, b. 5 Jun 1853, 11m
Ward, Elizabeth, d. 17 Feb 1822, b. 18 Feb 1822, c. 25y, broke a blood vessel
Ward, Elizabeth, b. 11 Aug 1862, 67y
Ward, Ellen, b. 27 Feb 1852, 37y
Ward, Fanny, b. 8 Aug 1822, 6m, dysentery, dau of --- Ward
Ward, Frederick Chatard, b. 17 Apr 1865, 9m
Ward, Genevieve, b. 17 Aug 1873, 10m
Ward, Henry D., b. 6 Mar 1864, 45y, Colored
Ward, Honora T., b. 13 Feb 1855, 4½y
Ward, Hugh, b. 19 Jul 1830, c. 20y, unknown sickness
Ward, James, b. 10 Feb 1844, 30y
Ward, James, b. 11 Mar 1854, 1 hour
Ward, James, b. 4 Jan 1857, 5½m
Ward, James, b. 28 Jul 1860, 3 hours
Ward, James, b. 14 Jan 1864, 49y
Ward, Jane, b. 9 Sep 1841, 80y, typhus fever, Colored?
Ward, John, b. 10 Apr 1862, 46y
Ward, John/female, b. 24 Oct 1867, child
Ward, John, b. 18 Jul 1868, 65y
Ward, John, b. 24 Oct 1868, 5m

Ward, Lucy Ann, d. 1 Sep 1817, b. 2 Sep 1817, 18m
Ward, Mahalia/Matilda, b. 5 Sep 1841, 32/33y, typhus fever, Colored?
Ward, Margaret, b. 6 Nov 1862, 28y
Ward, Margaret, b. 8 Sep 1863, 6y
Ward, Mary, b. 9 Sep 1862, 3m
Ward, Mary Ann, b. 3 Oct 1855, 6y
Ward, Mary Ann, b. 19 Sep 1873, 6y
Ward, Michael, b. 15 May 1857, 10m
Ward, Michael, b. 5 May 1872, 40y
Ward, Patrick, b. 23 Jul 1825, c. 35y, drank cold water
Ward, Patrick, b. 29 Feb 1830 (sic), c. 50y, consumption
Ward, Patrick, b. 10 Apr 1867, 1d
Ward, Philip, b. 19 Aug 1859, 45y
Ward, Rosanna, b. 23 Oct 1850, 7d
Ward, Rose, b. 10 Mar 1859, 3y
Ward, Sophia, d. 12 Jan 1809, b. 13 Jan 1809, c. 33y, wife of Charles
Ward, Thomas, b. 22 Aug 1848, 10 minutes
Ward, William, b. 24 Jul 1822, 5d, son of William
Ward, Wm., b. 24 Dec 1847, 4y
Warden, Maggie, b. 19 Nov 1872, 13m
Warden, Mary A., b. 7 Jun 1869, 15m
Warem, Catherine, d. 16 Jan 1815, b. 17 Jan 1815, 37y, typhus fever
Warfield, male, b. 27 Aug 1846, ½ hour, son of Mr. Warfield
Warfield, Dr. Anderson, b. 27 Feb 1828, c. 50y, complication of diseases
Warfield, Lydia, b. 16 Jul 1874, 28y
Warmick, Eliza I., b. 23 Dec 1858, 40y
Warmick, Jane, b. 2 Apr 1855, 4y
Warneck, John, b. 7 Jul 1821, 5m, summer complaint
Warner, male, b. 17 Dec 1845, 16m, son of Mrs. Warner
Warner, Ann, b. 9 Dec 1838, 4y, scarlet fever
Warner, Daniel R., b. 18 Aug 1867, 15m
Warner, Henry, b. 28 Nov 1869, 9m
Warner, Henry, b. 19 Dec 1870, 6w
Warnick, female, b. 4 Jun 1839, 2 hours, dau of David I.
Warnick, Mary, b. 22 Dec 1873, 24y
Warnick, William, b. 4 Feb 1831, 44y, consumption
Warnick, Wm. B., b. 1 Aug 1872, 30y
Warren, Daniel, d. 17 Oct 1825 (they say), b. 18 Oct 1825, c. 45y, liver complaint
Warren, Elizabeth, b. 21 Nov 1848, 25y
Warren, Henry, b. 26 Dec 1831, c. 50y, stroke of the palsy
Warren, Mary Ann, b. 24 Oct 1814, infant
Warwick, Arthur I., b. 23 Jul 1858, 16m
Washingford, James, b. 23 Dec 1841, 22m, catarrh fever, Colored
Washingford, Thomas, b. 27 Apr 1853, 7y, Colored
Washington, male, b. 2 Apr 1836, 8d, son of Mary, Colored
Washington, male, b. 18 Sep 1853, 2y, son of Mrs. Washington
Washington, Eliza, b. 26 Mar 1861, 45y
Washington, Ellen, b. 12 Feb 1867, 56y
Washington, Geo., b. 3 Apr 1873, 45y
Washington, George, b. 27 Jul 1821, 2y, whooping cough, Colored, slave of Mr. Lawrenson
Washington, John, b. 3 Dec 1856, 2w, Colored
Washington, Lucy, b. 29 Jun 1860, 33y, Colored
Washington, Mary, b. 2 Apr 1836, 8d, Colored
Washington, Mary, b. 13 Jan 1857, 45y
Washington, Ruth, b. 8 Apr 1836, c. 65y, cancer, Colored
Waters, Ann, b. 7 Jul 1848, 49y

Waters, Ann Rebecca, b. 28 Jan 1847, 25y
Waters, Charles, b. 17 Jun 1853, 32y
Waters, Chas. C., b. 7 Jul 1851, 6m, Colored
Waters, Columbus, b. 12 Dec 1850, 35y
Waters, David, b. 29 Sep 1857, 16y
Waters, John, b. 19 Dec 1853, 29y
Waters, Martin, d. 8 Apr 1809, b. 9 Apr 1809, native of Ireland
Waters, Mary, b. 19 Feb 1828, c. 100y, palsy
Waters, Mathias, d. 11 Aug 1819, b. 12 Aug 1819, summer complaint
Waters, Rachel, b. 10 Dec 1806, 11y, dau of Jan & Catharine, free Negroes
Watkins, John, d. 12 Aug 1797, b. 13 Aug 1797, 2w, son of Joshua & Mary
Watkins, Lucretia, b. 29 Jul 1849, 60y, Colored
Watkins, Rebecca, d. 8 Aug 1799, b. 9 Aug 1799, c. 1y, dau of Joshua & Mary
Watkins, William Brent, b. 21 Sep 1840, 2y, bilious fever
Watson, Margaret, b. 20 Mar 1854, 41y
Watson, Margaret, b. 26 May 1868, 29y
Watson, Philip, b. 15 Dec 1864, 46y
Watson, Thomas, b. 22 Jan 1863, 17y
Watson, William, d. 11 Aug 1815, b. 12 Aug 1815, teething
Watson, William H., b. 10 Jul 1865, 33y
Watt, child, b. 2 Dec 1853, 12m, Colored, child of Henry
Watters, female, see Walter/Watters, female
Watts, female, b. 26 Aug 1841, 2y, dau of William
Watts, male, b. 18 Sep 1839, 6y, reptile bite, son of William
Watts, Augustus, b. 6 Jul 1866, 12m, Colored
Watts, Henry, b. 19 Jul 1853, 3m, Colored
Watts, John, b. 19 Mar 1859, 4y
Watts, Maria, b. 27 Jan 1869, 30y, Colored
Watts, Wm., b. 20 Aug 1845, 13m
Wayfield, Mary T., b. 28 Apr 1870, 3m, Colored
Wayman, Mr., b. 23 Sep 1832, suddenly
Wayman, Henry, d. 10 Mar 1801, b. 11 Mar 1801, 5m, son of Mathias & Elizabeth
Wayman, Jacob, d. 16 Sep 1805, b. 17 Sep 1805, 17y, son of Bernard & Catharine
Wayman, John B., d. 2 Feb 1811, b. 3 Feb 1811, 2m
Wayman, Mrs. Sarah, b. 8 Feb 1859, 112y
Weacham, William, b. 10 Nov 1853, 47y
Weakley, Agnes, b. 25 Dec 1871
Wearam, Eleanor Mary, d. 7 Jul 1805, b. 8 Jul 1805, c. 3w, dau of William (dec.) & Catharine
Weatherall, Sarah, b. 15 Feb 1856, 32y
Weatherby, child, b. 7 Apr 1869, 7d, child of John
Weaver, Elizabeth, b. 14 Feb 1827, c. 24y, consumption
Weaver, George Gred, d. 1 Oct 1801, b. 2 Oct 1801, 11y5m14d, son of Gaspar & Elizabeth
Weaver, J., b. 13 Dec 1866, Colored
Weaver, Peter, d. 13 Jan 1800, b. 14 Jan 1800, native of Germany
Weaver, Susan, b. 14 Oct 1871, 17y
Weaver, Wm. C., b. 23 Jul 1863, 8m
Webb, child, b. 23 May 1826, stillborn, child of John
Webb, child, b. 5 Sep 1843 (P.V.), 18m, child of George
Webb, male, b. 29 Oct 1840, 3m, water on the brain, son of George
Webb, male, b. 12 Jan 1846, 3y, son of Mr. Webb
Webb, male, b. 3 Jan 1861, stillborn, son of John
Webb, Eliza, b. 28 Oct 1853, 64y
Webb, Elizabeth, b. 29 Sep 1830, c. 40y, consumption
Webb, George, b. 30 Jul 1831, 26y, typhus fever
Webb, George, b. 11 Mar 1866, 30y
Webb, James, b. 18 Feb 1844, 60y

Webb, James, b. 20 Mar 1854, 27y
Webb, Margaret, b. 31 Jul 1864, 6m
Webb, Mary, b. 6 Feb 1858, 15m
Webb, Mary, b. 21 Dec 1864, 2y
Webb, Michael, b. 9 Dec 1871, 1w
Webb, Robert, b. 26 May 1853
Webb, Virginia, b. 9 Apr 1857
Webb, William, d. 27 Oct 1819, b. 28 Oct 1819, 59y, bilious
Webling, child, b. 22 Jun 1823, c. 1y, measles, child of William
Webling, Daniel, b. 5 Jan 1824, unknown sickness, son of William
Webling, Susan, b. 7 Oct 1825, c. 11m, complications
Webster, Catharine, b. 20 Oct 1867, 21m
Webster, Edward F., b. 15 May 1864, 8y, Colored
Webster, Francis, b. 4 May 1864, 2y, Colored
Webster, George, b. 4 May 1862, 6y
Webster, Louisa, b. 28 Jul 1874, 49y
Webster, Mary, b. 2 Feb 1826, c. 27y, consumption
Webster, Mary Ann, b. 25 Jun 1862, 30y
Webster, Nora, b. 26 Jun 1863, 2½y
Webster, Thos., b. 9 Dec 1866, 45y
Wedee, Simon, b. 28 Feb 1823, c. 46y, decline
Wederstrand, Mary Blake, b. 11 Oct 1846, 25y
Wederstrandt, Conrad Theodore, b. 24 Oct 1801
Wederstrandt, John C. P., b. 11 Feb 1864, 49y
Wederstrandt, William, b. – Apr 1820, 80y
Wedge, Cecilia, d. & b. 15 Mar 1808, 9m2d, measles, dau of Simon & Margaret
Wedge, Elenora, b. 28 Sep 1873, 74y
Wedge, Elizabeth, d. 20 Jul 1798, b. 21 Jul 1798, 1y3m, dau of Joseph & Mary
Wedge, Felix, d. 19 Jan 1810, b. 20 Jan 1810, 5y, son of Simon & Margaret
Wedge, Sarah, d. 9 Jan 1801, b. 10 Jan 1801, 12m, dau of Joseph & Mary
Wedge, Susanna, b. 3 Dec 1825, c. 40y, unknown sickness
Weeker, Catharine, b. 7 Feb 1865, 23y
Weeks, child, b. 5 Jan 1869, child of Chas.
Weeks, Edward V., b. 14 Feb 1859, 2y
Weeks, John, d. 17 Oct 1799, b. 18 Oct 1799, 45y, native of Ireland
Weeks, Mary, d. 9 Sep 1821, b. 10 Sep 1821, c. 55y, dropsy
Weeks, Osborn M. J., b. 11 Dec 1866, 7w
Weeks, Richard, d. & b. 12 Jun 1800, 3m, son of John & Mary
Weeks, Robert S., b. 10 Feb 1867, 2½y
Weeks, Thomas, d. 28 May 1800, b. 29 May 1800, 2½y, son of John & Mary
Wehner, John, b. 29 Jul 1871, 70y
Weidefelt, Philip, d. 4 Feb 1820, b. 5 Feb 1820, 1y
Weifean, Thomas, d. 11 Aug 1820, b. 12 Aug 1820, 57y, consumption
Weight, Augustus A., b. 27 Jul 1867, 7w, Colored
Weight, Mary Laura, b. 13 May 1862, 11m
Weild, M. Sophia, b. 18 Jun 1871, 47y
Weiman, Peter, d. 10 Jul 1801, b. 11 Jul 1801, 2y2m, son of Jacob & Esther
Weir, Margaret, b. 28 Aug 1863, 1y
Weirich, Francis X., b. 3 Jul 1858, 2y
Weirich, Sarah, b. 8 Jul 1849, 33y
Weirick, child, b. 24 Jul 1849, 6m, child of Sarah
Weirick, Mary I., b. 27 Jun 1846, 2y
Weis, child, b. 16/21 Sep 1836, 1y, unknown sickness, child of Anthony
Weise, Barbara, b. 20 Sep 1865, 56y
Weiss, Catharine, d. 28 Feb 1800, b. 1 Mar 1800, 5y, dau of Felix & Barbara
Weiss, Felix, d. 15 Jul 1801, b. 16 Jul 1801, 16m, son of Felix & Barbara

Weiss, Felix, d. 13 Jun 1803, b. 14 Jun 1803, 2y, son of Felix & Barbara
Weiss, George, d. 10 Mar 1800, b. 11 Mar 1800, c. 6y, son of Felix & Barbara
Weiss, John, d. 16 Jul 1797, b. 17 Jul 1797, c. 3m, son of Felix & Barbara
Weiss, Michael, d. 25 Nov 1802, b. 26 Nov 1802, 9m, run over by a cart, son of Michael & Catharine
Welbey, Charles R., b. 15 Feb 1868, 35y
Welby, Mrs., b. 17 Aug 1868, 60y
Welch, child, b. 2 Jul 1856, 5m, child of Mr. Welch
Welch, male, b. 18 Mar 1835, 2m, son of William
Welch, Miss, b. 4 Dec 1844, 19y
Welch, Alexander, b. 6 Dec 1856, 24y
Welch, Elizabeth, b. 19 Feb 1863, 80y
Welch, Frances, b. 24 Apr 1862, 27y
Welch, Josephine, b. 22 Feb 1859, 27y
Welch, Margaret, b. 20 Dec 1855, 2w
Welch, Mary, b. 1 Jul 1857, 11m
Welch, Mary Ann, b. 23 Sep 1862, 5½y
Welch, Mary Jane, b. 28 Jan 1868, 15y
Welch, Thomas, b. 21 Apr 1865, 4d
Welch, Thomas, b. 20 Mar 1868, 50y
Welden, child, b. 8 Jan 1868, 18m, Colored, child of John
Well, Adeline, b. 18 Jul 1835, 21y, consumption
Weller, Anastachia, b. 3 Nov 1860, 8½m
Weller, Charles, b. 17 Jan 1870, 3m
Weller, Francis W., b. 12 Aug 1852, 14m
Weller, George A., b. 26 Jul 1856, 2y
Weller, Joseph, b. 22 Oct 1854, 54y
Weller, Samuel A., b. 1 Jan 1859, 6m
Welleton, Benj., b. 14 Nov 1872, 7y
Wellington, Annie, b. 1 Dec 1872, 5m, Colored
Wells, child, b. 25 Jul 1831, 2y, child of Edward
Wells, female, b. 6 Aug 1838, 4m, decline, dau of Edward
Wells, Edward/female, b. 29 Nov 1840, 6y, son/female child of Edward
Wells, Miss Jane, b. 9 Aug 1863, 64y
Wells, J. F., b. 27 Sep 1872, 3w
Wells, Margaret, b. 25 Oct 1826, c. 65y, suddenly
Wells, Mary, b. 18 Apr 1872, 2m
Wells, Mary Ann, b. 5 Apr 1874, 67y
Wells, Mary J., b. 29 Aug 1871, 3w, Colored
Wells, Dr. Richard, b. 11 Jun 1853, 70y
Wells, Sarah/child, b. 4/5 Aug 1836, 4m/y, gastric fever, dau/child of Mr. Wells
Wells, Sarah J., b. 10 Feb 1871, 6m, Colored
Wells, Sarah Mary Antoinette, d. 15 Aug 1794, b. 16 Aug 1794, 11m, dau of Cyprian & Margaret, buried in St. Peter's Church Yard
Wells, Thomas, b. 23 Jun 1828, c. 43y, complication
Wells, William C., b. 6 Feb 1840, 35y, abscess
Wells, Winefield I., b. 28 Dec 1847, 3m
Wellsey, Joseph, b. 17 Mar 1869, 4y
Welsh/Walsh, child, b. 20 Jan 1838, 5y, child of Ellen, Colored
Welsh, child, b. 24 Jun 1848, 1y, child of James
Welsh, child, b. 24 Jun 1851, 2d, child of Patrick
Welsh, female, b. 20 Jul 1842, 15m, summer complaint, dau of Mr. Welsh
Welsh, female, b. 23 Nov 1865, dau of Michael
Welsh, male, b. 27/28 Aug 1838, 1y, bowel complaint, son of Welsh
Welsh, male, b. 4 Aug 1843, 6d, son of Geoffry
Welsh, Mrs., b. 22 Apr 1851, 35y

Welsh, Ann, b. 9 Mar 1856, 37y
Welsh, Bridget, b. 29 Oct 1841, age --, decline
Welsh, Catharine, b. 6 Sep 1853, 35y
Welsh, Catharine, b. 26 Mar 1855, 72y
Welsh, Catherine, b. 12 Jan 1868, 24y
Welsh, Coleman, b. 29 Aug 1846, 30y
Welsh, Elizabeth, b. 6 Sep 1831, c. 2y, consumption, Colored
Welsh, Elizabeth, b. 31 Jul 1847, 24y
Welsh, Elizabeth, b. 17 Sep 1872, 7d
Welsh, Ellen, b. 14 Oct 1857, 65y
Welsh, Geoffry, b. 4 Jul 1842, 6m, severe cold
Welsh, Henry, b. 9 Jul 1841, 56y, asthma
Welsh, J., b. 4 Feb 1832, c. 30y, consumption
Welsh, James, b. 22 Aug 1854, 57y
Welsh, James, b. 15 Feb 1857, 26y
Welsh, James, b. 15 Aug 1857, 30y
Welsh, Jane, b. 6 Feb 1827, c. 18y, unknown sickness
Welsh, Jas., b. 1 Nov 1851, 'the remains of Jas. Welsh'
Welsh, John, b. 14 Jul 1849, 35y
Welsh, John, b. 5 Jul 1870, 9 hours
Welsh, Joseph, b. 10 Feb 1855, 3y
Welsh, Julia, b. 27 May 1859, 73y
Welsh, Laurence, b. 15 Mar 1855, 40y
Welsh, Laurence I., b. 5 Feb 1855, 6m
Welsh, Malina, b. 28 Oct 1856, 4d
Welsh, Maria, b. 26 Nov 1845, 16y
Welsh, Maria F., b. 25 Sep 1845, 43y
Welsh, Mary, b. 23 Aug 1847, 70y
Welsh, Mary A., b. 31 May 1871, 1y
Welsh, Mary Ann, b. 19 Mar 1822, dau of Patience, Colored woman
Welsh, Michael, b. 20 Oct 1836, 80y
Welsh, Michael, b. 6 Jul 1851, 2w
Welsh, P., b. 30 Dec 1830, c. 40y, unknown sickness
Welsh, Patience, b. 5 Mar 1823, c. 34y, consumption, Colored woman
Welsh, Patrick, b. 30 Aug 1827, c. 60y, unknown sickness, subscription by Mr. John Green
Welsh, Patrick E., b. 8 Aug 1864, 27y
Welsh, Patrick I., b. 17 Nov 1868, 38y
Welsh, Peter, b. 2 May 1831, c. 44y, consumption
Welsh, Mrs. Richard, see Walsh/Welsh, Mrs. Richard
Welsh, Robert, b. 28 Jul 1845, 2y
Welsh, Samuel, b. 16 Aug 1851, 13m
Welsh, Thomas, b. 5 Jun 1826, 3m, bowel complaint
Welsh, Thomas, b. 24 Aug 1836, c. 50y, consumption, Colored
Welsh, Thomas I., b. 30 Jul 1862, 7m
Weltey, Maria, b. 19 Jan 1850, 23y
Wern, Thos., b. 26 Mar 1866
Werner, Elizabeth, b. 3 Jan 1866, 50y
Werrett, female, b. 9 Mar 1840, 6m, dau of John
Wesley, Mrs., b. 23 Sep 1857, 90y
West, Elizabeth, b. 5 Nov 1867, 30y, Colored
West, Frances, b. 19 May 1860, 30y, Colored
West, James, b. 20 Aug 1873, 30y
West, Lizzie, b. 22 Oct 1868, 12m
West, Maria, b. 25 Aug 1856, 80y, Colored
Weymeyer, Ann, b. 4 Feb 1850, 6y
Whalan, child, b. 4 Aug 1824, 14m, bowel complaint, child of Michael

Whalan, Thomas, b. 22 Oct 1825, c. 80y, old age
Whalen, Annie, b. 13 Jul 1870, 26y
Whaley, male, b. 28/29 Aug 1836, 2y, bowel complaint, son of James
Whaley, James, b. 18 Apr 1846, 45y
Whallen, child, b. 4 Sep 1822, c. 1m, child of Catherine
Whalon, child, b. 22 Aug 1824, c. 3m, bilious fever, child of Michael
Whalon, Ann, b. 13 Aug 1824, c. 13y, bilious fever
Wharton, Jane, b. 27 Apr 1845, 11y
Wheelan, male, b. 24 Apr 1850, 4y, son of Mr. Wheelan
Wheelan, Mary, d. 7 Jan 1808, b. 8 Jan 1808, wife of Peter, native of Ireland
Wheeler, Aloysius, d. 8 May 1796, b. 9 May 1796, 11m, son of Leonard & Teresa
Wheeler, Benedict, b. 8 Sep 1822, c. 40y, liver complaint
Wheeler, Benjamin, b. 30 Dec 1824, c. 24y, unknown sickness
Wheeler, Charles, d. & b. 17 Sep 1794, buried in the Catholic Burying Ground
Wheeler, Francis, b. 9 Apr 1850, 10m
Wheeler, Francis Henry, d. & b. 13 Aug 1803, 2y11d, cholera, son of Harriet
Wheeler, Francis L., b. 14 Oct 1832, 24y, consumption
Wheeler, Jacob, d. 21 May 1799, b. 22 May 1799
Wheeler, James, b. 2 Jul 1864
Wheeler, Jno. D., b. 5 Nov 1874, 70y
Wheeler, John, b. 18 Jun 1835, c. 55y, consumption, Colored
Wheeler, John Napoleon, d. 29 Aug 1804, b. 30 Aug 1804, 1y19d, dropsy, son of Harriet
Wheeler, Leonard, d. 29 Dec 1819, b. 30 Dec 1819, c. 50y, consumption
Wheeler, Louisa Catharine, d. 26 Apr 1798, b. 27 Apr 1798, 14m, dau of Harriet
Wheeler/Whelen, Mary, b. 29 Mar 1837, c. 55y, dropsy
Wheeler, Mary, b. 3 Aug 1853, 10m, dau of John
Wheeler, Mary, b. 18 Aug 1854, 13y
Wheeler, Rachel, b. 11 Feb 1845, 15m
Wheeler, Rachel, b. 8 Mar 1872, 64y
Wheeler, Rebecca, d. 21 Nov 1810, b. 22 Nov 1810, 96y
Wheeler, Samuel E., b. 27 Apr 1853, 18y
Wheeler, Mrs. Theresa, b. 5 Nov 1832, 53y, consumption
Wheeler, William, b. 31 Mar 1831, c. 29y, unknown sickness
Wheelock, James, d. 25 Jul 1806, b. 26 Jul 1806, c. 14m, cholera
Wheelock, James, d. 20 Apr 1810, b. 21 Apr 1810, 15d
Wheelock, William, d. 17 Dec 1808, b. 18 Dec 1808, 9y, son of James & Mary
Whelan, ---, d. 16 May 1813, b. 17 May 1813, 70y
Whelan, child, b. 18 Apr 1831, 22m, unknown sickness, child of --- Whelan
Whelan, child, b. 15 Nov 1831, age unknown, unknown sickness, child of Mr. Whelan
Whelan, child, b. 11 Jun 1853, stillborn, child of Mr. Whelan
Whelan, Mrs., b. 17 May 1822, c. 33y, consumption, wid of David (dec.)
Whelan, Agness, b. 16 Dec 1854, 59y
Whelan, Ann Carroll, d. 3 Mar 1807, b. 4 Mar 1807, 15m, pleurisy, dau of David & Sarah
Whelan, Bridget, d. 7 Jul 1806, b. 8 Jul 1806, 5m, cholera, dau of Jonathan & Mary
Whelan, Daniel, d. 29 Jul 1799, b. 30 Jul 1799, c. 4y, son of Daniel & ---
Whelan, Daniel, b. 26 Mar 1850, 7y
Whelan, David, d. 5 Oct 1813, b. 6 Oct 1813, 33y
Whelan, Dennis, b. 9 Sep 1851, 4m
Whelan, Eleanor, d. 2 Feb 1808, b. 3 Feb 1808, 5m23d, catarrh fever, dau of David & Sarah
Whelan, Mrs. Eliza, b. 25 Jan 1867, 72y
Whelan, Elizabeth, b. 27 Jul 1830, 22m
Whelan, James, b. 27 Jul 1830, 28y, few hours sickness
Whelan, John, d. & b. 16 Mar 1803, 17m, hives, son of Peter & Saraah
Whelan, John, b. 27 Sep 1819, 29y, consumption
Whelan, John, b. 24 Nov 1840, 32y, cold & exposure
Whelan, John, b. 28 Aug 1856, 4d

Whelan, John Carrol, b. 13 Sep 1863, 7m
Whelan, John Thomas, b. 2 Apr 1862, 15y
Whelan, Jonathan, b. 21 Dec 1836, 69y, cramp colic
Whelan, Julia, b. 22 Apr 1859, 30 minutes
Whelan, Julia Ann, b. 11 Jun 1851, 24y
Whelan, Lewis, b. 31 Dec 1862, 41y
Whelan, Margaret, b. 14 Jul 1843, 45y
Whelan, Margaret, b. 11 Aug 1861, 24y
Whelan, Martin, b. 27 Jul 1830, 9y
Whelan, Mary, d. 8 Sep 1795, b. 9 Sep 1795, c. 24y, native of Ireland
Whelan, Mary, b. 2 Jan 1860, 80y
Whelan, Michael, b. 8 Feb 1842, 26/36y, consumption
Whelan, Michael, b. 28 Mar 1858, 60y
Whelan, Patrick, d. 16 Oct 1802, b. 17 Oct 1802, c. 30y, native of Ireland
Whelan, Patrick, d. 11 Oct 1803, b. 12 Oct 1803, 4y7m10d, son of Jonathan & Mary
Whelan, Patrick, b. 10 Sep 1823, 60y, palsy
Whelan, Rebecca, b. 7 May 1822, c. 25y, consumption
Whelan, Captain Richard, d. 20 Apr 1804, b. 22 Apr 1804, 73y, native of Ireland
Whelan, Thomas, b. 2 Sep 1830, age unknown, fell from a horse
Whelan, Thomas, b. 15 Aug 1859, 83y
Whelan, Timothy, b. 16 Dec 1854, 35y
Whelan, William P., b. 5 Dec 1852, 12y
Whelans, Thomas, b. 3 Dec 1857, stillborn
Whelen, Mary, see Wheeler/Whelen, Mary
Wheler, James, b. 5 Jan 1856, 19m
Whiack, Kate F., b. 13 Nov 1868, 6¾y
Whiclin, John, b. 18 Jul 1857, 11d
Whisler, Mary Ann, b. 26 Feb 1852, 26y
Whitacre, Susanna, d. 28 Jul 188-, b. 29 Jul 188-, 40y
Whitaker, Ann, d. 10 Aug 1809, b. 11 Aug 1809, c. 11m, cholera, dau of Isaac & Susanna
Whitaker, Cratin, d. & b. 25 Jul 1808, c. 8y, consumption, son of Isaac & Susanna
Whitaker, George, b. 21 Oct 1870, 60y, Colored
Whitaker, Josiah, d. & b. 11 Sep 1802, 21y, malignant fever, son of Abraham & Elizabeth of Harford County
Whitaker, Maria, b. 12 Mar 1867, 30y
Whitaker, Susanna, d. 16 Feb 1808, b. 17 Feb 1808, 6y, dau of Isaac & Susanna
White, child, b. 11 Jun 1822, 9m, child of Charlotte
White, child, b. 5 Dec 1827, age unknown, unknown sickness, child of Maria
White, child, b. 23 Aug 1831, c. 7m, summer complaint, child of John
White, child, b. 3 Jan 1832, age unknown, unknown sickness, child of Francis Xavier Busby
White, female, b. 27 Feb 1844, dau of James
White, male/child, b. 9/10 Aug 1836, 5w, son/child of James/John
White, male, b. 4 Dec 1839, 2y, whooping cough, son of James
White, Mr., b. 25 Oct 1870, 40y
White, Abraham, Jr., b. 18 Jul 1835, 61y, dysentery, granduncle of Archbishop Gross
White, Adelia, see Waite/White, Adelia
White, Agar, b. 13 Apr 1824, older than 70y, old age, Colored woman
White, Alfred/Albert, b. 27 Mar 1850, 5m
White, Andrew, b. 5 Aug 1850, 7m
White, Ann, b. 10 Sep 1826, c. 28y, consumption
White, Cecelia, b. 23 Jun 1865, 60y
White, Charles, b. 4 Oct 1826, c. 76y, Colored
White, Charles, b. 16 Jun 1839, 33y, consumption
White, Elizabeth, d. & b. 14 Oct 1800, wife of Captain Joseph White, Senior
White, Elizabeth, b. 17 Nov 1855, 30y
White, Elizabeth Ann Bussey, d. 3 Feb 1812, b. 4 Feb 1812, 1y4m24d, dau of Jacob

White, Elizabeth Green Bussey, d. 9 Apr 1826 (9:30 a.m.), b. 10 Apr 1826, c. 41y, consumption, wife of Jacob
White, Francis C./Clopper, b. 12 Jun 1847, 11m8d
White, George, b. 14 Jun 1872, 6m, Colored
White, George C./Carrell, b. 9 Jun 1847, 3y36d
White, Henry Bussey, d. 17 Aug 1820, b. 18 Aug 1820, 7m19d
White, Jacob, b. 27 Feb 1844 (James White, son of Abraham White, Sr., widower of Elizabeth Green Busby White, 69y)(sic.)
White, James, b. 30 Jun 1870, 6m
White, Jane, b. 21 Apr 1857, 46y, Colored
White, John, d. 5 Sep 1800, b. 6 Sep 1800, 3m, son of James & Honor
White, John, d. 21 Aug 1816, b. 22 Aug 1816, 2y
White, John, b. 1 Aug 1852, 6m
White, John, d. 20 Sep 1854, 76y, father of the Rev. Dr. Charles I. White
White, John, b. 26 Jan 1857, 10y
White, John Carroll Bussey, d. 20 Jan 1807, b. 21 Jan 1807, 1y24d
White, John David, d. 29 Aug 1812, b. 30 Aug 1812
White, John Steffan, b. 25 Jan 1829, c. 9y, sore throat, son of John
White, Margaret, d. 25 Feb 1795, b. 26 Feb 1795, 4m23d, dau of Joseph & Margaret
White, Margaret, d. 24 Dec 1805, b. 25 Dec 1805, 75y, palsy, wid, native of Nova Scotia
White, Margaret, b. 23 Jun 1853, 22y
White, Margaret, b. 17 Dec 1864, 5d
White, Margaret Mary Ann, d. 9 May 1804, b. 10 May 1804, 3y, dau of Joseph White, Junior, & Rose
White, Margt., b. 23 May 1873, 40y
White, Maria, b. 13 Mar 1830, 31y, liver affection
White, Maria, b. 14 June 1867, 40y
White, Martha Green Bussy, d. 2 Oct 1809, b. 3 Oct 1809, child bed, wife of Abraham White (June), granduncle & grandaunt of Archbishop Gross
White, Mary, d. & b. 28 Jun 1803, c. 1y, cholera, dau of John & Bridget
White, Mary, b. 3 Apr 1853, 63y
White, Mary Ann, b. 28 Jun 1861, 3m
White, Michael, b. 4 Sep 1836, c. 40y, inflamation
White, Oliver, d. & b. 14 Jun 1799, c. 70y, native of Arcadia
White, Patrick, b. 17 Aug 1825, c. 28y, unknown sickness
White, Philip, d. 7 Feb 1808, b. 8 Feb 1808, c. 59y
White, Rebcca, b. 5 Mar 1862, 20y, Colored
White, Rosilia, b. 15 Mar 1846, 30y
White, Samuel, b. 21 Jun 1868, 9m
White, Sarah B./Baine, b. 6 Mar 1844, 5y10d
White, Mrs. Sarah Bahon, b. 1 Feb 1835, 54y, tumor, wife of John
White, Susannah, b. 11 Jul 1826, 1y, Colored
White, Thomas B., b. 9 Jan 1843, 51y
White, Timothy, b. 23 Mar 1846, 28y
White, Virginia M., b. 31 Aug 1868, 30y
White, William, d. 6 Aug 1796, b. 7 Aug 1796, c. 11m, son of Simon & Jane
White, William, b. 19 Jan 1864, 28y
White, William Henry, d. 23 Jun 1798, b. 24 Jun 1798, 2m, son of Simon & Jane
Whiteford, James, b. 16 Apr 1849, 7y
Whitelock, William, d. 13 Apr 1810, b. 14 Apr 1810, 7d
Whitfield, The Most Rev. James, D.D., b. 21 Oct 1834, dropsy with other disease, fourth Archbishop of Baltimore
Whitlock, child, b. 2 Jan 1827, c. 8y, fits, child of Mary
Whitney, Eugenia L., b. 17 Apr 1865, 7m
Whitney, Rosa, b. 21 Oct 1830, age unknown, unknown sickness
Whittemore, male, b. 31 Jul 1857, stillborn, son of Mr. Whittemore

Whittemore, Ann, b. 18 Feb 1863, 33y
Whittemore, John C., b. 7 Jul 1857, 23m
Whittimore, Mary, b. 28 Sep 1859, 7d
Whittlemore, child, b. 2 Aug 1858, stillborn, child of Mr. Whittlemore
Whittlemore, child, b. 18 Feb 1863, stillborn, child of Ann
Whitty, John, b. 25 Apr 1858, 7m
Whitty, Mary, b. 26 Jul 1848, 18y
Whitty, Thomas, b. 6 Oct 1851, 6w
Wholan, child, b. 20 Apr 1825, c. 7y, unknown sickness, child of Michael
Wholon, Michael, b. 23 Aug 1824, 40y, bilious fever
Whon, Edward, b. 23 Nov 1853, 28y
Whright, male, b. 13 Oct 1846, 2 hours, son of Mr. Whright
Whyant, George W., b. 16 May 1866, 30y
Wickers, Mary, b. 11 Jun 1874, 35y
Wickersham (Wickersam), Ann, b. 17 Jul 1814, infant, dau of Wm. & Mary Ann
Wickham, Eliza, b. 31 May 1871, 18y
Wickham, John F., b. 14 Feb 1866, 12y
Widerfield, child, b. 19 Oct 1822, child of Jacob
Widifield, Mary, b. 9 Sep 1860, 6½y
Wiedefeld, Eliza, b. 4 Sep 1866, 4y
Wight, Mary Ellen, b. 3 Jun 1862, 3y
Wigley, Mary, b. 14 May 1846, 35y
Wilber, Ann, b. 4 Jul 1842, 18m, scarlet fever
Wilcox, child, b. 5 Oct 1853, stillborn, child of Mr. Wilcox
Wild, female, b. 5 Nov 1839, 3y, croup, dau of Mr. Wild
Wilde, Ann, d. 25 Apr 1797, b. 26 Apr 1797, 16m, dau of Richard & Mary
Wilde, Richard, d. 13 Oct 1802, b. 14 Oct 1802, hus of Mary, native of Ireland
Wiley, Margaret Ann, b. 8 May 1848, 29y
Wilhelm, Clarence, b. 3 Jul 1873, 1m
Wilhelm, James C., b. 21 Aug 1862, 3½y
Wilhelm, Jno. H., b. 18 Jul 1863, 2½y
Wilhelm, Mary, b. 19 Jul 1873, 21y
Wilhelm, Maud, b. 10 Jul 1859, 10m
Wilkes, Barbara, b. 11 Apr 1815, infant, Colored
Wilkes, Jos. H., b. 3 May 1864, 8m, Colored
Wilkins, Jno., b. 22 Jan 1873
Wilkinson, female/child, b. 29 Sep 1836, 5/7w, inflamation, dau/child of Mr. Wilkinson
Wilkinson, Mrs./Mary Ann, d. 24 Feb 1853 (sic), b. 23 Feb 1853, 52y
Wilkinson, Anna C., b. 13 Jan 1867, 11m
Wilkinson, Carrie, b. 14 Jan 1871, 9y
Wilkinson, James T., b. 26 Dec 1862, 10m
Wilkinson, John V., b.. 17 Jul 1868, 6m
Wilkison, John V., b. 6 Apr 1869, 30y
Wilks, child, b. 29 Aug 1824, c. 7m, bowel complaint, child of Joseph, all free Colored people
Wilks, child, b. 9 Sep 1824, c. 3y, liver complaint, child of Joseph, free Colored
Wilks, Letitia, b. 28 Apr 1832, 63y, fits, Colored
Will, infant, b. 21 Feb 1819, dau of W. Will
Will, Christian, d. 9 Nov 1799, b. 10 Nov 1799
Will, John, d. 22 Sep 1794, b. 23 Sep 1794, 10m, buried in St. Peter's Church Yard
Will, Miss Mary, b. 2 Mar 1849, 57y
William, child, b. 21 Sep 1821, 8m, child of Captain William, buried in a lot of Mr. Eccleston
Williams, ---, b. 21 Nov 1830, age unknown, unknown sickness
Williams, ---, b. 6 Feb 1847, 17y, Colored
Williams, ---, b. 14 May 1867, 3y
Williams, child, b. 3 Oct 1823, c. 2y, unknown sickness, child of Benjamin
Williams, child, b. 13/14 Jul 1837, 2 hours, infantile, child of Mary

Williams, female, b. 4 May 1835, 4m, dau of Mrs. Williams, Colored
Williams, female, b. 5 Mar 1837, 8m, infantile unknown, dau of Mrs. Williams
Williams, male, b. 25 Jun 1873, stillborn
Williams, Mrs., b. 2 May 1838, 28y, consumption
Williams, Mrs., b. 6 Feb 1847, 70y
Williams, Adelade, b. 30 Sep 1832, c. 2m, bowel complaint
Williams, Ann Maria, b. 1 Nov 1864, 18y, Colored
Williams, Bedford, b. 12 Aug 1821, c. 1y, consumption
Williams, Catharine, d. 30 May 1799, b. 31 May 1799, c. 16m, dau of Esther
Williams, Catharine, b. 16 Jan 1848, 66y
Williams, Catherine, d. 9 Aug 1817, b. 10 Aug 1817, 2y
Williams, Cecelia, b. 12 Feb 1851, 4y
Williams, Charles, b. 15 Jul 1868, 25y
Williams, Charles, b. 9 Feb 1869, 18y
Williams, Charles Henry, b. 20 Apr 1865, 3m, Colored
Williams, Dominick J., b. 2 Nov 1830, 17y, fever
Williams, Elenora, b. 7 Sep 1832, 9y, unknown sickness
Williams, Elizabeth, b. 3 Apr 1873, 43y
Williams, Fanny, b. 3 Mar 1852, 5m
Williams, George, b. 4 Nov 1861, 26y
Williams, James, b. 13 Jun 1850, 35y
Williams, James, b. 10 Dec 1857, 49y, Colored
Williams, Jane, b. 27 Feb 1855, 80y, Colored
Williams, John Baptist, d. 16 Jul 1798, b. 17 Jul 1798, 11m, son of Charles
Williams, John Francis, b. 28 Jan 1863, 8m
Williams, Capt. John N., d. 9 Feb 1821, b. 10 Feb 1821, 51y, typhus fever
Williams, John Peter, d. 1 Nov 1804, b. 2 Nov 1804, 5y, gravel, Negro, son of Milly (dec.)
Williams, John, d. 6 Aug 1812, b. 7 Aug 1812, c. 35y
Williams, John, b. 4 May 1828, c. 19y, consumption
Williams, John, b. 2 Nov 1844, 6m, Colored
Williams, John, b. 19 Feb 1867, 30y, Colored
Williams, Joseph, b. 14 Sep 1822, c. 37y, consumption
Williams, Joseph, b. 17 Apr 1845, 62y, Colored
Williams, Joseph S., b. 16 Jun 1854, 4m, Colored
Williams, Lawrence Randolph, b. 18 Jan 1830, c. 16y, consumption
Williams, Marcella, b. 10 Aug 1860, 11m
Williams, Margaret, b. 3 Feb 1871, 73y
Williams, Margaret Ann, b. 28 Nov 1830, c. 5m, fits, child of Ann Maria, Colored
Williams, Maria, b. 27 Jan 1851, 60y, Colored
Williams, Maria, b. 22 May 1857, 30y
Williams, Martha, d. 19 Sep 1817, b. 20 Sep 1817, 25y
Williams, Mrs. Mary, b. 3 Jan 1846, 22y
Williams, Mary, b. 16 Jan 1855, 3y
Williams, Mary, b. 31 Jan 1869, 50y
Williams, Mary Emma, b. 26 Dec 1862, 2y, Colored
Williams, Mary Julia, b. 5 Aug 1861, 2m, Colored
Williams, Nathaniel R., b. 28 May 1862, 4y
Williams, Richard, b. 10 Mar 1856, 35y, Colored
Williams, Richd., b. 26 Jun 1873, 25y
Williams, Rose, b. 22 Jan 1856, 70y
Williams, Saml., b. 29 May 1846, 7½y, Colored
Williams, Sarah, b. 3 Nov 1860, 23y, Colored
Williams, Sophia, b. 23 Dec 1827, c. 45y, free Colored woman
Williams, Susan, b. 28 Nov 1865, 31y, Colored
Williams, Susanna, d. 10 Sep 1817, b. 11 Sep 1817, 6m
Williams, Thomas, b. 2 May 1866, 21y, Colored

Williams, Thomas M., b. 2 Jan 1857, 4 hours
Williams, William, d. & b. 27 Aug 1800, c. 36y, native of Wales
Williams, William, d. & b. 3 Sep 1800, 7y, son of John & Jennet
Williams, William, b. 17 Mar 1832, 5y, unknown sickness
Williams, William, b. 8 Jan 1852, 24y
Williamson, Rev. Adolphus, b. 21 May 1845
Williamson, Alberte, b. 11 Sep 1850, 12y
Williamson, Ann, b. 24 Sep 1865
Williamson, David, b. 30 Jan 1831, 78y, apoplexy, native of Scotland, inhabitant of Baltimore of many years
Williamson, David, b. 17 Feb 1839, c. 55/56y
Williamson, Emily Sophia, d. 7 Apr 1802, b. 8 Apr 1802, c. 3y
Williamson, Emma Louisa, b. 31 Jul 1825, 4m, dau of David Williamson, Jr.
Williamson, George, d. 24 Dec 1812, b. 25 Dec 1812, c. 7y, son of David
Williamson, Georgina Margaretta, d. 25 Sep 1805, b. 26 Sep 1805, 2y, dau of David & Juliet
Williamson, Mrs. Henrietta, d. 26 Dec 1793, b. 29 Dec 1793, wife of David, merchant of Baltimore, buried in St. Peter's Church Yard
Williamson, Juliana, b. 13 Feb 1853, 95y
Williamson, Laura, b. 26 Jan 1871, 2d, Colored
Williamson, Maria, b. 19 Sep 1865, 68y
Williamson, Mary, b. 23 Dec 1856, 70y, Colored
Williamson, Rachael Frances, d. 15 Oct 1794, b. 16 Oct 1794, c. 1y, dau of David & Henrietta, buried in St. Peter's Church Yard
Willion, C., b. 11 Sep 1872, 5w
Willis, Agness, b. 18 May 1862, 3y
Willis, Agness, b. 14 Sep 1868, 9m
Willis, Emily Ann, b. 16 Aug 1855, 23y
Willis, Emily Louisa, b. 29 Dec 1851, 14d
Willis, John, b. 22 Jul 1829, 9w
Willis, Mary, b. 30 Oct 1858, 53y
Willis, Mary Eliza, b. 18 Jun 1853, 6m
Willmer, Elizabeth, b. 8 Apr 1858, 15y, Colored
Willoughby, Martha G., b. 6 Jul 1854, 2m
Wills, Mrs., b. 20 Apr 1838, 30y, pulmonary consumption
Wills, Jane, b. 27 Dec 1850, 62y
Wills, John, b. 7 Aug 1845, 63y
Wills, Joseph Clement, d. 12 Apr 1813, b. 13 Apr 1813, 3m
Wills, Margaret, b. 1 Jul 1872, 3m
Wills, Mary, b. 19 Oct 1832, 19y, cholera
Wills, Thos. B., b. 10 Apr 1868, 47y
Wills, William, b. 7 Apr 1831, 18y, consumption
Willson, Ann, d. 11 Dec 1803, b. 12 Dec 1803, 2y11m6d, dau of David & Ann
Willson, John, b. 26 Apr 1869, 9 hours
Willson, John Francis, d. 18 Sep 1798, b. 19 Sep 1798, 10m, son of Donald & Ann
Willson, Mary, b. 3 Feb 1856, 8m, Colored
Wilmyre, female, b. 4 Oct 1835, few years old, dau of Mr. Wilmyre
Wilson, ---, b. 1 Nov 1869
Wilson, child, b. 15 Aug 1823, 13m, measles, child of Samuel
Wilson, child, b. 25 Aug 1824, 1m, unknown sickness, child of Samuel
Wilson, child, b. 16 Nov 1832, 3y, unknown sickness, child of David
Wilson, female, b. 10 Mar 1840, 6m, dau of Mr. Wilson
Wilson, male, b. 19 Mar 1841, ½/1 hour old, son of Mr. Wilson
Wilson, male, b. 16 May 1842, 5y, hip complaint, son of Mr. Wilson
Wilson, male, b. 23 May 1842, 2y, congestive fever, son of Mr. Wilson
Wilson, Amelia, b. 10 May 1871, 12y
Wilson, Ann, b. 9 Apr 1863, 76y

Wilson, Eliza, b. 8 Jul 1841, 50y, decline, Colored
Wilson, Henrietta, b. 30 Dec 1830, complication of diseases
Wilson, James, b. 29 Jul 1855, 16m
Wilson, James, b. 30 Nov 1855, 30y
Wilson, Jane, b. 29 Jun 1830, age & sickness unknown, Colored child
Wilson, Joseph, b. 21 Jun 1815, 3y, son of Jos. & Peggy
Wilson, Liddia, b. 13 Feb 1829, c. 70y, dropsy, free Colored woman
Wilson, Mrs. M., b. 6 Dec 1870, 57y
Wilson, Mary, d. & b. 21 Sep 1800, c. 30y, wife of James
Wilson, Mary, b. 23 Aug 1832, 43y, cholera
Wilson, Mary, b. 25 Apr 1846, 30y, Colored
Wilson, Mrs. Mary, b. 16 Dec 1869, 70y
Wilson, Mary Ann, b. 28 Dec 1860, 7w
Wilson, Mary Anne, d. 28 Sep 1811, b. 29 Sep 1811, 7w
Wilson, Mary Ann May, b. 14 Jun 1864, 12m
Wilson, Mary Jane, b. 22 Sep 1824, 2y, bad cold, belonged to Joseph Wilson, received $4.00 in full
Wilson, Mary R., b. 18 Mar 1846, 10m, Colored
Wilson, Mary Rebecca, b. 27 Jul 1842, 4m
Wilson, Matilda, b. 8 Sep 1859, 27y
Wilson, M. L., b. 12 Nov 1871, 1y
Wilson, Richard, b. 15 Feb 1857, 62y
Wilson, Richard Stevens, d. 24 Jan 1810, b. 26 Jan 1810, 4y, son of David & Anne
Wilson, Robert E., b. 18 Feb 1860, 3½y
Wilson, Rosanna, b. 12 Aug 1829, c. 5m, bowel complaint
Wilson, Samuel, d. 18 Aug 1818, b. 19 Aug 1818, 8m
Wilson, Sophy, b. 2 Jul 1870, 27y, Colored
Wilson, Thomas, b. 20 Apr 1855, 60y
Wilson, Thomas, b. 8 Nov 1859, 4y
Wilson, Virginia, b. 20 Jul 1857, 8w
Wilson, William, d. 7 Mar 1811, b. 8 Mar 1811, c. 1m
Wilson, William, b. 18 Jul 1829, c. 30y, broken limb
Wilson, William, b. 31 Jul 1830, c. 9m, unknown sickness, son of John, Colored
Wimset, male, b. 4 Feb 1839, croup, son of Robert
Wimset, Clara, b. 15 Nov 1856, 2y
Wimsett, Ann, b. 18/19 Aug 1841, 24y, consumption
Wimsett, Ann, b. 12 Jun 1852, 86y
Wimsett, Eliza I. C., b. 3 Mar 1848, 7y
Wincet, John, b. 6 Nov 1821, c. 18y, consumption
Winders, John Francis, b. 16 Aug 1858, 19y, Colored
Wineman, Eleanor, d. 12 May 1800, b. 13 May 1800, smallpox, wife of Henry
Winey, Mrs./Ann, b. 13/15 Feb 1836, 90y?
Winfield, Mr., b. 12 Jul 1839, 45y, consumption
Winkle, child, b. 30 May 1869, 1y, child of Harry
Winkle, Mary A., b. 29 Aug 1871, 20y
Winkler, female, b. 19 Jun 1846, 3w, dau of Maria
Winkler, John, b. 13 Sep 1854, 4d
Winkler, John B., b. 19 Sep 1853, 4d
Winkler, Mary E., b. 20 May 1869, 38y
Winn, Christopher, b. 6 Nov 1821, c. 20y, unknown sickness
Winn, Emily, b. 7 Aug 1849, 6m
Winn, Joseph, d. 27 Oct 1794, b. 28 Oct 1794, 5y, son of Joseph & Margaret, buried in St. Peter's Church Yard
Winset, Winifred, b. 12 Nov 1830, c. 70y, dropsy
Winsett, Mary, b. 12 Aug 1832, c. 26y, consumption
Winstead, Mary, d. 27 Jan 1812, b. 28 Jan 1812, 70y, dropsy

Winsted, Charles, d. 22 Jan 1811, b. 23 Jan 1811, c. 40y, dropsy
Winsted, Elizabeth, d. 15 May 1806, b. 16 May 1806, dropsy
Winsted, Maria, d. 10 Jul 1806, b. 11 Jul 1806, 1y2m, dau of Samuel & Ann
Winsted, Susan, d. 19 Feb 1809, b. 20 Feb 1809, 18m, croup, dau of Samuel & Ann
Winter, child, b. 1 Mar 1832, stillborn, child of Isaac
Winter, Virginia, b. 8 Jul 1842, 5y, croup
Winters, male, b. 21 Sep 1842, 3y, son of Mrs. Winters
Wirick, child, b. 6 Apr 1859, 3y, child of Mr. Wirick
Wise, Anthony Joseph, b. 31 Aug 1855, 45y
Wise, Catharine, d. 24 Jul 1798, b. 25 Jul 1798, 1y, dau of Michael & Catharine
Wiseman, Mrs. Catharine, b. 30 Sep 1853, 70y, wid of Joseph, mother of the Rev. Joseph Vincent Ferrer Wiseman, Priest
Wiseman, Mrs. Catharine, see "1852, Oct 17, woman" in People Without Last Names Section
Wiskler, Mary A., b. 15 Jul 1869, 1y
Withams, Jennet, d. 6 Aug 1796, b. 7 Aug 1796, 13m, dau of John & Jennet
Wivel, Ann, b. 15 Aug 1871, 6m
Wivel, George, b. 15 Jun 1871, 73y
Wivel, Mary, b. 15 Aug 1871, 27y, (note: entry reads 'Mary Wivel & Ann W.')
Wize, William, d. 19 May 1808, b. 20 May 1808, 70y
Woback, female, b. 23 Jan 1852, 18m, dau of Lieut. Woback
Woelper, Margaret, d. 13 Mar 1802, b. 14 Mar 1802, wife or Frederick
Wolf, Mrs. Edwd., b. 20 Apr 1851, 5m
Wolfe, Caroline T., b. 6 Apr 1855, 6w
Wolfe, Maurice, b. 9 Nov 1854, 3m
Wolff, John Henry, b. 18 Jul 1857, 4y
Wolter, Ellenor, b. 23 Nov 1828, c. 42y, consumption
Wolts, Helen, b. 1 Apr 1856, 20y
Wontesseth, Charles F., b. 6 Jan 1859, 15m
Wontesseth, Edward Etienne, b. 10 Jan 1859, 5y
Wontesseth, George Henry, b. 9 Jan 1859, 3½y
Wood, child, b. 16 Nov 1822, c. 2y, child of Ann
Wood, child, b. 17 Oct 1826, c. 6y, bilious fever, child of Matthew
Wood, child, b. 26 Jan 1849, 18m, child/dau of Edwd.
Wood, Catherine, b. 29 Oct 1869, 60y
Wood, Daniel, b. 15 Jun 1860, 12m, Colored
Wood, Ellen, b. 22 Mar 1832, c. 81y, consumption
Wood, Henry, d. 29 Mar 1818, b. 30 Mar 1818, 15y
Wood, Jno. F., b. 12 Aug 1872, 20m
Wood, Joseph, b. 5 Dec 1830, 18y, consumption, Colored
Wood, Louis, b. 8 Jun 1871, 6m, Colored
Wood, Mary, b. 16 Sep 1846, 60y
Wood, William, b. 2 Nov 1829, c. 5y, fits
Woodland, Hannah, b. 7 Jan 1861, 80y, Colored
Woodrick, Thomas, b. 27 Dec 1822, in Pratt Street
Woodruff, Peter A., b. 1 Nov 1865, 10 hours
Woods, Mrs., b. 25 Jul 1861, 40y
Woods, Alexander, b. 25 Feb 1870, 47y, Colored
Woods, Alice, b. 3 Feb 1852, 30y
Woods, Ann, b. 8 May 1832, c. 15y, consumption
Woods, Ann, b. 17 Feb 1872, 71y
Woods, Mrs. B., b. 4 Jul 1868, 75y
Woods, Catharine, b. 29 Sep 1862, 2½y
Woods, Edward, b. 8 Apr 1863, 60y
Woods, Elizabeth, b. 5 Jun 1857, 40y, Colored
Woods, Elizabeth, b. 15 Apr 1871, 29y
Woods, John, d. 2 Aug 1819, b. 3 Aug 1819, 36y, drank cold water

Woods, Jos., b. 17 Oct 1872, 70y
Woods, Louis, b. 8 Nov 1852, 4y
Woods, Luke, b. 19 Jul 1839, 45y, consumption
Woods, Margaret, b. 21 Aug 1847, 71y
Woods, Martha L., b. 22 Jan 1872, 20y
Woods, Mary E., b. 28 Nov 1860, 98y, Colored
Woods, Owen, b. 28 Jul 1851, 40y
Woods, Patrick, b. 27 Sep 1866, 60y
Woods, Peter, b. 29 Jun 1847, 4m
Woods, Peter, b. 8 Jul 1850, 3w
Woods, Thomas, b. 9 Apr 1830,c. 25y, consumption, Colored
Woods, Virginia, b. 21 Aug 1850, 20m
Woodward, Chas. C., b. 28 Jun 1853, 5m
Woodward, Francis M., b. 19 Nov 1861, 44y
Woodward, Mary R., b. 12 Aug 1865, 4y
Woodward, Thomas, b. 8 Oct 1871, 29y
Woody, Amanda, b. 7 Jun 1866, 25y
Woolmer, Bridget, b. 26 Aug 1857, 25y
Worley, Adeline, b. 12 Mar 1847, Colored
Worms, Ida, b. 24 Jun 1844, 9m
Wornick, Harry, b. 30 Apr 1871, 2y
Worsell, John, b. 15 Feb 1856, 4d
Worthington, Henry, b. 12 Apr 1832, c. 90y, bad cold
Worthington, Capt. Henry, U.S.N., b. 19 Nov 1848. 67y
Worthington, Mary, b. 1 Feb 1830, c. 76y, old age
Worthy, Rachel, d. 23 Apr 1799, b. 30 Apr 1799, c. 36y, slave of John Martiacy
Wren, Patrick, b. 9 Jul 1840, 40y, consumption
Wright, Catharine, b. 22 Apr 1841, 33y, consumption
Wright, Chas., b. 17 Mar 1851, 16m
Wright, Harriett, b. 14 Feb 1850, 26y
Wright, John Thomas, b. 12 Feb 1852, 12m, Colored
Wright, Mary Ann/Mary A., b. 15 Jun 1840, 17y
Wright, Mary I., b. 16 Jan 1856, 37y
Wrignaux, Ann Mary, d. 12 Oct 1796, b. 13 Oct 1796, 4m, dau of Nicholas & Ann Michon, buried in St. Peter's Church Yard
Wrinn, Mary Elizabeth, b. 28 Oct 1830, died soon after birth, dau of Patrick
Wulfing, Christopher, b. 25 Aug 1867, 68y
Wye, Danl. H., b. 15 May 1862, 10m
Wyman, Matilda, d. 28 Sep 1807, b. 29 Sep 1807, c. 17m, dau of Jacob & Esther
Wynn, ---, b. 26 Apr 1828, c. 60y, unknown sickness
Wynn, child, b. 26 Apr 1826, c. 1y, inflamation, child of Christopher
Wynn, Elizabeth, b. 18 Aug 1831, c. 70y, dropsy
Wynn, James, b. 25 Nov 1828, c. 4m, unknown sickness, son of James
Wynn, Patrick, b. 4 Jul 1825, c. 30y, unknown sickness
Wynn, William, b. 13 Mar 1836, 17y, cold
Wynne, Carrie H., b. 20 Apr 1864, 35y
Wyse, Rachel, b. 4 Apr 1823, c. 45y
Wyvel, Annie, b. 16 May 1872, 11m
Wyvill, child, b. 24 Jul 1836, c. 1y, summer complaint, child of Mr. Wyvill
Wyvill, child, b. 7 Nov 1843, 17m, child of Mr. M. Wyvill
Wyvill, Henrietta, b. 12 Apr 1862, 3y
Wyvill, Margaret, b. 11 Dec 1866, 33y
Wyvill, Sarah A. C., b. 13 Jun 1847, 8y
Wyvill, William, b. 9 Nov 1830, 8y, liver complaint
Wyville, ---, b. 1 Mar 1865, 19y
Wyville, child, b. 16 Sep 1870, 17m

Wyville, I., b. 11 Sep 1867, 2y
Wyville, Joseph A., b. 20 Mar 1864, 35y
Wyville, Margaret F., b. 6 Nov 1861, 6m
Wyville, Marmaduke D., b. 18 Apr 1857, 69y
Wyville, Mary A., b. 3 Nov 1874, 17y
Wyville, Rose, b. 25 Aug 1867, 6w
Wyville, Samuel, b. 23 Mar 1863, 45 hours
Wyville, Susan, b. 13 Dec 1851, 54y

Xaupy, Teresa Barbaroux, b. 5 Jun 1809, c. 58y, born at Toulon, wid of Joseph (dec.), deceased at Baltimore

Yanda, Margaret Aimee' LeClere, d. & b. 14 Nov 1796, c. 22y, dau of Francis LeClere of Plaisance, St. Domingo, & Margaret Pereicalt, wife of John Peter, late of St. Domingo, buried in St. Peter's Church Yard
Yants, George, d. 30 Sep 1798, b. 2 Oct 1798, 11d, son of George & Mary
Yates, Bridget, b. 17 Apr 1852, 74y
Yates, Mary, b. 22 Aug 1872, 25y
Yates, Richard, b. 27 Sep 1832, c. 40y, cholera
Yearley, Miss Mary, b. 4 Apr 1838, 38y, consumption
Yeates, George, b. 21 Jan 1873, 18y
Yerby, Margaret Mary Ann, d. & b. 6 Oct 1800, 2y, dau of William & Elizabeth
Yimger, Louisa, b. 3 Nov 1847, 20y
Yore, Catharine, b. 7 Mar 1856, 35y
Yore, Letitia, d. 21 Apr 1794, b. 22 Apr 1794, c. 56y, wife of Richard of Fells Point, buried in St. Peter's Church Yard
Young, child, b. 16 Jul 1849, 10m, child of John
Young, Mrs. (alias Mrs. Riley), b. 13 Apr 1821, old age
Young, Mrs. Alexander, b. 29 May 1845, 30y
Young, Catharine, b. 21 Aug 1850, 63y
Young, Catharine, b. 19 Jun 1856, 61y
Young, Charlotte, b. 7 Oct 1844, 50y, Colored
Young, Charlotte, b. 27 Oct 1857, 43y
Young, Eliza, b. 8 Apr 1874, 98y
Young, Emma, b. 25 Mar 1872, 25y
Young, Henry, b. 29 Apr 1842, 28y, Colored
Young, James, b. 26 Feb 1820, 10w, croup
Young, Jane, b. 21 Dec 1830, 19y, servant of Geo. B. Grundy
Young, Joseph, d. 5 Nov 1812, b. 6 Nov 1812, c. 35y, consumption
Young, Joseph, b. 27 Feb 1848, 27y
Young, Louisa/female child of Louisa, b. 21 Aug 1836, 2y, bowel complaint, Colored
Young, Margaret, b. 9 Apr 1847, 50y
Young, Martha, b. 28 May 1862, 45y, Colored
Young, Mary, d. 15 Sep 1810, b. 16 Sep 1810, 60y, debility
Young, Susan, d. 20 Dec 1810, b. 21 Dec 1810, c. 18m
Young, Teresa Fiat, b. 19 Feb 1857, 86y
Youngman, John, d. 27 Jun 1842, 9m/y, swallowed something
Youngman, Laura, b. 9 Jul 1857, 14m
Youngman, Mary Ann, b. 2 Feb 1841, 66y, consumption
Younker, Margaret, d. 21 Jul 1808, b. 22 Jul 1808, 10d, dau of Francis & Elizabeth
Younker, Washington Francis, d. 23 Jul 1810, b. 24 Jul 1810, 9m

Zachary, Catharine, b. 25 Feb 1847, 3y
Zachery, Mrs. Emily, b. 22 Jun 1859, 26y
Zachery, Robert, b. 22 Aug 1859, 10m
Zachery, William, b. 16 May 1859, 2y
Zaick, Harriet, b. 24 Nov 1832, age --, consumption
Zechlin, Eleanor, d. & b. 17 May 1800, c. 26y, wife of William
Zell, female, b. 21 Jan 1863, 3d, dau of Peter
Zell, male, b. 10 Feb 1861, son of Bernanrd
Zell, Francis, b. 1 Apr 1861, 4m
Zell, John A., b. 20 Aug 1863, 10½y
Zell, Margaret, b. 18 May 1847, 61y
Zervary, Eliza, b. 25 May 1873, 70y
Zieg, Elizabeth, d. 15 Feb 1820, b. 16 Feb 1820, 78y
Ziegler, Elizabeth, d. 12 Jul 1796, b. 14 Jul 1796, 1y11m20d, dau of Francis & Frances
Ziegler, Francis, d. 24 Oct 1797, b. 25 Oct 1797, 9m24d, son of Francis & Frances
Zrek, Christina, d. 20 Jul 1805, b. 21 Jul 1805, 6m, cholera, dau of Peter & Mary

Burial Date

Incomplete Interments: People Without Last Names

1793
Oct 5   **Infant,** *(French)

1796
Jul 14   **Francis,** French Negro, slave of Miss LeBon, c. 14m, d. 13 Jul

1797
Apr 5   **Eustace,** Negro, slave of Mr. Nicole from Guadaloupe, d. 4 Apr
Oct 25   **Mily,** dau of Jemima, slave of Arnold Livers, 1y8, d. same day

1798
Jun 5   **Thomas,** foundling, c. 10m, d. same day
Jul 9   **Harriet,** dau of Clare, Negro slave of Mr. Kelly, 5y, d. 8 Jul
Aug 5   **Eleanor,** dau of Samuel & Nelly, Negro slaves of Mr. John Holmes, c. 9y, d. 4 Aug
Aug 27   **Rosine,** French Negro woman, d. 26 Aug
Oct 22   **Mary,** Negro, slave of Mary Bernard, 9y, d. 21 Oct
Oct 28   **Apollonia,** free Mulatto, wife of Samuel, free Negro, d. same day

1799
Jan 11   **Anny,** Mulatto, slave of Mr. Garret Prendeville, d. 10 Jan
Feb 14   **child,** Negro, belonged to Mde. St. Martin, d. 13 Feb
Mar 6   **Maria,** Mulatto, slave of Captain O'Neill, 6w, d. 5 Mar
May 15   **Elizabeth,** Mulatto, slave of Richard Caton, d. 14 May
Jun 5   **William,** French Mulatto, son of a Negro slave of Mr. O'Rourke, 2y, d. 4 Jun
Jul 3   **William**
Aug 15   **Andrew,** Mulatto, 1y, d. 14 Aug
Sep 30   **Kate,** free Mulatto, at the house of Awbray Jones, d. 29 Sep
Oct 5   **Elizabeth,** Negro, slave of Don Juan Baptista Bernabeu, Consul of His Catholic Majesty in the State of Maryland, d. 4 Oct

1800
Jan 8   **Joseph,** Negro, slave of Monsr. Darnand, d. 7 Jan
Feb 14   **William,** Negro, belonged to Fras J. Mitchell, c. 15m, d. 13 Feb
Feb 20   **Matthew,** Negro, slave of Mrs. Elizabeth Henry, wid, c. 17m, d. 19 Feb
Mar 21   **Elizabeth,** slave of Mr. Awbreay Jones, 15y, d. 20 Mar
Apr 26   **Peggy,** Negro, slave of Mr. Archibald Campbell, c. 25y, d. 25 Apr
May 12   **Lydia,** Negro, slave of Mrs. Browning, smallpox, d. same day
May 29   **Thomas,** free French Negro, c. 25y, smallpox, d. same day
Jul 24   **John,** slave of Mr. Caleb Hall, c. 3y, d. 23 Jul
Jul 26   **Andrew,** slave of Mr. Johnson, 1y, d. 25 Jul
Aug 9   **child,** name unknown, Negro, c. 2y
Sep 13   **Desiria,** French Mulatto, c. 5y, d. 12 Sep
Oct 14   **George,** Mulatto, belonged to Mdm. Fouguen, few months old, d. 13 Oct
Oct 27   **Maria,** slave of Mr. Johnson, 2y, d. 26 Oct

1801
Mar 26   **Jenny,** Negro, slave of Mrs. Stephens, c. 38y, d. 25 Mar
May 4   **Sukey,** Negro, slave of Miss Eleanor Jenkins, c. ---, d. 3 May
May 29   **Peter,** son of Henry & Mulatto woman, c. 6m, d. 28 May
Aug 3   **James,** son of James, free Negro, & Sally, slave of Mr. Zacharie, c. 9m, d. 2 Aug
Aug 10   **Cassia,** Negro, slave of Henry Peck, c. 16y, d. 9 Aug

Burial
Date

1801 (cont'd.)
Aug 27   **Henriette,** dau of Rosette, French Negro, c. 3y, d. 26 Aug
Aug 31   **Emelie,** Negro, slave of Mr. Baille, c. 24y, d. 30 Aug
Sep 13   **Margaret Mary Ann,** Negro, 1y3m21d, d. 12 Sep
Sep 15   **Louise,** Mulatto, c. 18m, d. 14 Sep
Sep 22   **Desir,** French Mulatto, son of Rosatte, c. 7y, d. same day
Sep 25   **Catharine,** free French Negro, c. 70y, d. same day
Nov 23   **Benedict,** Negro, son of Nace & Katy, 2y, d. 22 Nov

1802
Jan 10   **Arthur,** Negro, slave of Mr. Robert Walsh, c. 40y, d. 9 Jan
Jan 24   **James,** Negro, slave of Bernard Coskery, 6m, d. 23 Jan
Feb 21   **Jane,** Mulatto, dau of Judith, Mulatto, c. 7m, d. same day
Mar 29   **Sophia,** slave of Luke Tiernan, 7m18d, d. 28 Mar
May 17   **John,** Negro, slave of Mr. Chance, c. 15m, d. 16 May
Jun 18   **Saul,** Negro, slave of Mr. John Weder Strandt, c. 8m, d. 17 Jun
Jun 21   **Emily,** Mulatto, dau of Juliet, slave of Mr. Richard Caton, c. 7m, d. 20 Jun
Jun 26   **Joseph,** slave of Rev. Mr. Souge, c. 9m, d. 25 Jun
Oct 5   **Charles,** Negro, slave of Benjamin Demis, 7y10m11d, d. same day
Oct 31   **Ermine,** Negro, slave of Mde. Lescamela, 15m, d. 30 Oct
Nov 29   **Hannah,** Negro, slave of Mr. Samuel Brown, d. 28 Nov

1803
Jan 17   **William,** Negro, son of Ignatius & Catharine, 5y, d. 16 Jan
Feb 28   **Catharine,** dau of Ignatius & Catharine, Negroes, 10m15d, d. 26 Feb
Mar 31   **Mary,** Negro, slave of Mr. O'Shiell, dropsy, d. 30 Mar
May 13   **Jeannette,** Negro, slave of Mrs. DeLoubert, consumption, d. 12 May
May 22   **Maria (commonly called Ariette),** free Negro, d. 21 May at the French Seminary
Jul 27   **William,** Mulatto, slave of Judge Walter Dorsey, c. 13m, d. 26 Jul
Aug 21   **Maria ---,** dau of --- & Maria, born & d. 20 Aug
Oct 16   **child,** Negro, slave of Mr. Chance
Dec 24   **Lewis,** slave of Mrs. Johnson, 12y, consumption, d. same day

1804
Jan 15   **Desire',** French Negro, 35y, d. 14 Jan
Jan 31   **child,** Negro, slave of Mr. Bonnefils, 5d, d. 30 Jan
Feb 2   **Eliza,** dau of Cornelius & Prudence, slaves of Walter Dorsey, Esq., 6d, d. 1 Feb
Feb 4   **Desiree,** Negro, slave of Mr. Gabriel Arien, 30y, d. 3 Feb
Feb 27   **Milly,** Negro, belonged to Mr. LeDuc, 1w
Mar 26   **Hilary,** Negro, slave of Mr. LeDuc, c. 25y, consumption, d. 25 Mar
Apr 5   **Monica,** Negro, slave of Basil S. Elder, 14y, d. 4 Apr
Jun 7   **Michael,** Negro, slave of Mde. Quene, c. 23y, d. 6 Jun
Jul 24   **Stephen,** son of Fanny, free Negro, 17m, d. 23 Jul
Aug 8   **Nancy,** Negro, slave of Mr. John McIntire, c. 13y, accidentally drowned, d. 6 Aug
Dec 13   **Sylvester,** son of Jacques Antoine & Marie Magdalene, cold, d. 12 Dec

1805
Jan 19   **Mary,** Negro, belonged to Mr. Bonnefils, d. 18 Jan
Feb 19   **Mary Catharine,** Negro, 68y, d. 18 Feb
Jun 18   **child,** Negro, belonged to Mr. Gabriel Arien, c. 18m, d. 17 Jun
Jun 18   **James,** free Negro, c. 30y
Jul 1   **child,** Negro, belonged to Thomas McElderry, d. same day
Aug 1   **Thomas,** Negro, slave of --- Presstman, 2y, d. same day

Burial Date

1805 (cont'd.)
Aug 9 **female,** dau of Mary Jane, Mulatto, 3m
Aug 16 **Jeannette,** Negro, slave of Madame Gosse, d. 15 Aug
Aug 26 **Diana,** Negro, belonged to Mr. Mouchet of Fell's Point
Aug 29 **Caroline,** slave of Mr. Jonca, c. 18m, d. 28 August
Sep 21 **John,** Negro, 1y, teething, d. 20 Sep
Dec 31 **Charlotte,** slave of Thomas Cobbs, 1y, colic, d. same day

1806
Jan 23 **Dorcas,** Negro, slave of John Ryland, c. 19y, typhus fever, d. 22 Jan
Jan 29 **Lucy,** Negro, slave of Mrs. Pollack, c. 35y, d. 28 Jan
Mar 9 **Sally,** Negro, slave of Mde. Seguin, d. 8 Mar
Mar 12 **Mary,** free French Negro, advanced age, d. 11 Mar
Jun 14 **Sannon,** Negro, slave of Mr. Cornte, c. 30y, d. 13 Jun
Jul 26 **Augustin,** Mulatto child, c. 3y, d. same day
Nov 24 **Caroline,** Negro, slave of David Armour, c. 15m, d. same day
Dec 20 **John,** slave of John E. Howard, 15m, d. 19 Dec

1807
Feb 18 **Anna Maria,** Negro, slave of James Elliot, 6m, suddenly, d. 17 Feb
Feb 27 **Marie Eugenie,** free Mulatto, c. 5y, d. 26 Feb
Mar 7 **Nelly,** Negro, slave of Mr. David Williamson, native of Africa, advanced age, d. 6 Mar
Apr 9 **Toussaint,** c. 8m, teething, d. 8 Apr
Apr 14 **Emilie,** Negro, slave of Benjamin Dennys, c. 22y, consumption, d. same day
Apr 23 **William,** free Negro, c. 19y, d. same day
Jul 10 **Harriet,** dau of Rachel, slave of Robert Tuite, 6m, d. same day
Aug 25 **Marie Terese,** dau of Melanie, free Mulatto, 19m, d. 24 Aug
Aug 27 **Thomas,** Negro, slave of John Kennedy, advanced age, d. 26 Aug
Sep 17 **Elias,** Negro, slave of Mr. Milman, c. 20y, d. 16 Sep
Oct 22 **Jenny,** Mulatto, wife of George, c. 35y, d. 21 Oct

1808
Jan 6 **Mary Jane,** slave of Mr. Groe, suddenly, d. 5 Jan
Jan 21 **Orphe,** free French Negro, 22y, d. 20 Jan
Jan 22 **Peter,** free French Mulatto, c. 45y, d. 21 Jan
Jan 23 **Sarah,** free Negro, 70y, d. 21 Jan
Feb 8 **Margaret,** Negro, slave of Andrew Aiken, 14y, d. 7 Feb
Mar 4 **Lewis,** Mulatto, 3½y, d. 3 Mar
Apr 23 **Clarissa,** dau of Sophie, free Negro, 11y, d. same day
May 22 **Maurice,** Negro, slave of Alexis Roman, c. 30y, d. 21 May
May 31 **Contaus,** son of Mary Jane, a slave, 4y, d. 30 May
Jun 12 **Hermange,** son of Anthony & Margaret, 11m, d. 11 Jun
Jun 26 **Francaise,** Negro, slave of Mde. Montalibor, suddenly, 45y, d. 25 Jun
Jul 12 **Eleanor,** Negro, c. 17y, d. 11 Jul
Sep 6 **Catharine,** Negro, slave of Edward Shirley, c. 4y, d. 5 Sep
Sep 11 **Lewis,** Negro, slave of Mde. Volumbrun, c. 10m, teething, d. 10 Sep
Sep 12 **Clement,** Negro, slave of Joseph Herbert, d. 11 Sep
Sep 13 **Hanson,** Negro, slave of John Caton, c. 15m, diarrhea, d. 12 Sep
Oct 2 **Mary Magdalen,** Negro, slave of Mr. Bonnefils, c. 4y, d. 1 Oct
Oct 10 **Mary,** Negro, slave of ---, c. 50y, d. 9 Oct
Oct 15 **Peter,** Negro, slave of Mr. Rescaniere, c. 18y, d. 14 Oct
Dec 15 **Thomas,** Negro, slave of Mde Junca, c. 20y, d. 14 Dec

Burial Date

1809
Feb 7   **William,** Negro, son of Basil & Betsy, c. 9y, catarrhal fever, d. 6 Feb
Feb 10   **Virginia,** slave of Doctor Peter Chatard, c. 12y, d. 9 Feb
Mar 2   **Adolphus,** Negro, slave of Mrs. Volumbrum, c. 8y, d. same day
Jun 12   **Frank,** Negro, slave of Reverend Mr. DuBourg, c. 10y, d. same day in the King's Co—
Aug 12   **Josias,** Negro, slave of ---Appleton, c. 1w, d. 11 Aug
Aug 20   **Joseph,** Negro, slave of Mr. LeBon, c. 3y, consumption, d. 19 Aug
Sep 14   **Sarah,** Negro, slave of John Cator, 5y, d. same day
Oct 24   **John,** French Negro, d. 23 Oct
Nov 1   **Elizabeth,** Negro, slave of Mrs. Volumbrun, 3y, d. 31 Oct
Nov 8   **Collette,** free French Negro, consumption, d. 7 Nov
Dec 30   **Joseph,** Mulatto, c. 30y, d. 29 Dec

1810
Feb 8   **child,** Colored, nameless, 5w, after private baptism
Mar 20   **Leo,** man of Color, 45y
Mar 23   **William,** c. 3y, d. 22 Mar
Apr 7   **Iulich,** Colored child, 2½y, d. 6 Apr
Jun 4   **Mary,** dau of Sarah, slave of Mr. Diffendeffer, 1m, d. 3 Jun
Jun 29   **Belisse,** woman of Color, belonged to Mr. Bonal, received the sacrament, d. 26 Jun
Jul 26   **James,** 2y, d. 25 Jul
Jul 3   **Fanny,** Black woman, d. 29 Jul
Jul 30   **Margaret,** Black woman, 36y, d. 29 Jul
Aug 5   **Mary Magdalene,** Colored, 1y
Aug 8   **Calixte,** Black, 18m, d. 7 Aug
Aug 17   **woman,** Black, received the sacrament, d. 16 Aug
Sep 1   **Antoinette Louise,** Colored, 16y, burned to death, d. same day
Sep 16   **boy,** name unknown, 11y
Sep 25   **Charity,** female slave of Anthony Livers, d. 23 Sep
Oct 22   **Cadice,** Black, belonged to Mr. Teris, 2y
Oct 29   **Elizabeth,** Black woman, belonged to Mr. Morean, d. 28 Oct
Oct 30   **Mary,** child of Color, 17m, d. 29 Oct

1811
Feb 19   **----, child,** c. –m, d. same day
Feb 20   **Richard,** Negro slave, c. 5y, d. 19 Feb
Feb 21   **Edward,** Negro, 2m, d. 20 Feb
Feb 26   **Francoise,** Mulatto, c. 60y, d. 25 Feb
Mar 2   **----, child,** 1 hour, d. 1 Mar
Apr 6   **Samuel,** Colored child, 3y, d. 5 Apr
Apr 22   **Marie Elizabeth,** Colored, c. 40y, d. 21 Apr
May 3   **Henrietta,** servant maid, 25y, d. 2 May
Jun 21   **Charles,** Negro boy, belonged to William Jenkins, 17y, d. 20 Jun
Jun 24   **Fanny,** Colored free child, 13m, d. 23 Jun
Jun 30   **----,** d. 29 Jun
Jul 25   **child,** Colored, c. 5m, d. same day
Aug 5   **----, child,** c. 6w, d. 4 Aug 1811
Sep 24   **----,** 45y, d. 23 Sep
Oct 3   **Caleb,** Black boy, belonged to Mr. Bernard Coskery, c. 13y, d. 2 Oct
Oct 16   **Marie Antoinette,** wife of Domingo, c. 47y, d. 15 Oct
Nov 7   **Marie Louise,** Mulattress, belonged to Mr. Bullet, c. 3y, d. 6 Nov
Nov 27   **Francis,** Colored child, 6m, d. 26 Nov
Dec 2   **----,** smallpox, c. 6m, d. 1 Dec
Dec 18   **Lucy,** property of Bernard Coskery, c. 45y, dropsy, d. 17 Dec

Burial Date

1812
Mar 11   **Trenton,** 30y, yellow jaundice, d. 10 Mar
Mar 17   **----, child,** c. 1y
Apr 3   **Elizabeth,** Colored child, 2½y, d. 2 Apr
Apr 6   **Richard,** Colored, belonged to Mr. McEldery, 2y, d. 5 Apr
Apr 12   **Jean Claude,** Colored, 13y, d. 11 Apr
Apr 19   **Apollonia,** free Colored girl, 18y, consumption, d. 18 Apr
Apr 19   **Eliza,** 14m, d. 18 Apr
Apr 29   **----, child,** 1y, d. 28 Apr
Jun 12   **Madelaine,** belonged to Mr. L'Houman, 9y, d. 11 Jun, Baltimore
Aug 7   **Alexus,** Negro boy, belonged to Bernard Coskery, 13y
Aug 18 **James,** d. 17 Aug
Aug 23 **William,** Colored child, d. 22 Apr
Aug 25 **Randall,** c. 9m
Oct 22   **Daniel,** belonged to Mr. LeBon, d. 21 Oct
Oct 25   **----,** bilious fever after a short illness, d. 24 Oct
Nov 17   **Ozoera,** Negro slave, belonged to Mrs. Compte, 36y, d. 16 Nov
Dec 1   **----, child,** died a few hours after birth
Dec 20   **Elizabeth,** Colored child, d. 19 Dec
Dec 25   **Moses,** Colored man, consumption, d. 24 Dec
Dec 26   **Mary,** dau of Nancy, 6m, d. 25 Dec

1813
Jan 7   **Aphrosyne,** Colored, 9m, d. 6 Jan
Jan 11   **Romain,** Colored child, 14m15d, d. same day
Jan 12   **Claudine,** belonged to Chris Delmas, 53y, d. 11 Jan, suddenly
Jan 20   **----, woman,** French Colored, d. 19 Jan
Jan 26   **Berteau,** age --, d. 25 Jan
Feb 3   **----, child,** belonged to Dr. Peter F. Chatard, 4w
Feb 3   **Saison,** Colored child, 5y
Feb 20   **----,** 8m, d. 19 Feb
Apr 1   **Desiree,** belonged to Mr. Manche, 2½y, d. 31 Mar
May 7   **----,** Colored child, 18m
Jun 1   **Elizabeth,** Colored, 14m
Jun 10   **----,** 6m, d. 9 Jun
Jul 25   **John,** Negro child, belonged to Miss Eleanor Ford, 2y
Jul 30   **----,** Colored child, 18m
Aug 1   **child,** Colored
Aug 7   **Frederick,** Colored child, 6m
Aug 21 **child,** Colored, 12m, d. 20 Aug
Sep 4   **Harry,** Negro, belonged to Mrs. Gunn, 21y, d. 3 Sep
Sep 15   **child,** Colored, 6m
Sep 24   **----,** c. 30y, consumption, d. 23 Sep
Sep 27   **Catharine,** dau of Rachel, slave of John LeClere, 1m
Nov 10   **Julian,** Colored, 8m, d. same day
Dec 24   **----,** Colored, 2m

1814
----   **Twins,** infants, names unknown, Balt.
Mar 13   **woman,** French Colored, age --, d. 12 Mar
Apr 2   **Maria,** c. 31y, consumption, d. 1 Apr
Apr 13   **---- Pai---,** 78y, dropsy, d. 12 Apr, Balto.
Apr 30   **child,** Colored, 3½y, Balt.
May 4   **Josephine Susann -----,** c. 5m, d. same day
May 13   **----,** 45y, consumption, d. 12 May

Burial Date

1814 (cont'd.)
May 16 ----, male, c. 30y, bilious fever, d. 15 May, native of Ireland
Jun 3 **child,** 3y
Jun 11 **Monica,** consumption, d. 10 Jun
Jul 26 **Lucy,** Colored woman, slave
Jul 31 **child,** Colored, belonged to Mrs. Raphel, 9m
Aug 12 **Mary Theresa,** Colored girl, belonged to W. Correge', 4½y
Sep 2 **John,** 15m, summer complaint
Sep 10 **Josephine,** Colored child, 18m
Sep 20 **Marie Madelaine,** Colored child, 8m
Oct 1 **Joseph,** Colored child, 10m
Oct 27 **Mary Ann,** infant
Oct 31 **Sally,** Colored, 4m
Oct 31 **Victoire,** French Colored woman, 50y, consumption, d. 30 Oct
Dec 13 **Jean Pierre** ----, c. 30y, d. 12 Dec, suddenly
Dec 31 **Mary Sue,** Colored young woman, c. 16y

1815
Jan 1 **Henry,** Colored infant, 3w, belonged to Robert G. Harper, d. 31 Dec 1814
Jan 8 **servant,** Colored, of Charles Carroll, Jr., c. 40y, typhus fever, buried in a lot, d. 7 Jan
Jan 10 **Marie Elizabeth,** 2m, pleurisy, d. 9 Jan, Balt.
Jan 21 **Nelly,** old woman, c. 60y, d. 20 Jan
Feb 20 **Stephen,** Negro slave, belonged to Wm. Johnson of Chs. Cty., 18y
Mar 8 **infant,** Colored, 2m, suddenly
May 25 **Bridget,** free Colored woman, c. 55y, pleurisy, Balt. (Corpus Xti), d. 24 May
Jul 18 **George,** Colored infant, 8m
Jul 19 **Mary Ann,** Colored child, 3m, d. 18 Jul
Jul 28 **Catherine,** 3m, bilious, d. same day (1:00 a.m.)
Aug 5 **child,** Colored, belonged to George Armstrong
Aug 5 **William,** Colored child, belonged to Charles Hickley, 1y, teething
Aug 7 **Auguste,** 10m, summer complaint, d. 6 Aug
Aug 29 **Theophilus,** Colored child, 6½y
Oct 6 **John** ----, 30y, consumption, native of Paris, d. 5 Oct
Dec 17 **Madelaine,** Colored woman, 60y, d. 16 Dec
Dec 22 **Marie Teresa,** Colored child, 12m

1816
Jan 3 **Henrietta,** 8d, d. 2 Jan
Jan 9 ----, Colored child, 5d
Jan 21 **Mary Jane,** 3½m, d. 20 Jan
Feb 10 **Regis,** Colored, 22y, consumption, d. 9 Feb
Feb 19 **Agnes,** Colored infant, belonged to Sam Brown, d. 18 Feb
Mar 3 **Shorter,** Colored, 50y, d. 2 Mar
Mar 13 **William,** Colored infant
May 30 **John,** Colored child, 1y
Jun 12 **Mary,** Colored, c. 2y, cold
Jun 19 **Louis,** Colored, 10d, accident, d. 18 Jun
Jul 14 **Jenny,** Colored infant, d. 13 Jul
Jul 26 **Jean,** Colored, child of Marianne, Colored slave of McDesfontaines, 2y
Jul 27 **Josephine,** Colored child, 18m, d. same day, baptized
Aug 12 **George,** Colored child, 10m, d. 11 Aug
Sep 1 **Sarah,** summer complaint, d. 31 Aug 1816, twin of the above mentioned John & is buried in the same grave (Note: possibly John White, 2y, d. 21 Aug 1816, b. 22 Aug 1816; he was above this entry in the original record.)
Sep 29 **Mary,** infant, c. 18m, d. 28 Sep

Burial
Date

1816 (cont'd.)
Oct 29 Caroline, Colored slave of Samuel Brown, 3y, d. 28 Oct

1817
Jan 1   Henry, Colored child, 1m, d. 31 Dec 1816
Jan 1   Lizette, Black woman, 45y
Jan 3   Marie Jeanne, Colored, 30y, colic, d. 2 Jan
Feb 9   Barbara, Colored, 15m, Balt.
Mar 20 Catherine, Colored slave, c. 28y, pleurisy, d. 19 Mar
Apr 13 William, Colored, belonged to J. B. Gallan, 15m
Apr 19 Francois, Colored man, 60y, bilious pleurisy, d. 18 Apr
Apr 30 ----, c. 20y, native of France, d. 29 Apr
Jun 24 Bridget, 90y, died at the Alms House, d. 23 Jun
Jul 4   child, Colored, belonged to B. Mitchell, small, stillborn
Jul 6   slave, Colored, belonged to Wm. Egerton
Jul 6   Mary Jane, 1y, d. 5 Jul
Aug 7   Elizabeth, 40y, bilious fever, d. 6 Aug
Aug 11 Martha Ann, 7m
Aug 12 Athalie, Colored woman, 40y, dropsy, d. 11 Aug
Aug 29 Mary, 15y, burned to death, d. 28 Aug
Sep 11 Modeste, Colored slave, belonged to Mr. O'Rourke, 49y, dropsy
Oct 19 Louis, Colored, 35y, bilious, d. 18 Oct
Nov 15 Francis, Colored child, 3m

1818
Jan 2   Martha, Colored woman, belonged to Doctor LeClaire
Jan 13 infant, Colored, 1y
Feb 5   Sophia, Colored woman, belonged to Mrs. Lacomb
Feb 8   Fanny, 14y, typhus, d. 7 Feb
Mar 2   James, Colored, 2y
May 7   Alfred, Colored, 3w
May 26 Jenny, Colored woman, belonged to Talbot Jones
Jun 5   ----, 21y, dropsy, d. 4 Jun
Aug 17 Mary Elizabeth, 8m, d. 16 Aug
Aug 21 Mary, 1y2w
Aug 31 John, Colored, 6w
Oct 21 Mary Agnes, Colored child, 3½m
Nov 8   Matilda, Colored girl, belonged to Talbot Jones, 18y
Nov 20 Mary, Colored slave, 10y

1819
Mar 9   man, Black, belonged to Wheaton, typhus
Mar 16 Negro, c. –y, very poor man, the ground not charged nor any other expense
Mar 21 Negro, slave, belonged to W. Francis Q. Mitchell, c. 60y, mortification
Mar 29 Sally, Colored, 60y, dropsy
Jul 1   Simon, 18m, summer complaint, d. 30 Jun
Jul 16 Anderson, Colored, 5y5m, fits, d. 15 Jul
Jul 24 Elizabeth Frances, 12m, d. 23 Jul
Jul 26 Laurette, 18y, child bed, d. 25 Jul
Aug 6   Antoine, 2m, d. 5 Aug
Sep 5   Ann Matilda, 4y, whooping cough, d. 4 Sep
Sep 24 Joseph Peter, Colored, 3w
Oct 14 William, Colored child, 2y
Oct 18 Marie Elizabeth, Colored girl, summer complaint
Dec 3   Ann, 1w, d. 2 Dec

Burial Date

1820
Jan 14 **Rose Jesamine,** 20d, d. 13 Jan
Jan 17 **Matilda,** Colored, 8m, suddenly
Feb 18 **Nellie,** 18y, typhus fever
Mar 16 **Polly,** Colored, 25y, consumption
May 7   **Devertir,** Colored man, c. 33y, consumption
May 10 **child,** Colored, male, 5w, fits
May 20 **Anthony,** Colored man, 24y, apoplexy
Jun 29 **Mary Ann,** 3y, summer complaint, d. 28 Jun
Jul 5   **Daniel,** 50y, d. 4 Jul
Jul 5   **Elizalen,** 27y, bilious, d. 4 Jul
Jul 6   **Madelaine,** 70y
Jul 19 **Nace,** Colored child, 2y
Jul 21 **Antoinette Isabelle,** Colored, 19m, summer complaint
Aug 6   **Rogers,** 17m, d. 5 Aug
Aug 14 **Daniel,** 16y, consumption
Aug 24 **woman,** Colored, servant of Judge Dorsey
Sep 11 **Joseph,** Black man, servant of William Rescanier, c. 30y, consumption
Sep 14 **girl,** Black, slave of Mrs. Lightman, c. 10y
Sep 14 **Mary Magdalen,** Black girl, 16y, consumption
Sep 22 **child,** 3y, summer complaint
Oct 1   **Lucie,** Colored woman, slave of Mrs. Baconais, lived with Mrs. LeLoup, c. 10y, palsy
Oct 2   **girl,** Colored, slave of Mr. John McCormick, c. 5w, d. 1 Oct
Nov 6   **Mary,** Colored girl, consumption
Dec 22 **child,** Colored, 7m
Dec 22 **child** of Mary, a Colored woman

1821
Jan 14 **Rebecca,** Colored woman of Mrs. Creags, 22y, cramp colic
Mar 29 **infant,** name unknown, 3w
Apr 3   **Mary,** Colored child, 1w, fits
Jul 15 **child,** 6m, summer complaint
Aug 3   **Elizabeth,** White child, c. 2m, summer complaint
Aug 13 **child,** Colored, of the servant of Miss LeBon
Aug 13 **child,** Colored, belonged to Madam LaComb
Aug 29 **child** of Hannah
Sep 29 **Mary,** free Colored girl, c. 19y, inflamation in the stomach
Oct 5   **Richard,** White man whose Christian name is unknown, c. 40y, suddenly
Oct 28 **child,** Colored male, belonged to Mr. Hawkens, 4y
Nov 2   **Francis,** Colored, c. 45y, consumption, free, ground free
Nov 13 **Ann,** Colored woman, 105y, old age
Dec 19 **Julie,** Colored woman, native of Spain, c. 60y, unknown sickness

1822
Feb 1   **woman,** servant of Mr. Messonier, c. 18y, smallpox
Feb 28 **Betsy,** servant woman of Mr. Edward Wilson, c. 60y
Apr 2   **Combbo,** free Guinea woman, c. 110y
Jun 6   **infant,** name unknown, c. 3w, baptized
Jun 6   **infant,** died soon after birth, baptized by Dr. Sinnott
Jun 30 **James,** Colored child, belonged to R. G. Harper, c. 6m
Aug 1   **Ann,** Colored woman, belonged to Robert Nickly, dysentery
Aug 2   **child** of a Colored woman, belonged to Charles C. Egerton, c. 9m
Aug 4   **----,** c. 56y, dysentery

Burial Date

1822 (cont'd.)
Sep 17   **man,** Black, formerly belonged to the Rev. Mr. Chanche of the Seminary, age & sickness unknown
Oct 7   **child,** Black slave, belonged to Mr. Felix Jenkins
Dec 2   **servant** of Sarah Craycroft, 3y

1823
Jan 3   **child** of Hannop, Colored man
Feb 10   **Catherine,** Colored woman of James McCuller, typhus fever
Mar 24   **man,** Negro, of Delinot ----, putrid fever
Apr 2   **George,** child of Rosetta, Colored woman
May 9   **child** of Sarah, Colored woman of Mrs. Valenbrant, c. 8m
May 9   **Augustus,** servant of Mr. LeCount, c. 35y, dropsy
May 25   **child,** Colored, belonged to Mrs. Ann Groc, c. 4y, worms
May 26   **child,** Colored, belonged to Francis Prevost
Jun 18   **Wheeler,** child, 4y, unknown sickness
Jul 12   **child,** Colored, belonged to Mrs. Priscilla Nordey, c. 2½y, unknown sickness
Jul 16   **child,** Black, belonged to Mrs. Priscilla Harding, c. 2y, whooping cough
Jul 21   **Wood,** child, 1y
Aug 4   **child,** third servant of Mrs. Hardy, c. 14y, unknown sicknness
Aug 4   **William,** child
Aug 5   **Mary,** Colored child, belonged to Mrs. Hardy, 6y, fourth in the same family dying of the same sickness
Aug 22   **Frederick,** slave of Mrs. Eliza LeBon, 5y, unknown sickness
Aug 28   **James,** Colored child, born of Mary, slave of Mr. Hodges, 16m
Sep 1   **Heywood,** child, 2y
Sep 13   **child,** Colored, belonged to John Cator, c. 4y, unknown sickness
Nov 17   **Mary,** child of Johnson, Colored man, age & sickness unknown
Dec 1   **girl,** Black, belonged to Mr. Laurenson, c. 13y, unknown sickness
Dec 4   **Jaques,** Black man, from Guinea, belonged to Mr. Cappean, c. 70y
Dec 12   **woman,** Black, poor, name, sickness & age unknown

1824
Jan 10   **woman,** died suddenly at Mr. W. B. Barney's, age unknown
Jan 19   **child,** buried in Mr. Rock's lot
Feb 12   **Julie,** Colored woman, age unknown, died of old age, belonged to Mrs. Marrac, died at Rev. Mr. Jessier's Hospital
Mar 14   **woman,** Black, old, assisted by the Rev. Mr. Tessier, name, age, & sickness unknown
Mar 17   **child,** Colored, belonged to Mrs. Walter Jenkins, c. 6y, consumption
May 5   **child,** Colored, belonged to Maire Fairburn, 13m, bowel complaint
May 12   **child** of unknown Colored woman, c. 4y, unknown sickness
Jul 27   **female** servant, slave of Mr. Ducatel, very old, (Flora James Whitfield)
Jul 28   **Clare,** Colored woman, c. 30y, bilious fever
Jul 31   **Jean Pierre,** Colored man, c. 70y, typhus fever
Aug 3   **Edward,** Colored child, 3d, son of Johnson, free Colored man
Aug 10   **Maria Emelia,** mother unknown, bowel complaint
Sep 21   **Oghee,** Colored man, formerly belonged to Rev. Mr. Chance, c. 46y, suddenly
Nov 5   **servant,** child of Edmond Ducatel, a kind of consumption
Dec 17   **Mary,** Colored child, 4m

1825
Jan 6   **Gotapie,** free Colored woman, c. 60y, colic
Jan 10   **man,** Black, of W. Marchand, sickness & age unknown
Jan 28   **woman,** Archbishop gave the order
Mar 4   **Mary,** Colored woman, c. 65y

Burial Date

1825 (cont'd.)
Mar 14 **Jeremiah,** free Colored man, c. 60y, old age
May 28 **Charles,** servant of William Jenkins, Esq., c. 32y, unknown sickness
Jul 17 **female,** servant of Robert Walsh, c. 25y, unknown sickness
Sep 13 **child,** Colored, name unknown
Oct 24 **Sally,** Colored woman, servant of Mrs. Coyne, c. 30y, bilious fever
Dec 3 **child,** Colored, belonged to Edmond Ducatel, c. 1m, unknown sickness

1826
Jan 27 **James,** servant of James Gunn, c. 30y, pleurisy
Feb 5 **Peter,** Colored man, belonged to Mr. Resconier, age & sickness unknown
Feb 9 **Rosetta,** Colored child, 2y
Mar 1 **Adrien,** servant of John Dubernot, c. 15y, unknown sickness
Mar 28 **Eugenia,** Colored woman, age & sickness unknown
Mar 30 **Mary Ann,** Colored, c. 30y, unknown sickness
Jun 14 **Thomas Jefferson,** c. 2m, unknown sickness, son of Dutch Mary
Jun 23 **child,** name unknown, 2m
Jul 29 **William,** child
Sep 13 **Samuel,** servant of Charles Carroll of Carrollton, c. 15m, diseased hip
Oct 3 **child** of ----, age & sickness unknown
Oct 13 **child,** servant of F. Prevost, died soon after birth
Oct 29 **Rachel,** Colored, old age
Nov 21 **Mary,** Colored woman, c. 30y, unknown sickness
Dec 21 **servant** of R. G. Wilford, 4y, consumption
Dec 29 **Vane,** age & sickness unknown

1827
Jan 7 **Clement,** Colored man, c. 35y, dropsy
Jan 10 **child** of Isabella, Colored, age & sickness unknown
Mar 28 **woman,** old, Black, from the Hospital of Rev. W. Jepin, age & sickness unknown
Apr 28 **child,** Colored, belonged to Robert Welford, age & sickness unknown
Jun 12 **boy,** Colored, belonged to Mr. Bonmartin, c. 14y
Jul 22 **Myers,** child, Colored, c. 5m
Aug 6 **Agnes,** slave of Mr. Ducatel, 36y, consumption
Aug 27 **Barbe,** servant of Hanna Claude Seguin, c. 60y, dropsy
Aug 28 **child,** Colored, age & sickness unknown
Aug 28 **Marcilino,** Colored woman, age & sickness unknown
Aug 30 **child** of a Colored woman, 5m
Sep 6 **Mary Elizabeth,** Colored, c. 4y
Sep 25 **Margaret,** Colored woman, 55y
Dec 18 **child,** Colored, belonged to Mr. Prevost, stillborn
Dec 26 **Daniel,** free Colored man, c. 25y, consumption

1828
Jan 15 ----, servant of Mrs. Marye
Mar 23 **Boncon,** slave of Mr. Deveeux, age & sickness unknown
Apr 3 **Francis,** Colored man, belonged to Dr. Bonmartin, c. 82y, fit
Aug 30 -----, Colored, old age
Sep 11 **Mary Ann,** servant of Catherine Laurenson, c. 8y, fever
Sep 12 **Peter,** Colored man, c. 50y, unknown sickness
Sep 13 **Peter,** Colored man
Sep 24 **Mary,** slave of Mrs. Nordey, c. 60y, dropsy
Oct 27 **servant** of Mr. Woodville, age & sickness unknown

Burial Date

1829
Jan 9   **Lewis**, servant child, belonged to Richard Caton, Esq., c. 7m
Jan 10   **man**, French Negro, age & sickness unknown, given at the request of Mr. Lessier
Feb 5   **Maria**, child of Maria, Colored, 1w, unknown sickness
Mar 15 **child**, Colored, belonged to Miss Chatrendinn, age & sickness unknown
Apr 19   **child** from the arsenal, name, age & sickness unknown
Jul 27   **Isaac**, slave of Mr. Hardey, c. 40y, dropsy
Aug 31 **Jamie**, Colored, c. 50y, dropsy
Oct 20   **Henny**, Colored, servant of W. J. Gross or Mr. W. Jenkins, c. 16y, childbirth
Dec 16 **Sarah Ann**, child of Douglas, 20m

1830
Feb 28 **Henny**, servant of Mrs. Caton, suddenly
Jul 7   **Louisa**, c. 60y, palsy
Aug 2   **Grace** ----, 40y
Sep 24   **Clara**, servant of James McGaman, c. 17y, putrid sore throat
Oct 13   **Joseph**, old age
Oct 27   **Sarah**, c. 20y, typhus fever

1831
Jan 3   **Ellen**, servant of Mr. Russell, age & sickness unknown
Jan 31   ----, c. 45y, unknown sickness
Feb 2   **Jess**, Colored, 22y, consumption
Apr 8   **Jane**, Colored, c. 16y, decline
Apr 20   **servant**, another child of Ellen Ford, c. 6y, unknown sickness
Aug 4   **man**, age & sickness unknown
Aug 16 **child** of a girl whose name is unknown, died soon after birth & baptism
Sep 14   **child**, Colored, 5y
Sep 18   **Joseph**, Colored child, 9m
Sep 20   **child** of Mr. ----, stillborn
Nov 10   **Thomas**, Colored child, age & sickness unknown
Nov 24   **Theresa**, Colored, c. 60y
Dec 4   **Samuel**, servant of Mr. J. Floyd, c. 30y, dropsy

1832
Jan 5   **Charles**, Colored, slave of Mr. John Scott, 39y, pleurisy
Feb 19   **child**, free, Colored, name, age & sickness unknown
Mar 15 **Philis**, servant of Mrs. Williamson, c. 70y, old age
Mar 21 **servant** of Mr. Matthews, c. 60y, cold
Mar 23 **Denis**, servant of William Jenkins, c. 22y, unknown sickness
May 13 **Mary Louisa**, servant child of Mrs. Tilman, 9m, unknown sickness
Aug 15 **Mary Frances**, Colored, 16y, cholera
Aug 24 **Charlotte**, servant of Dr. Girand, age unknown, cholera
Sep 15   **servant** child of Joseph Crooke, 2w, unknown sickness
Sep 18   **servant** of Luke Tiernan, c. 40y, unknown sickness
Oct 1   **Lucy Ann**, 2w, unknown sickness
Nov 6   **Ellen**, c. 3y, died at the Orphan Asylum on Mulberry Street

1834
Aug 26 **female child**, smallpox
Sep 4   **male child**, White, 10m, summer complaint
Dec 8   **boy**, Colored, 15y

1835
Jan 2   **woman**, Colored, c. 40y, name & sickness unknown

Burial Date

1835 (cont'd.)
Jan 19 **man,** Colored, 65y, bilious fever
Feb 10 **male child,** name unknown, c. 7y, decline
Feb 10 **male child,** of Sally, Colored woman, 3w
Mar 7   **three children,** stillborn
Apr 19 **boy,** Colored, 2y, consumption
May 15 **male child** of Philis, Colored, 6m
Jun 22 **two children,** few minutes old, infantile unknown
Jun 25 **child,** stillborn
Jun 26 **boy,** White, 19y, disease of the heart
Jul 19 **female child,** consumption
Jul 26 **female child,** 5m
Aug 8   **male child,** Colored, 6w
Aug 18 **child,** stillborn
Sep -- **boy,** White, 1y, summer complaint
Oct 13 **man,** Colored, of James Mitchell, c. 38y, consumption

1836
Mar 1   **man,** Colored, c. 80y, cold
Jun 4   **Mary Ann**
Jul --/22 **Elmira,** child, 1m, bowel complaint, orphan?
Jul 13 **male child** of unknown parents, 6m
Aug 9   **male child,** 2m, unknown sickness
Sep 1   **infant,** Colored, belonged to Miss E. Ford, 5w/2m, summer complaint
Oct 30 **Nancy,** Colored
Nov 5   **woman,** Colored, c. 30y, complication of diseases

1837
Jan 18 **man,** White, from Mr. Tessier's Hospital
Feb 1   **female child,** 3w, name & sickness unknown
Mar 8   **female child** of Mrs. ----, 3y, unknown sickness
Mar 25 **male child/Hillary,** Colored, servant of Mrs. Joe Mitchell, 10y, worms
Jun 2   **child,** Colored, slave of Mr. Lee, 4m
Jul 4   **Ann,** Colored woman, 75y, palsy
Jul 13/14 **female child,** 6m, name & sickness unknown
Aug 2   **male child,** Colored, 11m, bowel complaint
Aug 11 **female child,** Colored, slave of Mr. Gabel, 11m, summer complaint
Oct 13 **Ann,** Colored girl, slave of Mr. Philip Laurenson, 16y, consumption
Nov 6   **Elizabeth/Susan Elizabeth,** Colored, 60y, apoplexy
Nov 25 **female child,** Colored, 1y, scarlet fever
Dec 16 **girl,** Colored, of Mr. Crook, 18y, dysentery

1838
Jan 24 **Sister** of Providence
Apr 8/10 **child,** Colored, 1d
Apr 9   **Henry,** Colored boy of James D. Mitchell's estate, c. 12y, white swelling
Apr 10 **Mrs. ----,** c. 25y, convulsions
Jun 4   **Mary,** Colored child, belonged to Ellen Ford, 9w
Jun 16 **Old Colas,** old, c. 100y
Aug 23 **female child** of one of Mr. Goddard's servants, 1d
Sep 1   **male child,** Colored, of one of Mr. Goldsborough's slaves, 1d
Nov 9   **woman,** Colored, 45y, free?

1839
Mar 7   **woman,** Colored, 18y, pleurisy

Burial
Date

1839 (cont'd.)
Mar 18   **servant** of Mr. Cator, 45y, consumption
Mar 23   **female child**, Colored, belonged to Mr. LaReenbric/Lareintree, 1y
Jul 3   **male child**, slave of Mrs. Priscilla Hardy, 7m
Jul 12   **man**, Colored, 30y
Sep 25   **male child**, Colored, 3m, whooping cough
Oct 2   **female child** of Mr. Goldborough's servant woman, Harriet, 2y
Oct 9   **female**, name & age unknown, consumption
Dec 11   **woman**, old, 80y
Dec 29   **male child**, Colored, 1y, thrush, child of Josephine
Dec 29   **Rachel**, Colored

1840
Jan 1   **Rachel**, Colored woman, c. 40y, dropsy
Feb 6   **Julian**, Colored man, 25y
Apr 19   **girl**, Colored, 9y, consumption
Jun 30   **female child** of person unknown, 2m, exposure
Aug 20   **Samuel**, Colored, boy, 9y
Sep 24   **woman**, Colored, 72y
Oct 26   **child**, Colored, 10y, consumption
Dec 30   **boy**, Colored, 13y, suddenly

1841
Jan 7   **man**, possibly servant of James Blair, 70y, consumption
Jan 20   **woman**, old, 60y
Mar 21   **man**, servant of Samuel Moale, 30/50y, consumption
Jun 21   **child**, name & age unknown, 9d
Jun 28   **Sister**, Oblate nun, Colored, 60y
Jun 30   **Dominick**, Colored, old man, 124y
Jun 30   **child**, of a person unknown, 2m
Sep 28   **child**, stillborn
Nov 6   **child**, stillborn
Dec 14   **female slave** of Dr. Chatard, 56y
Dec 16   **male child**, stillborn

1842
Jul 13   **male child**, Colored, 12m
Aug 30   **man**, Colored, 65y
Dec 26   **man**, from Infirmary, 50y
Dec 29   **male child**, 2y

1843
Mar 30   **male**, Colored, 2m
May 4   **female child**, 1y, Colored

1844
Jun 4   **male child**, stillborn
Jul 5   **child**, stillborn, Colored
Jul 15   **Louisa**, slave, 12y
Sep 23   **male**, 3w, Colored

1845
Mar 3   **male**, 14m, Colored
Mar 15   **child**, stillborn
Mar 22   **Cecilia**, Colored girl, 17y

Burial Date

1845 (cont'd.)
Mar 28   **child,** Colored
Apr 23   **girl,** from Infirmary, 15y
Jun 25   Jenkin's **Ed** (servant Jane), 90y
Jul 17   **child,** Colored, 1m
Nov 11   **woman,** Negro, 20y
Dec 10   **woman,** from Infirmary, 40y

1846
Jan 16   **Elizabeth,** 5y
Mar 12   **Brown,** Colored man, 40y
Jul 10   **Mary Ann,** 4m
Aug 10   **child,** Negro, 3w
Sep 15   **child,** stillborn
Nov 3   **child,** Colored, 2y

1847
Jan 15   **child,** stillborn
Jan 18   **child,** stillborn
Jan 24   **Sophia,** servant of T. P. Scott, 80y
Mar 25   **Aunt Betsy,** Colored, 70y
Apr 24   **A., man,** Negro, Colored, 48y
Jun 12   **child,** 9m, servant of Mrs. Jane Doyle
Aug 17   **John,** child, Colored, 9m
Aug 20   **male child,** 6m

1848
Mar 9   **child,** stillborn
May 13   **child,** stillborn
May 22   **male,** son of Susan, 4m, Colored
Nov 27   **girl,** 18y, servant of Mrs. Moses
Dec 5   **male child,** Colored, 9m

1849
Jan 1   **woman,** servant of Judge Taney, 90y
Jan 5   **Anne,** servant of Mrs. Stenson, 90y
Jan 16   **Nancy,** Irish girl, 25y
Jan 28   **child,** Negro, 2y
Feb 2   **male,** stillborn
Sep 26   **servant,** of Mrs. Ellen Ford, 65y
Oct 29   **girl,** servant of Dr. Barry, 20y

1850
Mar 27   **servant** of Danl. Bordley, 98y
Jun 15   **boy,** Mrs. Cator's servant, 9y

1851
Feb 22   **male,** foundling, 1m
Mar 6   **child,** White(shite), 2y
Jun 29   **male,** child, 8m
Jul 26   **Mary Ann,** child, White, 4d
Aug 4   **Margaret,** 6y
Aug 6   **woman,** servant of Col. S. Moale, 60y
Nov 18   **Sylvester,** Miss Kelly, 4m
Dec 22   **woman,** servant of Mrs. Munck, 60y

Burial Date

1852
Jan 9 **Mary Olivia,** slave, 6y
Mar 23 **servant** of Chas. A. Williamson, 4y
Apr 13 **Marceline,** woman, Colored, 70y
May 7 **servant** of Mr. Moale, 22y
Jul 15 **male,** stillborn
Aug 16 **Catharine,** slave of Col. S. Hillen, 60y
Oct 17 **woman,** White, old, may have been Mrs. Catharine Wiseman of Philadelphia, see Wiseman, Mrs. Catharine

1853
Mar 4 **servant,** Colored, of Chas. Williamson, 26y
Apr 9 **girl,** servant of Mr. Duhamel, 10y
Apr 20 **Thomas,** child, 3m, Colored
Apr 26 **Maria,** servant of Miss Harper, 70y
May 1 **Matilda,** Colored, servant of Mrs. Rose, 30y
Jun 27 **male,** White, 5d
Jun 30 **woman,** Colored
Jul 24 **child,** Colored, 6m

1854
Jan 3 **child,** stillborn
Jan 6 **Barbara,** woman, Colored, 100y
Jun 22 **child,** Colored, 10d
Jul 10 **child,** stillborn
Jul 13 **child,** stillborn, Colored
Jul 24 **child,** Colored, 6m
Aug 6 **male,** Colored, 3y
Nov 8 **boy,** of Mr. Kelly, 2m
Nov 24 **Nelly,** servant of Ed. Higgins, 34y

1855
Aug 14 **Murphy,** 2w

1857
Jul 20 **Letitia,** 22y, servant of F. W. Elder
Jul 21 **child,** Lot 759
Aug 18 **Marfier,** 6m
Nov 2 **Elizabeth,** 19y
Dec 7 **male,** stillborn
Dec 18 **male,** stillborn
Dec 31 **Sarah,** 76y, Mr. Spalding's servant

1858
Jan 2 **Bill,** servant of Loyd William, 46y
Feb 26 **Lilly,** slave of Mrs. Mitchell, 60y
Jul 30 **child,** 8m
Sep 13 **Susan,** 13y, Colored, servant of Mr. Geo. Slater
Oct 7 **Ryan,** m 40y
Oct 31 **Rosetta,** 40y, Colored
Dec 4 **female,** 40y, slave of Mrs. Morgan

1859
Sep 12 **Rosalie,** 95y, Colored

Burial Date

1860
Jan 4   **Mary Elizabeth,** 3m
Apr 27   **Mary Ann,** b. 27 Apr 1860, 3m

1861
Jun 14   **George,** 2y, Colored slave

1862
Jan 1   **Mary Elizabeth,** 4m
Feb 21   **Owens,** 20y

1863
Feb 7   **Lizzie,** 80y, woman servant of Mr. Adam
May 9   **male,** servant of Mr. Read, 18y
Jun 1   **Irene,** 12m, Colored
Jul 27   **servant** of C. E. Jamison, 7y
Sep 18   **child,** 3w, Colored

1864
Aug 25   **Caroline,** 60y
Nov 28   **Jane,** 65y
Dec 12   **Sister** of Oblates

1865
Apr 8   **Nancy,** 80y, Colored
Aug 5   **male,** child, stillborn, Colored
Aug 5   **Polly,** servant of Mr. McTavish, 100y, Colored
Oct 9   **child,** stillborn
Dec 24   **Josephine,** 25y

1866
Apr 4   **Caroline,** 60y, servant of Miss E. Harper
Aug 19   **Cecelia Ann,** 15m, Colored

1867
Mar 11   **Euphomia,** Infant
Mar 11   **Eugene,** Infant
Apr 25   **female,** of Edward Hart, 8m

1868
Nov 2   **Alice,** from Infant Asylum
Nov 2   **William,** from Infant Asylum
Nov 2   **Mary Eugene,** from Infant Asylum
Nov 2   **Sarah,** from Infant Asylum
Nov 2   **Frank,** from Infant Asylum
Nov 2   **John,** from Infant Asylum
Nov 2   **Ida,** from Infant Asylum
Nov 2   **Mary Teresa,** from Infant Asylum
Nov 2   **Jennie,** from Infant Asylum
Nov 2   **Bessie,** from Infant Asylum
Nov 2   **Mary,** from Infant Asylum
Nov 2   **Robert,** from Infant Asylum
Nov 2   **Robert,** from Infant Asylum
Nov 19   **Uncle Levin,** 70y, Colored

Burial Date

1869
May 9	**John,** 1y, from Infant Asylum
May 9	**Mary,** 1y, from Infant Asylum
Jun 28	**Rosalie,** 5w, Infant
Jul 17	**Mary Louise,** 2m
Sep 28	**child,** stillborn
Dec 11	**male,** 2 hours

1870
Jun 8	**child,** 2m, from Infant Asylum
Jun 22	**Priscilla,** 4m

1871
Aug 15	**Ann W.,** 27y, (note: entry reads 'Mary Wivel & Ann W.')
Sep 9	**Fagan,** b. 9 Sep 1872, 62y

1872
Dec 7	**O'Farrell**
Dec 20	**Murray,** stillborn
Dec 29	**Johnson,** stillborn

1873
Apr 2	**Sullivan,** 26y
May 21	**female,** Laura's sister, 2y, see Harris, female
Sep 18	**Martin J.** ---, 11m
Oct 12	**Rogers,** stillborn
Dec 7	**Wyvil,** Infant, 5d
Dec 18	**Daiger,** 78y

www.ingramcontent.com/pod-product-compliance
Lightning Source LLC
Chambersburg PA
CBHW050328230426
43663CB00010B/1773